U0519375

商務印書館（上海）有限公司 出品
The Commercial Press (Shanghai) Co. Ltd.

肯尼斯·克拉克

——生活、艺术和《文明》

〔英〕詹姆斯·斯托顿 著

吕婧 译 吕澎 校

Kenneth Clark

创于1897

The Commercial Press

商务印书馆

Copyright © 2016 by James Stourton

Published by arrangement with Georgina Capel Associates Ltd., through The Grayhawk
Agency Ltd.

本书中文版由作者本人授权翻译。

通过光磊国际版权和乔治娜·卡佩尔联合有限公司安排出版。

本书根据哈珀科林斯（Harper Collins）出版社2016年版译出。

译者前言

———◇———

　　我们如何面对艺术？这是一个与"如何定义艺术"一样可简单也可复杂地去回应的问题。研究艺术理论和擅长文字的人总能找到恰到好处的方式去诠释和总结这类基础而又终极的问题。肯尼斯·克拉克用他的文字作品和著作围绕艺术和艺术史中很多具体的问题和想象为我们提供了引导、理解和研究的方向，而他自身的经历、他的行动和决策，在我看来，才是他真正去为人们阐释如何面对艺术、如何与艺术相伴一生的范例。对他同时代的一些杰出的学者与朋友而言，克拉克的很多意识与言行并没有遵循固有的规则——而同时他又是一个具有很强原则性的人，因此并不难理解他遭到一些误解甚至引起嫉妒或愤怒；而作为当代的读者、艺术热衷者或艺术从业者，我们则能从克拉克一生的境遇和经历中看到他对于艺术与个体和公众的关系充满智慧的理解，理解到他从约翰·罗斯金（John Ruskin）那里继承下来的使命感，他一生的故事会让我们重新思考人、艺术、环境、时代之间的有机关系。

　　克拉克的作品为我们观看和认知艺术提供了与他所在语境相关的有趣的思考和研究方向，然而他的重要性——无论之于他的时代还是当下——是从未让我们停止思考这样一个问题：我们应将艺术放在日常和精神生活的什么位置，我们应该如何去引导公众和社会与艺术之间的互动，从而在我们支持与促进艺术发展的同时，让艺术更好地服务它所属的人群和时代。

　　克拉克始终是个处在行动中的人。他的故事告诉我们，行动，对于任何一个执着于目标抑或是努力寻找目标的人来说都至关重要。通常，艺术家赋予艺术美、形式、观念和故事，会让对艺术感兴趣的普通个体沉浸其中；而对于一个将艺术作为使命的人来说，唯有有效的行动才能将艺术置于一种具体的意义中。克拉克的那种保持介入与参与的迫切与热情，将人们对艺术功能的想象转化成了他们所能亲身感受和体验的经历。

从他青年时开始从事写作，到介入意大利展览的组织，到成为年轻的美术馆馆长，随后受邀为王室提供专业的藏品管理……这个人生轨迹看似顺理成章，他的确也受惠于他自学生时代以来就有的社会阶层、人际关系以及良师益友的协助，但外部的有利因素并不能取代他自身的某种特质：那种不断提出新的想法，思考新的可能性，且有能力将抽象概念转化为具体的策略与行动，以一种打破规则的胆识去保持接受新的可能性的开放态度。

书中很多地方都讲到克拉克与艺术家的关系。不能忍耐愚蠢之人的克拉克在面对艺术家时却保持着最大的耐心与爱。克拉克对艺术家的鼓励、终生的支持与爱护，是他一生中最感人的部分之一：他与亨利·摩尔（Henry Moore）的友谊；在战时为保持艺术家群体生存与创作的策略性安排；他将西德尼·诺兰（Sidney Nolan）的作品从澳大利亚介绍到英国并给予其终生的支持；将自己的家作为与艺术家交流情感与思想的场所，不知厌倦地回复每位艺术家的信件和请求。克拉克面对的艺术家是真正意义上的人，职业/生存属性赋予他们的光环的背后往往是日常生活或创作生涯中的困惑、犹豫、无助、失落，而克拉克给予他同时代艺术家的支持与帮助或引导，是他对文明创造者的敬畏，是他对文明、艺术与美的崇尚。

克拉克在美术馆和委员会的工作——无论是在阿什莫林博物馆与国家美术馆的空间布置、藏品安排、项目的策划（战时音乐会和"每月一画"），还是战时对藏品安全、对美术馆开放时间进行的一系列安排——都是克拉克在作为美学家之外，也是一个果断、具有高度判断力和综合事务能力的传递艺术使命的行动与实践者的最好证明。

克拉克的书籍教给我们的是艺术内部的美学世界，但纵观他的一生，展示给我们更多的是一个人能为自己所热衷的艺术事业、所执着的艺术使命所付出的一切实践性的事例与重要片段。有趣的一点——在书中若干次被提及——是克拉克游弋于积极行动与沉静思考之间的矛盾状态。我想，这是让他逐渐形成自己的人生节奏与风格的特质之一，人的复杂性其实更容易引导我们去理解一个人的言行与成就或失败。

毋庸置疑，克拉克的《文明》（*Civilisation*）在当时确定了电视艺术纪录片的一种新形式，更高的拍摄标准、新的制作方式：克拉克再一次以他能够做到的最好的方式，为公众开启了观察人类文明与艺术之光的视野。当然，作者也提醒我们看到，《文明》播出于那个弥漫着反叛空气的20世纪60年代，克拉克所描绘的那种永恒与纯粹的欧洲传统艺术以及他的立场都遭到了其他人的挑战，克拉克版本的艺术被指出忽略了艺术背后存在的阶级、种族、性别等诸多不平等的问题。毫无疑问，看待和解读艺术的态度与方式和艺术的定义在同时不断地发生着变化，尤其在当下地缘政治和全球/在地的语境差异中，我们已经无法摆脱非艺术元素（个体历史与身份、社会、经济、政治、地缘、艺术机制等）来观看和评判艺术。克拉克在他的时代对艺术的诠释、赞叹，与想尽一切办法对创作者的拥护，对"艺术"自身和其"光环"的捍卫，在今天来看，似乎成了一种最不符合实情，但也是最理想化、最纯粹的人与艺术的关系。

我们可以根据克拉克一生所做的事为他贴上很多标签：作者、艺术史家、馆长、策展人、批评家、电视节目制作人、主持人、演讲者、讲师、管理者……而归根结底，克拉克是一个为了艺术的使命而不断付出和革新的行动者。克拉克的一生和他留给后人的一切，始终会给我们带来启发和鼓励。

吕　婧

2021年12月24日 星期五

克拉克，霍华德·科斯特摄，1934年

目 录

第二次世界大战

艺术首领

电 视

萨特伍德 1953—1968年

献给科莉特、简和弗拉姆

—— ◇ ——

前　言

———◇———

肯尼斯·克拉克在他的回忆录中抱怨哈罗德·尼科尔森（Harold
Nicolson）"忍不住要洗掉"他对一次晚宴的描述，并警告说"使用'原始
文件'的历史学家必须要有一个内置测谎仪"[1]。这对已出版的材料来说也
是如此。克拉克自己的两卷回忆录特别有趣，对传记作者来说，既是朋友
又是敌人。说是朋友，因为它们涵盖了克拉克大部分的生活，并以一种比
任何传记作家都要精彩的写作方式讲述了他的故事；说是敌人，因为这些
故事大多是克拉克凭记忆写的，并不总是很可靠——有时甚至接近于神话。
每个事件都需要与其他来源进行核对；回忆录里的年表不是很精确，克拉
克偶尔会把自己放进他明显不在场的事件中。他不是故意这么做，主要是
因为时间过去太久了。回忆录讲述了很多精彩的故事，不过我只重述了其
中很少一部分，因为它们通常是关于其他人的。由于克拉克的声音总是很
有说服力，所以我尽可能引用他的原话；当他对某一事件有一个更早的表
述，我就把它用作一个全新的视角。一个例子是他在生命末期写的包含艺
术史式自传片段的手稿《美学家的进步》，这些手稿现存于他的出版商约
翰·默里（John Murray）的伦敦档案馆。

克拉克确实很有历史意识，他保留了所有给父母的信件，而且很少扔
掉任何东西，甚至偶尔会在自己的档案文件上做注释。英国泰特美术馆里
的克拉克档案馆规模庞大，里面有成千上万的信件和文件，都是珍贵的传
记资料。然而，克拉克对想成为传记作家的人提出了第二个警告："要意识

到，历史学家依靠信件和类似的文件还原一个人的方法其实是有局限的，这在很大程度上取决于这个人是否能把自己放进这些信件里面去。"[2]克拉克对收信和写信的厌恶众所周知，只要一有机会，他就把信口述给助手。他忙得没时间让他的信具有艺术性，但即使是最简短的一句话也会包含一个引人注目的短语，克拉克从不可能写出枯燥的句子。这本书里引用的大部分信件都是克拉克各个助手保留下来供参考的副本。我将克拉克通常使用的"&"符号改为了"和"（and）以使内容流畅。贝伦森和克拉克之间书信的引文摘自罗伯特·卡明（Robert Cumming）编辑的耶鲁版本。

关于肯尼斯·克拉克生命的后半段，我们有他写给珍妮特·斯通（Janet Stone）的一系列惊人的信件，这些信件构成了一个生动的自画像，并提供了迄今为止无法获得的深度和细微差别。在这些信件中，他真实的无所拘束的性格得以展现——它们是一个安全阀，就像日记之于佩皮斯或战时日志之于阿兰布鲁克勋爵一样。人们很容易拿这些信件与克拉克儿子艾伦的日记做比较，然而他们的动机——除了对写作的热爱之外——是不同的。这些写给珍妮特·斯通的信件被保存在牛津大学的博德利图书馆，被禁止查阅30年（原因见第396页）。幸运的是，20世纪80年代，当牛津大学圣凯瑟琳学院的弗拉姆·丁肖博士（Fram Dinshaw）被任命为肯尼斯·克拉克的原初授权传记作者时，珍妮特·斯通允许他阅读这些信件。我引用的所有斯通的信件都来自丁肖博士所选的副本。

肯尼斯·克拉克的传记作者很幸运，因为他的两个儿子艾伦和科林都留下了关于他们父母的精彩描述。于我而言，同样幸运的是，他的女儿科莉特和儿媳简都很乐意回答我的问题，除了纠正事实错误外，她们从来没有试图改变我写的任何东西。我也很幸运认识了故事中的一些主要人物，约翰和迈凡薇·派珀（John and Myfanwy Piper）、雷诺兹（Reynolds Stone）和珍妮特·斯通，这让我更容易理解克拉克为什么会觉得他们如此有吸引力，他们的住处是如此能带来幸福的地方。几乎所有的《文明》剧组人员都还在世，且都能接受我的采访，除了迈克尔·吉尔（Michael Gill），我在他去世前见过他，但当时还没意识到自己在之后会关注他的故事。也许最大的惊喜是我找到了克拉克在20世纪50年代末和60年代初在ATV工作时最喜欢的电视制片人迈克尔·雷丁顿（Michael Redington），他健康地生活在威斯敏斯特，离我住的地方只有三条街。

关于命名的一个说明：克拉克的家人和朋友总是称他为"K"；1938年，他成为肯尼斯·克拉克爵士；1969年，他被授予贵族爵位，成了萨特伍德的克拉克勋爵——但我在书中会一直称他为"克拉克"。

围绕克拉克展开的研究将继续产生新的诠释和信息。这本书应该被视 xvii 为"对定义的注释"——对每一个主题的书写几乎都受到了篇幅的限制——同时也应该被视为是对其他学者进一步研究克拉克的生活和成就的鼓励。

詹姆斯·斯托顿
2016年于伦敦

1
"K"

关于克拉克爵士的一切都无法预测。

——安东尼·鲍威尔，《论〈森林的另一边〉》[1]

1934年3月25日，星期天中午12点，乔治五世和玛丽王后登上了伦敦国 1
家美术馆（National Gallery）的台阶，这是第一次在位君主到访美术馆。这
次到访表面上是为了参观美术馆的绘画收藏，但真正目的是为了见30岁的
新馆长肯尼斯·克拉克。美术馆的理事们被礼貌地告知不要去打扰他们的
周末——不需要他们到场；国王只希望见这位馆长。克拉克刚上任三个月，
除了温莎城堡的王室家族，他的委任得到了普遍的赞同。早在两年前，皇
家图书管理员欧文·莫斯黑德（Owen Morshead）就告诉国王和王后，克拉
克将是填补国王收藏鉴赏人空缺的最佳人选。但是，克拉克既不想要这份
工作，同时也感觉自己没办法同时兼顾国家美术馆馆长一职的繁重事务。
现年69岁的国王一反常态，决定直接出面，到特拉法加广场邀请这个年轻
人为他工作。他认定克拉克就是他想要的人，他的侍臣们失败了，他会亲
自去说服他。这一次会面很成功，尽管两个人有很大的不同，但在一起却
很开心。克拉克后来描述说，就在强调透纳（Turner）疯了之后，国王"停
下来，转向我说"：

"你为什么不来为我工作呢？"

　　"因为我没有足够的时间把工作做好。"

　　国王仁慈地怒哼了一声："到底有什么事需要做？"

　　"阁下，这些画都需要被很好地照看。"

2 　　"它们没什么问题。"

　　"而且人们会写信询问有关这些画的信息。"

　　"不用回答他们。我希望你接受我的这份工作。"[2]

　　没有任何其他记录显示乔治五世做出过这样的努力——例如，他从来没有造访过唐宁街——更不用说为了一位年仅30岁的美学家，而这位美学家的兴趣与这位粗鲁、喜欢猎雉、平庸的"水手国王"的兴趣相距甚远。国王为什么对肯尼斯·克拉克如此热切？在这之前，克拉克已经对一系列卓越的长者产生了类似的影响，他们似乎都很坚信是自己发现了他：包括克拉克在温彻斯特公学（Winchester College）的校长蒙塔古·伦德尔（Montague Rendall）、牛津阿什莫林博物馆（Ashmolean Museum）的管理人查尔斯·贝尔（C.F. Bell）、沃德姆学院（Wadham College）院长莫里斯·鲍勒（Maurice Bowra）、世界上最著名的鉴赏家伯纳德·贝伦森（Bernard Berenson），以及国家美术馆主席菲利普·萨苏恩爵士（Philip Sassoon）。克拉克是牛津大学一代优秀本科生中的 *Wunderkind*（神童），每个人从一开始就看出他会在未来取得伟大的成就（这往往是导致一个人晚年生活倦怠的原因）。在克拉克的故事里，智慧、魅力和人格扮演了重要的角色，但他并不是唯一拥有这些特质的人。让他与众不同的是他对艺术的专注和全身心的投入，而在那个时代——艺术家除外——这是一种独特的品质。同时，他将这种对艺术的沉浸与其非同一般的综合分析能力相结合，以一种灵活且能将思想与感情融合起来的散文风格表达出来。

　　克拉克在早年就拥有了一种对美的作品的感知力："从我记事开始，大约7岁，某些词语、声音或者形式的组合都会给我带来一种特殊的愉悦，这跟其他的经历感受不一样。"[3]他将其称为"奇异的天分",并对他朋友说:"可以肯定,如果没有它,我就只会是个默默无闻、胆小怕事的花花公子。"[4]这种对艺术充分的炽爱支撑着他,在他自传中一个很典型的戏谑而又自我揭露的段落里,他提到:"对艺术作品的强烈的、包容的态度就像一家舒适的瑞士银行……我从不怀疑自己判断的正确性……这种近乎疯狂的自信一直持续到几年前,奇特的是有很多人都接受我的判断。我的一生就是一场无伤大雅的自信把戏。"[5]青春的自信之后是对年龄的怀疑。

任何第一次见到克拉克的人都会察觉到他充满自我怀疑的特质。大多数人都对他感到恐惧,害怕被他冷落,这种态度让克拉克自己也感到困惑,他总是不同于他被认为的那种人。坊间的传说一直伴随着他成长——"不可思议、难以置信、超自然的温文尔雅","微妙地介于羞怯和不屑之间","宁静的无情","他衡量人,再展现出适量的魅力"——这都是关于克拉克的各种看法。大多数描述都是关于他孤独和受保护的童年。他的内向让很多人觉得他没有"雷达",或者说对他人的感受不太了解;他可能会显得自我陶醉,经常在无意识的情况下伤害到别人。然而,那些为他工作过的人——厨师和秘书们都喜欢他——发现他很随和,甚至很亲切。一个是私人的克拉克,一个是公共的克拉克;前者风趣热情,后者则正式严肃。

正如安东尼·鲍威尔(Anthony Powell)所言,克拉克的一切都令人惊讶——他表现出一种矛盾和悖论:喜欢行动的作家、众人皆知的学者、住在城堡里的社会主义者、蔑视体制的委员会成员、让人感觉高傲但不知疲惫的自嘲者、害羞但喜欢怪物的人、讨厌对抗但又"无情"的人、认为自己是失败者的杰出成功人士、热爱柠檬水和冰淇淋的官员。这位难以捉摸的自然的表演者有着高度情绪化的一面,他会在艺术作品前哭泣,易受精神与宗教体验的影响。和其他人一样了解他的格雷厄姆·萨瑟兰(Graham Sutherland)在战争期间曾住在克拉克家里,他说:"K明显是一个分裂的人……是我所有朋友当中最复杂的一位。"这一切的背后是克拉克对于独立的狂热，除了艺术家以外，他从不希望自己被认为与任何一个群体相关联。据一位知情人士说："他害怕受到污染。"[6]

有很多种对肯尼斯·克拉克的描述：美术馆馆长、朝臣、社会的宠儿、达·芬奇专家、行动派、战争时期的公关、可能的沉思型学者、讲师和记者、管理者和教授、显赫的电视人和表演者、公共知识分子、非学术的艺术史家、收藏家、赞助人、委员会的人、保护主义者、忠于家庭的人和情人——克拉克就是这些角色的总和。他的小儿子科林在描述克拉克的人生历程时认为，父母、学业、妻子、孩子和艺术，对克拉克而言都像有趣的风景一样流逝，而他的这位父亲"可能直到28岁的时候"才意识到"这个星球上还有其他人类的存在"。[7]无论世俗与否，克拉克都期望进入董事会，期待着女人爱上他。对他来说，在没有拥有过电视机的情况下就被任命为
4 独立电视台（Independent Television）董事会主席并不奇怪。

源于温彻斯特公学精神的对公共服务的渴望，影响了克拉克的一生；一种精英阶层通过无偿公共事业来证明自身地位的信念。克拉克地位的特殊性是他将创意和学术世界与那些有权力和影响力的人连接了起来。早在1959年，《星期日泰晤士报》（*Sunday Times*）就认为："如果不提及肯尼斯·麦肯齐·克拉克爵士，就很难写出完整具有权威的20世纪英国历史。"[8]克拉克在公共生活中扮演的角色，除了广播之外，在今天的我们看来已经不那么明显了；证据就在如伯恩茅斯（Bournemouth）的独立广播局（Independent Broadcasting Authority）和邱园（Kew）的信息部（Ministry of Information）等档案馆保存的会议记录中。在这些档案里能找到让人惊讶的结果：克拉克帮助建立和指导了今天人们已熟知的艺术机构：艺术委员会（Arts Council）、皇家歌剧院（Royal Opera House）、独立电视台、国家剧院（National Theatre）和无数其他机构。人们都认为克拉克的书面指令各处所见："K. 克拉克对此不以为然"是辩论中的致命一击。[9]他在委员会里的成功主要取决于他对文件格外仔细的阅读、对选项的敏锐分析和深思熟虑的回应。他很少第一个发言，总是等着别人问他的意见，而他的意见通常是

最重要的。每个人都想知道克拉克怎么想。而他的想法总是不可预测，在写这本传记时，我就发现很难确定克拉克对任何问题的看法。安妮塔·布鲁克纳（Anita Brookner）写道："他最非凡的成就也许正是其观点不可动摇的公正性。"[10] 然而，克拉克回首往事时很少会感到满意，他甚至对自己在参与过的机构和董事会中所做出的贡献感到失望，除了科文特花园（Covent Garden）和苏格兰国家美术馆（Scottish National Gallery）。

可以肯定的是，克拉克从来没在人、事和机构上浪费过一分钟。对于时间，他格外自律。所有的事情都有时间安排，哪怕是友情和爱情。他是个善于脱身的大师。他唯一的消遣就是写作，而他绝对是一个优秀的散文大师。如果他的书至今仍有人读，那多半是因为阅读那些用美丽语言描述的艺术所带来的乐趣。在他不参与公共生活的宝贵时间里，书籍、讲座、散文和信件会从他的笔头涌出。写这本书的时候，我一直在问自己：他到底是怎么做到这一切的？

克拉克总是把自己描述成一个孤独的人；他小时候就练就了演讲技巧，在乡间小路上自言自语。但他需要听众；他是一个天生的老师，能使任何课题变得有趣。在他不向公众演讲时，他的听众无一例外都是女性——克拉克与女性相处总是最自在。他生活中最大的乐趣就是与一个女人分享他的兴趣爱好，第一个是他的妻子简。她是一个非凡的人物：喜怒无常、活泼、豁达、慷慨、聪明、轻率、具有破坏性、迷人、可悲而华丽。没有任何一个单独的描述能够完全描述简，克拉克需要她就像常春藤需要橡木一样。她把自己不同寻常的同情心用在了每个人身上，从玛戈·芳廷（Margot Fonteyn）到桑德林车站的搬运工，而在家里，她又表现出一种能量惊人的如泼妇般的愤怒。简是了解克拉克的关键——她支持他，也迫害他，这种循环是他们共同生活的模式。克拉克和女人不可分割——她们让他着迷，他的后半生也因为一连串的 *amitiés amoureuses*（暧昧情谊）而变得异常复杂。但简是他一生中最心爱的人，尽管随着故事的展开，这可能显得很奇怪。

克拉克最尖锐的批评者来自他自己的职业领域。正如《伯灵顿杂志》

（*Burlington Magazine*）所指出的：“在极少数的一群人当中，嘲笑克拉克的生活方式几乎已经成了一种习惯。”[11]他住在城堡中的事实和他无法融入专业艺术史的圈子，都让他成了一个不可抗拒的目标。除了恩斯特·贡布里希（Ernst Gombrich）和约翰·波普－轩尼诗（John Pope-Hennessy）等显著的例外，从20世纪60年代开始，他的专业同行越发将他视为一个非学术的电视主持人和文学人物。而他曾将他们的学术琐事比作编织，这确实也没有给他自己带来任何好处。但对于考陶尔德艺术学院（Courtauld Institute of Art）以外的世界来说，无论是知识分子还是中庸之辈，克拉克都代表着一位艺术史家的流行观点。他成了公众眼中艺术和文化的象征。在这方面，克拉克自己的英雄是19世纪伟大的作家和思想家约翰·罗斯金。他对罗斯金的感激之深怎么强调都不为过，而且他的许多兴趣都来自他的影响：哥特复兴、J.M.W.透纳、社会主义，以及艺术评论可以成为文学分支的信念。但最重要的是，罗斯金教会了克拉克艺术和美是每个人与生俱来的权利，而克拉克把这个启示带进了20世纪。这是肯尼斯·克拉克成就的核心。

美学家的进步

2

爱德华时代的童年

我一直在读……你的回忆录。

一个多么奇怪而孤独的童年啊——心理学家的理想。

——戴维·诺尔斯致肯尼斯·克拉克，1973年8月27日[1]

肯尼斯·克拉克自传的开头让人印象深刻："我的父母属于被称为'无 ₆
所事事的富人'的社会阶层，尽管在那个黄金时代，很多人都很富有，也
很少有人会无所事事。"他对自己在那个美好时代的童年的讲述是一部小
杰作，微妙而全面。几乎没有其他资料可用来质疑它的准确性，更没有任
何理由怀疑它的真实性。尽管有偏差，但克拉克却拥有非凡的记忆力，不
仅仅对事件，还有对他自己的感受与觉醒。也许在这方面，就像他一生的
许多方面一样，克拉克一直在追随约翰·罗斯金，罗斯金的自传《过去》
（*Praeterita*）就讲述了一个美学家的成长故事。和罗斯金一样，克拉克也是
家里唯一的孩子，他对视觉世界异常敏感，对他来说，回忆是对内心世界
的重建。他要为自己的童年勾勒出一幅挽歌式的画面，哪怕是让他厌恶的
部分（例如射雉）也会以诗意的方式描绘出来。

克拉克在描述他的童年时，一些看法经常会发生变化。他的孩子们相
信：他的童年并不快乐，因为他是一对无法正常履行职责的父母的受害者。
他的小儿子科林总结道："我的父亲很强烈地感受到他自己被父母忽视。他

认为他的父亲是个贪婪、鲁莽的酒鬼，也会用自私和懒惰来形容他的母亲。"[2] 然而对其他人来说，克拉克描绘的是一个泛着阳光的、孤独的幸福时光。[3] 这两种观点都被证明是正确的；有无比欢快的时刻，也有忧郁孤独的阶段。无论用什么标准来衡量，克拉克经历的都是一种奇特的养育方式。也许最让人惊讶的是，年轻的肯尼斯几乎没有同龄玩伴，所以他从来没有学会如何与其他孩子相处。他甚至从婴儿时期就开始在自己周围建造后来被亨利·摩尔称为他的"玻璃墙"的外壳。

"我是那种靠自己成功的类型，"克拉克曾在给朋友克劳福德勋爵的信中写道，"像塞西尔·比顿（Cecil Beaton）那种，而不是西特韦尔（Sitwells）。"[4] 由于克拉克出身非常优越，又在温彻斯特和牛津受过教育，所以他的这个表述似乎令人费解，但其背后存在着一个事实依据。克拉克家族处在英国社会的中间层——不再从事贸易；虽然拥有土地，但不属于上流社会。他们在郡里传统的社交生活中没有扮演任何角色，他们的朋友由一群放荡不羁的苏格兰实业家、娱乐人士和狩猎爱好者组成。克拉克不是在像西特韦尔家族的那种世袭文化环境中长大，他的父母没有任何知识方面的兴趣，所以克拉克有理由把自己看作自我塑造的结果。在实践中，他总是从其他地方寻找他父母无法提供给他的东西，很少有年轻人能吸引如此多的导师，或利用好他们的帮助达到如此好的效果。

"家族史对我来说没什么吸引力，"克拉克对他的传记作者说，"我发现我总会跳过一本传记的前十页。"[5] 他用五行字就把自己的家族史概括了，但克拉克家族在佩斯利（Paisley）的故事其实非常引人注意。今天的佩斯利是格拉斯哥的一个郊区，曾经是棉花工业重镇，由克拉克家族所控制。克拉克的曾曾曾祖父威廉·克拉克（William Clark）是戴克巴的一位农夫，1753年去世后，他的遗孀带着孩子搬到了附近的佩斯利，儿子詹姆斯（1747—1829）在那里开始了自己的生意，成了织布家具商和综线制造商。拿破仑的大陆封锁带来的进口短缺刺激了一种新的英国棉的兴起，这种棉像丝绸一样光滑。克拉克的儿子，另一位詹姆斯（1783—1865），发明了棉花线轴，奠定了家族财富的基础。他和他的兄弟们一起建造了一个巨大的工厂，使佩斯利成为生产棉线的世界领袖。佩斯利逐渐发展成了一个重要的城镇，也出现了由克拉克家族和他们的商业竞争对手高士家族提供的宏伟建筑物：市政厅（克拉克）、医院（克拉克）、美术馆和图书馆（高士）、学校和教堂。根据肯尼斯所描述的、按照"当时不太严格的标准"来说，克拉克家族是个本着良心认真尽责的雇主，他们的慈善事业很可能让克拉克树立了他的信念：人道主义是19世纪最伟大的发现。[6]

1896年，克拉克家族的生意以2 585 913英镑（相当于现在的25亿英镑）的价格卖给了J&P高士。这笔财富分给了四名家庭成员，其中包括肯尼斯·麦肯齐·克拉克（Kenneth Mackenzie Clark，1868—1932），即克拉克的父亲。老克拉克在佩斯利长大，14岁离开了在格林诺克的学校。据他儿子说，父亲有个非常好的大脑，尽管他没受过训练。他曾被送到澳大利亚和新西兰，这两个地方他都很喜欢；22岁回国后，他担任起家族企业的董事。两年后，他对运动和酒精的热爱分散了他的注意力，于是被公司解雇。从那刻起，他就一直过着享乐的生活。他的主业变成了造游艇和在克莱德河上赛游艇，他将其中三个游艇命名为"卡通巴"，这是位于新南威尔士蓝山的一个镇的名字（他将自己的赛艇命名为"卡里亚德"）。他的儿子后来解释到，这个家族"就像克莱德游艇赛小池塘里的大青蛙"。老克拉克一辈子都没有切断和佩斯利的联系，总是慷慨地提供慈善捐赠：在人们的记忆中，他是"报童的朋友"，每年都会为他们提供郊游和晚餐。[7]他也一直没有丢掉他的埃尔郡口音。

克拉克把他的父亲描绘成一个思想独立、自我放纵的"咆哮男孩"。他被女人所吸引，酗酒，一直到35岁才结婚，最终选择了爱丽丝·麦克阿瑟（Alice McArthur），一个清教徒表妹。她试图将他从酗酒的恶习中拯救出来，但并没有成功。结婚前，爱丽丝和她的贵格会教徒母亲一起生活在戈达尔明，"与克莱德游艇赛喧闹酗酒的世界截然不同"[8]。"很难想象还有像我父母这样有极大差异的两个人，他随和、自然、毫无自我意识；而她害羞、克制、容易自我欺骗。他们因为两种品质结合在了一起：聪明智慧，且完全不势利。"[9]

克拉克的父亲体格高大，留着弯曲的小胡子，毫无顾忌，也对界限没有概念。克拉克很喜欢他，但同时又觉得惊恐，会因为他的烂醉和不良行为而感到难堪。相比之下，他发现他的母亲冷酷而尖锐，尽管他意识到自己在自传中对她的描述特别冷酷无情："我一直担心第一卷对她的影射并不完整。她的生活被错误的生活环境给毁了。在生命的最后阶段，她又变回为一个精明节俭的贵格会夫人，住在一个单间公寓里。这比（我们在萨福克郡的住宅）萨德本庄园（Sudbourne）更适合她，她变得很平和。"[10]他声称她从未像母亲抱自己小孩那样抱过他，但有几张照片显示这并不属实。然而，她仍然是一个阴暗而哀伤的人物，直到做了祖母才显出了她的价值。不幸的是，儿子18岁以前的信件，她一封都没留下来——也是在那个时候，她才迟到地发现了他的天赋。

"像许多杰出的人一样，他是两个截然相反且互不相容的父母的独生子。"克拉克在西里尔·康诺利（Cyril Connolly）的讣告中这样写道，他当然也是这样看自己的。[11]尽管如此，他的父母还是成功地结了婚，并始终在为对方付出。他们过着一种异乎寻常的逍遥生活。爱德华时代经常被描绘成富人们的人间天堂，毫无疑问，这是对那些享受不间断社交生活的人而言的。然而，克拉克夫妇并没有什么社会抱负，他们太过古怪，以至于不能很放松地把自己归属到任何固定的社交圈。他们沿袭了富人的传统习惯，从一个房子搬到另一个房子，但对他们来说，这是一种逃避而非认识上流社会的策略。爱丽丝·克拉克发现自己是格罗夫纳广场一栋房子的女主人，同时在佩思郡有一栋租来的大房子，在萨福克郡还有一栋更大的房子和庄园，有两艘游艇，不久在法国南部的卡普马丹又添了一套房子。他们的生活由体育运动日程表决定，但对年轻的克拉克来说，"我的家在萨德本庄园，距离萨福克郡的奥福德约1英里"[12]。克拉克童年的一个值得注意的方面是，这些童年时光都很好地被照片记录了下来。他的父亲雇了一名专业摄影师，将他们生活的方方面面都拍了下来——萨德本庄园、游艇、狩猎聚会，还有摆着各种姿态穿着不同服装的小肯尼斯。所有这些照片都保存在萨特伍德，这说明克拉克的父母并不是像他说的那样对他漠不关心。

肯尼斯·麦肯齐·克拉克以祖父的名字命名，1903年7月13日出生在伦敦格罗夫纳广场32号。他通过剖腹产来到人世，在当时，这意味着他将一直是独生子。一年后，他的父亲以23.75万英镑的价格买下了1.1万英亩的萨德本房产，抵押贷款7.5万英镑。[13]从接下来的事情中，我们可以推断出，房产的购置是出于对儿子的考虑，期望这个男孩长大后能享受一个富人的体育资产所带来的乐趣。事实上，这是老克拉克野心的最大极限：肯尼斯有一次走进他父亲在萨德本的书房，发现两个穿着黑色外套和条纹裤的人正在向老克拉克提供购买贵族爵位的机会；其中一个是臭名昭著的蒙迪·格雷戈里（Maundy Gregory），劳合·乔治（Lloyd George）买卖爵位的主要代理人——"你难道不希望这个小家伙以后接替你吗？"得到的回答是"去死吧"，然后他们便开车离开了。[14]这个片段告诉我们，克拉克夫妇很可能是自由党的支持者。

即使是按照爱德华时代的标准来看，萨德本庄园也算是很大的；它包括一个模范农场和几个秩序井然的村庄。房子优雅但非常简朴，"这是怀亚特（Wyatt）典型的东安格利亚作品之一，一个巨大的方砖盒子，带着冷峻的新古典主义的室内设计"[15]。它于1784年由第一代赫特福德侯爵（Marquess of Hertford）建造，并传承给了他富有趣味的后代，即创建了华莱士收藏（Wallace Collection）的三巨头艺术收藏家。与之同名的理查德·华莱士（Richard Wallace），赫特福德的私生子继承人，主要将萨德本用于射击。有一次他在那款待了威尔士亲王，未来的爱德华七世国王。老克拉克在1904年把这个房产买下来用于射击娱乐，在发现房子内部阴冷又不舒服之后，便安排了改造。他和爱丽丝去了国外，然后又回到了他们这个用胡桃木精心打造的"詹姆斯一世"风格的室内，这样的布置更适合他们的家具和绘画。年轻的肯尼斯认为这一切都很没有品位，尽管他发现改造后的室内比怀亚特原来的内部更舒适。

克拉克的父母与当地的社交生活只有非常少的关联。其中一个是萨福克展，他的父亲会在那里展示他的猪和他引以为豪的萨福克马。这些漂亮的动物在萨德本有自己的马厩，每个星期天早上它们会被牵出来，在房子前的草地上溜达一阵，然后就"像莫里斯舞者般洋洋自得"地小跑回马厩。[16]房屋一侧的主马厩被重新装修用来存放收藏的汽车：一辆劳斯莱斯，两台德劳内－贝勒维尔和"一辆原本打算在伦敦使用的安静、低调的潘哈德电动汽车"。

老克拉克是个好心但不合传统的庄园主，1911年，他在附近的奥福德建了一所小医院，并允许在大厅里举行加冕日运动。然而，他的主要关注点还是从10月到1月底的射雉活动；萨德本的射击活动主要针对的是数量繁多、低飞的鸟类。起初，年轻的克拉克很喜欢射击聚会，因为这会为家里带来很多女性访客，他会说服她们到自己的卧室里展示她们穿着的漂亮的服饰，而他则会进行谨慎而准确的评判，这是一个新兴美学家初露端倪的表现。然后到了克拉克10岁的时候，他的手中就有了一把枪，庄园里的一名小女孩菲莉丝·爱丽丝（Phyllis Ellis）回忆说："小克拉克每次看到野雉和鸭子这类鸟禽被放出来的时候就很不高兴。它们披着冬天的羽毛，看起来很漂亮……他一点都不喜欢射击，当然，这让他父亲很恼怒。"[17]有时一天要射杀多达上千只鸟，这让年轻的肯尼斯感到恶心。菲莉丝告诉我们，他很早便放弃了射击，一段时间之后，"他再也不参加射击聚会了"[18]。由于这项运动是萨德本的主要活动之一，小克拉克的反应让他父亲特别难过；而这是最早的外部证据，表明肯尼斯不会成为他这种背景下的传统男孩。除了射击，萨德本还有一个私人板球场和一个14洞的高尔夫球场，并配有专业人员。克拉克的父亲没有足够的耐心去认真打一场高尔夫球，但他很不负责任地鼓励客人们尝试把球打到房子上空。这不可避免会造成窗户被打碎，这让他很高兴，却让他的儿子很痛苦。菲莉丝·爱丽丝说，爱丽丝·克拉克"独自一人的时候，会和猎场看守人的妻子在私人的14洞高尔夫球场上打球"，她显得格外寂寞。

克拉克6岁的一天，他的母亲来到育儿室，发现他的德国家庭教师正在训斥他。第二天早上，这名家庭教师就被打发走了，取而代之的是来自苏格兰高地的拉蒙特小姐，从那之后大家都叫她"拉姆"（Lam）。拉姆是斯凯一名牧师的女儿，但她一点也不阴沉。她是个爱笑的人，有一种顽皮的幽默感，最重要的是，她为人亲切，充满了非多愁善感的善良。克拉克爱慕她，这是他第一次遇到的不加挑剔的爱。他写道："拉姆的到来是我人生中遇到的几个好运中的第一个。"[19]他总会说是拉姆救了他："我终于有了一个可以去爱和依靠的人，她甚至似乎和我有共同的兴趣。"[20]拉姆成为他的保护者和陪伴。这位杰出的女性懂四门语言，从未结过婚；在克拉克的推荐下，最终成为契克斯庄园的管家。她曾在契克斯庄园谈到老克拉克和丘吉尔先生的相似之处。

1月底，当狩猎季节结束时，克拉克一家会坐马车前往法国南部，那里会有一艘从克莱德出发的游艇在蒙特卡洛的港口等着他们。他父亲喜欢赌场，但他母亲觉得在摩纳哥有太多社交，更喜欢邻近的芒通（Menton）的较为安静的娱乐场所。有一天，和他们一起在卡通巴上用午餐的一名法国女士表示希望拥有一艘如此漂亮的游艇。老克拉克看到了机会，开出了一个高价，出乎所有人的意料，她接受了。第二天，克拉克一家就离开了他们的游艇，老克拉克用这笔钱在芒通附近的卡普马丹买了一块地。他请来丹麦建筑师汉斯－乔治·特斯林（Hans-Georg Tersling），用了苏格兰的劳动力，建造了一座坚固的婚礼蛋糕形状的别墅，一家人每年会在那里住上3个月。老克拉克每天都会坐在桌前赌博，据他儿子说，他的赌运格外好，赢来的钱足够让他进行奢侈的挥霍。*芒通赌场也为孩子们准备了傍晚的表演类节目，有魔术师、杂技演员、喜剧演员和特技演员，这些艺人让年轻的

12

---

* 老克拉克用赢来的钱买下了芒通的帝国酒店。还有一次，他在索斯佩勒买下了一个高尔夫球场，在上面建了一个又大又丑的酒店，同样由特斯林设计，后来他把酒店给了儿子。奇怪的是，艺术史学家R. 兰顿·道格拉斯（R. Langton Douglas）和苏富比主席杰弗里·霍布森（Geoffrey Hobson）是高尔夫球场的合伙人（信息来自已故的安东尼·霍布森）。

克拉克萌生了成为一名演员的愿望，他喜欢在他那无聊的母亲和她的朋友面前展示他新学会的技能。在法国，他母亲唯一的工作似乎就是指挥园丁总管，在夏天的几个月里，他总会回到自己的家乡皮托克里。

　　克拉克声称在里维埃拉地区没有儿时的朋友，但芒通的英国牧师的女儿伊索贝尔·萨默维尔（Isobel Somerville）还记得和他一起玩过圆场棒球，记得他喜欢欧芹三明治。拉姆的同情心、幽默感以及她对孩子的劝导深深吸引了萨默维尔——"肯尼斯，别做傻事"。她还记得拉姆"把她那些极为富有的雇主轮流带到芒通。当她去为丘吉尔家工作时，因为从她那听不到任何八卦，我们就把她的名字改成了'彻底沉默的拉姆'"[21]。

　　克拉克有一种吸引杰出朋友和导师的非凡天赋，第一个迹象就是他对尤金妮皇后不可思议的依恋，这位年迈的拿破仑三世的遗孀，是一个愿意让他陪她散步的邻居。除此之外，这个小男孩在里维埃拉异常平静的生活有时会被嘉年华和鲜花节所打断，这些节日带来了色彩和令人愉快的庸俗。

　　当他的父母在4月离开芒通去卡尔斯巴德或维希疗养时，年轻的克拉克会被送回萨德本——这是个喜忧参半的情形。当父母不在身边时，他发现自己被充满怨气的仆人照看，他在回忆录中指责这些仆人通过给他提供腐烂的食物来泄愤。*

　　但萨德本也会为生活带来巨大的补偿。他最喜欢的房间是书房，这是整个房子的核心，里面仍然摆满了前主人留下的书。克拉克很晚才通过一本名为《无泪阅读》的插图手册学会阅读，在这本书中每个字母都用象形图表示。他读了所有爱德华时期的经典儿童读物，但称有一个系列的书"对我性格的影响超过了我此后读过的任何书"。这就是弗洛伦斯和伯莎·厄普顿（Florence and Bertha Upton）所著的配有插图的"戈利沃格"的历险故

---

* 他的朋友琼·德罗伊达（Joan Drogheda）写信来抱怨他回忆录中的这段话，说大多数仆人没有像他所说的那样对待孩子，他们也不怨恨他们的雇主，他的"看法是错的"。来自德罗伊达夫人的信，1972年2月19日（Tate 8812/1/4/36）。

事。[22]正如克拉克所解释的那样，戈利沃格和五个女孩过着完美的幸福生活；他总是以最礼貌的方式对待她们，而她们分享着他的冒险经历；她们的角色是崇拜他，当事情出错时，她们会拯救和安慰他。"在我看来，他是骑士精神的典范，远比亚瑟王传奇中那些难以令人信服的骑士更有说服力，"克拉克写道，并坦率承认，"我完全认同他，也从未停止过这样做。"[23]的确，他的后半生将享受着同时与许多女人保持着精心管理的关系，她们将以一种类似的方式来欣赏和安慰他。

与此同时，在他的育儿室里，孤独的克拉克喜欢用他的砖头建造精致的古典建筑，与他的马戏团人物一起表演《在芒通》（*à la Menton*）。"当我的父母离开去卡普马丹和维希时，我就孤身一人了。"他写道："作为独生子女，本应感到孤独，但事实上，我不记得孤独有给我带来任何不便。相反，我带着恐惧和厌恶的情绪记得，一些好心的大人偶尔会安排我与同龄的孩子见面。"[24]当别的孩子出现时，他会发现自己和他们没有任何共同之处；他也不指望和他们分享自己的兴趣，因此从小就形成了一种个人的例外主义。当他们离开时，他会很高兴，并"如释重负地回到我的小熊，我的砖块，或者在以后的日子里，回到我的台球桌旁"[25]。在克拉克的一生中，每当客人离去，他都会感到高兴。他相信，早年的孤独"让我完全无法参加任何集体活动。我无法属于一个团体"[26]。他倾向于夸大这一点：事实上，自战争开始，他的整个职业生涯就有很多在委员会的任职，这显示了他参加集体活动的无限能力。他孤独的童年确实使他害羞——除了和成年人在一起时——但也帮助了他培养对艺术作品的敏锐感知。

也许，对一个孤独的孩子来说，比孤独更大的敌人是无聊。但克拉克竭力否认这种说法："我的日子都是愉悦的。大多数孩子都过得很无聊，但我不记得在萨德本有过无聊的时刻。我爱萨福克郡，爱那里的荒野和沙坑，萨德本森林里的橡树，伊肯（Iken）宽阔的河流。"[27]同样，他还会这样写道："在家庭生活中，幸福的敌人不是压迫，而是无聊，而不幸的父母对此几乎无能为力。"[28]克拉克一生都害怕无聊——这是他对待他人的态度的一个重要考虑前提。在大多数观察者看来,他很容易对事物感到无聊;他总是对无聊的东西过敏,也害怕自己在演讲或电视节目中成为一个无聊的人。

18世纪的萨德本大庄园富丽堂皇,其管理也井井有条;顺着路往下走是阿尔德河口的浪漫的艾肯小镇,那里有一座孤零零的用茅草盖的撒克逊人的圣博托尔夫教堂(St Botolph)。克拉克会坐着马车去那里捕虾,对他来说那里一直是一个神奇的地方:"我发现,萨福克海岸边的微妙的音乐,还有那错落有致的树林、孤寂的沼泽和停满小船的河口,对我来说仍然比自然风光、阿尔卑斯山脉或白云石山脉所演奏的宏大乐章更有魅力。"[29]而就是在这里,阿尔德河岸边的一个小海湾,克拉克结识的第一个艺术家朋友查尔斯·西姆斯(Charles Sims)为他画了一幅肖像。在这之前,约翰·莱弗里爵士(John Lavery)已经用委拉斯克斯(Velázquez)的手法为他画了一幅肖像画(他用莫里斯·鲍勒最喜欢的赞美词来形容,这幅画"绝对不差")。克拉克认为西姆斯的肖像缺乏新鲜感,但把阿尔德河口作为背景的选择却很重要。他终其一生都会回到那里,并在奥尔德堡(Aldeburgh)附近的海岸边写出他最好的著作。当他后来与本杰明·布里顿(Benjamin Britten)和彼得·皮尔斯(Peter Pears)建立了亲密的友谊时,他成了奥尔德堡音乐节(Aldeburgh Festival)的早期拥护者,并帮助建立了它的声誉。

在伦敦,这家人放弃了小克拉克出生时所在的格罗夫纳广场的房子,在伯克利广场租了一套公寓。"我们从没有在伦敦待过太长时间,"克拉克写道,"因为我母亲认为我的父亲会在那里陷入各种麻烦,而她的判断是对的;但每一次伦敦之行都让我很愉快,因为这意味着可以去剧院看戏。"[30]他看到了所有爱德华时期的著名演员:斯奎尔·班克罗夫特(Squire Bancroft)、杰拉德·杜·莫里埃(Gerald du Maurier)和他最喜欢的查尔斯·霍特里(Charles Hawtrey)。他的母亲在伦敦像老鹰一样盯着她的丈夫,但他被允许带小肯尼斯去音乐厅;老克拉克在帝国剧院和阿罕布拉剧院都留有包厢。正因为此,年轻的克拉克的脑子里储存了一套音乐厅曲目,这在以后的生活中会让他的朋友们大吃一惊。*

1910年，拉姆带着克拉克去白城（White City）看日本艺术展，这是他最具影响的童年时刻之一。在那里，他看到了呈现日本各种场景的真人大小的立体模型，但最让他印象深刻的是屏风，"看到那些美丽动人的花朵的绘画，我兴奋地说不出话来，感觉自己进入了一个新世界"[31]。他意识到自己发生了变化，这种美学上的觉醒标志着他"奇异天资"的诞生。第二年圣诞节，祖母送给他一本卢浮官的画册，这是他第一次接触古典大师的作品。书里的图像让他着迷，他感觉自己像是被施了魔法。然而，当他把最喜欢的作品的图片——提香（Titian）的《田园音乐会》（Concert Champêtre）（当时被认为是乔尔乔内［Giorgione］的作品）展示给祖母看时，她唯一的评论是："天呐，这太裸露了！"而这可能是克拉克第一次听到这个词。

事实上，在萨德本，年轻的克拉克被画作所围绕。他的父亲是一个贪婪的买家，购买了各种高地牛的画作，尽管偶尔他也会买些更有趣的东西，比如米莱（Millais）的《默斯利泥沼》（Murthley Moss）、一幅柯罗或一幅巴比松画派的风景画。但总的来说，他喜欢绘制高度精美且带有细腻情感的约瑟夫·伊斯拉尔斯（Jozef Israëls）的《薄饼日》（Pancake Day）、罗莎·博纳尔（Rosa Bonheur）的《高地牛群》（Highland Cattle）和威廉·奥查森（William Orchardson）的《一生的故事》（Story of a Life）。这就是他儿子所说的"成长中的美学家的粗粮"，但他开始相信，那些在过高品味中长大的人，在以后的生活中不太可能对艺术作品做出宽宏开放的反应。"这并不是偶然的，"他在写罗斯金时写道，"有三四个英国人——黑兹利特（Hazlitt）、罗斯金、罗杰·弗莱（Roger Fry）——他们有着极强的艺术鉴赏力和洞察力，足以看透他们的同胞们通常的迟钝，而他们都来自庸俗古板的家庭。在高雅的环境中长大，就等于过早地满足了对艺术的渴望，把艺 16

---

* 这也使得克拉克在担任ITV主席期间与瓦尔·帕内尔（Val Parnell）和卢·格雷德（Lew Grade）拥有共同的兴趣。他们有在音乐厅和综艺节目的早年经历。

术看作愉快的享受，而不是迫切的需要。"[32]

老克拉克喜欢和艺术家们在一起。毫无疑问，艺术家非常规的生活状态对他来说颇具吸引力。他和好几个艺术家都成了朋友，其中包括西姆斯和奥查森。他鼓励儿子对他们的兴趣，这确实让这个男孩的志向从表演转移到了绘画。他的父亲甚至允许他定期重新布置萨德本家里的小画，由此培养出的技能会让他在未来能帮助伦敦国家美术馆成为世界上最讲究绘画陈列的美术馆之一。在小克拉克12岁生日那天，他的父亲大概是想起了儿子讲述的和拉姆一起去白城的愉快经历，于是送给了肯尼斯一本由一位日本收藏家在1830年左右整理而成的剪贴簿，里面有葛饰北斋（Hokusai）和他圈子里的艺术家的素描和版画。这是他在生命的最后时刻仍然拥有的一个美妙的珍宝，它是年轻的克拉克日益高涨的激情的源泉。

每年夏天，这家人都会坐上长途火车去罗斯郡钓鱼。他们会在爱丁堡的北英酒店（North British Hotel）住一晚，他的父亲总是喝得烂醉如泥，儿子则不得不把他从大厅的沙发上拽起来，扶着他上楼，嘴里嘟囔着："这段路对这只老狗来说太艰难了。"年轻的克拉克讨厌在苏格兰高地度假，他一想到房里那些陈旧的用品就很丧气。他将埃维湖周围的乡村描述为"无尽的沼泽，没有耕地，持续降雨，还有成群的蚊子"[33]。

英国人在孩子满七八时岁就把他们送到寄宿学校，克拉克对此非常厌恶，认为这"完全是父母为了把自己的孩子赶出家门而保留的习惯"[34]（但他对自己的孩子也重复了这个习惯）。父母为他选择的是汉普郡时髦的韦森弗德（Wixenford）预备学校。像大多数类似的学校一样，韦森弗德也有几分荒诞，而克拉克可能把这个地方说得比实际情况还要荒诞，有伊夫林·沃（Evelyn Waugh）在《衰落与瓦解》（Decline and Fall）中的利拉纳巴城堡的影子。韦森弗德是伊顿公学的附属学校，按照克拉克的描述，学校把更多的精力花在取悦家长而不是教育孩子上。学校坐落在仿都铎式的建筑里，有一个非常漂亮的花园，"通向一条种着青柠树的林荫道，据说，在夏季学期，学校会在这条林荫道上提供膳食"[35]。寇松勋爵（Lord Curzon）就毕业于这个学校，这里的学生都是上层阶级、美国和南非百万富翁的孩子。

以当时的标准来看，韦森弗德是一个随和仁慈的机构，而克拉克将其教职员工描述为"一群可悲的格格不入的嗜酒如命且愤世嫉俗的人"。唯一和他有某种默契的导师是艺术老师G.L. 汤普森（G.L. Thompson），也就是人们所熟知的"汤皮"。他向克拉克介绍了19世纪50年代巴黎各个艺术学校的绘画方法。韦森弗德鼓励学生制作戏剧、为学校杂志写稿，克拉克两样都有参与。他上演了一出融合了他最喜欢的音乐厅歌曲的时事讽刺剧。未来的牛津美学家领袖哈罗德·阿克顿（Harold Acton）当时也就读于韦森弗德。他编辑了一本杂志，而可能就是为他，克拉克写下了人生第一部文学作品，一篇题为《牛奶和饼干》（"Milk and Biscuits"）的文章（关于增加的课间休息时间，克拉克认为这是学校为了取悦家长而为之）。阿克顿在回忆录中说克拉克是一个成熟的天才。"在我们当中，他走起路来充满了善意和自信，他是一个未来的大主教或内阁部长，"他还开玩笑地补充道，"从那时起，他似乎变得年轻多了。"[36]韦森弗德给了克拉克一个启示："学校的舞会给了我第一次和女孩接触的机会，我被她们身上的女性气质所吸引，这种魅力无法用言语来表达。*Incipit vita nova.*"[37]无论好坏，这种对女性气质的着迷将伴随他的余生。他很享受在韦森弗德的日子，在离校报告中他被描述为"一个快乐的男孩"——但这无法用来描述温彻斯特时期的克拉克。

当克拉克回顾他童年所在的爱德华七世统治下的英国时，他将它描述为一个庸俗、可耻、过剩、无信仰的社会秩序，但他承认自己很享受于其中。他也承认，这个时期是创造力的黄金时代："在我看来，生活在1900至1914年这段时间有很多值得称道之处，那不仅仅是爱德华时代的富豪们的时代，同样也是费边派的时代，是像萧伯纳（Shaw）和威尔斯（Wells）这样

---

* "新生活就此展开。"

17

充满智慧的人的时代。那是俄罗斯芭蕾舞的时代，是普鲁斯特的时代，同样也是毕加索（Picasso）、勃拉克（Braque）和马蒂斯（Matisse）的时代。事实上，我在所谓的现代文明中获得的几乎所有的愉悦都是在1916年之前发展出来的。我确实认为1914年的战争是欧洲文明的重大转折点。"[38] 当他在电视上讲述关于《文明》的故事时，他的叙述止于1914年。

3

温彻斯特公学

温彻斯特为我打开了感知之门。

——肯尼斯·克拉克，《森林的另一边》[1]

对于克拉克的父母，温彻斯特公学是个奇怪的选项，或许最好用负面的说法来理解：它既不是伊顿公学，又不是哈罗公学。老克拉克对贵族很反感，他总是指出，这些人只会在有事相求时才写信给他。他不希望自己的儿子变成一个势利的人，而且，他和爱丽丝无疑会在学校演讲日这种活动上感到不自在，所以也不愿意出席。送肯尼斯去温彻斯特的想法几乎可以肯定产生于韦森弗德。即使在这样一个对学术很松懈的学校，人们也认识到这个男孩的前途无量。在温彻斯特的入学登记簿上，克拉克的保证人写的是韦森弗德的校长P.H. 莫顿（P.H. Morton）。肯尼斯是他这个年级唯一进入温彻斯特的孩子。

温彻斯特公学是英国最好的学校之一，以其独特的思想闻名。学校于1382年由温彻斯特主教威廉·威克姆创办，作为一所为穷苦学生而建的学校，温彻斯特保持着卓越的学术水准，除了最聪明的男孩之外，所有人都望而生畏。克拉克描绘了早年他在学校的悲惨境况，但指出"所有知识分子都抱怨他们的学生时代，这相当荒谬"[2]。他认为，他们倾向于"把恃强凌弱和不公正看作对他们自己的人身攻击，而不是任何社会成长环境中的不变条件"[3]。不管荒谬与否，克拉克肯定把霸凌看成是在针对自己。雪上加霜的是"一战"期间的学校没有足够的暖气，食物也很差。克拉克作为一个终身的温和的享乐主义者，也因此受了苦；同时他也很想念拉姆给人带来慰藉的女性温柔。

19 　　像所有的英国公立学校一样，温彻斯特有其独特的仪式和习俗，包括一种被称为"观念"的方言。这里是一个学术温室，既强调古典文学研究，又强调体育成就。当克拉克后来在学校的最高荣誉*Ad Portas*（大门仪式）仪式上受到表彰时，他说："温彻斯特曾因学生的一致性而闻名：是一种一致的卓越，但毫无疑问，获取这种卓越是以个人成就为代价的。"这将是他在温彻斯特感到的几个阻碍之一，因为他的人生轨迹并不会是按照传统古典学路线来获得学术认可。他选择了一条独立的道路，即研究艺术和艺术史。韦森弗德的教育没能让克拉克很好地掌握拉丁语，也没有教授希腊语，因此克拉克在温彻斯特的早年并没有受到重视，直到学校不拘一格的校长蒙塔古·约翰·伦德尔认识到了他的独特之处。

　　克拉克面临的第二个问题是，他对高年级学生对低年级施加的群体欺凌行为完全没有准备。作为一个娇生惯养的独子，克拉克从未经历过兄弟姐妹间的粗暴斗争，也没有学会少年的狡猾。13岁的克拉克在温彻斯特的第一周将要经历的可能是他一生中最大的创伤。他在自传中颇为感慨地讲述了这个故事。在去学校的火车上，他对一个英俊的高年级男生说话，但对方没有理睬他；结果这个男生是克拉克所在宿舍的级长，一到学校，克拉克就被叫到图书馆，在那他被要求"运动一下屁股"——也就是让他弯下腰——然后他被藤条重重地抽打了好几下，以此为他擅自和学长说话的傲慢行为赎罪。这位级长的孩子后来成了克拉克的孩子的好朋友，但他从未跟孩子们提到过这个故事。

　　成为克拉克在温彻斯特最亲密的朋友的托尼·凯瑟克（Tony Keswick）[4]回忆起到学校的第一天。1917年春季学期的新生们被自己的父母抛弃后擦干了眼泪，坐着早班火车到达了学校。当火车到达时，凯瑟克和克拉克正开始尝试着与对方交流。在一片巨大的嘈杂声中，"男孩们如河流如雪崩般涌了进来"。克拉克转身对凯瑟克说:"这真是太可怕了!"凯瑟克也有同感,他后来说道:"这是我对他最鲜活的记忆。"[5]克拉克遭遇的折磨才刚刚开始。第二天晚上,克拉克遇到了一位级长,他是个艺术家,克拉克轻率地对他的创作提出了意见。"该死的新人,是不是觉得自己很懂艺术,快弯下腰运动你的屁股。"除了这些殴打之外,克拉克还经常清洗14双级长们的鞋子。"转眼间,"正如他所说的那样,"这个来自韦森弗德的快乐小男孩就变成了一个沉默、孤僻、内向但仍不完美的威克姆人。"[6]在温彻斯特第一周的遭遇给克拉克内心留下了挥之不去的伤痕,让他终生都对上流社会的部落主义(tribalism)感到恐惧。

20

学校被分为10个"分院",每个分院约30个学生,克拉克被安排到了被称为"黑克"的赫伯特·阿里斯的分院,他对这个人既不了解也无共鸣。每一个分院都非常独特,而它们的特点则来自其分院主管的性格。阿里斯当了克拉克3年的分院主管,直到1920年,他靠妻子的钱退休,住进了一个乡村庄园;而主管的位置则由被称为"杰克"的霍勒斯·杰克逊接替。这座分院仍然像克拉克时代一样矗立在那里;它由位于金斯盖特街69号的一排小砖房构成,是一个带有内部镶板的让人愉快的平房建筑。将"努力,努力"作为座右铭的阿里斯想让克拉克成为一个成熟的男人。克拉克在他的自传中描述了阿里斯如何鼓励他学习拳击并大喊道:"我想看到那个大脑袋被打得满地找牙。"[7]几周后,他问克拉克进展如何。"我很享受,先生。"阿里斯暴跳如雷:"我不想你享受,我只想让你受伤。"克拉克写了一段题为"分院主管"的诙谐对白,重现了这一幕,这是萨特伍德档案中现存最早的手稿,它展示了一种更幽默的假象——克拉克回应道:"(懊悔并艰难地压抑着眼泪——或者是笑声!)很抱歉,先生。"

克拉克在他的自传中将阿里斯描述成了一个心胸狭窄的施虐狂,但他说阿里斯夫人很有魅力。他们的儿子约翰·阿里斯后来写信给克拉克,回忆起母亲借给克拉克一本关于罗斯金的书(克拉克承认这本书对他的人生有重要影响)并允许他弹她的钢琴。他补充说:"你对我父亲作为一名导师的评价可能是对的，尽管不是所有你的同辈都会同意……他并没有不仁慈，但他是个相当严厉的人，我相信他当时一直想着那些从温彻斯特去法国[即参加战争]的人。我希望你不要错怪他。"[8]

克拉克的第二个主管"杰克"，可以说是温彻斯特的一个传奇人物。在一份学校的手稿中，他被描述为"一个不能忍受愚蠢的凶猛的小个子男人——在战争中受过伤，成了一个狂热的军国主义者。他收集瓷器，也了解木刻。他有许多不讨喜的品质，天生不带有温情。据说他只对运动员感兴趣"[9]尽管两位主管有着明显的不同，但克拉克认为杰克对他很公平。杰克逊讨厌自负的人。当克拉克快从学校毕业时，有人问他之后打算做什么，克拉克回答说："协助贝伦森先生出新版的《佛罗伦萨画家作品集》（*The Drawings of the Florentine Painters*）。"对克拉克缺乏认识的杰克逊评论说："真是个自命不凡的家伙。"[10]他并不是最后一个表达这种情绪的人。同样经常被引用的——虽然也可能是被误读——是当杰克坐在克拉克与父亲是香港有名富豪的凯瑟克之间时说的一句话："我再也不会允许商人的儿子出现在我的分院。"[11]事实上，这个分院里有很多这样的孩子，正如杰克逊的讣告所说，"他可以从一种特殊的角度去开个玩笑"。

和学校里大多数聪明而敏感的男孩一样，克拉克找到了自己的避难所。最重要的是"绘画学校"或美术室。到学校的第三天，他就去见了艺术老师麦克唐纳先生——"一个和蔼可亲的人，但却是我认识的最懒的人"。温彻斯特并不支持学生的课外活动，而麦克唐纳也没有太多学生，所以当他注意到这个充满热情的年轻学生时，可能百感交集。幸运的是，克拉克特别喜欢墙上的两幅日本艺术家喜多川歌麿（Utamaro）的版画，麦克唐纳邀请他"下周日过来，我的抽屉里还有一些"。克拉克很快看完了喜多川歌麿、葛饰北斋和歌川国芳（Kuniyoshi）的经典版画集——在后来，他自己的艺术收藏中总会包括日本版画。他已经下定决心要成为一名艺术家，这个决定影响了他在温彻斯特余下的时光。他与麦克唐纳先生一起度过的周日下午"是我一生中最快乐和最具影响的时光之一。它们证实了我的信念：

只要能让我享受艺术，就没有什么能摧毁我"[12]。

麦克唐纳教克拉克画雕塑的石膏模型——他很遗憾地表示，这种训练对他以后成为艺术史家更有帮助——而每年克拉克都会获得学校的绘画奖。友善的阿里斯夫人给他看了几期被视为美学运动《圣经》的《工作室》(*The Studio*) 杂志，克拉克从中了解到奥布里·比亚兹莱 (Aubrey Beardsley) 和插画师查尔斯·基恩 (Charles Keene) 的作品，这对他的绘画产生了主要影响。多年后，克拉克选择在奥尔德堡音乐节讲演的主题就是这两位艺术家。泰特美术馆的档案中有几幅带着比亚兹莱90年代风格的画，恰巧署名为"KCM"，大多是男性裸体研究；其他的画作则带着基恩的网纹手法。麦克唐纳先生还介绍了另外一位后来被克拉克视为神的画家："我清楚地记得绘画老师从橱柜里拿出几张皮耶罗·德拉·弗朗切斯卡 (Piero della Francesca) 在阿雷佐 (Arezzo) 的壁画的照片，当时几乎很难在书中看到这些作品。即使图片是颠倒的，但当它们出现在我眼前的那一刻时，我还是被震惊了。"[13]

除了美术室，克拉克的另一个避难所是学校的图书馆。除了理查德·穆瑟 (Richard Muther) 关于戈雅 (Goya) 的专集以外，这里基本没有其他艺术书籍。[14]但确实有一套对克拉克一生影响最大的书，即库克和韦德本编辑（1903—1912）的《罗斯金全集》(*The Collected Works of John Ruskin*)。"我以为它们关于艺术，但其实是关于冰川、云、植物和水晶、政治经济和道德的。"[15]如果说罗杰·弗莱和克莱夫·贝尔 (Clive Bell) 的作品更现代、更易读，那么罗斯金的作品则像一束被点燃的火焰，缓缓燃烧至克拉克生命的最后。它们不仅深刻地影响了他观看和描述艺术作品的方式，更影响了他的政治和社会态度。在他自己的书里，克拉克最喜欢的也是这位维多利亚时代作家的选集《今日罗斯金》(*Ruskin Today*)。几乎同样重要的是他发现了沃尔特·佩特*及其艺术写作和他在《幻像》(*Imaginary*

22

---

* "我在温彻斯特读过沃尔特·佩特（Walter Pater）的书，但出于某种原因，我在自传中漏掉了这一点，这是一个可耻的遗漏。"（BBC, "Interview with Basil Taylor", 8 October 1974, British Library National Sound Archive, Disc 196）

Portraits）中讲述的关于虚无主义年轻贵族"塞巴斯蒂安·范·斯托克"的故事，在他"拒绝做或成为任何明确事物的态度中，我认识到了我自己的思想状态"[16]。克拉克不愉快的校园经历，以及在萨德本期间对运动生活的排斥，都助长了他的忧郁情绪。他一生都容易感到厌倦，而在晚年，只有行动和工作才能使他克服对厌倦的恐惧。

　　假期在家时，十几岁的肯尼斯·克拉克依旧是不合群的人。令他父亲烦恼的是，他仍然拒绝外出射击。菲莉丝·爱丽丝描述了这一时期他在萨德本的情况："台球室里还有一架自动演奏的钢琴。当年轻的肯尼斯放假从学校回来时，我们会翻看钢琴纸卷。他还会带我坐船去湖上玩。一个14岁的男孩和一个4岁的女孩待在一起是不同寻常的，但他总是与众不同，也许像我一样，是个孤独的孩子。他那时总是不太开心。"[17]

　　肯尼斯对射击不感兴趣，这让他的父亲大失所望，再加上战争带来的动荡，老克拉克对庄园的未来产生了怀疑。克拉克的母亲也渴望摆脱组织家庭聚会的负担，于是在1917年，老克拉克决定出售萨德本的房子。我们只能想象克拉克的父亲在出售他花了这么长时间打造的庄园时的痛苦。房子差点卖给木材商沃尔特·博因顿（Walter Boynton），对方出价17万英镑，但无力支付。因此，庄园在第二年进行了打包拍卖，但大部分拍品都没能找到买家。这是出售房屋最糟糕的时期，英国有四分之一的庄园都处于待售状态。最后，在1921年，即将成为第一代曼顿男爵的实业家约瑟夫·沃森（Baron Manton, Joseph Watson）出面，以8.6万英镑买下了庄园，这对克拉克家来说是一个巨大的损失。*

　　克拉克一家搬到了巴斯，肯尼斯上学的大部分时间他们都在那里度过。他的父亲整天都在俱乐部里打桥牌和台球，肯尼斯也从来没搞明白他的母亲除了逛古董店之外还做了些什么。他变得非常喜欢这个城市，并出乎意

---

* 资料由奥福德博物馆提供。今天，萨德本庄园已经不复存在，但车道、改建的马厩、模范农场和村庄还保留在那里。爱德华时代的财富象征仍然清晰可见，广阔空旷的围墙花园、板球场和现存的附属建筑都显示出庄园昔日的规模。

料地在那里度过了一个学期。*也许会让人惊讶的是，克拉克是一名优秀的运动员——他是板球队里技术高超的投球手，甚至还获得了一个跑步奖。有一天，在一次长跑之后，他患上了肺炎，病情严重到学校让他休学一个学期。同时，他已经出现了困扰他一生的疑病症的迹象。他总是喜欢把自己塑造成一个自学成才的人，他将生病描述为"唯一让我能学到具有持久价值东西的时间"[18]。他以阅读和在自动钢琴上弹奏肖邦度过每日的时光，后来他认为这一时期对他的发展至关重要："我的头脑处于一种可塑性状态，这是我最后一次能记住我读过的大东西。"[19]他对17世纪的英国诗歌如饥似渴，尤其是沃恩（Vaughan）和弥尔顿（Milton）；还有亚瑟·韦利（Arthur Waley）翻译的9世纪的中国诗歌；易卜生（Ibsen）教会了他人类动机的复杂性；塞缪尔·巴特勒（Samuel Butler）提供了一种不同的怀疑论；当然还有罗斯金，"他的《致后来人》（*Unto This Last*）是我读过的最重要的书"。在这一时期，他还阅读了大量小说，喜欢阿纳托尔·法朗士（Anatole France）、约瑟夫·康拉德（Joseph Conrad）和托马斯·哈代（Thomas Hardy）的作品。战争的结束为英国带来了一个非同寻常的好处——迪亚吉列夫俄罗斯芭蕾舞团（Ballets Russes）的到访，没有它，这一时期的审美教育就是不完整的。"那是一种陶醉，"克拉克写道，"甚至比比亚兹莱还要强烈。"[20]看《天方夜谭》（*Scheherazade*）和《火鸟》（*The Firebird*）等作品，让人从学校生活的沉闷狭隘中逃离出来，进入到一个梦幻世界。带克拉克去看芭蕾舞表演的人仍然是个谜，但可能是和克拉克住在同一幢宿舍年龄稍大的男孩维克托·"普伦迪"·普伦德加斯特（Victor "Prondy" Prendergast）。克拉克称他"对我在温彻斯特的生活有很大的影响。他是个彻头彻尾的美学家，属于《黄面志》里的人物"[21]。他们不仅对芭蕾舞，而且对现代艺术也有共同的兴趣。普伦迪一定是个招人喜欢的人，但克拉克在牛津大学里没有再见过他，温彻斯特毕业生名册上只简单地写着他"到处旅行，从事文学工作"。

24

---

* 在20世纪60年代，克拉克将成为反对开发商的主要辩护人之一。

　　如果说俄罗斯芭蕾舞团让克拉克第一次感受到了国际现代主义，那么这种教育在低调的伦敦莱斯特画廊（Leicester Galleries）举办的几乎所有欧洲主要先锋艺术家的个展中得以继续。正是在这些朴实的环境中，在画廊总监奥利弗·布朗（Oliver Brown）的亲切引导下[22]，克拉克发现了收藏的乐趣，当时素描作品的价格通常在5英镑以下。在他16岁时，一位教父给了他100英镑，让他买一幅画。克拉克被一个他从未听说过的艺术家莫迪利亚尼（Modigliani）的一张具有原始风格的男孩肖像画所打动。他订了这幅画，但在最后一刻——当他试图想象它被挂在父母的巴比松画作旁时，他失去了勇气，取消了购买。这件作品现在挂在泰特美术馆，这是对其品质的证明。

　　对克拉克的转变和他在温彻斯特日益增长的信心负有最大责任的人，是那位高大、古怪、异想天开的校长蒙塔古·约翰·伦德尔。他是一个从哈罗出来的单身汉，把自己的一生都献给了学校，他的晚年生活则是在报纸上追寻那些从学校毕业的老男孩在做什么。他是那个时代最伟大、最引人注目的校长之一，和斯托中学的创始人J.F. 罗克斯伯格（J.F. Roxburgh）齐名。蒙蒂·伦德尔能看到学生的独创性和聪明才智，他是克拉克家族圈外第一个充分认识到他的潜力的人。克拉克后来谈起伦德尔时，总是充满感情地称"他救了我"。

　　伦德尔到底是怎样一个人？克拉克认为他结合了查尔斯·金斯莱（Charles Kingsley）强硬的基督教精神和前拉斐尔派的唯美主义。他有几分演员的气质，既严肃又滑稽，蓄着爱德华时期那种蓬松的小胡子，总是系着没有打结但用钥匙圈拖着的领带。一位同时代的人这样描述他："蒙蒂如此奇妙、如此迷人、如此让人难忘、如此有趣滑稽……他属于有勇气把自己戏剧化的那一代人。"[23]骑士精神是伦德尔的主要美德，他委托创作了一幅中世纪式的三联画来赞美它，并将其遗赠给了学校。克拉克写道，他相信"学识、礼仪和公平竞争的结合，是曼托瓦也是温彻斯特公学的绅士的理想"[24]。对克拉克和很多威克姆人来说，蒙蒂·伦德尔永远是位可爱且鼓舞人心的老师，是他将意大利艺术介绍给了克拉克。*

伦德尔在温彻斯特建立了一个研究中心，里面有意大利绘画的图像。他为意大利北部——佛罗伦萨（Florence）、翁布里亚和锡耶纳——的画家制作了细节丰富又漂亮的挂图，并提到了克拉克未来的导师伯纳德·贝伦森。他的房间里挂满了意大利艺术作品和意大利风格的当代作品。他甚至在校长室前建了一个意大利花园，学生们戏称它为"蒙蒂菲亚斯科"。最重要的是伦德尔是一位给人启发的讲师，克拉克的眼界大开，看到了乔托（Giotto）、弗拉·安杰利科（Fra Angelico）、皮萨内洛（Pisanello）、波蒂切利（Botticelli）和贝利尼（Bellini）绘画的神奇之处，而伦德尔幽默的题外话也在之后被克拉克所采用。这些讲座结合了贝伦森、罗杰·弗莱和赫伯特·霍恩（Herbert Horne）的知识点，伦德尔曾骑车周游意大利，亲眼看到了他所描述的所有艺术作品，因此他的讲座对年轻的克拉克来说非常直接清楚。每年，伦德尔都会带来他最令人难忘的演讲，关于阿西西的圣方济各。50年后，当克拉克在制作《文明》第三集并谈到这位圣人时，很多老威克姆人说他们听到了伦德尔的回音——克拉克也同意他们的说法。正是在温彻斯特的这些讲座和展览让克拉克很希望能够和贝伦森一起工作。在他要离开学校时，伦德尔给了他一本贝伦森的《一位锡耶纳画家笔下的圣方济各传说》（*A Sienese Painter of the Franciscan Legend*）。[25]

伦德尔还在另一方面很大程度地影响了克拉克。他会邀请十几个有趣的学生加入一个叫"SROGUS"的社团，全称是"莎士比亚朗诵和俄耳甫斯合唱联合社团"（Shakespeare Reading Orpheus Glee United Society）。他们在周六晚上身着礼服聚集在校长的房子里，克拉克发现两位未来的社会主义重要人物休·盖茨克尔（Hugh Gaitskell）和理查德·克罗斯曼（Richard Crossman）也在那里。这些朗诵巩固了他一生对莎士比亚和戏剧的爱好，也

---

* 1951年，克拉克出资将1939年的四扇展示耶西之树的彩色玻璃窗重新安装在瑟伯恩的附属礼拜堂里，以纪念伦德尔。费用超过5 000英镑，这在当时是一个巨大的数字。见1973年7月27日致L.H. 兰姆的信（Winchester P6/135）。

将使他未来在国家剧院的组建中发挥重要作用。他要求朗读的部分也展现了他对人物角色的兴趣：肖洛法官、《麦克白》中的看门人和卡利班。[26]

26 　　克拉克后来写道："温彻斯特这个城市的建筑之美渗透进了我的灵魂。"这些建筑激发了他对建筑的终身热爱。他被大教堂所折服："我被这一系列风格迥异的建筑所震撼，每种风格都带着自身的美，而相互之间又充满了和谐。"[27]他后来说，在战争期间，当他被派去负责国内宣传时，萦绕在他脑海中的就是这些建筑，当时他正在制定国家为之战斗的价值观。[28]克拉克绘制过南侧耳堂的罗马式拱门的废墟——他已经知道了透纳的存在——并得到了当时最伟大的建筑制图师缪尔黑德·博恩（Muirhead Bone）的鼓励。博恩是一个友善的苏格兰人，曾访问过温彻斯特，后来在克拉克的战争艺术家咨询委员会（War Artists' Advisory Committee）扮演了重要的角色。克拉克也很欣赏学校本身的建筑，哥特式的教堂和回廊，甚至还有威廉·巴特菲尔德（William Butterfield）19世纪的建筑。毫无疑问，克拉克对建筑的热爱是在学校里被点燃的，这也带出了后来他的《哥特复兴》（Gothic Revival）一书和买下萨特伍德城堡（Saltwood Castle）的行为。他的热爱延伸到建筑之外："没有一个温彻斯特人会忘记，济慈（Keats）在写《秋颂》（Ode to Autumn）的时候就住在那里，每天他会穿过草地走到圣十字教堂：所以他的诗歌和书信中带着对自然之美的最生动的记忆。"[29]整个20世纪60年代，克拉克都将参与到拯救水草甸的运动中。

　　克拉克在学校结交过什么朋友吗？后来成为亨利·摩尔重要赞助人的托尼·凯瑟克还记得当他的"玩具"*里没有东西可放时克拉克表现出的友好。克拉克说："别担心，我有满满一信封的画，你自己拿吧。"说着便从信封里拿出了奥古斯塔斯·约翰（Augustus John）和威廉·奥彭（William Orpen）的素描。据凯瑟克回忆说，"他就是个可爱的家伙"，他允许"我在温彻斯特期间都留着这些画"[30]。在学校的最后一年，克拉克遇到了一个比自

---

* 温彻斯特公学的术语，指的是允许每个男孩使用的木制分隔区。

己小三岁的金发男孩约翰·斯帕罗（John Sparrow）*。他们在教堂区的吉尔伯特二手书店相遇，那里"是我心智成长的温床"。斯帕罗向克拉克提到他发现了一本佚失的书，约翰·多恩（John Donne）的《祈祷》（Devotions）。[31] 他们的友谊建立在对17世纪文学的共同兴趣之上；克拉克成了斯帕罗的导师，这种关系也一直持续了下去。克拉克后来为他题书时称他为"我的老朋友"，克拉克、斯帕罗和莫里斯·鲍勒三人会拥有终生的友谊。

克拉克在学业上取得了稳定，但以温彻斯特的标准来看并不突出的进步，他最终成为一名分院级长。我们能从他在1921—1922这两年的报告中看到他的进步：

> "还不错的报告……不能逃避工作中枯燥的部分"
>
> "在进入角色"
>
> "注意力不集中：必须认真对待当级长这件事"
>
> "丰富的学术兴趣，但不要让它们妨碍他的日常工作"
>
> "有帮助的级长"
>
> "必须把艺术作为一种爱好，保持一个度"
>
> "出色的报告"

与他在自传中给人的印象相反，到了1921年（即他在学校的倒数第二年），克拉克重新找回了在第一年被摧毁的信心。他成了一个引人注目的校园知识分子，做艺术史讲座，并参加关于国际事务和战后政治的激烈辩论。我们开始看到这位英国未来的艺术领袖逐渐找到了自己的位置。他做了一场关于从拜占庭到皮维·德·夏凡纳的"墙面装饰"的讲座——《威克姆人》（The Wykehamist）杂志报道说，他的"风格很自由，但有点被频繁的艺术术语给破坏了"。然而，对于那些读过他讲述的自己在学校默默无闻、脑

27

---

* 斯帕罗（1906—1992），后来就读牛津大学万灵学院，将是克拉克的终生挚友。

腼内向的人来说，最让人吃惊的是那些辩论。1921年11月8日，他发起了一场支持仁慈专制君主的辩论，并表示"可能会有一些受过教育的公爵……但几乎没有受过教育的女清洁工"。1922年3月，《威克姆人》杂志告诉我们，克拉克对参会的人说："辩论是一件非常有趣的事情……并以一种极具新闻风格的口味总结，还有什么比真正击垮对手（啊！）更令人愉快的事情嘛?"[32]

　　自从在学校度过悲惨的第一周以来，克拉克已经成长了许多。现在轮到他去恐吓低年级学生了，尽管他恐吓的方式从不是施加身体暴力。有人说："我对他的看法，我想，最好的一个词就是'恐惧'。他对愚蠢、欺骗和自负毫无耐心……他的举止有一种温文尔雅的凶狠。"[33]事实上，克拉克当时正在经历几个变化。他逐渐认识到，他的才华不在于他那些模仿来的绘画，而在于写作和运用他的才智。他被马修·阿诺德（Matthew Arnold）的名言所打动：如果一个英国人既会写作又会画画，他就应该写作，因为写作是这个国家的表达形式。克拉克的一些早期写作保存了下来，包括一篇题为《历史小品：旺斯顿，公元80年》（"Historical Vignettes: Wonston, 80 A.D."）的故事，"是在学校里完成的为1921年的图书馆馆长写的作品"。这是一位聪明而野蛮的英国人和他的工头——一位世故的罗马百夫长——之间的对话，这个异想天开又有点萧伯纳式的对话是关于文明的美德和恩惠的。[34]克拉克在1922年获得了牛津大学三一学院（Trinity College）的奖学金，这让他最终确信他的未来在于写作而非画画。他喜欢假装认为温彻斯特的每个人都很吃惊，尤其他的主管"杰克"，但事实并非如此。这个想法符合克拉克的观点，即自己是一个脱离主流、自学成才的人。

　　人们觉得肯尼斯·克拉克在后来的生活中呈现出了某些曾经被称为是威克姆人的特征：思想严谨，纪律严明，偶尔有些冷漠。1974年，当他接受一本学校杂志的采访时，他回忆道："当我听到人们把威克姆人说成是一个特殊的群体时，我总是感到惊讶，因为你根本无法把他们都归为一类：当时和我一起就读的还有戴维·埃克尔斯（David Eccles）、休·盖茨克尔、塞西尔·金，迪克·克罗斯曼、道格拉斯·杰伊（可能是他们中唯一真正的威克姆人）、约翰·斯帕罗和德尼斯·洛森*，他们是一个非常复杂的群体。"温彻斯特的社会主义知识分子比较多，这里面唯一成为克拉克亲密朋友的是约翰·斯帕罗，他成了左派的笑料。迪克·克罗斯曼将典型的威克姆人描述为"知识分子的傲慢和传统的良好礼仪的混合体"[35]。温彻斯特或许没有伊顿公学那种辉格党人的漫不经心和雅典人的优雅，但它具有高度严肃的目标和卓越的学术成就，造就了一代又一代的大使、常任秘书、牛津剑桥的学院院长和陆军元帅。这所学校鼓励社会良知，这经常在公共服务中体现出来，除了得益于伦德尔，这种教育理念始终是对克拉克一生最大的影响。

　　戈利和他的荷兰娃娃的魅力构成了克拉克私人世界里不可或缺的一部分，它们连同拉姆的深情支持可能被温彻斯特公学里的男性仪式粗暴地打断了。但是，如果说这所学校摧毁了这个孤独男孩天真的梦想，它也照亮了他敏捷而聪明的头脑，为他打开了意大利艺术、英国戏剧和诗歌的大门，这些都会成为他生命的支柱。每个温彻斯特学生的档案上都有一个"离校"短笺，上面记录着学生离开学校后的情况。克拉克的笔记很有学校的特色："在牛津大学的历史课上没有得第一名，可能是太沉迷于艺术：转向了艺术批评。"

---

* 埃克尔斯勋爵，保守党政治家兼艺术大臣；休·盖茨克尔，工党领袖兼财政大臣；塞西尔·金（Cecil King），报纸出版人；理查德·克罗斯曼，工党政治家和日记作者；道格拉斯·杰伊（Douglas Jay），工党政治家；德尼斯·洛森（Denys Lowson）爵士，备受指责的伦敦金融巨头。

4
牛津大学

大学生活的那些年最有价值的是思想受到的感染，就像一系列的快速接种。

没有上过大学的人，在人生的后期才会形成想法，

并被这些想法搞得脑筋不正常。

——肯尼斯·克拉克致韦斯利·哈特利，1959年2月19日 [1]

30　　1922年10月，肯尼斯·克拉克拿着荣誉奖学金进了三一学院，准备享受他后来所说的生活 *hors d'oeuvres*（开胃菜）。人们总会提到20世纪20年代牛津的吸引人之处；这座城市的塔楼仍然散发着中世纪最后的魅力，而郊区几乎没有侵犯到它的边界。克拉克是牛津大学著名一代本科生中的一员，他们伴着诗歌重振了信心：

> 战争之后，
> 到处都洋溢着美好。

然而，当那个辉煌而绚丽的展厅里聚集着哈罗德·阿克顿、伊夫林·沃、格雷厄姆·格林（Graham Greene）和安东尼·鲍威尔在内的人时，克拉克几乎没有参与进去。根据他自己的说法，原因是他的害羞，他绝不合适成为聚集在基督堂学院（Christ Church）周围的美学家的一员，那里有同性恋俱乐部和花里胡哨的行为。克拉克所在的三一学院规模不大，虽不

是特别有名，但在体育方面享有盛誉。最近的一位校长[2]在看校长宿舍里的校友画像时发现，一面墙上是所有赢得殖民地的人，而对面墙上是失去殖民地的人。如果说历史对20世纪20年代牛津大学的记忆主要来自几个引人注目的本科生的古怪行为，那么它忘记了大多数人都是普通的喝啤酒、抽烟斗的运动员，而通常也正是这些人在克拉克所在的学院与他对抗。克拉克和他在温彻斯特时一样，面临着融入环境的问题，他"在牛津的第一感觉是孤独和缺乏方向"[3]。他从未加入过牛津联盟或任何建立联盟的传统俱乐部。尽管如此，他还是结交了很多陪伴他度过大学生活的朋友。

贝利奥尔学院（Balliol）的红脸院长 F.F. 厄克特（F.F. "Sligger" Urquhart），也就是人们常说的"斯莱格"，将克拉克从孤独中解救了出来。他是一位中世纪学者，年轻时差点成为耶稣会士，但最终仍然是一位虔诚的天主教徒，他是自17世纪以来该大学里第一位具有这个信仰的教师。斯莱格会让人想到某些拘谨的未婚姨母。他从未写过一本书，却把召集本科生在一起作为自己毕生的工作。每天晚上，他都敞开房门欢迎那些思想严肃的学生——不提供酒精；在那里，你可能会遇到以崭露头角的诗人模样出现的低阶王室成员。对克拉克来说，这些场合"蕴藏着善意和宽容，我满怀感激地去了那里"[4]。

在斯莱格的房间里，克拉克遇到了两位注定会成为他大学密友的伊顿公学学者——三一学院的博比·朗登（Bobby Longden）和贝利奥尔学院的西里尔·康诺利。朗登是一个红发美男，是"一个罕见的不可抗拒的个体，一个聪明外向的人"[5]，他的欢快和魅力迷住了克拉克。而康诺利则被描述为"无疑是他那一代最有天赋的本科生"，他博览群书，精通法国诗歌、拉丁语和早期教父史。对康诺利而言，克拉克是"黑曜石雕刻的鹰神"，但他们的关系却因为康诺利忧郁的气质、对朗登的占有欲以及克拉克说教的天性而变得复杂。*康诺利是一个有天赋的写信者，他给克拉克写了一系列的信，

---

* "我主要和博比和皮尔斯见面，也经常见罗杰和莫里斯，还有 K. 克拉克——一般在头三周我还能容忍他。"西里尔·康诺利致诺埃尔·布莱基斯顿的信，1925年1月25日（Connolly, *A Romantic Friendship: The Letters of Cyril Connolly to Noel Blakiston*）。

克拉克说这些信"博学、新颖、敏锐且措辞完美，完全可以直接出版"[6]。

32   但那个让克拉克不再羞怯，并给了他勇气去做自己的人是莫里斯·鲍勒，他后来成了沃德姆学院院长。鲍勒是牛津的一位巨匠，对克拉克那一代以及后来的许多人都产生了深远的影响，他是诺埃尔·安南（Noel Annan）所称的"我们的时代"的自由主义知识分子和教育家中的重要人物。[7]"一战"期间鲍勒曾在战壕中服役，也由此对官僚产生了持久的厌恶。以赛亚·伯林（Isaiah Berlin）这样评价他："情感上，他和偷猎者在一起，甚至在他正式转为看守人时也是如此。"[8]他的主要武器是机智，他用他所谓的"喇叭、铜鼓和骇人的大炮"来解放年轻人。[9]克拉克所有的恐惧和压抑都在一连串精湛的调侃中被炸得粉碎。鲍勒喜欢表现得蛮横而让那些古板的人感到震惊，他处在一个同性恋倾向的世界的中心，他称之为"不道德前线""同志国际"或"国际第69"。他讨厌伪君子和冷酷无情的人，非常突出的是，他能看透克拉克的羞涩，特别是克拉克的品味暴露出完全的异性恋特征的时候。

　　鲍勒的技巧之一是让学生们去了解自己的父母——"康诺利少校对《一位农牧神的下午》（L'Après-midi d'un Faune）有什么看法？"[10]而克拉克为他的父亲塑造了一个神秘的个性，荒谬而有趣，"让我从肩上卸下了羞耻和怨恨"。鲍勒的声音洪亮，总能讲出别人不敢讲的真相。对他的朋友们来说，他是最亲切、最热心的人，但作为他的敌人，那可就痛苦了。在他的自传中，鲍勒这样描述牛津时期的克拉克："兴奋的时候，他会唱一些歌剧片段；他喜欢也很懂美食美酒……他对荒谬有一种敏锐的判断力，能精彩地讲出他所遇到的奇人异事，也总爱自嘲。这种本质的欢快与他的外表和举止相冲突。"[11]鲍勒广泛的文化学识跨越了古代和现代，他扩展了克拉克阅读的作家范围：叶芝、里尔克和伊迪丝·西特韦尔（Edith Sitwell）的诗歌，还有屠格涅夫的作品。克拉克后来承认："我用了很多从莫里斯那里学来的表达方式、语调和曲折手法。"[12]他们也有共同的社会主义政治观点。克拉克经常称鲍勒为自己最好的朋友，他们直到晚年都一起过圣诞节。克拉克总是扮演后来被称为"鲍勒斯塔"（Bowrista）的角色。

如果说克拉克的文学教育主要来源于莫里斯·鲍勒，那么他的本科课程或历史学院对他也同样重要。他后来感觉到，牛津的这种让人每周产出一篇文章的实践"培养了一种简缩和组织想法的能力……让一个人能在一定篇幅内写下所有事情……大约是一篇报纸文章的长度，我一直保持着这个坏习惯……这让我深受其害"[13]。克拉克喜欢给人一种他对自己的学习持轻松态度的假象，正如他向康诺利所提到的："如果不想花太多精力去阅读历史的话，莫洛亚（Maurois）和利顿·斯特雷奇（Lytton Strachey）就够有趣了。"[14] 事实上，克拉克此时的阅读已经很深了，他的学识让同代人很吃惊。他在三一学院的导师是个笨蛋，是吉本时代的牛津的遗留，还总是身体不适。但克拉克确实有两位伟大的老师，经济学家F.W. 奥格尔维（F.W. Ogilvie）和经济历史学家G.N.克拉克（G.N. Clark）——后者"教会了那一点儿我所知道的历史方法。*克拉克从学院图书馆借阅的书，如兰克（Ranke）的《教皇史》（*History of the Popes*），偶尔会成为之后的参考文献。他声称自己去听课只是希望能坐在一位名叫阿里克斯·基尔罗伊（Alix Kilroy）（后来成为阿里克斯·梅内尔夫人）的漂亮本科生旁边；但他一如既往地设计自己的研究课程，并已经开始大量阅读，这使他有一天能够制作出《文明》。在进入牛津时，他已经读过卡莱尔（Carlyle）的《过去与现在》（*Past and Present*）和米什莱（Michelet）的《法国史》（*History of France*）。在大学期间，他开始读经济史，包括托尼（Tawney）的《宗教与资本主义的兴起》（*Religion and the Rise of Capitalism*），这本书是工党的《圣经》，也使克拉克最初被罗斯金所激发的社会主义思想变得更加清晰具体。克拉克曾描述过，在温彻斯特，社会问题离他甚远，在一场与当地工人俱乐部组织的辩论中，"他们似乎属于不同的物种，我们把他们视为滑稽的人物"[15]。

33

---

*　G.N. 克拉克对17世纪的荷兰很感兴趣，我们能在《文明》第八集《经验之光》（*The Light of Experience*）中看到他的影响。

克拉克观点的转变是循序渐进的。毫无疑问，主要的影响来自罗斯金的《致后来人》，这本书也给甘地留下了深刻的印象。罗斯金有什么地方打动了克拉克？罗斯金展示了一种艺术和道德情感的独特结合。他对艺术和自然的理解往往相互矛盾且出人意料，却建立在无可匹敌的观察力之上，并以美妙的散文表达出来。他是一个传教士，相信艺术、美和道德不可分割，而丑陋是邪恶的。亨利·詹姆斯（Henry James）观察到，罗斯金对待艺术的方式就像一个由严厉的立法管辖的巡回法庭，处于永久开庭的状态。克拉克很清楚地看到了罗斯金立场上的诸多不一致之处，但还是沉迷于他的信条，即美是每个人与生俱来的权利。克拉克从不站在道德的立场来看待艺术和美，但他从罗斯金那里学到的不仅是他的描述能力，还有艺

³⁴ 术应该属于所有人的信念。与罗斯金相对应的是瑞士人雅各布·布克哈特（Jacob Burckhardt）[16]，克拉克认为他是最智慧且最具实力的艺术史家："布克哈特冷静而超然，罗斯金则兴奋而专注；布克哈特是多疑的，而罗斯金则很容易轻信；布克哈特稳健且适可而止，而罗斯金却陷入一个又一个奢侈而无关紧要的事情中。"[17]

克拉克的另一位维多利亚时代的家神是宣扬唯美主义的沃尔特·佩特。佩特在他关于文艺复兴的书中有一段著名的"结论"，他告诫牛津青年"要永远燃烧宝石般坚硬的火焰，保持这种狂热，［那］就是人生的成功"。克拉克很清楚，对艺术的热爱让他在精神上坚不可摧；但对他来说，佩特远不止是一位才华横溢的文体学家。他后来指出佩特在某种意义上来说是哲学家："他最好的作品的目的是提出实现理想生活的方法。"[18]在克拉克自己的作品中有许多与佩特相呼应的地方，尤其是《成为达·芬奇》（Leonardo）和未完成的《母题》（Motives）。

如果克拉克认为牛津最有用的教育是对思想的感染，那么他很幸运地接受了另一种教育，而这种教育将决定他的人生道路。一到这所大学，他就开始寻找艺术伙伴，先是在戏剧社，后来又去了乌菲兹社团，但他得出的结论是，在牛津大学，对艺术感兴趣的人"很难超过三四个人"[19]。对当

时的学生杂志和展览稍做研究，就会发现这一说法并不真实，而克拉克并不想与美学家群体打交道，也很少在本科生聚会上看到他。相反，他选择寻找艺术本身。在美术部管理人C.F.贝尔的指导下，他开始系统地查看阿什莫林博物馆的绘画收藏，这是世界上最伟大的收藏之一。[20]查尔斯·贝尔身材矮小，略显驼背，与意气风发的鲍勒完全不同。如果说鲍勒的兴趣在苏格拉底、圣保罗和托尔斯泰这类大人物身上，那贝尔的兴趣则更狭窄集中，比如英国水彩画和意大利青铜浮雕。贝尔是一个有品味的人，把自己的部门作为一个庞大的私人收藏来经营。他生性易怒，占有欲强。几乎可以肯定的是，他爱上了克拉克，就像托马斯·格雷爱上了他的查尔斯·维克多·德·博恩斯特滕（Charles Victor de Bonstetten）。*

C.F.贝尔在三个方面对克拉克的一生产生了深远的影响：他把克拉克介绍给了伯纳德·贝伦森；他建议了克拉克的第一本书的主题；他允许克拉克在阿什莫林内自由使用米开朗琪罗和拉斐尔的画作。他给了克拉克一本1870年J.C.鲁滨逊的画册，并指导他写注解，这是"任何一个年轻人所能得到的对眼睛最好的训练"[21]。克拉克一直声称，贝尔比任何人都要对他的艺术教育负责，因为贝尔强迫他看各种绘画。贝尔还带克拉克参观了一些私人收藏，例如戴森·佩林斯（Dyson Perrins）†的收藏，在那里他可以查看《戈尔斯顿诗篇》的手稿。但这一切都付出了沉重的代价：贝尔给克拉克写了长信，他觉得自己无法充分解答他的问题。后来两人的关系恶化，贝尔成了克拉克在私下和公开场合最激烈的批评者。

尽管克拉克与年长的人相处更自在，但他也确实努力与自己学院的同

---

* 诗人托马斯·格雷（Thomas Grey, 1716—1771）在晚年爱上了住在他剑桥住所附近的年轻瑞士贵族博恩斯特滕。

† 佩林斯是一位杰出的书籍和手稿收藏家。几年后，当克拉克在信息部时，他写信给住在莫尔文附近的佩林斯，称如果伦敦被炸毁，信息部将疏散到莫尔文，并询问在这种情况下，他是否可以临时住在他家，"我不会像其他疏散的人那样粗暴地对待你收藏的早期印刷书籍和图片"。除了泄露机密信息外，这一要求极其不合规范。致戴森·佩林斯的信，1940年5月17日（Tate 8812/1/1/6）。

龄人相处，并融入大学生活。他加入了鹰头狮俱乐部（Gryphon Club），即三一学院读报俱乐部，并很快成为俱乐部秘书——他出现在1925年的一张俱乐部照片上。博比·朗登和约翰·苏特罗（John Sutro）[22]也是俱乐部成员，克拉克参加了年度晚宴。他还为大学期刊《查韦尔》（Cherwell）和《牛津展望》（Oxford Outlook）写过生动的艺术评论。[23]他仍然喜欢运动，喜欢打网球和高尔夫。[24]然而，克拉克在牛津大学的两个鲜明特点让他远离大学生活：他拥有一辆汽车；正如鲍勒所言，"他会和身边为数不多的年轻女性交朋友，但却不让她们与他的朋友接触，因为她们还不是牛津社交现场的一部分，他不确定他的朋友会如何看待她们"[25]。在女人的问题上，克拉克已经开始把自己的生活划分成不同的部分。

克拉克给他的同辈人留下了怎样的印象？他在三一学院的第一年是在新建筑里度过的，这栋建筑是由T.G. 杰克逊（T.G. Jackson）按照1885年詹姆士一世建筑风格设计的。科林·安德森（Colin Anderson）[26]也在同一个楼梯之上："当你上到他住的那一层时，你会发现那里并不完全是香格里拉，但它与世隔绝"——家具都已经更换，画都是真品（包括一张迷人的柯罗），房间里摆满了美丽的物品。克拉克有一台最新的留声机，他会放巴托克、莫扎特和贝多芬的音乐——所有来访者都被他庞大的唱片收藏所震撼，这得益于具有fin-de-siècle（世纪末）气质的贵族音乐学家爱德华·萨克维尔－韦斯特（Edward Sackville-West）的帮助。[27]"他被自己的文明所紧紧包裹，"安德森说，"很少参与大学生活。"[28]在某个时刻，学校的体育生注意到了克拉克的房间，并以一种对一个有审美意识的本科生来说并不罕见的方式进行了破坏。*

安东尼·鲍威尔记得克拉克在牛津的时候"野心勃勃，非常无情……

---

* 见乔斯林·亨尼西（Josslyn Hennessy）关于一件奇怪的事的抗议信（1975年2月3日），在牛排俱乐部的午餐上，亨尼西对克拉克提到了在牛津大学第一次见面时，克拉克对他大发雷霆的情形："和你之前的举止截然不同，你现在就是故作礼貌，'现在，你提醒了我，我记得很清楚，'克拉克停顿了一下补充道，'你就是破坏我房间的那帮人中的一员。'"（Tate 8812/1/4/36）

为未来的辉煌事业做足了准备……你永远搞不清楚他会对你友好，还是会对你视而不见"[29]。在学校最受尊敬的本科生诗人彼得·昆内尔（Peter Quennell）把克拉克的这种属性称为"寇松式的优越感"。和他同时代的剑桥中世纪历史学家戴维·诺尔斯（David Knowles）成为他一生的挚友。斯莱格·厄克特在萨瓦阿尔卑斯山脉拥有一间小木屋，他经常在那里举办读书会，1924年的夏天，他邀请了克拉克和诺尔斯。克拉克不喜欢这种斯巴达式的访问，就像他不喜欢和父母在苏格兰度假一样。诺尔斯对他的印象是"学识渊博，严谨，几乎很冷漠"[30]。

就在那年夏天，克拉克21岁了，我们第一次看到了幸存的他与父母之间的通信，这是我们了解他的家庭生活的一扇窗。他的父亲出钱为他订了报纸，但克拉克不得不承认："恐怕我的《泰晤士报》订阅并不成功，我没有时间读这些报纸，因此也没有什么兴趣，它们都直接进了废纸篓。"[31]克拉克一生都出奇地对报纸缺乏兴趣。

大约在克拉克第一次去牛津的时候，他的父母从巴斯搬到了伯恩茅斯，因为他们认为那里更有益健康。他们买了一幢毫无特色的大别墅"托夫特"，现在已经成了一家酒店。尽管他的财产、船只和（我们马上就会看到的）工业投资损失惨重，克拉克的父亲仍然有能力购买苏格兰西海岸的阿德纳默亨半岛（Ardnamurchan），包括7.5万英亩荒芜的土地和希尔布里奇（Shielbridge）的一个阴暗的大木屋。克拉克出于责任才去了那里，并从此养成了独自长时间散步的习惯。在散步的时候，他常常自言自语，他认为这是他后来善于演讲的原因。老克拉克习惯性地在苏纳特湖上留了一艘船，这给他的儿子带来了意想不到的好处——附近爱奥那岛（Iona）上的修道院给他带来了精神上的愉悦。对他来说，这永远是一个神圣的地方，可以与德尔斐、提洛岛和阿维拉相比较，能让他感受到过去的震撼，他在《文明》的第一集里传达了这些气息。

克拉克向他的母亲描述的牛津夏季学期是由"白裤子、河边野餐、公园里的长影、泰晤士河里的游泳者所组成的迷人画面"[32]。他的父母已经在抱怨他对未来过于模糊的计划，为他选择在长假中提高法语而不是和他们一起去希尔布里奇度假而感到苦恼。他从海德公园酒店给他母亲写了一封颇为矫情的信，为自己辩解说："我不能假装自己一个人在法国会有任何乐趣；但是，正如我以前所解释的那样……而且，正如我们必须给工党政府（总有一天我会为其增辉）留下的印象那样：假期的目的是让人们有时间安静、独立地工作和学习外语。一个人的学业完全取决于他在最后一个长假里所做的功课。"[33]也许这封信更多地透露了他母亲对他新抱有的期望，她似乎后知后觉发现了儿子的才华，并希望他能成为首相，或至少是一名外交官。暑假的大部分时间，克拉克都在卢瓦尔河畔的圣阿韦坦，在一位严厉而又出色的法语老师"夫人"的指导下度过。克拉克对她又爱又恨。他把V&A博物馆藏品的照片放在自己的房间里，闲暇时光就去当地的高尔夫球场玩。他的父亲建议他应该和漂亮的法国女孩谈谈恋爱。[34]

正常情况下，克拉克会在1925年6月入校三年后毕业离开牛津大学，但他决定继续待一年。他告诉母亲，他可能会为迈克尔·塞德勒（Michael Sadler）的现代绘画收藏编目[35]，或者研究一位伟大的意大利画家；但实际上，他第四年所进行的项目是由查尔斯·贝尔在期末考试前一周建议的。这既出乎意料又别出心裁："写一本关于哥特复兴的书。"作为牛津建筑学会（Architectural Society）的图书管理员，贝尔对这个主题很感兴趣。这是一个带来启发的想法。在牛津大学时，克拉克一直围绕着这个主题做研究，也是他对罗斯金的兴趣所在。此外，也需要有人来解释"这些怪物，这些搁浅在维多利亚时代趣味泥滩上的难看的残骸"[36]。正如克拉克所说，哥特复兴被视为一种国家的不幸——就像天气一样——他被期望以利顿·斯特雷奇的方式写一些讽刺的东西。他描述了本科生和年轻的教师如何在下午的散步中停下来，去基布尔学院（Keble College）的四方院嘲笑它的设计，人们普遍认为这个庭院是罗斯金而不是巴特菲尔德的设计。

由于有太多的干扰，克拉克怀疑自己是否有可能在期末考试中获得第一名。他给母亲写信说："你必须做好我稳拿第二的思想准备。"—— 结果也确实如此。他对这个结果很乐观，声称"我并没有一流的头脑"——但在当时或之后都没有人接受这个解释。斯莱格·厄克特提醒他，约翰·亨利·纽曼（John Henry Newman）和马克·帕蒂森（Mark Pattison）[37]都获得的是第二名；克拉克提醒自己罗斯金也只是荣誉第四名。鲍勒安慰道："我对学校的事情感到很抱歉；我担心这意味着你的家人会逼你进入商业做生意，那就太糟糕了。否则，结果并不重要，因为专家总是得第二名，而记者通常拿第一名……没有人会因为你没被正式认为是某一门让你厌烦至极的学科的大师而对你另眼相看。"[38]这当然对克拉克的事业没有任何影响，即使稍微削弱了他的信心，也没有人注意到——但它可能抑制了他的自负。他无疑对自己的卓越天赋深信不疑，但学校的成绩作为早期的迹象，表明他的天赋可能并不局限在纯粹的学术领域。未能取得第一名可能对他的态度产生了比当时看来更大的影响，最终他对为学术而学术失去了耐心。

在牛津，克拉克对大学里年长的成员讲话最有效——他给那些年纪较大的单身汉留下了深刻的印象；但是他现在将要对一个和他一样迷恋女性的人施展他 *Wunderkind*（神童）的魅力。

5
佛罗伦萨与爱情

我现在来到了人生的转折点。

——肯尼斯·克拉克,《美学家的进步》[1]

1925年的夏天,克拉克受到邀请与查尔斯·贝尔一起去意大利,这决定了克拉克的未来。他后来写道:"'还在和学校老师四处跑动的状态'让我父母很恼火,但我还是去了。"[2]这次旅行发生在贝尔对克拉克的迷恋达到高峰的时期,这也会慢慢导致他们彼此的脱离,因为当贝尔只是很单纯地要把他的学生介绍给另一位更具吸引力的导师时,这位导师的视野和环境却让克拉克十分着迷。这次具有重大意义的相遇将定义克拉克的品味,并为他的职业生涯设定轨迹。但这也是一个心怀感激的学生跟着他杰出的老师第一次来到意大利。他们在博洛尼亚逗留了一段时间,作为一个十足的维多利亚时代的人,贝尔对趣味过时的画派仍心怀敬意。正是他的雄辩以及关于圭多·雷尼(Guido Reni)和卡拉奇家族(Carracci)的伟大画作在18世纪被认为是卓越的巅峰的知识,迫使克拉克努力去发现它们的价值,尽管他从没有热爱过它们。也正因为此,他之后会成为丹尼斯·马洪(Denis Mahon)和20世纪50年代的*seicento*(17世纪意大利文学艺术风格)复兴运动的早期支持者。[3]

他们从博洛尼亚到了佛罗伦萨,在那里,他们与令人敬畏、无比傲慢的珍妮特·罗斯(Janet Ross)住在一起。她曾是个大美人——据说是几位维多利亚时代小说家的缪斯——现在独自住在城市上方的山上，经营着自己的农场。她的别墅波乔·赫拉尔多（Poggio Gherardo）大而荒凉，很不舒服。她坐在房间中央，周围摆满了瓦茨的肖像素描，还有丁尼生和其他维多利亚时代的名人照片。贝尔在旅途中病得很重，一到目的地就需要人搀扶着上床休息，克拉克也就没心思去总结罗斯给他留下的第一印象。也因此，克拉克只能独自与这位"众所周知的恐怖人物"共进晚餐，配上用美第奇家族神秘配方调制而成的 *aperitivo di casa*（开胃酒）。第二天一大早，克拉克在露台上看到罗斯夫人正在监督她的 *contadini*（农夫），他第一次"感到对地中海生活的悠久传统的向往，自歌德以来，这种生活方式一直吸引着北方人，尽管灾难不断，但这种渴望从未间断——*dahin, dahin*（去那里，去那里）"[4]。

这次旅途最精彩的部分是去拜访伯纳德·贝伦森，他的朋友通常称他为"BB"。贝伦森住在位于塞蒂尼亚诺（Settignano）附近的伊塔蒂（I Tatti），这是他著名的庄园。贝尔对贝伦森有一种恶意的看法——"他实际上就是个江湖骗子，所有的归属工作都是纯粹凭猜测"——但对克拉克来说，贝伦森已经成了他的偶像。克拉克的自传对这次重要会面的细节描述得并不准确，而且将其戏剧化成了一顿午餐。事实正如贝伦森的妻子玛丽在9月12日写给伊塔蒂的图书管理员妮基·马里亚诺（Nicky Mariano）的信中所说的那样："原本罗斯太太、查理·贝尔和一个英俊的牛津男孩要来吃饭，但查理病了，只有珍妮特阿姨和那个男孩过来。"第二天："这个男孩真是个完美的宝贝。B.B.被他的智慧和修养迷住了。今天早上我们去波乔·赫拉尔多看望了贝尔，他的身体状况更糟糕了，他对他的年轻朋友感到特别抱歉，于是我说让他过来吃午饭……最主要的是，B.B.与他聊了更多之后，邀请他来为自己工作两三年，这个年轻人欣喜若狂。这一切都取决于这个男孩有钱的父亲，他希望男孩成为一名律师。"[5]

克拉克给他父亲写了一封长信，证实了玛丽·贝伦森对事件的描述："我和珍妮特阿姨在贝伦森家吃了饭。我以前见过这个大人物，不太喜欢

40

他。他个子矮小，手腕和手都很小，头很大，但很匀称，留着完美的尖胡子。他总是衣着考究，而且有一些相当奇怪的……神经质的手势。在智力上，他无疑是我见过的最令人印象深刻的人。他的房子让人惊叹；他的书让他赚了很多钱，室内布置很完美，收藏了最好的意大利早期绘画和一些漂亮的中国东西；他还拥有现存最好的艺术书籍图书室，所有的书都被放在三个巨大的房间里。"贝伦森在晚餐时专门与克拉克进行了交谈："我更喜欢他了。第二天，贝伦森夫妇来看望贝尔并向他道别，因为他们下午要去慕尼黑，他们让我和他们一起吃午餐。"[6]

41　　克拉克的自传中没有提到那次晚餐，但把这次午餐描述为他们的第一次见面：客人们聚集在一起，"在一个精心选定的时刻，［贝伦森］走了进来，他个子不高，衣着华丽，扣眼里插着一朵康乃馨。现场有一种令人敬畏的安静。"在这段描述中，克拉克非常不喜欢贝伦森，因为他们的交谈内容充满了贝伦森的自负和谩骂。午餐后，他们又移步到 *limonaia*（柠檬别墅）喝咖啡，这个大人物召呼克拉克到他身边坐下。整个见面显然很成功，因为当玛丽招手示意她丈夫上车时，他转身对克拉克说："'亲爱的孩子，我很冲动，虽然我们才刚认识，但我希望你能来和我一起工作，协助我准备新版的《佛罗伦萨画家作品集》。请让我知道你的决定。'随即，他敏捷地跳上那辆抖动的车离开了。"[7]

贝伦森的提议让克拉克激动不已，这是他温彻斯特梦想的实现，也是对任何一个有着同样兴趣的年轻人的最大奖赏，但他觉得父母肯定会反对。他实际上不确定自己是否会喜欢伊塔蒂或BB的个性。在向父亲提到这个话题时，他将提议换了一种截然不同的措辞："我想要一个秘书；你对这个工作有兴趣吗？……请向你父亲保证……我不会让你成为一个艺术批评家。我会让你接触到你在其他情况下无法接触到的人和地方。"克拉克告诉父亲，"这个前景简直让我目瞪口呆"，还说，"我想我如果疯了才会拒绝这种机会。但这取决于你的想法"[8]。当然，他已经下定了决心，这一点从不久之后他写给母亲的一封信中可以看到。

克拉克和贝尔在波乔·赫拉尔多又待了几个星期。贝尔在病床上做好了克拉克在佛罗伦萨的参观计划。第一周的主题是佛罗伦萨的雕塑，贝尔将其视为是这座城市quattrocento（15世纪）艺术的基础，他先让克拉克去了巴杰罗美术馆（Bargello）。"我不能去乌菲兹（Uffizi）吗？"这是克拉克不断重复的问题。"不行，还没到时候，今天你要去新圣母玛利亚教堂……"最后，他得到了去乌菲兹的许可，却发现这是一次让人沮丧的经历，直到他看到皮耶罗·德拉·弗朗切斯卡画的乌尔比诺公爵和公爵夫人的肖像。皮耶罗的《洗礼》（Baptism）已经是他在伦敦国家美术馆中最喜欢的画作，"但我还是对乌尔比诺双联画的光芒和闪耀毫无准备，我跪倒在地"[9]。克拉克经常对艺术作品做出紧张的反应，他会因为感伤的情景而泪流满面或双膝发抖，像是被某种情绪或灵感所征服。安东尼·鲍威尔认为，这与他相信自己在30岁之前就会死于瘫痪且经常感到自己在浪费生命的痛苦有关。[10]

在瓦尔达尔诺游览了两周后，克拉克又在贝尔的安排下和玛丽·贝伦森的门徒去了托斯卡纳南部和翁布里亚。当他回到佛罗伦萨时，"我感觉自己好像在意大利过了一辈子。波乔·赫拉尔多别墅里走廊的回响已不再让人恐惧；粗糙潮湿的床单就像我的日常面包；晚饭前洗澡的行为很荒唐。我必须尽快离开这里，我唯一的思考就是怎么回去"[11]。他在给母亲的信中写道："这是一个多么不同寻常的假期啊！我已在美丽的事物之间游荡虚度了太久，很期待回到努力工作的状态。"[12]在回程途中，克拉克向贝尔提到了贝伦森的提议，贝尔说："你不会喜欢的，你只会听到他对你朋友的谩骂，它们就像乌鸦一样，啄食着每个人声誉的骨头。"[13]

克拉克的父母——不愿看到他们唯一的孩子离开英国——强烈反对他放弃在牛津大学的第四学年。因此，克拉克写信给贝伦森，表示愿意在学年结束后到伊塔蒂工作——1月份为试用期——尽管他意识到这可能会影响他得到这个机会。[14]负责管理丈夫事务的玛丽·贝伦森回信表示接受这一安排，并赞同克拉克在此期间提高自己的意大利语和德语水平。

回到牛津后，克拉克便开始安心写作《哥特复兴》。他在大学的最后一年，即1925年10月到1926年6月，是一段相当阴暗的日子，并以他的疑病症复发为标志。克拉克住在校外位于博蒙特街的房子里，他很少进校吃饭，除了周日晚上牛津的餐馆都关门的时候。当时他是鹰头狮俱乐部的主席，1926年2月他读了一篇关于罗斯金的文章，并描述说"罗斯金思想中持续的挣扎，使他的喜恶与他的艺术理论相一致"[15]。正如他向玛丽·贝伦森解释的那样，他发表文章的动机是为了阐明他对罗斯金与哥特复兴主义者之间关系的看法。克拉克告诉她，虽然牛津让他感到压抑，但这本书的写作进展得很顺利，他已经有了足够多的材料。

撰写《哥特复兴》的乐趣之一是给他带来了与学校里最有创意的本科生之一约翰·贝杰曼（John Betjeman）的持久友谊。他们在莫里斯·鲍勒家里认识，克拉克后来告诉贝杰曼传记的作者："年轻的贝杰曼把自己塑造成了一个19世纪的角色。他热爱生活，喜欢开玩笑，是我认识的最爱笑的人。
他对哥特复兴的价值的发现与我不谋而合，甚至比我看得更远。他有看透流行风格的本事。"[16]克拉克和贝杰曼成了终身的朋友。

克拉克偶尔会回到他父母在伯恩茅斯的家。1925年11月的一个晚上，当他恰巧住在托夫特时，他父亲突然出现——"我永远不会忘记他的脸"——拿着一张报纸，上面的标题是"威尔士大坝灾难，整个村庄被冲走"。老克拉克把他大部分的财产投给了一个铝厂，该厂的动力来自多尔加罗格村附近的一座大坝。这座大坝因不堪重负而爆裂，摧毁了整个村庄，造成16人丧生。克拉克的父亲只去过一次，但他认识到自己的责任，并承担了由此产生的赔偿要求。令他尴尬的是，年轻的克拉克被安排进了公司的董事会，但公司再也没有恢复过常态，不久后工厂就被亏本卖掉了。老克拉克估计损失了100多万英镑，这大概是他一半的财富，但他仍有足够的资金确保家庭不会立即受到影响。克拉克在伯恩茅斯和父母度过了一个忧郁的圣诞节，然后又回到了意大利的乐土。

1月，在伊塔蒂的三周"试用"明显很成功。克拉克写信给玛丽·贝伦森说，这是"我记忆中最愉快的时光。在山间漫步，在图书馆里自由浏览贝利尼或任何其他的书，对我来说都是极大的快乐；最重要的是，和那些理解……我这种热情的人在一起，是一种全新且让人陶醉的经历"[17]。玛丽的弟弟，*belle lettrist*（精通文学的）洛根·皮尔索尔·史密斯（Logan Pearsall Smith）也住在那里，他写信给他们的妹妹爱丽丝（Alys）（伯特兰·拉塞尔［Bertrand Russell］的前妻）说道："这里就像一个小宫廷，受宠的人都在这里……克拉克现在是个新宠，他也值得被宠爱——他的知识、阅读和表达能力对于他这个年龄的人来说无疑是惊人的。他非常喜欢这里，喜欢这里的交谈，充分欣赏这里的幽默以及他自己的幽默。他富有、受人欢迎、独立自主，对周遭发生的事情不太关心。我刚让他和BB的一群人坐在一起，就一堆照片发表自己的意见，他们似乎都尊重地听着。"[18]另一方面，BB的图书管理员兼情人妮基·马里亚诺深受大家，尤其是玛丽的喜爱，而她却觉得克拉克"说话冷淡、尖刻，对于一个如此年轻的人来说，也不乏自负。但很快我又意识到，这在很大程度上是一种羞涩的伪装"[19]。她还观察到洛根已经不知不觉地爱上了他。在伊塔蒂，没有人能确定克拉克的性取向，这是克拉克不可捉摸的一种表现。

洛根住在伦敦的圣伦纳德排屋，他在那里被称为"切尔西的圣人"。他一生都致力于对文学追求、恶意的八卦和为他的格言集润色语句。和沃尔特·佩特一样，洛根玩味着文字，直到"它们在他的书页上像宝石一样闪闪发光"[20]。他一直在寻找理想的文学学徒，并给克拉克写道："我不想强迫你收到不受欢迎的信件，但我总是会乐于收到你的来信，并会及时回复；只是我教你写作的想法似乎越来越荒唐，因为你已经写得很好了。"[21]克拉克把他从洛根的《英国散文精选》（*Treasury of English Prose*）中选的三位他最喜欢的作者的文字放进了回信中：塞缪尔·约翰逊（Samuel Johnson）、沃尔特·佩特和利顿·斯特雷奇。克拉克一直很喜欢洛根，但还是做了BB的学徒；他给洛根推荐了西里尔·康诺利，而这是一个意想不到的成功。

那年春天，克拉克经常写信给玛丽·贝伦森，谈接下来的安排：关于夏天去德国学语言的问题；询问他应该带什么类型的相机到伊塔蒂，以便在他们去教堂时拍摄画作。最让人惊讶的是，"如果你觉得八九月份我的车会很有用——如果我去偏僻的城镇，也可能会用到——那么也许可以为我的司机找个住处。我这个年龄的人根本就不应该有司机，这听起来很荒唐，但当我独自一人时，他还可以做我的贴身仆人；而且没有司机，我恐怕自己没法把车开太远，我对车的内部结构一窍不通，一旦出了问题，我一点办法都没有"[22]。克拉克的司机只是偶尔出现，并不是长期固定的。克拉克从芒通附近的索斯佩勒的高尔夫酒店给玛丽写信，这个酒店是他父亲建造的，但当时他已经对它失去了兴趣。他把酒店交给了儿子，克拉克称自己"非常喜欢酒店管理的戏剧性和复杂性"，但我们很难判断这句话的意思，因为他举的唯一一例子是一个客人偷了所有鸡蛋，然后把它们扔向夜班的行李员、瑞士经理和他自己。[23]对克拉克的生活更有用的添置是在伦敦有了一个住处。他的父母在圣尔敏酒店租了一套服务式公寓，这座酒店坐落在威斯敏斯特的中心，像一个爱德华时代的婚礼大蛋糕。克拉克会冒险前往他加入的伯灵顿美术俱乐部（Burlington Fine Arts Club），那里的人已经开始议论他会是
45 艺术界的后起之秀。*这里聚集了爱德华时期的鉴赏家、收藏家和学者，自然是克拉克向往的地方。又因为与罗杰·弗莱的友谊，他也进入了布鲁姆斯伯里派（Bloomsbury Group）的边缘地带。这两个爱德华时期的鉴赏家和剑桥知识分子的世界将被克拉克同化，最终又会被他抛弃。

克拉克的兴趣从来都不仅限于古典大师。罗杰·弗莱延续并完成了莱斯特画廊已经开始的工作，为克拉克打开了法国后印象派和当代艺术的眼界。查尔斯·贝尔曾亲自阻止这位现代艺术的预言者成为牛津大学斯莱德美术教授——"这只老蜘蛛做到了。"弗莱会欢快地说——但对克拉克而言，"他是我听过的最有吸引力的演讲者"。他在皇后音乐厅的关于塞尚

---

* 伯灵顿美术俱乐部成立于1866年，是鉴赏家和艺术收藏家聚集和举办展览的地方。它最初位于皮卡迪利街的伯灵顿府（Burlington House）对面（因此得名），在克拉克的时代则位于萨维尔街。

（Cézanne）和普桑（Poussin）的讲座经常能吸引2 000名观众，并成功地让英国精英阶层接受了后印象派。克拉克后来宣称，如果说品味是被一个人改变的，那这个人就是弗莱。有人说他和T.S.艾略特（T.S. Eliot）一样，通过在伦敦展示后印象主义，绘制了一种新的艺术景象。E.M.福斯特（E.M. Forster）认为，弗莱让文化不再只是一种社会资产——他面对新的观众讲解艺术，并鼓励他们欣赏艺术。这是克拉克继承下来的东西。[24]

克拉克在温彻斯特读过弗莱的《视觉与设计》（*Vision and Design*，1920），比起弗莱的朋友克莱夫·贝尔的"有意味的形式"的学说，他对弗莱严谨精确的分析印象更为深刻。弗莱是一个画家，一直在探索理解构图的解剖结构。他的思想的精髓是根据形式而非主题来书写艺术作品——这种方法适合讨论塞尚，但不适用于伦勃朗。克拉克很快就放弃了这种淡化历史文学语境和图像学的解释方法。[25]然而，弗莱在批评写作中将不同时代和文化的作品进行视觉类比的方法对克拉克的影响很大。克拉克在他所有的书和演讲中都充分运用了这一点。弗莱也是一个令人愉快的伙伴，当克拉克买下他的一张怪异呆板的画时，他们成了亲密的朋友。克拉克一生中可能最喜欢和弗莱谈论艺术，他曾坦言："我怀疑自从罗杰死后，我是否还能感觉到自己的聪明。"此外，弗莱把克拉克介绍给了布鲁姆斯伯里，这让他与瓦妮莎·贝尔（Vanessa Bell）和邓肯·格兰特（Duncan Grant）建立起了友谊。克拉克在担任国家美术馆馆长时大力推崇现代艺术，这在很大程度上要感谢弗莱。

到目前为止，女性在克拉克的成年生活中只扮演了一个背景角色，但这种情况即将发生戏剧性的变化。6月，他写信给母亲说："我在纽伯里短暂停留，接上了戈登·沃特菲尔德（Gordon Waterfield）和他的年轻女士。"这是他第一次提到他未来的妻子简·马丁。[26]克拉克当时并没有一个明确的女朋友，尽管在家信中他经常会提到"艾琳"，还有西比尔·道森（Sybil Dawson），他后来写道："每个人都以为我会娶她，但她太物质了。"[27]西比尔的父亲是国王的医生，作为医生的女儿，她曾不得体地跟克拉克说她不赞成老克拉克喝酒。[28]克拉克还有其他的女朋友，也许令人惊讶的是，他对她们都没有太大的激情，直到见到他朋友戈登·沃特菲尔德的牛津毕业的未婚妻简·马丁。简是一个友好、朴实的姑娘，活泼中透出魅力。在牛津大学攻读历史的时候，男生都围着她转，欣赏她高昂的精神和天生的优雅。戈登·沃特菲尔德也是个潇洒的人物，父亲是一位画家，母亲莉娜是珍妮特·罗斯的侄女。他在牛津大学的学费由一位做棉花生意的叔叔支付（这位叔叔对他与克拉克家族成员的友谊很感兴趣）。1926年夏天的某个时候，沃特菲尔德被派往埃及学习棉花贸易，他不明智地把自己的未婚妻托付给克拉克照顾。克拉克开始给她写信，并为她做一些小事，比如为她买花呢衣裳。他安慰自己说，她在纽伯里的唐屋中学担任教师，"离牛津只有25英里"。

　　克拉克在6月离开牛津时，也许已经爱上了简，同时他肯定已经不再喜欢西比尔了。他和父母在苏格兰度过了初夏，那是"我度过的最快乐的一个月……没有可怕的西比尔来制造混乱真是太好了"[29]。回到伦敦后，他准备去德国；8月，他和康诺利又去了洛根在汉普郡海边的家，他在那里也很高兴："我们白天大部分时间都在草坪上工作，洛根在写一篇关于佩特的文章，西里尔在做杰里米·泰勒（Jeremy Taylor）作品的节选，我在读黑兹利特的艺术评论。下午我们在哈勃河上驾船，晚上我们洗澡。我们深陷于洛根愉悦柔和的魅力之中……我发现他给我带来了巨大的刺激，离开时，我觉得我必须就几乎每一个主题进行写作。"[30]

　　8月底，克拉克动身前往德国，在那待了一个多月，学习语言、参观重要的美术馆，晚上就在歌剧院度过。当时，德语是艺术史的主要语言，贝伦森曾强调，如果克拉克要阅读李格尔、沃尔夫林和其他伟大艺术历史学家的原著，德语是必须要掌握的。*他去了德累斯顿，这是个有意思的选择。

---

* 阿洛伊斯·李格尔（Alois Riegl, 1858—1905），奥地利艺术史家，其代表作《罗马晚期的工艺美术》（*Spät-Romische Kunst-Industrie*）对克拉克的影响很大。海因里希·沃尔夫林（Heinrich Wölfflin, 1864—1945），瑞士艺术史家，曾在德国任教，主要著作是关于文艺复兴和巴洛克艺术形式和风格的。

"二战"以前，德累斯顿是欧洲最可爱的城市之一，拥有一流的艺术收藏，城市也不大，逛起来很轻松。克拉克寄宿在一个几乎不说英语的家庭，感到很孤独："昨天，我意识到没有机会说英语和没有任何人际往来的状态让人很不舒服，我整个人很忧郁。不过，通过努力工作，我已经摆脱了它。'如果你很孤独，就不要闲着'，这是约翰逊在博斯韦尔（Boswell）踏上欧洲之行时对他说的最后一句话。"[31]

朋友利·阿什顿（Leigh Ashton）的来访让克拉克摆脱了 ennui（无聊）。"三天之内都不要期待有我的来信，"他提醒母亲，"因为和利在一起时不可能写信，他让人一整天都在外奔波。"克拉克第一次见到阿什顿是在温彻斯特，当时他已经是V&A的工作人员，之后会成为博物馆的馆长。阿什顿是一个张扬的表演者，具有创造性而非学术性的头脑。和克拉克一样，他对艺术品有巨大的热情，他们一起游览德国，随后又去参观了在巴黎和布鲁塞尔的收藏。对克拉克来说，在德国最大的启示是发现了巴洛克和洛可可风格，他承认自己"被宁芬堡宫（Nymphenburg）所征服，以至于40年后，我在《文明》的第九集中给了它过多的强调"[32]。

他在从德累斯顿写给母亲的最后一封信中透露了一些重要消息："我要回英国了，那么……我必须去牛津见查尔斯［·贝尔］和我的裁缝；还要到纽伯里去看望简……你知道，简和我是真心相爱的，我必须尽可能多地见到她。你在信中说我丝毫不爱她，我没有反驳你……但是，我爱她已经有两年了，且非同寻常的是，她似乎对我也是如此……我想，除非发生什么意外，否则我们最终会结婚。我没有恋爱的天赋，也不可能再恋爱。我也不可能再找到一个和我有这么多共同点的人。"不知出于什么原因，他相信自己的父亲会反对这桩婚事，他对母亲说："他必须意识到，很不幸的是，我和他截然不同；单身汉的快乐、派对、深夜聚会和玩伴对我都没有任何吸引力。我是最不喜欢'交际'的这类人，如果我不是和亲密的朋友在一起或者不在家，那我就是一个人；我讨厌自己一个人。请试着让他相信简会是我的伴侣……亲爱的母亲，我比以往任何时候都更期待见到你。总的来说，我很喜欢德累斯顿，但我并不适合背井离乡。"[33] 很重要的是，克拉克对简的爱是在远距离中发展起来的。他大部分时间都在不同的地方，而简也已经订婚——这两个因素让他免受期待的压力。此外，克拉克已经答应沃特菲尔德照顾简，他完全有理由陪伴和支持她。也许，这种模棱两可让他不至于对他们不断加深的关系感到自责。

在那个社会地位有重要意义的年代，人们问的第一个问题是，简·马丁是谁？ 她是一个爱尔兰女孩，出生时叫伊丽莎白·马丁（家人一直叫她"贝蒂"），在牛津大学时改了教名。她成长于都柏林的中产阶级家庭，父亲罗伯特·马丁（Robert Martin）是个不务正业的商人，从未停止过炫耀。克拉克称他是个"不可思议的老骗子"。简的母亲埃米莉·迪克森医生（Dr Emily Dickson），比她的丈夫大10岁，是一位杰出的外科医生，却因为婚姻放弃了工作。家里有4个男孩[34]，简小时候就有假小子的一面。她的父母最终分开：她那无赖的父亲去了南非，在那经营德班板球俱乐部*，而长期受苦的母亲则去了唐桥井镇，经济上的需要迫使她重新行医——克拉克很少看到她的笑容。简被送到英国的莫尔文女子学校读书，后来又去了牛津大学的萨默维尔学院（Somerville College）。她天生优雅，喜欢打破常规，这使她很受欢迎。她的学业生涯并不出众，在重考后也只获得了三等学位。除了她那明显的略带男孩子气的魅力外，克拉克和她两个都属于那种"自诩"为一对的局外人。她父亲忠告她，要永远把丈夫的利益放在第一位。

克拉克与简订婚后，不得不给在埃及的戈登·沃特菲尔德写了一封尴尬的信，这封信是从圣尔敏酒店寄出去的。根据克拉克的说法，沃特菲尔德超然冷静地接受了这个消息，但一个奇怪的事表明情况并非如此。这件事发生在简的生命末期，在她漫长而不幸的最后一场病中，沃特菲尔德搬

---

* "简的父亲是一个很有魅力的人，但完全无所事事。简很喜欢他，也很纵容他，但他总是喋喋不休，这让我们大家都感到厌烦。幸运的是，她找到办法把他送去了南非德班，在那里，他成了板球俱乐部的秘书，毫无疑问，他总能找到一个可怜的听众。"克拉克致梅丽尔·西克里斯特（Meryle Secrest）的信，1973年8月27日（伊塔蒂收藏）。

到了肯特郡的海斯，离克拉克在萨特伍德的最后一个家很近。一天，沃特菲尔德在与克拉克的女儿科莉特交谈时，从上衣口袋里掏出了她父亲半个世纪前写给他的那封信。这是充满了流畅的自我辩护的一张纸，克拉克在信的结尾总结说："最后你会发现，这样做对大家都好。"很明显，被简抛弃依旧是沃特菲尔德内心的痛，他转向科莉特，感慨地说："如果她留在我身边，就不会变成现在这个样子。"[35]

6
BB

［贝伦森］想把艺术作品作为整体生活体验的一部分来回应，
他希望将这种复杂的体验描述为人类精神历史上的统一元素。

——肯尼斯·克拉克，《美学家的进步》[1]

50 　　肯尼斯·克拉克和BB的关系是一个持久的爱与矛盾的故事。"贝伦森先生的性格，"克拉克曾经写道，"就像一座从东延伸到西的陡峭山脊。如果你站在南边，那会很迷人，用他自己的话来说，能提升生命。如果你走到北边，有些地方会让人感到不安。"[2]克拉克一般都在山脊的南边；他到达伊塔蒂时，正是贝伦森在艺术界的影响力处于巅峰的时候，而成功让他变得浮夸而固执，时常会让人感觉处在山脊北边。最根本的问题是，克拉克于伊塔蒂的存在是基于一种误解：贝伦森把克拉克看作负责《佛罗伦萨画家作品集》修订工作的助手，这是一个必要而艰巨的项目；但玛丽·贝伦森很快就意识到，克拉克不太可能长期担任任何人的助手，他把自己视为一个合作者。

　　人们经常会提到贝伦森非凡的故事：他于1865年出生在立陶宛的一个犹太家庭，在波士顿长大；自学成才，在公共图书馆、波士顿和哈佛大学接受的教育。他早期的兴趣是东方语言和文学；直到去了意大利，他才改变方向，开始了他毕生对文艺复兴时期艺术家的研究。贝伦森爱上了意大利，穷困潦倒的他为了自己的追求，从一个尘封的乡村教堂辗转到另一个。

正是在贝加莫的一家咖啡馆里，他有了他那著名的要献身于艺术鉴赏事业 51
的顿悟："不考虑回报……我们不能停止研究，直到我们能确定每一幅洛托
（Lotto）就是一幅洛托，每一张卡里亚尼就是一张卡里亚尼。"他把自己的
一生视为神圣的使命。

自贝伦森的时代以来，鉴赏领域遭受到了一些沉重的打击——部分
原因确实是因为它很难带来经济上的回报——但了解清楚谁画了什么总
是很有必要，对于贝伦森开始从事的这个领域来说尤其如此。他以克劳
（Crowe）和卡瓦卡塞尔（Cavalcaselle）[3]还有乔瓦尼·莫雷利（Giovanni
Morelli）的研究为基础；其中最重要的是莫雷利，他当时已经开始对意大利
艺术家的"笔迹"进行分析。莫雷利曾在德国学习比较解剖学，通过对手
和织物等细节的关注，开始将类似的科学分类方法运用到绘画研究中，因
此被批评家称为"耳朵和脚趾甲学派"。贝伦森成为这种研究路径最著名
的实践者，尽管他表现得属于一种独特的艺术史家。当英国作家，如沃尔
特·佩特，可能用文学术语描述艺术作品，德国人可能试图分析它们时，
贝伦森则用他百科全书式的知识创建了意大利文艺复兴时期艺术家的准确
"清单"。随着这些清单以及随之而来的一些有影响力的介绍性文章的出版，
贝伦森的观点几乎成了画商和收藏家的《圣经》。它们的出现恰逢前所未有
的艺术品从欧洲流向美国的大潮，而在推断猜测领域中，贝伦森的认可被
视为最有可能是准确的。

1900年，贝伦森与来自费城贵格会家庭的玛丽·科斯特洛结婚。凭借
克拉克所说的"乔叟式的常识"，玛丽认为没有什么比家庭、稳定和成功
的外在标志更重要。她的丈夫精致、神秘、理智，而她则高大、冲动、易
轻信且精力充沛。克拉克描述他们在一起的情景时说："贝伦森先生个子矮
小，行动敏捷，看到他们一起在山里散步，让我想起了热心的驯象员指挥
大象走路的情形。"[4]玛丽总是需要钱，最初是为了扩大伊塔蒂，之后是为了
补贴她在前一段婚姻中生的孩子。她极力鼓励BB将他的才能用于商业，尽
管他们都没有预料到这会带来非常大的利润。从艺术品经销商那里——尤

其是充满热情的约瑟夫·杜维恩（Joseph Duveen）[5]那里获得的画作鉴定的佣金和费用，让BB成为一个富有的人。杜维恩是所有艺术品经销商中最成功的，因为他不仅能接触到欧洲的卖家，更重要的是能接触到美国的买家，这让他在这场非同寻常的跨越大西洋的艺术品交易中占据了重要地位——而贝伦森则是他重要的加持。

　　最能展现贝伦森家族新财富累积的是伊塔蒂的花园和图书室的升级。别墅的内部有宽敞而漂亮的白色房间，花缎装饰的点缀衬托出BB非凡的文艺复兴的绘画收藏。房子舒适而不奢华，是一个人文学者完美的休憩之地。房子的中心——也是它的重点——是幽暗的图书室，有人认为这是BB最高尚的成就：它拥有世界上最好的艺术史书籍收藏之一。最终，伊塔蒂变得和它的主人一样有名——两者似乎成了同义词——正如克拉克所写的："意大利还有很多更壮观的别墅，但半个多世纪以来，没有任何一座在欧洲和美国的文化生活中发挥了更大的作用。"[6]

　　贝伦森夫妇在伊塔蒂享受着由大量工作人员所支撑的 *train de vie*（奢侈的生活）。每天都有尊贵的或仅仅是富有的客人被邀请来共进午餐，而那些不那么重要的客人则会来喝茶。宾客的接待由妮基·马里亚诺负责，克拉克称她是"世界上最受欢迎的人之一"。妮基——"一半是那不勒斯人，一半是波罗的海人"——最初被聘为BB的图书管理员和秘书。很多人都爱上了她，但她把自己留给了贝伦森夫妇，也从未失去过他们的爱。她是贝伦森最喜欢的短语"生命提升"（life enhancing）的活化身。克拉克曾经说过，BB最真实的一面是他对妮基的爱。当贝伦森夫妇以不同方式追求情感混乱的生活时，她则在伊塔蒂为他们的生活滋养润色。

　　玛丽特别喜欢聪明的英国年轻人；在克拉克到来之前，她的妹妹爱丽丝·拉塞尔已经把利顿·斯特雷奇、梅纳德·凯恩斯（Maynard Keynes）和杰弗里·斯科特（Geoffrey Scott）介绍给了贝伦森夫妇。斯科特是《人文主义建筑艺术》（*The Architecture of Humanism*）的作者（这本书当时已经对克拉克暂时搁置的关于"哥特复兴"的写作产生了重大影响），日后还将成为佛罗伦萨英裔美国人圈子里的核心人物。玛丽爱上了这位 *homme fatale*（万人迷），他受委托负责伊塔蒂的大部分建筑工作，而他的合伙人，建筑师塞西尔·平森特（Cecil Pinsent）负责监督规则式传统花园的设计，其中包括盒状树篱和鹅卵石马赛克，还有柏树步道和蔓藤林。这两个人都参与了玛丽许多异想天开的计划——常常是趁BB不在的时候完成的，也自然引起了他耶和华般的愤怒。此外，成员里还有玛丽的弟弟洛根，他在伊塔蒂有自己的房间，一直是个冷嘲热讽的观察者。洛根偶尔讲的有趣的故事会被BB斥为"天哪，洛根变成了一个多么肮脏的老小丑啊"。"宫廷"里的另一个重要成员是翁贝托·莫拉（Umberto Morra）[7]，一位博学的年轻文友，他的反法西斯观点让他备受欢迎，他后来与克拉克成为终身朋友，也几乎是贝伦森的儿子。最后，访客中还有BB的众多女友，其中最重要的是运营纽约摩根图书馆（Morgan Library）的具有异国气质且迷人的贝尔·达·科斯塔·格林（Belle da Costa Greene）。BB给她写信的频率与克拉克后来给自己女友写信的频率一样。

伊塔蒂的经济基础来源于对艺术经销商的依赖，而这通常被认为分散了贝伦森书写"伟大著作"的精力。他留下了一些零星精湛的写作，包括带有他"触觉价值"的对艺术作品的反应本质的看法；但他的"清单"及其介绍性文章，特别是《佛罗伦萨画家作品集》，仍然是他留下的最重要的艺术史遗产。根据克拉克的观点，在20世纪20年代，贝伦森对自己人生选择的失望还非常明显，他令人惊讶地很少谈及艺术。克拉克想知道，是否是对谋生手段的厌恶让贝伦森远离意大利文艺复兴，因为他所研究和谈论的几乎都与其无关。他吃饭时习惯一个人讲着历史或文学，通常会总结古典艺术的衰落、波斯史诗的兴起、斯基泰人的早期历史，并对法西斯主义的罪恶提出警告。但他会在下午散步——无须面对一大群观众炫耀的时候，达到最佳状态。他会带着一种敏感谈论自然，这让克拉克感受到，贝伦森的内心深处藏着一个迷失了方向的诗人的灵魂。

贝伦森为什么会雇用克拉克？一个英俊聪明的牛津助手总是受欢迎，

但他还考虑到一项具体的任务。正如克拉克所说："这些年，收藏家、经销商和艺术史的学生都强烈要求修订清单，我不明白贝伦森先生怎么会拒绝他们。"[8]这些"清单"那时已经非常过时，成了对BB自己的修订和名誉的长期侮辱；需要有人来做基础工作。修订清单和随附的文字远不如最初创建清单那么有趣——没有贝加莫北部芬芳山谷的朝圣之旅，而是面对一大堆可疑的照片。"那些照片！"克拉克说，"它们就像降临在伊塔蒂的苍蝇瘟疫，把所有人都逼疯了。"[9]贝伦森建议克拉克干脆去图书馆随意浏览，但务实的玛丽让他着手研究乔瓦尼·贝利尼。但很快，他就放弃浏览，开始认真修改《佛罗伦萨画家作品集》。从伊塔蒂的图书馆到乌菲兹的版画和素描馆，他发现了几十幅不在"清单"上的画作，但当他把笔记带回给BB时，"他不太感兴趣。他在50年前就已经完成了他的工作，所以不想有人再提起它"*。

克拉克很适应伊塔蒂。BB发现他"缜密而勤奋"，"友好而招人喜欢，充满了对知识的激情"[10]。玛丽在给家人的信中写道："看到肯尼斯如此敬佩B.B.真是令人感动。这个男孩为人处世得体，非常有修养，他带着智慧走在B.B.开辟的每一条路上。"[11]克拉克做了一切他能做的事。对他来说，伊塔蒂的经历不仅仅是艺术教育。佛罗伦萨成了他余生的情感中心，而BB则是一个父亲的角色。在伊塔蒂，克拉克第一次找到了让他有家人般归属感的群体。许多年以后，他颇为怀念地给珍妮特·斯通写道："赛丽†从利顿切尼（Litton Cheney）[12]打来电话说，'我们是一个小群体'，这让我感到痛苦，我很想成为其中的一员。也许我曾是伊塔蒂群体中的一员，但在那之后就再也不是了。"[13]查尔斯·贝尔对克拉克的警告是对的，贝伦森每次吃饭时都会

---

* 克拉克，《美学家的进步》（John Murray Archive）。卡罗琳·伊兰指出，克拉克的这种说法是有问题的——除了年代有误（当时是1926年，而BB直到19世纪90年代才开始这个项目）——这或许反映了克拉克对这个问题的老看法。BB在这个项目上投入了太多的学术资本，所以他不太可能不感兴趣。

† 克拉克的女儿科莉特。

表达出对朋友和同事的敌意，尤其是对罗杰·弗莱，但克拉克也只是觉得听着无聊罢了。

到达伊塔蒂不久，克拉克就和妮基一起陪同贝伦森夫妇去意大利参观美术馆，这期间有几次特殊的经历：在米兰，他遇到了迪亚吉列夫；在特雷维格里奥，他因偷窃教堂珍宝而被捕；在布雷西亚（Brescia），BB的披肩被偷，在牧师从讲坛发出呼吁后，又被归还；在帕多瓦（Padua），他们受到了"一位非常伟大的女士"帕帕法瓦伯爵夫人的款待，这让BB很高兴。逛当地博物馆可能是一个考验，需要面对健谈的馆长和无数二流画作。克拉克也许很理解玛丽的沮丧，因为BB花了几个小时研究那些对他们的事业毫无价值的中世纪晚期的无名画作。然而，这趟旅行从美学层面上来讲对克拉克有重要的意义。他开始瞥见BB早期对不可预测的洛托的迷恋，并被"提香令人难以忍受的自信"所震撼。但他在帕多瓦看到的乔托给克拉克留下了最深刻的印象。面对意大利艺术中最伟大的讲故事的人，克拉克意识到了"有意味的形式"和"触觉价值"可怜的局限性。*在帕尔玛，看着科雷乔（Correggio）的画，克拉克描述了"另一个沉睡在我想象中的视觉时刻……在科雷乔画的圣普莱西多斯和圣弗拉维亚面前，我看到了殉道狂喜的实现。这是我开始有能力写出《文明》中'反宗教改革'那一章的时刻"[14]。

玛丽·贝伦森神秘地从旅途中消失，回到了伊塔蒂。当所有人回来时，原因也显而易见。玛丽觉得需要为伊塔蒂朴实无华的建筑增添一些更有说服力的东西，于是她趁BB不在的时候，指示塞西尔·平森特在花园正面装了一座中央时钟。贝伦森总是会被玛丽的愚蠢行为气得晕倒在床，并要求把新建的部分拆掉，但通常为时已晚。玛丽的高高矗立的时钟仍然在那里，备受赞赏。

55

---

* 当时流行的两个概念，第一个由克莱夫·贝尔提出，第二个由贝伦森提出，皆用来解释艺术作品的美学价值。

所有住在伊塔蒂的人都对克拉克的感情生活——或者说感情生活的缺乏——感到困惑。玛丽本来希望他能娶她的一个孙女，而BB则希望他能在佛罗伦萨找到一个好姑娘，但大家开始怀疑他们误解了克拉克的癖好，也许他喜欢男人。一贯天真乐观的玛丽决定让克拉克搬出伊塔蒂，与明显是同性恋的塞西尔·平森特同住一个房子。"我真是被这个奇怪的提议逼得走投无路，"克拉克说，"我别无选择，只能说出真相，'玛丽，我想结婚'。"[15] 这个在12月宣布的消息没有让任何人感到高兴，因为这会改变伊塔蒂脆弱的氛围。正如贝伦森夫妇所设想到的，这位热忱的单身汉在伊塔蒂的学徒期到此结束。

克拉克称，在与玛丽的这次谈话之后，他给简发去电报，向她求婚，并提议了一个日子，1927年1月10日——这表明他们在这个问题上已经有了共识。简立即回电表示接受。玛丽凭着强烈的家庭意识，开始着手寻找一个适合他们婚后回来时住的房子。克拉克写信给约翰·斯帕罗，宣布他已经抵达英国，但没有提到婚礼的事。这体现了他对这件事的特殊态度："我将在圣尔敏住上几个星期，争取完成《哥特复兴》。简可能会和我住在一起，但你千万别介意。我对于独自在这里生活有一种病态的恐惧。"[16] 克拉克在圣诞节后离开了伊塔蒂，当他去告别时，BB只说了一句"我不介意"。但他其实很介意，他觉得克拉克背叛了他。

克拉克通过去伊塔蒂工作脱离了C.F.贝尔，而与简结婚则是他脱离贝伦森走向独立的第一步。尽管克拉克逐渐对BB有了质疑，但却总是清楚自己对他怀有感激之情。关于这点，他在《星期日泰晤士报》上就贝伦森去世写的一篇短文里表达得最好："他对学究的恐惧使他不愿意给时常出入伊塔蒂的一批批年轻人提供任何形式的正规教学。但我认为我们都是他的学生：几乎在每次的就餐时间里和那些难忘的散步途中，我们都开了眼界，思想得到充实。起初我们也许会因他尖锐批评那些大人物而愤怒，但当我们意识到无论是牛津大学、布鲁姆斯伯里还是马萨诸塞州的坎布里奇（哈佛大学）都未能建立起文明的终极范围时，我们发现自己继承了一个更广阔宏大的领域。我们接受的教育是文艺复兴以来大部分年轻人所没有的……因为我们学会把文明生活看作包罗万象的、使徒传统的……我们也开始相信，热爱艺术只不过是热爱生活的一个方面。我该感激他的，多于我能表达出来的，很可能还大大地多于我了解到的。"[17]

克拉克的婚礼是他所描述过的最奇怪的事件之一。离开伊塔蒂后，他没有立即回家看未婚妻或帮忙安排婚事，而是去了罗马。他最接近单身之夜的一次是他在罗马的最后一顿晚餐，与他一起的有利顿·斯特雷奇，东方学家亚瑟·韦利和他的伴侣——舞蹈家和评论家贝丽尔·德·佐伊特（Beryl de Zoete）。他在婚礼前夕回到伦敦，婚礼由简的母亲组织，她已经收到了克拉克苛刻的指示：不穿婚纱，不请伴娘，不办酒会，不去教堂。他希望婚礼在登记处举行，但简和她母亲坚持要在教堂举行。很有可能克拉克以前从未参加过婚礼。这个凄凉的婚礼在伊顿广场的圣彼得教堂（St Peter Church）举行。克拉克提供的自己的职业信息是"艺术评论家"，这是他向父亲保证过自己不会从事的职业。他以前的旅伴利·阿什顿担任伴郎，为数不多的客人——主要是克拉克家的仆人——在仪式结束后散去。新郎和新娘与他的父母在阴暗的圣尔敏酒店吃了午餐。

克拉克向玛丽·贝伦森描述了当时的情景："我们的婚礼在一个丑陋的 ⁵⁷ 教堂里举行——甚至都不是哥特复兴风格。但整个仪式只花了14分钟，所以我也没什么可抱怨的。每个人似乎都很满意，除了教堂的引座员，他不相信这样两个乏味的年轻人会成为新娘和新郎。没有风琴，没有香槟，稀少的客人：我把这叫作成功。"[18]

他为什么这么做？克拉克声称，是他母亲对仪式的贵格会式恐惧影响了他。简喜欢的所有婚礼细节都被克拉克拒绝，但为什么她能忍受这一切？没有明确的答案。正如玛丽·贝伦森推测的那样，克拉克当然可能是自私的，而简可能仍然对他的家庭心存敬畏。

这对新婚夫妇在圣尔敏公寓（这是他父母送给他们的结婚礼物）住了

几天后，便坐上罗马快线的佛罗伦萨段，开始了他们的新生活。*玛丽在伊塔蒂附近的圣马蒂诺修道院（Chiostro di San Martino）为他们安排了一个住所，他们的卧室里有一个铭牌，大意是苏格兰人圣安德鲁于682年安逝于此。毗连的是一座迷人的布鲁内莱斯基风格的教堂。他们留用了一名经验丰富的员工。这些都是他们婚姻中最幸福的时光之一的背景元素。对简来说，她收获了一个可以指导她学习艺术的老师，她带着在牛津时期表现出来的同样的热情进入了她的新世界。

但他们还要面对一个让人不安的仪式，这让克拉克觉得不舒服："不到一英里远的地方有两座食人魔城堡，伊塔蒂和波乔·赫拉尔多。"他们会善待简、接受她吗？玛丽·贝伦森从波恩给她丈夫写信，附上了她在伦敦的妹妹爱丽丝的汇报："她喜欢肯尼斯的简，虽然她既不时髦也不聪明……我想我们的原则是，好好度过这段时间，不要打击他们中的任何一个。我们说的话必然会得到他们的认可……我希望我们能成为他的好朋友，即使我们不能得到我们过于草率的想象中的自己应该得到的东西。"[19]

他们先去了波乔·赫拉尔多。整个过程相当糟糕。珍妮特阿姨无疑因为简解除了与侄孙戈登·沃特菲尔德的婚约而对她抱有偏见，尽管戈登的家人从未认为她足够好。"那条老龙一副她的奥维达式的姿态，根本不愿意和简说话。"[20]克拉克决定离开那里，而不是与之争吵，这是他习惯逃避对抗的早期例子。

伊塔蒂的造访在一开始也不太顺利。午餐的时候，BB把简安排在自己旁边，然后用她听不懂的意大利语和德语隔着她跟其他人说话。简没有意识到这属于贝伦森的正常行为，她的难过可以理解，即使她很好地掩饰了自己的情绪，但也没有完全释怀。克拉克把珍妮特阿姨如何对待简的故事告诉了BB，才挽救了局面。这唤起了BB的骑士精神（也许还有一些内

58

---

* 根据这封信（Cumming [ed.], *My Dear BB*, p. 12），克拉克打算带简去索斯佩勒。很难再想出一个更不浪漫的地方。

疚），他"穿上燕尾服，戴上丝绸高帽，去波乔·赫拉尔多进行了正式的斥责"[21]。克拉克在给玛丽的信中不实地描述了这次访问："简和我的想法一样，觉得最迷人的是B.B.，觉得他一点也不令人害怕，不管人们多么钦佩他出色的聪明才智，他本质上是友好可爱的。"[22]玛丽后来向爱丽丝汇报了伊塔蒂的人对简的看法："虽然她人很可爱，你跟她说话时，她也总是显得很感兴趣的样子，但她完全无话可说。"[23]

克拉克觉得住在圣马蒂诺修道院的早期时光是他们最快乐的日子。他从事着有趣的工作，喜欢带简参观佛罗伦萨所有的景点，"从一幅画到另一幅画，从一个礼拜堂到另一个礼拜堂，兴奋得不得了"。朋友们来到这里，并被带到伊塔蒂，先是约翰·斯帕罗和莫里斯·鲍勒。鲍勒在那里像个失败者，因为一山不容二虎。西里尔·康诺利更受欢迎，但他对贝伦森的描述充满矛盾："他一直在说话，把其他人都淹没了，尽管他拥有广博的学识，且都极具刺激性，但他的言论一半是荒谬的自负，另一半则完全不真诚。"[24]他对住在克拉克家也留下了同样精彩的描述："有简在，K倒是轻松了不少，虽然在太阳落山前他有点教条和啰唆。这是一个还算不错的房子，风景也不错，还有一个很好的厨师；我喜欢这样的生活——每天开车去一些教堂、美术馆或邻近的小镇，以及就像一个笼罩着经纪人小屋的大房子一样的贝伦森家。"[25]

克拉克夫妇利用在意大利的机会到处旅行。他们第一次去了威尼斯。查尔斯·贝尔建议他们从帕多瓦乘慢船前往，这样他们就能"看到威尼斯如罗斯金和惠斯勒（Whistler）所见到的那样从海上升起"。克拉克与康诺利分享了他的感受："这是一段让人感动的旅途经历，尽管很难成为一种亲密的体验。在我们看来，它几乎不可信，就像纽约一样。"同样生动的是他们开车回家经过法国的情景："离开意大利真是太高兴了，我们看到了许多美妙的东西。我觉得韦兹莱真是无法超越，你说呢？欧坦（Autun）也很不错。"[26]这就是后来《文明》第三集中的两个重要地点。

但在那之前，《佛罗伦萨画家作品集》的编目、测量和检查工作仍在继续，尽管克拉克已经开始发现这项工作很辛苦，但他享受着这种生活。有一天，他对简提到他要放弃《哥特复兴》。她对这个想法感到震惊，并告诉他不要在这个时候放弃。毫无疑问，是简挽救了这本书，她成了他的打字员和他的第一个批评性读者。简一直很尊重印刷品，他们生活后期的大部分时间，她都在试图说服她的丈夫多写书，而不是制作电视节目。他们计划在牛津过夏天，以便他能够完成这本书。

　　克拉克在牛津的时候，BB来到英国，他们一起参观了阿什莫林博物馆。克拉克在圣尔敏写信给查尔斯·贝尔，说他们很遗憾和他错过，并描述了他对皇家收藏（Royal Collection）的第一印象："我们今天去了白金汉宫，就像我们所预料的，那就里像一个很差的车站旅馆，墙上的画都挂得很糟糕。我们看了提香的风景画，真是美妙而浪漫的作品，当然这只是一个系列中的一张，要是能看到其他的画就好了！还有杜乔（Duccio），当然，你很了解他。还有其他很多迷人的意大利绘画，伦勃朗的作品太棒了；还有克劳德（Claude）、鲁本斯（Rubens）！"[27]

　　8月，简和克拉克去了希尔布里奇，他们都不喜欢那里。他们的女儿科莉特后来说，她母亲认为那里是"世界上最不时髦的地方"，就再也没回去过。尽管克拉克是苏格兰人，但他总是觉得自己的同胞难以让人接受。*那年秋天，简显然怀孕了，便去唐桥井和自己的母亲住在一起，而克拉克去了巴黎。他在给她的信中说明了他们的财务状况："我最亲爱的妻子……我的银行存款肯定不错……春天的600英镑存款可以用来支付汽车和孩子的费用（我已经排好了开支的顺序）。到4月，我还能从高士那里得到500英镑。"†在同一封信中，他描述了拜访艺术经销商的经历，并呼应了贝伦森对毕加

----

* 多年后，他告诉珍妮特·斯通："苏格兰人真的很讨厌，吵闹又不得体，没有隐私意识。他们一只手抓着一个人，另一只手用力地指指点点，在人的耳边大喊大叫。我讨厌他们——但我爱爱丁堡，我意识到他们缺乏克制的部分原因是因为他们的热心肠。"给珍妮特·斯通的信，1955年8月9日（博德利图书馆收藏）。

† 克拉克一生都会依靠家族棉花企业高士的股份。给简的信，1927年11月10日（萨特伍德收藏）。

索的矛盾看法："我变得有点沮丧，直到我遇到了罗森伯格。他确实有些好东西……他的大幅毕加索每张1万英镑，杜安尼尔·卢梭的作品9 000英镑，这些都是好东西。毕加索的作品很抽象，但确实非常好。哼！他说不管是什么价格，他都不会卖掉他那25幅最好的毕加索，因为它们很快就会变得更有价值。啊，我真希望能活着看到这股热潮结束后会发生什么。他们会显得多么愚蠢！那一定会很有趣！这些画不仅珍贵……而且他的作品里有一些东西……我无时无刻不在想你，有时思念如波涛般涌来，让我喘不过气。K。"

希望他们的孩子能在英国出生的愿望促使克拉克生活中的伊塔蒂篇章逐渐结束。一直到1929年初，玛丽给爱丽丝写信说道："K想离开，B.B.也想他离开，但我们都……不敢插手。B.B.很明显感到K帮不了他，他需要的是严谨的学术而不是漂亮的文字……K跟我说过，他厌恶校对笔记和数字的琐碎工作……我担心的是，他想要的只是任何从这个合作中能获得的荣誉。他有一个狭隘的以自我为中心的天性，而B.B.需要的是奉献。"[28]玛丽基本上是对的：如果克拉克需要做任何琐碎的学术工作，他宁愿为自己做。然而，克拉克在回顾他在伊塔蒂度过的时光时，内心充满了深深的感激。正如他后来给BB的信中所说的："最大的恩惠就是把我从当时各种学术潮流中解放出来。如果我没去伊塔蒂，我应该就只会成为布鲁姆斯伯里的学徒——或者永远都走不出牛津。"[29]

当贝伦森和克拉克之间的关系不再受制于《佛罗伦萨画家作品集》的枷锁时，他们的关系不仅得到了延续，而且变得更加深厚，他们之间也更为平等。贝伦森意识到克拉克具有他个人所不具备的管理和写作能力，指出他"有一种从纵向而不是横向看问题的能力"，并补充说，"这是你应该继续培养的"。[30]他像一个受人钦佩的校长对待一个稍有任性的学生一样关注着克拉克职业生涯的发展。如果克拉克渴望得到BB的祝福，那么这位长者则要求得到他觉得从未得到过的感情与爱作为回报。1937年，他写下了 61 他所谓的"对善意和对我所怀念的热诚的信任的呼唤，这种怀念的程度有时让我无法真正地快乐"[31]。克拉克只能回应说，他"来自一个不善言辞的家庭，我的感情就像未使用过的肢体一样僵硬"[32]。他向朋友约翰·沃克（John Walker）承认，他和贝伦森在一起时从来没有完全放松过；在他生命的最后阶段，他开始批评贝伦森的商业诡计。而BB则在有一天和他的学生威利·莫斯廷-欧文（Willy Mostyn-Owen）散步时，停下来"转向我遗憾地说：'我爱K，但是，我不确定自己是否喜欢他。'"[33]

克拉克身上一直带着贝伦森的影响。他总是从事物的起源来看待它们，这是他从BB那里学来的。他们都怀揣着完成"伟大著作"的终身抱负，但从他们自己的角度来看，都没能实现。他们都喜欢女人，并与她们培养感情，偶尔甚至会追求同一个女人。后来的克拉克像贝伦森一样，会在晚上给他的情人写信。在很多人眼里，萨特伍德城堡就是克拉克自己的伊塔蒂。当他的儿子艾伦第一次被带到塞蒂尼亚诺，看到熟悉的文艺复兴时期的绘画与青铜器和东方艺术作品的结合时，他感叹道："现在我终于能理解爸爸了。"[34]克拉克和贝伦森都与自己的群体有一种爱恨交织的关系，两人都（可能是错误地）认为他们偏离了自己真正的道路——对克拉克来说，是纯粹的学术。他们的差异和他们的相似之处一样引人注意。克拉克把他一生大部分时间都致力于艺术管理，主要是*pro bono*（公益）委员会工作。贝伦森并没有这种冲动，尽管他把伊塔蒂的艺术收藏和图书馆留给了哈佛大学供学者使用。贝伦森一生中从未做过公开演讲，而这却是克拉克声誉的命脉。贝伦森曾预言，克拉克将无法抗拒成为"*un grand vulgarisateur*"（一位伟大普及者）的愿望。[35]没人能知道贝伦森会如何看《文明》——但从他的领域和事例来看，《文明》在很多方面都有他的影响。

7
《哥特复兴》

"有品味的人都是被祝福的，"尼采说，"即使是坏品味。"

——肯尼斯·克拉克在《哥特复兴》里的引用[1]

肯尼斯·克拉克的第一本书《哥特复兴》几乎是在他第一个孩子出生 62
的那一天——1928年4月13日——完成的。简在前一天晚上被送进医院，起
初似乎一切都很正常。然而，因为婴儿的头太大，导致分娩很困难，简
也因此受尽了折磨。克拉克在给玛丽·贝伦森的信中对这件事轻描淡写：
"我相信她今天好多了，虽然身体仍有些僵硬和虚弱。至于孩子，似乎没
人在担心他，所以我估计一切应该都很正常。在我看来，这个婴儿丑得出
奇，但更有经验的人向我保证他很漂亮。不管怎么说，他属于巴尔多维内
蒂（Baldovinetti）式的模样，而且跟安德烈博物馆里的一张画上面的人很接
近。"[2]

这个婴儿受洗时被取名为艾伦·肯尼斯·麦肯齐·克拉克（Alan
Kenneth Mackenzie Clark）。让所有人都觉得好笑的是，"当我们庄严承诺
他会远离少年的私欲时，他轻轻地打了个嗝"[3]。艾伦当然从来没在意过这
一点。他的教父教母是克拉克在牛津大学的两个朋友，博比·朗登和汤
姆·博亚斯（Tom Boase）[4]，选择后者其实很奇怪，他甚至都没资格出现在
克拉克的自传中。克拉克和博亚斯是在斯莱格·厄克特的木屋里认识的，
莫里斯·鲍勒后来嘲笑博亚斯是"一个既无公德又无私德的人"；但也许是

他与世无争的性格让简能接受他作为教父人选，况且她可能已经被其他人选震惊到了。

63　　这个男孩被带回了圣尔敏酒店。直到第二年，克拉克夫妇才在威斯敏斯特的塔夫顿街56号买下了他们的第一套房子。克拉克的父亲为这个毫无生趣的房子付了钱，房子里面摆放着许多从萨德本庄园留下来的沉重家具和画作。克拉克以他一贯的轻松口吻给贝伦森夫妇写信说道："这个房子非常符合我的口味。屋内装饰中规中矩，而且是那种最不受欢迎的、被称为爱德华时期风格的红木家具和金色大画框。但我是在这种环境中长大的，所以在当下那些时髦的、过于闪亮的房间里反而会觉得不舒服……简很好，尽管有很多事情要做，也充满担忧……我们雇用仆人的第一次实践失败了，厨师拒绝尝试做煎蛋卷，说这道菜很复杂。"[5]简用威廉·莫里斯（William Morris）的墙纸重新装饰了卧室，这也将成为他们未来所有房子的一个特点；肯尼斯委托了当时还不算有名的伯纳德·利奇（Bernard Leach）为壁炉制作瓷砖。他把自己的画挂在书房里，并向贝伦森夫妇炫耀说："其中包括一幅迷人的科雷乔和一幅让人陶醉的贝卡富米（Beccafumi），这都是我想尽办法从艺术经销商那里抢来的。我相信很快自己就会拥有达·芬奇和米开朗琪罗的作品。"[6]尽管有了这样一个布置井然的地方，但克拉克夫妇都不喜欢这个后来被他们称为"威斯敏斯特的一栋肮脏的小房子"，不到一年，他们就把房子卖了。

　　第二年，《哥特复兴》由洛根·皮尔索尔·史密斯推荐的康斯特布尔公司出版。[7]这本书的起源是C.F.贝尔为研究"复兴"的伦理问题汇编相关材料的结果。他有收集笔记的习惯，有时会把这些笔记交给自己的得意门生。他将这个想法连同笔记一起提供给了克拉克，让他以文学学士的身份提交，使他能够在牛津大学度过第四年。由于战争的余波，大学里仍然人满为患，教学委员会需要确定克拉克能够坚持修完学业。贝尔自愿担任起克拉克的导师，他及时告诉委员会，克拉克是个严肃的学生，不会违反要求。[8]他后来对克拉克的不满，部分原因是他感觉到克拉克轻率地把文学学士的学业丢在一边，从而让他在委员会面前很尴尬，并"隐瞒了［这本书］最初的情况"[9]。贝尔在给贝伦森的一封信中充分表达了他面对克拉克时的疲惫："我对K的抱怨有自己的理由；但是我很肯定自己对他的钦佩——那种只有上了年纪的平庸者才会有的对一个年轻人的钦佩，我也很肯定他对我的感激之情（尽管有些夸张），因为我为他提供了一些思路……我因为婚姻失去的朋友比因为死亡失去的朋友更多。"* 尽管贝尔有很强的占有欲，克拉克还是试图与他保持友好的关系，并把这本书献给了他，而贝尔向出版商提出了将献词从以后的版本中删除的请求，但没有成功。

　　自查尔斯·伊斯特莱克（Charles Eastlake）于1872年出版《哥特复兴式建筑的历史》（*The History of the Gothic Revival*）以来，关于这个主题的作品就很少出现，克拉克认为这是因为这场运动"并没有产生什么让我们的眼睛感到舒服的影响"[10]。克拉克的序言基本上是对书写这个主题的辩解，这种矛盾心理贯穿了整本书。当他着手写《哥特复兴》时，他被自己所谓的"斯特雷奇式的讽刺"感染，对待这个问题采用了一种有趣的宽容态度。应该指出的是，对于建筑，克拉克没有接受过任何实践和理论上的训练。事实是，他在写作初期对建筑所知甚少，而在写作过程中学到了很多，以至于他"在不知不觉中被［他］所要嘲笑的东西说服"[11]。不幸的是，当开始看到建筑在这场运动中的真正价值时，他却失去了勇气。然而，这本书与其说关于建筑，不如说是关于他所说的哥特复兴的"理想和动机"——它的副标题是"品味史论"。克拉克用文学和心理学的术语解释了这场运动的起源，以及它朝着伦理和道德目标的发展。这本书被认为是一部文学作品，克拉克认为这种属性很适合这个主题，他指出，"每一种形式的变化都伴随着文学的变化，这有助于作家完成将形状转化成文字的艰巨任务"[12]。

64

---

* C.F.贝尔致玛丽·贝伦森的信，1927年6月2日（伊塔蒂收藏）。一封未注明日期的信（约1927年）提供了贝尔对简·克拉克的看法："我希望他有一个更好的婚姻。我不喜欢他的妻子，她狡猾又虚伪。"不过，他确实喜欢强调简在拯救、打字和阅读《哥特复兴》中所发挥的作用，或许是为了强调她丈夫的变化无常。

《哥特复兴》以文学和古文物对18世纪的影响的章节开篇：废墟和洛可可风格，从变化莫测的草莓山庄（Strawberry Hill）到方山修道院（Fonthill Abbey）湮没的传说。克拉克后来评价说这些章节枯燥沉闷，因为他还没摆脱文学学士论文的风格。书的后半部分更为复杂，主要涉及风格之争和随之而来的争论。正是他对"教会学"复杂性的阐述[13]以及对复兴派两位杰出的辩护者罗斯金和皮金（Pugin）的解释，让大家觉得这本书很精彩。克拉克一开始对皮金持否定态度。在研究过程中，他向V&A博物馆的版画和素描部负责人问起皮金的一些画作："我很惭愧，为这些没有价值的作品来麻烦你。但不管皮金是怎样一个艺术家，他在品味史上都是一个极其重要的人物。可以说，他是一个成功的海登*——对我们来说很不幸。我们可能不喜欢那些在每个街道转弯处与我们相对峙的哥特复兴式教堂，但搞清楚我们的父辈为何喜欢它们很有必要。"[14]但他逐渐受到皮金的影响，并意识到，尽管他的作品有时令人失望，但他还是一个天才。后来他写道："《哥特复兴》中有许多错误，甚至有更多疏漏，但……这本书的真正意义在于发现了皮金。"†

任何想在克拉克书中看到对这场运动中伟大建筑的描述——巴里（Barry）和皮金的议会大厦除外——或是对其伟大建筑师的描述的人都会感到失望。吉尔伯特·斯科特（Gilbert Scott）被描述成了一个愤世嫉俗的商业人物，克拉克当时并没有充分认识到他的价值。‡至于巴特菲尔德、沃特豪斯（Waterhouse）、伯吉斯（Burges）和斯特里特（Street），几乎都没被提

---

* 本杰明·罗伯特·海登（Benjamin Robert Haydon, 1786—1846）是一位英国画家，虽然他也画了一些当代题材和肖像，但他专门创作宏大的历史画。他在商业上的成功受到了损害，原因是他经常不得体地与顾客打交道，以及他更愿意以巨大的规模工作。他一生都被经济问题所困扰，这导致了几次因债务而入狱。他于1846年自杀身亡。

† 致L.M.扬的信，1949年6月29日（Tate 8812/1/2/7235）。克拉克错误地以为皮金完全被人遗忘，他不知道赫尔曼·穆特修斯在1900年出版的《英格兰新教堂建筑》（*Die neuere Kirchliche Baukunst in England*）一书中写到了他。

‡ "吉尔伯特·斯科特和我们有一个很大的不同：他认为他建造了非常好的哥特式建筑，而我们认为他的作品很糟糕。"（Clark, *The Gothic Revival*, p. 182.）

及。直到书快完成的时候，克拉克才意识到他们作品的质量，正如他后来在这本书再版时承认的那样："我对自己的立场没有足够的把握，我很肯定地感觉到斯特里特是一位伟大的建筑师，但又说不出原因。"[15]

如前面提到的，克拉克深受杰弗里·斯科特《人文主义建筑艺术》的影响。这是当时很流行的一本书，以"浪漫主义""机械主义""伦理主义"和"生物主义"为主题，试图揭露维多利亚时代的建筑谬论。[16]克拉克运用斯科特的谬论来诠释他自己的主题，并在皮金和斯科特之间建立了一个错误的对立。建筑师哈里·古德哈特－伦德尔（Harry Goodhart-Rendel）在一篇令人称赞的评论中指出了这一点，他是维多利亚时代建筑最敏感、最博学的当代阐释者。1924年他在英国皇家建筑师学会（RIBA）的演讲是理解这场运动的垫脚石，克拉克称他是"我们所有人之父"。他温和地对克拉克认为品味存在规则的信念提出了批评。[17]

尽管有其局限性，《哥特复兴》仍是一本成功的、具有开创性且备受推崇的书，尤其是其散文式的优雅，至今仍被人们津津乐道。才华横溢的年轻评论家约翰·萨默森（John Summerson）将其描述为"一本小巧、精致、完全令人愉悦的书"[18]，建筑师斯蒂芬·戴克斯·鲍尔（Stephen Dykes Bower）称它是"一本非常好的书"，但对其未能涉及主要建筑师而感到遗憾："缺失的部分是最重要的。克拉克先生已经占领了城墙；如果他能趁着时机攒足勇气，可能已经攻克了城堡。"[19]《泰晤士报文学副刊》（*Times Literary Supplement*）同样赞叹道："克拉克先生对复兴运动景观价值的坚持是书中最尖锐精辟的观点之一，这让他可以从如画的角度去分析这些作品，而非将它们置于严格的建筑框架中进行审判。"[20]这些评论说明这本书出版得很及时。今天，它可以被视为20世纪20年代新维多利亚主义——约翰·贝杰曼、奥斯伯特·兰卡斯特（Osbert Lancaster）以及克里斯托弗·赫西（Christopher Hussey）1927年出版的重要著作《如画》（*The Picturesque*）——的一部分——甚至可能是哈罗德·阿克顿和伊夫林·沃笔下异想天开的维多利亚复兴的远亲。

出版商迈克尔·萨德利尔（Michael Sadleir）[21]在1949年提议出版新版《哥特复兴》。克拉克在时隔20年后再次翻开这本书，回应道："我原以为会觉得书中的历史不准确，娱乐性不再存在，而批评相对合理；但实际上是批评的部分最经不起推敲。"[22]书于1950年再版，《泰晤士报文学副刊》刊登了一篇文章，对新版表示欢迎，但同时指出了它内在的矛盾。克拉克并没有修改文字，因为他觉得这是一个时代性的作品；但他增加了一些自我抨击的脚注，其中两个例子可以说明问题：

> 正文：国王学院礼拜堂并不完全成功，如果它只是一座独立存在的教堂，可能会更好。
>
> 克拉克1949年的脚注：我现在忘了为什么我认为对国王学院礼拜堂的批评是很重要的。
>
> 正文：结果是一系列建筑的侵蚀和多余部分，破坏了街道的线条，浪费了宝贵的地面空间，完全忽视了现代民用建筑的主要问题。
>
> 克拉克1949年的脚注：这是书中最愚蠢和最自命不凡的一句话；我对"现代民用建筑"所知甚少；但如果我停下来想一想，就会意识到所有城镇的美感都取决于"宝贵的地面空间的浪费"；我只需要走到牛津高街，就能看到一条被侵蚀和残余物破坏后的街道所获得的美丽。

克拉克在自传中写道，"把书交给出版商以后……我就可以自由地回到我真正的中心——意大利艺术"，并暗示他直接将重心转到了莱奥纳尔多·达·芬奇。[23]但事实上，他构想了很多雄心勃勃的项目，这反映了他对奥地利和德国艺术史持续的追崇，以及他想努力赶上李格尔和沃尔夫林的愿望。他向母亲描述了其中一个项目："我的想象力被'古典复兴'这一伟大的主题所激发，我很早就开始了对它的研究，现在我肯定更加接近它。"[24]他名义上还在为贝伦森收集资料，并试着向他导师提出了自己的一个想法："当然，《佛罗伦萨画家作品集》的工作不会耗尽我所有的时间……我想到了很多计划，最雄心勃勃且对我来说最值得做的是对古典主义与巴洛克之间的冲突进行一些研究，这种冲突似乎在16世纪末17世纪初吸收了意大利的精神。我愿意将拉斐尔和米开朗琪罗看成上端的两个路径，由此看到下端的普桑和鲁本斯……你认为这值得尝试吗？"[25]

他从未展开过他所描述的这个项目，尽管他后来对新古典主义和浪漫主义运动之间的冲突表现出了同样的兴趣。然而，还有另一个想法在接下来的50年里一直捉弄着克拉克。在他的档案中，一本日期标注为1928年的笔记揭示了他相信《母题》会成为他的"伟大著作"的执念。这本神秘的笔记写着："写一本装饰物历史的研究，追踪它们在各种著名的母题中的特点变化。从一个母题的历史就能专注研究形式的变体。这些装饰物必须至少已经有了三种体现——古典、中世纪和文艺复兴的……以及东方、巴洛克和现代。收集的主题开始于1.美人鱼 2.古希腊作品 3.马和战车等。"[26]这个项目很大程度上受到了李格尔的启发，克拉克试图将设计解释为对一种精神状态的启示；而风格的变化，例如从古典到中世纪早期的变化，并不是一种颓败，而是一种意志的变化。[27]通过研究一个反复出现的主题，他希望能有可能呈现形式和主题的统一性——一件艺术作品的本质。克拉克在一生中不同的阶段都有回到《母题》，特别是在他担任斯莱德教授时，但他在自传中承认："我既没有智慧，也没有持久力，来实现这样的雄心壮志，但它一直萦绕在我心中，虽然我还没有写出我的'伟大著作'，但我知道它应该是什么样的书。"[28]《母题》甚至还会成为他反对制作《文明》的主要理由之一。[29]

* * *

1929年5月，贝伦森终于决定不再掩饰他与克拉克关系，他在黎巴嫩的 68 巴勒贝克写道："我想我必须让你知道，经过深思熟虑，我已经决定我们最好放弃合作新版《佛罗伦萨画家作品集》的工作……我需要的是一个助手，而不是一个合作者……期望你为了一个脾气暴躁的怪老头而离开家、妻子、孩子和朋友，是极其荒唐的……我希望你相信，亲爱的肯尼斯，我放弃我们的合作，是为了挽救我们的友谊。"[30] 一旦克拉克从最初的烦乱中恢复过来，他就会意识到贝伦森是对的。况且，克拉克即将在伦敦艺术界展开一场伟大的冒险，而这也是BB不会赞同的。

8
意大利艺术展

整件事真是太可怕了！

我怀疑……是不是真的值得为意大利的友谊去冒这个险？

——巴尼尔勋爵致肯尼斯·克拉克[1]

的最大一批艺术品。这批包括了300多件绘画、雕塑和素描的无价之宝——被放进一艘名为"达·芬奇号"的船里，从热那亚出发，穿过布列塔尼海岸的冬季风暴，最终抵达伦敦。肯尼斯·克拉克在伦敦艺术界的第一个伟大的机遇也随之而来：他参与了1930年1月1日在皇家艺术研究院（Royal Academy）开幕的非同寻常的意大利艺术展。

展览的目的带着无耻的政治性——是墨索里尼推广*italianita*（意大利精神）的一次尝试，或者像弗朗西斯·哈斯克尔（Francis Haskell）在对整个事件有趣的描述中所说的"波蒂切利在为法西斯主义服务"[2]。在墨索里尼的热情支持下，这些借来的艺术品的品质和重要性对法西斯国家之外的地方来说无法想象，包括了几乎所有被认为可以安全地从意大利运到伦敦的重要画作：马萨乔（Masaccio）的《耶稣受难》（*Crucifixion*）、波蒂切利的《维纳斯的诞生》（*Birth of Venus*）、乔尔乔内的《暴风雨》（*Tempesta*）、提香的《一位英国人的肖像》（*Portrait of an Englishman*），还有那对让克拉克在乌菲兹下跪的画像，皮耶罗·德拉·弗朗切斯卡的《乌尔比诺公爵夫妇肖像》(*Duke and Duchess of Urbino*)。让这些艺术瑰宝经受如此巨大风险的不负责任的行为在当时受到了广泛的谴责。"很自然,"克拉克写道,"所有具有思想的艺术爱好者都会因这种刻意的破坏行为而震惊,尤其是贝伦森先生。"[3] 那为什么克拉克会成为这次展览的主要组织者之一呢? 能够为世界上最伟大的画作编目,这对任何一名有抱负的年轻人来说,都是一个不可抗拒的机会。

70　　　这个展览的想法实际上是在英国诞生的。在过去的10年里,皇家艺术研究院以国家为主题举办了一系列成功的展览:西班牙绘画、佛兰德艺术和荷兰艺术。后两个展览实际上并不是由研究院组织,而是收取了使用画廊空间的租金。这些成功的先例让外交大臣奥斯丁·张伯伦(Austen Chamberlain)令人敬畏的妻子张伯伦夫人萌生了举办一个更加宏大的意大利艺术展的想法。张伯伦夫人和她的丈夫都是狂热的意大利爱好者,正是她的远见卓识、精力和人脉才促成了这次展览。然而,这让两国的紧张关系付出了令人震惊的代价。

　　一切都开始得还算顺利。1927年下半年,张伯伦夫人和收藏家罗伯特·威特爵士(Robert Witt)[4] 成立了委员会,张伯伦夫人被推举为主席。展览作品的历史范围被界定在1300—1900年,主要是绘画,但也有素描、雕塑、手稿和陶瓷。所有借展的作品——由伦敦的评选委员会挑选——都来自欧洲各地的博物馆和私人收藏,但有一半以上来自意大利。在意大利方面,埃托雷·莫迪利亚尼(Ettore Modigliani)被任命负责这个展览,他的资历非常优秀:在布雷拉博物馆担任了20年的馆长,也是伦巴第大区的美术总监;但克拉克对他的卓越表现不以为然,觉得无聊之至。克拉克把莫迪利亚尼描述为"以任何标准来看都是一个可笑的人物,他肯定是靠他那张能言善辩的嘴升到了现在的位置。他一刻都没停止过说话,而那些压力大的官员为了摆脱他,一定会给他任何他想要的东西"[5]。通过对莫迪利亚尼一生的观察,哈斯克尔认为这是一种不公平的曲解。

　　墨索里尼的支持对实现展览组织者的雄心至关重要。莫迪利亚尼希望

能 *épater*（震撼）英国人，并向他们展示，撇开最近的历史不谈，意大利仍然是一个伟大的国家。[6] 为了给奥斯丁·张伯伦留下深刻的印象，墨索里尼对不情愿出借作品的公共机构和个人施加了巨大的压力，迫使他们答应英国的要求。他甚至亲自出面与米兰的波尔迪·佩佐利美术馆（Poldi Pezzoli Museum）交涉，希望能借到波拉约洛（Pollaiuolo）的《女人的肖像》（*Portrait of a Lady*），这幅画后来成了展览的海报。但是，当博尔盖塞别墅（Villa Borghese）拒绝出借提香的《神圣与世俗之爱》（*Sacred and Profane Love*），而张伯伦夫人对此回应不予接受时，这位意大利领导人终于失去了耐心。英国驻罗马大使告诉她："看来墨索里尼已经完全厌倦了关于这些作品的问题，不愿再提到它们了。"[7] 这次展览本来可能对英意关系有所帮助，但很快就因阿比西尼亚危机而化为乌有。

　　然而，张伯伦夫人和她的委员会面对的主要问题来自国内：伦敦艺术界是一个政治雷区。展览的推动者之一罗杰·弗莱多年来一直与贝伦森有争执（主要是因为弗莱编辑的《伯灵顿杂志》），后者极力反对这次展览。委员会中的关键人物，罗伯特·威特和费勒姆的李勋爵（Lord Lee of Fareham）[8]，遭到了同仁的蔑视和厌恶。贝伦森也不是唯一一个抵制展览的人：克拉克的另一位导师 C.F. 贝尔也强烈反对。他不仅认为这一切不负责任，而且也不想看到作品从他刚布置好的博物馆里被拿走。张伯伦夫人向牛津大学的副校长求情未果，最后，说尽好话，从阿什莫林博物馆借到了一幅提埃波罗（Tiepolo）的油彩小稿。然而，皇家艺术研究院却成了当时最大的障碍。研究院要求获得全部利润的50%，同时还要收取场地的租赁费，这让展览组委会非常愤怒。双方的交涉变成了一场漫长而激烈的争吵。紧接着，雪上加霜的是，国家美术馆拒绝出借任何画作；但至少他们 *de haut en bas*（居高临下地）提供了一位被克拉克称为"勤勉的官员"的 W.G. 康斯特布尔（W.G. Constable）来安排展览。各种敌对行为愈演愈烈，以至于当克拉克被任命协助编撰图录时，他把当时的情况描述为"就像夜幕降临时的战场：主要的战斗人员都已筋疲力尽，在随从的簇拥下退到了自己的住处；但他们的敌意丝毫未减"[9]。

委员会任命克拉克协助康斯特布尔是一个明智的选择。克拉克有与贝伦森共事的实践经验和声望，对意大利的收藏也有足够的了解，也许更重要的是，他是"他们圈子里的新成员，不受陈年旧怨的影响"。这个年轻人有一种新奇的价值，而且所有的派别都认为他是跟他们站在同一边的。克拉克的性格中有变色龙的一面，这使他总能与对立的一方打交道，这一点在他后来与各方政治家的交往中表现得尤为突出。从实际情况来看，他被任命参加意大利展意味着三件事：他将成为评选委员会的一员；他将为来自意大利以外的画作编目[10]；最后他将被允许参与挂画。关于委员会的哪些成员选择了这些画作，或者说展览是什么样的，我们所知甚少。康斯特布
72 尔与克拉克相处融洽，也给了他很多自由。克拉克给翁贝托·莫拉的信中写道："你可能已经听说了，我被骗进了意大利展览委员会，我非常后悔。除惹恼了BB和引起那些没能加入的长辈与资历比我高的人的一些怨恨之外，这意味着有大量的合作性工作。然而，它已经取得了一个很好的结果。这让我的父母很高兴，他们觉得这是一种公认的成功，并会更加默许我今后的不活跃。"[11]

与他反馈给莫拉的感受相反，克拉克非常享受他的工作。挂画是他最喜欢的环节，而能挂600幅世界上最好的意大利绘画是他梦寐以求的机会。他故意把波蒂切利的《维纳斯的诞生》留到最后，并把所有人聚集起来观看，让人把画作从地下室抬了上来，欣赏着它缓缓升入展厅的过程。克拉克的主要职责是制作展览图录，他将其描述为"有史以来最糟糕的大型展览图录"[12]。他自责道："我就是没有足够的了解。"而他一时忽略了一个事实，即至少有五个人参与了作品条目的编写。哈斯克尔认为，是追溯往事时对自己参与了法西斯主义宣传的内疚影响了克拉克的判断，以至于他对自己和同事的能力产生了误导性的轻视。这些同事中有两位和克拉克成了朋友，其中一位成了终生的好友。

克拉克一直坚持认为，意大利展览给他带去的最大收获是他与戴维的

友谊，即当时的巴尼尔勋爵（Lord Balniel），后来的克劳福德伯爵。巴尼尔来自一个古老的苏格兰家族，这个家族培养了几代有修养的艺术收藏家和藏书家。该家族的艺术收藏包括了文艺复兴时期的绘画和罗斯金的导师林赛勋爵收藏的艺术品。克拉克与他的父亲一样，对贵族有一点轻微的恐惧，但戴维·巴尼尔是个例外，他把自己一生的大部分时间都献给了艺术领域的 *pro bono*（公益性）公共服务。他们的人生道路将一直交织在一起。筹备意大利展览的时候，克拉克认为巴尼尔对这个主题的了解远远超过了他。

克拉克通过展览还获得了与"那个迷人的人物查尔斯·里基茨（Charles Ricketts）"的友谊。[13] 里基茨是19世纪90年代的典范，是美的使徒，一位全能的艺术家、舞台设计师、插画家和艺术收藏家。当访客们后来把萨特伍德城堡里的艺术收藏与伊塔蒂的进行比较时，他们可能也会准确地提到查尔斯·里基茨和他的朋友查尔斯·香农（Charles Shannon）的那些惊艳的折中主义的收藏：那是爱与品味的结合——日本版画、早期古董、素描和 73 油画。"一件艺术品会太过珍贵吗？"里基茨曾经问过克拉克，他的回答是："完全是这样的。"克拉克总是对艺术收藏家情有独钟，如果他们真心热爱艺术，克拉克会容忍他们的怪癖和自我主义。他会在回忆录中热情地描写诸如"博格"·哈里斯和赫伯特·霍恩这样的人物。[14]

意大利艺术展在公众中取得了巨大的成功，迎来了54万名参观者，媒体也很热情。克拉克也因此第一次在伦敦的社交女主人那里感受到了社交的威望，她们都希望能受邀参加周日上午的私人导览。这也标志着他演讲生涯的开始——他在切尔西的圣约翰·霍恩比（St John Hornby）的家中进行了他的第一次演讲，主题关于波蒂切利。[15] 由于克拉克童年时喜欢表演，少年时又有自言自语的习惯，演讲对他来说非常自然。但他痛苦地意识到这助长了"我在牛津每周的论文训练中学会的所有遁词和半真半假的表达"。他经常想，如果他不朝这个方向发展——他会在这个方面获得惊人的成功——是不是会更好，他反思说："演讲的实践不仅终结了我成为学者的抱负（这可能永远不会成功，因为我太容易感到无聊），而且阻止了我对风格和历史问题进行细致深入的研究。"[16] 矛盾的是，他很快就会开始被视为他最伟大的学术成就的工作。

在筹备意大利展览期间，克拉克在罗马听了一场会对他生活和工作产生深远影响的演讲。演讲者是被他称为"我们这个时代最具独创性的艺术史思想家"的阿比·瓦尔堡（Aby Warburg）[17]，这场德语演讲在赫特齐亚纳图书馆（Bibliotheca Hertziana）进行。瓦尔堡讲演时喜欢对着一个人，克拉克感到受宠若惊，因为"他的整个讲演是对着我讲的"。讲座持续了两个小时，结束时，克拉克粗略了解了一种全新的观看艺术的方法。用他的话说："他［瓦尔堡］没有把艺术品看作提升生活的表现，而是把它们看作象征，他认为艺术史家应该关注这些象征性图像的起源、意义和传播。"[18] 这与罗杰·弗莱的形式主义和BB的鉴赏方法大相径庭，克拉克后来说："他的整个方法对我来说是全新的，我的德语知识不完整，3个小时后，我感觉自己像是参加了一场智力竞赛，但它改变了我的生活，我将永远充满感激。"[19]

74　　　克拉克对这种图像学方法所提供的可能性印象深刻。这对于解释带有大量基督教和古典象征主义的文艺复兴时期的艺术尤其重要。他开始在艺术作品面前提出截然不同的问题。在此之前，他一直专注于贝伦森式的鉴赏问题：这幅画是何时何地由谁画的？而现在他开始更多地思考一件作品的功能：为什么要画它，它代表什么，它是在什么情况下被画出来的，最重要的是，它意味着什么？他后来称，在他最欣赏的《裸体艺术》（The Nude）一书中，关于"痛苦"的章节"完全是瓦尔堡式的"。但最终，由于美学对克拉克太重要，他不可能成为热衷于图像学的学生，而详细的象征主义的阐释也让他感到厌烦。

克拉克的艺术史研究方法经历了不断调整和演化的过程，包含了很多元素，从延续黑兹利特、佩特和罗斯金的诗性、描述性文学开始。他已经能看到罗杰·弗莱对设计（或形式主义）分析的局限性，但从他关于皮耶罗·德拉·弗朗切斯卡的书里，我们仍然可以察觉到弗莱的影响。克拉克身上留下的艺术家特征让他能以一种相当法国的方式专注于创作过程和艺术家在创作时的特殊缘由。几年后，他对一名记者说："如果我的书有任何价值，那是因为我是从艺术家的角度而非学者的角度来写的。"[20]他并没有放弃鉴赏，继续玩着他所谓的"归属游戏"——这给他之后在国家美术馆带来了很多麻烦。他从来没有在档案上花太多时间。他曾经称，在文艺复兴时期的艺术领域，"档案研究自19世纪70年代以来就没有太大的进展……如果为此做出贡献的第一代英雄只被写脚注的人记得而被大多数人遗忘，那是因为后人在建筑和一吨砖之间……做了明显的区分"[21]。这种态度会让业内人士感到惊讶。

克拉克的艺术史中最令人意想不到的元素来自他阅读的德文书——沃尔夫林对形式和构图的历史解释，以及李格尔对艺术意志的研究。[22]他们为克拉克的作品带来了一种严谨的分析方法，这在《裸体艺术》中得到了最好的体现。德国艺术史把克拉克从爱德华时期的鉴赏家和布鲁姆斯伯里派的世界中解放了出来。最后，还有他新发现的瓦尔堡对象征和主题的兴趣；但他有时会批评这种方法，因为如果走极端的话，最粗糙的木刻可能和拉斐尔的油画一样有研究价值。克拉克不信任艺术史的哲学和形而上学的方法，也总是避免教条。他引用了乔瓦尼·莫雷利的话：他"喜欢取笑那些教授，他们'喜欢抽象的理论多过实际的观察，看一幅画时总是像在看一面镜子，他们除了自己的想法以外什么也看不到'"[23]。克拉克在一个青少年广播节目中说，一个好的艺术史家的素质是"想象力、同情心、对艺术作品做出反应、懂得如何使用文献并讲述事实"[24]。

在罗马期间，克拉克还有另一段难忘的经历：在梵蒂冈的包利纳教堂（Cappella Paolina）里，他看到了非常奇怪的、很少见的米开朗琪罗晚期的壁画；这些表现了《圣彼得的殉难》（*Martyrdom of St Peter*）和《圣保罗的归宗》（*Conversion of St Paul*）的壁画，使克拉克陷入了难以理解的失语之中。简打破了沉默："他们充满了悲剧性。"这些壁画的景象在克拉克的余生中萦绕不去，并成为他1970年在瑞德讲坛（Rede Lecture）发表的《艺术家的衰老》（"The Artist Grows Old"）的核心内容。

意大利展览之前，克拉克就已经开始在艺术界大展身手了。当赫伯特·里德（Herbert Read）、W.G.康斯特布尔和罗杰·辛克斯（Roger Hinks）在内的一群艺术史家建议成立艺术史学会并出版相关主题原著的英文版时，克拉克被提议担任秘书。但正如他在给母亲的信中提到的，他们有不同的目标："康斯特布尔是为了学术，里德为了哲学，而我是为了历史。"还说："就我个人来看，没有公众会吞咽下任何德国学术的糟粕……昨晚我去参加了古文物学会（Society of Antiquaries）的会议，尝到了纯学术的滋味，这会让我消化好多年。我还是宁愿去教堂。"[25] 实际上，当克拉克在伦敦大学做关于他的英雄李格尔和沃尔夫林的两场演讲时，他不得不面对英国人对德国艺术史兴趣的局限。这是一次教训，他对BB说："他们让我无比痛苦，这是一次彻底的失败：一个巨大的厅里只坐了20人，其中15个是简招募的老太太，她们一个字没听到也没听懂，而我的主席在结束时对我说：'你不会真的认为李格尔是一个严肃的作家吧。'第一次在英国传播福音的努力就这样结束了。"[26]

随着意大利展览以及《佛罗伦萨画家作品集》工作的结束，克拉克需要一个新的项目。他写道："我无法分散精力，温莎城堡新任命的图书管理员给我发来了一个工作邀请。"[27] 欧文·莫斯黑德是一位不寻常的朝臣——博学、风趣且感情丰富，他在战争中获得过杰出服务勋章和军事十字勋章，深受乔治五世的欣赏。克拉克到图书馆查阅画作时给他留下了深刻的印象（他告诉一个朋友，"他具有一种严谨的精神品质"[28]），并像长辈般关注着克拉克的事业。他曾向克拉克提议担任上议院的图书管理员，建议道："我认为你有必要受点约束。"[29] 现在，莫斯黑德给克拉克提供了一个机会，让他为皇家收藏中非同寻常的达·芬奇画作编目。克拉克写道："这是交给学者的最重要的任务之一，而把它交给一个不知名的25岁的业余爱好者，这简直难以置信。欧文·莫斯黑德冒了很大的风险。""但是，"他又说，"我认为这成功了。"[30]

克拉克于1929年在《生活与书信》（*Life and Letters*）上发表了他关于

达·芬奇的第一篇文章。[31]这篇文章与他后来所有关于这个主题的写作都涉及两点：一是了解达·芬奇更广泛的智力兴趣的重要性，二是将他去神话的必要性。第二年，他开始在温莎工作，花了3年时间完成编目。研究和整理文艺复兴时期最多样化的艺术家的600幅画作的任务之艰巨不能被低估。除了一些未完成的19世纪的笔记外，几乎没有什么可以帮到他。至于达·芬奇的素描是如何出现在温莎的，至今都没有定论，但它们在17世纪初由阿伦德尔伯爵托马斯·霍华德（Thomas Howard, Earl of Arundel）收藏；并在该世纪末被记录于皇家收藏中。

克拉克的图录最终在1935年由剑桥大学出版社出版，这是一个豪华版，克拉克为此得到了50几尼的报酬。这本达·芬奇图录一直是他最受学术界赞赏的作品。对于达·芬奇专家马丁·肯普（Martin Kemp）来说，它树立了"英国此类出版物的标准"，其归属框架"经受住了令人难以置信的持续检验"。[32]每当批评家们想要质疑克拉克作为一个严肃的艺术史家的地位时，他的捍卫者总是用温莎图录来证明，他有能力在这一学科所能提供的最复杂、最困难的实战训练中创造令人印象深刻的学术成就。克拉克自己也谦虚地称这是"我被称为是学者的唯一声明"。

与此同时，克拉克夫妇在威斯敏斯特的房子里住得非常痛苦，他们尽可能到处旅行。他们去了位于索斯佩勒的酒店，尽管酒店经营惨淡，但仍是他们与好友莫里斯·鲍勒和约翰·斯帕罗分享快乐的地方。他们甚至开始在萨德本附近找房子，但克拉克的父母明确表示，他们只会在伦敦附近给他们买房子。当大英博物馆（British Museum）的素描研究学者A.E.波帕姆（A.E. Popham）邀请克拉克夫妇在特威克纳姆镇的河边共进午餐时，一个解决方案出现了。波帕姆的房子"充满了反射光，住满了孩子们"，它的魅力说服他们沿着伦敦西部泰晤士河找房子——那边去温莎城堡也很方便。他们在里士满格林区都铎王朝的希恩宫旧址上发现了一幢漂亮的乔治时代风格的房子，名叫"旧宫邸"（Old Palace Place）。克拉克给父亲写信说："我想我可能会用1.2万英镑买下它，包括所有的配置以及一些可选的杂物……

我很高兴你喜欢这个房子的外观，我必须告诉你，我真的很感激你愿意把它送给我。我知道你说过现在给我钱比以后给我钱更合理，但并不是所有的父亲都会对自己的儿子讲道理，尤其是当他们的儿子还没有太多成就值得父亲这样做的时候。能住在这么好的房子里，我们确实应该感到非常骄傲。"[33]

克拉克夫妇第一次拥有了一个他们可以自豪地招待客人和进行娱乐的房子。他们打通了一楼的两个房间，创造了一个有七扇高窗的长客厅，他们可以在这里展示不断增多的艺术收藏。他们将旧红丝绸挂在墙上，墙的一端展示着他们最大的藏品，"丁托列托（Tintoretto）的一幅巨大的厚重的肖像"。随着时间的推移，克拉克逐渐觉得这个大手笔的购买是个错误，这幅画应该属于美术馆。之后，他总是会区分"美术馆"画作和"私人"画作，最终他卖掉了他的丁托列托。[34]他已经集成了一组素描收藏，其中很多是从佛罗伦萨的费尔法克斯·默里遗产（Fairfax Murray estate）买来的，这些作品被放在楼下的起居室，那里的落地窗对着花园。这些画中有许多将伴随克拉克的一生，在他去世时还挂在他的墙上。他最喜欢的是塞缪尔·帕尔默（Samuel Palmer）的《月光下的麦田》（*Cornfield by Moonlight with the Evening Star*），这幅画是1928年在佳士得拍卖会上从艺术家儿子那里买来的，后来被认为影响了格雷厄姆·萨瑟兰的创作。

克拉克夫妇对他们的新房子很满意。简给鲍勒写信说："你的房间已经准备好了。"克拉克告诉他的母亲："即使在雾蒙蒙的天气，里士满也令人愉快……拉姆和我们待在一起，常带艾伦出去散步。"[35]他们开始举办雄心勃勃的晚宴派对，克拉克向母亲描述了其中的一个："我们的盛大宴会非常有趣——对简来说尤其如此，她坐在首相［拉姆齐·麦克唐纳（Ramsay MacDonald）[36]］旁边，从他那获得了很多信息。我想你会喜欢他，尤其是如果你和他谈起法国……关于法国，他与我父亲有的是话说。"[37]他们接待的不仅是大人物。当时还在唐赛德学校读书的约翰·波普-轩尼诗留下了一次访问的记录："当我按响旧宫邸的门铃时，一位魅力非凡、自信而又和蔼可亲的年轻人为我打开了门……他给我展示了他的画。他问，我是想让他说出这些画的作者，还是让我形成自己的印象？我说我更愿意有人告诉我……我当时（以及之后的几年）觉得他就是我渴望成为的那种人。"[38]

克拉克很喜欢他的工作，并很快就形成了一种规律：每天从里士满站乘火车去温莎，在那里他在图书馆工作到午餐时间。他会在茶室里吃些点心，然后乘火车回家，"我的口袋里塞满了笔记"[39]。他以为这种平静而快乐的生活能持续很多年，直到有一天，"我接到一个名叫哈罗德·哈特利（Harold Hartley）的准将爵士的电话，问是否能来拜访我。这不是个好兆头；果然，他是来邀请我成为牛津阿什莫林博物馆艺术部的管理人"[40]。

9
阿什莫林博物馆

你待在这样一个成年人的玩具店里，肯定会过得很愉快。

——伯纳德·贝伦森致肯尼斯·克拉克，1931年6月10日[1]

C.F.贝尔被迫辞去阿什莫林博物馆艺术部管理人一职的具体情况并不清楚。当然，贝尔把他的部门当作私人领地管理，经常对学生和收藏家产生阻碍。费勒姆的李勋爵受到了贝尔的蔑视，以至于他把自己的藏品遗赠从牛津转到了伦敦。*早在1928年，克拉克就写信给贝伦森，暗示贝尔"正在认真考虑退休，所以，他毕生阻止人们看到阿什莫林博物馆的画作的伟大事业可能会毁于一旦。尽管我很爱他，但当有一种更自由的精神来管理阿什莫林时，对牛津大学和学生来说会是一件好事"[2]。然而，没过三年，克拉克就转向BB寻求建议："我已经得到了查理·贝尔在阿什莫林的职位。我并没有去争取这个位置，部分原因是我的一个叫阿什顿的朋友参加了竞选，但显然他和其他所有候选人都被拒绝了，他们绝望地找到我……我其实很心动，虽然这意味着要离开我们可爱的房子和花园，这会让我很苦恼，也要花费几千英镑。请原谅我打扰你，并请让我知道你的想法。"[3]

阿什莫林是英国最古老的公共博物馆，它始于伊莱亚斯·阿什莫尔
（Elias Ashmole）于1683年赠给牛津大学的一系列珍奇的藏品，而如今它的

---

*　故事的另一种说法是，李承诺遗赠的条件是仍然保留藏品的归属权，这一点贝尔无法接受。

发展已经远远超出了创始人的想象。1908年，博物馆与大学美术馆合并，并在礼物和遗赠的支持下逐渐壮大。阿什莫林博物馆是一个学者的博物馆，是"收藏的收藏"，有合并和转变的复杂历史。在克拉克的时代，它被分为两个部门：一个是拥有自己管理人的考古部门；另一个则是拥有东西方杰出艺术作品的艺术部——正如我们所见——其绘画收藏尤为突出。克拉克正是被邀请来做这个部门的管理人。他的部门还拥有辉煌的福克斯-斯特兰威斯收藏（Fox-Strangways collection）的意大利早期绘画，包括乌切罗（Uccello）的《林中狩猎》（*The Hunt in the Forest*）。

BB很精明地回复道："这是一个非常诱人的机会。你待在这样一个成年人的玩具店里，肯定会过得很愉快……同时，你会在一所伟大的大学里跻身显贵之列，而就在不久前，你还只是个孩子……这个工作带来的好处如此真实、耀眼、诱人，你也许应该好好抓住它。另一方面，这个职位会把你固定在收藏家、策展人、教师的世界里……我亲爱的肯尼斯，你还这么年轻，我冒昧再一次——但肯定是最后一次——请你重新考虑你在做的事情。"[4]尽管有BB的恳求，克拉克还是接受了这个职位，并向他解释说，"一方面，像你所说的，这个工作可以供给我很多可爱的玩具；另一方面，它能让我真正走出伯灵顿的世界"[5]——克拉克所说的伯灵顿世界是指由《伯灵顿杂志》、伯灵顿府和伯灵顿美术俱乐部所代表的伦敦艺术界。在意大利艺术展期间，他已经近距离看到了这个世界的丑陋。

在某种程度上，克拉克被任命为阿什莫林博物馆艺术部管理人比他三年后出任国家美术馆馆长一职更令人吃惊。牛津是个保守的地方，年龄和地位决定优先权，而克拉克那时才27岁。关于他被任命的原因，我们不得而知。贝尔对此表示欢迎——当时他和克拉克的关系还没有走到最终的决裂："我想我从来没有这么高兴和满足过，这比由一个儿子来继续我的工作要好得多……即使在放纵幻象的时刻，我也不敢想象自己能有一个像你这样具有智慧和同情心的儿子。"[6]在这个阶段，贝尔更愿意把这项任命看作他自己任命的结果，在给大学教务长的信中，他尖刻地写道："我不禁想到，

81   新的管理人恰巧是我的老友及学生，这对博物馆来说是一件幸运的事；这
样，在我们相互给予和接受的过程中，工作交接会很顺利，对业务的影响
也会很轻微。当然，博物馆的访客［即理事们］没有理由因为有这样让人
愉快的巧合而为自己庆祝。"[7]

克拉克说是"虚荣心和孝心"让他接受了这个职位。正如他后来对采
访者说的那样："我觉得我的父母能够说他们的儿子在做一些事情是一件好
事；而实际上，他们有点苦恼，因为这意味着我和他们打桥牌的时间会变
少。"[8]带着一贯的失落和遗憾，他在回忆录中把这次任命描述为"我人生的
转折点，我确信我走错了方向"[9]。他认为一旦接受了博物馆的职位，"行政管
理事务会妨碍我写出我已经想好的伟大著作"[10]。分裂是克拉克生活中反复
出现的主题，他长期在行动的阵痛中寻求沉思的生活，而在实现一件事后，
又会欣然地接受新的行动。很难说他会满足于哪一种生活——也许他需要
两种生活的刺激。

各种贺信蜂拥而至。[11]阿什莫林博物馆的姊妹馆剑桥菲茨威廉博物馆
（Fitzwilliam）馆长西德尼·科克雷尔（Sydney Cockerell）[12]表示，希望他们
能成为兄弟而不是相互嫉妒的对手。埃利斯·沃特豪斯（Ellis Waterhouse）*
和莫里斯·鲍勒都写了热情洋溢的贺信。国家美术馆馆长奥古斯塔斯·丹
尼尔（Augustus Daniel）在信中安慰克拉克说："你刚找到了一个适合你的好
房子，但现在又不得不被它废弃掉，重新开始。"建筑师杰拉德·韦尔斯利
勋爵（Lord Gerald Wellesley）表达了同样的观点，但补充说："在这成千上
万幅画中，你会得到多大的乐趣啊！"收藏家保罗·奥普（Paul Oppé）预言
说："我觉得不久，你就会接手国家美术馆，在阿什莫林工作一段时间将是
最有用的准备。"

克拉克最关心的是博物馆能否让他继续完成温莎藏品的工作，并找到

---

*　在克拉克时期之前的国家美术馆的管理人之一，被克拉克认为是他们当中最有能力的人，他后
来成为伯明翰巴伯学院的院长，并成为意大利和英国绘画的作家。

一个新的助理管理员。阿什莫林的理事们在这两点上都很迁就他。贝尔给克拉克留下了21页关于藏品各个方面的详细建议，最后鼓励他任命自己的助手。查尔斯·霍尔罗伊德爵士（Charles Holroyd）推荐的爱德华·克罗夫特－默里（Edward Croft-Murray）和埃利斯·沃特豪斯是两位才华横溢的年轻艺术史家，但正如E.T.利兹（E.T. Leeds）写给克拉克的信中所说："正如你所说的，你需要的不是有才华而是能稳定工作的人，这种人不会逃避单调乏味的苦差事，这对你来说更重要。"[13]而他选择的I.G.罗伯逊（I.G. Robertson）后来对克拉克关于他的描述感到不满，克拉克说他"不管作为学者有什么缺点，都是个能对付老女人的巫师"[14]。

　　接下来的首要任务是找到一个新家。克拉克在给贝伦森的信中说道："我们决定不住在牛津或者离牛津太近的地方，也不参与大学社团——大学政治是太多宝贵能力的坟墓。"[15]他们以每年15英镑的价格租下了肖托弗·克里夫（Shotover Cleve），一套按克拉克的话说毫无特点的现代住房，占地20英亩，可以俯瞰泰晤士河谷的美景。[16]令人惊讶的是，克拉克写道："总的来说，和里士满比起来，我们更喜欢这里，我们已经厌倦了在里士满的自我吹嘘，而这所房子没什么值得夸耀的。"[17]大家都说，简因为要离开已租出去的旧官邸而十分难过。爱丽丝·拉塞尔则更为激动，称新房子是"一座令人愉快的白色意大利别墅，有一个可爱温和而又充满野趣的花园"[18]。

　　阿什莫林博物馆艺术部的主要辉煌成就之一是通常被藏起来的素描收藏。这些藏品不能永久展出，但克拉克决心展示更多其他的藏品。他开始重新挂画，并沉浸于自己的新生活中，他告诉BB："我们度过了一个忙碌而令人愉快的秋天。我在我的玩具店里玩得很开心，现在这里看起来真的非常漂亮。我很高兴地发现在这里需要做的事情并不多。尽管我已经把整个展厅的画重新布置了一遍，但我还是有很多空闲时间。大部分时间都花在我的达·芬奇图录上，现在已经快完成了……查理·贝尔还没有回到牛津。我相信他永远也不会回来了，因为他无法忍受看到我把这弄得一团糟。"[19]

　　克拉克面临的主要问题是缺乏展览空间。上任后不久，他便写道："除非扩建展厅，否则学校无法再接受任何礼物、遗赠或借来的油画作品。"[20]第二个问题是寻找资金——在他任职期间，管理人办公室的运营经费很少：1931年，整个部门的预算包括购买作品在内，只有1 400英镑。为了支付新建一个展厅的费用，克拉克提出以匿名方式向大学预付所需的款项，提议被欣然接受。他的博物馆局部重建计划导致作为贝尔毕生心血的福特纳姆展厅被毁；对贝尔来说，这是另一个污点，他和克拉克的最终决裂也近在眼前。他向贝伦森发泄了对克拉克的不满："恐怕我永远都不会真正喜欢他和他的妻子……不是因为我嫉妒或贪婪——如果我对自己还有一点了解的话——而是我有一种远离肤浅之人的本能。"[21]对着牛津本科生约翰·波普–轩尼诗，贝尔的反应更为露骨："今天早上在公交车站台上，我就站在肯尼斯·克拉克的后面，恨不得把他从站台上推下去。"[22]

　　克拉克为博物馆购买了一些非常好的作品，其中包括塞缪尔·帕尔默的两件重要作品，《自画像》（*Self Portrait*）和他的第一张重要油画《圣家族的休息》（*Repose of the Holy Family*）。然而，最大胆的购买发生在第二年：南斯拉夫保罗亲王的藏品——皮耶罗·迪·科西莫（Piero di Cosimo）的《森林大火》（*Forest Fire*）——曾在意大利艺术展上展出过；由于没有购买补助金，克拉克用自己的3 000英镑买下了这幅画，然后向国家艺术收藏基金（National Art Collections Fund）求助，并成功得到了全部的费用。[23]他后来在他的《风景入画》（*Landscape Into Art*）一书中将这幅画描述为"意大利绘画中第一张人不再重要的风景画"[24]。正如波普–轩尼诗在克拉克的追悼会上所说的："这幅画成为馆藏以来，一定激发过无数学生的想象力！"它与乌切罗的《林中狩猎》一样，仍然是博物馆最受欢迎的画作。

　　此外，克拉克还从波蒂切利工作室买了一幅曾属于罗斯金的《圣母子》（*Virgin and Child*）；并购买了一件远远超前于他那个时代的作品——一个制作精良的伯吉斯的柜子，他写道："虽然不能被当下的品味所接受，但它将永远是一个重要的记载。"[25]然而，在新购入的作品中，克拉克最喜欢的不是一张画，而是格奥格·佩特尔（Georg Petel）"令人陶醉的"象牙雕塑《维纳斯与丘比特》（*Venus and Cupid*），这件作品可能曾属于鲁本斯。他还说服了杜维恩勋爵出借被归属于安德烈亚·德尔·卡斯塔格诺（Andrea del Castagno）的《基督复活》（*Resurrection*）。[26]

　　克拉克在阿什莫林博物馆的任职仍然被认为是很重要的。不能说他在任何方面都是一个平民主义者，这对一个学术性的大学收藏来说可能不是特别合适，但"人们会记住在1931年8月至1933年12月这个短暂的时期，高傲与活力交织的克拉克改变了博物馆的收藏及其呈现的方式"[27]。

　　被贝尔所忽略的博物馆管理人的职责之一就是提供讲座。克拉克特别喜欢这个任务。他还邀请了罗杰·弗莱来做关于塞尚的演讲，但遗憾的是，他的演讲记录没有保存下来。鉴于弗莱刚被拒绝担任斯莱德教授，这一邀请被一些人视为挑衅，尤其是贝尔。克拉克向贝伦森描述了弗莱的到访："（尽管面对激烈的反对）我们还是邀请了弗莱来牛津演讲，但他患上了严重的流感，医生担心会变成肺炎。他当时和我们住在一起，我们不得不把艾伦送走，并叫来了两个护士……我们做好了他无法康复的准备。但两周后，他的病好了。他离开我们不久，简就出了车祸。她开着她的小车，以很快的速度撞上了一根灯柱，车也翻了。车子被撞得面目全非，她能活下来真是个奇迹。"[28]

　　克拉克夫妇在他们的新房子里招待了很多人，据爱丽丝·拉塞尔回忆，家里有10个侍从。以赛亚·伯林向克拉克的女儿科莉特回忆道："我曾受邀加入在肖托弗的美妙夜晚，在那里遇到了很多才华横溢和让人愉快的人，他们让我眼花缭乱，有些人很和善。"[29]简是一个完美的牛津妻子，她招待克拉克的朋友，在大学年长的要人面前也充满魅力。在那个世界里，她是一个引人注目的人物。据爱德华·克罗夫特－默里的描述，她把车开到阿什莫林的主入口，戴着一顶白色的圆帽，穿着马裤，"看上去非常潇洒"[30]。然而，简总是比她表面上看起来要复杂得多，任何熟悉她的人会很快意识到她可以呈现出好几种截然不同的性格。她有破坏性的一面——这在后来的生活中变得更加明显——经常发脾气，也越来越依赖酒精。她第一次表现出这种狂躁愤怒是在肖托弗的一个晚上，她大闹了一场，以至于克拉克不得不离开房子。他整晚都在牛津的大街上游荡，思考着他和简的婚姻是不是一个可怕的错误。[31]这是简一系列难应付行为的开始。后来人们普遍认为，简的反复无常是对克拉克不忠行为（当时还没有开始）的反应；毫无疑问，克拉克的那些行为构成了对简的刺激，但肖托弗事件表明，早在她丈夫出轨证据出现之前，她的状态就已经不稳定了。

克拉克雄心勃勃的书籍项目——除了温莎图录——现在已经被搁置，他找到了一个合作者来着手他所说的"欧洲艺术中的古典主义史"的计划。罗杰·辛克斯是一位充满智慧的艺术史家，克拉克后来将他描述为"世界上最粗鲁但又非常聪明的人"[32]。（辛克斯后来为大英博物馆有争议的埃尔金大理石雕塑［Elgin marbles］清洗事件承担了责任。）为了与李格尔和沃尔夫林相呼应，克拉克将这个计划描述为"我们的上古—中世纪—文艺复兴计划"；这几乎就是《母题》的另一种描述。辛克斯要求克拉克提供3年的研究资助，但克拉克的资金在垫付了阿什莫林新展厅的费用之后已经捉襟见肘。与此同时，欧文·莫斯黑德已经开始谋划克拉克的下一步，他悄悄地写信告诉克拉克：查尔斯·柯林斯·贝克（Charles Collins Baker）很快就会从国王藏画鉴定人的位置上退下来。[33]人们普遍认为埃利斯·沃特豪斯是最有希望接替他的人选，但显然，莫斯黑德更倾向于克拉克。[34]结果，柯林斯·贝克退休的时间比莫斯黑德预期的要晚得多，但这是一个伏笔。

1932年的秋天，家庭事务消耗了克拉克大部分的精力。简又怀孕了，这次是双胞胎，而他父亲因为肝硬化身体极度衰弱。克拉克在8月去希尔布里奇看望他，而他的父亲错把他当成是32年前去世的兄弟诺曼。克拉克告诉简，父亲"说了很多关于他死去的事，这让我母亲非常不安"[35]。到了10月，也就是简的预产期时，他的父亲已经奄奄一息。克拉克去了北方陪他，10月9日又赶回伦敦迎接双胞胎的到来，然后再一次回到苏格兰陪伴父亲至他生命的最后。

克拉克的父亲一直支撑到双胞胎出生。"很好，"他说，"但再也没有第二个……"他本想说"艾伦"，但却咕哝成了"罗迪"，这是他狩猎侍从的名字。这是他的遗言。他于10月19日去世，享年64岁。守寡的爱丽丝·克拉克伤心欲绝，再也无法掩藏自己压抑已久的情绪，变得歇斯底里。正如她儿子（他最讨厌当众发脾气）会指出的那样，她一生的工作已经结束了。苏格兰的财产留给了她，而现在她依靠肯尼斯为她安排一切。他父亲在英格兰的个人财产净值为100 780英镑，在苏格兰的为414 830英镑，其中包括阿德纳默亨半岛和他在高士的股份，他把10万英镑信托的收入和个人财物留给了儿子。克拉克已经从他父亲给他的高士股份中获得了每年2 000英镑的收入。[36]尽管克拉克从未像人们认为的那样富有，但他可以靠这笔收入、他自己的工资和父亲的遗赠来维持他的生活方式（包括购买艺术品）。不久，他还会从母亲的股份中获得更多资金。C.F.贝尔在给贝伦森的一封信中提到了他父亲的遗嘱，他现在一提到他的这个老学生就会采用一种讥讽的语气："我没有直接听到K的消息，但他宣布他继承了五套房子，没有钱。"[37]

双胞胎的出生引起了小小的轰动。他们出生那天，克拉克正和社交女主人丘纳德夫人（Lady Cunard）一起吃午饭。[38]他兴高采烈地蹦进房间，宣布："埃默拉尔德，我们刚生了一对双胞胎。""哦，肯尼斯，"她回答，"你多坏啊，把更多的人带到这个世界上来。"建筑师埃德温·勒琴斯（Edwin Lutyens）问道："男孩还是女孩？""一个男孩和一个女孩。"克拉克得意地回答道。对方回复道："通常这需要两个父亲……"[39]

双胞胎分别取名为科林和科莉特——科林后来认为这是他父母罕见的品味缺失——在家里被称为"科尔"和"赛丽"。他们在克拉克的三一学院的旧教堂里受洗，教父教母的选择反映了他们的新旧友谊：科林·麦克阿瑟·克拉克被分给小说家伊迪丝·华顿（Edith Wharton）、妮基·马里亚诺、欧文·莫斯黑德和牛津大学古典学者罗杰·迈纳斯（Roger Mynors）；最后这一位被证明是个疏忽散漫的人，后来他被作曲家威廉·沃尔顿（William

Walton）取代。科莉特·伊丽莎白·迪克森·克拉克被分给了莫里斯·鲍勒、约翰·斯帕罗和妮基·马里亚诺（她因此成为两个孩子的教母）。面对双胞胎的到来，唯一表示出不高兴的是他们的哥哥艾伦。在这之前，他一直都是人们喜欢的唯一对象，他不想大家的注意力被转移。他大喊大叫，"如果他抓伤了自己的腿，就会说腿被砍掉了"[40]。

也许教父教母中最让人吃惊的是70岁的伊迪丝·华顿。克拉克是在伊塔蒂认识她的，她起初没有理睬他，就像她有时见到陌生面孔时那样。但当《哥特复兴》出版后，她就和他交上了朋友。或许，正如克拉克在回忆录中所言，她认出了一位同道中人。他是她小说的崇拜者，尽管他发现很难将书中的悲观主义与她本质上的热心肠调和在一起。很快，克拉克夫妇就成了她在法国南部耶尔（Hyères）的漂亮住宅的常客。克拉克后来告诉她的传记作者，伊迪丝是个可怕的烦躁不安的人："她不能忍受任何人坐下时身边没有一张小桌子，我常说，'小桌子'应该是她的电报地址。"[41]克拉克讨厌写信，但他给伊迪丝·华顿写信时总是很用心。*

1933年12月，克拉克夫妇去巴黎度假。他们大部分时间都在卢浮宫度过，克拉克在给华顿的信中说："那真是个取之不尽用之不竭的旧货店。"他提到简在朗万买的东西，但他对自己的收获更为兴奋："我必须告诉你，因为这真的相当让人兴奋……我买了60幅塞尚儿子发现的塞尚的素描和水彩，价格低得让人难以置信……这些是从120张里面挑选出来的，我认为所有的作品都很有意思。"这些作品包括了塞尚夫人和艺术家本人的素描，以及一系列静物、风景和构图研究的水彩画，"真正为理解塞尚提供了新的基础"[42]。就在塞尚的儿子把这些作品带到保罗·纪尧姆（Paul Guillaume）的店里不久，克拉克就在那发现了它们。他花250英镑买了50多张画，这些画成了他艺术收藏的支柱。当约翰·波普-轩尼诗到访肖托弗时，他说里面都是

---

* 几年后，即1937年伊迪丝去世，她将她的图书馆留给了教子科林。克拉克把它窃为己用，科林直到他父亲去世后才得到它。

塞尚的水彩画、瓦妮莎·贝尔和邓肯·格兰特的作品。[43] 多年来，克拉克把不少水彩画送给了亨利·摩尔和其他朋友。

除了伊迪丝·华顿，克拉克夫妇还结识了另一位年长的人物。这就是费勒姆的李勋爵，事实证明，他对他们更有帮助——也更具争议。李是位收藏家，曾是意大利艺术展委员会成员，克拉克将他描述为"博物馆界最令人厌恶的人物"[44]，他喜欢"发现"，并相信自己拥有的鹅都是天鹅。作为一位艺术界的操盘手，李勋爵既不老练又专横傲慢，但他对考陶尔德学院的建立、瓦尔堡研究院（Warburg Institute）进入伦敦*都有一定贡献，也将契克斯庄园赠给了英国供首相使用。作为一名受挫的政治家，他把精力和高压干涉主义转向了艺术界，在那里他结交了同样多的朋友和敌人。然而，李取得了伟大的成就，并赢得了像塞缪尔·考陶尔德这样严谨的人的信任。他有一个可爱的美国妻子，她的钱都用来资助他的艺术收藏，克拉克称她为"天使"。他们很支持克拉克夫妇，李在自传中称他们是"我们在年轻一代中最亲密的，也几乎是唯一的朋友"[45]。克拉克的女儿科莉特觉得，被家人称为"亚瑟叔叔"的李"像其他人一样爱上了我母亲。父亲对他总是非常感激也很友好，但并不信任他，也总是对李的艺术收藏不屑一顾"[46]。

毫无疑问，两人都意识到他们对彼此的重要性。克拉克在阿什莫林博物馆任职期间，李是国家美术馆的主席，他和馆长奥古斯塔斯·丹尼尔的关系很不好。丹尼尔可能是美术馆任命过的最不活跃的馆长，而李梦想着让克拉克取代他。正如克拉克向自己的传记作者解释的那样，"我认为他是真心喜欢我，但也希望我成为他的傀儡"[47]。

克拉克在牛津的最后一个成就是新展厅的开幕，展厅以韦尔登夫人的名字命名。韦尔登夫人是牛津北部的一位女慈善家，曾把克劳德的《阿斯卡尼俄斯和雄鹿》（*Ascanius and the Stag*）、一张华托（Watteau）和一张夏尔

---

* 在克拉克的建议下，李在瓦尔堡研究院及其位于汉堡的重要图书馆处于危机时采取了行动（见 *Another Part of the Wood*, pp. 207–208）。

丹（Chardin）赠送给了博物馆。韦尔登厅是由E. 斯坦利·霍尔（E. Stanley Hall）建造的一个顶部照明展厅，用来陈列18世纪英国和法国的绘画，其设计与查尔斯·科克雷尔（Charles Cockerell）的原始建筑风格相融合。据《牛津时报》（*Oxford Times*）报道，这是一场盛大的开幕式，几乎整个大学的人都参加了。报道还透露，在大学认为可以筹集到资金的四年前，那个主动提出扩建的匿名捐赠者正是肯尼斯·克拉克本人。[48] 轮到牛津大学校长哈利法克斯勋爵发言时，他称克拉克"年纪轻轻，但对艺术的热爱和知识却是永恒的"[49]。

　　克拉克于1933年12月底离开了阿什莫林博物馆，并于1934年1月1日到伦敦国家美术馆接受了新的任命。欧文·莫斯黑德从温莎给克拉克发去圣诞祝福，希望他在新的职位上取得成功："快乐与辉煌，但是不要太闹腾，上帝保佑我们的K。"

国家美术馆

10
任命与理事

所以，在担任一家大百货公司经理的期间，
我必须要成为地主和官方阶层的专业艺人。

——肯尼斯·克拉克致伯纳德·贝伦森，

1934年2月5日 [1]

1933年9月2日，《泰晤士报》刊登了肯尼斯·克拉克将成为国家美术馆 89
下一任馆长的消息。虽然他只有30岁，但人们对他的任命感到欣慰和乐观。
戴维·巴尼尔总结了这种感觉："与前两任馆长相比，这是一次出色的任命。
他年轻、热情、机敏、谨慎，而且比英国任何一个人都具备更全面的知识。
他有聪明的头脑、很多钱、很多朋友并充满雄心。他一定会做得很好。"[2] 然
而，巴尼尔的父亲克劳福德勋爵对他的印象并不好，认为克拉克是"一个
傲慢的小家伙，但聪明得像只猴子"，认为自己"能够很好地分配官方的赞
助"。[3] 这两种观点在随后动荡的岁月里都被证明是正确的。

在过去的10年里，国家美术馆几乎无法管理，理事和工作人员之间的
争吵不断。这在一定程度上是因为管理章程经常被修改以适应特殊情况。
在1894年臭名昭著的"罗斯伯里纪要"事件中，作品购买权从馆长转移到了
理事手上。理事们变得专横跋扈，把策展人仅仅当作执行其意愿的工作人
员来对待。克拉克的前任奥古斯塔斯·丹尼尔（被任命为看管人）尽可能
地少做事，并在他所描述的"董事会的暴政和恶意"下饱受折磨。他的继

90　任者本应是美术馆副馆长，克拉克在意大利艺术展的前同事W.G.康斯特布尔，但李勋爵说服他接管了新成立的考陶尔德艺术史研究院。康斯特布尔希望时机成熟时，他能同时身兼两职。李勋爵的主席任期在1933年结束，接替他的是温文尔雅的菲利普·萨苏恩爵士。[4]而李无疑用了一些手段实现了克拉克的任命，这在一定程度上也是为了确保他自己能再次被任命为理事。虽然有些人认为克拉克太过年轻，但董事会一致认为，作为一个说着他们贵族语言的异常聪明的年轻人，克拉克可以弥合董事会和工作人员之间的分歧。两边的人都对这一任命表示热烈欢迎，认为克拉克会站在他们那一边。正如他告诉BB的那样，他被任命是因为他"安抚人心的性情"，而这通常"是大人物会拒绝的行为"。[5]

克拉克也认为自己太年轻，但当收到首相拉姆齐·麦克唐纳的电报时，他受宠若惊。唐宁街10号的来信证实了他的任命，从1934年1月1日开始，任期五年，薪水在1 200英镑到1 500英镑之间。这封信（误导性地）指出以前的馆长也曾是美术馆理事成员，但"博物馆和美术馆委员会建议终止这种做法，因为这已经给美术馆的管理带来了内部摩擦"。[6]克拉克接受了这种对他新地位的明显削弱，相信自己的说服力更为重要。

祝贺信都谨慎地提到了一个问题：理事将是未来麻烦的潜在来源。V&A博物馆的利·阿什顿写道："当然，你会有一段艰难的时光，但你清楚自己的想法，而且你必须时刻记住，如果你愿意，随时可以戴上帽子走人。"[7]阿什顿认为，最有可能带来麻烦的是菲利普·萨苏恩，他可以很有魅力，但一不小心就可能变成"一个棘手的问题"。他希望简能用"她那令人钦佩的能力"吸引住萨苏恩。以赛亚·伯林的看法相对积极："将一生奉献给选择、购买和安排画作，这几乎是我所想象过的最接近天堂的样子。"但伯林和其他人一样，认为克拉克的麻烦会来自董事会。安东尼·布伦特（Anthony Blunt）总结道："愿你与理事们玩得开心——我想，这将是你职责中最让人不快的部分。"杜维恩勋爵发去了一封"衷心祝贺"的电报，错误
91　地在克拉克的姓氏最后多加了一个"e"；瓦妮莎·贝尔和邓肯·格兰特希

望他能把美术馆每幅画上的玻璃拿掉；蒙蒂·伦德尔注意到，他是第一个获得这个位置的温彻斯特人。有趣的是，那位老鸟般睿智的剑桥菲茨威廉博物馆的馆长西德尼·科克雷尔发出了与其他人不同的声音："在我看来，由于理事们受到了诽谤，他们现在就像咕咕叫的鸽子一样温顺听话。"美术馆的工作人员相信，克拉克作为和他们一样专业的艺术史家，会为自己的立场而战，不会被理事吓倒。和意大利展览的情形一样，大家都认为他和他们是一条战线上的。管理人哈罗德·伊舍伍德·凯（Harold Isherwood Kay）[8]将在克拉克的任职期间扮演一个恶毒的角色，他写道："如果你不介意我这么说的话，你的到来是今年最好的消息。"[9]唯一对这个任命不那么热情的是温莎城堡的人，对于未来在那里的任职，克拉克已经被打了低分。

就在克拉克上任新职务之前，他第一次访问了西班牙，正如他对伊迪丝·华顿所说："除非我看过普拉多博物馆（Prado），否则我真的无法管理国家美术馆。我并不想去看西班牙——我只想直接去普拉多，在那狂欢之后再回来。"[10]他向伊迪丝吐露说，关于他的任命，BB"会大发雷霆……他会说我将彻底堕落，将永远无法再喝到纯净的学术之水。也许他是对的，但我的家族中没有学者——他们都是公司的董事，一个人不能指望总是与遗传背道而行"[11]。

前任馆长丹尼尔建议他在1月1日到位，那时美术馆会开放，所有的工作人员都会在那里迎接他："我相信你不会有困难，直接走进你的房间，让管理员告诉你是否有紧急的事情。桌子上会有你的信件。"[12]克拉克按时在新年的第一天出现，并在日记中写道："在国家美术馆的第一天。大雾，火车晚点。格拉斯哥带我逛了美术馆；他不是很活泼，但愿意尝试创新……总的来说一切令人激动愉快。"[13]他的桌上放着丹尼尔1933年12月31日写的一份会议纪要，前任馆长在其中提出了以下建议：1.他应该提出自己的要求，即是否要看信件、视察访问是否应先告知他等等；2.作品需要清洁时，用莫里尔和霍尔德公司的服务。在提到其他各种具体事宜之后，丹尼尔推荐了"一个文件夹……里面有蓝皮书，还有罗斯伯里备忘录和董事会在过去通过的其他决议，我认为了解这些内容对引导董事会非常重要"[14]。

92　　在伦敦市中心找到一个固定的住处之前，克拉克都住在科克街的伯灵顿酒店（Burlington Hotel）。最初的日子充满着纯粹的快乐：理事们和管理人让他感受到了欢迎的气氛，令人惊讶的是，由于丹尼尔的不作为，美术馆有相当多未使用的资金可用于购买作品。克拉克给伊迪丝·华顿的信中说道："每个人都对我们非常友好，使我的工作尽可能轻松。我不得不有这样的结论：要么是我的前任们对此毫无反应，要么我将面临一场灾难性的变化。"[15]接下来的几天里，他抽出时间和霍纳夫人[16]以及室内装潢师、社交女主人茜比尔·科尔法克斯（Sibyl Colefax）共进午餐。BB向简询问道："我想知道肯尼斯在他的新位置上适应得怎么样，他的性格是否能让他很好地融入新环境，那里是否仍然是柔和舒适的软垫，或者纽伦堡处女*的刺已经露出来了。我并不希望如此，但一个人不能奢望走在铺满玫瑰的路上而不被刺伤。要是肯尼斯有闲心写一篇详细的日记就好了！"[17]

克拉克神秘的任命日志记录了1月3日新的主席菲利普·萨苏恩爵士的来访。这位具有异国情调的萨苏恩是保守党议员和空军副国务卿，其家族是巴格达犹太人血统。克拉克将他描述为"一种哈伦·拉希德式的人物，在三栋大房子里用东方的华丽款待客人，对朋友无尽的友好，机智、善变，始终保持着神秘"[18]。两人一拍即合，萨苏恩日后会成为克拉克最后的赞助人："七年来，菲利普在我的生活中扮演了与莫里斯·鲍勒在牛津大学同样的举足轻重的角色。"[19]萨苏恩在肯特郡的颇为奇特的家林普尼港（Port Lympne）和赫特福德郡的乡间别墅特伦特公园（Trent Park）招待世界上的权贵政要，多数是，但不全都是托利党人。相比之下，特伦特公园是乔治时代高雅品味的缩影。他自己的收藏兴趣主要集中在18世纪的对话作品（conversation pieces），他为这类作品的流行做了很大贡献。当戴维·克劳福德在1935年加入国家美术馆董事会时，他评价萨苏恩是"一位令人钦佩的主

---

* 这种刑具更广为人知的名字是"铁处女"。

席，公正、风趣、敏锐"[20]。

其他理事也各有特点。目前为止，最麻烦的是艺术经销商约瑟夫·杜维恩。他在1933年向泰特美术馆捐赠了一个新的画廊展厅后被封为贵族，并在国际艺术市场上拥有今天难以想象的主导地位。杜维恩勋爵在美国扮演 *grand seigneur*（大人物），在英国扮演小丑。他事业非常成功，因为人们很难抗拒他热情洋溢的个性。李勋爵和达伯农勋爵（d'Abernon）为他争取到了理事的位子，两人都与他进行了对自己有利的艺术交易。克拉克曾说过："关于已故的杜维恩勋爵，有人说他胜过世界上所有的艺术经销商，除了庞大的艺术品经销商组织——英国上议院。"[21] 在董事会位置上的杜维恩从一开始就给克拉克制造了麻烦，因为虽然他天生慷慨大方，社交上也让人无法抗拒，但他也很不道德：不仅不能保守董事会议的机密，而且经常根据收集到的信息采取行动。几乎每次会议都会出现利益冲突。杜维恩的支持者达伯农勋爵曾是一名外交官，也是一个 *marchand amateur*（业余商人），他在关于作品购买的辩论中始终如一的、几乎不被人听见的贡献就是"出半价"。

最优雅的理事是 *beau monde*（上流社会）的埃文·查特里斯（Evan Charteris），他曾是美术馆与泰特美术馆的联络人，后来成了泰特美术馆的主席。当时泰特仍然是国家美术馆的附属机构，作品购买经费仍由国家美术馆控制。最不可思议的理事是威尔士亲王，他很少参加会议，因为他不被允许抽烟。1936年1月，威尔士亲王成为爱德华八世后出现了一个问题：作为君主，他不能参与董事会。有人建议他以切斯特伯爵的身份参加，但最后他还是退出了。最实干的理事是塞缪尔·考陶尔德[22]，他不仅将他无与伦比的法国现代绘画收藏中的精华借给了美术馆，还在1924年捐出5万英镑成立了一个基金来购买这类作品。也许关于这位伟大而善良的人，最令人惊讶的是他在很大程度上受制于亚瑟·李，后者创建了以考陶尔德名字命名的学院。1935年，克拉克的朋友戴维·巴尼尔也成了理事，并被证明是一个坚定的盟友。

美术馆董事会每月一次在下午两点半举行会议。理事们通常会被邀请事先到菲利普·萨苏恩位于伦敦公园路的宅邸共进午餐，在那里，他们将享用放在金盘上的美味。这些会议涉及内务管理，很多时间都花在了作品清洁等老生常谈的问题上，但议程上的主要项目通常是审查已经或可能要出售的画作。在20世纪20年代，购画补助金达到了7 000英镑，但华尔街股灾后，金额被降到几乎为零，1935年又回升到3 500英镑，1936年达到5 000英镑。此外，克拉克还有7 000英镑的捐赠基金收入可以调用，但即便如此，一年也只够买一幅好画。在大多数情况下，国家艺术收藏基金是他的救星。由于丹尼尔一段时间的无所作为，积累了惊人的大量盈余，正如克拉克在上任前写给BB的信中所说："理事们都渴望花钱，如果我试图剥夺他们正当的兴奋，他们会非常不高兴。如果能说服他们把钱花在装裱和装饰上，一切都会好起来，但上帝保佑我不要购买华而不实的东西。"[23]

克拉克与董事会建立起了良好的关系。萨苏恩对他的这位新门徒感到很高兴，杜维恩勋爵很快就写道："现在的每一场会议都完美和谐，每一分钟都让人快乐。当然，这是你来了之后的事。"[24] 自然，每个理事都倾向于推动自己感兴趣的领域：萨苏恩总鼓励买佐法尼的作品，考陶尔德则力推印象派。无论对克拉克的作品购买有什么样的批评，他都不带任何*parti pris*（立场），除了对他所谓的"经销商眼中的英国艺术"——那些仍然很流行的、占据市场主导地位的大尺幅全身肖像画——感到厌恶之外。他渴望获得更多19世纪的法国绘画，以弥补印象派藏品的不足，但他意识到，这些作品被理事们视为"经销商的繁荣"。幸运的是，考陶尔德救了他，借出马奈（Manet）的《女神游乐厅的吧台》（*Un Bar aux Folies-Bergère*）和塞尚的《圣维克多山》（*La Montagne Sainte-Victoire*），这是塞尚出现在美术馆的第一件作品。克拉克还说服泰特美术馆归还雷诺阿（Renoir）的《伞》（*Les Parapluies*）。他觉得自己在美术馆的第一个成就就是用了一个展厅专门来展示完全配得上这个地方的法国19世纪的艺术作品。

"购买作品，"克拉克经常说，"是在国家美术馆工作的主要奖励。在

20世纪30年代，仍然有可能买到伟大的艺术品。"[25]他一上任就开始考虑购买哪些作品的事，他很确定这些作品的重要性：已经在讨论的是来自弗雷尔收藏（Frere Collection）的两张委拉斯克斯，包括《圣灵感孕》（*The Immaculate Conception*）——但没能买到，40年之后，这幅画才最终挂在了美术馆的墙上。在3月的董事会议，即他的第三次会议上，克拉克已经开始推荐康斯特布尔的大尺幅油画稿《哈德利城堡》（*Hadleigh Castle*）以及锡耶纳艺术家萨塞塔（Sassetta）的七张板画《圣方济各的一生》（*The Life of St Francis*）。克拉克对康斯特布尔大尺幅画稿的欣赏是超前的，他需要萨苏恩的支持才能让理事们通过。在同一次会议上，李勋爵提议了自己收藏中的《彼得·莱利爵士家族》（*The Family of Sir Peter Lely*），但遭到了拒绝。[26]

　　萨塞塔的七张镶板画自身还构成了一个特殊的戏剧性事件，证明了杜维恩的存在是董事会里事情出错的根源。这些迷人的镶板（第八幅在尚蒂伊）组成了这位艺术家的圣塞波尔克罗祭坛画，它是为一座在拿破仑时代受到压制的修道院创作的。克拉克对这组描绘圣方济各荣耀的重要作品已经很熟悉了，因为它曾在伊塔蒂属于贝伦森的收藏。这组作品由一位名叫克拉伦斯·麦凯（Clarence Mackay）的美国百万富翁提供给国家美术馆，而他是从杜维恩那里购得的；当麦凯无力支付这组作品时，杜维恩便编造了麦凯想要出售作品的故事。克拉克出价3.5万英镑，是麦凯应支付价格的一半（也是杜维恩账目上显示的价格）。通过贿赂麦凯的管家，杜维恩确保了麦凯从未收到过克拉克的出价，他欣然地向理事们确认了这一事实。最终双方以4.2万英镑达成了妥协，并有一份新闻稿称是"在杜维恩勋爵优质的服务下"实现了作品的收藏。正如经常发生的那样，购买作品的钱是由国家艺术收藏基金筹集的。

　　杜维恩的干预偶尔也会对美术馆有利。贺加斯（Hogarth）活泼的《格雷厄姆的孩子》（*Graham Children*）被克拉克称为"完美的海报"，它的主人诺曼顿勋爵将其送到美术馆，"让董事会在下次会议上考虑这幅画"。随后，这幅画又被神秘地收回，杜维恩背着理事将其买下。当面对菲利

95

普·萨苏恩时，杜维恩心一软，将画作为礼物送给了美术馆。克拉克对这种行为感到恼火，但很高兴能收到"也许是贺加斯现存最美的大画作"[27]。

克拉克想尽量避免买太多漂亮的作品——这是理事们的一种自然倾向——7月，他不顾强烈反对，勇敢地买下了博斯（Bosch）的《耶稣戴上荆棘之冠》（*Christ Mocked with the Crown of Thorns*）。他在给伊舍伍德·凯的信中写道："博斯并不受欢迎，但我得到了考陶尔德、威特和戈尔的支持；杜维恩一直感叹'我的上帝！多好的一幅画啊！'我们出价30万里拉，让人吃惊的是，对方居然接受了。"克拉克还重点补充道："我没有得到庞西和戴维斯的支持，他们讨厌它。"菲利普·庞西（Philip Pouncey）和马丁·戴维斯（Martin Davies）是两位聪明的年轻策展人，分别对意大利和荷兰艺术有强烈的兴趣。这是那个群体第一个与克拉克意见相左的例子。

克拉克通常会以展示幻灯片来活跃董事会议，带着理事们 *tour d'horizon*（概览）伦敦市场上可售的作品。正如他对伊舍伍德·凯所说的那样，"英国仍然是最适合收藏任何画作的地方，包括意大利绘画"[28]。偶尔他和理事们会买下一幅他们并不需要的作品，比如鲁本斯的风景画《饮水处》（*The Watering Place*）。美术馆已经拥有很多鲁本斯的画作，但巴克卢公爵（the Duke of Buccleuch）收藏的这一张无比光彩夺目，让他们无法抗拒。乡间别墅仍然是最大的绘画宝库，早在克拉克时代之前，美术馆就将其称为"最重要"的画作清单，即那些应尽一切努力买入的作品的清单。这些画的主人有时以他们的画命名，例如埃尔斯米尔勋爵被称为"拉斐尔伯爵"，兰斯多恩勋爵被称为"雷诺兹侯爵"。这份名单对外保密[29]，但克拉克认为这是一个错误："我们被严格要求不能告知画作主人，结果，至少有三幅画在展示之前就被秘密卖到了海外。"[30]最惨痛的损失是霍尔拜因（Holbein）的《亨利八世》（*Henry VIII*），美术馆还没得到购买的机会，作品就被斯潘塞勋爵卖给了德裔匈牙利收藏家蒂森男爵。

克拉克敏锐地意识到美术馆收藏中德国艺术流派的不足，而这部分是无法通过伦敦的艺术市场来弥补的。他大胆地前往奥地利的圣弗洛里安修道院（St Florian's monastery），试图为美术馆争取到重要的阿尔特多费尔（Altdorfer）的《激情》（*Passion*）和《圣塞巴斯蒂安》（*St Sebastian*）系列的作品——但没有成功。好的德国绘画很难找到，但他设法获得了丢勒（Dürer）的一张变体画《圣母与艾里斯》（*Virgin with Iris*）。1935年，他和简一起去俄罗斯参观冬宫博物馆（Hermitage Museum），当时苏联对外汇的渴望正促使当局悄悄地出售自己的艺术品。在克拉克的前任时期，美术馆曾差点买下提埃波罗的《埃及艳后的盛宴》（*Feast of Cleopatra*），但后来又退出了交易，这可能使克拉克更难与苏联方谈判。他确定了两幅想为美术馆购入的作品，即乔尔乔内的《朱迪斯》（*Judith*）和伦勃朗的《浪子》（*Prodigal Son*），但最终不得不告诉他的理事们，目前没有机会从冬宫博物馆购买任何作品。

1936年1月是购买作品的黄金月，美术馆成功地获得了康斯特布尔的《哈德利城堡》、巴克卢公爵的那张极好的鲁本斯以及克拉克最引以自豪的安格尔（Ingres）的《莫伊特西耶夫人画像》（*Portrait of Madame Moitessier*）。他曾前往巴黎，在保罗·罗森伯格的画廊看到了同一位穿着黑色连衣裙的模特的早期肖像。在那里他得到情报，之后可能会有一幅更精美的画像。他毫不犹豫买下了作品，并赢得了BB的称赞："祝贺你刚刚买到的安格尔，它让人联想到拉斐尔……"[31] 克拉克在他关于安格尔的电视散文《浪漫主义对古典艺术》（*Romantic versus Classic Art*）中对这幅画进行了深情的描述："她那华丽服饰下的冷漠，让人联想起游行队伍中被抬着的某个神圣人物。"[32] 他向达伯农勋爵讲述了理事们对这次大手笔购买的反应："在第一次被自己身无分文的想象震惊之后，他们被这些画的美所折服。"[33]

购入安格尔是克拉克在美术馆最辉煌的成就之一，但即使是这样也招来了批评者——且会在未来引发更多的麻烦。皇家艺术研究院院长杰拉德·凯利爵士（Gerald Kelly）写信给克拉克说道："不是所有人都喜欢她（说她不是所有人的'菜'会很荒谬，不能将'菜'这种表达与高贵的莫伊特西耶夫人联系在一起）。"[34] 有时，克拉克无法与理事们达成意见一致。"唯一一次,"他曾对观众说,"我观察到国家美术馆的工作人员和理事们达成了一致,是我提议(13年来我经常这么做)购买一张德拉克洛瓦(Delacroix)的时候。他们都认为他是一个令人厌烦的二流画家,他的画一张也没能被购买。"[35]

作为馆长,克拉克有了一个很好的开始,但工作让人劳累,他的健康状况一直不佳。他在给伊迪丝·华顿的信中写道:"我从9点半工作到5点半,一刻都没有停顿。然后我回到家,继续写讲稿,直到晚餐。到头来,我一无是处。不过,我确实觉得这份工作很有意义……尽管我已经看到了一些可能很快就会向我伸来的魔爪。"[36] 1934年圣诞节期间,克拉克病倒了,因为心肌劳损被送到了医院。欧文·莫斯黑德在给玛丽王后的一份备忘录中描述了这个问题:"由于固定心脏位置的肌肉过度疲劳,他的心脏偏移了两英寸。"[37] 华顿邀请克拉克去法国南部疗养,但简带他去了布莱顿,在那里他们逛了很多古董店。克拉克康复了,在他提到的魔爪带来麻烦之前,他会继续在美术馆享受富有成效、平稳顺利的18个月。

11
王室指令

我的同事，即使是最友好的同事，

都认为我是一个在政府机构找工作的人。

——肯尼斯·克拉克，《森林的另一边》

本书开篇所描述的乔治五世国王和玛丽王后到访国家美术馆，是欧文·莫斯黑德两年游说的结果。当得知查尔斯·柯林斯·贝克要从国王藏画鉴定人一职退休时，就有各种人选被讨论。国王和王后的女儿玛丽公主，即长公主，推举了尽人皆知的芬兰艺术史学家和君主主义者坦克雷德·博里纽斯（Tancred Borenius）作为候选人，他曾帮助她的丈夫哈伍德伯爵建立起了古典大师绘画收藏。莫斯黑德喜欢称他为"坦基"，而坦基的问题在于他与艺术交易的关系过于密切，从而玷污了自己的名声。莫斯黑德得到了玛丽王后的支持，正如他向克拉克报告的那样，玛丽王后曾告诉他："我知道国王最希望的就是感觉到自己的画由自己的人管理——他能向这个人提要求，可以对他说他想做什么，而不必感到他必须征求国家美术馆官员的同意才能处理自己的东西。"[1]克拉克当时还在阿什莫林博物馆，虽然他经常出入温莎以完成他的达·芬奇图录。这个想法似乎吸引了克拉克，因为莫斯黑德写信给玛丽王后，推荐了他来处理作品归属和清洁的问题，并建议其余的工作可以由一名管理员来做——这个想法很明显是克拉克提出来的。[2]在莫斯黑德看来，克拉克不仅是最好的人选，也是能胜任这份工作的

98

唯一人选。

国王曾经表达过希望有人能告诉他何时应该清洗自己的画。这让克拉克很担心，因为他觉得自己在所谓"作品清洁方面"缺乏经验，于是他退出了竞选。莫斯黑德之后收到了国王的私人秘书威格拉姆勋爵的纸条："国王和王后陛下读了你写给克罗默*的关于肯尼斯·克拉克的信，陛下认为，后者也许是个谦逊、腼腆的年轻人，会很有能力胜任这个职务，承担起所有的责任。"[3]国王和王后也表达了希望见克拉克的意愿。莫斯黑德又写信给克拉克："我相信你会发现他们是最招人喜欢和通情达理的人，我认为你完全可以胜任两份工作，做上五年。"[4]后来，由于柯林斯·贝克在他的职位上又做了一年，这件事就被搁置在了一边；所以当克拉克接受国家美术馆的职位时，温莎的人都感到震惊。欧文·莫斯黑德报告说，王后说"你被任命的消息让她自己和君主都震惊了"[5]。就在这个时候，国王和王后决定在3月的一个周日早上亲自到特拉法加广场，这会是一次非同寻常的走访。用克拉克的话说："我拒绝了王室的工作，所以国王亲自到国家美术馆来劝说我。"[6]

威格拉姆勋爵写信给国家美术馆的董事会主席菲利普·萨苏恩，宣布国王和王后将于3月25日周日中午12点"到国家美术馆进行约半小时的短暂访问。陛下希望馆长也能在场……"他们委婉地表示，理事们不应改变他们已有的安排，他们不希望对馆长的邀请最终变成对整个董事会的邀请。[7]鉴于这是在位君主对美术馆的首次访问，却把理事们排除在外，这确实是个大事。克拉克在日志中隐晦地记录了这次访问："驱车前往伦敦，带国王和王后参观国家美术馆。参观先从王后开始，她非常拘谨，提了很多正式的问题。看完第一个展厅后，又带上国王继续参观，他要欢快很多，大声称透纳疯了。弗里斯的《德比赛马日》让我们都感到很欣慰，我们追溯了所有事件，但很遗憾不能看到那场比赛。国王想用棍子刺穿塞尚的画。王

---

*　罗兰·巴林，第二代克罗默伯爵，王室官务大臣。

后明显感到国王和我都不够严肃，但她自己倒也放松了一点。国王站在台阶上欣赏风景，然后穿过欢呼的人群离开了。"[8] 我们只能想象克拉克用艺术术语向英国国王解释塞尚和透纳的情景，但很明显，这两位都在努力享受那一时刻。

这次访问之后，莫斯黑德对克拉克的汇报一如既往地直接："今天早晨王后对我说：'我们都非常喜欢克拉克先生，他似乎正是我们非常需要的人……国王非常希望克拉克先生到自己身边，如果能这样安排的话。'我独自去见了国王……谈话内容是这样的：国王说，'前几天我见了你的朋友克拉克；他带我逛了国家美术馆，我们在一起待了很长时间。我必须坦率地说，我已经很久没有遇到过这么让我喜欢的年轻人了；事实上，我不知道我什么时候完全喜欢过任何人——和他待得越久，就越是觉得"他正是我一直希望得到的人"……我也很喜欢他娇小的妻子……离开美术馆后，我依旧沉浸在那天下午的愉悦中'。真的是太好了！"[9]

除了担心没有时间同时做好两份工作之外，克拉克还担心国家美术馆理事们的反应。而在温莎，所有这些问题都被抛在一边，莫斯黑德向玛丽王后保证，已经在向克拉克施加压力让他接受这个职位："我觉得，如果他知道国王对这件事的个人意愿的程度，可能对他来说就不同了。"[10] 克拉克去见了理事，并得到了他们的同意；在国王和王后施加的这种压力下，他别无选择，只能接受这个职位。

皇家收藏的庞大规模——7 000幅画——令人生畏，而国家美术馆只有2 000幅。1934年7月3日，克拉克被正式宣布为国王藏画鉴定人。人们对这个任命反应不一。贝伦森简洁地写道："我非常高兴，因为我可以随时向你询问有关画作的照片和信息。"[11] 但也有人觉得让一个如此年轻的人兼任重要的职务是对他们的侮辱，认为这是克拉克野心的表现。[12] 除了这个任命引起的嫉妒之外，克拉克还觉得自己缺乏像博里纽斯那种对血统和肖像画的热情：在温莎，王室肖像的意义远远高于美学。然而，正如后来的一位鉴定人所说："肯尼斯·克拉克对于皇家收藏的重要意义在于，终于有了这样的人才在那里，它开启了由伟大学者来照看皇家收藏的现代篇章。"[13]

克拉克以其特有的高效开始了鉴定人的工作。很少有君主像乔治五世那样缺乏审美鉴赏力——除了对邮票以外。尽管如此，克拉克还是非常喜欢这位国王，并发现他粗犷的海军作风遮住了他作为慈父般赞助人的事实。王后则不同，她对皇家收藏有浓厚的兴趣。多年后，克拉克告诉他的传记作者："事实上，我非常喜欢这份工作：待在温莎是世界上最好的事情。每天自由自在，还可以使用皇家汽车。老国王很喜欢简，还改变了'位置'，好让她坐在自己身边。"[14]克拉克在温莎也享受到"非常好的食物"。在他看来，他的主要任务是遵循国王的指示，实施修复和清洁画作的计划。正如他给官务大臣的信中写道："在过去的一百年里，这些藏品都没能被好好照看。"[15]他列出了需要修复的画作清单，但总是在没有征求修复师意见的情况下给出过低的成本估算，这给宫廷官员带来了很多麻烦。[16]典型的例子是借给爱丁堡的一张凡·德·古斯（Van der Goes）的巨幅祭坛画，其修复费用是克拉克最初估计的2.5倍——他不得不向官务大臣办公室解释这个情况。

1936年1月国王逝世后，克拉克在温莎有了新的主人。在爱德华八世退位期间有一段时间的间隔，到了第二年5月，国王乔治六世和伊丽莎白王后加冕就位。在她的姐夫退位之前，克拉克已经意识到约克公爵夫人——后来的王后——会是一位潜在的盟友。她写信给克拉克恭维他关于英国风景画的演讲，他给她寄去了《哥特复兴》并推荐了关于皮金的章节，"他是个迷人的人物"。他们一起参加了一场展览，克拉克补充说："似乎很少有人喜欢绘画，他们只是呆滞、挑剔或贪婪地看着它们；几乎没有真正的热情。"[17]他喜欢写信和她分享他所去过的地方。在一次东欧旅行中，他告诉她："我们看到的最迷人的地方是克拉科夫，这是一个难以置信的，带着中世纪气息、肮脏而迷信的地方，但犹太区里满是戴着毛皮帽留着长卷胡子的华丽的犹太老人：活生生的伦勃朗画中的人物。"[18]

在一封写给伊迪丝·华顿的信中，我们可以了解到克拉克在加冕典礼前的生活滋味以及他对新国王和王后的印象："在下周四去维也纳和布达佩斯之前，我正在进行最后一轮忙碌的工作；新的展厅很快就会开放，我们在整理新借入和购买的作品、与财政部斗争、选择国玺等等，每分每秒都是事情。除此之外，我还得在温莎花两天时间和君主待在一起，为他的藏画提供建议——需要无休止的站立并微笑。这尤其让我痛苦，因为它让我远离心爱的'贝勒斯'[克拉克在乡下新租的房子]，我们越来越喜欢那里……简患了一场可怕的流感，一直躺在床上，差点就成了黄疸；她饱受抑郁的折磨……我发现新国王和王后非常友好和善——她是那种略高于住乡间别墅的人的类型，而他则略低一点点。"[19] 克拉克注定是王后的忠实粉丝，也从未改变过对国王的看法。

加冕礼当天，克拉克夫妇早上8点就在威斯敏斯特大教堂就座，比国王的到来早了3个小时。简身穿白色宫廷锦缎礼服，披着一件夏帕瑞莉的长长的白色天鹅绒斗篷，配着头饰。[20] "加冕礼，"克拉克写信给母亲说道，"是迄今为止我所见过的最感人、最壮观的表演。我们的座位非常好，几乎是大教堂里最好的座位[他附了一张图]……整个表演超越了[戏剧导演]莱因哈特和科克伦，部分原因是它在大教堂里举行，也因为它耗资了100万英镑，但最主要的原因是主要演员看上去真的和他们的角色很匹配……我也必须说，我以一种自己无法相信的方式感受到了加冕礼的真正意义。看到所有这些不同的种族和来自世界每个角落的代表因为这一个理想聚集在一起，使我皈依了帝国主义。"[21]

进入新统治时期，克拉克的第一反应就是辞职。他担心新国王会想重新布置所有的作品，尽管这是他最喜欢的职业，但他没有足够的时间。他被莫斯黑德劝住，同时也很快发现自己远比在之前政权下的作用要大得多。首先是新的国家肖像画的问题，克拉克推荐了杰拉德·凯利爵士。他被期望出席外国元首的访问，例如1939年3月法国总统阿尔贝·勒布伦（Albert Lebrun）到访，向他们展示这些珍品。克拉克还发现自己成了功绩勋章的非官方顾问，功绩勋章——除嘉德勋章外——是君主授予杰出成就的最高奖项。当他被问到埃德温·勒琴斯与贾莱斯·吉尔伯特·斯科特，谁应被授予勋章时，他毫不犹豫地回答"勒琴斯"。尽管勒琴斯正处于命运的低谷，但在克拉克看来，他比他所有的竞争者都要伟大。[22] 之后，克拉克还被咨询了关于音乐家、知识分子甚至科学家的意见，推动了梅纳德·凯恩斯和生理学家埃德加·阿德里安（Edgar Adrian）的主张。[23]

克拉克很早就正确地意识到新王后是一个潜在的艺术赞助人。她一开始就征求他对她在温莎起居室重新挂画的意见。事情从那一刻起开始发展，正如简的日记所透露的那样："克拉克喜欢在温莎的时光，尤其是和王后的两次长时间的散步……他们想尽可能多地接触现代生活的方方面面，但要放慢节奏，以免伤害人们的感情。"简还指出，她的丈夫"对国王和王后所做事情之少而感到震惊。她11点起床。温莎里面几乎没什么人，晚上的时光也和乔治国王和玛丽王后时期一样沉闷，但至少后者睡得更早。他很喜欢王后"[24]。克拉克的地位非同寻常，作为一个知识分子，他得到了王后的青睐，在新的统治时期，他作为一个家族外的人与王后保持着同样的亲近。

令克拉克欣喜的是，王后开始收集英国当代绘画，数量不多，但很与众不同。她购入的大部分绘画都是战后作品，但在1938年，她买下了奥古斯塔斯·约翰的一张萧伯纳的肖像画《当荷马点头时》（*When Homer Nods*）。克拉克给她写了一封热情洋溢的信："请允许我说，陛下决定购买在世画家的作品，这对我们所有关心艺术的人来说是多么有价值啊！可以毫不过分地说，它将对整个英国艺术产生重要的影响……你会让他们［画家］感到，他们不是为一个小集团服务，而是在为国家生活的中心工作。"[25] 他与王后建立了一个充满热情且富有成效的关系，王后写信给他说道："让君主保持与当下趋势和现代生活的联系是非常重要的，当然还有古代艺术；我想你能在这些方面给我们提供建议和帮助？"[26] 克拉克领会了这个暗示，在接下来的几年里，他会写信给她："我可以借此机会向陛下讲述一些其他发生在艺术界的事情吗？"[27] 他安排年轻的公主们参观国家美术馆，并成为温莎社交生活的固定成员。王后有自己的品味，但克拉克以及后来泰特美术馆的主席贾斯帕·里德利（Jasper Ridley）的建议极大程度地激发了她对这个领域的兴趣。

汉普顿宫（Hampton Court）的建筑工程使克拉克有了他所说的"重新悬挂画作的光荣机会"。他之前曾给BB写信说："作为游客，我一直讨厌宫殿；而作为仆人，则让这种讨厌加剧。但汉普顿宫是个例外，它当然是一个真正的公共画廊，尽管它像个私人场所一样运营不善……大量的画作被藏了起来……自从你第一次去那之后，没多少人看过里面的作品——当然，主要是巴萨诺（Bassano）的画，但也有一些有趣的提香式的威尼斯画家的作品。"[28] 克拉克认为，他的前任是把这里当成了一个公共展厅在管理，而不够像一座宫殿。幸运的是，菲利普·萨苏恩当时就在工程部，他说服杜维恩勋爵出钱，用红色和金色的锦缎重新装饰了国事厅。最终，一个垂死的宫殿重新焕发了生机，克拉克对藏品的重新悬挂布置也备受赞誉。

尽管克拉克很喜欢作为王后的艺术侍从的角色，但他发现朝臣和宫廷行政人员很烦人，且普遍很无知。正如他对杰拉德·凯利说的那样："你提到朝臣的生活把我逗乐了。有趣的是，我发现当受过教育的人处在仆人的位置上时，就会有仆人的心态，比如过于敏感、嫉妒等等。在跟宫廷有了六年的关联之后，我开始对我的家仆有了更多的理解。"[29] 克拉克对宫廷人员以及他们的宫廷生活的不耐烦，于《文明》中当他谈到他们"可憎的浮夸"时会再次出现。尽管他对乌尔比诺（Urbino）和曼托瓦的宫廷给予了很高的评价，但他几乎没有把凡尔赛宫放进节目中。在他制作《皇家宫殿》（*Royal Palaces*，1966）时，电视摄像机第一次被允许进入了温莎和白金汉宫；他的语气冒犯了女王和菲利普亲王，他们觉得他带着"讽刺"——以今天的标准来看，这个判断令人费解。在此之前，克拉克一直在国宴上受到欢迎，他向珍妮特·斯通描述了其中的一次："昨晚的国宴真的很美——黄金无疑会提升生命，我从未见过这么多黄金。所有侍者的服饰都以它装饰，所有的盘子和餐具都用它制成，所有的墙也镶有金边。在这场过于文明的呈现之中，黑卫士风笛手出现了——风笛声震耳欲聋，但却让我陶醉其中。听着我邻座的丑事，我笑得眼泪都出来了……我和女王度过了痛苦的10分钟——她很疲惫，渴望离开。"[30]

104

在他生命的最后阶段，克拉克向他的出版商建议出版一本新文集："我想把这本书叫作《再思录》，其中包括一篇关于王室的文章——这是一个非常有趣的话题，我是这方面的专家。"[31] 除了英国王室各个成员外，克拉克还与南斯拉夫的保罗亲王和瑞典国王非常熟悉。尽管有自己的不适，后来又因《皇家宫殿》而暂时受挫，克拉克仍是一个非常成功的朝臣。在作为一个尽责的管理者外，他还认识到君主制的统一力量，这在即将到来的战争中变得非常重要。肯尼斯·克拉克和英国王室都即将接受家长式民粹主义（paternalistic populism）。

12

克拉克大热潮

我们有很多朋友，也认识国王和王后以及很多名人……

我们很富裕，也很快乐……还有一只叫托尔的狗。

——科莉特·克拉克的日记（6岁）

"我现在来讲讲我们生活中最奇怪的时期：只能用'克拉克大热潮'来 105
形容。这段时期大约从1932年持续到1939年，就像澳大利亚黄金股热潮一样
神秘。"[1]实际上，这件事并没有什么神秘之处：克拉克很年轻的时候就在艺
术界占据了一个举足轻重的位置，这需要他在过去被称为上流社会的圈子
里活动，而简又是一个自然而美丽的女主人。克拉克夫妇雄心勃勃，年轻
有魅力，也自我感觉很时髦。西里尔·康诺利在回顾他所在的牛津一代时，
反映出政治对他们的影响微乎其微，他们也不谙世事，"最现实的人，如伊
夫林·沃先生和肯尼斯·克拉克先生，最先明白他们喜欢的生活完全依赖
于与统治阶级的密切合作"[2]。

克拉克把自己和简描绘成"优裕生活里的无辜者"（这个描述可能更适
合穿着破旧西装的罗杰·弗莱）。克拉克夫妇在伦敦购置了一个气派而雅致
的房子，他们在那里招待了从国王和王后到其下面级别的所有人。正如克
拉克的第一个授权传记作者弗拉姆·丁肖所观察到的："克拉克热潮的关键
在于它是社会与艺术之间的纽带。"[3]他们是 *beau monde*（上流社会）中更有
文化的那一部分人，两个世界在他们的家中相遇——尽管克拉克夫妇成功

地，至少他们自己看来，通过他的写作和他们与艺术家的友谊，保持了与社会旋涡的疏离。对于克拉克的余生，是艺术世界的人为他奠定了他最信奉的价值观。

106　　克拉克大热潮在位于牛津圆环和摄政公园之间的波特兰坊（Portland Place）30号的一栋大房子里上演，这是从霍华德·德·瓦尔登地产租的。房子的规模像一个大使馆，有亚当风格的接待室和一个富丽堂皇的门厅。1934年初，克拉克委托备受追捧的建筑师杰拉德·韦尔斯利勋爵为房子做一份报告。韦尔斯利对房子的印象非常深刻，认为一楼的客厅极为漂亮；他为楼下的图书室设计了造型别致的书柜，克拉克夫妇通常会在那里接待客人。出人意料的是，这栋房子没有文献记载，而大多数资料都集中在艺术收藏和优雅的窗帘上，有些窗帘是黄色的丝绸——其他的则由邓肯·格兰特设计（带有阿波罗追逐达芙妮的图案，有乳粉色、赤陶色、米色和棕色）。[4]兼任儿童美术教师的美国设计师玛丽昂·多恩（Marion Dorn）设计了许多纺织品和地毯。在一楼宽敞的亚当风格的餐厅里，有一幅马蒂斯的大画《工作室》（L'atelier），这幅画是克拉克从滴水嘴兽俱乐部（Gargoyle Club）买来的。[5]

　　20世纪30年代是克拉克扩展艺术收藏的主要十年，到了1937年，年轻的艺术史家本·尼科尔森（Ben Nicolson）在日记中写道："去波特兰坊拜访了K. 克拉克。和简聊到了乔尔乔内，而K正在楼上面试［应聘泰特美术馆馆长助理职位的］罗宾·艾恩赛德（Robin Ironside）。[6]他们向我展示了新购入的塞尚和雷诺阿的作品，此时的收藏几乎和维克托·罗斯柴尔德（Victor Rothschild）的一样棒，还有两张非常美的修拉（Seurat）作为点睛之笔……克拉克夫妇如此迷人，我真希望和他们是好朋友。"[7]

　　克拉克总是称，从任何分类意义上来说，他都不是一个艺术收藏家。他曾经问过自己，为什么人要收藏？他认为这就像问我们为什么会坠入爱河一样，原因多种多样。他将收藏家归为两种基本类型：一种是被鲜明的作品所吸引，另一种则是想让它们成为一个系列。而他属于第一种，他的大部分购买都是不同动机的结果。毫无疑问，填满空墙是一个动机。在波特兰坊时期，克拉克获得了一些他最重要的画作：四张塞尚的风景油画，包括从巴黎艺术画商沃拉尔那里购入的《黑色城堡》（*Château Noir*）。他还买下了修拉的《大营港海景》（*Le Bec du Hoc*）[8]，雕塑家亨利·摩尔在克拉克的收藏中看到了这幅画，它后来对他创作由两个部分组成的《斜躺的人像》（*Reclining Figure*，1959）产生了一定的影响。克拉克花了3 500英镑买下了修拉，画的主人非常开心，于是送给了他同一位艺术家的另一幅画作，美丽的《森林》（*Sous Bois*）。[9]克拉克最喜欢的画是雷诺阿的《金发沐浴者》（*La Baigneuse Blonde*），这幅画总是被放在他各个房子里的最重要的位置上。他称画中的她是"我的金发美女"，并站在画的面前和她拍照。他甚至把这位裸体浴者——实际上是艺术家的妻子——写进了他的著作《裸体艺术》，将她与拉斐尔的《嘉拉提亚的凯旋》（*Galatea*）和提香的《从海上升起的维纳斯》（*Venus Anadyomene*）相提并论，并补充说，她"给我们一种错觉，仿佛我们正透过神奇的玻璃欣赏普林尼赞美过的一幅遗失的杰作"[10]。克拉克在这个时期购入的最有魅力且出人意料的作品之一是《索顿斯托尔家族》（*Saltonstall Family*），这幅17世纪早期的巨幅家族肖像画被挂在波特兰坊房子的楼梯上，现藏于泰特不列颠美术馆（Tate Britain）。然而，如果说克拉克收藏的雄心自他在里士满的收藏时期开始就已经上升了几个等级，那么他对英国当代艺术家认真的赞助才刚刚开始。

　　简指挥着一小队工作人员维持波特兰坊的运转。她早期的主要助手是秘书伊丽莎白·阿诺德（Elizabeth Arnold），和简的所有助手一样，她发现简是一个严格但慷慨的女主人——她会给她穿夏帕瑞莉的衣服。包括司机在内共有7名家政人员，如果克拉克夫妇的儿子科林说的是真的，还有3名是专门照顾孩子的。"我们住在一栋较小的房子里，"他写道，"一扇绿色的门后面有我们的保姆、女佣和厨师。"[11]在伦敦的时候，孩子们通常要到睡觉的时候才能见到父母，肯尼斯和简会出现——通常是穿好衣服准备外出就餐——跟他们道晚安。但当他们在乡下住在菲利普·萨苏恩提供的肯特郡的一个房子里时，他们见面的次数要多得多。

　　克拉克刚被任命为国家美术馆馆长，萨苏恩就开始邀请他们参观他在林普尼港的非凡作品。这栋房子由赫伯特·贝克（Herbert Baker）设计，具有科德角殖民地风格，花园由菲利普·蒂尔登（Philip Tilden）设计，有点哈德良别墅的感觉。内部是由约瑟夫·玛丽亚·塞特（Josep Maria Sert）、约翰·辛格·萨金特（John Singer Sargent）和雷克斯·惠斯勒（Rex Whistler）作品装饰的房间组成的奇异混合体，所有的房间围绕着一个摩尔风格的庭院。克拉克觉得这个房子有点荒唐——用奥斯伯特·西特韦尔（Osbert Sitwell）的话来说就是"萨苏恩的品味（à son goût）"——但他很欣赏这里具有建筑结构的花园，其中还有最为深长的草本植物边界。克拉克喜欢房子主人的异国情调，觉得他有趣而迷人。单身的萨苏恩被视为社会的晴雨表，他招待了克拉克所描述的"友好的新世界社会"和"非正统的外围保守党"。*然而，就像回到了他在温彻斯特或牛津的第一天，克拉克声称"没有一个人对我说过一句友善的话，或者，实际上，根本没有人跟我说话"，他还提到了"子爵们傲慢的年轻妻子"。这种偶尔的自怜在这个情况下可以被忽略，因为萨苏恩称自己"为克拉克而疯狂"，并为他提供了一个迷人的房子——贝尔维尤（Bellevue），让他在那里过周末。克拉克与菲利普的妹妹西比尔·乔蒙德利（Sybil Cholmondeley）成了朋友，但同时发现他的表妹汉娜·格贝（Hannah Gubbay）并不讨人喜欢。†在1934年的一次聚会上，克拉克发现了同样是客人的温斯顿·丘吉尔，作为一个业余画家，丘吉尔向克拉克寻求意见并邀请他去查特维尔（Chartwell）。丘吉尔留给克拉克印象最深的是"他性格中强烈吸引我且经常在他谈话时出现的一面：顽皮男孩的元素"[12]。克拉克一生都对那些让他想到他父亲的人情有独钟。

---

* 克拉克在林普尼港遇到了一位名叫 T. E. 劳伦斯（T.E. Lawrence）（阿拉伯的劳伦斯）的人，他被克拉克形容为"矮小、学究，或者更确切地说像中学校长的样子"。日记，1934年3月20日（伊塔蒂收藏）。

† 这两位女士都很了不起。西比尔·乔蒙德利成为诺福克霍顿庄园杰出的女主人，也是一位音乐赞助人。汉娜·格贝是一位瓷器收藏家；她的收藏陈列于萨里郡的克兰登公园（国民信托 [National Trust]）。

　　萨苏恩租给克拉克的"贝勒斯"（贝尔维尤的昵称）是一座18世纪的低矮砖房，在当时，可以从那里俯瞰罗姆尼湿地的迷人景色。萨苏恩在建造大房子时，曾请菲利普·蒂尔登对它做了一些改动。这使其有了一个宽大的室内空间，同时花园前面还增加了两边的柱廊。克拉克的孩子们很喜欢这个房子。萨苏恩是孩子们的英雄，而林普尼港在他们的家庭神话中占据了一个特殊地位。艾伦称这是他在肯特郡最喜欢的地方，后来他回忆起他"坐在露台上喝着柠檬茶（*limone*），吃着薄得难以形容的黄瓜三明治，然后被送回贝勒斯。现在都还能透过玻璃门看到那大理石花纹的摩尔式室内、黑白相间的地板和拱形的天花板"[13]。萨苏恩在贝尔维尤以北半英里处有一个私人机场，他可以在那里带艾伦和科林坐上飞机，在上面呼叫"贝勒斯"。有时，克拉克夫妇会坐上他的飞机被送到他的另一座房子——赫特福德郡的特伦特公园，克拉克回忆说："孩子们被一排穿戴红色束腰的仆人惊呆了。"[14]

　　克拉克向伊迪丝·华顿表达了他在贝尔维尤的喜悦之情："我在我的新书房里写作，视野穿过罗姆尼湿地几乎可以延伸到拉伊……又能在乡下有一所房子，真是太让人欣喜了。"[15]他们可以邀请朋友来度周末——莫里斯·鲍勒、格雷厄姆·萨瑟兰夫妇——对孩子们来说，这将是他们童年最快乐的时光。当艺术史家本·尼科尔森即将以荣誉专员的身份加入国家美术馆时，他造访了贝尔维尤："［从西辛赫斯特］开车到林普尼港和K.克拉克共进午餐。他租下了菲利普·萨苏恩在机场入口旁边的小房子，房子很温馨，克拉克当然用邓肯·格兰特和安德烈·马松（Andre Masson）的水彩画和他非常欣赏的格雷厄姆·萨瑟兰的作品做了漂亮的布置……一切都很美好，但我有点害怕他，他执意要叫我尼科尔森。"*

109

----

* 本·尼科尔森，日记，1936年12月29日（私人收藏，《伯灵顿杂志》副本）。克拉克后来向尼科尔森解释他喜欢使用姓氏："不，称C夫人是不可能的，K爵士也是。试试简和K，如果后者让你难以接受，那就干脆用多利安姓吧，我喜欢这种形式。"致本·尼科尔森的信，1938年2月3日（私人收藏，《伯灵顿杂志》副本）。

如果说贝尔维尤是远离伦敦烦恼的地方，那么波特兰坊就是克拉克夫妇表演的舞台。在他们的盛大宴会上，他们把社会名流、艺术家和作家聚集在一起。克拉克后来带着优越感地写道："有几个社会人士告诉我，这是他们第一次见到艺术家，并对他们的'文明'程度感到惊讶。"[16]当他自问为什么那些与他和简几乎没有共同点的社会名流会来到波特兰坊时，他想"也许是为了享受我妻子欢快而充满智慧的陪伴吧"[17]。简是克拉克大热潮的关键；她至少是一个对等的伴侣，正如他们的女儿科莉特所解释的那样："在他们婚姻的头20年里，他们被称为简和K……每个人都在向她献殷勤，而爸爸实际上几乎是一个存在于背景中可爱可敬的老教授。"[18]如果按照他自己的方式，克拉克不会追求如此奢华的社交生活。他们的朋友德罗伊达勋爵（Lord Drogheda）在他的回忆录中强调了这一点，认为简在"让人知道他的才能和提升他的自信"方面做了很多。他描述了她蓝色的大眼睛和乌黑的头发，以及她的慷慨和体贴的天性。"如果没有她的影响，他的职业道路会有所不同，我想也会更少出现在公众视线中。他俩联合起来是一个强大的组合。"[19]简把她的天资都用于为她的丈夫服务；在他的作品出版之前，她阅读并给予评论，她邀请客人，并保护他免受不必要的关注。那些在牛津认识她的人都对她从他们所认识的那个有趣且身无分文的女孩转变为他们现在遇到的大人物而着迷。彼得·昆内尔写道："我有时发现很难认出她就是她后来成为的那个聪慧、时髦、高贵的女主人。"[20]

110   简的优雅和穿衣品味备受赞赏。她喜欢夏帕瑞莉的设计，她穿着漂亮的长礼服，佩戴着雕塑家亚历山大·考尔德（Alexander Calder）专门为她设计的珠宝。客人们觉得她很迷人，据科林说，当有伟人在场时，"她会睁大眼睛，以真诚的敬仰之情注视着他们"[21]。她有时可能真的很崇拜英雄，但她也可以很犀利。当一位晚餐的客人喃喃自语说自己拥有一些黄色的塞夫勒瓷时，据说她冷淡地回应说："是的，但你很富有。"[22]招待客人是她的强项。如果没有简，克拉克会很乐意继续做——在马克斯·比尔博姆（Max Beerbohm）伟大的人类分类学中——一个客人。人们都想被邀请到波特兰坊：那里很时髦。日记作者兼社交名流"奇普斯"·钱农（"Chips" Channon）抱怨他们从来没有邀请他吃晚餐；简甜甜地笑着说："但是奇普斯，我们不认识有资格和你一起被邀请的人。"[23] 简生性很奢侈，而她的丈夫却很节俭（除了买艺术品）。她会给她遇到的每一个人——从她的理发师到王室成员——送上昂贵的礼物。这是她慷慨和热情个性的一部分。

　　克拉克夫妇很受欢迎，受到各处的邀请。正如莫里斯·鲍勒在模仿一首流行的教堂赞美诗时写道："我看到简和K爵士无处不在。"他们享受着洛根·皮尔索尔·史密斯所说的"社会的浮华和诱惑"。简在1937年4月9日的日记中写道："我们在贝尔格雷夫广场与肯特夫妇共进午餐。我坐在杰拉德·奇切斯特和艾弗·丘吉尔中间……"[24] 克拉克夫妇可能有知识分子对地主贵族的恐惧，他们觉得这类人无聊且庸俗，但国家美术馆的馆长有必要为伟大的艺术收藏品的继承者破例。他们会与巴克卢公爵和德文希尔公爵一起住在德拉姆兰里格城堡和查茨沃斯庄园（Chatsworth），克拉克档案保存着他们应邀参加的长公主在查茨沃斯举行的家庭聚会的剪报。[25] 在他作为 *homme du peuple*（人民公仆）的时刻，克拉克喜欢给人一种印象是，这是一个过渡阶段："随着战争的临近，大人物都回到了他们的乡间住宅，而艺术家仍然是我们的朋友。"[26] 这并不是故事的全部，因为他与像莫莉·巴克卢（Molly Buccleuch）和西比尔·乔蒙德利这样的女主人成为一生的好友。

　　如果说克拉克夫妇总体上不喜欢上层阶级，他们的儿子科林则认为"他们也没有更喜欢中产阶级。他们最喜欢用'多么可怕的资产阶级'来否定某些东西"[27]。克拉克的挑剔偶尔也会显露出来。在一次地中海之旅后，他写信给伊迪丝·华顿说道："船上没有一个人说的英语是带着有教养的口音，而且大多数情况是，缺乏礼貌比发音更严重。"[28] 但在克拉克看来，有一群人永远不会犯错：艺术家。他对他们的耐心超过了他对生活其他方面的耐心。画家格雷厄姆·贝尔（Graham Bell）住在波特兰坊的顶层；邓肯·格兰特和瓦妮莎·贝尔，泰德·麦克奈特·考弗（Ted McKnight Kauffer）和玛丽昂·多恩以及格雷厄姆·萨瑟兰夫妇都是晚餐的常客。事实上，后来成为

111

克拉克夫妇最亲密朋友的两对艺术家夫妇，约翰和迈凡薇·派珀以及亨利和埃琳娜·摩尔，对盛大的社交生活完全不感兴趣，但也都怀着感激和喜爱接受了他们的友谊。科林后来写道："这些可爱善良温和的艺术家与我们父母通常的朋友圈形成了鲜明对比，那些社会名流都不会注意到孩子。"[29]

安东尼·鲍威尔称，克拉克夫妇在社会地位的上升过程中是出了名的无情。那些对邀约答复晚的人会被告知他们的位置已经被占用。[30]克拉克机械般的效率常常让人生畏，这让他在一些圈子里的名声不太好，也经常得罪人。他在20世纪30年代的繁忙程度已经到了很难再被夸大的地步，旅行、演讲、写作、社交，同时还要满足两份重要工作的要求，所以也难免导致他有时会很随意或失去耐心。这有时也会让人产生误解：当本·尼科尔森在国家美术馆的一次预展上走到克拉克面前，想了解他的实习申请时，"K拒绝与我握手，也拒绝和我说话。这让我整个晚上都很苦恼，因为我想这大概意味着我已经被国家美术馆拒绝了。我无法对他的异常行为做出任何其他解释"[31]。随后克拉克又发来一封信："很抱歉，在周三古尔本基安（Gulbenkian）的聚会上没有机会和你交谈。我被那些最凶残的无聊鬼撕成了碎片，他们总是在那样的场合伤害人。如果我能和你说上话，我就会告诉你，我多么希望你明年1月能作为名誉专员到这里来。"[32]圣·约翰（鲍比）·戈尔（St John [Bobby] Gore）曾经讲过一个故事，他曾受邀参加在波特兰坊的一场白领结晚宴，本·尼科尔森也是受邀客人之一，他是出了名的衣冠不整，好不容易搞到一个黑领结后才姗姗来迟。当他被带入房间时，戈尔注意到克拉克溜了出去，几分钟后换上了晚礼服，系着黑领结回来了。他将这作为克拉克完美礼仪的一个例子。[33]

克拉克夫妇被20世纪30年代的两位重要的女主人——茜比尔·科尔法克斯和埃默拉尔德·丘纳德——所占用。科尔法克斯夫人住在国王路的阿盖尔之家（Argyll House）——被称为"狮子角楼"。在那里，她把克拉克夫妇作为"我的年轻人"介绍给了H.G.威尔斯、马克斯·比尔博姆和颇具影响力的美国政治评论家沃尔特·李普曼（Walter Lippmann）等人。直到有一天，她在克拉克最喜欢的惠勒餐厅碰到他与一位美艳动人的女士共进午餐之后，他们的位置才被取代。带着顽皮的玩笑，克拉克没能向她介绍费雯·丽（后来嫁给了劳伦斯·奥利维尔［Laurence Olivier］），茜比尔后来打电话问他的同伴是谁。10天后，克拉克夫妇应邀到阿盖尔之家与奥利维尔夫妇见面，女主人用同一种表达迎接了他们："你们见过我的年轻人了吗?"

埃默拉尔德·丘纳德在格罗夫纳广场的午餐会上将音乐、文学和政治融合在了一起，"这是伦敦大部分社会人士的聚集点"，那里的谈话机智而"精彩"；从一个话题滑到另一个话题，其间穿插着 bons mots（警言妙语）。克拉克觉得这些都只是 hors d'oeuvres（开胃菜），更愿意在一个话题上停留，"使其他客人感到愤怒；但埃默拉尔德原谅了我"[34]。然而，这种巧妙的智慧确实进入了克拉克的血液。许多人发现他做归纳总结的时候总是口齿伶俐，尤其是当他机智诙谐的时候。他的演讲风格中也有一些这样的特点——德裔建筑历史学家尼古拉斯·佩夫斯纳（Nikolaus Pevsner）[35]在更为严谨的艺术史学校中长大，他将其描述为"被丢弃在业余爱好者的轻浮中"[36]。对克拉克来说，成为无聊的人和无聊本身一样令人恐惧。

随着乔治六世和伊丽莎白王后的登基，克拉克夫妇的影响力达到了顶峰。1939年初，这对王室夫妇来到波特兰坊和他们共进午餐。简写信给BB说到这次访问："很难让他兴奋起来，但她很迷人……他们喜欢房子里的各种藏品……她之前从未见过塞尚的作品，认为它们很好……国王凝视着那张马蒂斯早期的大画，但他太讲礼仪，所以什么也没说。"[37]多年以后，艾伦回忆起这次访问："我记得有一次乔治六世来吃午餐，我穿着短裤和绸缎衬衫，他真是太好了，给了我冰淇淋，真是太棒了，因为母亲从来不允许我吃冰淇淋，她清教徒的一面，让她相信一个人不应该沉溺于肉体的快乐。这使我永远成了一个保皇党人。"[38]

在制作《文明》的最后一集时，克拉克告诉观众："不要去高估战争前被称为'上层人士'的文化。他们有迷人的风度，但却像天鹅一样无知。"[39] 113
这引起了一名美国听众的抗议，克拉克回应说："我说社会人士像天鹅一样无知，是基于在20世纪30年代广泛的经验。举个例子：我去格林德伯恩（Glyndebourne）看《魔笛》，发现自己坐在戴安娜·库珀夫人（Lady Diana Cooper）的旁边，她做了50年的社交圈女王。看到中途，她大声对我说：'这都是些什么不可思议的胡话？'我回答说：'我在中场休息时告诉你。'她说她记得从托马斯·比彻姆（Thomas Beecham）那里听说过这个剧。我对她说：'那你究竟为什么会来看这个剧？'她回答说：'当然是来看亲爱的奥利弗·梅塞尔（Oliver Messel）的舞台设计。'这能说服你吗？"[40]这封一反常态的信反映了克拉克对戴安娜·库珀的矛盾心理。[41]如果说克拉克的一部分在社交圈，那他的另一部分则在鄙视它，这就是格雷厄姆·萨瑟兰将他描述为分裂的人的一个例子。正如他后来写道："我看《名利场》时坐在前排座位，但在《巴塞洛缪市集》的后排座位对我来说可能会更好。"[42]他日益加深的使命感和即将到来的战争，将成为他逃脱的途径。

20世纪30年代末，克拉克走上了一条贯穿他余生的新道路：他开始对妻子不忠。简在日记中记录"K的态度突然发生了变化"——她相信这是她丈夫有外遇的证据。她躺在床上，在日记中倾诉道："决定在惊讶的海洋中挣扎是没有用的，必须试着忘记，然后看看会发生什么，但这很难。"[43]克拉克经常只会与像费雯·丽*这样漂亮且难以接近的女人共进午餐，并与他周围的人短暂暧昧。他和简优雅的秘书伊丽莎白·阿诺德就有过这样的风流韵事；在为温莎公爵和公爵夫人工作了一段时间后，阿诺德就跟随克拉克到了信息部。还有一次，简回到家，发现丈夫正与波特兰坊里漂亮的女佣伊丽莎白·斯坦普拥抱在一起。

但在20世纪30年代末，情况发生了变化。克拉克爱上了编舞家弗雷德里克·阿什顿（Frederick Ashton）的妹妹伊迪丝·拉塞尔-罗伯茨（Edith Russell-Roberts）。多年后，他在给他当时的*amour*（情人）珍妮特·斯通的

---

* 丽在干草剧院出演萧伯纳的《医生的困境》（*The Doctor's Dilemma*），在日场演出的日子里，她会在演出间隙抽空拜访。克拉克和她的友谊始于1939年。

信中写道："我只爱过两次，一次是简，另一次是弗雷德里克的妹妹小伊迪丝。1939年，当简暴躁残忍的时候，小伊迪丝对我非常温柔。"[44]伊迪丝身材娇小、干净、白皙，性格热情而多愁善感，但据科莉特·克拉克说，她不如她哥哥聪明——"一只可爱甜美而无望的小鹅"[45]。她嫁给了脾气暴躁的海军军官道格拉斯·拉塞尔-罗伯茨（Douglas Russell-Roberts），他经常外出，在此期间，克拉克和伊迪丝会在她位于伦诺克斯花园的房子见面。在伊塔蒂有两封未标明日期的信："我亲爱的心上人，今晚我觉得自己是一个失恋的姑娘……"与"昨晚，神圣的落日唤起了我对你的一切渴望和我在你面前时所感到的一切快乐……"克拉克显然把他对伊迪丝的感情告诉了简；她感到困惑，希望他能克服这些问题。他甚至送给了伊迪丝一幅亨利·摩尔的素描。伊迪丝后来称克拉克是"我一生的挚爱，是他教会了我所知道的一切"[46]。与克拉克后来写的相反，他肯定不止两次坠入爱河。

　　简崇拜她的丈夫；她生活的各个方面都是为了满足他的需要，所以发现他的不完美对她来说是个沉重的打击。在那个年代，他们这个阶层的夫妻在结婚10年左右之后有了情人的情况并不罕见——贝伦森家也不乏其例——但简痛恨这种变化。她和克拉克独处的时候已经很容易发脾气了，而她尝试用酒精和处方药来帮助控制自己的情绪。克拉克的行为在多大程度上加剧了她的暴怒，我们不得而知：科莉特认为不管有没有父亲出轨这些事的刺激，这都是她母亲性格的一部分。简在哈利街找到了受人欢迎的医生贝德福德·拉塞尔（Bedford Russell），他给她开了一种含有吗啡和可卡因的鼻喷剂，从那以后，她就会在"噗噗噗"之后出现在"美丽的意识懵懂中"[47]。她的丈夫温顺地将她的暴怒作为他行为不端的代价接受；但她越是折磨他，他就越会到别处寻求安慰。但他们的婚姻只有一次真正陷入了危机。他俩谁也没有认真考虑过离婚——他们相信婚姻，并建立了深到难以分开的联系。

13
运营美术馆

紧紧围绕尔辈艺术家而站立

古典大师有时也会忘记

亲爱的克拉克到了你们的疆域

带来他们从未有过的画迹。

——西里尔·康诺利[1]

　　肯尼斯·克拉克是国家美术馆第一位家喻户晓的馆长。尽管他在任职期间饱受争议，但在这11年里取得了稳定的成就，让美术馆从一个只关注自身的组织转向了一个更多参与公众需求的机构。诸多前任馆长都是致力于提高英国绘画的鉴赏力艺术家，但想不到克拉克会是一个平民主义者，他有罗斯金式的愿望，希望为国人打开艺术视野。实际上，他最认同的前任是查尔斯·霍姆斯（Charles Holmes）（1916—1928年任馆长），他和克拉克一样对当代艺术感兴趣，在美术馆举办筹款音乐会，并写了一本关于伦勃朗的通俗书籍。霍姆斯（使用考陶尔德基金为泰特美术馆）购入了包括梵高（Van Gogh）的三幅作品（《向日葵》[Sunflowers] 等）在内的法国现代绘画，从而将美术馆带入了20世纪。克拉克曾拒绝更改一个错误的归属，他解释说："我不更改这个标签的原因在于前任查尔斯·霍姆斯爵士一直对我很慷慨，如果我这么做，他无疑会认为这是一种个人侮辱。"[2]克拉克与前任馆长们的不同之处在于，他抓住了第二次世界大战提供的特殊机会，让美术馆（用《观察家报》［*Observer*］的话说）"比以往任何时候都更像真正的国家财产"[3]。而早在战争开始之前，他就发起了一个现代化议程，让一些人高兴，让另一些人震惊。

克拉克到位美术馆后的首要任务必然是重新挂画。他总是觉得这个机构很幸运，因为它是在美术馆建筑变得宏伟夺目之前创建的。展厅在维多利亚时代进行了扩建，但仍具有人性化的尺度。但同时，展厅大小缺乏多样化，这让展示适合它的威尼斯画派和不适合它的荷兰橱柜画变得很困难。克拉克从不认为把所有时期和流派的精品集中挂在一起是有效的展示方式，也不赞同放入雕塑和家具"给人一种绘画仍在其最初环境的错觉"[4]。他喜欢墙上紧凑的挂画方式，但认为这是一种自我放纵。

虽然霍姆斯开启了整理展厅的工作，但克拉克的重新布置更接近今天美术馆的精神；将不同画派分开展示，这样区别于维多利亚时代的陈列方式，作品不会显得那么拥挤，而与后来20世纪60年代美术馆强调个体作品的陈列方式相比较，则显得更为丰富。根本上来说，他认为作品应"在不受干扰或失真的情况下，向我们展示它们所能展示的一切"[5]。克拉克认为布置作品不能在纸上做规划，必须把画放在一起看它们之间是否和谐或相冲突。毋庸置疑，他在挂画方面很有天赋，作品的布置备受赞赏。约翰·波普－轩尼诗后来写道："当他在那的时候，美术馆看起来很漂亮。"[6]海伦·安雷普（Helen Anrep）写信给克拉克："这是一个全新的美术馆……整个地方似乎充满了新的欢乐和芬芳。"[7]他在墙面颜色的选择上费了很多心思，他对管理员哈罗德·伊舍伍德·凯说："目前我主要关心的是1号厅的颜色。我已经找到了一种灰色，这对皮耶罗的作品来说比现在的颜色要好得多……我想要一套颜料和大约20块木板……然后花几个星期自己做实验。"[8]所有这些几乎都是在没有与他的展览人员商量的情况下完成的，他们的不满暂时被小心地隐藏了起来。

灯光是克拉克的下一个问题。他认为一成不变的人造光让人不舒服，作品也黯然失色；而对于荷兰绘画来说，顶部照明并不合适，它们更受益于侧光——他最终解决了这个难题，在楼下开辟了三个房间作为侧光展厅呈现荷兰小画。直至1934年，电灯才被引进美术馆，这意味着开放时间能每周延长三个晚上，让上班族在下班后也能观赏到作品，直到晚上8点。电灯也让吸引人的晚间活动全年无休。正如克拉克给简的信中所说："6点半，我到了美术馆，看到调整后的灯光，效果完全被提升了：事实上，我可以真正地夸耀它，我认为聚会将取得巨大的成功。首相就要来了：对他来说，这将会是一次全新的美术馆体验；我们还将迎来约克郡团、所有的大使和所有的内阁部长。"[9]

当克拉克在美术馆就职时，所有的绘画都装上玻璃。这是应对伦敦空气污染的办法，也是对1914年《镜前的维纳斯》（*Rokeby Venus*）被一名妇女参政论者肆意破坏的那段记忆的回应。从克拉克上任那天起，理事们就在会议上开始了关于玻璃的争论。克拉克个人反对玻璃，因为它会反光。当杜维恩以不装玻璃为赠予贺加斯的《格雷厄姆的孩子》的条件时，这个问题再次成了焦点。1935年10月，董事会详细讨论了装玻璃的事宜，尽管罗伯特·威特爵士指出，"通过采用美国的空气调节系统可以防止硫黄的影响"，但董事会还是勉强接受了"玻璃"的必要性。克拉克已经和工程处讨论过空气调节的想法——或者用他的话说"空气清洗"，但短缺的资金连半个美术馆所需的设备条件都无法满足。玛丽王后也参与了进来，并"规定，不仅仅是为了改善外观，装玻璃在伦敦是绝对必要的"[10]。空调在战争结束后才被引进，从那之后，画上的玻璃都被取了下来。

在财政部的坚持下，国家美术馆每周有两天向公众收取入场费，克拉克敦促理事们尽快取消这种做法（最终在战争期间取消了入场费）。他的另一个早期行动是任命一家公关公司，就如何吸引更多观众提出建议并研究他们的需求和偏好。新的晚间开放在地铁站里做了广告，并成了美术馆第一场媒体预览的主题。公众讲座的时间从两小时缩短到了一小时，一系列新的出版物被设计成小巧的导览而非图录。克拉克主张留出一个房间供女性访客休息，但未能实现——理事们似乎一直担心流浪汉可能会来利用美

术馆的设施。有时，董事会的会议记录近乎滑稽，比如一个标题为"唱歌
的威尔士矿工造成的麻烦"的会议记录，显然，这些矿工在"紧张的外地 118
或殖民地"游客进出美术馆的时候纠缠他们。[11]克拉克有一个重要的盟友，
工程和公共建筑首席专员戴维·奥姆斯比-戈尔（David Ormsby-Gore）[12]，
他告诉克拉克："就我而言，我随时准备好做你个人喜欢的任何事情——既
不多也不少。"[13]奥姆斯比-戈尔将在未来铲除很多道路上的障碍，包括促使
下议院*sub silentio*（默认）通过《海外贷款法案》——这使海外展览成为可
能，包括1938年巴黎的英国艺术展。

　　也许克拉克的平民主义最让人难忘的是1938年英格兰足总杯决赛那一
天。美术馆的一个会议记录写道："决赛的地方支持者……起早来到伦敦可
以有一个看到一些著名展览的机会，而不是在街上闲逛。"美术馆同意上午
8点开放：上午10点之前有279名参观者，全天有3 602名观众。[14]后来的美术
馆馆长尼尔·麦格雷戈（Neil MacGregor）称："不管是否有人来美术馆看作
品，这都是一次耀眼的平民主义的体现。他这么想，也这么做，并对外做
了宣布的事实，正是一种平民主义的光辉所在，这将美术馆置于国家的中
心位置，使其深受人们的喜爱。"[15]

　　克拉克看到了媒体能让他的工作引起全国的关注。麦格雷戈认为，作
为馆长，克拉克具有独特的天赋，他能很好地驾驭和激发媒体。他接受了
关于美术馆的采访——《每日镜报》（*Daily Mirror*）在"40岁以下"系列报
道中刊登了对他的介绍：第四位，"这位可能被称为英国艺术领袖的人是一
位风度翩翩、令人愉快且年仅33岁的年轻组织者，他领带的品味不错，眼
神冷静职业，下巴坚定，有一种接近朗伯德街而不是特拉法加广场的气
质"[16]。他的策略取得了成效：1934年至1939年间，观众人数增加了10万人。
然而，这种宣传的天赋——让克拉克在战时获得了一份重要的工作——却
让他与保守的美术馆工作人员格格不入。

　　1937年4月13日的会议记录中，有一个标题是"电视"，这对克拉克的
未来意义重大。他刚刚参观了亚历山德拉宫，这是英国广播公司（BBC）早

期的电视广播所在地，他显然对这种新媒体普及美术馆的潜力很感兴趣，"如果它能达到必要的熟练程度"。然而，第一个问题是拍摄是否会对画作带来危险。克拉克意识到拍摄所需的强光会产生巨大的热量，但他认为，尽管目前电视的图像质量非常差，但美术馆应该时刻关注它的发展。8个月后，克拉克在亚历山德拉宫进行了他的第一个电视广播，介绍佛罗伦萨绘画。[17]

119

克拉克通常被认为是创建了国家美术馆摄影部的功臣。正如尼尔·麦格雷戈告诉作者的那样："当我加入国家美术馆时，关于K有两个相互矛盾的传说：首先，他被认为藐视员工（可能不是真的，但这就是传说）和傲慢自负。然而，他也因建立了摄影部而受到尊敬。这个部门制作了所有博物馆中的第一批高质量的细节照片，当然是在欧洲。成为教科书中高质量照片的唯一来源，并将国家美术馆置于了艺术史研究的中心；同时也让公众能与作品更加接近，这一直是K的抱负。"[18]实际上，克拉克并没有设立摄影部，但他很大程度地扩展了这个部门，并找到了一个既学术又大众化的绝妙使用方法。

1938年，克拉克出版了《国家美术馆藏画的100个细节》(*One Hundred Details from Pictures in the National Gallery*)，这本书提供了有趣的猜谜游戏，让读者猜测细节是出自哪位艺术家的作品，而答案往往出人意料。他是从他的朋友矢代幸雄（Yukio Yashiro）用作品细节照片研究波蒂切利的方法中得到的这个想法——尽管他评论说，奇怪的是之前没有人有过这种想法，但这的确又是莫雷利方法的必然结果。罗斯金曾出版过他自己的绘画和建筑照片的细节图集。[19]克拉克把书赠送给了英国半数的重要府邸。这得到了洛根·皮尔索尔·史密斯的赞扬，他在圣诞节那天写道："它让我通常很沉闷的圣诞节变得快乐有趣。"温斯顿·丘吉尔发来电报表示感谢，西德尼·科克雷尔称它是"我见过的最便宜、最令人兴奋的6先令；作品的选择无可挑剔"[20]。罗杰·辛克斯在《听众》(*The Listener*)上对《细节》进行了赞美，他正确地感觉到"选择的亮点在于一个细节与另一个细节之间的差异，这与对细节本身的选择同样重要"[21]。评论家埃里克·牛顿（Eric Newton）认为克拉克对图片的注解很随意，但却非常精彩。[22]对作品细节的应用迅速地流行了起来：出版商斯基拉立即将这种方式运用于建筑书籍中。克拉克的书在1990年和2008年由美术馆重新发行。

美术馆的科学部确实由克拉克（用销售明信片的利润）建立，用于对绘画进行X光检查和分析。这个部门由剑桥放射学家伊恩·罗林斯（Ian Rawlins）负责，他是个"友好善良的人，但也是我遇到过的最令人厌烦的人之一，没完没了地对琐碎的细节大惊小怪"[23]。X射线和红外线放射学所揭示的信息改变了作品清洁的决策，这将给克拉克带来他担任美术馆馆长后的第一次公开审判。当他面对是否清洁的问题时，他承认，"首要问题是美学：画是在修复后还是修复前更美？"——但他认为，科学应该帮助做决策。[24]在晚年远离喧嚣的舒适生活中，他会写道："我认为关于作品清洁的争议没有任何重要意义；它们就是每25年都会发生一次的流行病。"[25]国家美术馆对这些争议并不陌生——1853年，政府的一次调查特别关注了美术馆的具体做法，所以这不是一个可以掉以轻心的问题。克拉克使用了两位主要的修复师，W.A.霍尔德（W.A. Holder）和赫尔穆特·鲁赫曼（Helmut Ruhemann）："我认为不同类型的绘画需要由不同的人进行清洁。霍尔德先生是一个天生的清洁师，他接触画布时就像看守人捡起一只小鹧鸪一样温柔。当然，鲁赫曼要熟练得多，也更科学。"[26]

皇家艺术研究院秘书的一封信打响了"清洗战"的第一炮，克拉克在董事会议上宣读了这封信。信中称皇家艺术研究院的一名成员提议就国家美术馆的作品清洁政策进行公开提问。[27]克拉克被激怒，他给研究院院长杰拉德·凯利爵士写了一封气愤的信："多年来让美术馆声名狼藉的争吵已经完全消失了……现在看来，我们所有的希望都要破灭了……［我］可能会被迫辞职，可能会有一场针对美术馆的媒体战……美术馆将以一个羞辱不同意见者的现场被拖进公众的视线。"[28]问题的一方面在于院士们认为美术馆应该由艺术家（过去确实是这样）而不是由艺术史家来运营，而且他们实

120

际上很喜欢争吵。让他们情绪上头的作品是委拉斯克斯的菲利普二世肖像，即所谓的"银色菲利普"（Silver Philip），这幅画刚引起了鲁赫曼的注意。《每日电讯报》邀请著名艺术家对这个话题发表意见，从而引发了争议。包括阿尔弗雷德·芒宁斯（Alfred Munnings）、威廉·尼科尔森（William Nicholson）和弗兰克·布朗温（Frank Brangwyn）在内的批评家更喜欢透过褪色的上光油的金色光芒来观赏古典大师的作品，甚至威胁要成立一个古典大师保护协会。大量的文章都在议论委拉斯克斯画上的"釉"或上光油是否已经被清除掉了。克拉克在《泰晤士报》的读者来信版面上为美术馆进行了辩护[29]，威廉·罗森斯坦爵士（William Rothenstein）也迅速写信表达了对"银色菲利普"的赞赏，但建议未来请两三位杰出的艺术家来"分担责任"。[30]然而，克拉克更倾向依靠科学："品味各有不同，因此我们在这一点上不太容易受到攻击。技术问题应该能够证明；如果出现争议，我担心最终会出现，我们应该能够证明没有对作品造成任何伤害。"[31]这件事前前后后持续了一年多。[32]

121 1936年夏天的一个晚上，克拉克在回家的路上看到一捆报纸上写着"国家美术馆大丑闻"。他完全不知道是怎么回事，想象这也许又是院士们在捣鬼。事实上，事情要严重得多，且完全出人意料，正如他对克劳福德勋爵解释的那样："我的假期被推迟了两天，这是最令人不愉快的两天，我们发现美术馆的会计这几年一直都在有计划地盗窃钱柜。他拿走了300多英镑——所以账目上出现了混乱。我几乎不认识他，但一直觉得他很古怪，而［管理人］伊舍伍德·凯（当然还有柯林斯·贝克）总是把他当作可靠的模范。显然，他酗酒已经有一段时间了。我们要面对伴随而来的各种情况——上了膛的左轮手枪、现场勘视、坦白供认、尖叫的妻子等等。这件事发生在古尔本基安派对的第二天，它展示了一个美术馆馆长可能会被要求处理的各种状况。"[33]

克拉克作为美术馆馆长，照理来说应对账目负责——正如伊舍伍德·凯幸灾乐祸地指出的这样。克拉克感觉自己被暴露了，因为他经常旅行，所以把日常事务都留给了凯。他在戛纳给简写信说："明天我不得不去财政部与账目委员会的人面谈，这肯定会很不愉快。这完全应该是小凯的责任，但我必须设法保护他。"[34]第二天他汇报说："最不愉快的一天。与公共账目委员会交涉了两个半小时，整个过程，我都遭到了强烈的攻击……这是一次蒙受耻辱的经历，让我很震惊。"[35]人们普遍预计他会提出辞呈，但多亏了理事们的坚定支持，他度过了这次危机。会计被判入狱6个月，美术馆的工作人员也受到了谴责，涉案金额为1 267英镑。

*　　*　　*

如果说克拉克的大部分工作涉及很多行政事务，例如回复信件和参加会议，那么他发现他工作更有趣的部分是培养艺术收藏家。他意识到，美术馆每年少量的收藏补助使之无法与美国同类机构相竞争，所以要展示那些无法购买的伟大画作的一种方式就是借展——如果运气好的话，借来的作品可能有一天会变成遗赠。自己就是作品收藏家的克拉克很同情这类藏家，但也认为他们往往都不是完美的人："战前，我经常与三位重要的收藏家相伴，巴恩斯博士（Dr. Barnes）、威廉·伯勒尔爵士（William Burrell）和古尔本基安先生；我意识到他们都是很可怕的角色。他们很无情……但谁也不能说他们不爱艺术。他们非常热爱艺术。"[36]我们将在下一章见到巴恩斯博士。威廉·伯勒尔同样不愿意让任何人看到他的收藏：包含了40幅德加（Degas）、很多华丽的挂毯和地毯，全都藏在苏格兰富丽堂皇的哈顿城堡（Hatton Castle）。克拉克赢得了他的信任——获取"一个异常缺乏人类感情的人"的信任绝非易事——很快，他们就开始讨论伯勒尔收藏的未来。伯勒尔的一个苛刻条件是把私人美术馆建在大城市附近的无烟区。因此，克拉克很高兴在汉普斯特德找到了一个地点，就在杰克·斯特劳城堡的对面，他几乎说服了伦敦市政议会为其提供财政支持。然而，关于由谁来支付场地和建筑费用的问题、遗产税以及最终战争的爆发，谈判以失败告终。[37]

最后这两个问题也将困扰这三位收藏家中最强大的那一位。卡洛斯特·古尔本基安是国际石油产业核心圈中最令人畏惧的核心经营者。他出生于亚美尼亚，在英国受教育，住在巴黎，但中东是他的财富来源。他曾经告诉克拉克，在他年轻的时候，他的父亲对他说："'卡洛斯特，不要往上看，要向下看'；所以我往下看，发现了石油。"1920年，经过谈判，他谈妥了在美索不达米亚（现叙利亚和伊拉克）新发现油田5%的股份。这让他获得了"5%先生"的绰号和每年几百万美元的收入，而他的余生都在保护这些财富。古尔本基安生性多疑——"克拉克先生，我总在桥上"——他的口头禅是"检查，检查，检查"。作为一个收藏家，他具备非凡的鉴赏力，但却有一颗分裂的心：一部分在18世纪的法国艺术，另一部分在伊斯兰艺术。无论是波斯手抄本、莫卧儿地毯还是法国书籍装帧，把他的艺术作品结合在一起的是一种希望看到大自然的设计被转化为艺术的愿望——他是几座美丽花园的创造者。从任何标准来看，古尔本基安的绘画收藏都是一流的，其中有几幅是他在1928年至1930年期间亲自与俄罗斯政府商议购入的杰作，包括鲁本斯的《海伦·芙尔曼的肖像画》（*Portrait of Hélène Fourment*）和伦勃朗的《帕拉斯·雅典娜》（*Pallas Athene*）。他特别喜欢瓜尔迪画的威尼斯风景。他的装饰艺术收藏也是最高水准：克里桑的家具，热尔曼的银器——但这些在拉合尔和布尔萨的织品前都黯然失色。这一系列的藏品一直保持着将东西方元素完美结合在一起的罕见的特征。

古尔本基安把他的收藏放在巴黎耶拿大道上的一个戒备森严的住宅里。他很少让陌生人看他所谓的"我的孩子们"——当被问及为什么极少展示自己的珍宝时，他著名的回答是：东方人不会让人看到后宫里的女人。大约在1935年，克拉克被邀请去查看这些藏品，于是他带着简去了巴黎。在等候接待的人时，简明智地提醒她丈夫，他们所说的一切都会转达给他。在这种情况下，克拉克会处于最佳状态，他能用他的机智、知识和智慧来吸引他的对话者。古尔本基安的藏画和法式家具给他留下了深刻的印象，波斯屋顶花园更是让他着迷。

　　几周后，他办公室的电话响了："我是古尔本基安先生。你愿意把我的一些藏画借给国家美术馆吗？"克拉克说他愿意，当被问及有多少幅时，他建议40幅。从克拉克对古尔本基安的疑问的回答中可以看出他对自己的权威有多自信——"你不需要征求理事们的意见吗？"克拉克认为没有这个必要，于是精明地把挑选作品的事交给了藏品出借人："我完全相信你会送来最好的作品。"古尔本基安在信中表示，他希望他的艺术品"应该被放在快乐的环境中，并让公众赏心悦目。没有人会比你更了解我，对此我表示感激"[38]。最初的14件作品在董事会议上进行了讨论，克拉克在会上告诉理事，接受这批借展作品没有任何协商的空间。由于提供的作品中包含了《帕拉斯·雅典娜》和《海伦·芙尔曼的肖像画》，理事们便都默许了，正如克拉克所预料的那样。

　　最初，克拉克把古尔本基安的作品挂在一起——正如他告诉塞缪尔·考陶尔德的那样，是为了获得更多的 *réclame*（推广宣传）。[39]《泰晤士报》对这批借展作品表示欢迎，但克拉克觉得有必要指出："我想强调的是古尔本基安先生把他的藏品借给我们的慷慨之举。与他最伟大的珍宝分离、看着它们经历运输和气候变化的风险，这是一个巨大的牺牲，他应该得到更明确的感激。"[40]古尔本基安不会忘记他在特拉法加广场的这位支持者，而克拉克非常希望美术馆的所有工作人员都能理解这位新借展人的重要性。他在度假期间给伊舍伍德·凯写信说："我们应该尽一切努力让古尔本基安感到高兴。我每周给他写一次信——通常是回复他的一封长信。"[41]两人之间的信任让这位收藏家开始依靠克拉克的判断来购买所有的作品，他会让克拉克"再次检查作品以确保我没有受到卖方的影响"[42]。在接下来的几年里，古尔本基安就各种各样的艺术品向克拉克征求了意见，从马萨乔和马约利卡陶器到他不喜欢的毕加索："罗森伯格告诉我，当你看到毕加索的作品时差点晕过去……我很遗憾，我所受的教育让我连这种独特艺术的基础层面都没能理解。"[43]

　　在第一批藏品借出的几个月后，古尔本基安才提出了克拉克最关心的问题：藏品的未来。令人惊讶的是，国家美术馆关于古尔本基安收藏的谈判不仅包括绘画，还包括精湛的装饰艺术（美术馆在这方面没有专长）和古尔本基安的全部财富捐赠。这将使国家美术馆一举成为世界上最富有的美术馆，这是任何美术馆所能获得的最大奖励。对理事们来说，年轻馆长所提供的机遇非常耀眼。在1937年6月的会议上，克拉克报告说，古尔本基安打算把一切都留给英国，将其安置在与国家美术馆相连的一座独立建筑里，并"要求"政府继续就迄今为止指定的向北延伸的土地进行谈判。克拉克提出的解决方案非常巧妙：在当时的空地上（大致就是现在北翼的位置）建一个附属建筑，既可以走圣马丁街的入口，又能从美术馆进入。装饰艺术将放在一楼，绘画作品放在二楼，通过一座桥与美术馆的其他部分相连。人们祝贺克拉克处理这件事的技巧。古尔本基安似乎对这个想法很满意，然后话题转移到了建筑师身上。

1938年1月，古尔本基安期待看到克拉克的建筑师的规划，但很显然他并不满意，因为一年后，他敦促克拉克去看看美国驻巴黎大使馆的建筑师——"我见过的现代建筑的最佳范例，我对其他建筑师都没有信心"[44]。古尔本基安喜欢的建筑师是威廉·亚当斯·德拉诺（William Adams Delano），他的风格是美国百万富翁们所青睐的、保守的*Beaux Arts*（布扎建筑）。克拉克在给德拉诺的信中解释了在两层楼设置五到六个展厅的要求，每个展厅大约40×50平方英尺。但现在他不仅要应付古尔本基安，还必须说服工程处允许他改变场地的规划，这也涉及国家肖像美术馆。使用外部建筑师是克拉克必须克服的另一个障碍，他不得不承担起德拉诺和工程处之间的所有协商沟通。一个大型建筑模型最终被制作出来，在1940年大西洋之战期间以某种方式从美国运了过来。这个后来被丢弃的模型展示了一个第五大道百万富翁风格的笨重建筑。

克拉克和他的赞助人酝酿的这个计划的主要障碍是古尔本基安的遗嘱要在哪里和如何处理才能让他的全部财产绕过他的家庭和税收的问题。早在1937年，克拉克就在向英国驻巴黎大使馆的法律顾问咨询关于"永居"和

"居住地"的区别，以及立一个英国遗嘱可能带来的影响。[45]最后这个问题是古尔本基安关注的核心；他不想支付英国的遗产税，但同样反对立法国遗嘱，因为这会强制他把三分之一的遗产留给他的家人，"这一点，"据克拉克说，"让他十分痛苦。"[46]这些都是不可逾越的障碍，但还有另一个难以预测的问题。正如克拉克向当时的董事会主席巴尼尔勋爵解释的那样："毫无疑问，如果我们能同意他的条件，他［古尔本基安］将在明年内完成捐赠。他又授权了我2 000英镑用于规划和模型，当这些都符合他的喜好时，他就会为这批捐赠起草一份合法的、他坚持称之为'道义上'的方案。这个建筑的造价估计在15万英镑，我觉得实际会更多，但这似乎丝毫没有让他退缩。他唯一担心的是我们不能给他一个足够大的花园，如果这个计划没有成功，那也完全是因为他对园艺的痴迷。"[47]

克拉克和古尔本基安之间的信件内容都很务实，大多是关于特定的艺术作品，通常是绘画，他们相互间的称呼总是很正式。在一个典型的早期例子中，克拉克建议为藏品出版一个精简的图录，并提醒古尔本基安关注伦敦市场上正在出售的一幅查尔斯一世收藏的贝利尼。随着克拉克对这段关系越发有信心，他会把古尔本基安的注意力吸引到国家美术馆放弃的作品上，比如一张鲁本斯的阿尔伯特大公和特博赫（Terborch）的一幅女性肖像。[48]最后，克拉克向他求助购入了一些美术馆想拥有但买不起的作品，希望有一天它们能加入古尔本基安其他的"孩子"，一起展示在特拉法加广场。

这位国家美术馆馆长一直关注的藏品之一是在里士满山的道蒂别墅（Doughty House）里的库克收藏。这是一个19世纪晚期的收藏，都是大师级的作品，包括重要的文艺复兴时期的画作和伦勃朗迷人的《提图斯肖像》（Portrait of Titus）。赫伯特·库克爵士（Herbert Cook）于1939年去世，古尔本基安从来不错过任何机会，他写信给克拉克询问是否有任何作品出售。克拉克向他的赞助人介绍了这个收藏，尤其是《提图斯肖像》，这与国家美术馆有明显的利益冲突，但他觉得不会立即发生什么事情。[49]古尔本基安不这么想："我认为这件事需要你的密切关注，以免我们错过一个好机会。"[50]当月晚些时候，克拉克带着古尔本基安去了里士满，紧接着，他们通过库克家族的律师提出要购买伦勃朗的《小男孩肖像》（即《提图斯肖像》）和贝诺佐·戈佐利（Benozzo Gozzoli）的《圣母子与天使》（*Madonna and Child with Angels*）。库克家族的受托人推诿搪塞，使这件事一直持续了整个战争期，而古尔本基安始终没能争取到这些作品。*这位收藏家的故事会在另一章里继续。

　　库克遗嘱执行人和受托人成了克拉克的眼中钉。库克的几幅藏画，包括一幅最吸引人的凡·艾克（Van Eyck）、一幅弗拉·安杰利科和菲利波·里皮（Filippo Lippi）的合作作品，以及提香的《夏沃纳》（*La Schiavona*），都在美术馆的重要作品清单上。库克家族一直与特拉法加广场保持着密切的联系，人们相信他们已经就未来做出了各种承诺——对于这些承诺，藏品执行人认为没有义务这样做，他们对事务有不同的优先级判断。"他们就是狗屎"[51]，克劳福德勋爵罕见地大发雷霆；国家艺术收藏基金会的罗伯特·威特爵士抱怨说："一个堕落男爵的贪婪让我们感到失望！"由于没有购买资金，克拉克甚至建议克劳福德勋爵卖掉"我们几幅多余的作品？这将引起一场非常可怕的争吵，但正如古尔本基安先生所说——'不管会遭来怎样的批评，历史也在向前'——最重要的是，我们应该确保获得弗拉·菲利波和凡·艾克的作品"[52]。他找到财政部，想看看能不能提前筹到钱，但当时战争已经爆发，不能指望政府会慷慨解囊——也不可能去找古尔本基安。凡·艾克和里皮的作品最终被卖到了国外†；不过提香的那件作品在1942年由这个家族赠送给了美术馆。克拉克在巴克卢公爵那里的运气更好，他在1938年提供了另一幅让人无法抗拒的作品，即伦勃朗为他妻子所做的肖

127

---

　*　1945年，克拉克为国家美术馆买下了贝诺佐·戈佐利的这件作品。而伦勃朗的这件作品是1965年一场臭名昭著的拍卖的主角，当时它被诺顿·西蒙（Norton Simon）购入。

　†　1939年，这两幅画分别以15万英镑和6万英镑的价格提供给美术馆——价格如此之高，以至于克拉克认为他们是故意寻求美术馆的拒绝，以便将作品卖到国外。

像画《萨斯基亚》(*Saskia*)，克拉克以2.8万英镑为美术馆购得了这幅画。

1937年底，关于再次任命杜维恩勋爵为董事会成员的事出现了问题。当时的美术馆主席塞缪尔·考陶尔德和另一位理事比尔斯特德勋爵都表示反对。克拉克同意他们的看法，认为重新任命杜维恩将是一场灾难。此外，古尔本基安对所有捐赠附加了一个条件，即董事会成员中不能有艺术经销商。但杜维恩有萨苏恩、达伯农和查特里斯作为他强大的支持，他们对克拉克说："棍打赠予的马驹，这种做法不仅残忍，而且非常不明智。"作为一个群体，他们在政治上比他们的对手更狡猾。接下来发生的事让人存疑。克拉克在自传中留下了一段记载，也在《伯灵顿杂志》的档案中留了一段："当空缺出现时，我请求见［首相］张伯伦先生。我不太可能忘记那次在内阁会议室里的会面：张伯伦先生坐在绿绒布桌子对面，看上去就像一只饥饿的秃鹫。在我说明了我的来意时，他说：'太晚了，我已经答应了萨苏恩和查特里斯，而且我已经通知杜维恩，他已经被重新任命了。'我请求允许我更详细地陈述情况。10分钟后，张伯伦先生说：'你已经说服了我；我会打电话给杜维恩（他当时在美国），撤销任命。'他非常勇敢地这么做了。"[53] 这种说法的问题在于，记录显示，和首相见面的是巴尼尔勋爵和考陶尔德，而不是克拉克。[54] 不管他的叙述是不是二手的（看起来很有可能），杜维恩的朋友们都认为他的干预起了作用。萨苏恩大怒，三个月不和克拉克说话，而查特里斯则平静地对克拉克说："你不知道你做了什么错事。"[55] 当克拉克开始写他的自传时，他回顾自己当时的观点是"一派胡言"，而这个态度的转变是受到杜维恩一年后死于癌症的影响。

克拉克的责任之一是泰特美术馆，当时它仍是特拉法加广场的一个不稳定的附属机构。提供给泰特的作品被放在国家美术馆董事会议上讨论，因为泰特自身没有购买资金。争论集中在绘画的划分：在什么情况下，按照什么标准，绘画应该从泰特美术馆转到国家美术馆。*特拉法加广场的人

---

* 国家美术馆收藏了全国的古典大师的作品，而泰特美术馆则只收藏英国绘画和被认为是现代艺术的作品。这通常以1900年左右作为界，但从来没有精确的定义。

感觉泰特美术馆太弱，不配保留最好的作品。这一态度立即引起了不满，克拉克非常同情泰特美术馆，竭尽全力对其公平。[56]这在很大程度上取决于两位馆长之间的关系，幸运的是，克拉克与泰特美术馆馆长、画家詹姆斯·玻利瓦尔·曼森（James Bolivar Manson）相处得很好。曼森是个魅力四射的人物，克拉克认为他的收藏眼光"或多或少局限于他自己和他朋友风格"的作品。[57]他把毕加索的作品挡在了泰特美术馆的门外，并以同样的原因拒绝了斯托普收藏（Stoop Collection）。[58]赫伯特·里德在1933年出版的《今天之艺术》（Art Now）提供了对欧洲先锋艺术的看法，这让泰特美术馆显得无可救药地孤立无望和落后于时代。

但曼森最明显的缺点是酗酒。董事会主席埃文·查特里斯对他这位误入歧途的馆长情有独钟，他会调动所有的力量来将他从困境中解救出来。"埃文决定拥护泰特美术馆。"克拉克告诉简，并补充说菲利普·萨苏恩抱怨道："亲爱的，即使你只是向埃文暗示曼森喝过牛奶以外的东西，他都会勃然大怒！"[59]最终，在1938年卢浮宫英国展览开幕式上，曼森的行为后果无法被挽回。克拉克组织了这次展览，希望摆脱画商们对英国艺术的看法，公正对待塞缪尔·帕尔默和威廉·布莱克（William Blake）等艺术家。他认为展览呈现了"迄今为止汇集在一起的最好的英国绘画"，包括三位在世艺术家——沃尔特·西克特（Walter Sickert）、奥古斯塔斯·约翰和拉斯金·斯蒂尔（Ruskin Steer）。曼森的身败名裂发生在乔治五世酒店（Hôtel George V）的开幕宴会上。克拉克一直很喜欢这个故事，尤其是因为法国媒体将曼森的行为归咎于国家美术馆的年轻馆长："晚宴刚开始的时候，就有一种不祥的农家声音从曼森所在的小桌子那边传了出来……到了第二道菜时，这些声音已经被非常逼真且极具穿透力的鸡叫声所取代，这时曼森开始了他的漫游。"[60]他去寻找更多的酒喝，在途中，他色迷迷地看着英国大使娇小的妻子示意道："我要给你看一些泰特美术馆里没有的东西……"[61]

曼森不可避免从美术馆离开之后，约翰·罗森斯坦（John Rothenstein）被任命为他的继任者，他在后来成为泰特美术馆最成功的馆长之一。克拉克写信给他，表示"有了一位理智的人在泰特美术馆，他没有把泰特和国家美术馆之间的关系想象成是一场持续的游击战，这让我感到欣慰"[62]。罗森斯坦认为克拉克果断而知识渊博，并写道，他们7年的同事生涯"在我的印象中，从未因为任何的不和谐而有瑕疵"，这是一个相当了不起的成就。[63]当罗森斯坦被任命时，克拉克对他说："埃文是一位令人钦佩的主席。但当你看到他的脸上呈现出一种茫然恍惚的神情时，就得当心了。"[64]此时的埃文·查特里斯已经对克拉克不再抱有幻想，毫无疑问，一部分是由于杜维恩事件，但也因为克拉克在他的同事中变成了一个有争议的人物。克劳福德勋爵的日记记录了1938年初关于克拉克的两种普遍看法："埃文对肯尼斯·克拉克充满了抱怨，'这个年轻的独裁者有缺点，不知道如何做人，让人恼怒，制造不必要的敌人'；但在我看来，他的优点远远超过他的缺点。他的精力、动力、想象力和卓越的智力天赋都在为美术馆服务，他在那里所做的工作已经超过了几代人所做的事情。"[65]但不幸的是，正如我们会看到的，克拉克直接落入了他的诋毁者的手中。

14
演讲与《成为达·芬奇》

达·芬奇是艺术史上的哈姆雷特，

我们每个人都必须为他再创作。

——肯尼斯·克拉克，《成为达·芬奇》

进入国家美术馆后，克拉克用于学术写作的时间大大减少。他关于古典艺术、母题和象征符号的雄心勃勃的写作计划都被搁置了。然而，对任何一个艺术公众人物而言，演讲仍然是一个可行且可取的形式。整个20世纪30年代，克拉克做了几十场演讲，有些是即兴的，有些是为出版精心准备的。1935年，克拉克的温莎达·芬奇图录的出版确立了他的学术地位，这本书也赢得了非常多的好评。《泰晤士报文学副刊》刊登了一篇重要的评论文章，称赞克拉克"非常精确"[1]，文章作者钦佩他广博的知识，和他结合简单的解释来区分大师和学生作品的实用意识：因为达·芬奇是左撇子，他画的对角线总是从左到右。[2]克拉克的年轻门徒约翰·波普-轩尼诗的热情回应让他尤为高兴："被比自己年轻的人称赞是再好不过的事了。年长的人变得懒散而脆弱……但年轻人总是很凶猛。"[3]

许多评论家表示，希望克拉克能利用他在温莎获得的知识写一个关于艺术家生活的短篇，这一点他没有忘记。当他被邀请到耶鲁大学做著名的瑞尔森演讲（Ryerson Lectures）时，他将莱奥纳尔多·达·芬奇作为艺术家的发展作为了主题。这个系列讲座还有另一个好处，就是将他第一次带到了美国。克拉克在接下来的20年里，对美国的态度一直摇摆不定，但他对他的第一次美国之行充满了热情。[4]

1936年，克拉克夫妇抵达美国的消息上了新闻头条，这是因为在一次媒体采访中，克拉克评论说，最近的经济大萧条只打击了糟糕的艺术。他说，当时髦的肖像画家失业的时候，优秀艺术家的画还继续在销售；他还补充了一个让人怀疑的观点："你知道的，好画卖的钱比坏画要少得多。"[5]他还表达了想在美国看到所有19世纪法国绘画伟大收藏的强烈愿望，这基本得到了实现。克拉克夫妇在纽约华尔道夫酒店的第28层订了一间套房，这种似身处海底两千里的感觉让他很高兴，"如果有一条大鱼撞到了我们的窗户上"，他"也不会感到惊讶"[6]。

20世纪30年代的美国是欣赏法国印象派绘画的地方，而欧洲的美术馆还在努力追赶。克拉克和简参观了银行家切斯特·戴尔（Chester Dale）的藏品，这"证明了我已经知道的：对艺术的热爱与文化或高雅的举止没有任何关系"[7]。但毫无疑问，他们此行的亮点是去费城拜访特立独行的收藏家阿尔伯特·巴恩斯博士。巴恩斯是一位真正的医学博士，他靠一种叫阿基洛尔的防腐剂获得了他的财富。从表面上看，克拉克代表了巴恩斯不喜欢的一切：美术馆、艺术史以及他决意冷落的机构。正如克拉克后来所说的那样，一些收藏家购买艺术品是为了在社会上立足，但"巴恩斯博士享受着把人拒之门外的高雅乐趣"[8]。然而，克拉克一直对古怪的人情有独钟，他意识到这位收藏家有一丝恶搞的成分，他的穿着打扮总是像要去圣特罗佩一样。不管巴恩斯的道德标准是什么，也不管他用了什么可怕的方法把寡妇和她们的画分开，克拉克都觉得他对绘画的热爱和知识让他值得被支持，他们相处得很好。克拉克对巴恩斯的大量塞尚和雷诺阿的作品印象尤为深刻。

约瑟夫·杜维恩负责安排克拉克夫妇在纽约的行程，并给他们配了一名秘书——部分原因是为了监视他们的活动，而他们也不在意这一点。他们参观了杜维恩著名的第五大道画廊，在那里，六个展厅里的画被匆忙更换；他们在其中一个展厅看到了克拉克所喜欢的一件生动的巴洛克大理石雕像《圣母子》。杜维恩对它毫无兴趣，因为他不能把它当作贝尼尼的作品来出售，所以便以很低的价格卖给了克拉克夫妇。这件雕塑被置于萨特伍德城堡的一个走廊上，仍令人印象深刻。[9]杜维恩为克拉克夫妇举办了一场晚宴，据克拉克说：身穿吱吱作响的衬衫、系着白色领结的男士们与佩戴着沉重珠宝的女士们在一起，她们都把首饰放在桌子上。画家阿道夫·穆勒–乌里（Adolfo Müller-Ury）的日记里提到了这个夜晚，他记录了很多当时在场的美国收藏界的大人物——塞缪尔·克雷斯（Samuel Kress）、朱尔斯·贝奇（Jules Bache）、纳尔逊·洛克菲勒（Nelson Rockefeller）和罗伯特·莱曼（Robert Lehman）等——所以克拉克几乎一下子就见到了纽约上流社会的所有重要人物。[10]

克拉克在耶鲁大学的一场关于达·芬奇的讲座备受好评，他同意出版一本书，外加三个章节。这为克拉克大多数最知名的书建立了模式：写好演讲稿，经过补充和润色后出版。克拉克肯定知道大学出版社是出了名的慢，但两年后，他写了一封气愤的信排除了耶鲁大学出版社作为《成为达·芬奇》出版商所涉及的所有事宜，指责其"因拖延而严重影响了出版的成功"，导致他"最终决定不再出版"。[11]根据"瑞尔森讲座"合同的条款，他必须使用耶鲁大学出版社，因此这个局面让对方非常惊讶。该书于次年由剑桥大学出版社出版。

克拉克的这本关于达·芬奇的书在各个方面都很成功。它是为数不多的被非专业人士阅读的艺术史书籍之一，自1939年出版以来，它很少绝版。在为《成为达·芬奇》寻找写作模型的过程中，赫伯特·霍恩关于波蒂切利的书有时会被提到，克拉克认为它"无疑是关于单个画家最好的书"。然而，霍恩的作品是一本奢华的书，写作意图也非常不同。艺术史学家修·奥诺（Hugh Honour）认为克拉克的书是"艺术家和人文主义者的典范传记——他完成得非常好——他发明了这种形式。霍恩过分精确、考证，很难产生影响"[12]。

关于《成为达·芬奇》，人们首先注意到的是作者优美的文笔和精心挑选的对歌德、佩特、瓦莱里和弗洛伊德的引用。对于任何书写达·芬奇的人来说，沃尔特·佩特的著名文章仍然是诗意的标杆。尽管克拉克希望他的读者能被美所打动，但他并没有尝试 *fin de siècle*（世纪末）式的描述，但偶尔会出现一些佩特式的感觉。这里是克拉克对一些画作的描述："在平凡无奇的马匹旁边……是野性空灵的马，紧张地向后仰着头。它们是达·芬奇想象中进入传统的佛罗伦萨艺术世界的密探和先行者。"[13]正如达·芬奇学者马丁·肯普所写的那样，克拉克"相信文学描述的阐释力，采用了一种我们现在相对陌生的方式"[14]。肯普认为，克拉克方法的主要优点是从整体上直观地感知和理解达·芬奇的视觉本质——"通过绘画艺术重塑本质。因此，每一幅画都成为一种多重'证明'，证明他真正理解了一切视觉现象中的因果关系"[15]。

克拉克并没有被维多利亚时代对超人达·芬奇的崇拜所蒙蔽，他渴望创造的是一个非神话的艺术家："我们必须承认，他早期的画不像我们想象的那么好；只有列支敦士登王室所藏的［吉内薇拉·德·班琪的］[16]肖像是一幅完全成功的艺术作品。"然而，对克拉克来说，达·芬奇自身就是对"所有伟人都很简单"这个惯有认知的有力驳斥。从来没有比达·芬奇更复杂、更神秘的人物了，任何简化的尝试都会与他的整个思想背道而驰。例如，克拉克认为温莎的《大洪水》（*The Deluge*）"比欧洲艺术中任何作品都要复杂。它们与古典主义传统相距甚远，以至于我们的第一个比较对象可能是伟大的中国画中的云和风暴，例如波士顿博物馆中的墨龙图卷"[17]。在这个关联中，他愉快地引用了《李尔王》的话："吹吧，风啊！胀破你的脸颊，猛烈地吹吧！你，瀑布一样的倾盆大雨，尽管倒泻下来。"

达·芬奇研究的难题是对《岩间圣母》（*The Virgin of the Rocks*）巴黎和伦敦两个版本的年代判断。这是一个异常有趣的课题，我们可以通过达·芬奇的两幅重要作品看到他的风格和思想的发展。最初，克拉克接受了一个传统的观点，认为巴黎的版本是1483年受米兰的圣弗朗西斯科·格兰德教堂圣母无染原罪修会委托创作的，因此它是第一幅。他的眼睛告诉他，巴黎版本的色调柔和温暖，完美诠释了达·芬奇的早期风格，而伦敦版本是他后期的风格。但后来，克拉克被马丁·戴维斯在1937年发表的一篇不同寻常的文章所说服，"他对文件进行了彻底而执着的检查"，使他确信是自己错了，即伦敦这一幅才是1483年受委托创作的作品。现代的学术更倾向于早期的观点，并认为巴黎版本可能是在15世纪90年代初与协会发生金钱纠纷后卖给了第三方。而伦敦版本可能是一个替代品，大约在同一时间开始创作，但直到1508年才完成并收到最后一笔款项。[18]多年后，在拒绝为《图画邮报》（*Picture Post*）撰写200字关于伦敦版《岩间圣母》的文章时，克拉克疲惫地回应说："至于这幅画与卢浮宫那一张的关系，这个问题已经无可救药了，20万字才有可能差不多把事情说清楚。"[19]

　　当他看到《蒙娜丽莎》时，克拉克告诉我们，"其表面就像新下的鸡蛋一样精致"。佩特的文字一直萦绕在他脑海中*，克拉克提醒我们，他写的任何东西与之相比都显得贫乏和肤浅。他指出，蒙娜丽莎的微笑从本质上讲是一种哥特式的微笑，是兰斯或瑙姆堡的女王和圣徒们的微笑。在接下来的40年里，他会多次回到关于《蒙娜丽莎》的讨论。他晚期最精彩的演讲之一是一次广播谈话，他在谈话中称她为"卢浮宫的水下女神"，把这幅画描绘为类似于*objet de culte*（圣物）般的狮身人面像，并把《蒙娜丽莎》的身份比作莎士比亚笔下的黑夫人，一个神秘的化身，一位*femme fatale*（致命的女人）。[20]

　　《成为达·芬奇》仍然可以说是了解这一主题最易读的入门书籍。罗杰·迈纳斯称这本书是"一本群岛之书——被埋没的山脉之巅"，维塔·萨克维尔－韦斯特（Vita Sackville-West）给克拉克的信中写道："我很欣赏你的风格、你的表达，和你将想象与真正的权威和学术相结合的方式。专家

---

* 在《文艺复兴》（1893）中，佩特对《蒙娜丽莎》有一段著名的描述："她比她所坐的岩石还要古老；像吸血鬼一样，她已经死了很多次，知道了坟墓的秘密；她曾是深海中的潜水者，记着它们堕落的日子；与东方的商人交换奇怪的网。"

很容易变得很枯燥!"[21]雷蒙德·莫蒂默(Raymond Mortimer)在《新政治家》(New Statesman)中说,克拉克"提醒我们,博学与优雅是可以相结合的"[22]。贝伦森写信给克拉克说,这是"我所读过的对一个伟大天才的最理性而又最敏感的诠释……与中欧的日耳曼人所写的塔木德-黑格尔式的著作相比,这是多么令人愉悦的对比!"[23]然而,关于克拉克和他的研究对象的最发人深省的评论直到他去世后才出现。当时,迈克尔·利维(Michael Levey)在《英国科学院院刊》(Proceedings of the British Academy)上发表了一篇深刻的讣告,他在文中提到了《成为达·芬奇》,认为"这位艺术家的温和、时髦、超然和难以捉摸也在他的传记作者的个性中得到了呼应"[24]。

克拉克自20世纪30年代发表的文章和演讲并不如他的书那样过时。他在自传中评论道:"再次翻看它们,我对内容的糟糕又惊又喜。这说明其间的岁月并没有完全被浪费。"[25]直到战后,他才获得了英国最好讲师的美誉。尼古拉斯·佩夫斯纳被克拉克的一场关于达·芬奇的演讲所激怒:"我察觉他在原作上下了很多功夫——但他带着一种傲慢的语调,足以让我扇他耳光,'达·芬奇不应该这么做','那是在浪费时间',然后在中间夹杂一些blasé(无聊乏味的)笑话来逗学生笑。"[26]

克拉克的写作范围已经很广了:他写了几篇如《艺术与民主》和《艺术有必要吗?》这类的文章,即使在今天也值得被阅读,它们比大多数同类论述更清晰易懂。有趣的是,他以《欧洲绘画权威眼中的中国画》为题回顾了1936年皇家艺术研究院举办的中国画展。[27]他对中国画的墨守成规和缺乏激情有一种居高临下的态度,认为中国画的方法和目的都很有限。几年后,在华莱士收藏举办"援助中国"展览的同时,他又以一篇更为深思熟虑的写作《一个英国人看中国画》重新回到了这个主题。[28]在这次演讲中,克拉克看到了英国艺术家和中国艺术收藏之间的相互呼应,观察到两种文化对风景画的兴趣和对插图画家的共同热情。他们都属于"绅士文化"。

克拉克不仅面向大都市的精英演讲,他还认为在地方演讲同样重要,正如他对克莱夫·贝尔所说的:"我去曼彻斯特做演讲当然不是为了名利——事实上我从没有得到过报酬，我是出于一种模糊的感觉，觉得这样可以鼓励人们对国家美术馆和绘画产生普遍的兴趣……我敢说这是一种错觉——一种可悲的谬论。"[29]他特别热衷于将作品从国家美术馆地下室里拿出来，并重启了面向地方博物馆的借展计划。虽然他发现反应令人失望，但还是有17家博物馆接受了作品。[30]克拉克实际上成了南安普顿市立美术馆（Southampton City Art Gallery）的顾问，为美术馆建立起了最有趣的地区收藏之一。他在那里的政策是：不管艺术家是谁，只购买好的作品。这让他获得了一些原创佳作，如索福尼斯巴·安圭索拉（Sofonisba Anguissola）的《乔装成修女的艺术家妹妹的画像》（*Portrait of the Artist's Sister Disguised as a Nun*）。克拉克对各地区的访问在未来的意义重大，不仅让他能在战时更好地思考艺术和艺术服务的对象，更重要的是，为他在20世纪50年代建立起基于地区的独立电视台提供了方法。

* * *

136 　　克拉克对英国知识界的广泛影响，以及他后来职业生涯中所特有的委员会工作，在20世纪30年代已经变得非常明显。有时，他会利用自己在董事会中的权威来帮助同事，如马克思主义艺术史学家弗雷德里克·安塔尔（Frederick Antal），他形容他的工作"具有极大的价值，因为他比我所知的任何其他学者对艺术作品产生的条件都有更广泛的了解"[31]。1934年，他与壳牌艺术赞助人杰克·贝丁顿（Jack Beddington）[32]一起加入了新成立的皇家邮政咨询委员会（Royal Mail Advisory Committee）。该委员会委托巴尼特·弗里德曼（Barnett Freedman）设计乔治五世银禧纪念邮票，这是英国有史以来最有趣的邮票之一。估计是克拉克说服国王接受了这个系列最初的"不列颠节"的设计。克拉克也被邀请加入BBC的英语口语委员会（Spoken English Committee），并在1937年围绕"语言的堕落"写了一篇长文，还补充说"委员会的工作一直让我深感兴趣"[33]。同年，他加入了初建的国家剧院的公共关系委员会，这是一段长达35年的关系的开始，他将在其中扮演令人意想不到的重要角色。一个更为快乐且同样持久的经历是，他在1936年加入了铸币局咨询委员会（Mint Advisory Committee），这是一个重要年份，因为需要为新统治时期的新硬币、勋章和印章设计新图案。他在这个于圣詹姆斯官挂毯室开会的委员会中度过了愉快的时光，最终在1975年切断了与委员会的联系。

在研究达·芬奇的过程中，克拉克开始着迷于 uomo universale（博学者）莱昂·巴蒂斯塔·阿尔伯蒂（Leon Battista Alberti），并发现了其作品对达·芬奇的影响。阿尔伯蒂是克拉克早期偶像之一雅各布·布克哈特在他关于文艺复兴的书中的英雄。[34]阿尔伯蒂的活动领域之广让他成为一个令人生畏的课题——建筑师、艺术家、人文主义哲学家、诗人等等——克拉克可能采纳了他的座右铭："一个人只要愿意，就能做所有的事情。"阿尔伯蒂没有效忠的人，也没有宗教信仰，这与克拉克不谋而合。书写阿尔伯蒂兴趣范围的难度对克拉克来说有种吸引力，他的阅读把他带到了一些意想不到的知识角落。最重要的是，他把阿尔伯蒂视作文艺复兴早期的人物典范，并为能更全面地投身于那个令他感到最自在的艺术时期而感到高兴。克拉克花了近10年时间研究阿尔伯蒂，相信他会是他下一本学术著作的主题。但由于战争的影响，像克拉克大多数未完成的书一样，这个课题成为演讲和其他研究的素材。他围绕阿尔伯蒂关于绘画理论的书做了一次演讲，认为"这是第一次，他对达·芬奇《绘画论》（Treatise on Painting）的影响得到了充分的确立"。[35]克拉克在自传中写道："尽管阿尔伯蒂才华横溢、名声显赫，但他却是一个略显冷漠的人物。"[36]"然而，"他对简说，"这本书使得他脱离了我的系统，并花了太多的时间去写作，超过了卡莱尔的《腓特烈大帝传》《国王叙事诗》和类似方向的错误。"[37]即便如此，他也从未完全让阿尔伯蒂"脱离他的系统"。30年后，他仍会在阿尔伯蒂的启发下撰写关于"通才"（"The Universal Man"）的演讲稿[38]，并在《文明》中热情地讲到他的更多的闪光点。

137

15
馆长与工作人员

美术馆工作人员的金钱是知识，而非远见；

而这个美术馆的工作人员无法适应一位

将莱昂·巴蒂斯塔·阿尔伯蒂和菲利普·萨苏恩同等看待的馆长。

——约翰·波普-轩尼诗，在肯尼斯·克拉克的追悼会上[1]

138　　1939年4月，国家美术馆为1 000名宾客举办了一场华丽的酒会。据《旗帜晚报》（*Evening Standard*）报道，酒会上既没有食物、饮料，也没有音乐（尽管第二天《每日电讯报》报道说，克拉克夫妇事先在波特兰坊组织了一场30人的晚宴）。但在美术馆的事情都不太顺利。克拉克有很多来自内部和外部的诋毁者，他们盯着时机，等待他犯错。整个20世纪30年代，他经常外出参观展览和博物馆，由管理人哈罗德·伊舍伍德·凯通过简报为他更新相关事务与信息。不到一个月的时间里，克拉克将与伊迪丝·华顿在耶尔相会，到布鲁塞尔看展，去巴黎见艺术经销商（他总是住在克利翁酒店），到巴约纳看作品，在比亚里茨养病，或者在贝尔格莱德拜访保罗亲王。

　　1937年7月，克拉克召开了一次特殊的董事会议，报告他执意购买了"四幅威尼斯画派的作品"，即使是克拉克的诋毁者也一定对这个机会的可能性感到惊讶。在没有与他的策展人员进行充分协商的情况下，他以1.4万英镑的价格仓促成交，这个金额是当年年度购买补助金的两倍。前一年，他曾对一名观众坦言说："每次我去艺术经销商那里，我都确信自己至少会发现一张拉斐尔，或者一张乔尔乔内——我几乎肯定是后者。"[2]现在他似乎相信这一时刻已经到来。

　　这组作品是克拉克在一间维也纳公寓里看到的四件镶板画，公寓里住着"一位名叫普兰西西格（Planiscig）的有趣但有点模棱两可的威尼斯雕塑专家"[3]。他告诉董事会，这些画可能是也可能不是出自乔尔乔内之手，但它们是"我们遇到的最接近乔尔乔内音乐的声音"。理事们和克拉克一样对作品着迷，国家艺术收藏基金会的罗伯特·威特爵士提出将这组画送给美术馆，条件是标签上必须注明是乔尔乔内的作品。正如美术馆未来的馆长尼古拉斯·彭尼（Nicholas Penny）所言："当年长的当权者允许自己被上流社会青年驯服时，他们就希望全世界都知道他是多么的闪闪发光。"[4]在10月的董事会议记录中，这组镶板画已经正式被归属为乔尔乔内。当策展人尼尔·麦克拉伦（Neil MacLaren）对这次购买提出反对时，克拉克回答说："也许你根本听不见那种特殊的音乐。"[5]克拉克请瓦尔堡研究院对作品做图像分析，刚从奥地利来到英国的年轻学者恩斯特·贡布里希[6]识别出了特巴尔迪欧的第二牧歌中的主题。克拉克告诉塞缪尔·考陶尔德："这并不会为这组作品的美加分，但无疑会对公众产生重大影响，就像卡诺瓦所说的，他们'用耳朵看作品'。"[7]

　　克拉克给当时奄奄一息的伊迪丝·华顿写信说道："我为美术馆买下了最激动人心的作品：四幅乔尔乔内的画作。它们完全不为人所知，否则我们也买不起。"[8]对贝伦森，他谨慎地写道："在我看来这些小画具有至高无上的美，是我在绘画中见过的对人文主义或泛神论诗歌的最纯粹的表达，我发现自己很难不相信它们是《暴风雨》那位画家的早期作品。"[9]当他终于能够将照片寄给贝伦森时，他补充说："出于某些原因，它们对相机产生了抗拒，只有当你看到原作时，才能真正判断这些绘画的美。我相信你会喜欢它们：它们充满了诗意。当然，我并不指望你认为或说它们是乔尔乔内的作品。当我的理事们决定买下它们时，我告诉他们，要纯粹是因为作品的美买下它们，而至于作者的身份，永远不会有一致的意见或确定的说法。

139

他们很好地接受了这一点，但不幸的是，他们坚持要在出版时把作品归属于乔尔乔内。不过这并不重要，因为一般受过教育的人对乔尔乔内的了解都体现在了作品中……这些画如果不是出自乔尔乔内之手，我不知道还能是谁。也许可以说，它们没有乔尔乔内的签名，但拥有他的精神。"[10]贝伦森没有表态，但承认他看不出这些镶板画与乔尔乔内有什么关系。[11]

140　　　克拉克在艺术界的敌人看到了机会。1937年10月21日，他的老朋友坦克雷德·博里纽斯在《泰晤士报》上打响了第一枪，否认作品归属为乔尔乔内，转而推崇帕尔马·维奇奥的说法。克拉克在《伯灵顿杂志》上发表了一篇极不充分的辩解，对怀疑者来说没有任何说服力。[12]在一封特别伤人的信中，他曾经的良师益友C.F.贝尔给《泰晤士报》写道："艺术中的势利：乔尔乔内的板画……这些小画并不适合国家美术馆的收藏。问题的根源在于以真正的或著名的作者的名气来评估画作的重要性和价值的势利行为。"他继续断言，实际上这些板画不过就是装饰性家具："人们普遍认为，这些东西更适合放在维多利亚和阿尔伯特博物馆的家具展厅，那里肯定也是展示这些迷人的*sportelli*（橱柜门板）的地方……"[13]克拉克回应说："很奇怪，贝尔先生竟然将这次收藏视为势利的行为。这就是四幅画，没有源头，没有出处，没有名字，除了它们的美之外，其他没有什么可多说的。"[14]

　　到了12月，在博里纽斯的精心策划下，关于作品归属问题的争论已经全面展开。同月，巴尼尔勋爵被任命为董事会主席，他的第一项任务就是处理呼声日益高涨的争论。事实上，比起作品的归属问题，媒体界和理事们更关心的是一个破坏性的谣言，即这组画在18个月前仅以1万英镑的价格提供给了一个收藏家，而克拉克告诉董事会这个说法是错的。12月，《每日电讯报》称乔尔乔内的专家G.M.里克特博士（Dr G.M. Richter）将它们归属于普雷维塔利[15]，这个说法仍保留至今。这个说法实际上是由克拉克自己的一名初级策展人菲利普·庞西首先提出的，但他不想公开反驳馆长。对作品出处的发现给克拉克带来了一丝希望，他对一位老同学说，那是"任何一张乔尔乔内所能有的最好的出处，不亚于也包括了《暴风雨》的老曼弗林的收藏"[16]。但事实证明出处信息是错的。

批评的声音并没有减少，1938年1月，关于"四张威尼斯画派作品"的争论仍然是董事会议的重点。新主席承认这不是毫无根据的，他们为这组作品支付了太多的钱，但他承担了责任（毫无疑问是为了保护克拉克），因为他曾向理事们指出它们有可能是乔尔乔内的作品。理事们真心希望争论能尽快消失，但如果有必要，他们会重申对克拉克作为馆长的信任。克拉克也还算幸运，另一个主导美术馆董事会议的议题是古尔本基安先生——克拉克获得的大量理事会资金的来源。到了2月，板画的问题已经提交到下议院，首相内维尔·张伯伦甚至亲自前来查看这些画。庆幸的是，他很喜欢它们，也对他在契克斯庄园读到的克拉克的文章印象深刻。

克拉克后来向珍妮特·斯通回忆起那段时期："我记得当我因为'乔尔乔内'镶板画的事受到攻击时，感觉差不多要疯了——各种我几乎不认识的人都写信来辱骂我。当然，他们并不关心'乔尔乔内'——他们是在攻击我成名太快。最糟糕的部分是所有这一切都成了我的错。"[17]他可以自我安慰的是，19世纪的前任馆长查尔斯·伊斯特莱克也曾因为一张非霍尔拜因的作品面临过类似的问题，克拉克认为"几乎所有的攻击都源于嫉妒"。他在忙乱、过度自信和没有与他的工作人员适当商量的情况下犯了愚蠢的错误；但他又以类似的行动确保了古尔本基安藏品的出借，毫无疑问，他坚信自己可以发动第二次政变。尼古拉斯·彭尼耐人寻味地指出，他可能是通过布鲁姆斯伯里略为粗俗的绘画眼镜来观看这四幅画的。[18]这次事件之后，这组作品大多时候都被放在国家美术馆的地下室里，并不是因为它们被降了级，而是为了记住美术馆历史上的这段丑陋的插曲。1949年，克拉克将带着一丝挑衅，在他《风景入画》一书中用它们来阐述乔尔乔内的主题。[19]

现在是克拉克考虑一下他的美术馆同事的时候了。他做出了两个恰当的策展人任命：菲利普·庞西和尼尔·麦克拉伦。庞西于1934年加入美术馆，担任助理管理人，后来成为英国最受尊敬的意大利绘画和素描专家。他和克拉克相处得很好，但由于在"乔尔乔内"问题上没有被征求意见而感到不快；后来又因克拉克对美术馆的科学家伊恩·罗林斯的轻视而感到恼火。麦克拉伦在庞西之后的第二年加入了美术馆，他是荷兰和西班牙绘画方面的权威，他和克拉克一样，无法容忍愚蠢的人。关于他对克拉克的看法没有记录，但他和庞西都不像克拉克那样渴望与公众交流，也不太可能对他的鉴赏力给予很高的评价。有一天，克拉克开玩笑地对庞西说，他觉得"麦克拉伦拥有一种纯粹的优越感"——许多人认为这个描述更适合克拉克本人。[20]

142　　他在美术馆取得的更让人喜悦的成就中，还包括对三位有才华的年轻艺术史家的帮助——让他们成为名誉专员：本·尼科尔森，他后来成为《伯灵顿杂志》的编辑；丹尼斯·马洪，他对*seicento*（17世纪）绘画在英国的复兴起了很大的作用；还有约翰·波普–轩尼诗，他后来担任了V&A博物馆和大英博物馆的馆长。

克拉克从阿什莫林时代起就一直是丹尼斯·马洪的导师，尽管在马洪申请策展职位未果时，克拉克告诉董事会，"他的性格可能会阻碍他适应机构的环境"。然而，马洪仍然感激克拉克，并在多年后给他写了一封感人的信，表达了对他的亏欠。*

1936年，克拉克敦促理事们接受约翰·波普–轩尼诗成为无薪名誉专员。唯一的阻碍是波普–轩尼诗的军人父亲，他反对这个做法。克拉克邀请这位将军到美术馆和他见面，但他却一反常态没有把这次会面事先记下来，所以当他的访客到达时，他还在外面。尽管如此，波普–轩尼诗还是来了美术馆工作，并留下了一段对他的上级同事并不太客气的描述："学术团队非常小，目光短浅，没有天赋，除了一个例外。这个例外是菲利普·庞西……管理人是一个叫伊舍伍德·凯的无名小卒，他曾经写过一本关于水

---

* "我想现在是一个很好的时机向你提到在我刚开始对艺术史产生兴趣时，我对你的两份感激。首先，从你建议我阅读沃尔夫林的书开始，我了解到一个全新方法的起源，而这个方法在这个国家、对于任何想要认真对待17世纪意大利艺术的人来说都是非常必要的。其次，当我这样做的时候，你总是对我的古怪很宽容，而且从来不屈尊俯就。你知道，在那些日子里，这一切都意味着很多！"（1960, Tate 8812/1/3/1801–1850）

彩画画家考特曼的书；还有副管理人马丁·戴维斯，一个神经质、脸消瘦的人，当时我很难克制自己不发脾气。"[21]正是最后提到的这两个人给肯尼斯·克拉克带来了一大堆麻烦。

克拉克与他的两名资深管理人哈罗德·伊舍伍德·凯和马丁·戴维斯之间的问题本质上是一场因他的领导风格而加剧的权力斗争。美术馆的工作人员都把自己视为公仆，认为克拉克的行为似乎凌驾于这一切之上。他年轻、富有，是个多元主义者，他对他们的活动缺乏兴趣，这让他们感到不快。策展人员已经习惯于警惕理事们的屈尊俯就，他们只是把自己的沮丧转嫁到了馆长身上，觉得馆长同情的是理事，而不是美术馆的工作人员。

乔尔乔内丑闻让魔鬼从瓶子里跑了出来。克拉克的朋友、后来成为华盛顿特区国家美术馆馆长的约翰·沃克回忆起"克拉克的工作人员就像一群小孩一样排斥他。他们不听他的话，也不和他说话，把办公室都锁得死死的。事情变得很糟糕，以至于他把全体员工召集在一起，问他们认为馆长的职能应该是什么"[22]。解决这个问题的压力落在了新上任的主席巴尼尔勋爵身上，他非常详细地记录了与伊舍伍德·凯和戴维斯的所有谈话。伊舍伍德·凯最初找巴尼尔抱怨道："他还有其他工作人员都觉得很难和馆长相处：'馆长不征求他们的意见，他们也得不到他的信任……他们不知道都在发生什么事情，非但没有被当作公司里的初级合伙人来对待，反而被当作搬运工和仆人瞧不起。'"[23]然而，伊舍伍德·凯小心翼翼地补充说，克拉克对他们并没有任何失礼之处。

问题的第一部分是克拉克的政策，伊舍伍德·凯告诉巴尼尔勋爵，"似乎是为了普及美术馆，但美术馆的声望只有通过成为一个学术机构才能得到提高"。伊舍伍德·凯坚信学术应该在第一位，"而宣传和普及美术馆应该放在第二位"。他举例说，马丁·戴维斯"被迫为美术馆的新手册写一篇简短的'通俗'介绍。戴维斯这样做了，但'并没有用心'。他——以及除了馆长外的所有工作人员——都认为这项工作不应该让他来做，而应该由一位讲师或者记者来做，这是对一位学者的侮辱等等"[24]。

问题的第二部分是馆长和管理人角色的界定。克拉克档案里的文件中，有一封给杜维恩勋爵的6页长的信，他在信中解释了美术馆章程的含糊之处："国家美术馆的章程就像英国的宪法：是在各种传统和不断调整的过程中逐渐发展形成的，在许多重要的问题上，几乎不可能找到我们的章程是如何定义或者在哪里定义的。"[25]伊舍伍德·凯和马丁·戴维斯都认为克拉克是在"试图削弱管理人办公室"。令人惊讶的是，伊舍伍德·凯认为馆长"不用参与美术馆的日常运营，甚至没有必要每天都到美术馆"[26]。当巴尼尔向伊舍伍德·凯指出他对自己的职责和他与馆长之间的关系有一种错误的理解时，他回答说他的立场一直是基于（早已无效的）1855年财政部会议记录，该会议记录是对查尔斯·伊斯特莱克想去意大利找画的回应。戴维斯同意伊舍伍德·凯的观点，克拉克在给巴尼尔的信中写道："我被他对馆长一职的描述惊到了。那会是多么理想的工作啊！我还感到遗憾的是，1855年那份永远不会被忘记的财政部纪要已经不再生效了。"[27]

伊舍伍德·凯随后向巴尼尔承认，他当时"精神非常混乱，无法整理自己的思绪"，于是便开始把注意力集中在一些琐事上，"被一种小到不足以挂齿的困扰所激怒"[28]。他宣布他想离开美术馆，并将申请泰特美术馆空缺的馆长职位，这成了心怀不满的工作人员的退路。戴维斯告诉巴尼尔，如果伊舍伍德·凯被任命为泰特美术馆馆长，他也想走，并将国家美术馆的环境形容为"有毒"[29]。巴尼尔总结说："克拉克已经彻底激怒了美术馆的工作人员。但无可否认他面对的都是傻瓜和神经病，这些人自身就无可救药地犯了错，可克拉克本应能够平息事态……他是如此接近完美的馆长，对于他的失败我们深感遗憾，但事情确实发生了，而且有目共睹。但我还是喜欢他，觉得他是最理想的伙伴。"[30]克拉克写信给他说："我非常抱歉，美术馆给你带来这么多的麻烦和不快。我为我在其中的角色表示最诚挚的歉意。"[31]他把自己的遭遇告诉了母亲："至于美术馆，我感到非常失望。攻击来自四面八方，内部和外部……我的员工比以往任何时候都更糟糕差劲儿。不过，我必须坚持下去，看能不能把他们全部都击败。"[32]

马丁·戴维斯是一个比伊舍伍德·凯更可怕的敌人。他的办公室里有一个很大的文件柜，里面有一个标有"克拉克"的抽屉，这是为了让馆长感到不安而设计的。他无疑是一位优秀的学者，负责为国家美术馆制定新的、高标准的藏品编目；但作为一个人，他非常枯燥，一位同事回忆说："他唯一感受到的强烈情感是对肯尼斯·克拉克的恨——强烈而持久的恨。"[33]戴维斯没有结婚，他的全部社交生活都是在改革俱乐部（Reform Club）度过的，他几乎每天都在那里用餐。美术馆的同事克里斯托弗·布朗（Christopher Brown）如此评价戴维斯："他的图录是很多后来由世界上最伟大的古典大师绘画收藏制作的图录的典范。他对肯尼斯·克拉克深恶痛绝，我想，是基于两个差异。首先……在马丁看来，馆长应该向理事们提供代表工作人员的意见。他认为克拉克和理事们关系太密切，并认为是因为他愚蠢的社交攀高让他不愿意代表相反的观点来得罪董事会。其次，他认为克拉克是一个草率粗糙的学者，而他的美术馆图录反对的正是这种糟糕的学术研究……据美术馆一个同事说，[戴维斯]来自一个'未婚牧师世家'；确实很难从他身上唤起热情——即使面对罗吉尔·凡·德尔·韦登（Rogier van der Weyden）的作品也是如此，虽然他出版了他唯一的艺术家专著。在博讷看到了罗吉尔的《最后的审判》（*Last Judgement*）后，我带着年轻人的热情回到美术馆，告诉他这次经历是多么令人激动。'当然，这幅画已经严重损坏了'，这就是我得到的回答。他也很健忘，著名事件是在一次官方访问中，他穿着他的地毯拖鞋带着挪威国王参观了美术馆。"[34]然而，戴维斯对年轻学者还是很友好的，他们还记得他风趣的机智。

克拉克认为戴维斯神经质、天生的愤世嫉俗，他给主席写信说："整件事情对我打击很大，我知道我必须在某种程度上受到谴责——不是因为我做了什么，而是因为我在和戴维斯打交道时缺乏真正的热诚。"[35]他希望戴维斯"能尝试与我一起工作，不再带任何烦躁的情绪……如果事情[还得不到改善]，也许应该提醒戴维斯，馆长是我，而不是他，如果我特别费尽心思地去安抚他，他就必须付出更大的努力来取悦我"[36]。他补充道："虽然戴维斯很不平衡，但我也不认为他会因为不喜欢我而放弃这份在美术馆的好工作。"尽管戴维斯一直不喜欢克拉克，但在战争期间，他们还是能相互调和，克拉克在他的回忆录中还写到了他，不带怨恨，但也不乏一些讽刺。1968年，马丁·戴维斯成了国家美术馆馆长。

　　在美术馆遇到麻烦的克拉克并没有在家里得到安慰。简没有对他表示同情。"不管争吵有多严重，"他对科莉特说，"没有什么比当时不得不向你母亲辩解更糟糕的了。"即使简没有站在他的对手那边，他还是要向她证明自己是对的，而她很生气也满腹怀疑。[37] 但克拉克还是得到了一个安慰：1937年12月，唐宁街10号寄来一封信，授予他爵士头衔。当他的名字出现在新年的授勋名单上时，他收到了100多封贺信。蒙蒂·伦德尔是第一批为他的老学生鼓掌的人之一，艺术界的大部分人也纷纷表示祝贺。一些人（如罗杰·辛克斯）借此机会对克拉克在国家美术馆受到的攻击表示同情。巴克卢公爵在他的祝语中补充道："我看到你最近也遭受了猛烈的攻击，但我相信你仍毫发无损。"[38] 克拉克感谢了每个人的来信。给外交官维克托·马利特（Victor Mallet）的信具有代表性："巴斯爵级司令勋章（KCB）似乎与我的年龄和性格完全不相称，但因为它是给办公室而不是给持有者的，所以我并没有感到过分不安。"[39] 简说道："我们第一次被称为K爵士和爵士夫人，觉得很不好意思。"[40]

　　哈罗德·伊舍伍德·凯于1938年10月去世，这减轻了克拉克的一些烦恼，也留下了一个职位空缺。他写信给巴尼尔说："我宁愿欢迎一个堕落但好相处的老头，也不要……那种枯燥无趣的小子，美术馆里已经有不少这样的人了。"[41] 他青睐的继任者是威廉·吉布森（William Gibson），他已经在美术馆工作。吉布森被正式任命，而这也带来了馆长和员工之间很长一段时间的和平期。正如克拉克给本·尼科尔森的信中所说："我们现在有了新的管理人，美术馆的气氛变得很愉快。凯是一个很单纯的人，但却掉进了柯林斯·贝克的传统。我希望你能在这里感受到吉布森更为自由开明的管理。马丁·戴维斯沉默而悲伤，但他的朋友告诉我，他是在痛苦中成长起来的，即使我能减轻他的痛苦（虽然我不能），这样做也是不仁慈的。"[42]到了1939年，克拉克手上有了更紧迫的问题：保卫国家藏画不受战争威胁的重任落在了他的肩上。

16
《听众》与艺术家

我理想中的赞助人不只是在展览上买画，而是能帮助艺术家找到方向。

——肯尼斯·克拉克接受《听众》的采访，1940年2月22日 [1]

147 20世纪60年代中期，克拉克宣称艺术正处在1936年以来最好的阶段。[2]
他并不是随意选择的这个时间：随着两年前罗杰·弗莱的去世，人们开始思
考英国艺术的走向。有些人认为弗莱对法国文化的崇拜已经让英国艺术一蹶不
振，也许民族风格将不再有一席之地。在为弗莱的遗作《最后的演讲录》（*Last
Lectures*，1939）作序时，克拉克断言自1936年以来，"人们对生活和艺术的感
受已经发生了变化"。但这并不是说艺术在那个时期发生了很大的变化——而
是克拉克自己有了变化。当时他结识了一批新的年轻艺术家：亨利·摩尔、格
雷厄姆·萨瑟兰、约翰·派珀和维克托·帕斯莫尔（Victor Pasmore）。

受罗杰·弗莱的影响，克拉克对当代艺术的兴趣逐渐增加，甚至在26
岁被阿什莫林博物馆任命之前，他就已经在讨论为英国当代艺术家提供支
持，尽管这个想法在当时并没有得到实现。*然而，他继续购买及委托瓦妮

---

* 克拉克与R.R.塔特洛克和画家阿尔弗雷德·桑顿（Alfred Thornton）讨论建立一个新的当代艺术
家展览协会的想法。他提供了一项"资助"，并为今后的展览提供资金，但桑顿一想到这样的
计划会与现有的两个团体，即新英国艺术俱乐部（New English Art Club）和伦敦小组（London
Group）有冲突，就退缩了。罗伯特·拉特雷·塔特洛克（Robert Rattray Tatlock，1889—1954）
是一位批评家和《伯灵顿杂志》的编辑。见1929年9月15日阿尔弗雷德·桑顿写给D.S.麦科尔的
信（格拉斯哥大学，MS MacColl T63）。

莎·贝尔和邓肯·格兰特创作作品，其中包括一套由48件彩色瓷盘组成的 148
《著名女士》。克拉克写道："和以往的委托项目一样，结果和我们预想的不
同"——不是重复的装饰设计，这些实际上是"邓肯和瓦妮莎的48幅独特
的画作"。[3] 此外，这两位艺术家都为简画了较为成功的肖像（当然曼·雷
［Man Ray］在巴黎为她拍的照片要更有趣得多）。但是自20世纪30年代初，
克拉克就开始寻找一个走出布鲁姆斯伯里圈子的方法，并对当代绘画的发
展方向感到困惑；当时，他认为抽象是一条死胡同，这可能是他从贝伦森
那里继承的观点。在1935年，他卷入了一场与他的初衷相反的争论——非但
没有显示出他是一个深思熟虑的当代艺术审视者，反而让他被视为一个轻
微的反动分子。

　　这场争论发生在BBC备受尊敬的精英杂志《听众》上。克拉克的一篇
题为《绘画的未来》的文章以一种挑衅口吻开篇："绘画艺术不是变得不再
困难，而是已经不可能了。"然后问为什么会这样。在抨击了皇家艺术研究
院（"一种感伤的魅力……一个时代的作品"）后，他又否定了当下的印象
派画家，并指出"战后的艺术运动，其信仰的暴力和迷信，本质上是德国
的"。但他真正的目标是由赫伯特·里德推动的、克拉克所称的"先进流派
画家"。[4] 他注意到他们对理论的依赖——"极端反对所有与他们想法不同
的人"——并将他们分为两类：立体主义分子和超现实主义分子。他认为
抽象艺术有着"纯粹性的致命缺陷"，整个立体主义运动"作茧自缚，揭露
了人类创造力的可悲"。他反对将新的艺术流派等同于新的社会结构，并用
了一个自那以后一直招致评论家嘲笑的比喻："称一个人的风格是未来的风
格，就像称一个人是德文希尔公爵夫人一样——除非得到公爵的同意，否
则一切毫无意义；无论社会将朝何种形态发展，都不会被喜欢立体主义或
超现实主义绘画的人所统治。"他接着说，"好的视觉艺术并不是文明生活
中一成不变的附属品……尽管艺术曾有过倦怠期"，并以16世纪末的意大利
绘画和埃及、印度和美索不达米亚艺术中漫长而平庸的间歇期为例做了说
明。最后他指出，新的风格不会产生于对艺术本身的关注中："它只能从对

149 主题的新的兴趣中产生。我们需要一个新的神话，其中象征性符号应该具有内在的绘画性。"[5]

赫伯特·里德接受了挑战。[6] 作为国际现代主义的拥护者，克拉克这位内心不安的朋友在《听众》上以画家本·尼科尔森在勒费弗画廊（Lefevre Gallery）的展览作为一个抽象艺术家的例子，"[根据克拉克的说法] 这位艺术家已经染上了精神上的病症，即将衰弱而死"。里德自信地为"表象之下的艺术家的现实"辩护，并使用音乐的类比来捍卫抽象艺术。奇怪的是，尽管克拉克从未完全欣赏过尼科尔森的作品，但他最近购入了这位艺术家的一件抽象白色浮雕。《听众》的通信版面吸引了为超现实主义辩护的罗兰·彭罗斯（Roland Penrose）[7] 和为立体主义野蛮地辩护的道格拉斯·库珀（Douglas Cooper）的来稿。[8] 作为这方面的专家，库珀总是对立体主义具有强烈的占有欲。他是一个强大的对手，从此刻起，他把克拉克称为敌人："当代的视野是存在的，克拉克的任何反对都无法扼杀它。"他敏感、无耻且无所畏惧，喜欢激怒像肯尼斯·克拉克这样的权威人物。当伊迪丝·西特韦尔遭到评论家杰弗里·格里格森（Geoffrey Grigson）（他也很喜欢刺激克拉克）的攻击时，克拉克对她说："绘画界里还有一个叫库珀的绅士，他也一样糟糕——几乎是一个复制品。我希望有人能有效地对付他。"[9] 即使在他生命的最后，克拉克还带着讽刺若有所思地对一个朋友说："我想知道哪家报纸有足够的魄力让道格拉斯·库珀为我写讣告。"[10]

克拉克对在《听众》上的争论的最后贡献是一篇题为《鲁奥的艺术》（*The Art of Rouault*）的展评[11]，他在评论中哀叹道（从支持和反对他观点的信件来看）："当看到我的文章被曲解时，我几乎为自己写了这篇文章而感到遗憾。我试图以一种超然的态度来看待绘画的未来，但却被理解为对现代艺术的攻击，我成了批评圈百战将军雇用的杀手。"他指出，他的卧室里"挂着毕加索、布拉克、亨利·摩尔和尼科尔森先生本人的作品"，但接着他又破坏了自己的观点，把尼科尔森的作品描述为"与其说是宇宙的符号，不如说是有品味的装饰"——这不可避免地引起了这位艺术家的抗议。[12] 艺术界里很多人认为克拉克对现代艺术的妄加武断非常荒谬。克拉克在温莎的前任查尔斯·柯林斯·贝克告诉泰特美术馆的管理人道格拉斯·麦科尔（Douglas MacColl）："K. 克拉克在《听众》上的文章让我很愤怒：不仅因为他那该死的优越感，让我恨不得狠狠地教训他一顿，更因为他对自己一无所知的事情表现出的那种冷静的自以为是。"[13]

赫伯特·里德曾一度暗示，克拉克对抽象艺术的否定，会迫使他背叛他的同代人，生活在"一个没有艺术的世界里"。而克拉克认为情况没那么绝望，并指出了建筑、摄影、纺织、印刷和海报的正常状态。前一年，他在一场由艺术家为壳牌石油公司设计的优秀海报展的开幕式上发表了演讲，将艺术的衰落与赞助人的减少联系在一起。[14]克拉克一直认为，一件作品需要两个人去实现：一个委托人，一个执行人。今天的赞助人在哪里？这不是最后一次，他自己将是他自己问题的答案。

克拉克几年前就注意到了一位新锐艺术家的作品，但他花了很长时间才有了一个更完整的判断。"尽管我很喜欢它们，"他后来写道，"但我意识到，邓肯和瓦妮莎以及整个布鲁姆斯伯里运动就是一个小范围的地方现象。但在［1928年］我在一个古怪的业余爱好者多萝西·沃伦的画廊里看到了一些素描和雕塑作品，它们显然不属于地方风格。这些作品是一个叫亨利·摩尔的人创作的……所有的画几乎都被卖掉了，但我设法买到了一张我认为我父母可以接受的画，它成了一个相当大的收藏的基础。"[15]他在自传中写道："我已经意识到英国艺术中发生了一些非同寻常、完全出乎意料的事情。"

是否真的有克拉克后来说的对作品的*coup de foudre*（一见钟情）还有待讨论，但在接下来的几年里，他又买了摩尔的一些素描，一段友谊也慢慢发展起来。在早期，克拉克欣赏摩尔的绘画多过雕塑，据格雷厄姆·萨瑟兰的妻子凯茜说，他把摩尔的雕塑比作热水瓶。问题的一部分在于摩尔是一种反常的存在，正如克拉克在这位艺术家80岁时解释的那样："亨利·摩尔是一位伟大的英国雕塑家。这是一种非同寻常且几乎不可思议的说法，

150

因为，尽管英国人有抒情诗的天赋……但他们明显缺乏造型感。"[16] 战争期间，克拉克在给国王私人秘书艾伦·拉塞尔斯爵士（Alan Lascelles）写信推荐这位艺术家获得功绩勋章（OM）时，巧妙地表达了他对摩尔伟大之处的看法："在我和许多优秀的评委看来，他是他这一代最伟大的艺术家，不仅在英国，在其他任何地方都是如此……他的所有作品都有一种博大和高尚，这使他与［埃里克·］吉尔（Eric Gill）这样有能力的雕塑家处于不同的级别。"[17]

151

关于亨利·摩尔，克拉克有句经常重复的名言：如果有必要向火星派遣人类的大使，摩尔无疑是他的首选。这位来自卡斯尔福德的性情平和的矿工之子和国家美术馆的这位享有特权的年轻馆长直到1937年才成为朋友。根据简的日记，当年12月的一个周六，克拉克夫妇去了摩尔在汉普斯特德的家。新年伊始，克拉克又从贝尔维尤去肯特郡的伯克罗夫特看摩尔。尽管克拉克比这位雕塑家小五岁，但摩尔还是对这次访问感到焦虑，因为这有点像大赞助人视察艺术家工作室的感觉。他想让助手伯纳德·梅多斯给他展示雕刻的过程，但梅多斯过于紧张。[18] 然而，这次访问很成功，克拉克看到了为俄罗斯建筑师伯特霍尔德·鲁贝金（Berthold Lubetkin）制作的榆木雕塑《斜躺的人像》的雏形。这件作品通常被视为摩尔的早期杰作，当鲁贝金不得不放弃委托时，克拉克给纽约现代艺术博物馆（MoMA）的阿尔弗雷德·巴尔（Alfred Barr）发去电报，提出作品售价300英镑。克拉克很清楚，在那个年代，没有一家英国美术馆会接受它，但巴尔无法亲自查看作品，所以也没有买下来。克拉克后来寻思，除了考虑到没有地方放之外，为什么自己没有买下这件作品。

第二年他有了更多的进展。另一位俄罗斯建筑师瑟奇·切尔马耶夫（Serge Chermayeff）归还了摩尔的《斜倚的人像》（Recumbent Figure）。幸运的是，那一年，克拉克是当代艺术协会（Contemporary Arts Society）的作品购买人，这是一个了不起的机构，购买了大量好的作品，涵盖了国家艺术收藏基金在当代艺术方面的作用。克拉克代表协会买下了这件雕塑，但问题是要说服泰特美术馆的理事们接受它。詹姆斯·玻利瓦尔·曼森总是说亨利·摩尔只有在死后才会进入泰特，但随着约翰·罗森斯坦成为新馆长，董事会以多数票通过了这件作品。摩尔就作品的定价征求克拉克的意见，他不想显得太贪心，建议将价格降至250英镑，但克拉克劝他接受300英镑，这是最终的价格。摩尔很感激有这样一个强大而博学的朋友，他之后会写信告诉克拉克他创作的情况。令他印象深刻的是，克拉克总能从艺术史中找到参考，将他的作品与古典大师的进行比较，这是他自己也会遵循的习惯。

摩尔在20世纪30年代末写给克拉克的早期信件还带着恭敬而非亲密的语气，直到1940年，信件的开头都还是"亲爱的肯尼斯爵士"。在战争期间，他们的交集更频繁，友谊也日渐深厚。一个重要的因素是摩尔对简的钦佩和喜爱，这是对她丈夫必要的纠正："K有时会在自己和他不想在一起的人之间设置一道玻璃屏障，但和我之间从不会有这种情况。这可能是一种保护……但简是那么善良、热心、外向，有人情味。"[19] 当克拉克被问及他是否以任何方式影响了摩尔的作品时，他认为完全没有。当摩尔被问到同样的问题时，他回答道："没有，不至于改变一个人的方向；但当你知道他是一个专家，也就自然会去注意意见被自己重视的人。"[20] 更确切地说，这两人都对彼此的生活产生了巨大的影响。对克拉克来说，这是他一生中最重要的友谊之一，甚至可以与莫里斯·鲍勒相媲美。45年后，坐在轮椅上的亨利·摩尔在克拉克的葬礼上撒下了第一把泥土。

克拉克写回忆录时，他认为自己和格雷厄姆·萨瑟兰的第一次见面是在1934年壳牌海报展的开幕式上，但在其他地方，他写的是在哈罗德的一次瓷器展上；其他人对这两个说法都持怀疑态度。*可以肯定的一点是他立即就认识到了英国绘画领域的这位新的天才："自牛津时期以来，我一直希望能

152

---

* 印刷商奥利弗·西蒙（Oliver Simon）确信他曾带这位艺术家去波特兰坊，他们在那里第一次见面。西蒙对克拉克"发现"了萨瑟兰这种说法表示不满（见 Grigson, *Recollections*, p. 162）。

找到一位和我同时代的英国画家，让我能够毫无保留地欣赏其作品。"[21]克拉克发现萨瑟兰继承了布莱克、塞缪尔·帕尔默和透纳的传统，并为他指明了"一条走出布鲁姆斯伯里艺术道德迷雾的道路"。他发现萨瑟兰"与我们在布鲁姆斯伯里圈子的朋友们形成了迷人的对比——他是一个安静、着装讲究的人，非常聪明且完全独立。我们立刻把他带来给我们看的所有画都买了下来……他和他漂亮的妻子都喜欢社交，而那些与我们见面的社会名流对他们也非常欣赏。如果艺术家真的是这样的话，那么，也许可以邀请他们到自己家做客"[22]。对萨瑟兰来说，这是一个惊人的命运转折："我看到了上流社会的生活。肯尼斯·克拉克有真正的魅力，我觉得他很优雅，就像文艺复兴时期的王子。但我也很害怕他，因为他无法容忍傻子。"[23]

153　　除了尽可能多地购买萨瑟兰的画作，克拉克还将他介绍给了一位国际艺术经销商，这个人在伦敦有一家画廊，叫"罗森伯格和黑尔夫特"，萨瑟兰将于1938年在那里做展览，并由克拉克撰写展览文章。萨瑟兰很感激克拉克的安排："对我来说完全是一个惊喜，因为这个想法似乎远远超出了可能性的范围，万分感谢你。"[24]实际上，克拉克建议的是做摩尔和萨瑟兰的双人展，并写信给亨利警告说："画廊有一种奢华的气氛，这让我很恼火。"[25]但是摩尔已经答应和马约尔画廊（Mayor Gallery）合作，所以无法参展。被克拉克形容为"艺妓"的凯瑟琳·萨瑟兰（Katherine Sutherland）（他后来发现，她是个争强好胜的艺妓）到国家美术馆见克拉克，问他是否能借给他们一些钱，好让格雷厄姆放弃教书。克拉克回答说："不，我不会，这会毁了一段友谊，但我可以为你的透支提供担保。"[26]事实上，他借给了他们未来在肯特郡的房子的首付。当格特鲁德·斯泰因（Gertrude Stein）写信给克拉克推荐才华平庸的弗朗西斯·罗斯（Francis Rose）时，他没有发表意见，而是提议说："我希望你能来看看我们的画……有一位名叫格雷厄姆·萨瑟兰的年轻英国画家，我认为他的作品非常出色。"[27]多年后，回顾自己的职业生涯时，萨瑟兰对克拉克说："几乎可以说，你不仅准备了'苗床'，还培育了'幼苗'。"[28]

如果说萨瑟兰夫妇美丽而 *soigné*（精致），那么约翰和迈凡薇·派珀则可爱而混乱。他们住在亨利镇附近空旷山谷中的一个农舍，法利·波顿（Fawley Bottom）（又称法利堡），那里迷人的生活成分让沉醉其中的克拉克感到，书籍、欢笑、交谈和迈凡薇的烹饪使之成为"伦敦的完美解药"。晚餐后，他们会在约翰的钢琴声中唱起复兴赞美诗；这个地方让来自富丽堂皇的波特兰坊的克拉克认识到了投身于艺术和文学的体面生活的真正价值。1938年左右，当雕塑家亚历山大·"桑迪"·考尔德带着这对夫妇到波特兰坊喝茶时，他第一次见到了派珀夫妇。约翰·派珀当时正处于创作的过渡期，正从抽象概念逐步走向地形学、建筑和景观。迈凡薇曾是《轴心》杂志的编辑，是抽象艺术的拥护者，所以她质疑克拉克在这个问题上的负面看法也不足为奇——"在整件事上，我都太孩子气，表现得很无礼。"她回忆说。[29] 迈凡薇记得"房子的整体布置非常宏伟；K非常庄重，人也很好，我觉得自己很淘气，一直攻击他"[30]。如果说她有什么比丈夫更引人注目的话，那就是：她是一位高智商的女性，获得过牛津游泳蓝奖，后来为本杰明·布里顿写过剧本。她和克拉克将享受一段 *amitié amoureuse*（暧昧的关系），她是除了简之外的少数能指责他的女人之一。

在他们造访波特兰坊的第二年，克拉克为当代艺术协会买下了约翰·派珀的《死去的胜地肯普顿》（*Dead Resort Kemptown*），这是一幅半抽象的建筑绘画，类似于他的《布莱顿蚀刻版画》。这是派珀第一次将作品出售给机构，这在一定程度上提升了他的声誉，让其与萨瑟兰和摩尔齐名。[31] 那年10月，约翰·贝杰曼满怀热情地写信给克拉克谈论派珀的作品："他能以同样的方式完成哥特复兴或真正的诺曼风格甚至最复杂的几何窗花格，他能画出长满苔藓的石头上的所有质感，不琐碎，还有可爱的深层衰退。"[32] 克拉克意识到，贝杰曼和派珀都另辟蹊径，在英国教堂和地形学上有了类似的发现。布鲁姆斯伯里的世界偏爱法国，而克拉克在萨瑟兰和派珀身上发现了这两位艺术家深厚的英国根基。用一位文化历史学家的话说，他认为"允许用艺术来表达对国家的忠心，鼓励艺术家承认他们的英国性，这一点越

154

来越重要"[33]。

　　格雷厄姆·贝尔和尤斯顿路小组（Euston Road Group）继承了罗杰·弗莱的衣钵和普遍的后塞尚时代的影响，克拉克写道："可以说，这组人是［弗莱］留给我的。"[34]贝尔在波特兰坊得到了一个房间，并与威廉·科德斯特里姆（William Coldstream）、克劳德·罗杰斯（Claude Rogers）和维克托·帕斯莫尔都得到了克拉克的支持，尽管（帕斯莫尔除外）克拉克不像他支持摩尔、萨瑟兰和派珀那么热情。他资助了尤斯顿路小组的第一份计划书，当他们制作了小册子《艺术家计划》需要10位赞助人为银行透支提供担保时，克拉克第一个签了字，并说服了塞缪尔·考陶尔德也这样做。除了委托作品外，克拉克还设立了一个信托基金，向贝尔、科德斯特里姆以及最重要的帕斯莫尔等艺术家提供津贴。[35]贝尔后来留下记录："你对比尔和我的慷慨超出了我们的期望；但在我的画还几乎不为人知的时候，你对我的支持更是超出了这一切——这是一种非凡的信仰之举。"[36]

　　克拉克和帕斯莫尔第一次见面的情形让人惊讶。一天，在国家美术馆，克拉克正在重新挂一张透纳的画，他用了一个银色的框子替换了作品之前的装裱，但并不合适，这时，"一个有着明亮的黑眼睛的年轻人走过来对我说：'我不知道你是谁，但不管你是谁，你都没有品味。'我很同意，于是让人匆匆拆下了画框"[37]。正如克拉克所认识到的那样，帕斯莫尔是这个小组中最有才华的，支持他可能是他所有赞助行为中最有用的；这使艺术家离开了伦敦市政议会的办公室工作，走上了职业道路。克拉克至少拥有20张他的早期精品，后来他把其中很多作品捐给了美术馆，这让帕斯莫尔的画为更多人所了解。[38]

　　在这10年的后半期，克拉克建立起了对这两组艺术家的一定程度的"所有权"——摩尔、派珀、萨瑟兰和尤斯顿路小组。他相信他已经在当代的语言中辨别出了英格兰的真实声音，它的风景、诗歌和天气。赫伯特·里德带领着反对者，他告诉本·尼科尔森和芭芭拉·赫普沃思（Barbara Hepworth）："克拉克爵士很忙，但不要对他寄予太多希望。前几天我出席了一个午餐会，他在会上发表了自己的观点——抽象艺术、功能性建筑'以及其他所有这类东西'已经死了，而且死得很惨……我们将迎来'叙事绘画'的复兴。美好、纯净、健康的本质，冷溪卫队在他们元首身后排成四队……我们所代表和为之奋斗的一切都受到了最可怕的回应的威胁。"[39] 里德的担心是正确的，因为在未来六年的战争中——除了军事伪装——不会有太多的工作给到抽象艺术家，而具象和叙事绘画将前所未有地被大众所喜爱，克拉克将成为它的领头人。

第二次世界大战

17
整理打包：“把它们埋到地下深处”

把它们埋到地下深处，但一张画都不能离开这个岛。

——温斯顿·丘吉尔致肯尼斯·克拉克，1940年6月[1]

1939年6月3日，菲利普·萨苏恩爵士去世，“克拉克大热潮”也就此结束。简的日记记录道：“菲利普走了，真是让太人震惊了。亲爱的菲利普，他是我们所有人的童话王子、教母和魔毯。”两天后，她报告说，菲利普的骨灰已经从他的飞机上撒下来散落在特伦特。[2] 随着萨苏恩的去世，林普尼港10年的狂欢也结束了，它标志着克拉克生活的下一个阶段的到来以及战争的临近。克拉克接受并出色地利用了战争为他带来的机会。这个故事有几个环环相扣的剧情：将国家美术馆的画转移到威尔士的安全仓库；战争艺术家计划（War Artists' Scheme）的建立；在信息部同时担任国内宣传部和电影分部（Film Division）的负责人；以及他在委员会中担当的会对战后英国艺术产生影响的角色。克拉克从战争中脱颖而出，成了一个与他刚进入战争时截然不同的人物，他将不再是传说中那个遥不可及的独裁者，而是一个更具有合作精神的人，他将把国家美术馆置于可称为伦敦文化抵抗希特勒的中心。

克拉克为第二次世界大战的准备早在萨苏恩去世之前就开始了。很明显，如果敌对行动真的爆发，那就肯定会涉及轰炸，在这种情况下，国家美术馆会非常脆弱。有西班牙内战作为例子，大多数英国人都想象空袭

会导致瞬间的毁灭，由H.G.威尔斯的书改编成的电影《未来事物的形态》
157　（*The Shape of Things to Come*）也加剧了这种想法。1937年5月，"空袭预防
措施"第一次出现在美术馆的会议纪要中，美术馆首先开始调整所有的画
框，让玻璃和画都可以被快速从正面取出，只留画框在墙上。克拉克曾在
BBC帝国广播（Empire Broadcast）中讲述了关于撤离的故事，他告诉听众：
"虽然当时我对于费用和烦琐的程序颇有怨言，但现在我感到庆幸，因为在
过去，我们需要一整天的时间才能把有些祭坛画从画框中取出来，而现在
五六分钟就可以完成。"[3]这样的规划带来了一个意想不到的好事：有一天，
当克拉克在美术馆地下室里倒腾，想找个安全的地方放作品时，偶然发现
了20卷铺满了灰尘的画布。他很想知道这些是什么，于是叫人拿来了刷子、
肥皂和水，跪在地上擦洗着暗沉的表面，直到他意识到这是34张以前未曾
见过的透纳晚期的绘画。这些作品于1939年2月在泰特美术馆展出，正如克
拉克后来写到的，它们成了"泰特美术馆最受称赞的透纳作品之一"[4]。

　　在战争时期，为国家美术馆寻找储藏空间的问题比预期的要困难：乡
村的房子有足够大的空间，但很少有足够大的门供作品进出，更不用说防
火和看守的问题。马丁·戴维斯走访了一些具有可能性的房子，并编写了
一份语调尖刻的报告，一条典型的条目是："房主很好，受他凶悍的妻子控
制，渴望得到美术馆的作品，而不是收留难民或情况更糟糕的人。"[5]克拉
克有伊恩·罗林斯在他的团队中是一件幸事，罗林斯不仅是一位严谨的科
学顾问，还是一位铁路爱好者，对火车时刻表非常熟悉。克拉克后来经常
被介绍是战时拯救了国家藏画的人，但正如他指出的，这个荣誉真正属于
有马丁·戴维斯协助的罗林斯。他们在威尔士选定了几个地方，其中包括
班戈（Bangor）的大学礼堂、彭林城堡（Penrhyn Castle）和阿伯里斯威斯
（Aberystwyth）的国家图书馆（National Library）。内维尔·张伯伦长时间的
外交拉锯给了美术馆演练撤离的机会，因此当战争迫在眉睫时，所有的画
在10天内就被移走了。在宣战的前一天，大约有1 800张被指定撤离的画离

开了伦敦。它们被装在特殊的集装箱里,由一列时速20英里的专列火车运送,然后又用卡车继续送往目的地。许多人,包括克拉克的母亲,都怀疑是否值得做这一切,但克拉克告诉她:"所有这些撤离都必要吗?……总的来说,我认为有必要。在苏德条约后,希特勒必须要获得彻底的胜利,否则他就完蛋了……我认为与苏联结盟将变成一个巨大的错误。"[6]

克拉克其实很享受整个过程,看到"作品出现在各种意想不到的光线和环境中……多年来我所熟悉的很多画作,直到最近几天才第一次鲜活起来,我看到它们在阳光下被推进推出,最后被送进铁路集装箱的黑暗中"[7]。美术馆将充分利用将作品迁移到威尔士的机会:这是一个为作品做编目和清洁的最佳时机,这在和平时期是不可能的。正如巴尼尔勋爵告诉克拉克的那样:"战争的一个好处似乎是能让我们花很少的钱把大量的作品进行一次整理。"[8]霍尔德和鲁赫曼在威尔士设立了一个工作室,每周有5英镑的报酬,尽管后者还没能获得他的入籍文件,所以从技术上来说还不能被政府雇用。克拉克以前的反对者马丁·戴维斯完全适应班戈安静的学术氛围,克拉克告诉简:"戴维斯的状态非常好,他在阅读意大利的经典著作且不知疲倦地工作……这里有很多事需要我去做决定……所以我也很充实。和以前一样,我必须承认我很喜欢班戈……周围的乡村有一种神圣的气息。我通常对山丘没有兴趣,但此刻我感觉自己就像赞美诗的作者。"[9]

然而,人们很快就意识到,这些藏品在它们的新家并不比在伦敦更安全。德国的轰炸机很容易就能到达威尔士;而拿彭林城堡来讲,马丁·戴维斯报告说,"城堡主人正在通过长期酗酒庆祝战争"。理事们考虑把所有的作品送往加拿大(李勋爵的主张),随后美国政府提出对这些藏品提供庇护。克拉克对此很担心,他向巴尼尔坦言:"简强烈反对这一提议。我不知道为什么她和玛丽应该是对的,但我必须承认,有很多人反对,不仅是风险,而且……美国人会说是他们为我们拯救了国家美术馆。"[10]当克拉克承受着要把藏品送出境的压力时,他越过理事会直接找到温斯顿·丘吉尔,而丘吉尔用红墨水在备忘录上写下了本章开头的名句。*罗林斯像往常一样给出了解决方案；在威尔士北部的布莱奈·费斯蒂尼奥格（Blaenau Ffestiniog）附近的一个偏僻山谷里，有一个废弃的采石场，那里有一系列巨大的洞穴，被称为"马诺德洞穴"（Manod Caves）。工程办公室能够在那建造有必要的干燥、照明良好且带空调的储藏室，国家美术馆的藏品将在那里得到稳定良好的存放和照看。所有这一切都在6个月内得以完成。

有一个问题是要把大作品通过铁路经过6英里陡峭狭窄的山路运到马诺德。克拉克负责监督。入口已经被扩大，桥下的道路被挖空，每一个细节都考虑到了；但装着两幅最大作品的箱子——凡·代克（van Dyck）的《马背上的查理一世》（*Charles I on the on Horseback*）和塞巴斯蒂亚诺·德尔·皮翁博（Sebastiano del Piombo）的《拉撒路复活》（*Raising of Lazarus*）——被卡在了一座桥下，罗林斯算错了半英寸。"我们都沉默地站着。"克拉克说，这让脑海里储存着历史典故的他"想起了兰克《教皇史》中的那一刻，吊起圣彼得广场方尖碑的绳索开始出现磨损，人们已经宣誓保持沉默，但一个来自博尔迪盖拉的水手无法控制自己的情绪，'Aqua alle tende！'†他大声喊道。寂静被打破了。'把轮胎里的气放出来！'我们齐声说。巨大的包装箱上下擦刮着从桥下通过，我们完成了这个任务"[11]。在准备马诺德洞穴和搬运作品的过程中，克拉克着眼于历史，让派拉蒙公司用影像记录下了这一不同寻常的行动；在战争结束时，藏品返回特拉法加广场的过程也同样被记录了下来。

克拉克认为参观马诺德是一种瓦格纳式的体验：浪漫的隔绝状态、长长的隧道、深埋的宝藏和两块被称为"龙"的护身符般的岩石，它们守护着洞穴。[12] 对于留下来照看在班戈的这些藏品的人来说是一件事，但克拉

---

*　当时克拉克写道："首相的原话是：'把它们藏在洞穴和地窖里，但一张画都不能离开这个岛。'"（见 Bosman, *The National Gallery in Wartime*, p. 31）同时见唐宁街的来信，1940年6月（reproduced p. 16）。这让人对克拉克在回忆录中更为生动的描述产生怀疑。

†　"给绳子浇水。"

克担心他们在与世隔绝的洞穴里的精神状态，他对美术馆管理人威廉·吉布森说："我们必须要预想到这些人被大雪困在这里的情况，有时会连续好几天。我们要为他们提供一些简单的、带来舒适的用品，比如一台收音机、一大堆便宜的书、急救设备等等。"[13]事实上，这些安排非常成功；守护者并非没有意识到战争期间留守在威尔士的好处。霍尔德"在整个战争期间毫无怨言地"修复作品，而负责安装的马丁·戴维斯则在辛勤地编制图录，克拉克承认说，"他们彻底的、严谨的工作提高了每个国家的图录标准"。[14] 160
克拉克很喜欢去北威尔士——与其说是为了检查画作（他觉得在这样的环境中欣赏作品很困难），不如说是为了逃避战争，欣赏壮观的风景：晚年的时候，他发现自己仍然会梦见威尔士的那些山谷。有时，他会带上简，他们要么住在波特梅里安村（Portmeirion），那里是克拉夫·威廉斯－埃利斯（Clough Williams-Ellis）对意大利北部港口风景如画的再现；要么和克丽丝特布尔·阿伯康韦（Christabel Aberconway）待在博德南特（Bodnant），简认为那是她见过的最丑陋的房子。

需要收拾撤离的不只是国家美术馆。克拉克夫妇决定放弃贝尔维尤和波特兰坊的房子。除了失去菲利普·萨苏恩外，贝尔维尤离任何可能入侵的地点都很近，而且将处于空战的前线。"亚瑟叔叔"李说服克拉克夫妇搬到格洛斯特郡（Gloucestershire），住在他在阿瓦尼（Avening）附近的、摄政时期的住宅老采石场（Old Quarries）不远处。他们在泰特伯里（Tetbury）附近租了一栋漂亮的巴洛克风格的乡村别墅，名叫厄普顿（Upton）。简和孩子们将在这里度过战争的大部分时光。房子的条件很差，但有一个引人注目的两层高带壁柱的客厅，还有一个图书室。

克拉克一直都很清楚，波特兰坊和它所代表的一切是他们无法承担的奢侈。他已经为简做了心理建设——两年前他就警告她说："在正常情况下，我们的生活方式，除了买画之外，有点超出我们的收入。"[15]1939—1940年的纳税年度是为数不多的有家族财务记录的年份之一。税前，克拉克有13 324英镑的巨额收入，其中10 400英镑来自股票和股份，950英镑来自房产出租（包括旧官邸）。由于税收增加，他的净收入是6 600英镑，比前一年减少了1 000多英镑。[16]随着战争的迫近，处置波特兰坊的房子绝非易事，于是发生了一个不大可能的传奇事件。克拉克在《听众》上争论的对手赫伯特·里德有一个很奇怪的习惯，就是向克拉克咨询问题[17]；1939年，他决定辞去《伯灵顿杂志》的工作，去帮助佩姬·古根海姆（Peggy Guggenheim）在伦敦建立一个现代艺术博物馆，与纽约现代艺术博物馆竞争。里德写信给克拉克询问他对美术馆选址的建议，并讨论博物馆的整体政策。[18]1939年5月，他再次写信说古根海姆夫人和他本人都希望克拉克能担任理事（另一位是罗兰·彭罗斯）。他还提到，他还没能为博物馆找到合适的地方，正在寻找一个现代建筑中的楼层。[19]

161　　　佩姬·古根海姆在她的回忆录中提到了这个故事："有一天，里德先生打电话给我说，他得到了一个建博物馆的理想地点；结果是肯尼斯·克拉克爵士在波特兰坊的房子……克拉克夫人带我参观了她漂亮的房子。这真的是一个完美的地方……尽管它并不现代。克拉克夫人曾是一名体育老师*，特别满意她在地下室的防空洞……我们实际上拿下了这个房子，但由于律师们都去度假了，所以一直没有签合约；当战争爆发时，我对肯尼斯·克拉克爵士没有任何法律义务。然而，他认为我有一个道义上的义务，而且……他建议我把赔偿金交给他为穷困艺术家成立的一个委员会，当时他已经把他的房子给了这个委员会。里德先生认为肯尼斯·克拉克爵士比我富有。"[20]

里德曾提醒过克拉克，随着战争爆发，佩姬·古根海姆可能不会接受他的房子，但他向克拉克提出的看法与他给她报告的情况截然不同："我同意你有理由获得赔偿，我会尽可能强烈主张这个观点。"[21]克拉克非常生气，他相信在目前的情况下，这可能是他卖掉房子剩下的30年租约的唯一机会。他很少生气，除非他觉得自己在某种程度上受到了欺骗。然而，他感到的

---

* 这是一个恶作剧式的误会——简上过体育课，但她从来都不是体育老师。

不公平还不止于此："房东为了欺骗我们，谎称房子只能租给私人。我们最终以大约6 000英镑的价格把房子卖了，房东立即转身就把它租给了玻璃制造商劳利。"[22] 克拉克后来承认，波特兰坊的房子"实际上完全不适合"用来做伦敦古根海姆博物馆，后来，这些作品被送到纽约，最终成功地落脚在了威尼斯。[23] 战争让伦敦失去了同时拥有古尔本基安和古根海姆收藏的机会。

　　1939年6月14日，在波特兰坊还有最后一次盛大活动，这是为美国记者沃尔特·李普曼举办的一场晚宴，克拉克称他是"这个时代最伟大的听众"。客人包括了温斯顿·丘吉尔、科尔法克斯夫人、哈罗德·尼科尔森和朱利安·赫胥黎（Julian Huxley）夫妇。毫无疑问，这场晚宴带着政治的动机，李普曼想听丘吉尔谈论欧洲面临的危险，并挑战美国的孤立主义，而克拉克对这个主题有着强烈的感受。克拉克虽然是"左倾"，但并没有任何政治立场，就像在他一生中经常出现的那样，"双方的主要人物都和我们交谈……认为我们一定是和他们站在同一边的"。实际上，此时的克拉克"明确地站在丘吉尔先生一边"，因为他在德累斯顿孤独的日子里目睹了德国所选取的破坏性方向。他读过《我的奋斗》，虽然他喜欢内维尔·张伯伦，但在他的性格中看到了"一种灾难性的天真"。克拉克认为，只有丘吉尔，凭着他的历史想象力，才能看到1939年可能呈现的未来。许多年以后，在一次BBC的采访中（关于贝伦森），克拉克承认："我从来没有怕过任何人，除了丘吉尔。"当采访者提出质疑，并问到丘吉尔是否是个知识分子时，克拉克强有力地回答说："不要被骗了，他是一个拥有着奇妙且强大头脑的人。"[24]

　　在晚宴上，李普曼提到了美国驻伦敦大使约瑟夫·肯尼迪（Joseph Kennedy）最近发表的臭名昭著的声明，即英国将在即将到来的战争中"被打败"。哈罗德·尼科尔森对接下来发生的事情做了精彩的描述："这种失败主义激起了温斯顿的一段精彩的演说。他蜷着身子坐在那，有节奏地摇晃着他的威士忌苏打，另一只手捻着雪茄……描述着未来的考验，并总结道：'然而，李普曼先生，我请你相信，这些考验和灾难只会让英国人民的决心更加坚定，并增强我们争取胜利的意志。那位大使不应该这么说，李普曼先生，他不应该说那个可怕的词……我不会在眼前的这场伟大的斗争中愉快地死去；我也不相信，如果我们在这个可爱的岛屿上屈服于敌人的凶残和强大，在你们那遥远而免疫的大陆上，自由的火炬将不受玷污、（我应该相信和希望）毫无畏惧地燃烧。'之后，我们换了话题，谈论起大熊猫。"[25]

克拉克在回忆录中抱怨说尼科尔森"忍不住要洗掉"他对这次晚宴的描述。[26]实际上，关于那个晚上有四种版本：尼科尔森的版本、克拉克在回忆录里的版本、简日记里的版本，还有李普曼的版本（他做的大量笔记成了他当晚写的备忘录[27]）——但他们都赞同克拉克的说法，即那天晚上见证了"丘吉尔先生谈话能力最精彩的展示"[28]。当晚最后一个感人的时刻出现在丘吉尔离开的时候，大约在凌晨1点30分："他走到冷清的波特兰坊，路面在大雨中泛着光……他让司机送他回韦斯特勒姆［查特维尔庄园］。'天哪，'简说，'您要回那么远的地方吗？''是的，亲爱的，我到伦敦只会是为了打击政府或和你一起吃饭。'"*

他们搬出波特兰坊后，克拉克就给住在切尔滕纳姆的母亲写信说："我一直是个很疏忽大意的儿子，但从某种程度上说，过去的这几天比实际撤离更让人筋疲力尽。所有令人兴奋的喧闹都过去了，取而代之的是沉闷的日常事务……我住在萨福克街的嘉兰酒店，房间非常破旧，唯一的浴室在两个楼梯间；但我觉得已经够好了，比巴比伦大酒店好。我可以在5分钟内穿好衣服到达美术馆，这样就不用太担心空袭……伦敦的夜晚看起来非常奇怪，但也非常美丽，天真的很黑，容易撞到人。"[29]

正是在查令十字路的一家咖啡馆里，克拉克听到了张伯伦"用疲惫苍老的声音宣战"。他漫无目的地穿过西区，在滑铁卢广场的尽头，忧郁的思绪涌上了心头，他凝视着爱德华七世时期伦敦阴沉的办公大楼，它们"呈现出一种我从未感到过的庄严和宿命感"，即使是皮卡迪利圆环的庸俗照明，也"达到了一种悲怆"。然而，忧郁很快被取代，"一个陈腐的想法掠

---

* Clark, *Another Pavt of Wood*, p. 273. 应该记住，丘吉尔当时还不是首相。

（页边：163）

17

过我的脑海:即使那天晚上不被炸弹摧毁,它们也会在不久之后被遗弃并坍塌在地上。这给了我一种莫名的兴奋。这些毫无特色的街区所象征的社会制度是一个快要崩溃的怪物,它建立在剥削基础上并被坏的意识所迷惑。最好一切都重新开始"[30]。一个防空队员的出现让他从这些沉思中惊醒过来。

当最后一张画离开国家美术馆后,偌大的空间里弥漫着一片深深的沉寂。它们与那些空出来的画框一起,显得怪异而又不真实,似乎将一直这样下去。1939年8月底,国家美术馆被移交给工程办公室,预计不久后将由政府接管。果不其然,政府对这栋建筑没有任何计划和想法,而克拉克惊讶而庆幸地发现他的办公室还保留在那里。他后来将战争的头几个月形容成一种赎罪仪式,紧急命令要求关闭所有文明生活设施和服务——没有艺术、没有音乐会、没有剧院和电影院——他开始体会到他所说的精神饥饿。就在这种空虚状态持续了三周后,迈拉·赫斯(Myra Hess)出现在克拉克的办公室,提出了一个将会改变国家美术馆战时地位的建议。

18
战时国家美术馆

被炸得支离破碎的大都市中的一个敢于反抗的文化前哨站。

——赫伯特·里德（1941）

国家美术馆的历史学家告诫我们，应该"小心翼翼地对待战争时期的民间记忆，要特别意识到美术馆在提高士气方面所起的重要作用"[1]。与大轰炸（Blitz）和丘吉尔"光辉时刻"的国家神话紧密相连，在首都中心的一个具有反抗精神的美术馆保持着高雅文化火焰的故事，确实让人感动——有时甚至有被伤感化的危险。当然，这也是一个悖论，当美术馆把藏品清空后，它在公众中获得了更高的人气。它的新成就的任何组成部分都没有被计划过：音乐会、"每月一画"（"The Picture of the Month"）、战争艺术家中心以及让美术馆成为战时伦敦中心要地的展览和战后规划。克拉克以出色的实用主义精神，在每一种情况下都能发现并抓住新的机会，因为战争环境完全符合他的行动主义观点和快速决策的意愿。正如他造访波勒斯登·莱西庄园（Polesden Lacey）时，在萨里郡布科姆的站台上对詹姆斯·利斯－米尔恩（James Lees-Milne）说的那样："在今天，一个人想要成就任何事情，就必须果断无情，必须先行动后思考。"[2]克拉克认为，艺术和文化是英国努力捍卫的价值观的核心，因此，它们应该被很好地用来阐明这些价值观。简而言之，他希望艺术不仅能提高士气，而且能向公众展示他们为之奋斗的目标。正如迈克尔·利维所观察到的，正是这场战争让

"克拉克看到了艺术在广泛意义上对大多数普通人所具有的力量"[3]。

意识到政府部门计划接管国家美术馆，克拉克便没有制订任何使用计划。但当他发现政府明显不知道该如何使用这些建筑时，他抓住了一个偶然出现在他面前的新提议，并将其发展成了一个固定项目。就在伦敦刚疏散了儿童、关闭了娱乐场所、拉上了遮光窗帘的时候，深受欢迎的国际音乐会钢琴家迈拉·赫斯走进了他的办公室。就在前一个周末，赫斯还谈到她想把音乐带到首都来，她的一个朋友建议把国家美术馆作为场地。尽管两人都不太相信有这种可能性，赫斯还是迫不及待地向克拉克介绍了自己，并谨慎地提出了每三周举行一次音乐会的想法。"不，"克拉克回应道，"要每天!"最令人惊讶的是政府部门"以他们奇怪而僵硬的方式表现得很好"，授权了这些在今天还很著名的音乐会的进行。当美术馆的理事们没有提出反对意见时，第一场音乐会定在10月10日，战争爆发仅五周后。

第一场音乐会在BBC上进行了宣传，报纸上也刊登了广告；所有的利润都将捐给音乐家慈善基金会（Musicians' Benevolent Fund）。主要的问题是找到足够的椅子，到最终采购到500张椅子，其中一些还是在观众聚集时陆续送到的。原本预计可能会有200人到场，但结果有1 000人耐心地排起了长队，其中有办公室职员、身着制服的军人和妇女，还有戴着防毒面具的平民。每个人都需支付1先令，而当第一个人拿出半克朗硬币（2先令6便士）时，没有找零。800人挤进了观众席，远远超过了内政部对公共场所人数的限制；让克拉克极为难过的是，其余的人不得不被拒之门外。

克拉克和赫斯都同意音乐会以德国音乐为主。首场以斯卡拉蒂、巴赫、贝多芬、舒伯特、肖邦和勃拉姆斯的作品开场。克拉克写道："第一场音乐会由赫斯小姐亲自演出，她弹奏贝多芬的《热情奏鸣曲》开头几小节的那一刻将永远是我一生中最伟大的经历之一。那是一种完全的放心，我们所有的苦难都没有白费。"[4]赫斯担心她的德国名字会引起嘘声，但无论从哪方面来说，她都成了那个时刻的女英雄——她灿烂的笑容（有时让人想起伊丽莎白王后）和她的风度赢得了每一位观众。在返场曲目中，她选择了巴赫的《耶稣，世人仰望的喜悦》，这成了她的代表作。

音乐会的成功出乎了所有人的意料。1940年2月6日，当赫斯演奏巴赫时，观众总数达到了1 280人。BBC并没能及时发现机会，它的第一场广播已经是国家美术馆的第100场音乐会；但在战争刚开始的时候，这个公司还未能理解整个国家的情绪，认为人们只想听轻音乐。对克拉克来说，音乐会"是我们从一种麻木状态中恢复过来的第一个迹象，这种麻木在宣战后的一两周内压倒了我们的敏感性；它们也证明了，尽管处于战争中，我们并不想要激昂的歌曲和爱国主义低级趣味的泛滥"[5]。正如克拉克正确认识到的那样，这些音乐会还证明，在国家危机时刻，人们对文化有一种渴望——这表现为对音乐、文学和艺术的呼唤。小说家E.M.福斯特也参加了音乐会，他的思绪在美术馆内游荡。他想："这座建筑的文艺复兴时期的装饰，在和平年代显得有些自鸣得意，但在今天却难以形容地令人感动，它们激发了高贵、希望与平静。"[6]

那些称赫斯为"阿姨"的音乐家，无论是名人还是学生，每人都能得到5几尼的报酬。他们的演奏在特拉法加广场与军乐队和从圣马田教堂传来的钟声（很快又安静了）对阵，在大轰炸最严重的时期，他们在冰冷的条件下用被冻得发乌的手指进行演奏。美术馆遭受了几次直接袭击，但音乐会仍然继续，只是从穹顶下的巴里厅转移到了地下室。有一次，当一枚延时炸弹落在美术馆时，附近的南非馆提供了它的图书馆作为替代场地，一个男孩站在美术馆外引导观众。毫无疑问，在克拉克的鼓励下，王后来听了一场早期的音乐会，之后又来过几次，有时和两位公主一起，有一次和国王一起。赫斯写道，王后出席音乐会的那一天"是我一生中最快乐的一天，也是最美好的一天"[7]。

最难忘的音乐会是1940年元旦的那一场，当时克拉克亲自指挥了利奥波德·莫扎特的《玩具交响曲》（当时被认为是海顿的作品）。他没有指挥乐团和演奏乐器的经验，但也许是童年时的自我表现欲让他渡过了难关。他听取了托马斯·比彻姆爵士的建议，他们一起仔细地看了乐谱，尽管演奏者们对此并不那么认真。在一次喧闹的排练中，著名的音乐家们都在嬉闹，这时有人听到克拉克重复说："现在，孩子们!"这暴露了克拉克自负的一面。正如他对《每日快报》（*Daily Express*）所说："我所要做的就是确保布谷鸟和小号和其他的声音都能在正确的时候出现。"当天，有1 000人到场，人们都决定好好享受这场有趣的演出。迈拉·赫斯和她的钢琴伙伴艾琳·沙勒（Irene Scharrer）用鸟哨、玩具小号和六便士鼓演奏；乔伊丝·格伦费尔（Joyce Grenfell）用金属哨子扮演夜莺的角色。这可能是所有音乐会中最让人欢快的一场，每当这些明星尝试演奏他们的乐器时，都会引起阵阵笑声——实际上，他们自己都笑得几乎无法演奏了。媒体称这场音乐会为"一次伟大的玩乐"，《泰晤士报》称克拉克的指挥"带着达·芬奇的精神"——或者用一位评论家不那么客气的话说："音乐家们不需要指挥，但他却能很好地与他们保持同步。"克拉克因他充满希望的首演而收到的最好的一封信来自他以前的家庭女教师拉姆，她现在是契克斯庄园的管家。她自己也曾演奏过《玩具交响曲》的钢琴部分："今天早晨的报纸真让人高兴——至少对我来说是这样，我必须祝贺你成了一名成功的指挥。"[8]

　　音乐会被设计成正好一个小时，以适应办公室工作人员的标准午休时间。每天1 700个三明治（被认为是伦敦最好的）由精力充沛的社交名媛盖特夫人和她的一群时髦的女士提供。克拉克写信给伯纳德·贝伦森说道："我们几乎每天都有多达1 000名的观众——形形色色的人都愿意放弃他们的午餐，以便短暂逃离当下的丑陋和混乱。"[9]他稍有点夸张，因为平均每天的观众接近500人——虽然800人的情况也并不罕见。他在国家美术馆的秘书南希·托马斯（Nancy Thomas）[10]道出了许多人的心声："这些音乐会是伦敦生活的一大特色，这是当时为数不多的事情之一，它们很温馨。"1943年11月19日，美术馆宣布迎来第50万名观众——一名即将从岸上休假返回船上的水手。总的来说，音乐家慈善基金会总共收到了1.2万英镑（尽管出现了一个小插曲，即发现音乐会委员会财务主管罗纳德·琼斯一直打欠条从基金中取钱）。

国家美术馆音乐会已经成为英国战时场景的重要组成部分，以至于为

169 美国和殖民地制作的电影都将其作为战争努力的一部分，尤其是伊恩·达
林坡（Ian Dalrymple）为英国皇冠电影公司（Crown Film Unit）制作的《倾
听不列颠》（*Listen to Britain*）。和其他类似的电影一样，这部电影的基调朴
实自然，表现了孩子们的舞蹈、坦克在风景如画的村庄间的穿梭、身穿制
服的音乐家在受损的国家美术馆演奏莫扎特——背景是战争艺术家的展览
和克拉克坐在王后身边微笑的镜头。其他场景则展示了宽阔空旷、充满回
声的展厅，那些空画框有力地唤起了此刻正保存于远处的藏画；美术馆已
经成为国家反抗的象征。

工作日期间，克拉克住在伦敦，而周末他会和简在格洛斯特郡韦斯顿
伯特的野兔和猎犬酒店会合，他们不得不在那儿居住。厄普顿的状况仍然
很糟糕，建筑工人已经被叫走了——正如克拉克告诉贝伦森的那样："它的
内部正在彻底装修，战争来临时已经不适合居住了。由于人手和材料的短
缺，两个月之后，我们才能在里面睡觉，我想圣诞节前它都不会太像样子。
可怜的简不得不把时间花在和工人打交道上，并想象着我在伦敦的中心过
着多姿多彩、令人兴奋的生活。事实上，我忙得不可开交，几乎见不到任
何人，也听不到任何消息。"[11] 然而简是对的——她相信克拉克过得比她好得
多，就像他向母亲承认的那样："我和王后、肯特公爵夫人以及老朋友马尔
科姆·布洛克（Malcolm Bullock）单独用餐。这是自战争开始以来王后举办
的第一次私人宴会，她兴奋得像个孩子……我看不出厅堂的世界里还有什
么比这个更高的待遇。我们坐着聊天一直到半夜。"[12]

与此同时，在格洛斯特郡，简第一次不得不亲自照顾孩子们，这让她
感到厌烦；这种亲近的接触让她显露出性格中最坏的一面。她要求他们完
全服从，并以愤怒的叫喊回应他们的喧闹和混乱。她原本浪漫地幻想自己
能在乡下过着安静的生活，享受种菜的乐趣，但实际上她很痛苦，并非常
想念伦敦的魅力和社交生活。11月，在波特兰坊的房子彻底处理完毕之后，
克拉克夫妇决定在格雷律师学院广场（Gray's Inn Square）5号租一套宽敞舒

适的公寓，这样简可以来看望她的丈夫。

　　国家美术馆的业务在战争期间并没有完全停止，理事会议仍在继续，尽管频率有所降低，偶尔也会讨论作品的购买事宜。1940年，巴尼尔勋爵的父亲去世，他因此成了克劳福德伯爵，并面临着大量的遗产税；第二年，¹⁷⁰他将他的伦勃朗的《玛格丽特·特里普的肖像》（*Portrait of Margaretha Trip*）提供给了美术馆。这就产生了两个问题：首先，他正确地坚持辞去了理事和主席职务，因为这与他作为卖家的角色相冲突；其次，美术馆已经藏有另一幅玛格丽特·特里普的肖像——而且是同一位艺术家的作品。克拉克通常的资金来源（由罗伯特·威特爵士负责的国家艺术收藏基金［NACF］）最初拒绝提供资金——因为三年前基金就已经为伦勃朗的《萨斯基亚》提供了8 000英镑。克拉克问理事会是否可以把这幅画提供给古尔本基安先生，让他为美术馆买下来。结果，NACF还是提供了资金（通过减免税收来降低难度），美术馆以2万英镑的价格获得了它的第二幅特里普肖像。但在他承诺购买之前，为了预防起见，克拉克写信给拉德纳伯爵说美术馆即将进行的购置将消耗很多为未来许多年准备的资金；他想让自己安心，确保拉德纳没有计划出售他的霍尔拜因的《伊拉斯谟的肖像》（*Portrait of Erasmus*）或者委拉斯克斯的《胡安·帕雷哈肖像》（*Portrait of Juan de Pareja*）。[13]

　　尽管克拉克很高兴这次能购入伦勃朗的作品，但这是以他的朋友戴维·克劳福德辞去美术馆董事会职务为代价的。"回顾你主席的任期，"克拉克写道，"我很痛苦地想到，这本应是我在美术馆最完美的两年，却不断地被外界的麻烦所打断——先是乔尔乔内事件，然后是与凯和戴维斯的争吵，接着是凯的去世，然后又是空袭预防措施和战争威胁带来的种种困扰。"[14]

　　然而，伦勃朗的故事有一个可喜的结果。著名的考古学家莫蒂默·惠勒爵士写信给《泰晤士报》，建议美术馆展出它的新藏品。克拉克回应说，鉴于"我们中许多人都有对伟大画作"的视觉饥渴，理事们打算将伦勃朗的画作展出一个月，而且他们"还在考虑一个建议，即每周以这种方式展出美术馆的一幅画"[15]。由此开启了美术馆的法宝"每月一画",它成为美术馆战时传奇的重要组成部分。[16]为了激发公众对这个想法的兴趣,克拉克告诉一位采访者:"我让人们给我寄明信片,写上他们最想再看到的一些作品的名称。"需求最多的是米开朗琪罗的《埋葬》(*Entombment*)和皮耶罗的《耶稣降生》(*Nativity*),而克拉克认为这两件作品太过珍贵,不能拿它们冒险。实际上,他收到的所有请求几乎都是意大利绘画,他将其解释为"对文艺复兴时期伟大画家所表现的秩序感和高尚人性的渴望"[17]。因为管理员们

171　都不愿意接受这个想法,所以大家一致认为应该由马丁·戴维斯最后来决定哪些画作可以或不可以从威尔士运到美术馆。戴维斯和克拉克一起确定了展示人类经验深度的作品,被选中的作品包括具有民族主义色彩的丁托列托的《圣乔治与龙》(*St George and the Dragon*),表达英国价值观的康斯特布尔的《干草车》(*Hay Wain*),研究自我牺牲的贝利尼的《花园里的痛苦》(*Agony in the Garden*),以及提香的《不要碰我》(*Noli me Tangere*)。皇家艺术研究院阿尔伯特·欧文(Albert Irvin)表达了观众对单独悬挂在美术馆的"每月一画"的强烈反应:"你不是在看它,而是在强占它。"就连克拉克的邪恶仙女坦克雷德·博里纽斯也拍手称赞,并描述了围绕在每幅画周围的"蜂巢般的"人群活动。每天有超过600人来访;有36 826人来看了委拉斯克斯的《镜前的维纳斯》,看波蒂切利《维纳斯和战神》(*Venus and Mars*)的人略少一点。

克劳福德的伦勃朗并不是唯一一件在战时提供给理事会的作品。除了库克的提香赠给了美术馆以外,1943年7月,克拉克向董事会宣布,拉特兰公爵提供了普桑的《七圣礼》系列(*Seven Sacraments* series)——克拉克建议拒绝,理由是作品状况不好且不如萨瑟兰公爵所收藏的系列。*只有贫穷和对萨瑟兰的那组藏品(如今借给了苏格兰国家美术馆)的渴望,才能让人理解这种拒绝。然而,即使如此,也有一个让人高兴的结果:当拉德纳

---

* 普桑在1637—1640年和1644—1648年分别画了两个系列的《七圣礼》。后者为萨瑟兰公爵所有。

勋爵在1945年提供他的——可以说是更高品质的——普桑的《金牛犊崇拜》（*Worship of the Golden Calf*）时，克拉克缺乏热情地为这张估价为1.5万英镑的作品出价1万英镑——令所有人惊讶的是，这个价格被接受了。

　　克拉克的皇家职务已经随着战争的到来而结束。他把大部分皇家藏品送到了威尔士进行妥善保管，但作品实在太多，无法全部都运走。汉普顿宫被认为是在大轰炸中相当安全的地方，在这段时期都挂着通常被存放起来的作品，克拉克认为这个安排"非常有吸引力，虽然展出的画没有我们带走的那些有名或有价值，但它们无疑是目前展出的最壮观的古典大师的收藏"[18]。作为国王收藏鉴定人，克拉克最关心的问题之一是借给V&A的拉斐尔挂毯图稿（与达·芬奇的画作皆为皇家收藏中最珍贵的藏品）的安全问题。它们太大，无法移动，就被困在了博物馆里。馆长埃里克·麦克拉根爵士（Eric Maclagan）建议在作品周围砖砌一个堡垒，上面用钢梁支撑，但克拉克却坚持要求建造高而窄的门，以便在发生火灾时可以把作品撤离出去：为了说明他的观点，他还画了一张草图。事实证明，他的预防措施非常必要，因为博物馆在1940年11月遭到了直接的袭击。[19] 到头来，对这些图稿的安全威胁最大的是在建筑里建立一所皇家空军训练学校的计划，计划要求在作品存放处的附近为2 000人提供烹饪和洗涤设施——这个计划在抗议声中被放弃。

　　战争带来了许多意想不到的结果，其中之一是它对英国当代艺术家的推动，因为随着所有珍贵的艺术品被撤走，美术馆和艺术经销商已经没有别的东西可以展示。国家美术馆起了带头作用：在战争期间，克拉克举办了34场展览，重点是战争艺术家和现代艺术。其中一个展览源于1939年克拉克在考文垂火车站偶尔遇见了一位具有说服力的年轻当代艺术经销商莉莲·布劳斯（Lillian Browse），她想以借展的方式在国家美术馆展出英国现代绘画；这个故事揭示了克拉克最好和最坏的一面。他邀请布劳斯和他一起旅行，她说："我不得不告诉他我一直都在'辛苦的'旅途上，他故作歉意地回答说，他先去旅行，但是让我不要介意，因为差额由他来支付。"[20] 在这次见面的鼓舞下，布劳斯"去了他在特拉法加广场那让人印象深刻的昏暗的办公室见他。唉，这和我在考文垂见到的肯尼斯爵士截然不同。他没有给出任何理由，就草草拒绝了我的建议"。后来他被说服改变了主意，并告诉布劳斯，她可以在美术馆举办一个展览，并补充说他自己太忙，无法为展览做太多，这"促使我问他早上几点起床。'8点。'我建议他早起一小时。我觉得应该没有人问过他这样无礼的问题，不过他一定觉得好笑，因为当伊丽莎白王后来参观我们的展览时，我听到他把我说的话告诉了她"[21]。

克拉克经常会被布劳斯无情的果断所激怒；有一次，她在通话串线时，听到他说她"相当难以忍受"。然而，他认可她的展览质量，从"自惠斯勒173 以来的英国绘画"（1940）开始，接着又在1942年举办了威廉·尼科尔森和杰克·叶芝（Jack Yeats）的联合回顾展（展出后者的部分动机是为了加强与爱尔兰的关系）。克拉克亲自撰写了展览导言，在其中将尼科尔森严谨的作品与马克斯·比尔博姆的散文做了比较。

克拉克在1943年1月5日的日记中写道："1月30日，康诺特，戴高乐。"这顿午餐的起因是克拉克在国家美术馆组织了一场法国艺术展，而戴高乐没有被邀请参加开幕，这伤害了他高卢人的自尊：他写信表达了抱怨。克拉克在一年前就曾写信给斯蒂芬·斯彭德（Stephen Spender）说："我不喜欢在展览开幕式上发表演讲，我很讨厌这样做。想到又要编出一套关于艺术、战争、俄国等错误而肤浅的概括，我就觉得恶心。"[22]他给戴高乐的回复已经遗失，但内容肯定是安抚人心的，因为将军邀请了他共进午餐，而克拉克也因此惊讶地发现了一位像亨利·伯格森那样的知识分子。[23]尽管克拉克公开表示了厌恶，但他在这个时候还是发表了许多开幕词，特别是关于一项让艺术家记录正在消失的风景的新倡议。

克拉克是"记录英国"（Recording Britain）的发起人之一，这一举措为美术馆带来了另外三个展览。这个计划由朝圣者信托（Pilgrim Trust）资助，主要雇用水彩画艺术家在大后方作画，记录那些特别容易受到战争影响的场景和风景，让人们能看到英国人正在捍卫的世界。该计划促成了1 600

多件作品的委托创作，艺术家包括了拉塞尔·弗林特（Russell Flint）、约翰·派珀和芭芭拉·琼斯（Barbara Jones），其中很多作品都充满哀伤的调子；格雷厄姆·贝尔的《布伦瑞克广场》（*Brunswick Square*，1940）就是一个典型的例子。甚至连现代主义的重要人物赫伯特·里德也表示赞同，并写道："这些画可以提醒我们真正的斗争——面对所有商业破坏和麻木不仁的忽视所做的斗争。"[24]到目前为止，在"记录英国"计划中展出的最著名的（非委托）画作是派珀的一组温莎城堡水彩画，我们将在第20章中讲述这个故事。

尽管克拉克认为绘画达到了一个超越摄影的维度，但随着大轰炸的到来，很明显，必须采取紧急措施，对脆弱的建筑进行客观的记录，这既有历史目的，又为了重建的需要。为此，1940年11月，他在英国皇家建筑师学会（RIBA, Royal Institute of British Architects）发表了演讲，这是"国家建筑记录"（National Buildings Record）项目诞生的催化剂，项目的目的是对所有具有国家价值、有可能被敌人破坏的建筑进行拍照和测量。克拉克立即被安排进管理委员会；通过他在国家信息部的职位（将在下一章讨论），他可以颁发必要的许可证。他曾告诉RIBA的观众，"警察和军队会尊重许可证，但公众不会，当地人会用石头砸向或打倒拍照的人"。1944年，一部分拍摄的照片在国家美术馆展出，伦敦人将其视为对已经逝去的事物的深刻提醒。正如哈罗德·尼科尔森在《旁观者》（*Spectator*）杂志上所写的那样，"参观国家美术馆……会让任何人相信"这个计划"所完成的工作的真正价值，即一份我们所有的国家珍宝的图解目录"。[25]战后，它确实被证明在重建受损的历史建筑方面发挥了重要作用。

当美术馆不展出英国年轻艺术家时，克拉克热衷于支持战后英国重建和规划的设计。1943年2月，艾伦·拉塞尔斯在日记中写道："我去国家美术馆听了［经济学家和社会改革家］贝弗里奇爵士（W. Beveridge）为英国皇家建筑师学会组织的战后住房设计展揭幕……肯尼斯·克拉克最后做了一个简短的发言，他说，中世纪的建筑灵感来源于人类对上帝的信仰，文艺

174

复兴时期的建筑灵感则来自对人类智慧威严的信仰，而未来时代的建筑必然会有一个更具实用性的目的，因此，我们必须准备好牺牲一些美学上的考虑。"[26]

1944年，吉尔·克雷吉（Jill Craigie）执导了一部以国家美术馆为中心的纪录片《走出混乱》(*Out of Chaos*)，克拉克是该片的主要主持人之一。影片将对现代艺术的欣赏与战时美术馆的故事相结合，并融合了艺术家的采访和民众的声音。这种创新的手法为艺术节目的呈现确立了新的模式。它还展示了在全国各地举办的业余艺术展览，并捕捉到内政大臣赫伯特·莫里森（Herbert Morrison）所说的话："我希望艺术家和大街上普通人之间的这种联系能比战争更持久。"《走出混乱》是一部开拓性的艺术纪录片，克拉克选择了英国画家，并借此机会支持了一位女性导演，这在当时和之后都是不寻常的。

* * *

175　　在战争期间，美术馆被击中了9次，1940年10月12日的那一次尤为严重，隔壁汉普顿的家具店（今天塞恩斯伯里展厅［Sainsbury Wing］的位置）被完全摧毁；音乐会不得不转移到其他地方。也有几次幸运地逃过一劫，但1940年10月，当一枚未爆炸的炸弹落在美术馆时，克拉克和拆弹部队的泰勒少将之间发生了全面的争吵，克拉克认为他们的行动低效且危险。拆弹部队检查了炸弹，并将其展示给美术馆的工作人员看（这违反了所有的规定），然后就去吃午饭了——随后炸弹爆炸，摧毁了两个展厅。管理人威廉·吉布森向泰勒抱怨，并告诉克拉克和考陶尔德，他从来没有收到过"对合理批评的更无礼和可耻的回应"[27]。克拉克从不赞同僵化的军事思想，他愤怒地对吉布森说："泰勒将军的信是一个人在军事独裁下的典型遭遇。"[28]由于大楼到处都是缺口，克拉克和吉布森将夜间看守人员的数量从两名增加到三名，另外还安排了两个日间工作人员在美术馆过夜。

也许更严重的是克拉克接到了马诺德洞穴的主管打来的电话："这是一场危机，这是一场危机，请赶快过来。"空调和温度的变化导致了大片石板的坍塌，美术馆的画还被崩塌掩埋了。钢制脚手架解决了这个特殊问题，之后没有再发生过坠落。

克拉克在美术馆常年关注的问题之一就是他的赞助人卡洛斯特·古尔本基安。战争爆发时，古尔本基安留在巴黎，依附于伊朗大使馆，这使他获得了外交身份。这就意味着他的珍品没有被运到柏林，而由于他留在维希时期的法国，严格来讲，他已经把自己变成了英国的"敌国人"。他的许多敌人以此为借口，切断了他从伊拉克油田获得的著名的5%的收入。克拉克竭尽全力与英国财政部交涉，但对由此造成的收入损失却无能为力。饱经坎坷的古尔本基安住进了里斯本的阿维兹酒店，有一天，他甚至在那里被逮捕，而他的对手则试图找到证据证明他有罪。他挺过了所有这些阴谋诡计，但对英国的怨恨却与日俱增，克拉克除了为他向外交大臣安东尼·艾登（Anthony Eden）和梅纳德·凯恩斯说情外，也没有其他办法。

尽管有这些挫折，古尔本基安还是继续坚信他们在国家美术馆的计划。整个战争期间，他通过外交邮包与克拉克联系，询问有关画作出售的情况："我将非常感激，如果您能抽出时间告诉我有什么极品画作能被添加进我们的'家庭'。"[29]克拉克运气不太好——他继续期待着库克的伦勃朗《提图斯》，还提到克劳福德收藏的画作的可能性；他甚至指出斯潘塞勋爵可能会卖掉一些他收藏的无与伦比的雷诺兹的肖像画。有一次，他准备在拍卖会上买下康斯特布尔的《白马》（White Horse），但由于苏格兰国家美术馆的介入，那幅画被撤了下来。与此同时，规划中的古尔本基安之翼的建筑师威廉·亚当斯·德拉诺未能拿到酬金，他在1942年对克拉克说："如果你还相信你的捐助者会继续兑现的话，那你一定是一个坚定的乐观主义者。"[30]然而，第二年，古尔本基安给克拉克写了一封安慰他的长信，说他们的计划仍在进行中，甚至说他打算在战后借出更多的作品。[31]

但是有一些令人担忧的传言。詹姆斯·利斯–米尔恩在他的日记中记

176

录了他在旅行家俱乐部（Travellers' Club）与英国驻里斯本领事的一次会面：
"他告诉我，现在住在里斯本的古尔本基安受到了英国大使馆和社交圈的冷
落，因为尽管他是英国公民，但他却在逃避所得税。因此，古尔本基安曾
向领事暗示，他可能终究不会把他现在在英国的画作和收藏留在这个国家。
我认识肯尼斯·克拉克吗？我可以做些什么吗?"[32] 到目前为止，事情还处于
可以挽救的阶段；直到战争结束，才会有 *dénouement*（结果）。

19
信息部

这是一个完全无用的机构，如果解散它，

只保留审查制度，战争也不会受到任何影响。

——肯尼斯·克拉克，引自伊恩·麦克莱恩，《士气部》[1]

国家美术馆的藏品被安全送走后，像大多数同龄人一样，克拉克想知道他应该为战争做些什么。他写道，"对于我这种背景的人来说，有一个明显的工作来源，即所谓的信息部（Ministry of Information）"[2]——相当于英国的宣传部。这个拼凑起来的机构被安置在20世纪30年代伦敦大学议会大楼的单体建筑内；从一开始，信息部就是一个由聪明的业余人士和（偶尔心怀不满的）其他部门准备释放的公务员组成的令人不安的混合体。哈罗德·尼科尔森的第一印象是，"所有的疯子都涌向信息部，就像蜜蜂围着麦芽酒一样"。克拉克在这个部门的时间很短，大约18个月，他后来喜欢诋毁自己在那里所做的努力。在成立早期，由于领导不力、人员不当和目标混乱，信息部的确很无效，但克拉克将其视为无用的机构确实又太过苛刻。在所有的坏消息都层出不穷的时候，管理这样一个部门总是更加困难。[3]

克拉克第一次找工作的尝试几乎是一幅战时招募的漫画——他向简讲述了在绅士俱乐部的一个偶然相遇："我在牛排俱乐部遇到了一位叫拉格兰勋爵的人类学家，他在信息部担任副总审查员，他安排我今天晚上去那里……我之前刚去了信息部，但没太大收获。一个友好的人说了一句话：

178 '你这样的大人物是无法通过普通渠道找到工作的，你应该给珀思等人写信。'"[4]克拉克诚恳地给在信息部里担任高官的珀思勋爵写了信，但正如他告诉简的那样："我急忙去了美术馆，但可惜没有任何工作的消息，甚至连一封确认信也没有，我开始体会到失业的滋味。只有一堆艺术家的来信，都以为我能给他们找到工作。"

　　克拉克认为，在他们两人中，简更容易受到雇用："我只有奢侈的才能。"[5]他在半绝望中给英国文化协会（British Council）的劳埃德勋爵写了封信："我可以召集英国最好的广告专家组成一个小组。信息部似乎对利用人们的眼睛来说服他们并不感兴趣。"[6]这时，"亚瑟叔叔"李突然行动起来，直接写信给信息部部长麦克米伦勋爵（Lord Macmillan）（他曾与克拉克的父亲在格林诺克上学）。李形容克拉克是"我所认识的最有能力的年轻人之一……他是一个天生具有很强管理和业务能力的人……［他］热忱的精神会引他加入到战斗的服务中"[7]。作为一名公务员，克拉克被豁免于武装部队，尽管对"重返校园"的想法充满恐惧，但他确实考虑过加入英国皇家海军志愿后备队，正如简所记录的："如果他能得到一个委任，而不是一个扫雷艇，那就会有很多时间读书。"[8]结果，信息部接收了克拉克，他于1939年12月27日开始在那里工作，当时36岁。

　　信息部成立于战争爆发之日，最初被赋予了五项职能：发布官方消息；新闻、电影和广播的审查；维持士气；为其他政府部门制造宣传攻势；针对敌人和盟友的宣传。哈罗德·尼科尔森是部门的副部长，他在那段时期的日记为我们了解克拉克在那里的生活打开了一扇窗。尼科尔森认为信息部"太正派、太有教养和知识，不适合效仿戈培尔"[9]。与此时现存的经过多年发展的部门不同，信息部的结构需要被创建，而且它从一开始就过于复杂且不断变化，这让历史学家就像当时的公众一样困惑，更不用说在那里工作的人。在早期大量的精力都被消耗在部门目的、定义、功能和程序方面。克拉克现存的信息部备忘录显示，他因为部门内不同分支相互竞争的主张，以及各个委员会是"审议""执行""协调"还是"提供信息"的问

题费尽了心思。[10]他曾在三位部长手下任职，但他们在这个职位上都不太 179
成功：麦克米伦勋爵招募了他；约翰·里思爵士（John Reith）[11]于1940年1
月被任命（与克拉克相处融洽）；以及从1940年5月起被任命的达夫·库珀
（Duff Cooper）[12]，一名保守党人，克拉克很少与他的观点一致。这一连串的
部长促使了一首小调的诞生：

嘘，嘘，谁敢笑，
又有一位新部长倒在了楼下。

这个部门让人们感到困惑，因为它看起来确实人手过剩，运行成本很
高，而且几乎没有带来明显的好处。虽然并不是要做一个娱乐部，但它确
实成了许多人的笑柄——约翰·贝杰曼和其他在那里工作的人称它为"恼
怒部"或"米妮"。撇开他后来的诋毁不谈，克拉克还是非常认真地对待他
在那里的时光；正如他在被任职当月所写的那样，"这场战争不是一场人力
的战争，在很大程度上是一场士气的战争"[13]。他担任了一些相当有影响力的
职位，大多是主持委员会的角色，这些委员会以令人困惑的速度改变名称
和宗旨，这反映出那段时期令人不安的特点。

令克拉克和其他所有人都感到惊讶的是，他被安排去负责电影分部。
克拉克自己说，这种混乱分配是因为他被认为是"图片"方面的专家；但
这个说法不大可能，尽管这与该部的业余声誉颇为吻合。他的行政能力、
他对"创意类型"的理解以及他的中左翼政治观点才更可能是这种安排的
真正原因。他的前任约瑟夫·鲍尔爵士（Joseph Ball）是来自保守党的政治
任命；鲍尔给人一种懒惰的感觉，电影界也对他充满敌意。相比之下，克
拉克被视为一个高效、年轻、有活力的角色。

BBC之父约翰·里思爵士在克拉克之后不久上任，最初人们很看好这
种组合。里思——被厌恶他的丘吉尔称为"那个呼啸山庄"——立即质问
克拉克的宗教信仰（克拉克一定把诡辩发挥到了极限），最后说："你有独立

的收入……这很糟糕。"克拉克回应，指出威廉·莫里斯、罗斯金和英国社会主义之父们也是如此，而里思则反驳说："对你来说没问题，但对我来说没有好处。让你服从我不是件容易的事。"[14] 里思和许多年长的人一样，很快就对克拉克产生了好感，并决心提拔他；而克拉克起初还设法抵制。

180　　克拉克的朋友们对他被任命到电影分部感到高兴且并不意外。亨利·摩尔认为电影"很容易成为最有力的反思性宣传媒介"[15]。比尔斯特德勋爵则不那么肯定，他告诉巴尼尔："我担心他可能无法应对电影界的那帮强硬派。"[16] 克拉克在给母亲的信中谈到了他的新工作："同事们的支持让我深受鼓舞——远比我在美术馆里得到的要多，尽管我对工作的胜任程度要低得多……我们要支付一些相当重要的作品，上周二，我说服财政部给我拨了一笔77万英镑的巨款……我最大的困难是要找到很多很好的故事来传递我的宣传信息……我相信我在行业报纸上受到了很多攻击，但我从不看它们，所以也没有关系……每一天都在使我成为一个更坚定的社会主义者。官僚主义可能充满罪恶，但没有什么比目前的制度更糟糕的了，在这种制度下，私人利益是控制因素……不过，我不应该把这封信变成罗斯金式的政治短文。"[17]

尽管缺乏经验，克拉克还是受到了业内人士的谨慎欢迎。他在接受《电影周刊》(*Kinematograph Weekly*)[18] 的采访中，提出了一个传统的观点，"除非是好的娱乐，否则任何一部电影都不是好的宣传……最伟大的反德特工是唐老鸭。迪士尼作品的整体伦理是：作为一流娱乐作品的同时，也描绘民众对严格管制的憎恨"——但接着又说了一句不合适的话："如果我们输掉了这场战争……就让这个行业中的非英国人和犹太人意识到极权主义控制下他们会面临什么。"《每日先驱报》(*Daily Herald*) 报道了这一言论，他们想知道为什么克拉克会被任命，并提醒他，有一万名失业的英国电影技术人员仍在等待工作。[19]

信息部电影分部既为电影制作提供资金，又鼓励制作公司制作所需的电影。克拉克意识到，这些电影可分为两种类型：一种是长篇娱乐片，但只有在公众不认为它们是宣传片的情况下才会奏效；另一种是之前的2到5分钟的短片，即今天所说的广告。克拉克在管理电影部方面的主要成就是使电影业的领导者们进行了更密切的合作。这似乎是完全合理的，尽管当他接手时，已经有几部电影在制作中，比如《护航舰血战》（Convoy）、《违禁品》（Contraband）、《自由电台》（Freedom Radio）和《盖世太保》（Gestapo）等。他向一位同事坦言道："我不赞成简单展示德国人邪恶的宣传片，如果不同时展示他们的效率和明显的不可战胜，这一点是很难传递的。"[20]

1940年2月，我们发现克拉克在检查一部名为《全体船员》（All Hands）的电影中的U型潜艇布景，这是由迈克尔·鲍尔康（Michael Balcon）制作的以"无心漫谈"为主题的三部电影之一，由约翰·米尔斯和多萝西·海森主演。在接受《星期日泰晤士报》记者迪莉斯·鲍威尔（Dilys Powell）的采访时，克拉克描述了电影部门最喜欢的两个主题："英国在为什么而战"和"英国如何战斗"。他认为，最能表达前者的是民族性格中的人性，如阿尔弗雷德·希区柯克的《贵妇失踪记》（The Lady Vanishes）（以及之后在克拉克任职期间获得批准的著名的《亨利五世》）。第二个主题通常能在短片中得到最充分的表现，偶尔也会在较长的纪录片中得到体现，如迈克尔·鲍尔康的《护航舰血战》。[21]

克拉克喜欢电影圈及其里面的人。他开始让演员和导演参加他的晚宴，正如哈罗德·尼科尔森所指出的那样："与肯尼斯·克拉克共进晚餐；威廉·毛姆（Willy Maugham）、温斯顿·丘吉尔夫人和莱斯利·霍华德（Leslie Howard）都在那里。晚餐很愉快，主要都在谈论电影。"[22]但克拉克对一位导演特别有好感。在一个繁忙的日子里，加布里埃尔·帕斯卡尔（Gabriel Pascal）在没有预约的情况下出现在了信息部，他坐下来，开始概述他将为克拉克拍摄的所有电影。正如克拉克所承认的那样，"说帕斯卡尔是个骗子，都是一种荒谬的轻描淡写。他就像吹牛大王蒙乔森男爵，一开口就会讲一些明显不真实的故事"[23]。克拉克被这个矮小、粗壮、不知羞耻的匈牙利冒牌货给逗乐了，这个人不知怎样说服了萧伯纳把自己剧本的电影版权给了他。加布里埃尔·帕斯卡尔像一阵旋风一样出现在了克拉克的家庭生活中，用他奇妙的故事把孩子们逗得很开心。他会从加拿大（他认为是拍摄爱国主义电影的最佳地点）发电报给克拉克，文字中充满了勇敢的承诺，并敦促克拉克把最好的演员派过去。一封典型的电报是这样写的："这是第一年拍摄六部电影的方案。准备好所有资金，以便六周内让摄影棚全部就位。"[24] 没有证据表明他们一起做出了什么像样的事情，但帕斯卡尔成了克拉克怪人展厅中的一员。正如克拉克的儿子科林写道："我父亲喜欢像加布里埃尔·帕斯卡尔这样的人。也许他害怕自己变成像他母亲那样不满和古板，所以时不时需要注射一针他父亲的喧闹和行为不端。"[25]

　　在战争初期，克拉克被一群嚷着要工作的艺术家围攻，还有一些作家。他的老朋友约翰·贝杰曼在收到克拉克给他带去的工作上的坏消息后，绝望地写道："我没有怨恨……但看在巴特菲尔德、J.L.皮尔逊和伯吉斯*的份儿上，请尽你所能吧，约翰·贝杰曼。"[26] 克拉克后来"刮胡子的时候灵机一动"，异想天开地把贝杰曼招进了信息部，担任自己分部的副手。但正如克拉克对贝杰曼的传记作者所说的："你能想象约翰在信息部会很自在吗？……我把他弄进信息部，以为能找点事让他做，但我们没有。他在我手下工作，我们很愉快。我时不时让他写一些介绍或类似的东西，他做得很好。"[27] 克拉克解释说："我需要他的灵活性和独创性，还有他的魅力——因为从本质上讲，我们的角色是一个公共关系的角色。"[28]

　　贝杰曼的第一项工作任务就是被派到英国伟大的电影大亨之一西德尼·伯恩斯坦爵士（Sidney Bernstein）位于黄金广场的办公室与之会面。这个故事中唯一的谜团是，非常喜欢这类人的克拉克为什么把这个会面留给了贝杰曼。贝杰曼问伯恩斯坦："政府在电影和宣传方面应该做些什么？"伯恩斯坦只是打开了一个抽屉，拿出了一份准备好的文件《英国电影制作和

---

*　维多利亚女王时代的建筑师威廉·巴特菲尔德、约翰·拉夫伯勒·皮尔逊（John Loughborough Pearson）和威廉·伯吉斯。

电影宣传》，这说明克拉克已经联系过他了。[29]文件强调了娱乐和新闻短片的重要性——事实上这与克拉克的观点是一致的。克拉克邀请伯恩斯坦到信息部工作，但只要"绥靖派"张伯伦还是首相，他就拒绝接受；直到丘吉尔上台，他才改变了主意。结果，伯恩斯坦在说服业界放映政府影片和收集观众反馈方面发挥了特别大的作用。后来，他在克拉克创建独立电视台时再次出现在了他的生活中。

1940年2月，德国的宣传机器在不来梅的一次广播中对克拉克进行了讽刺性的恭维。[30]报道说，"假信息部的电影独裁者克拉克爵士"已经通知新闻界，他想拍摄一部关于"阿尔特马克号事件"的影片，事件中，299名英国战俘被德国船只运送通过挪威海域时，被皇家海军舰艇"哥萨克号"救走。德国广播称，克拉克"在一代人之前，绝不会被任何一个有自尊心的俱乐部所接纳"，他曾试图聘请查尔斯·劳顿来做这个项目，但失败了。然而，这个让"海军来了！"这句话成名的事件并没有被拍成过电影（甚至可能连拍摄计划都不曾有过）。

1940年11月，克拉克在皇家学院的一场题为"电影作为宣传手段"（"The Film as a Means of Propaganda"）的演讲中，回顾了他在电影部的经历。[31]他将《格兰特小姐走到门口》（与不列颠战役期间为迎接入侵而制作的部级传单"如果入侵者来了"相对应）作为一个糟糕的短片例子。影片中，一名少女偷了德国伞兵的枪，并向他开了枪。克拉克认为，让格兰特小姐从一名训练有素的士兵手中夺取枪支的传统舞台技巧是极不现实的。他告诉他的听众，由于官方机构不愿给摄制组提供设施，新闻短片拍摄变得很困难。他接着（带着同等程度的钦佩和恐惧）对德国的宣传片《战火洗礼》（Baptism of Fire）表示赞赏，该片描述了对波兰的入侵；他称他最引以为傲的两部英国电影是对美国舆论产生了巨大影响的《伦敦可以坚持》（London Can Take It）和由J.B.普里斯特利（J.B. Priestley）叙述的《困境中的不列颠》（Britain at Bay）。到现在为止，克拉克已经改变了他在一个问题上的立场——宣传片如果不具有娱乐价值就没有作用。他现在相信，它们必须具有最高的质量，有形式和节奏，最重要的是它们必须吸引观众的注意力。

随着诺曼·斯科吉上校（Colonel Norman Scorgie）被任命为副总干事来对这个松散的组织实行纪律管理，信息部迎来了更艰难的时期。斯科吉是一个非常严格的人，他实际上根本就不是军人，而是一个从文书局征召过来的公务员。他获得了上校军衔，并立即进入了新职务的状态，贴出了类似预科学校的告示，指出他们"很懒散"，应该"振作起来"，"团结一致"。这对于贝杰曼来说太过分，有一天他在电梯里认出了斯科吉（他从未见过他）。他转向几乎失聪的电梯员低声说："我说，你见过那个叫斯科吉的家伙吗？他们告诉我，他并没有做好自己分内的事。"不可避免的结果是，斯科吉出现在了克拉克的办公室里："恶劣的斯科吉上校指示我把贝杰曼赶走，说他是个半吊子，我说他很聪明：如果他每个月都有一个想法，而这个鬼地方的其他人一整年都没有，那他就值得被留下来。"[32]

但克拉克总是（半开玩笑地）称，他和贝杰曼的一次偶然谈话是他在信息部最持久的成就："我知道他和我的品味相同，我说：'约翰，你必须去趟食堂，一个非常迷人的姑娘刚刚出现在那里，她有干净的棕色皮肤、黑眼睛，穿着一身白色的工作服，她叫琼·亨特·邓恩小姐（Joan Hunter Dunn）。'"不幸的是，有好几个人都声称是自己促使了信息部唯一一首伟大诗歌的诞生。*贝杰曼在去都柏林担任新闻专员之前，被给予了一个短暂的缓刑，得以留在信息部。

约翰·里思爵士最终如愿以偿，他于1940年4月将克拉克提升为国内宣传部总指挥，进一步负责几个部门的工作。而他在电影部的工作则由他在壳牌公司的老朋友杰克·贝丁顿接任。[33]克拉克的新职位拥有相当大的权力，

---

* 在他们的回忆录中，克拉克和时尚作家欧内斯廷·卡特（Ernestine Carter）（书目学家和外交家约翰·卡特［John Carter］的妻子）都声称把贝杰曼介绍给了琼·亨特·邓恩。他们的叙述并非完全不一致。克拉克最先向贝杰曼提到了她的名字，但根据亨特·邓恩小姐的说法，真正的介绍人是迈克尔·博纳维亚，她被叫到他的房间去见这位诗人（见Hillier, *New Fame, New Love*, p. 180）。她使用的收银机由伦敦大学英语研究所保存在学校议会大楼里。

但正如他自己遗憾地指出的那样，他成了"每一个有计划拯救国家、改造世界的人，或更简单地说，花大量的钱在广告宣传上的人"的目标。[34] 不管出于什么原因，他们都唱着同一首歌："我们想要的只是祝福。"然而，他新工作的主要部分是通过他主持或仅仅是出席的众多日常委员会运作的。有些委员会，比如敦刻尔克紧急委员会，是为了应对特定的危机召集而成立的临时组织。但在所有常设委员会中，最重要的两个委员会大多数时候都在开会，一个是政策委员会，由部长和部里的高级成员参加；另一个是计划委员会，由克拉克主持，会议通常紧随政策委员会会议之后，目的是将政策付诸行动。一个典型的计划委员会议程可能包括审查警告公众德国轰炸机一定会通过的可取性、通过"愤怒运动"反击失败主义、围绕英格兰的意义展开宣传、"德国统治下的生活"，以及"胜利是可能的"。

克拉克上任后所做的第一件事就是撰写了一份国内士气报告："回想起来，唯一有趣的特点是有大量证据表明英国的士气非常低，比任何人敢说出来的还要低得多。但显然我们对此无能为力，只希望能有奇迹让我们赢得几场战役。"[35] 危机接踵而至，例如，我们可以通过尼科尔森的日记追溯围绕敦刻尔克展开的事件，他在日记中描述了克拉克如何被召集到信息部沃尔特·蒙克顿（Walter Monckton）的办公室，在那里麦克法兰将军告诉他们，英军在法国被包围在敦刻尔克，而问题是如何向公众传达这个消息。指责法国人？比利时人？政治家？[36] 结果，内阁接管了信息部敦刻尔克紧急委员会的工作，克拉克前往唐宁街讨论计划中的救援任务。利用"小船"将军队从法国撤出是一次辉煌的宣传战役——当然是在那时最伟大的战争。敦刻尔克在多大程度上是信息部的成功以及克拉克的参与程度多大，我们不得而知，因为责任是由内阁承担的；但著名的"BBC呼吁'小船'"的想法并不是出自信息部的。[37]

克拉克意识到需要让公众相信，战争是可以打赢的，而且英国正在进行反击。海报、小册子、电影、广告和演讲是信息部计划委员会的惯用手段。一张以飓风战斗机和巡洋舰、坦克为背景的丘吉尔的海报立即获得了成功；在丘吉尔本人的要求下，信息部在1940年发起了一场运动，警告人们提防谣言的危险。尽管怀疑这种宣传是否会成功，但信息部别无选择，只能服从，而克拉克被任命为负责人。他向一家广告公司咨询了"沉默专栏"（Silent Column）这个短语，并准备了海报、广播和新闻材料，但整个事件成了公众的笑柄。事实上，信息部给英国人民强加了太多宣传，以至于安奈林·比万（Aneurin Bevan）在议会上问道："部长是否意识到现在普遍的印象是，如果德国人不设法把我们炸死，信息部也会把我们闷死？"

我们并不太清楚哪些宣传和口号可以归功于克拉克。最好的证据是他现存的备忘录，例如那些关于"这就是我们为之而战"的海报宣传的备忘录。[38] 多年后，在对国民信托的一次演讲中，克拉克哀伤地解释道："每当我们有一个新的部长或干事时——几乎每月都会有一个——对方都会把我们召集在一起，以一种像有绝妙新想法的人的口吻说，'我们必须决定我们在为什么而战！'这是一个困难的问题。我们都知道我们在对抗什么，但我们在为什么而战呢？民主？议会制度？对我来说，这些听起来并不是很鼓舞人心，许多我最欣赏的文明即便没有这些东西也很好。在这种情况下，我的大脑就会一片空白；但在我的脑海中，我清晰地看到了一个英国小镇的景象——介于城镇和村庄之间——泰特伯里或朗梅尔福德。一切都在那里：教堂、三家酒馆、莫名其妙的弯道、住着老妇人的带石门的房子……我常想，'这就是我们为之而战的目标'。而一想到德国人在那里行军……我就非常愤怒。"[39]

哈罗德·尼科尔森给我们描绘了克拉克这个不朽的美学家在他信息部办公室里的生动画面："我走进KC的房间拿东西，看到一个枕垫上躺着一个非常美丽的大理石头像，头像的两眼向上看着。一开始我以为他是个希腊人，直到我看到他的头发和嘴唇，这显然是卡诺瓦（Canova）的作品。这是K在旧货店里捡到的一尊莱克施塔特公爵的半身像……我很欣赏K的无穷多样性。他真的不喜欢待在这里，更愿意回到国家美术馆去做一些高尚的战争服务。但是他在这里像个黑鬼一样工作，仅仅因为他非常厌恶希特勒。"[40]

丘吉尔的朋友达夫·库珀于1940年5月被任命为信息部部长。他和克拉克从来没有意见一致过，库珀提议任命保守党政治家达文森勋爵来接管信息部的后方部门——实际上凌驾于克拉克之上。达文森已经向尼科尔森明确表明了他的观点："肯尼斯·克拉克和我都太理智了，无法在全国范围内制造真正的感染力，应该由专业广告公司来负责。"[41]克拉克很冷静，正如尼科尔森所言："这样下去会很困难，我尤其怀疑肯尼斯·克拉克是否会同意在这样的条件下继续工作。[克拉克]对这一切很平和，他非常同意以我们现在的宣传性质需要的是一头公牛，而不是一位瓷器收藏家，而达文森可能是我们能找到的最好的莽汉了。"[42]简对他们的朋友克劳福德勋爵说："唉，K无法控制达夫，也不喜欢他。他是个粗俗的家伙。"又说："达夫想解雇K，让达文森勋爵取代他的位置。"据简说，库珀认为信息部"太左了"[43]，但实际上，达文森是在克拉克手下被任命的。

1940年9月，大轰炸爆发。信息部的主要关注点还是国内的士气；他们想知道，在海外形势不断恶化的情况下，国内的士气是否还能维持住。尼科尔森描述了克拉克的焦虑："K倾诉了他对如此多美丽事物被毁的痛苦。他认为，更多的城市轰炸、对埃及的攻占和德国的和平提议将让大众媒体反对继续战争和信息部。"[44]克拉克向克劳福德勋爵描述了他在伦敦西区的所见所闻："来自信息部，在一次袭击中于地窖里写的。除了人类的问题，这种破坏是非常痛苦的。圣詹姆斯、皮卡迪利圆环、俱乐部、卡尔顿府楼台、肯辛顿宫都在昨晚遭到了袭击，是第一批被毁的。每天晚上都能看到一些漂亮的建筑被摧毁——当然我必须承认，也包含了很多糟糕的建筑。"[45]

1941年初的一个晚上，克拉克夫妇在格雷律师学院广场的新公寓被摧毁，当时他们俩恰巧都在里面。他们被炸到了床下，但幸运的是没有受伤。在这之后，克拉克要么睡在信息部的地下室，要么偶尔住在附近的拉塞尔酒店。他的空袭苦难还没有结束，尼科尔森记录道："肯尼斯·克拉克穿着蓝色法兰绒大衣和条纹长裤出现在政策委员会。他在拉塞尔酒店的一场大火中失去了一切。"[46] 这让克拉克晚上只能待在信息部的地下室，漫画家和建筑历史学家奥斯伯特·兰卡斯特也住在那里。兰卡斯特将这个宿舍描述为"奇妙的怪异"："在那里，可以看到肯尼斯·克拉克爵士一边胳膊下夹着一本17世纪的对开本，另一边胳膊上盖着一套淡蓝色的*crepe de chine*（绉纱）床单。他小心翼翼地走着，寻找可以躺下的地方，尽管他情绪不太好。"[47]

1940年9月，克拉克向安全待在厄普顿的简描绘了一幅同样生动的生活画面。他描述说，他睡在信息部的一张营床上，大多数晚上7点会与约翰·贝杰曼和中国学者亚瑟·韦利在附近的一家餐馆吃晚饭，按照德国人的准时，空袭会在8点15分至9点之间展开："军方认为下周入侵的可能性是10:1。首相仍然认为可能性均等。我正在尽全力制作海报……我也在努力想办法防止阶级仇恨，这是伦敦东区被轰炸后的自然反应。报纸和广播在这方面很不得力，除非有人一直盯着它们看……晚安，我亲爱的。我知道你讨厌这种孤立无援的感觉，但你必须试着把我当成海军。我会经常写信给你。孩子们一定以为我在作战部队，不要担心。你忠诚的丈夫，K。"[48] 克拉克最后的那句话几乎不是为了让他的孩子们安心，而是从侧面显示了他希望自己的孩子如何看待他。

克拉克参与很多针对预期中德国入侵英国的工作计划，主持了所有关于"入侵宣传"和"我们如何让公众为入侵做好准备"的会议。[49] 答案是一份传单，"如果侵略者来了"。"这份没用的文件是我写的。"他声称，但尼科尔森也说了同样的话。可能委员会的许多工作都是几个人共同努力的结果。克拉克认为，公众想要的不是安慰的话，而是命令；然而，正如他所指出的，"困难在于想出足够的技术指令"[50]。第一稿题为"如果德国人入侵英国"，其中包含七条规则，告诉公众什么该做，什么不该做——留在原地、不要相信谣言、不要给德国人任何东西等等；文件上有克拉克做修改的笔迹。[51]

德国宣传的一部分是要培养一种观念，即战争的重担落在了英国劳动人民的身上，克拉克在给简的信中已经提到了这一点。信息部正在认真考虑展开一场宣传，指出较富裕的人也在发挥他们的作用，克拉克为此写了一份备忘录："恐怕我们支持任何代表富裕阶层的宣传都是非常危险的……如果我们被发现是在为他们辩护，就会引起可怕的骚动。"他认为："如果能找到一种不受赞助的形式，那么对工人进行一定程度的赞美是可取的。"[52]他关注的另一个问题是美国在英国的形象——持怀疑态度的公众需要被告知，美国是友邦国并渴望提供帮助，但克拉克认为，美国被视为"一个奢侈、无法无天、肆无忌惮的资本主义、罢工和拖延的国家"。他认为公众需要知道，普通的美国人是"善良、简单、正直的人"，美国不是一个私人资本主义猖獗的国家，它是站在我们这边的。[53]

克拉克的战斗中最有趣的一点是他对战后规划重要性的先见之明。早在1940年，他就说服《图画邮报》的老板爱德华·赫尔顿（Edward Hulton）围绕"我们希望在战后建设的英国"出一期特刊。朱利安·赫胥黎担任编辑，40页的特刊于1941年1月4日出版，其中有马克斯韦尔·弗莱（Maxwell Fry）谈规划，贝利奥尔学院院长A.D.林赛（A.D. Lindsay）谈教育，J.B.普里斯特利谈文化与娱乐，以及赫胥黎本人关于"全民健康"的文章。这可能是——也可以说就是——战后英国的蓝图。

同月，信息部要求克拉克准备一份关于"德国是否永远邪恶"的备忘录。他的文章题为《还是一样的德国佬》（"It's the Same Old Hun"）。其中最引人注意的是，与1914—1918年的情况相反，他认为"德国文化和科学中所有最好的元素……都在德国之外，并支持着我们"[54]。正如我们将看到的，克拉克积极参与帮助安置了许多德国难民，特别是来自汉堡的瓦尔堡研究院的学者。

据克拉克自己说，他经常去见丘吉尔，他描述了一次访问的结果："我恰巧在唐宁街吃午饭时，英国空军上将（非常不谨慎地）对我说：'你那座老斜塔要被打了。'我说：'你是说要炸掉比萨吗？'他点了点头，于是我找到了执行这项任务的轰炸小组，向他们展示了如何在不靠近大教堂或洗礼堂的情况下轰炸比萨站。"[55]后来，他告诉他的秘书凯瑟琳·波蒂奥斯

（Catherine Porteous），"我希望我能提前知道德累斯顿的情况"。但他承认，战争到了当时的阶段，轰炸机司令部已经变得心狠手辣，根本不会听从他的话。根据他的回忆录，克拉克在1941年代表丘吉尔执行了一项任务，去见爱尔兰总理伊蒙·德·瓦莱拉（Éamon de Valera），讨论爱尔兰港口问题。首相为什么要派克拉克去执行这个重要的外交任务，且为什么归信息部管，这是一个谜。但克拉克带着简一起去了。鉴于爱尔兰的孤立主义政策，德·瓦莱拉绝不可能允许英国人使用爱尔兰的港口，但从个人的层面上来说，这次会面是成功的，克拉克发现他很有同情心——"就像一个牧师，进步的概念对他来说毫无意义，毫无疑问，这也是我喜欢他的原因"[56]。他们在都柏林的时候见到了约翰·贝杰曼，贝杰曼告诉约翰和迈凡薇·派珀："K和简来了这里——感谢上帝，他们和爱尔兰人共同努力，给人留下了最美好的印象，并与德·瓦莱拉谈了两个小时。"[57]克拉克很可能是应贝杰曼的邀请去爱尔兰做演讲的，正是他安排了与德·瓦莱拉的会面（在这次会面中，德·瓦莱拉本人可能提出了港口的话题），克拉克随后向丘吉尔汇报了这次会面的情况。

到了1941年中期，克拉克在信息部有两个强大的敌人，斯科吉上校和达夫·库珀，他意识到他在那里发挥作用的时光已经结束。7月，他犯了一个严重的错误，他告诉国土防御部，信息部控制不了BBC。BBC对信息部指令的忽视一直是个痛点，但这件事得到了重视。1940年12月，部门总干事沃尔特·蒙克顿被迫出面告诉枢密院办公室："肯尼斯·克拉克爵士不太可能继续在信息部待太长时间了。"[58]事实上，克拉克已经递交了辞呈。哈罗德·尼科尔森事后见到了他："和肯尼斯·克拉克在旅行家俱乐部共进午餐。他已经从信息部辞职，并为此感到高兴，或者说不是完全高兴。他说，这就像一个人离开一艘横渡大西洋的班轮；回家让人高兴，但与船告别又有些伤感。"[59]

库珀本人也在同月（1941年5月）被解雇，在他的继任者布伦丹·布拉肯（Brendan Bracken）的带领下，信息部成了一个更受尊重的机构。正如克拉克所说:"我属于那个老旧、业余、无效、音乐厅娱乐玩笑式的部门,长期以来一直是这个摇摇晃晃的机构中不必要的一员。"[60]战后,达夫·库珀在反思自己的失败后宣称:"英国政府的计划中没有信息部的位置。"克拉克可能会同意,但信息部后来的成功是建立在早年混乱的基础上的,它们反映了英国在战争中的努力。克拉克在那里感受到的挫折感是一个被官僚主义拖进泥潭的活动家的挫折感,这使他对信息部的看法变得糟糕。然而,信息部确实给了他一个机会去发展和经营他在这场斗争中留下的最伟大的遗产,即战争艺术家计划。

20
战时艺术家

我讨厌一切形式的组织，

把它们用在艺术家和文人身上尤其讨厌，

但现在这类组织是必要的。

——肯尼斯·克拉克致约翰·贝杰曼，

1931年9月20日[1]

191　　在战争开始的第一个星期里，克拉克已经代表在世艺术家开始了行动。正如他解释的那样："我认为由艺术家来记录战争是件好事，有两个原因：一是他们能够表达出对事件的感觉，而这是单纯的照相机办不到的；二是这可能是一种让艺术家不再服役的办法。"[2]或者用简更直白的话说："为了拯救我们的朋友。"[3]令人惊讶的是，克拉克认为这是他的责任；人们可能会期望泰特美术馆馆长或皇家艺术研究院院长采取这样的举措，而不是国家美术馆馆长。正是由于他对当代艺术的个人认同尺度导致他成为这个计划的发起者。

　　1939年8月，克拉克向信息部提议，成立一个与加拿大在"一战"期间设立的组织相类似的机构。他最早接触到现代绘画的一次是1917年的战争艺术家展览（包括温德姆·刘易斯［Wyndham Lewis］和威廉·罗伯茨［William Roberts］的作品），这种联系给他留下了持久的印象。他还去找了财政部："在战争初期，每个人都处于一种乐于助人和有些亢奋的状态，我不必为我的计划阐释太多，很快就被接受了。"[4]他的计划一开始是在劳工部，但很快又被转回信息部，理由是战争作品被归为宣传。克拉克将在信息部担任要职是一种幸运——而在他离开那之后，这个计划无疑变得更加难以维持。

克拉克立即开始组建一个委员会，并准备了一份艺术家名单供其考虑。192他后来告诉奥古斯塔斯·约翰，那年秋天他每天会收到大约25封艺术家的来信，问他是否可以提供帮助；他也总能抽出时间一一回复，而且总是煞费苦心地——多少有点虚伪——指出艺术家名单不由他编制，而是由委员会负责，他只是其中的成员之一。艺术家保罗·纳什（Paul Nash）试图成立一个与之竞争的"自组"委员会，这让克拉克很恼火，他对约翰·贝杰曼说："我希望纳什能继续画画，并压制住他对组织的贪婪欲望。"[5]克拉克很容易就战胜了纳什。1939年11月23日，战争还不到12周，新成立的战争艺术家咨询委员会（WAAC）就在克拉克主持下在国家美术馆召开了一次会议。委员会的构成是精心组织的结果：缪尔黑德·博恩，克拉克的老友，"一个最可爱的角色"，曾参与"一战"计划；英国皇家艺术学院的珀西·乔伊特（Percy Jowett）；奥罗克·迪基（E.M. O'Rourke Dickey）担任秘书；以及各军种的一名代表。海军部和陆军部已经有了他们自己的计划，但在克拉克的总体规划下，他们不情愿地被召集起来，达成了一个让人不安的妥协，即各部门可以指定自己喜欢的艺术家。皇家艺术研究院又惯常地给克拉克带来了难题，但克拉克决定内部消化这个问题，这比在外面抱怨更好——其管理员沃尔特·拉塞尔（Walter Russell）接受了委员会的一个席位。[6]

到1940年初，名单上有200多名艺术家。克拉克预计，他们将被用在三个方面：绘制伪装，设计宣传，以及对战争本身进行记录。克拉克对最后这种方式很有兴趣；他一直对宣传艺术的价值持怀疑态度，认为宣传艺术对艺术家而言是不健康的，因为可能"使他的风格变得粗俗，使他的视野变得狭隘而退化"[7]。尽管许多艺术家报名参加伪装绘制，但其他人认为这是一种低级的生存形式——正如爱德华·鲍登（Edward Bawden）对克拉克说的那样："成为一名伪装官和被给予机会记录战争场景之间的区别在于，前者让我成为一名高效尽责的仆人，而后者则会让我的职业生涯有所升华。"[8]克拉克也会同意这样的观点，但在这个阶段，核心问题是要让艺术家远离武装部队并给他们提供工作。大多数人发现，随着战争的到来，作品委托的机会已经枯竭，所以这个计划是一条生命线。

193　　克拉克当然认为该计划是在最需要的时候阐述国家价值观和信仰的机会；他认为"如果在这个过程中放弃了艺术，那么为保持智慧和情感自由运作的战斗就是毫无意义的"[9]。毫无疑问，他也希望这个计划能够教育和提高公众的品味。最重要的是，这是一种让平凡的战争任务高尚化的方式，并能让普通人在艺术中看到自己，从而唤起他们对艺术的兴趣。为此，可识别的主题和制作中一定程度的明确性就至关重要，所以抽象作品则被排除在外。此外，接受的标准不能仅仅局限于美学品质。例如，克拉克承认戴维·邦伯格（David Bomberg）画作的优点，但认为"他的作品看起来过分修饰，是为了追求效果，这是我们最不希望看到的战争记录，我宁愿它们有点沉闷和天真"[10]。正如他写信给塞西尔·戴-刘易斯（Cecil Day-Lewis）所说的："感谢你关于劳拉·奈特（Laura Knight）的'介绍'，我很喜欢文字的那种热情洋溢、健身女郎般的风格。就像她的画一样，有一种平凡的勇气。"[11]无论是否平凡，奈特的一幅描绘弹药工人的画作《鲁比·洛夫图斯拧炮尾环》（*Ruby Loftus Screwing a Breech Ring*，1943）唤起了公众的想象，成了战争中最受欢迎的图像之一。*从根本上来看，战争艺术家的作品都是不同类型的报道，无论好坏，都具有文献价值。但正如克拉克经常重复的那样，这些绘画也会向后人展示当时的人对战争的感受。1939年10月，他在《听众》杂志上发表了一篇题为《战时艺术家》的文章，这是对该计划的早期辩护。他写道："生命中有些事情非常严肃，只有诗人才能说出它们的真

---

* 这主要是与鼓舞人心的主题有关：蒙默思郡军械厂的一位21岁的年轻女性因为轰炸离开伦敦后获得了制造部件的非凡技能。

相。"亨利·摩尔的避难所绘画则证明了这一论断的真实性。

WAAC最有趣的方面是它建立了一个国家支持视觉艺术的框架。受薪艺术家和"委托艺术家"被做了区分，前者的战争作品属于委员会，后者的作品只有在被喜欢的情况下才会由委员会购买。有36位受薪艺术家，其中有6位可能被借调到海军部，11位到陆军部，7位到空军部等，他们大部分都被授予了荣誉等级。费用一般不是问题，不过保罗·纳什是个例外：克拉克不得不代表委员会给他写了一封长长的解释信，为他的一幅素描提供15几尼，一幅油画提供25或50几尼，根据尺寸而定。[12]在1939—1940财政年度，WAAC收到了5 000英镑用于购买作品。第二年，这个数额提高到8 000英镑，尽管财政部有些疑虑，但后一年又提高到了1.4万英镑。[13]1941年5月，克拉克从信息部离开，这使情况更加不稳定，财政状况也不再像以前那么确定：1943年，该计划的管理权被转移到国家美术馆，而信息部不断削减拨款，而且表现得越来越不情愿。

将艺术家与合适的主题相匹配往往是一个试错的过程，约翰·派珀就是一个典型的例子。派珀甚至没有要求成为一名战争艺术家，而是报名参加了英国皇家空军，但毫无疑问，克拉克说服了他。最初，基于派珀喜欢海滨题材，克拉克建议他可能会更喜欢在海军部工作。结果，他被派去画布里斯托尔空袭控制室，这没有激发出他最好的创作状态。1940年10月，当克拉克成为英国最忙的人的时候，他出面推荐派珀到白金汉郡的新港帕格内尔去画最近受损的教堂。派珀擅长这类题材，而当他在那里时，接到了一个电话，指示他立即前往考文垂，11月14日至15日那场臭名昭著的夜袭刚刚在那里发生，大教堂已成了废墟。克拉克是否是这通电话的幕后指使尚不清楚，但这无疑成就了艺术家最有力量的战争作品。

比派珀画的考文垂大教堂更著名的是他在1941年末画的温莎城堡。这并不是WAAC计划的一部分，而是王后参观国家美术馆"记录英国"展览的结果。就像简告诉克劳福德勋爵的那样："K已经说服王后委托约翰·派珀为温莎画15张水彩画（共150英镑），类似桑德比的系列，应该会很有趣

吧!"[14]克拉克和欧文·莫斯黑德都认为城堡应该被记录下来,以防它被轰炸。莫斯黑德想要一些像保罗·桑德比18世纪优美的水彩画那样的地景画,他不喜欢派珀那种阴郁而戏剧性的诠释风格。克拉克对王后的反应感到担忧,但在最初的疑虑之后——大概是被克拉克说服了——王后变得非常喜欢这组作品。当国王看到这些画时,他满意地转向画家说:"派珀先生,在天气方面,你的运气似乎不太好。"这个作品委托的故事带来了约翰·贝杰曼最令人愉快的幻想之一。他在给派珀夫妇的私人信件中寄去了10张钢笔画,画中的克拉克是"一位伟大的魔术师,生活在一间漂亮的办公室里,被塞尚的画、点彩画、钢笔、抽象画、柔软的地毯和各种可爱的东西包围。这位魔术师有一根魔杖。许多落魄的艺术家来到这里,瘫倒在他那张舒适的椅子上,他只要一挥魔杖,艺术家的梦想就实现了"[15]。这就是大多数(尽管不是全部)艺术界的人对克拉克的看法。

亨利·摩尔或许算是因战争而名声大振的艺术家。克拉克没能招募他为受薪的战争艺术家;摩尔在1914—1918期间目睹了太多的战争,但作为一名雕塑家，很难看出他能做出什么贡献。克拉克试图说服摩尔和他的妻子埃琳娜搬到格洛斯特郡，但他们无法从伦敦脱身。结果证明这是幸运的，因为在大轰炸最初几周的一个晚上，这位艺术家意外地发现了他最著名的主题——地下避难所。人们睡在伦敦地铁站台上的景象让他想起了非洲奴隶船上一排排挤在一起的人，于是他小心翼翼地开始了写生。在一个周末，他把第一批画带到厄普顿给克拉克看。简对戴维·克劳福德兴致勃勃地说道："亨利·摩尔和他的妻子刚刚和我们在一起，他带来了很多描绘人们在避难所里的极好的画，真的很壮观，K用50英镑为他的战争艺术家委员会买下了这批作品。"[16] 克拉克在他的回忆录中写道，这些素描"会永远被认为是受战争启发的最伟大的艺术作品"[17]，他也终于说服了摩尔，让他知道自己可以成为一个有用的战争艺术家。摩尔打算把他的一本避难所素描本送给简，最终克拉克夫妇把它交给了大英博物馆。在避难所素描获得成功后，WAAC建议身为煤工儿子的摩尔创作一系列矿坑下的绘画。"这不是个坏主意，"克拉克想，"但出于某些原因，这种场景并没有打动他。"[18] 这类主题的问题之一是没有明显的战争痕迹。摩尔觉得这些画作没太多意思，但克拉克不赞同，甚至还买了一张。

格雷厄姆·萨瑟兰是克拉克在战争期间见得最多的艺术家，因为萨瑟兰和凯茜在厄普顿与简和孩子们一起生活了两年。他的传记作者之一道格拉斯·库珀认为，与克拉克的亲近对拓展萨瑟兰的文化视野很重要。克拉克认为，战争使他所谓的艺术家的"高涨情绪"有了更广泛的感染力，并大大地拓宽了他的创作范围。"在战争之前，"他写道，"萨瑟兰的视野非常个人化，很少有人能透过他的眼睛看到自然。"[19] 艺术家对伦敦被炸弹破坏（还有康沃尔锡矿）的描绘是WAAC最受赞赏的作品之一。萨瑟兰曾经描述过他在空袭后对伦敦的第一印象："寂静，死一般的寂静，除了不时传来的玻璃坠落的细碎声响……到处都弥漫着可怕的臭味。"[20]

克拉克花了大量时间试图把艺术家们从军队中解放出来，典型的例子是让卡雷尔·韦特（Carel Weight）离开了皇家装甲部队，让默文·皮克

196

（Mervyn Peake）不用再"洗盘子"。[21]克拉克相信皮克会成为一名出色的宣传艺术家，但却很难让WAAC接受他。然而，最棘手的是维克托·帕斯莫尔。基于道德或宗教信仰拒服兵役的帕斯莫尔，出于对纳粹主义的憎恨，异想天开地在桑德赫斯特开始了军事训练。因此，当他有一天突然出现在国家美术馆的办公室时，克拉克感到很惊讶。结果发现，是这位艺术家擅自离开了部队。克拉克没能阻止他被送进监狱，但他写了一个纸条，说他是"我见过的最真诚的人之一……在我看来，他对社会的首要责任是画画。对于很多艺术家，我都不会这样说，只有几位除外……"[22]帕斯莫尔从来就不是一个战争艺术家，部分原因是作为一个"纯粹的画家"，他的主题不符合条件，并且，他的艺术原则不允许他自己接受这个概念。他于1942年在汉默史密斯·特勒斯街定居，在那里他给克拉克写了乞求信，描述他的财务状况和为画作找到买家的困难。克拉克对帕斯莫尔保持着极大的耐心，为他的透支提供担保，并买下了他这一时期几乎所有最好的作品。

197　　从克拉克收到的信件中可以看到他对所有艺术家的耐心。那些像格雷厄姆·贝尔一样有大量时间的人，每个月都会给克拉克写5到10页的信，分享他们的战争作品，而且似乎并没为缺乏回复而烦恼。与戴维·琼斯（David Jones）（他不是战争艺术家）的通信要算是其中最长、最热情的交流了，艺术家提到需要一个新的罗斯金，并认为"我们也许在肯尼斯·克拉克身上找到了［一个］"[23]。克拉克拥有琼斯的三幅作品，当琼斯问他是否可以把埃尔·格列柯的《基督与货币兑换商》作为"每月一画"再延展一周时，克拉克及时答应了。琼斯对克拉克的评价是："肯尼斯是一个有趣的家伙，一个有趣的家伙……"[24]克拉克为琼斯提供了经济上的支持，从1944年起，他每年会在琼斯的银行账户里匿名存入25英镑，到了50年代增加到每年150英镑。

　　克拉克也竭尽全力帮助那些因风格或主题而被认为不合适的艺术家。梅纳德·凯恩斯请他帮助艾弗·希钦斯（Ivon Hitchens），但正如克拉克所写的那样："恐怕我写一封信说他是个好画家，也不会给劳工部留下什么印象。我曾设法让一些与他年龄相仿的画家延期服役，因为他们在做战争艺术家委员会委托的作品，但他的风格让我没办法给他任何正式的工作，除非有一些开明的人委托他去装饰食堂。"[25]他还是及时写了必要的信帮助希钦斯。一些艺术家在他们的作品被拒绝后，转而反对克拉克。典型的是C.R.W.内文森（C.R.W. Nevinson），他曾称克拉克为"肯尼斯·拿破仑·克拉克"，并在1940年写道："宁可被敌人毒死，也比在博物馆怪人和说教式的偏袒的温室气氛中呼吸要好。"[26]也许WAAC中最令人痛心的遗漏是雷克斯·惠斯勒，他于1944年在诺曼底服役时阵亡。克拉克在后来声称惠斯勒并不想成为战争艺术家，但没有证据表明他曾被邀请，有人怀疑克拉克并不喜欢他的创作，除了他作为舞台设计师的作品。*这个计划确实保护了战争艺术家的生命，但仍有一些损失：埃里克·勒维利奥斯（Eric Ravilious）在执行冰岛的一次英国皇家空军救援任务时身亡；阿尔伯特·理查兹（Albert Richards）在比利时被地雷炸死；还有托马斯·亨内尔（Thomas Hennell），可能是在婆罗洲被民族主义者谋杀。

对克拉克来说，保罗·纳什是更为麻烦的艺术家之一。在战争初期，他写信给克拉克说他想画"怪物"，他指的是坦克、（尤其是）飞机、潜艇等。"这是一场机器之战，"他称，"它们呈现出了人和动物的模样。"[27]纳什非常适合画战争机器，他的《不列颠之战》（*Battle of Britain*，1941）是整个计划中最好的画作之一。但纳什总是为那些不欣赏他的皇家空军要人和钱的问题纠缠克拉克："我目前的职位需要有某种固定的工资，所以，我恳请你能安排我每月得到一张支票。"[28]后来，空军部拒绝与纳什续约，因为他们认为他对飞机的描绘并不准确。克拉克写信给空军部，用异常强烈的措辞

198

---

* 见1969年5月10日写给亨利·刘易斯的信（Tate 8812/1/4/55）。惠斯勒的名字在后备名单上，名字旁边标着"不行"。这位艺术家的兄弟、传记作家劳伦斯（Laurence）写信给克拉克，问他是否曾经考虑过惠斯勒；克拉克的回答遮遮掩掩且让人惊讶（1982年12月2日，Tate 8812/1/4/444）。但克拉克称惠斯勒的去世是"英国舞台上真正的灾难"（讲座，《芭蕾舞剧装饰》，20世纪40年代后期［？］，Tate 8812/2/2/76~77）。

说他们非常愚蠢，但正如他向纳什指出的那样，有一些高级成员（以空军准将皮克为首）向往皇家艺术研究院的风格。纳什会写信给克拉克寻求肯定："我总是有一种失败感；这就是为什么我总想听听其他人的意见。"克拉克会尽量婉转地给出反馈："它［纳什的画作《阿尔比恩的防御》（*Defence of Albion*）］会招来很多批评，因为你改变了飞机的比例。人们习惯艺术家改变风景的比例……但是精确计算出的飞机比例有一种神圣的意义。……但无论如何，你肯定成功取悦了我。"[29] 然而，情况并非总是如此——当纳什创作出半抽象的《德国之战》（*Battle of Germany*，1944）时，克拉克不得不承认："我只能如实告诉你我自己在它面前的感受，那就是带着歉意的茫然和不解。"[30]

毫无疑问，最令人恼火的是温德姆·刘易斯，一位生活在加拿大的"一战"时期的资深艺术家。刘易斯通过亨利·摩尔找到克拉克，提出要为加拿大的工业战争创作作品。克拉克热情地答应了，于是刘易斯便开始提条件。他拒绝了100几尼的提议，要求预付300英镑的费用，这样他就能负担得起返回英国的费用。战时的货币限制使得跨境汇款异常困难，WAAC从来没有支付过它不能先检查的作品，但克拉克打破了所有规则来满足刘易斯的要求，委员会寄去了他要求的金额的一半。刘易斯开始了在阿纳康达黄铜工厂的工作，尽管有多次中断。一年后，他声称画已经完成，并获得了另一半的付款，但实际上作品并没有完成。他拒绝把画寄走——无视它现在已经是WAAC的财产这一事实——并非常喜欢取笑克拉克和委员会，他向T.S.艾略特、奥古斯塔斯·约翰和任何愿意听他说话的人抱怨说克拉克正在迫害他，说克拉克不仅是一个"艺术独裁者"，而且代表了剥削像他这样的艺术家的官僚体制中最邪恶的一切。充满敌意的刘易斯盯着克拉克不放："我很自然地不喜欢那些光鲜的绅士的赞助，对他们来说，艺术是一项很好的有利可图的官方任务，也是聪明的攀高枝者通向社会顶峰的路径。"[31] 克拉克不得不承认自己没有收到这幅画。"我担心我们是被骗了。"他草草地写了一封关于这件事的信。委员会在1946年短暂地拥有了《加拿大军工厂》

（*A Canadian War Factory*），但刘易斯又将画拿回去继续创作，直到1957年他去世后，这件作品才进入了泰特美术馆。

考验克拉克耐心的不只是那些诋毁他的人。1941年5月，约翰·贝杰曼从都柏林写信给他，向他介绍一个年轻女子的作品，"27岁，红头发，笨拙，不认识任何现代艺术家"，她叫纳诺·里德小姐。贝杰曼对她的风景画充满热情，当克拉克还在信息部忙得不可开交的时候，他催促道："如果你能为我在伦敦找一家画廊……你能做代理人，让我把画寄给你吗？看在上帝的份儿上，请你过来看看吧……向阿诺德小姐送去问候……肖恩·奥贝杰曼。"[32]克拉克草率地回信说："把纳诺·里德小姐的水彩画寄给我，我保证让它们在雷德芬画廊（Redfern Gallery）或莱斯特画廊展出。"[33]据贝杰曼说，纳诺·里德兴奋极了，但当克拉克看到她的水彩画时就没那么兴奋了，"其中有些作品缺乏说服力"——但为了贝杰曼和英爱关系，他坚持了最初的承诺。展览的失败在意料之中，但贝杰曼进一步碰碰运气，询问克拉克是否可以把这些水彩画寄回给艺术家、是否有作品出售、是否有张贴公告，以及是否应该把这些画转移到另一家画廊。克拉克很客气地拒绝了一切。当雷德芬画廊无法获得将这些作品归还都柏林的许可时，便把画扔给了克拉克，而克拉克不得不向人求助并通过外交邮包将画作送回，并评论道："整件事弊大于利。"[34]

克拉克决心尽快展出WAAC的作品以吸引公众的兴趣。从1940年7月开始，这些作品主要在国家美术馆展出，但也有9个小型展览，作品被送往英国各地的140个城镇和乡村，在任何可能的地方进行展出。观展人数令人印象深刻：巴斯每天有500人，布伦特里每天有800人。克拉克和他的委员会经常按照"车间之战""空中之战""海洋之战"等思路来策划展览。筹备这些展览是一个评估所收集的作品的机会，克拉克在1941年给弗兰克·皮克的一封信中提到了他认识到的不足："都是些零碎的东西，草图太多，主体作品太少。"[35]他哀叹关于空袭破坏的题材太多，"没有艺术家能够抗拒这个主题"[36]。第二年，他就自己在国家美术馆的展览写了一篇发人深思的评论，在评论中他断言："英国绘画正在变得更加英国化……一种奇特的感觉，一种近乎梦幻的激情。"[37]他欣赏斯坦利·斯潘塞（Stanley Spencer）的三联画《克莱德造船厂的燃烧炉》（*Burners in a Clyde Shipbuilding Yard*），认为这是第一批战争画作中最好的一幅；他还注意到，吉尔瑞和罗兰森的传统讽刺插画的天赋在爱德华·阿迪宗（Edward Ardizzone）对"丰满的女子辅助空军成员、酩酊大醉且过度亢奋的地方军"的亲切描绘中表现得淋漓尽致。只有肖像画让人失望，除了埃里克·肯宁顿（Eric Kennington）、威廉·德林（William Dring）和亨利·兰姆（Henry Lamb）的作品带来了一些欢呼。

WAAC最雄心勃勃的工作是在1941年春将一个由110幅绘画组成的展览"战争中的英国"送到纽约现代艺术博物馆展出。其动机是政治上的，希望在珍珠港事件发生前的那些日子里，美国能被鼓动起来支持英国的战争努力。克拉克在伦敦通过广播宣布展览开幕。哈罗德·尼科尔森在他的日记中讲述了这个故事："午夜前，我被肯尼斯·克拉克接上，一起去了BBC……简和我们一起，和往常一样，她看起来像一枚新的针一样聪明而整洁。这是一个相当奇特的经历。我和K面对面坐着，戴着耳机，然后我们听到我们被连接到纽约，肯尼斯开始做他的表演。他在为纽约现代艺术博物馆举办的英国战争艺术家展览揭幕。"[38]展览在纽约取得了巨大的成功——仅开幕当天就有3 000人参观，之后展览又转到了巴尔的摩，然后是渥太华。第二年，甚至有人建议把战争艺术家的画送到俄罗斯展出，但这个想法因为运输困难和其他问题而搁浅。

WAAC计划一直持续到战争结束。随之而来的是可怕的发现：德国集中营的开放为玛丽·凯塞尔（Mary Kessell）提供了一系列可怕的关于死亡的素材。她于1945年8月9日抵达贝尔根–贝尔森集中营，在那里停留了三周，还访问了汉堡、汉诺威、基尔、柏林和波茨坦。她被绝望的德国人民所感动，就像她被贝尔森本身所感动一样，她从柏林给克拉克写了几封难受的信："这个地方无法用言语来描述。每一个诗人、艺术家和思想家都应该来这里看看它——感受它。混乱之后的这片白茫茫的沉寂，如此安静——能听见蟋蟀的叫声。还有那里的气味——成千上万死人的气味——还有带着包袱缓缓移动的人群,数英里外什么都没有——只有废墟。"[39]

当战争艺术家计划最终结束时,据估计,整个项目为6 000件艺术品花费了国库9.6万英镑。它为36名男性艺术家和1名女性艺术家*提供了全职工作,并为另外100名艺术家提供了短期合同。它还购买了264名业余和专业艺术家提交的作品。该计划的最后一项举措是将作品分配给英国和英联邦的博物馆和美术馆,大部分作品到了泰特美术馆和帝国战争博物馆。

克拉克对WAAC取得的成就的最终评价是什么?他不得不承认,除了阿尔伯特·理查兹之外,没有新的艺术家涌现出来;他从未指望会出现新的杰作,但他觉得结果非常令人满意。最重要的是,他很高兴艺术家和公众之间的鸿沟被弥合。战争初期,他在参加BBC的节目《智囊团》(*Brains Trust*)时就很好地表达了这一点:"战前的艺术家们……都在用公众无法理解的主题为自己创作,他们缺乏题材。战争给了艺术家们一个主题,一个他们深有感触的东西。战争并不创造艺术家,但它让最好的艺术家能够接触到更多的公众。"[40]他希望战争艺术家的收藏能为战后更全面的艺术欣赏奠定基础。在这一点上,他会有所失望,因为一旦战争结束,公众就会对绘画失去兴趣。但整个情形已经表明,对在世艺术家的资助可以是国家生活的一个重要组成部分,而这也将通过艺术委员会的诞生意外地继续下去。

---

* 这是伊夫琳·邓巴(Evelyn Dunbar),她在1943—1944年被分配到信息部,期望她能专注于"农业和女性主题"。

21
大后方

在战前，我和简很少会彼此分开超过一两天。

但现在，我和她的联系一次就会被中断好几个星期。

我很自然地陷入了一种无须我说明和描述的麻烦之中。

——肯尼斯·克拉克，《另一半》

战争期间，克拉克主持委员会的工作、组织艺术家，是伦敦最忙的人之一，而简则十分沮丧地待在厄普顿。他每周都会给她写好几封信，并且小心翼翼地让她觉得他过得很痛苦。厄普顿是一座非常漂亮的乡间别墅，但对简来说，工作人员的减少让她不得不面对大量的家庭事务，而且还要第一次负责照顾孩子们。很难不得出这样的结论：她从家庭生活中得到的乐趣非常少。正如克拉克告诉他母亲的那样，简"比她自己所承认的要紧张得多"[1]。1995年，艾伦在为BBC广播四台选择他的"荒岛唱片"时，他形容他的母亲是"一个可怕的毒舌……她经常很残忍。我没有任何标准来比较她，直到我和撒切尔夫人坐在内阁的桌子旁，我又看到了一个同样残忍的女人"[2]。然而，她可以瞬间变化。当他们的父亲不在家时，她对孩子们可以像天使一样，特别是对科林，她认为他需要特别的保护。她和科林的双胞胎妹妹科莉特关系不好，经常对着科莉特大喊："你是个被宠坏的、愚蠢自私的女孩，我希望你死掉。"当克拉克在家的时候，她常常冲着他尖叫，直到有人出现，一切才会平静下来，她会再次变回一个受人爱戴的妻子。

有一天，她在厄普顿大发雷霆，克拉克只好到切尔滕纳姆找他母亲避难。对于一个虔诚地祈求过平静生活的人来说，他是多么的不成功！人们常常想知道他为什么会如此温顺地接受简的行为——这也许是因为传统价值观、爱和内疚的交织吧。

　　孩子们到了8岁会被送到切尔滕纳姆的预科学校，这在当时是很平常的事，那里离厄普顿很近，很方便。[3] 克拉克的母亲也住在那里，不管作为母亲的她有什么缺点，她都更适合扮演祖母的角色，尽管科莉特回忆说："祖母是个说话很尖刻的贵格会教徒。"毫无疑问，马丁外婆是两位祖母中更无私的一位，她在1944年去世之前，自愿参加了战时医疗工作。

　　在一颗炸弹落在克拉克奶奶家附近后，她便去了厄普顿和 *ménage*（全家人）住在一起。格雷厄姆·萨瑟兰夫妇也刚刚住进来，这导致了"Gran"和"Gram"之间的混淆。另一位战时的长期住客是克拉克的牛津老友埃迪·萨克维尔-韦斯特。这些人的到来改善了简的生活，分散了她的注意力，也有人帮忙收拾房子。她告诉戴维·克劳福德："埃迪给我们放留声机，让我们暂时忘记战争。他是一个完美的客人，负责这里的一切，帮我管理所有的事！"[4] 1940年圣诞节，简在日记中写道："格雷厄姆给了K一张帕尔默的蚀刻版画，K给了他帕尔默的素描！K送给我了一个可爱的玛瑙盒子，给了科莉特一条精致的意大利小浮雕宝石项链；莫里斯［·鲍勒］和埃迪也住在这。"但她改变了对埃迪·萨克维尔-韦斯特的看法："［格雷厄姆］和凯瑟琳周五就走了，虽然他们会回来过圣诞节……他们和我们一起住了一年多，我们为他们的离开感到很遗憾……唉，对于可怜的埃迪，我可说不出同样的话——我们觉得这房子不再是我们自己的了……埃迪让人难以容忍……他跟着我满屋子跑，甚至在我见厨师时他也跟着。"[5] 这位厨师，纳尔逊太太（Mrs Nelson），带着异国情调。她年轻时曾在巴黎的舞台上表演过，是康康舞演员简·埃夫丽尔（Jane Avril）的朋友；她留着红色的头发，风韵犹存，她声称她女儿的父亲是作曲家爱德华·埃尔加（Edward Elgar）。[6]

　　克拉克曾经的合作者罗杰·辛克斯描述了克拉克夫妇在厄普顿的生动

画面："这栋房子本身就充满了稀奇古怪的画作：用K的话说，它裹得坚固严密，就像庇护四世的别墅。[7]除了克拉克的收藏，厄普顿里还有一些著204名撤离者的藏品，比如埃默拉尔德·丘纳德从乔治·摩尔（George Moore）那里继承的马奈，顺着通往卧室的楼梯的是博格·哈里斯[8]的锡耶纳画派早期画作。我的浴室里有一幅邓肯·格兰特的裸体画，一张切利乔夫（Tchelitchew）的风景画，一件亨利·摩尔，还有不少于三幅格雷厄姆·萨瑟兰作品。"[9]

1941年，萨瑟兰夫妇回到了肯特郡，最终买下了位于特洛特斯克利夫的白房子（White House），克拉克为他们的抵押贷款做了担保。简很想在厄普顿得到更多的家务帮助，于是写信给贝克街100号的梅西夫人代理公司，希望能找到"第二个女佣"，并指出她住的区域很安全。[10]亨利·摩尔和其他朋友只要有机会就会来这里住下。当时任惠灵顿中学校长的博比·朗登前来拜访后，写了一封长达6页的信，试图说服简把他的教子艾伦送去惠灵顿而不是伊顿读书。博比不久后被一枚落在学校的炸弹炸死了，这促使简给戴维·克劳福德写了一封信："我一直想问你，如果我们都死了，你是否介意当一个救星？汤姆·博亚斯和威廉·沃尔顿是孩子们（他们都有各自的财务托管人！）的监护人，如果他们中任何一个发生了什么意外，就由埃迪［·萨克维尔-韦斯特］来代替。"[11]

事实上，作曲家威廉·沃尔顿刚刚成了简的情人。1941年元旦那天，简在日记中坦言："伊丽莎白［阿诺德——克拉克战前的秘书］爱上了K，而W爱上了我。"[12]克拉克在伦敦的时候，沃尔顿就会到格洛斯特郡，正如简的日记透露的那样："威廉和我与孩子们和克拉克奶奶玩纸牌游戏……威廉把他刚给我的拉威尔的《达芙妮和克洛伊》放给我听。"[13]克拉克设法让沃尔顿到皇家电影公司工作，使他免于服现役。简与沃尔顿的事可能使她的丈夫松了一口气，因为这让她不再那么紧张，也给了他回旋的余地。一天晚上，当简和沃尔顿外出时，克拉克带着科莉特去听威尔第的歌剧《福斯塔夫》。科莉特问起某段咏叹调的意思，"嫉妒，"她父亲说——"我一点也不感到嫉妒。"[14]科莉特认为："威廉·沃尔顿对她很好，因为他深谙约克郡的常识，懂得人情世故。母亲会说：'我懂得生活。'而爸爸会反驳说：'我对生活一无所知，我希望在不了解生活的情况下度过一生。'"简和沃尔顿的婚外情持续了10年，有人甚至认为他们会一起私奔。*他给她的信简短而充满激情，写在信笺卡上（一种没有图片的折叠式明信片），邀请她到伦敦来，在帕丁顿酒店相见："我爱慕你，被你迷住了。"在萨特伍德有一堆这样的信，简把它们放在一个信封里，上面写着"J.C.未读待烧"。

　　假期时，全家人会去离马诺德很近的波特梅里安。这个色彩缤纷的意大利式渔港的建筑幻景很适合他们，孩子们在那里享受着无忧无虑的快乐时光，他们喜欢沐浴和爬山。一家人变得很吵，正如克拉克对母亲所说的："家人间的谈话相当激烈——有时甚至震耳欲聋。因为我是独生子，所以无法习惯这种喧闹的争论，无法将其与真正的争吵区分开来。"[15]克拉克在牛津的朋友科林的女儿卡特里奥娜·安德森（Catriona Anderson）回忆了那些假期："在我六七岁的时候，我们去了波特梅里安。我觉得K很吓人，他用那种指望你说些聪明话的眼神看着你。简更有人情味……K绝对不会闲聊。我不记得他游过泳。他很超然，带我父亲去看了马诺德洞穴。"[16]克拉克和自己的孩子在感情上一直很疏远，但在波特梅里安，当简不在的时候，他们开始看到一个不同的人。他与科莉特培养了一种温暖而令人羡慕的关系，这可能引起了爱嫉妒的简的更多怨恨。有意思的是，孩子们唯一一次看到父亲对母亲发脾气是在一次去波特梅里安的时候。他们要赶火车，一向非常守时的克拉克被简的迟到和以自我为中心的表现所激怒。最后，他大发雷霆，叫她马上来，这令大家都大为吃惊——尤其是简，而她像只小羊一样乖乖顺从了。

　　孩子们都长大成了少年。艾伦上了伊顿公学后，克拉克带着非凡的洞察力告诉他的母亲："他很有头脑，如果能找到合适的工作来发挥他的才能，

---

* 这不太可能，尤其是因为沃尔顿的另一名情妇、他的赞助人温伯恩夫人反对这样做。

应该会干得很出色。我想，如果他不是——凭着深刻的信念——法西斯主义者，他会在政治上做得很好。这在这个国家是绝对不行的，尽管世界其他地方最终可能需要它。"[17]克拉克从未解释过他们为什么给男孩选择了伊顿公学，但他的选择可能和他父亲之前的选择一样，是消极的——只是这次的学校不是他的母校温彻斯特而已。科莉特被送到了切尔滕纳姆女子学院，在那里她成了女学生代表。在一次对女儿的探望之后，克拉克向约翰·派珀坦言："我想不出为什么像莎士比亚笔下女主角那样年龄的女孩都那么丑。"[18]

除了李勋爵一家，他们在格洛斯特郡最常见的邻居是一个叫海勒姆·温特博特姆（Hiram Winterbotham）的富豪实业家，他是一个有知识分子趣味的单身汉，可能爱上了艾伦（后来他把艾伦安排进了圣托马斯医院的董事会）。每当克拉克需要做一些重要的工作时，他就会借用海勒姆的房子，不见任何人。但到了1943年，与厄普顿有关的事情变得糟糕起来。除了当克拉克在伦敦的时候，具有极端占有欲的亚瑟叔叔几乎要把简逼疯以外，房子的所有者就疏散者的问题寄来了律师函，并试图让克拉克夫妇对多达60名住户造成的损坏和磨损承担全部责任。房子被女子陆军（Women's Land Army）征用，克拉克家的东西被塞进了三个房间。他们最终放弃了租约，决定在伦敦多待一段时间，简则在那里找到了有趣的战争工作。

可能是在她丈夫的建议下，简被邀请负责"英国餐馆"的装饰，战争期间，这些食堂在教区大厅和其他公共场所迅速兴起，为饥饿的人们提供食物。她委托邓肯·格兰特、瓦妮莎·贝尔和约翰·派珀等朋友绘制壁画。克拉克为这个计划借出了画作（仅东哈姆分部就有22张）[19]，大家都认为简在她的组织工作中表现出了强大的能量和热情。她的另一份工作是经营丘吉尔俱乐部（Churchill Club），这是为有文化思想的美国大兵开设的。俱乐部位于威斯敏斯特的阿什伯纳姆大楼（Ashburnham House），她说服了伊迪丝·西特韦尔、T.S.艾略特等朋友来这里演讲。西特韦尔当时已经是克拉克夫妇的好友，而肯尼斯将成为她诗歌的重要拥护者和忠实的通信者。[20]他自己也在丘吉尔俱乐部做过一些演讲，包括"雕塑入门"（"Introduction to Sculpture"）和"观看画作"（"Looking at Drawings"），但他觉得自己的努力"失败了——不够与时俱进。美国人对头版上的任何东西都很了解，除此之外，他们就像猪一样无知，对任何过时的事物都会不舒服"[21]。T.S.艾略特则更乐观，他在给简的信中说："丘吉尔俱乐部为被过去的陛下所影响的未来创造了一种新的同志关系。"[22]

在伦敦，失去了他们在格雷律师学院广场的公寓后，克拉克夫妇住在克拉里奇酒店（Claridge's Hotel），他们喜欢向在大厅里演奏的弦乐四重奏提要求。社交生活仍在继续，女主人们仍在简化晚餐。哈罗德·尼科尔森看到克拉克与茜比尔·科尔法克斯共进晚餐，并称她能提供给客人的只有饼干和雪利酒。克拉克会去芝麻俱乐部（Sesame Club）参加伊迪丝·西特韦尔的古怪午餐会，迪伦·托马斯也是那里的常客。[23]詹姆斯·波普-亨尼西（James Pope-Hennessy）也在这段时间看到过克拉克，称他为"鸸鹋K.克拉克"[24]；还有詹姆斯·利斯-米尔恩，他描述了听克拉克演讲的情景："超凡的学识信手拈来……他让我感觉自己就像一个在听王室讲话的保姆。"[25]利斯-米尔恩曾和克拉克在萨里的波勒斯登·莱西庄园花了一天时间整理画作，并留下了对克拉克的生动描述："他极度智慧且有能力，雄心勃勃且精力充沛，有着劳合·乔治那样的传教士精神。他穿得像个在休假的男仆：身着蓝色的大衣，戴着手套和蓝色的洪堡帽，显得精致整洁得体。"[26]

在所有的朋友中，克拉克夫妇最担心的是滞留在意大利的贝伦森夫妇。在一个现在与德国结盟的国家，BB作为一个犹太人的处境极其危险，但出于勇气与爱，他拒绝离开这个国家。他最后确实躲了起来，但从本质上讲，他对他的这个第二故乡的信仰是合理的：通过远离人们的视线，他和他的伊塔蒂庄园都没有受到影响。克拉克曾希望贝伦森能来英国，并在战争爆发时给他写了一封信："如果你能得到允许让妮基离开，我想我可以保证为你找到一个小房子。在那里你会很舒服，我可以保证除了无法摆脱我们这里的气候之外，你不会感到任何的不便。最好的情况是在我们家附近

207

为你找到一个房子，这样你可以随时来使用我们的图书室，还有伊迪丝的图书室……你完全可以想象，这里有很多德国难民，我对他们负有部分责任，而到目前为止，似乎还没有人感到了不便。"[27]

难民确实占用了克拉克大量的时间，他称之是"英国伟大的新运动——传送难民"[28]。1940年8月，包括库尔特·施威特斯（Kurt Schwitters）在内的15位被拘留的艺术家写信给克拉克寻求帮助，克拉克向一位法官和内政部长奥斯伯特·皮克（Osbert Peake）陈述了他们的情况。[29]艺术家难民委员会（Artists' Refugee Committee）的海伦·罗德（Helen Roeder）代表难民表达了感激之情："你无法想象遇到一个能拿起电话向《泰晤士报》建议选题的人是多么令人欣慰。请继续让他们保持关注——这是他们需要的。"[30]

208 克拉克会经常参与到个人案件中，例如匈牙利的米开朗琪罗学者约翰尼斯·怀尔德（Johannes Wilde）*、国家美术馆的维也纳籍犹太修复师塞巴斯蒂安·伊塞普（Sebastian Isepp）。还有奥地利画家奥斯卡·柯柯希卡（Oskar Kokoschka），关于他，克拉克在给康沃尔郡的警察局长的信中写道："除了反纳粹之外，我还认为他对纳粹来说太梦幻了，太不可靠了，不适合作为特工使用。"[31]

瓦尔堡研究院的问题比较特殊，因为它的大多数工作人员是德国和奥地利难民。克拉克认为，这场战争就是为了拯救像瓦尔堡这样的机构。这个致力于研究艺术和艺术史中作为图像来源的古典传统和主题的杰出机构，于1933—1934年迁至伦敦。克拉克是一个热忱的支持者，他把这个机构的使命比作本笃会的修行理想："没有什么比他们柏拉图式的研究工作更虔诚的了。"[32]弗里茨·萨克斯尔（Fritz Saxl）是在伦敦的第一任总监，他借助着塞缪尔·考陶尔德的经济支持和克拉克的影响运营机构，尤其是在战争初期，

---

* 怀尔德（1891—1970）是维也纳艺术史博物馆的文艺复兴专家。他的妻子是犹太人，这迫使他离开奥地利，并在战争开始时定居在英国。克拉克为他提供每周5英镑的报酬，让他去阿伯里斯特威斯协助国家美术馆的编目工作，但这没能阻止他被驱逐到加拿大。战争结束后，怀尔德在1948—1958年期间担任考陶尔德学院的副院长，并经常邀请克拉克到那里演讲。

当时有几名工作人员已经被送进了拘留营。[33] 萨克斯尔会给克拉克写信，通常每月一次。当研究院即将迁往美国时，他起草了一封给克拉克的信，信中写道："研究院的工作在伦敦继续进行比以往任何时候都重要，每个傻瓜都可以去美国。"[34] 1943年，当经费耗尽时，他再次求助于克拉克。尽管克拉克的一些回复已经遗失，但瓦尔堡能在伦敦继续，首先要归功于萨克斯尔的决心，其次要归功于他从克拉克那里得到的支持。

　　放弃厄普顿后，克拉克夫妇短暂地搬到了萨里郡的多金，然后在1942年1月以6 500英镑的价格买下了在汉普斯特德的一幢名为"卡波迪蒙特"（Capo di Monte）的漂亮别墅。对于他们来说，这栋房子太小，楼梯也太窄，大部分家具只能通过被吊高从二楼窗户搬进去。简在她的日记中记录道："卡波一片混乱……［仆人们］将6只母鸡、托尔［狗］和金丝雀从厄普顿带了过来，它们还在适应新环境。"[35] 克拉克写信给罗杰·辛克斯，讲述了同样的故事："是的，我们实际上已经在汉普斯特德西斯公园最高处买了一栋非常小的房子，它有个很恰当的名字叫'卡波迪蒙特'。它太小了，连我们十分之一的画作、书籍和物件都放不下，我对永远无法承担一个足够大的房子来容纳这些东西感到绝望。"[36] 起初，克拉克很喜欢这栋房子："我很喜欢卡波。"他告诉一个朋友，它的偏远让他有了拒绝晚餐邀请的借口。然而，一年后，他们就对马路对面的一座乔治王朝时期的美丽建筑"上台屋"（Upper Terrace House）心生向往，这是一座独立的大房子，高墙后面有一个宽敞的花园。1943年4月，克拉克曾为这个房子出价2万英镑却被拒绝，但他的下一个出价被接受了，这里将是他们接下来10年里唯一的家。*

　　上台屋的面积足以容纳克拉克的艺术收藏和图书馆，花园也让简很开心。建筑师奥利弗·希尔（Oliver Hill）对这栋房子进行了改造，"他在内部

---

* 他于1944年卖掉了波特兰坊30号的剩余租约。见克拉克于1944年5月4日给房地产经纪人约翰·D. 伍德（John D. Wood）的信件："我愿意接受劳利先生7 000英镑的报价，前提条件是霍华德·德·瓦尔登地产有限公司、L.C.C.、战争损失索赔或任何其他有关这个房产可能给我带来麻烦或花费的事情都与我无关。"（Tate 8812/1/1/3451-3500）

装饰上做了很多特殊效果"，尤其是"一个奥德翁风格的楼梯"。[37]克拉克又请来阿尔伯特·理查森对最糟糕的部分进行了调整。不幸的是，第二年2月发生了火灾，当时克拉克的母亲独自在家。当他回来时，他发现自己的大部分书籍都受到损坏，一幅多索多西、一幅布尔东、一幅柯罗和其他几幅画也被毁了。简告诉戴维·克劳福德："到目前为止，由于没有地板，所以无法知道有多少书可以被清理和重新装订，有多少书完全损失……我担心所有的留声机唱片都变形了，无法再用。塞缪尔·帕尔默的作品有玻璃保护，还有康斯特布尔的信都幸存了下来。我在前一天把贝利尼的作品带到了亚瑟·李那里，因为空袭的声音太吵了。"[38]唯一不可弥补的损失是西里尔·康诺利从牛津时期开始的信件。我们可以在克拉克与保险公司的谈判中瞥见他精明商人的一面。他拒绝在他们的任何接收表单上签字，直到每一项达成一致，包括仿真书房门、在其他地方租房的费用（孩子们在波特梅里安村的6周住宿，每人每天1几尼）等等。毫无疑问，让他做选择时，克拉克会是一个难对付的客户。1943年4月，他在萨沃伊酒店（Savoy）组织一次晚宴时，他事先写信重新商议价格（并提到丘吉尔夫人和几位内阁部长都会出席），事后再次提到服务员领班的霸道行为，称他对简很无礼。[39]

克拉克继续保持着活跃的私人生活。虽然他是个讨女人喜欢的男人，但并不是所有的女人都喜欢他——戴维的妻子玛丽·克劳福德（Mary Crawford）就认为他自命不凡，而且智力超群、令人恼火。他的出版商乔克·默里（Jock Murray）的妻子戴安娜也非常讨厌他对她视而不见、只与他认为更有趣的人高谈阔论的习惯。克拉克总是喜欢和女人共进午餐，不管是不是情人关系。贝伦森很好地描述了自己的立场："所以，我这种人转向女人，让自己被女人围绕，对女人有吸引力，首先不是因为性，也许根本就不是因为性，无论这听起来有多么美化、多么被提炼、多么变质，一个决定性的原因是女人……更善于倾听包容，更容易欣赏，因而也就更具有激发性的能量。"[40]克拉克会同意他说的每一字。他喜欢埃图瓦勒餐厅，后来又喜欢惠勒海鲜餐厅，他可能会带着费雯·丽（她不是情人）或玛格丽特·道格拉斯·霍姆（Margaret Douglas Home）去那里就餐，后者（可能是）在美术馆的出版部门工作。有时他会在他的一个俱乐部吃午饭，通常是旅行家俱乐部，他会在那里给他的女友们写信，让她们把这个地址作为一个安全地点，以免信件被简拦截。

此时的克拉克已经坠入了爱河。战争初期，他在回答一个寻找合适的艺术家接收材料的询问时说："我所知道的大多数贫困的年轻艺术家都已经有人联系过了，但有一个极具天赋的年轻女士，我认为她会很高兴得到这些颜料和画布。她叫玛丽·凯塞尔小姐，住在巴斯的皇后街12号，定期来伦敦。"[41] 第二年，他形容她的作品"最具独创性，是充满优雅、活力和戏剧性的创作"[42]。她和克拉克陷入了深深的爱河。对科莉特而言，玛丽就像一位代理母亲，她告诉作者："科林和我都很喜欢玛丽·凯塞尔，她是个出色的艺术家，热情，穿着充满异国情调的奇装异服和罩衫，头发上系着丝带。她有两个房子，一个就在上台屋下面一点的小广场上，那是爸爸给她买的。[43] 她经常来上台屋。有一次我和科林去唐郡山看玛丽，爸爸的车就停在外面，但我们还是进去了。她非常迷人。"[44] 这段关系亲切而充满互动。玛丽早年寄到国家美术馆的一封标有"私人"字样的信定了基调："如果可以的话，请尽量来看看我——这个周末我感到非常孤独……我非常想见你。你的玛丽。"[45]

接下来的一年，她仍然渴望与克拉克共度更多的时光："如果我在你的生命中真的很重要——请试着让我再一次感受到它。让我感觉到你会避开计划——为了我——或者如果这一切太困难——或者如果还有什么事比我对你更有价值——现在就告诉我。我不知道发生了什么事——但肯定发生了一些事，让我觉得我的存在就是个笑话——而且毫无价值。你的生活和我作为艺术家的生活已经融合在了一起——我因你的爱而成为一名艺术家——这是我能有的最好的表达——我深爱着你——而我无法继续这样下去——直到我再次感到脚踩在岩石上的那种踏实。你的玛丽。"[46] 我们没有他的回信，但当他们在一起的时候，她可以高兴地写道："这是一个多么完美、令人难忘的夜晚，是我们一起度过的最美好的时光之一。世界上没有其他人更适合我。你知道吗，当我搂着你的时候——我觉得自己是完整的……上帝注定我们属于彼此。"[47]

在克拉克所有的女性朋友中，迈凡薇·派珀是最聪明、最睿智、最平和的。她也抱怨过他们在一起的时间太少："多年来，我一直因为每次和你相见的时间太短而痛苦，现在情况越来越糟，但我一想到我们之间的——一定要称它为'交往'吗，不过似乎也没有别的词——就很愉快。亲爱的，永远不要让我们之间的任何安排成为你的负担。"[48]她会从亨利镇过来和克拉克共进午餐，而他则会向她倾诉自己的苦恼。很有可能，他们一直保持着一种 *amitié amoureuse*（暧昧的关系）。克拉克夫妇很喜欢和派珀夫妇住在法利·波顿，他告诉母亲："今天我们去了派珀的家……那里简直是天堂。我爱他们，有他们的陪伴，我总是非常快乐。"[49]约翰·派珀似乎并不嫉妒克拉克和迈凡薇之间的那种友谊——他对克拉克的艺术全能的主张感到更恼火，并喜欢在他背后对他进行温和的调侃。克拉克沮丧时会求助于迈凡薇："你这么沮丧，真是太可悲了。亲爱的，虽然我很想认为这是你的错，因为你没有更加严厉和粗暴，但我得出的结论是，你真是一个天使……我认为你唯一的希望就是强迫自己不要那么脆弱——我知道，冷漠违背你的天性——即使是对一条金鱼……你知道我对你的批判能力和创造力都深信不疑，但如果你不能将作为艺术家武器的自我主义继续放大，这些能力就会被扼杀掉……我最亲爱的K，我越来越爱你了。祝你快乐。迈凡薇。"[50]

22

为最多的人提供最好的

一个被燃烧的教堂包围的文明小岛
——这就是战争时期艺术在英国的状况。

——斯蒂芬·斯彭德,《世界里的世界》(1951)

当詹姆斯·利斯－米尔恩提到克拉克的"使命感"时,他是在阐述克拉 212
克罗斯金式的渴望,即用艺术的力量去触动人们的生活。战争艺术家咨询
委员会的巨大成功是其核心,而国家美术馆则在整个战争期间保持着平民
主义高雅文化火焰的燃烧。这主要都归功于克拉克。"如果没有肯尼斯·克
拉克爵士,我们会拥有多少文化?"西里尔·康诺利在《地平线》(*Horizon*)
上问道。[1]但克拉克的箭筒里还有其他瞄准未来的箭;他越来越多地思考战
后的英国,思考艺术和设计如何能改善人们的生活。在这一点上,他并不
是乌托邦式的,他拒绝为联合国教科文组织做"共同迈向更好的地方"等
演讲。[2]他相信艺术能给个体灵魂带来灵感,接触到好的艺术至关重要;其
核心是一种社会主义观点和国家可以在有保留的情况下支持艺术的想法。
克拉克对自己未来在这个方向的角色深信不疑。

当评论家埃里克·牛顿就国家与赞助相关的问题采访克拉克时,他对
此持乐观态度,认为这取决于被允许选择艺术的个体的能力,而且前提是
能够保持他的独立、不予干涉。他诙谐且自命不凡地补充道:"政府做了一
个很好的抉择,因为他们选择了我!"[3]他认为私人对艺术家的赞助已经结

束，并正确地预测到战后的世界——至少在英国——将是一个专业收藏家
213 的世界。在这一章中，我们将看到克拉克参与的一些举措，以及影响他思
想的一些因素。它讲述了从"独裁者克拉克"到被每个委员会所需要的一
个人的转变。1940年，克拉克仍然认为，唯一有用的委员会是由一个具有决
定性观点的人和很多唯命是从的人组成。而战争让他改变了这个看法，因
为这个时代（及其之后）是一个委员会具有近乎神秘的重要性的时期。克
拉克对公共服务的强烈信念意味着他很少拒绝服务。

　　克拉克平民主义的局限性在1941年写给《泰晤士报》的一封题为"高级
知识分子黯然失色"的信中显露无遗。他在信中对一位领导者提出了异议，
该领导人指出许多最有才华的作家和画家只被少数人欣赏。这引起了许多
人的来信，包括一位自称为"中间之辈"说话的诗人斯蒂芬·斯彭德。克
拉克回应道："先生，追逐高级知识分子的欢呼声已经让许多人偏离了我最
初那封信的意图……我很高兴，理解艺术并向普通人诠释它们的责任必须
由少数人承担。最终，少数伟大的作品可能会赢得大众的认可，尽管不一
定能被他们所理解（例如没多少人理解但丁），但在大多数情况下，这种认
可是因为少数人的渗透和信念才得以实现的，他们能在不熟悉艺术家的风
格的情况下认识到他们的价值。"[4] E.M.福斯特在他的文章《为艺术而艺术》
中对克拉克的观点大加赞赏，他写道："当时的国家美术馆馆长肯尼斯·克
拉克爵士曾在一封信中对这种有害的教条做过评论，这句话怎么引用也不
过分。'诗人和艺术家，'克拉克写道，'之所以重要，正是因为他们不是一
般人：因为在感性、智力和创造力方面，他们远远超过了一般人。'"[5]

　　尽管克拉克在信息部期间与BBC关系不太好，但他一直听广播。泰
特美术馆的一个笔记本上列出了大约20个战时广播节目，主题多样，包括
"英国天气""约翰·罗斯金"和"电影与国家收藏的撤离"等。他为 BBC
建议了一个由12场演讲组成的系列节目《艺术与公众》（*Art and the Public*），
埃里克·牛顿和他在皇家艺术研究院的老对手杰拉德·凯利也有提供意
见。克拉克擅长讨论类节目，曾受邀参加了当时最负盛名的广播节目《有

问题吗?》(*Any Questions*，后来更名为《智囊团》)。这是一个意外成功的
战时创新，由五名小组成员（三名固定成员和两名非固定成员）来回答公 214
众发来的关于哲学、艺术和科学的问题，听众达千万。克拉克于1941年作
为非固定成员加入，并被主持人唐纳德·麦卡洛（Donald McCullough）准
确地描述为国家成就和艺术思想之间最有效的联系之一。节目的固定成员
有C.E.M.乔德（C.E.M. Joad）教授、朱利安·赫胥黎以及（被克拉克看作）
"友好的冒牌货"的指挥官 A.B.坎贝尔（A.B. Campbell）。克拉克最初认为
让坎贝尔参与是一个天才之举，尽管他后来改变了看法，试图让他退出。*克
拉克每场参与获得20几尼的报酬，他的表现被认为是"精彩的首次亮相"[6]。
这些节目成了克拉克的工作坊，用于探讨如何利用艺术来改善国民生活。
他特别透露了一个很个人的想法：国家美术馆里他最喜欢的画是皮耶罗的
《耶稣降生》。一位年轻的听众是迈克尔·吉尔，未来《文明》的制作人。
他被知识分子的活力和机智所吸引，"但我不喜欢克拉克……年轻的我认为
他是一个冷漠而自以为是的人"[7]。

　　也许克拉克在BBC最吸引人的节目是一部广播剧。《盖世太保在英国》
(*Gestapo in England*)——被《广播时报》(*Radio Times*)报道为"来自肯尼
斯·克拉克爵士和格雷厄姆·格林的故事"——于1942年8月7日晚上9点35
分播出。该剧的背景设在一所公立中学，伦敦的一所中学被疏散到这所学
校，最初明显的阶级差异在一个共同的目标中逐渐消失了。这个故事是为
了展示"如果德国赢得战争，这里会发生什么"，但没有找到任何脚本或录
音。克拉克在回忆录中记载，在他的信息部时期，格雷厄姆·格林写了一
个关于《盖世太保在英国》的优秀电影剧本，我们必须假设这个广播剧是
一个改编版本。†1942年5月，克拉克接受了罗伊·普罗姆利（Roy Plomley）

---

* "在一个本应致力于传播光明的机构中，一个成员却把全部时间用于支持迷信，这似乎相当矛
　盾。"致哈罗德·尼科尔森的信的草稿，1942年4月23日（Tate 8812/1/1/30）。

† 克拉克和格林并非亲密的朋友；克拉克档案中唯一一封来自格林的信大约是1950年，当时这位小
　说家和妻子正在怀特岛度假，想看看奥斯本庄园的温特哈尔特的肖像画。克拉克能帮忙吗? 可
　惜不能（Tate 8812/1/2/2601-2651）。

的邀请选择他的"荒岛唱片",但随后他又改变了主意,因为战时规定不允许播放任何含有意大利语或德语的内容;"一个愚蠢的规定"(排除了大多数歌剧),他在给哈罗德·尼科尔森的信中抗议道。[8]即使在《文明》成功之后,他也没有参与过这个节目。不管他有什么缺点,记仇绝不是其中之一,所以似乎很可能是普罗姆利决定不再邀请他。

在战时所有的艺术倡议计划中,最持久的是音乐和艺术鼓励委员会(Council for the Encouragement of Music and the Arts, CEMA)的成立,这是艺术委员会的雏形。重要的是要记住,战争之前的英国没有国家歌剧院或剧场,没有政府资助的管弦乐队,也没有政府对在世艺术家的支出。在战争期间,国家开始赞助表演艺术,这要归功于一个幻想和一通电话。[9]这是教育委员会主席德·拉·沃尔勋爵(Lord De La Warr)的一个幻想,克拉克将其描述为"对战后的市长巡游在泰晤士河上的威尼斯式的憧憬,在巡游中,由教育委员会带领着艺术界人士坐在华丽的驳船和贡多拉上风光地从白厅游到格林威治:管弦乐队、牧歌歌手、老维克剧院(Old Vic)的《莎士比亚》、萨德勒威尔斯(Sadler's Wells)的芭蕾、皇家艺术研究院闪光的画布,以及来自乡村绿地的——事实上是《欢乐的英格兰》里的——民间舞者"[10]。作为最终结果的预想,这离目标并不太远——皇家艺术研究院的部分除外。而那通电话则是打给朝圣者信托基金*的主席麦克米伦勋爵——他正好也是信息部部长——请求5 000英镑来实现这个想法。他感兴趣吗?他确实感兴趣,但有他自己的理由。对麦克米伦来说,这是对神父祈祷的回应——雇用演员、音乐家和歌手作为国家游吟诗人来娱乐疲惫的英国人,并鼓舞国家的士气,他觉得这是自己的责任。正如克拉克所说的那样,"供需恰好相吻合"。他参加了在信息部举行的第一次会议,这个想法在会议中从泰晤士河岸边升华,像一场带着美好心愿的金色雨点洒向整个国家。预算增加到

---

* 朝圣者信托基金是美国百万富翁爱德华·哈克尼斯(Edward Harkness)的礼物,他在1930年捐赠了200万英镑,以帮助保护"英国的英国性、土地、建筑、文物和社会"。

2.5万英镑，财政部随即予以匹配，事情就这样迅速展开。

　　一个董事会就此成立，最初由两位杰出的威尔士人主导——托马斯·琼斯博士（Dr Thomas Jones）和比尔·威廉姆斯（W.E. [Bill] Williams）；后者的日常工作在企鹅图书（Penguin Books）——他将在克拉克的生活中扮演重要角色。威廉姆斯曾为英国成人教育学院（British Institute of Adult Education）实施"艺术为民"（Arts for the People）计划，即将小型展览送进村镇。克拉克密切参与了这项计划及其分支项目——他在介绍其中一个展览时说了一句引人注意的话："普及艺术欣赏的主要障碍之一是将艺术视为娘娘腔、将艺术家视为京巴狗的看法。"[11]

　　CEMA早期面临的难题是"提高还是传播?"——即地方需求与大都会的成就之间的矛盾。*克拉克主张后者，但托马斯·琼斯说："他们要在达格南这种沉闷的地区表演与歌唱，这是我正在创造的条件。"[12]经济学家梅纳德·凯恩斯于1942年接替麦克米伦勋爵成为CEMA的主席，这刚好是在朝圣者信托第一笔拨款即将用完的时候；凯恩斯凭借其对政府杠杆手段的了解，说服了财政部在战争结束后继续负担费用。到了1944年，克拉克认为工党有可能会赢得下一次大选，并考虑邀请两位高级工党政客欧内斯特·贝文（Ernest Bevin）和赫伯特·莫里森共进晚餐，以确保国家对艺术的支持。[13]克拉克有了梅纳德·凯恩斯这位追求卓越的盟友——"他对游吟诗人或者业余表演家不感兴趣"——但他认为凯恩斯过分慷慨地使用了自己的才华："他从不调暗他的车头灯。"[14]《观察家报》的戏剧评论家艾弗·布朗（Ivor Brown）在加入CEMA董事会时提出了"为最多的人提供最好的"口号，很好地掩盖了专业与业余之间的争论。

　　艺术委员会的历史学家评论道："如果凯恩斯创造了艺术委员会这个机器，那么肯尼斯·克拉克就是它的润滑剂……是这场战役最主要的委员会

---

*　1941年CEMA的报告指出，在两年的时间里，艺术展览吸引了50多万参观者，在它的赞助下演出的戏剧有150万人观看，举办了惊人的8 000场音乐会。这是英国第一次有了如此多的戏剧、音乐和歌曲的观众。

成员；正是他诠释了这种实践，并征求了一个个委员的意见。"[15]克拉克的兴趣范围不同寻常，他能够对戏剧和音乐提出有见地的意见，但他的主要角色是杰出的"艺术专家小组"（Arts Panel）主席，成员包括塞缪尔·考陶尔德、邓肯·格兰特、亨利·摩尔、约翰·罗森斯坦，很明显，这里面没有皇家院士。1946年凯恩斯去世时，克拉克想接替他担任主席，但失望的是没有得到这个职位。结果，这个职位给了一位伦敦金融城人士——欧内斯特·普利爵士（Ernest Pooley），他对艺术不感兴趣，但也不打算破坏现状。普利总是说："你知道的，我并不像我看上去的那么愚蠢。"但他做了一件克拉克显然认为很愚蠢的事——解雇了令人钦佩的艺术委员会秘书玛丽·格拉斯哥（Mary Glasgow）。克拉克感到需要改变，于是辞去了艺术专家小组主席的职务，但又在1953年重新回来担任整个组织的主席。

如果说展览是战争期间传播艺术的主要方式，那要感谢艾伦·莱恩（Allen Lane）的天才，出版也紧跟其后。WAAC把"战争艺术家"的版权交给了牛津大学出版社，无疑是出于对声望的考虑。战前的艺术书籍都是大型的奢侈品，但作为企鹅图书的创始人，莱恩的愿景是为英国现代艺术家做该公司已经为作家做的事情——为他们的作品提供廉价和能广泛传播的版本。他和比尔·威廉姆斯向克拉克推荐了一位编辑，克拉克回答说："出版企鹅画家专集的提议让我很兴奋，我忍不住想如果我自己编辑这个丛书该有多享受。"他指出自己异常繁忙，而且说他的名字会激怒艺术圈里的一些人。[16]然而，莱恩并不打算放弃使用克拉克名字的机会，他将大部分工作委派给了有能力的年轻编辑尤妮斯·弗罗斯特（Eunice Frost）。她会去催促作者，与画家协商，与画作所有者交涉，通常都能让书顺利下印。每出版一本新书，莱恩会给克拉克50英镑，克拉克认为这太高了，因为大部分工作都是由弗罗斯特小姐完成的。

在这个非常成功的系列中，第一本是1944年出版的杰弗里·格里格森的《亨利·摩尔》，随后的15年里又出版了18本，包括雷蒙德·莫蒂默的《邓肯·格兰特》、赫伯特·里德的《保罗·纳什》和爱德华·萨克维

尔-韦斯特的《格雷厄姆·萨瑟兰》。印数高达4万册。迈凡薇·派珀建议
贝杰曼写她的丈夫约翰，而克拉克让她写弗朗西丝·霍奇金斯（Frances
Hodgkins）——"她很高兴被尊贵的勋爵视为女作家"，约翰·派珀打趣地
对贝杰曼说。克拉克与赫伯特·里德就是否应该包括本·尼科尔森进行了
争论；克拉克做了让步，但跟这本书的作者吉姆·伊德（Jim Ede）说："我
必须警告你，我不能接受插图中有大量白色方块和圆圈，因为我无法理解
它们。"[17]他反对将克利（Klee）和布拉克这两名外国人纳入其中，最后他以
此为借口退出了这个项目："在我看来，旧的计划很有价值，因为它帮助人
们了解他们可以购买的画家的作品。"然而，他认为这是一次很好的经历，
当他在1946年辞职时，他告诉莱恩，这个项目为"现代绘画做出了伟大贡
献"。有趣的是，当尼古拉斯·佩夫斯纳提议出版具有学术性的鹈鹕艺术史
系列（Pelican History of Art series）时，克拉克认为这是一个错误，他告诉
比尔·威廉姆斯，"我们正在背离我们所选择的低价可及的方式"[18]。

　　克拉克对战后设计的兴趣使他在1944年加入了新成立的工业设计委员
会（Council of Industrial Design），并担任委员会主席。该委员会以"通过一
切实际可行的方法促进英国工业产品的设计改良"为目标[19]，由贸易委员会
成立以增加出口，并带着商业和美学的双重目的。它推动一种简单的现代
主义设计，克拉克后来在他的联合电视台（ATV）的节目《什么是好品味？》
（*What is Good Taste?*）中对其做了并不完全是讨好的描述（见第283页）。克
拉克有他的质疑。1945年1月12日，他出席了该委员会的成立会议，他希望
这个组织能够影响新英镑纸币和新消防员头盔的设计，他甚至给英国海外
航空公司（BOAC）的主席写了一封信，讨论飞机的装配设计。

　　1946年，委员会在V&A博物馆举办了一场名为"英国能成功"
（"Britain Can Make It"）的展览，被戏称为"英国不能成功！"评选委员会的
成员非常清楚他们自己、都市精英和北方制造商之间的冲突，这种内部矛
盾与克拉克在艺术委员会遇到的情况并没什么不同。他在辞去设计委员会
主席一职时附上了罗斯金的一段话："如果一开始就只希望通过销售我们的

产品来使自己致富，那么注定会以不光彩的失败告终……因为这种特殊的艺术技能永远不可能以赢利为目的发展起来。国家力量在艺术中的正确实现，始终取决于长时间坚持的目标方向。"[20] 它的意思是，好的品味和设计不会仅仅因为利益驱动而得到提升，这对留在委员会里的人来说是一个令人沮丧的提醒。克拉克也本能地反对对现代设计的一种纯粹、干净和功能性的看法，并坚持艺术还必须包括创意、神秘和激情。*

1942年，克拉克代表英国文化协会前往瑞典做演讲，这个国家在若干方面都给他留下了深刻的印象。这次访问带着很强的政治成分，即希望能帮助中立的瑞典人远离纳粹的拥抱。回国后，克拉克告诉媒体，英国在瑞典最大的资产是首相——似乎每家每户都挂着他的照片——和英国皇家空军。他发现这个国家总的来说是亲英的，但也受到德国宣传的影响。他在《智囊团》节目中对瑞典人高标准的生活品质和设计赞不绝口，并对一名记者说，"在工作条件、住房和诸如此类的其他方面，他们都远远优于欧洲其他任何地方。但是，人们对于如此好地解决了他们的物质问题感到不安"，并且想知道"如何才能满足精神上的需求"。[21] 这强烈地激发他构思了一个罗斯金式小册子——《让物质主义见鬼去吧》，来讨论物质舒适与精神满足之间的平衡问题。[22]

事实上，克拉克的瑞典之行非常艰难。最初，他的交通无法安排，所以出发时间推迟了两周。当他终于到达时，又发现英国文化协会找不到他的幻灯片，所以他不得不根据斯德哥尔摩国家博物馆可以提供的资料重新准备他的演讲稿——由于演讲关于英国艺术，所以相关资料非常有限。他有一个疲于奔命的日程安排，包括16场讲座、旅行、鸡尾酒会和大型晚宴，伴之以无休止的讲话。关于此次访问，英国大使馆的报告总结道："尽管有些延迟，但演讲之旅无疑取得了巨大的成功……肯尼斯爵士沉着冷静，使

---

* 见 "Art & Democracy", manuscript published in 1945 in *Cornhill Magazine*, July issue（Tate 8812/2/2/42）。另见1949年关于"趣味"的演讲（作者收藏）："但功能主义的宣传是如此似是而非、无情无义，以至于工业设计委员会和类似机构的有说服力的宣传单中仍能看到通过排斥来拯救的教义。"

他能够泰然自若地应对所有这些意外，他还有一个钢铁般的体格，这是经
历这样一个项目所必需的……据乌普萨拉的报道，出现了一股肯尼斯·克
拉克热潮，就好像他是一位受欢迎的电影明星。"报道说，古斯塔夫·阿道
夫国王邀请克拉克共进午餐，并亲自带着他在皇宫里转了两个小时，他们
还花了整整一天的时间驱车去看古老的教堂："在王室非常谨慎不与外国人
公开交往的时期，这种热情好客是非常罕见的，值得记录。"[23]克拉克将于
1944年重返瑞典，加深与王储的友谊，而王储也是贝伦森的朋友。

　　1944年巴黎解放后，克拉克与泰特美术馆馆长约翰·罗森斯坦一起前
往这座城市，以为在那里会有丰富的收获。他们认为美国的艺术商人都在
抢购便宜货，但事实上，艺术市场正在蓬勃发展，而且作品价格并不便
宜。他们在10月乘坐轰炸机进入巴黎，罗森斯坦描述说："伴着清澈的空气
和正午的寂静，刚刚恢复自由的巴黎是一个让人久久无法忘怀的奇观。"由
于没有交通工具和能用的电话，他们走遍了整个城市，徒劳地寻找艺术，
却一无所获。克拉克拜访了他的朋友、时任卢浮宫馆长的乔治·萨勒斯
（Georges Salles），但此行的亮点是与毕加索在其赞助人兼朋友卡托利夫人的
公寓里的会面，克拉克向毕加索展示了一本关于亨利·摩尔的书："剩下的
用餐时间，他一直坐在那里翻着书，就像一只老猴子抓住了一个他打不开
的罐头。"[24]第二天，克拉克拜访了毕加索的工作室，描述了在到达他楼上的
大画室之前要经过层层交涉，而工作室里只有两张绿色的公园长椅。克拉
克从来都不是毕加索的明确崇拜者，他看到了一些"我所见过的最糟糕的
风景画"，但也看到了一些美丽的"丘比特和普赛克"的画作。这趟旅途的
初衷是获取艺术品，但却失败了，克拉克带回伦敦的唯一东西是一叠克里
雍大饭店里的便笺纸，上面印有德国最高统帅部的徽章，他认为孩子们用
它们来写信会很有意思。回到伦敦后，他为《新政治家》杂志写了一篇关
于巴黎艺术界的评论，在评论中，他说——除了毕加索——巴黎的艺术土
壤已暂时枯竭，没有什么新进展。[25]

　　"终结来得很突然。"这是克拉克对战争结束的记忆。一宣布和平，他就

把国家美术馆的画从威尔士运了回来，填满了三个完好无损的展厅。国王和王后前来重开美术馆，路易斯·麦克尼斯为藏画的回归写下了《国家美术馆》一诗：

　　啊，国王们从威尔士山上的洞穴回来了，
　　黑暗让他们焕然一新，用色彩、技巧和不可估量的东西武装起来；
　　用乌切罗的长矛、啤酒杯、龙舌、孔雀眼、手镯和亮片、荷叶边和褶边武装起来。

　　克拉克已经很清楚自己不是那个能让战后美术馆重新得到恢复的人，于是辞去了他的职务。国家美术馆经历了"一场漂亮的战争"——虽然遭到破坏，但并非无法修复，它让高雅文化的火焰在艰难的条件下继续熊熊燃烧。克拉克也打了一场漂亮的仗，而且也已经从他相对于工作人员和"乔尔乔内"争论的弱势地位中恢复了过来。他认为现在是离开的最佳时机，他告诉《旁观者》的编辑："我从美术馆辞职是为了阅读、反思和偶尔写作。"[26]他想集中精力写书和讲课，来自艺术界的敌意也已让他疲惫不堪。迈凡薇·派珀写信给他说："我的报纸告诉我，你已经从美术馆辞职了。亲爱的，我期待着一次伟大的开花，并努力祈祷你能有足够强大的内心力量让自己自私一点。"[27]此时的贝伦森已经回到了伊塔蒂，他写道："有传言说你已经辞去了美术馆的职务，我向你表示祝贺。你现在可以投入到与你的天赋更相称的任务中去了，我期待结果。"[28]克拉克就藏画从威尔士回归一事做了最后一次无线广播；这次广播似乎特别成功，许多陌生人写信来表达他们的感激之情。

　　克拉克还要为美术馆执行最后一项任务，即去往葡萄牙争取古尔本基安的藏品。古尔本基安邀请克拉克全家去里斯本度假，远离饱受战争蹂躏的英国；还请他们带上四盒碎麦早餐麦片，这在里斯本很难买到。科莉特回忆说："我们到达阿维兹酒店时，古尔本基安先生非同寻常地在大厅迎接我们，这是一个莫大的荣幸。他就像一只小猫头鹰。我们很喜欢这个假期，享用了我们在很长一段时间里都没能得到的美好食物和水果；葡萄牙充满了色彩和地中海的生活气息，我们是如此想念这种生活。"[29]但就古尔本基安而言，国家美术馆已经不再是他藏品未来去向的最佳选择，因为他对英国在战争期间对待他的方式有一种深深的不公正感。如果克拉克还留在美术馆，也许还能扭转局面——但不太可能，因为把古尔本基安的财产留在英国也存在税收问题。与此同时，克拉克的继任者菲利普·亨迪（Philip Hendy）对古尔本基安不断询问他的"孩子们"是否得到了妥善照顾的情况并不上心，他面临着更紧迫的问题，即恢复美术馆。古尔本基安给克拉克写了一封伤感的信："亨迪先生似乎对我在美术馆里的画不感兴趣，这对我来说是一个打击。你知道我很敏感，也许我完全错了。但如果我是对的，那迟早会有不愉快，因此我必须考虑我应该采取什么其他的措施，使我亲爱的'孩子们'不再继续忍受痛苦。"[30]在离开特拉法加广场后，克拉克继续为古尔本基安效力，并多次前往葡萄牙；这些经历都让他确信，里斯本是藏品落脚更好的地方，它们将在那里成为这座城市的主要景点。

* * *

克拉克从美术馆辞职的同时，也放弃了温莎的职位。战争期间，他曾任命本·尼科尔森为副手，但国王和王后对尼科尔森的混乱无组织不以为然。于是，克拉克提出了一个更有竞争力的候选人——"布伦特少校"，这是安东尼·布伦特当时的称呼。欧文·莫斯黑德对克拉克说："我喜欢布伦特，他是个合适的人。"[31]皇家收藏抛出了最后一个让人意想不到的情况：一天，克拉克在《泰晤士报》上读到皇家艺术研究院将举办一场国王的收藏展，这让他非常惊讶。官务大臣也一头雾水，并让克拉克做出解释。他回答说，他怀疑皇家艺术研究院背着他们去找了王室的财务主管，而他的怀疑是对的。通过这条途径接近国王是皇家艺术研究院的传统权利，但克拉克认为这种行为"不恰当且非常无礼"[32]。他很愤怒，并正确地得出结论，即研究院希望在没有任何艺术史家或宫廷官员的干预下举办展览，尽管——正如他向V&A的埃里克·麦克拉根所说的那样——"他们发现自己的成员既懒惰又无知，他们正等待着解决困难的方法"[33]。结果，展览（在白金汉宫重新装修期间举办）获得了巨大的成功，尤其是让国王很满意。莫斯黑德写信给克拉克："你喜欢这个展览吗？这几乎是我第一次知道我的雇主很高兴——他总是吹毛求疵，不喜欢赞美。"[34]

1945年12月13日，克拉克出席了在国家美术馆的最后一次理事会议，一份长篇幅的会议纪要记录了对他离开的遗憾、对他的服务和技能的感谢和赞赏，并祝愿他"无论走到哪里都会有好运"。约翰·波普－轩尼诗是众多给他写信的人之一："我能说，我对你离开美术馆感到非常遗憾吗？凡是对绘画感兴趣的人都对你在那里做出的巨大贡献感激不尽，我无法想象有任何继任者在任何其他时期内的成绩会如此先进与充分。"[35]

大多数评论家都认为克拉克是一位杰出的战时馆长，但他在和平时期的记录——尽管他取得了巨大的成就并为美术馆添了彩——总是被"乔尔乔内"事件和他与工作人员之间的矛盾蒙上阴影。人们对他馆长角色的看法总是会受到对他本人看法的影响。当他问自己是否是个好馆长时，他的回答是："不是很好，但比本世纪我的前任们要好。"[36]但对很多人来说，欧文·莫斯黑德总结了当时的感受："对你离开国家美术馆，我感到深深的叹息。我几乎不忍心去想它，我亲爱的朋友……CUJUS DULCIS MEMORIA IN HIS LOCIS SPIRAT ET HABITAT*，希望你能理解这句话的意思。这是很真实的感情，亲爱的K。你让美术馆里那些最基本的东西为成千上万的人而活，在他们进入美术馆的那一刻就能感受到一个活的有机体的脉搏——无论是为音乐还是为绘画。"[37]克拉克曾强烈支持任命亨迪为他的继任者，但很快就大失所望，先是因为古尔本基安，后来又因为清洁作品上的分歧。

---

* "谁的甜蜜记忆在这个空间里呼吸和存在。"

克拉克打算专注于他的写作，但这对他来说就够了吗？艺术委员会的玛丽·格拉斯哥后来写了一本回忆录，她在其中留下了对当时的克拉克最敏锐的评价："在我看来，他身体里住着相互争斗的两个人。他是智力上的巨人，有着与之匹配的丰富思想和行政能力。他本应在整个国家的事务中起主导作用，更不用说文化事务了。然而，每当他接近事情中心——比如战争初期他去了信息部——他就退避了，对自己说：'这一切都是尘灰；我必须投入到精神和心灵方面的事情中去。'然后他就会退下来，去思考、写作和沉思；直到钟摆摆回来，他就会说：'我在真空里做什么？我必须回到竞技场上。'我想他一生都在为自己不是一个有创造力的艺术家而痛苦，他了解这么多，却从来没有创作过原创作品、绘画或雕塑。"[38]在克拉克告别国家美术馆专心投入到写作之后，*vita activa*（行动的生活）和*vita contemplativa*（沉思的生活）之间的紧张关系在接下来的40年里变得越来越明显。

战争结束时，克拉克受到了最后一次可怕的打击——在广岛投下的原子弹"让我对人类的未来充满了绝望，并从未完全从绝望中恢复过来"[39]。他意识到这是人文科学的终结，这使他充满了悲观主义，并感受到机器和计算机作为权力工具的恐惧，这些都将在《文明》中得到体现。

艺术首领

23

写作和讲课

由于某种未知的原因，从1945年到1955年，

我的思维比以往任何时候都要好用。

——肯尼斯·克拉克，《另一半》[1]

克拉克放弃了一个高调的职位，但在接下来的10年里，他从未离开过
人们的视线。他被任命为牛津大学斯莱德教授（Slade Professor），并出版了
他最好的两本著作，《风景入画》和《皮耶罗·德拉·弗朗切斯卡》（Piero
della Francesca），这是他一生中最多产的时期之一。此外，在这段时间，他
还让自己成为全国最受欢迎的讲师。正如艺术史家修·奥诺所说："无法想
象没有他存在的40和50年代；他让人们相信，写出不迂腐的艺术文章是有
可能的。"[2]克拉克不认为这是一种脱离公共领域的转变，但认为演讲是对学
术的一种放弃，他告诉一位评论家："我是在1946年被任命为斯莱德教授时
才从学术转向讲演的。"[3]他永远无法理解，为什么文学批评能吸引广泛的普
通读者——他曾引用过罗伯特·吉丁斯关于济慈的文字——而艺术书籍却
没有这种效果：他断言，艺术史家出版他们的书只是为了给彼此留下深刻
印象。

在他的牛津大学那一代人中，克拉克并不是唯一一位向更广泛的公
众发表演讲的人，紧随其后的还有约翰·贝杰曼和西里尔·康诺利。约
翰·罗森斯坦目睹了克拉克观点的转变："对他来说，为学问而学问——他

曾经不止一次把它比作编织——的吸引力在减弱，而与广大公众分享知识和经验的意愿则日益增强。"[4] 罗森斯坦将此归结于罗斯金的影响，这无疑是正确的，但也有其他因素在起作用。战争年代已经表明，让更多的公众接受艺术是可能的，而克拉克也开始享受为人们打开眼界的力量。1945年7月的大选产生了他所希望的社会主义政府，一股新的教育热情正席卷全国。这是他自己的生活相对稳定和平静的时期，正如科莉特所说："在上台屋的日子是他最快乐、最有趣的时光。他从国家美术馆里解放了出来，妈妈的状态也还算正常。"[5]

然而，战后的英国社会主义也有其局限性，正如克拉克对贝伦森所言："除了为国家服务之外，任何人都可以存在。这似乎不可思议，就像中国的唐朝，或者美国的商界。这使得我们更有必要为个人利益而进行后防作战。"[6] 由于刚离开舒适的国家保护伞——他以前从来没有为自己的办公室和秘书花过钱——克拉克现在对自己的收入感到焦虑。1945年，他与预建建筑有限公司谈判，讨论可能的管理者的职位，以推广一种名为"Plimmer"的新兴材料的设计可能性。对克拉克来说，最吸引他的是多佛街44a号的一间办公室，他可以在那里存放书籍和接待访客。* 同时，鉴于克拉克仍在为古尔本基安提供艺术方面的服务，他建议古尔本基安支付一名秘书的费用，但被断然拒绝了，"因为这可能会给我们两人都带来麻烦"[7]。然而，他的财务焦虑很快得到了解决。他被叫到母亲在切尔滕纳姆的病床前，并惊讶地发现自己竟然如此被感动："她对我说话时充满了爱和理解，这是她以前从未表现过的。是什么神秘的抑制力使她以前不能对我这样说话？"[8] 此外，爱丽丝·克拉克把自己在高士的剩余股份留给了儿子，价值约66 316英镑。

从1946年到1948年，克拉克在牛津大学担任了三年的斯莱德教授，这可能是他所担任过的最有价值的职位。他以这个系列讲座的创始人约翰·罗

---

* 到了1948年，公司需要办公空间，克拉克觉得自己为他们做得还不够，所以他偿还了300英镑的两年欠租。

斯金的使徒身份讲课，罗斯金宣称的使命也就是克拉克自己的使命："让我们的英国青年关心艺术。"因此，克拉克开场演讲题为"第一位斯莱德教授：罗斯金在牛津"——这是一个复杂的课题，也是一个重要的 *pietas*（虔诚）之举，因为当罗斯金担任这一职务时，他实际上已经开始失去他的力量了。[9] 斯莱德教授的职位允许克拉克自由发展任何他喜欢的课题，由此产生的讲座成为他后来几乎所有艺术史文章的基础；第一年的主要内容是一系列关于风景画的讲座，后来他把这些讲座重新编排成了他最好的书之一——《风景入画》。

当时的牛津大学不教艺术史，克拉克的斯莱德讲座向所有人开放，引起了强烈的反响。随着讲座越来越受欢迎，他的听众从25人增加到500人，这使得演讲地点不得不从泰勒书院搬离，最终进入了牛津剧场（Oxford Playhouse），那是阿什莫林博物馆对面的公共剧院。历史学家休·特雷弗-罗珀（Hugh Trevor-Roper）指出，克拉克让牛津的艺术讲座在 *beau monde*（上流社会）中很受欢迎；当然，简的帽子本身就具有一种特殊的吸引力。克拉克养成了一个习惯，总是带上她，在周一下午5点进行讲座，然后和莫里斯·鲍勒在沃德姆度过一晚；第二天，他可能会到阿什莫林博物馆向学生展示画作（他会事前请管理人把相关作品拿出来），也可能在他的老学院——三一学院，三一学院借给他一间房供他会见学生。他后来说："我从没想过自己会成为一名老师。斯莱德教授职位正好适合我每周去一次学校。"[10] 这给了他完美的参与度，同样重要的是，也给了他脱离的机会。

1947—1948年，他的第二个系列讲座涉及文艺复兴，包括"布鲁内莱斯基""多纳泰罗""马萨乔""阿尔伯蒂和乌切罗""皮耶罗·德拉·弗朗切斯卡"和"曼特尼亚"（Mantegna）。第三年，他转向了"拉斐尔""年轻的米开朗琪罗"和"人文主义的终结"。在1948年的米迦勒节期间，他探索了伦勃朗（他将其念成"儒布汝特"[Rumbrundt]），并自认为这些是他最好的讲座：贝伦森一直认为伦勃朗是克拉克最了解的艺术家。随后，他开始探索古典主义与浪漫主义之间的关系，关于安格尔和德拉克洛瓦的作品讨论成了讲座的高潮部分。他后来在电视散文《浪漫的反叛》(*The Romantic Rebellion*, 1973)中再次回到了这个主题。最后一个系列关于达·芬奇和威尼斯艺术；他以"艺术与摄影"*结尾；他还做了一个关于在世艺术家的讲座，"亨利·摩尔"，这对斯莱德来说是不同寻常的。有些讲座的效果并不好："艺术中的错误"("Error in Art")是解释美学和某些艺术作品为何失败的一次不太成功的尝试。克拉克也不会称自己提供了新的学术成果，尽管他努力地跟上新的发展——"这意味着我能克服教学的第一个困难，就是比我的学生领先一步"[11]；例如，他请求得到奥斯卡·菲舍尔(Oskar Fischel)关于拉斐尔新书的样稿。他的听众对他们所听到的一切都非常高兴，以至于很少有人注意到他对北方文艺复兴和18世纪——即那个"想象力的冬天"——缺乏同情。

克拉克的演讲当然有一种魔力，每个人都证明了他的口才和文雅。瓦尔堡研究院院长格特鲁德·宾(Gertrud Bing)称他是"幻灯片的托斯卡尼尼"；斯蒂芬·斯彭德对克拉克说，"你说话的清晰和肯定让人感受到艺术的伟大"[12]。他从不表演，但知道什么时候将听众引到专业人士的共同兴趣点上——例如，将人们的注意力引到乔尔乔内的《卡斯第佛朗哥圣母像》(*Castelfranco Madonna*)中唯一没有被重涂的部分。但正如克拉克所说，讲座的目的是为学生打开窗户。他的一名年轻听众开始写关于艺术的文章——主要作为对讲座的回应，他是文艺复兴时期历史学家约翰·黑尔(John Hale)。[13]另一位年轻的听众是约翰·海斯(John Hayes)，他后来成为国家肖像馆的馆长，并将他关于格雷厄姆·萨瑟兰的书献给了克拉克，是他"在牛津担任斯莱德教授时，让我第一次意识到艺术史"。

当让克拉克推荐他的继任者作为斯莱德教授时，他富有想象力地提议

---

*   克拉克喜欢谈论摄影，并在皇家摄影学会(Royal Photographic Society)举办的百年纪念讲座中发表了题为"摄影与绘画的关系"("Relations of photography and Painting")的演讲，并在其中提出了一个问题："摄影是一种艺术吗？"他的回答是："是的，但不完全。摄影在很大程度上是在提供原始素材。"

了约翰·贝杰曼，但想法只维持了一年："他很快就厌倦一份工作，然后就会倾向用一种让他很受欢迎的、似是而非的说法，但对大学生却具有灾难性的吸引力。"[14] 在斯莱德委员会成员汤姆·博亚斯否决了这个想法后，克拉克主张建筑史学家约翰·萨默森担任，后者不得不等待8年才被任命。

克拉克斯莱德讲座的主要成果是由约翰·默里于1949年出版的《风景入画》，此后，该公司在克拉克好友乔克·默里的领导下，一直是他的主要出版商。乔克是个典型的"绅士出版商"，在他位于阿尔伯马尔街的庄严场所内经营，那里有著名的拜伦房间和遗物。乔克是一个非常讨人喜欢的人，克拉克曾形容他"深褐色的肤色，就像福克斯·塔尔博特照片里的人"。乔克首要考虑的是文学与商业之间的平衡，尽管他并不是一个真正的艺术出版商，但他却在克拉克的余生为他提供了良好的服务。克拉克发现斯莱德讲座很难转化成一本书，而乔克会焦急地询问打字稿的情况，并补充说："我希望一个奴隶主能与他的受害者保持友谊。"考陶尔德学院的罗莎莉·托尔（Rosalys Torr）协助克拉克收集图片，这是一项繁重的任务，因为每张照片和幻灯片都必须单独寻找来源、索取和付费。然而，最大的问题是书名：没有人喜欢克拉克提出的"风景入画"的建议，也考虑了不少于16种其他可能性。简喜欢18世纪风格的长标题——"风景画原理探究"。科林·安德森建议克拉克坚持自己的立场："我更倾向于用你的标题'冒险'，因为它与你的名字是联系在一起的；我不会建议一个无名小卒这样做。"[15] 然而，美国的联合出版商却拒绝了这个标题，称其是一个"动小脑筋"的书名，并改用《风景画》取而代之。克拉克一直认为，这就是为什么这本书在英国销量超过3万本，而在美国只卖了300本的原因。[16] 他邀请格雷厄姆·萨瑟兰设计封面，这笔费用让默里很焦虑，因为这需要印刷五次，但正如克拉克所说："这肯定会是今年最引人注目的包装。"他把这本书献给了莫里斯·鲍勒。

依照传统，关于风景画的书都会严格按照学派或年表来组织，但《风景入画》提供了一种不同且新颖的方法，在两者之间找到了一种愉快的平衡。克拉克按主题划分内容，同时内容跨越几个世纪："事实风景""幻象风景""理想风景""自然景象""北方之光"和"回到秩序"。书中涵盖了从凡·艾克到塞尚的艺术家，展示了"尽管有古典传统和理论家的一致反对，风景画如何成为一种独立的艺术"。这是一本具有最好的英国文学传统的艺术史书，但也受到了克拉克的广泛阅读和他对德国艺术史的兴趣的影响，这种综合体是克拉克特有的发明（这种方式将同样运用在《裸体艺术》，甚至产生更有趣的结果）。约翰·沃克在《伯灵顿杂志》上写道，克拉克属于"从乔舒亚·雷诺兹爵士到罗杰·弗莱这类艺术史上杰出的分析和诠释型批评家。他们的传统与德国人的形而上学、意大利人的修辞风格、法国流行的警句咒语、马克思主义者的社会学研究或时髦的图像学家的寓言不同。他们的方法属于经验主义……而且是出于对实际艺术作品的热爱"[17]。然而，《风景入画》并没有说服所有人。詹姆斯·利斯-米尔恩记录到，约翰·波普-轩尼诗对这本书颇有些意见，"虽然他承认其优秀的风格，但认为作者通过歪曲事实来证明这个主题在各个时代发展的先入为主的理论"[18]。外国艺术史家认为它严重低估了像卡斯帕·大卫·弗里德希这样的德国艺术家，并带着过于英国化的偏见。克拉克书写康斯特布尔和透纳时特别兴奋，甚至还把法国艺术家尼古拉斯·普桑和英国诗人约翰·弥尔顿放在一起——他在两者身上发现了"同样的早期对异教丰富性的喜悦……同样艰苦和说教的中期，以及同样克己疏远、赋予了诗意的视野一种新的深度的晚年"[19]。

《风景入画》以一个奇特的方式结束，克拉克后来在《文明》的最后一集中再次提到了这一点——一种被近代历史的恐怖深深压抑的悲观主义者的微弱乐观："作为一个老派的个人主义者，我相信世界上所有的科学和官僚主义、所有的原子弹和集中营，都不会完全摧毁人类的精神；而精神总是能够成功地赋予自己一个可见的形状。"[20] 副词是杀手锏。

细心的读者寄来了大约二十几处小更正，大部分是拼写错误，正如克拉克向默里承认（和他所有的秘书所惊讶地发现）的那样："问题是我不会用任何语言拼写。"[21] 最伤人的批评来自克莱夫·贝尔，他指责克拉克对透纳的崇拜；但大多数读者同意贝伦森的观点，认为阅读这本书是一次愉快的经历。此后，这本书就一直在加印，专家和非专业人士都会阅读它。

作为一名讲师，克拉克从来没有像现在这样被到处需要，尽管他试图满足从班戈到赫尔的请求，但他不得不拒绝其中的大部分。他通过广播做了一些演讲，如瓦尔堡研究院的故事。[22] 在伦敦，他的演讲吸引了很多贵夫人，正如约翰·波普-轩尼诗所观察到的那样："当他在皇家学院讲阿尔伯蒂或皮耶罗·德拉·弗朗切斯卡时，一排衣着光鲜的夫人会出现在阿尔伯马尔街；而当埃默拉尔德·丘纳德、茜比尔·科尔法克斯和汉娜·格贝被领到前排位置就座时，演讲厅内的声音都降了下来。"[23] 透纳成为一个更加频繁的话题，而克拉克的主题始终不变：罗斯金和维多利亚时代的人错误地偏爱艺术家的早期作品，而透纳最打动人的作品其实是他后期的画作。然而，他承认透纳的作品也可能非常糟糕，他曾说："从他学院画作中剪下一块，用枫木单板装裱挂到地方的旅馆里，我敢肯定，在座的任何一位听众都不会注意到它。"[24] 他还曾告诉恩斯特·贡布里希，英国人"是如此热爱文学，说服他们对一幅画产生兴趣，最好的办法就是从诗歌中找到它的来源"[25]。他所做过的最具原创性、最受推崇的演讲之一是1954年他在牛津大学的罗曼尼斯讲座"视觉时刻"（"Romanes Lecture: Moments of Vision"），他在其中指出了艺术像诗歌那样增强身体感知的瞬间。*这展示了他将艺术和文学融为一体的能力，尽管他自己也不确定这是否能成功；他事先告诉一个朋友，这个讲座"仍然很可疑——不是我最好的，不过我想能凑合过去，因为有引文"[26]。这场讲座提到了很多人，包括布莱克、纽曼、叶芝、华兹华斯、伦勃朗、柯勒律治和罗斯金。†

230

---

* 后来由约翰·默里出版了精美的限量版（1973），带有雷诺兹·斯通的木板画并以他的"珍妮特"字体印刷。书名取自托马斯·哈代的作品。

† 剑桥大学并没有被忽略：1949年，克拉克在那里发表了亨利·西季威克纪念演讲（Henry Sidgwick Memorial Lecture）"古典主义的局限"（"The Limits of Classicism"），探讨了古典主义与感知创作之间的张力。这个演讲包含了克拉克派的精华："18世纪的古典主义学者通过在结尾处寻找答案而得出他们的结论。修拉和马蒂斯则是通过纯粹的努力工作和真正的智力过程来实现的。"（亨利·西季威克纪念讲座，1949年5月7日，重印于 *Cambridge Review*）

　　1951年，克拉克的《皮耶罗·德拉·弗朗切斯卡》出版了。这是他为数不多的不是以系列讲座为基础的书之一，从文学的角度来看，他认为这是他最好的作品。他当然认为这是他最满意的作品。这本书开篇就解释了为什么皮耶罗在20世纪变得如此有魅力："对他的重新发现是新古典主义的一部分，而塞尚和修拉是新古典主义活的表现。"罗杰·弗莱把皮耶罗定义为原始现代主义者，他也被主要的文学家如奥尔德斯·赫胥黎（Aldous Huxley）和T.S.艾略特所赞颂；虽然有罗伯特·隆吉用意大利语写的关于他"辉煌而怪异的杰作"，但相关的英文内容却很少。[27] 克拉克的书由费顿出版社的创始人贝拉·霍罗维茨博士（Dr Bela Horovitz）委托出版。他联系了克拉克——后者曾针对费顿出版的一本书写过一篇具有批判性的评论——请他展示应该如何做。被克拉克称为出版界杜维恩的霍罗维茨从未听说过皮耶罗，但他同意了克拉克的条件，为阿雷佐的壁画重新拍照。《皮耶罗·德拉·弗朗切斯卡》并非一本纯粹的学术专著，而是一本关于皮耶罗作品的
231 欣赏指南。克拉克充分意识到了它的局限性——正如他告诉霍罗维茨的那样："一部准确的学术著作必须有它两倍的篇幅，并包括许多没有讨论的真实性问题。"[28] 他也没在佛罗伦萨花足够的时间进行研究，而在写书的人中间经常发生的一个可怕巧合出现了，佛罗伦萨大学的萨尔米教授（Salmi）也在计划根据佛罗伦萨档案中的文件编写一本关于这位艺术家的书。克拉克对他的对手很不满，一天他对科莉特说："你相信吗？已经很久没有关于皮耶罗的书了，突然在同一个星期有两本书要出版。"他的担心毫无根据，因为萨尔米从来没有出版过关于皮耶罗的专著。[29]

　　克拉克的《皮耶罗·德拉·弗朗切斯卡》被描述为"弗莱讲座的延伸版"，而罗杰·弗莱的《乔瓦尼·贝利尼》（Giovanni Bellini，1899）也确实是一个合理的模型。[30] 如果弗莱的形式主义是他的出发点，那么克拉克也同样表现出了对主题的深度参与，正如他对卡雷尔·韦特说的那样："我认为这本书很好，也很扎实，我准备把它扔到瓦尔堡研究院那些说我是外行的人头上。"[31] 这本献给亨利·摩尔的书，深受好评。然而，鉴于皮耶罗学术研

究的复杂性（例如，对皮耶罗《基督的鞭笞》[*The Flagellation of Christ*] 中
三个前景人物的解读就是个难题），要在学者之间轻松地达成共识是相当困
难的。恩斯特·贡布里希在《伯灵顿杂志》上发表了一篇最具洞察力的评
论，他提出了关于图像学和年代学的问题。[32] 他喜欢书中优美的文字，认
为它们"很适合被编入诗文选集"，并将其与佩特关于乔尔乔内的作品进行
了比较。但他对克拉克在皮耶罗身上看到基督教和异教元素的观点提出了
严重的异议，甚至在一个智力上翻跟斗的过程中提供了一个荣格式的框架
——通过集体记忆，这可能是合理的——通过它来否定克拉克的观点。对
那些不熟悉这种复杂性的人来说，这本书很受赞赏。莫里斯·鲍勒告诉克
拉克："我试图自欺欺人地说写绘画一定比写诗歌容易得多，［这］只是因为
你已经掌握了写作的主题，并沉浸其中，所以能轻松而清晰地为我们创作
出这一切。"[33]

　　克拉克计划了很多书，但都没有写出来。他曾有过研究英国艺术的想
法，但认为已有的学术基础工作还不足以支撑写作。他签约参与了由尼古
拉斯·佩夫斯纳编辑、艾伦·莱恩出版的鹈鹕艺术史丛书系列中的《15世
纪的艺术与建筑》（ *The Art and Architecture of the Quattrocento* ）的写作，但
经过9个月的工作之后，他承认自己不适合这项任务，并恳请让他退出。[34] 　232
同样和艾伦·莱恩合作，他还计划出版一本罗斯金的文集，希望能引起新
一代的兴趣；但这个计划被推迟，取而代之，他为鲁珀特·哈特－戴维斯
（Rupert Hart-Davis）写了罗斯金自传《过去》的序言。克拉克始终认为，对
于任何开始阅读罗斯金作品的人来说，《过去》是最好的起点。许多年轻人
都会赞同伊迪丝·西特韦尔的观点，在对克拉克赠书的感谢信中，她写道：
"我之所以能读懂罗斯金，完全是拜你所赐。"克拉克档案里有一封未署日期
（约1948年）写给乔克·默里的信，信中列出了四本提议出版的文集，大部
分是经过加工的讲座（克拉克很清楚这是一种众所周知的文学自杀形式）：
《文艺复兴研究》《英国艺术研究》《美学研究》《文学研究》——还有一段
附言，"也许还可以写一本关于裸体艺术的长篇著作"[35]。这就是后来他最重

要的著作的萌芽。

　　关于克拉克一生的一个永恒的谜题是：他如何应付他所收到的大量求助请求。难怪他开始害怕邮差，因为他被大量信件所包围（通常很长，还附有照片）：寻求工作、职业、卖画、创作、买画、写艺术类小说、修复、艺术史课程等各方面的建议。所有的来信都收到了礼貌的回复，尽管偶尔也会有恼怒的文字出现："所以，也许我唯一能给你的建议就是把奥彭、拉兹洛和弗兰克·索尔兹伯里的作品与提香、委拉斯克斯和庚斯博罗（Gainsborough）的作品进行比较，如果一段时间后你还看不出他们之间有什么大的区别，那就真的没什么可做的了。"[36]有时，信件的作者让人意外：1952年，他收到哈佛大学杂志《汇流》（Confluence）第一期的主编、年轻的亨利·基辛格（Henry Kissinger）的一封主动来信，邀请他为杂志发表观点和意见。收到的回复是这样的："我一开始读这本杂志的时候抱着相当大的怀疑态度，因为它涉及的是那种抽象的话题，通常没有太多实质内容只会宣扬空话，但你的作者准备面对事实。"但克拉克总结道："我没有任何值得发表的想法。"[37]然而，当主题吸引他时，他可能会为《伯灵顿杂志》这样的杂志撰写长篇幅的学术评论。安妮塔·布鲁克纳回忆起克拉克时"充满了感情……因为他与许多学者不同，他对于敌对的立场不屑一顾"[38]。克拉克不愿写不好的评论，正如他拒绝评论隆吉新版的《皮耶罗·德拉·弗朗切斯卡》时对《伯灵顿杂志》的编辑说的那样，因为"很惭愧地说，我不想让自己卷入一场争吵"[39]。当《星期日泰晤士报》的文学编辑请他评论

233　阿诺德·豪泽尔（Arnold Hauser）的马克思主义著作《艺术社会史》（Social History of Art）时，克拉克回信说："阅读它就像批改大量认真的学生的考卷。你必须把它寄给一个对半真半假有兴趣的人；这种人应该不难找到。"[40]

　　委员会占据了克拉克一周的大部分时间。他曾拒绝过一个展览评选委员会的邀请，并说："我认为一个人担任这么多责任重大的职务是非常不幸的。"[41]但他的责任感往往会占上风。这不是野心，正如他对贝伦森解释所说的："我们过着平静而快乐的生活，简每天种种花草，我准备牛津讲座，这

些讲座继续吸引着大量的观众。我们在社交上变得很懒散——部分原因是在这个时代和这个社会主义国家，任何形式的娱乐都会涉及非常艰辛的工作；部分原因是我们就像一股得到满足的力量。"[42]但他对工作的严格、对无聊的恐惧、强烈的自信以及最重要的——公共责任感，都促使他不断接受新的职位，其中包括英国艺术品保护和归还委员会（British Committee on the Preservation and Restitution of Works of Art）、巴斯艺术学院管理委员会（the Governing Council of Bath Academy of Art）、（考陶尔德艺术学院的）家屋信托基金（Home House Trust）、不列颠节理事会（Council for the Festival of Britain），还有为桥梁、新建筑、纪念馆和城市规划提供建议的皇家艺术委员会（Royal Fine Art Commission）。克拉克非常认真地对待这些工作，绝不会默默无闻。1948年，他加入不列颠节理事会，但会议经常被取消，因此他给理事会主席伊斯梅将军写了一封措辞强烈的信，对理事会在成员不知情的情况下做出决定却要理事会成员为此负责，他深感担忧，并表达了明智的人们对不列颠节组织的严重怀疑。[43]更有意义的是，克拉克参与了1949年巴黎现代艺术博物馆举办的亨利·摩尔的展览。像许多英国人一样，他把法国视为文化标准的基准——有一次，当他被问到如何定义好的英国艺术家时，他回答说："在我看来是那些可以向聪明的法国人展示作品且不会感到任何尴尬的画家。"亨利·摩尔的展览就提供了这样一个机会，但展览的布展很糟糕，雕塑的摆放奇怪而笨拙，克拉克发现艺术家很沮丧。肯尼斯·克拉克无疑是唯一一个能凌驾于组织者之上的英国人，他拿起电话，请求卢浮宫提供一个*équipe*（团队）来协助他重新布展。乔治·萨勒斯在一小时内派了一队人马过去，克拉克向贝伦森报告说："我们是来参加我们的朋友亨利·摩尔的正式展览的开幕的。法国人一想到英国雕塑家会取得如此卓越的成就，就十分不安，并不是完全配合；这让我很高兴地发挥了我的老本行，亲手参与了展览布展。"[44]摩尔认为是克拉克挽救了整个局面。

　　也许此时，我们有必要简要回顾一下克拉克对当代建筑的矛盾态度。他总是说，有两个问题是他最怕被问到的：推荐一名肖像画家或一名建筑师，

234

因为他从来没有找到一个满意的答案。战后规划迫使他以更实际的方式来思考建筑的问题，但正如1949年一名记者询问他对牛津新建筑的看法时他所说的那样："就我个人而言，我是个建筑顽固保守分子。原则上我不喜欢功能主义，尤其不喜欢牛津的那些……我已经对这个国家的建筑产生了一种非常悲观的看法。"[45] 10年前，他曾提出贾莱斯·吉尔伯特·斯科特的巴特西发电站（Battersea Power Station）是他在伦敦最喜欢的现代建筑。[46] 他也很欣赏斯科特的利物浦大教堂（Liverpool Cathedral），但认为巴兹尔·斯彭斯（Basil Spence）著名的考文垂大教堂是"合理的、满足的、平庸的，在一个二流的民主新世界里"[47]。克拉克是皇家艺术委员会的成员，他沮丧地说他们所做的就是告诉建筑师移除装饰，因为按照他的理解，在"19世纪的放纵之后，我们的建筑师消化不良，只能以瑞维塔的食物和维希的水为生"[48]。他发现这个委员会是一个令人困惑的机构，不确定"它是应该保持高标准的品味，还是应该在不可避免的糟糕工作中做到最好"[49]。事实上，他确实很欣赏一些20世纪40年代的当代建筑师的作品：英国的马克斯韦尔·弗莱、查尔斯·霍尔登（Charles Holden）和埃德温·勒琴斯，美国的弗兰克·劳埃德·赖特（Frank Lloyd Wright），芬兰的阿尔瓦尔·阿尔托（Alvar Aalto），瑞典的尼尔斯·埃纳·埃里克森（Nils Einar Eriksson）（特别是他在哥德堡的音乐厅），他甚至还称赞勒·柯布西耶（Le Corbusier）在巴黎的公寓。*但当伦敦的皇家节日音乐厅（Festival Hall）在1951年竣工时，他把它比作"一台廉价的收音机"[50]。60年代，克拉克在与建筑评论家雷纳·班纳姆（Reyner Banham）合作的电视节目中，仍努力保持对现代主义的开放态度，尽管他心系贝杰曼；而贝杰曼当时正苦苦要求克拉克为教堂建筑师和哥特式复兴

235

---

* 见1943年4月7日给约翰·基利克的信（Tate 8812/1/1/24）。但两天后，克拉克写信给M.E.劳埃德小姐说道："不幸的是，我不同意几乎你所有的观点。我讨厌直线和直角，就像波德莱尔和布莱克一样。我相信抽象是禁锢人精神的残酷而邪恶的东西；至于柯布西耶向路易十四的敬意——我无话可说。然而，我发现阅读任何我强烈反对的东西都是一种刺激。"（1943年4月9日，Tate 8812/1/1/27）

主义者尼尼安·康珀（Ninian Comper）争取荣誉。克拉克的兴趣逐渐转向了建筑保护，尽管他在这个领域永远不会像贝杰曼那样引人注目，但他认为在经历了德国空军和战后规划的破坏后，保护英国城市所剩下的一切至关重要。

24
上台屋

这座房子代表着一场绝望的后防行动。

在主流道德观念的影响下，

英国不得不摧毁英国所有艺术作品中最完美的作品之一，这座伟大的房子。

——肯尼斯·克拉克，《艺术与风格》杂志（1947年4月）[1]

克拉克对上台屋感到非常自豪：在被战火摧毁的伦敦，在建筑工人和材料都很难找到的情况下，能把它建得如此舒适，也算是一种成就。然而，汉普斯特德的生活却奇妙地与世隔绝，在克拉克一家人的生活中，也很难找到战后艰苦生活的证据。克拉克曾在介绍一本关于艺术收藏家的书时回忆道："我记得，在战后英国那种破烂、没有暖气、半饥饿的氛围中，参观华莱士收藏比洗个热水澡还要好。"[2]

社交生活逐渐恢复了战前的节奏，晚宴聚会又重新开始。詹姆斯·利斯-米尔恩是其中一位客人："和肯尼斯·克拉克夫妇共进晚餐，他们真是令人钦佩的主人……和简·克拉克聊了很多，她很随和。她丈夫的亲切态度——我认为他一点也不喜欢男人——让我感到害怕。但他还是激起了我对他狂热的崇拜，他是智力上的朱庇特。"[3]利斯-米尔恩思考过这种分裂，并得出结论：克拉克"缺乏那种善于社交和受人喜爱的、优良的人类本能"[4]。社交界的女主人辛西娅·杰布（Cynthia Jebb）对克拉克夫妇也有类似的抱怨，"他们真是奇怪的一对，总有种不近人情、不真实的感觉"[5]——但她认为没有简，克拉克会变得更好。战后的伦敦缺乏萨苏恩时代的那种世界主义式的轻松，克拉克夫妇发现自己处于一种很奇怪的社会地位——对于咖啡馆社交界来说，他们太过知识分子；而对于知识分子来说，他们又太过富有。艾伦·鲍内斯（Alan Bowness）是知识分子的典型代表，他住在汉普斯特德离克拉克家5分钟车程的地方："每个人都知道流言蜚语——她酗酒，而他有情妇。"[6]然而，对于年轻的访客来说，上台屋呈现的是一个令人眼花缭乱的迷人家庭，在美丽的背景下充满了活力。克拉克对年轻人总是特别友善，即使他们觉得他很疏远。

　　克劳福德勋爵的儿子罗宾是上台屋的常客，他记得："里面的每个人都叫拉里、维维安或玛戈特，虽然我不知道他们都是谁。房子本身就很漂亮，我被这个家庭的活力所打动……K会带我去汉普斯特德的霍利希尔的酒吧。"[7]尽管几乎所有的访客都觉得简比她丈夫更容易相处，但孩子们的大多数年轻朋友都察觉到了她可怕的脾气。科莉特的朋友卡丽尔·哈伯德（Caryl Hubbard）后来成了艺术经销商，偶尔也为克拉克做研究，她发现这家人"极其健谈，他们互相打趣，互相打断对方的话，充满了有趣的家庭玩笑"[8]。孩子们渐渐长大，每个人都能看出科莉特和她父亲有一种轻松、直接的关系，而她的双胞胎哥哥科林却很怕他。*所有的孩子都去了牛津大学（科莉特获得了奖学金），但之前在英国皇家空军服役的科林感到很难适应学校的环境。简很担心他，于是焦虑地给约翰·斯帕罗写了一封不太准确的信："他在牛津没有真正的朋友——只有些乌合之众。"[9]克拉克无疑被简逼得去学校看了科林，并向他透露了一个非常传统的愿望：如果他在期末考试中获得第二名，家族企业高士就会雇用他。最终，他去为劳伦斯·奥利维尔工作——结果可以在电影《我与梦露的一周》（*My Week with Marilyn*）中看到。[10]至于艾伦，他的父亲对贝伦森说："虽然在某些方面，他是家里

---

*　有一封克拉克写给迈凡薇·派珀未注明日期的信，描述她的信是"我唯一高兴看到的信（除了艾伦和科莉特的）"。他从来没有为科林留出太多时间（Tate 200410/1/1793）。

最没有同情心的成员，但他也是最能干的，这包括了他的父母在内。"[11]

简的魅力一如既往，但她所有的关系都充满了戏剧性。每个人要么是盟友，要么是敌人。不仅仅是处于困境中的人，简与她遇到的每一个人都建立了情感联系——从她的贵宾到餐厅的女服务员。唯一的例外是她的哥哥肯尼斯喧闹的一大家子人，他们从新西兰来到这里，房子里充斥着"贝蒂姑姑！"的叫声，让她很不高兴。*简从来就不算很强壮，她开始患上一些奇怪的病。1951年，她接受了一次大手术，科莉特认为"可能与子宫有关；她从未停止过手术，但也从未解释或讨论过手术的原因"[12]。克拉克向贝伦森夫妇承认道："她身体一直不好，我很担心——她已经成了一个悲剧人物，但事实上却不与任何悲剧有关——一个没有角色的缪斯女神。不过，我想有四分之三的时间都感到不适和紧张就已经很悲剧了。"[13]尽管如此，简仍然吸引了很多崇拜者——特别是法国大使勒内·马西格里（René Massigli），一个蓄着胡子、仪表端正的人物，克拉克形容他是"一个完美的法国人类型，聪明而热情"。艾伦的一个牛津大学的女友艾思妮·拉德（Ethne Rudd）回忆说，她来到上台屋，打开门时，"克拉克夫人与马西格里先生正深情地拥抱在一起"。简跟艾思妮说道："你去洗洗手。"而大使则假装不会说英语。[14]亨利·摩尔一直是简的忠实朋友和崇拜者，但没人能确定他们是否有过风流韵事。

每天都有租车公司提供一辆车在上台屋外面等候，可全天接送简去多佛街的理发店，或接送她的丈夫去开会。简为5月、6月和7月的每个星期一的5点半到7点发了"克拉克夫人在家"的卡片。她一直是一位优雅的女主人，正如贝杰曼在感谢她的一次晚餐邀请时所说的那样："我最生动的记忆……是披着格子呢披肩、穿着黑色裙子、站在奥利弗·希尔设计的楼梯间的你，黑色的袖子，如波纹般轻盈的灰色绸缎，还有你黑色的头发和爱

---

* 她的儿媳，即艾伦的妻子简，记得在萨特伍德也有类似的一幕，当时克拉克调皮地问："贝蒂姑姑要不要再来点茶？"

尔兰大眼睛。这真是一幅美好的画面。"[15]1951年科莉特过19岁生日时，她的父母在巨大的花园里搭起帐篷，举办了一场舞会，简向科林·安德森描述道："我认为舞会很成功——我们很幸运遇上了好天气……交到了新朋友，即与卢西恩·弗罗伊德（Lucian Freud）共舞的肯特公爵夫人。"*上台屋的其他重要活动还有简成为伦敦时装设计师协会（Society of London Fashion Designers）主席后组织的时装秀，这是对她的活力和时髦的极大褒奖。这些活动吸引了王后和玛格丽特公主的来访。简总是有一种追星的倾向：她在奥尔德堡的一次家庭度假中写信给科林·安德森，轻松愉快地提到了亨利·摩尔、格雷厄姆·萨瑟兰、弗雷德里克·阿什顿、西德尼·诺兰、妮内特·德瓦卢瓦（Ninette de Valois）、本杰明·布里顿、E.M.福斯特，最后才提到自己那对双胞胎。[16]

239

对克拉克来说，上台屋最欢迎的永远是那些艺术家。当巴尼特·弗里德曼生病时，克拉克建议他在银行假期到花园里坐坐，甚至主动提出安排一辆车去接他。多疑的汉普斯特德当地人总是喜欢琢磨克拉克对艺术家的慷慨。杰弗里·格里格森讲述了印刷商奥利弗·西蒙在一次晚宴上试图发现克拉克对他的两个艺术家朋友谁更偏爱的故事："克拉克会更多谈论派珀夫妇还是萨瑟兰夫妇？两位妻子，哪一位会更多被提及？在汉普斯特德之夜开始之前，奥利弗在裤袋里装满了他从花园小径上捡来的鹅卵石。每当克拉克提到约翰的画和他的妻子时，奥利弗就会把一块鹅卵石移到一个外套口袋里，而当克拉克提到萨瑟兰的画和他的妻子时，他就会把一块鹅卵石移到另一个外套口袋里；之后，只要一数，就会知道他的喜好倾向，并激起另一人的嫉妒了。"[17]

大多数人都认为上台屋的环境和艺术收藏很完美。科林指出："在品味方面，我的父母出奇地守旧，他们的房子是按照牛津大学阿什莫林博物馆

---

* 简1951年7月8日写给科林·安德森的明信片（私人收藏）。克拉克夫妇的艺术基金资助了卢西恩·弗罗伊德，购买了他的早期作品，并在1951年给他提供了500英镑的银行担保。

的风格来装饰的。"[18]这种说法有一定道理，房子里有从埃及开始的各个时期的一两件工艺品，其中雕塑占了很大比重。克拉克总是说，他的收藏代表了品味和机会之间的平衡。他所拥有的画远远超过了他所能挂出来的数量，而且他喜欢把东西搬来搬去。法国杂志《艺术与风格》上的一篇文章提供了1947年这些藏品展示方式的快照：大厅确定了调性，一个文艺复兴时期的箱子上方挂着德加的《洗澡的女人》（*Woman Washing*）。图书室里有一幅塞缪尔·帕尔默和贝利尼的《圣母与圣子》（*Madonna and Child*）。客厅里摆放着谢拉顿椴木家具和"家中的守护女神"：雷诺阿的《金发沐浴者》，还有塞尚的《黑色城堡》和修拉的《大营港海景》。其他照片展示了文艺复兴时期的陶器和青铜器，透纳、庚斯博罗和提埃波罗的画作，以及拉斐尔的细密画《瓦莱里奥·贝利》。这是一个享乐主义者供人玩乐的收藏，一个包含了印象派绘画的伊塔蒂。

240　　克拉克根据视觉和谐度来调整藏品的悬挂："它们之间一定有某种情感、形式或色彩上的联系。"还有一些古董元素，包括克拉克第一次在奥克兰城堡（Auckland Castle）看到的詹姆斯·丹尼斯顿（James Dennistoun）收藏的150件中世纪的杰出细密画。[19]他对艺术家的临摹之作也颇有兴味，买了一些稀奇珍贵的作品：塞尚临摹的德拉克洛瓦，德加临摹的卡里亚尼，邓肯·格兰特临摹的苏巴朗（Zurbarán）。他还有一张苏巴朗的原作，一幅好看的静物画——《一杯水和玫瑰》（*Cup of Water and a Rose*）——挂在客厅的拱门上，旁边是一张威廉·埃蒂（William Etty）的人像习作。还有一些奇异的并置：一幅巨大的17世纪索顿斯托尔家族肖像画的两侧是为布莱顿英皇阁制作的两座陶瓷宝塔。克拉克还有八张康斯特布尔的画作，这是他收藏的大量英国和意大利古典大师画作的一部分。其中一张是他从奥本海默的收藏拍卖上买下的，他希望它是米开朗琪罗的作品，约翰尼斯·怀尔德几乎接受了这个观点，但今天人们认为它出自一名追随者之手。[20]壮观的法国绘画之后，让访客们最为震撼的是摩尔和萨瑟兰的当代作品。克拉克曾对一名记者说："我们藏品的优点就像那些最好的英国电影：配角和明星一样出色，而且花费也不高。"[21]

　　克拉克夫妇很喜欢分享他们的收藏，无论是与上台屋的客人，还是通过借展的方式。中央艺术学校的学生和煤炭局艺术协会（Coal Board Art Circle）是房子参观者的典型群体。然而，借展却到了失控的地步。在整个20世纪40年代，随时都有多达150张作品出借在外；它们变得无法追踪，并且不可避免地发生损坏。亨利·摩尔的画作和庇护所素描本尤其受欢迎。简解释了他们出借作品的动机："肯尼斯从不拒绝出借在世艺术家的作品，如果艺术家希望它们被展出的话。"[22]

　　但到了20世纪40年代末，克拉克夫妇不得不制作一张卡，解释说在过去几年里，他们已经借出了1 000多件作品，无法再向外借展。同时，他们慷慨地将在世艺术家的作品捐赠给了当代艺术协会（CAS），克拉克就是在战前为这个机构买下了亨利·摩尔的《斜躺的人像》。艾伦·鲍内斯认为："如果没有年轻有活力的肯尼斯·克拉克的存在，CAS可能无法在第二次世界大战中幸存下来。"[23] 1946年，克拉克夫妇邀请了CAS的丹尼斯·马修斯（Denis Matthews）、爱德华·马什爵士（Edward Marsh）和贾斯帕·里德利爵士来到上台屋挑选从地下室里拿出来的作品。这份无条件捐赠的礼物最初包括34位艺术家的75件作品，其中包括格兰特、凯塞尔、派珀和萨瑟兰的重要作品。[24] 这些作品被分配到英国30多个地区的美术馆，有趣的是，还有一部分被送到了澳大利亚和南非。1951年，又有一组较小规模的捐赠作为补充。但让克拉克恼火的是，他后来发现很难再追踪到这些作品。

　　到了20世纪50年代，克拉克的收藏达到了顶峰，此后只增加了一件重要作品，即透纳晚期的海景画[25]，但同时也卖掉了一些作品。马尔伯勒画廊（Marlborough Gallery）在周围打转，经常找克拉克借修拉的《大营港海景》和雷诺阿的作品。画廊说服了他以1.5万英镑的价格出售修拉，但因为作品被禁止出口，最终于1952年进入了泰特美术馆。而透纳的这张作品——有时被称为《福克斯通港》（Folkestone）——将伴随克拉克的余生，并成为他的最爱。这件作品完美地展示了他所喜欢的艺术家的晚期风格。克拉克收藏中被低估的一部分是他的藏书室。他从温彻斯特时期开始就一直是个藏书家，最喜欢逛二手书店。1937年，他加入了罗克斯伯格俱乐部（Roxburghe Club），这是世界上首屈一指的藏书家俱乐部。按照由来已久的方式，他邀请成员到汉普斯特德参观他的藏书室，那里有大量16和17世纪的意大利书籍与18世纪的法国插图书籍。*其中一些书反映了他对阿尔伯蒂和达·芬奇的专业兴趣，但其他的书——比如乔凡尼·巴蒂斯塔·布雷利（Giovan Batista Braccelli）的《古怪》（Bizzarie，1624）——则是不寻常的珍品。他将把他最重要的100本书留给纽约的摩根图书馆，理由是大多数的文化捐赠都是从美国流向英国，他希望能纠正这种平衡。†

在40年代和50年代，克拉克的私人生活变得非常复杂，如同戈利和崇拜他的女士们的世界变成了现实。最悲惨的故事发生在玛丽·凯塞尔身上，她的希望总是破灭："我曾经如此希望，当和平到来时——你会打电话给我——并以某种方式将我纳入你所做的一切。无论如何，这是一段孤独的时光——我们在战争中相识……我是那种走后门来看孩子们——或者在晚饭前喝一杯的人……我再也不会进入你的房子，无论是见你还是孩子们……除非你能改变这一切。我是认真的。"[26]克拉克尽可能多地去看她，并与简勉强达成了休战。当玛丽访问佛罗伦萨时，他把她介绍给了贝伦森，这是个巨大的成功。克拉克在1947年愉快地回到伊塔蒂，事后他写信给BB说："到访伊塔蒂是我一生中最美好的经历之一，看到你在这个与世隔绝的文明庭院中如此安好、如此平静，我无比感动。我们永远不会忘记你对我们的善意和亲切。你能放弃一个上午的时间……向我们慷慨地分享你的智慧，真是太棒了。"[27]玛丽的到访是在三年后，这不是贝伦森最后一次爱上克拉克的一个女朋友（女演员艾琳·沃思［Irene Worth］是另外一位）。他被她迷住了："我非常喜欢玛丽·凯塞尔，如此坦率、自然和聪明，并充满了

---

* 克拉克计划向俱乐部赠送他拥有的一版透纳的巴黎小品集，但他一直没有写完导言。

† 他曾想把更有价值的书留给温彻斯特，但改变了主意。

热情。我多么希望她能住在这儿啊！"[28]

　　玛丽有好几次被邀请回伊塔蒂，其中一次克拉克碰巧也在同一时间来访，简也得知了这个情况。克拉克总是发誓说这是一个巧合——这很可能是真的——但对简来说，这是她最后的底线。这是她一生中第一次也是唯一一次严肃地威胁要离开他，除非他不再和玛丽见面。克拉克不得不坐下来给玛丽写信。他的信没有被保存下来，但玛丽的回信还在："我无法用言语来表达你的消息对我来说是多么的可怕。你从我的信中能感受到我是多么难过，而这是最后一次痛苦的打击——但我能理解……如果我让［简］伤心了，我很道歉……我会永远爱你……我亲爱的爱人，请你写信给我，作为我的赞助人与我保持联系，我请求你；并告诉我应该把信寄到何处。这将是我最后一次表达我的爱，但我所做的一切都是为了你。"[29]她后来的生活并不幸福——她的心被伤透了——还成了一个酒鬼。正如克拉克曾经悲伤地注意到："我爱的所有女人都会酗酒。"当玛丽在1977年去世时，她的最后一句话是："来世我还能再见到克拉克吗？"[30]

　　事实上，在玛丽于20世纪40年代末与目录学家西奥多·贝斯特曼（Theodore Besterman）短暂订婚后，克拉克就一直试图与她脱离关系。1949年初，他认识了另一位艺术家，他非常欣赏她安静的静物和风景画。玛丽·波特（Mary Potter）是一个非常注重隐私的人，聪明且善于倾听。1951年，她去了奥尔德堡居住，在那里她的生活（在她离婚后）最终会与本杰明·布里顿和彼得·皮尔斯纠缠在一起。克拉克迈出了第一步："人到中年，要交新朋友是非常困难的，但我想继续试试。所以，如果可以的话，我会在下周给你打电话……希望我们能安排一顿饭。你真诚的肯尼斯·克拉克。"[31]他们的友谊开花结果，一年后克拉克写道："亲爱的玛丽，你毫无例外是我所见过的最可爱的人。你是最完美的朋友，因为你让我这样称呼你，这是我永远的幸运，也是不应得的。非常非常爱你的，K。"[32]玛丽·波特将会是克拉克余生坚定而纯粹的朋友。

　　克拉克像一个被忽视的孩子一样渴望爱，不管有多少女人爱他，他都

243

不会满足。性似乎不是他的主要动机：他喜欢给女友们写信，享受她们的赞美。当科林问起他的一名女性朋友时，他回答说："我不喜欢她——太好色了。"[33]也许他在潜意识中寻找着童年时的家庭女教师拉姆以及她对他无条件的爱。*约翰·派珀敏锐地觉察到，克拉克在用女人来保护自己不受女人的伤害。简当然觉得人多更安全。弗拉姆·丁肖观察到，克拉克的女友分为上流社会名媛和艺术女性两类，他与前者调情，与后者有染。第一类里有琼·德罗伊达、莫娜·安德森（Morna Anderson）、凯瑟琳·施瓦曾伯格王妃†，以及后来的杰妮·莱茨曼（Jayne Wrightsman）。

　　莫娜·安德森是他牛津大学朋友科林的妻子，也是克拉克夫妇在汉普斯特德的邻居。莫娜一直是个谜，因为她的信没有保存下来。但克拉克给她的信是他写过的最坦率的信之一。莫娜知道玛丽·凯塞尔的事，也理解克拉克在这一点上的苦恼。就在他开始一次旅行之前，他见到了莫娜，并对他们的相遇耿怀于心："在我一生中，从未有过短暂的见面会产生一颗炸弹的效应——实际上，如果你没有写你的那封信，我想我会相信这是一场梦——我随身带着这封信，它给我力量。我无法描述你对我的影响。知道有人能理解和同情我，我感到莫大的欣慰，我觉得自己彻底改变了。当然，我还不能完全相信你所说的一切——但我非常相信你的判断，我知道这里面一定有它的道理。亲爱的，我永远感谢促使你这样做的勇气和感情。既然我们已经对彼此坦诚，那就让我仅此一次满足地告诉你：你清楚知道的，我爱你，多年来一直爱着你，并会永远爱你。好了，我不会再提了，但我很高兴我已经表达过了……多么美好的世界啊……我又重新找回了我以为已经永远消失的幸福。"[34]克拉克与莫娜的关系很可能是感情上而非身体上的，正如第二封信所暗示的："像我如此的爱你，并以我自己的方式爱你，我们却还保持着幸福的关系，这真奇怪——我敢说很多人都不会相信。我

---

* 令克拉克悲痛的是，拉姆于1954年去世。

† 奥地利驻伦敦大使约翰尼斯·施瓦曾伯格亲王的夫人。伊夫林·沃在他的《日记》（*Diaries*）中形容她"非常优雅"，而她的丈夫则是"微不足道"。

必须说，这有时让我感到不安，但它就是这样！我把它看得比什么都重要，我充满感激……亲爱的，给你我很多很多的爱。K。"[35]克拉克始终受到安德森夫妇的喜爱和尊重，而和莫娜之间似乎只是一个短暂的阶段。他曾告诉科莉特，他爱的所有女人的名字都以"M"开头："Morna（莫娜），Myfanwy（迈凡薇），Mary（玛丽）和Mummy（妈妈）。"毫无疑问，他对女性很有吸引力——作家芭芭拉·斯凯尔顿（Barbara Skelton）在20世纪50年代见过他，形容他是"埃德蒙·威尔逊、伯纳德·贝伦森和鲁道夫·瓦伦蒂诺的结合体"。

1947年，约翰和迈凡薇·派珀请克拉克做他们小女儿苏珊娜的教父，教母是木刻师雷诺兹·斯通的妻子珍妮特·斯通。珍妮特是利奇菲尔德主教的女儿，她本可以成为一名职业歌手，但却在多塞特郡的浪漫古老的教长住宅利顿切尼，把她的一生都献给了她和雷诺兹的四个孩子。她总是仪态优雅，穿着维多利亚时代的服饰，呈现出一种引人注目的景象。迈凡薇曾向克拉克描述她就像伊丽莎白一世女王的宫廷美女，并补充说："我觉得你们会相处得很好。"[36]事实证明这是一种保守的说法，正是通过他在接下来的30年里写给她的信，我们才得以追寻到克拉克内心深处的想法和信念。珍妮特先主动迈出第一步，给他写了一张纸条："亲爱的肯尼斯·克拉克爵士：雷诺兹和我前几天在伦敦，非常希望想见到你。能告诉我们你的电话号码和地址吗？你午餐时间有空吗？你的珍妮特·斯通。"[37]这将变成他后半生的一段恋情。

25
城镇和乡村

每一个试图传播艺术的人都会发现自己在希望和绝望之间摇摆。

——肯尼斯·克拉克，《威克姆人》杂志，1953年7月27日

²⁴⁵ 在20世纪40年代末和整个50年代，克拉克的影响力达到了顶峰，是最卓越的委员会成员。正如他对贝伦森抱怨的那样："我似乎把一年最好的时间完全花在了会议和公共事务上。艺术委员会，其他委员会……与工务部、艺术委员会和科文特花园开会——每天上午和下午都在进行。"*克拉克这个阶段的人生将由他创建皇家歌剧院、建立独立电视台的非凡成功、撰写《裸体艺术》和担任艺术委员会主席来定义。在拒绝本·尼科尔森请他出任《伯灵顿杂志》的董事时，他回答说："的确，这些职责并不繁重，但我所参与的所有其他事情都是如此。这些工作每年只需要开几次会，但累计起来，它们让我不堪重负，以至于我每天拿半小时来写作或阅读都很困难……我确实想在未来10年内，让自己摆脱一切可以摆脱的事。"^[1]然而，从他家人的角度来看，他在这个时期做的最重要的事就是买下萨特伍德城堡，这将是²⁴⁶他余生的生活中心，也是他最爱的地方。它让他从各类活动和事务中逃脱出来，就像委员会让他从*ennui*（无聊）和家庭中逃脱出来一样。

---

* 给贝伦森的信，1951年11月5日（Cumming [ed.], *My Dear BB*, p. 354）。克拉克发现，负责审查新建筑的英国皇家艺术委员会是一个混乱的机构，不确定"它是应该保持高标准的品味，还是要把不可避免的糟糕工作做到最好"。见1951年12月20日给贝杰曼的信（Tate 8812/1/3/328）。

　　克拉克在每个10年结束时都会有强烈的旅行欲望，40年代末也不例外。上台屋的问题是，他的书已经多到藏书室也容纳不下，而且藏书室紧靠正门，这让他无法在那享受平静和安宁。他发现在停在路边的宾利里面写作反而更容易。而且对于一个像克拉克这样时间观念强的人来说，进出汉普斯特德也变得让人焦虑不堪。

　　和许多富裕的城市居民一样，他在《乡村生活》（Country Life）杂志中找到了他梦想中的乡村之家。萨特伍德城堡的照片展示了一个他从未听说过的中世纪建筑群，这让他颇有兴趣，尽管它距离肯特郡的林普尼港只有4英里。这座城堡的大部分建筑可追溯到12和14世纪；按照传统，1170年，骑士们就是从这里出发去谋杀托马斯·贝克特的。直到16世纪修道院解散之前，萨特伍德城堡都一直属于坎特伯雷大主教。它的主人，反复无常的康韦夫人于1948年将其推向市场，但随后又收了回来。*克拉克只是从山谷对面观看了城堡，但却爱上了它哥特式的城垛和丁尼生风格的气质。1953年，康韦夫人去世，巧合的是，克拉克夫妇发现自己因法国铁路罢工而被困在福克斯通。他们决定走近城堡仔细看看，于是（根据克拉克不可靠的叙述）便在未提前告知的情况下驱车到了那里，并遇见了康韦夫人的陪伴贝尔德小姐，她告诉他们城堡非常昂贵，克拉克愉悦地回应说："哦，没关系。"看到城楼里的生活区、巨大的内庭院草坪，以及一侧的大厅（由康韦夫人请建筑师菲利普·蒂尔登对其进行了全面修复），这一切都让克拉克夫妇确信这是最神奇的地方。他们最终花了1.5万英镑买下了城堡，里面的东西又花了1.3万英镑。克拉克办理了抵押贷款，直到以27 250英镑的价格卖掉了上台屋，这几乎正好是这两笔花费的总和。与此同时，他还出售了里士满的旧官邸，它曾以7 500英镑的价格被租用。城堡里包括了挂毯、锡器皿和各类哥特式雕像，形成了20世纪30年代流行的中世纪城堡品味，克拉克夫妇将其

247

---

*　最早的通信记录是在1948年4月13日，地产经纪公司奈特、弗兰克和鲁特利写道：康韦夫人准备出售萨特伍德城堡含少量土地，包含或者不包含家具。

中大约一半的作品都剔除了（1953年12月，他们在一个帐篷里举行了一场拍卖会，处理了剩下的物品，得到了8 520.2英镑[2]）。为了在伦敦保留一个栖身之所，他们在皮卡迪利附近的奥尔巴尼（Albany）买了一个小公寓——或者用他们的话说——"套间"，这个摄政时期的庭院为许多文学和艺术巨匠提供了一个学院式的伦敦静修之处。

很容易理解克拉克夫妇对萨特伍德的钟爱（这家人深情地称它为"萨尔特"）。这座城堡具有浓厚的浪漫色彩，虽然靠近海斯小镇——只有四分之一英里的直线距离——但树林、山谷、高墙和数百年的隐蔽将它与外界隔开。这里有哥特式的窗饰、寒鸦和风景如画的废墟。虽然外墙完好无损，但大部分内部建筑都遭受了破坏。门楼包含了主要的生活区，但中心部分是大厅，规模相当于牛津大学的礼堂。克拉克把这个高贵的空间变成了他的图书室，委托海斯的一家木制公司安装了华丽的橡木书架。正是在这个大厅里，他挂上了莱弗里画的他孩童时代的全身像，以及一些古典大师的作品——壁炉架上是一幅大尺幅的西班牙巴洛克风格绘画，安东尼奥·德尔·卡斯蒂略（Antonio del Castillo）的《托比亚斯和天使》（*Tobias and the Angel*）。佩妮洛普·贝杰曼（Penelope Betjeman）认为，图书室应该刻上德里的红堡上的那对波斯对联："如果人间有天堂/就是这个，就是这个，就是这个。"*大厅外就是克拉克工作的书房，有哥特式的窗户、沙发、挂毯和书桌——尽管他实际上是坐在窗边的椅子上，膝盖上放着垫子进行写作。这间书房至今仍是他留下的样子，是一个人文学者的舒适书房，正如克拉克可能说过的那样，伊拉斯谟在这里会有家的感觉。

门楼，也就是主屋，以一种折中主义的方式装饰，里面包括了上台屋的东西，并增添了橡木桌和挂毯。约翰·伯杰（John Berger）是一位打破传统的批评家，他与克拉克有一种奇特的关系（私下很热情，在公众场合则

---

* 佩妮洛普·贝杰曼给克拉克的信，未注明日期。"圣人佩尔培图玛和费利西蒂的节日"（Feast of Ss Perpetua and Felicity, Tate 8812/1/3/310–350）。这幅出自波斯诗人阿米尔·胡斯劳的对联为印度的一些建筑增色不少。

充满了代际对立）。[3]他在小说《我们时代的画家》(*A Painter of Our Time*,
1958）中描述了萨特伍德和里面的内容。伯杰称这些藏品"令人印象深刻，
但并不是因为它们象征了庸俗的大量财富。它之所以令人印象深刻，是因
为它反映了一个对欧洲艺术有广泛了解的人的眼光、智慧和多元的趣味，
而且他有足够的钱购买他想要的四分之一的东西"*。这个说法很正确，克拉 248
克的收藏确实有了倒退。事实证明，萨特伍德吞噬了他们大量的现金，如
果要在出售他赖以生存的股票还是艺术收藏品之间做出选择，克拉克总是
倾向于出售艺术品。马尔伯勒画廊一直在进行谨慎的销售——塞尚的《黑
色城堡》在1958年以3.5万英镑售出。第二年，克拉克写信给珍妮特·斯通
说："我不得不放弃我那张心爱的雷诺阿。她在周一离开了我，我想她再也
不会回来了。自从我第一次见到萨尔特，我就预见到了这一天，并在瞬间
意识到我必须在他们之间做出选择。"[4]至少他还有透纳的海景安慰自己。他
收到了雷诺阿作品销售的15万英镑，他给了两个孩子每人一张2万英镑的
支票。

　　萨特伍德的骄傲是透纳，尽管克拉克差点为别人买下这幅画。从国家
美术馆辞职时，他曾被邀请成为费尔顿遗赠（Felton Bequest）的绘画顾问，
该遗赠为墨尔本的博物馆——维多利亚国家美术馆（the National Gallery of
Victoria）——提供了大部分作品购买资金。他接受这个职位是为了继续与
艺术市场保持联系，并享受每年花1.5万英镑买画的乐趣。然而，这常常带
来冲突和困境，正如他向科林·阿格纽（Colin Agnew）透露的那样："我一
定要买下这张牟利罗（Murillo），不管是为墨尔本还是为我自己：不是说我
有地方放它，而是作品太好了，我不能放手。"[5]克拉克建议墨尔本博物馆应
该购买多元的作品，按照世纪而非流派来展出——这与阿什莫林博物馆相

---

* 克拉克的秘书奥德丽·斯凯尔斯（Audrey Scales）告诉笔者："伯杰给克拉克寄了一本他的书，
　克拉克在给伯杰的信中（口述给我）感谢他寄来这本书：'很自然，我不喜欢关于我的那一
　章。'KC并没有忽视伯杰的无礼，但他没有报复，也没有明显的生气，至少当时没有。不过，
　这一定很伤人。"

似，画作与同时期的挂毯和弥撒书一起展出。[6]他建议购买了大约20幅绘画，大部分是古典大师的作品，其中最重要的是普桑的《穿越红海》(*Crossing of the Red Sea*)[7]，还有一幅最漂亮的波纳尔(Bonnard)的裸体画，这幅画以前是他自己的收藏。并非所有他的购买都得到了称赞："唯一让我的委员会感到不快的是一幅兰西尔(Landseer)。兰西尔在当时已经不流行了，所以我能用很少的钱买到他的杰作；但我在墨尔本的朋友们很苦恼——我伤害了他们的感情。"[8]他的指导原则是购买少量杰作，并且——兰西尔除外——不受便宜货的诱惑。

249　　　　1948年，墨尔本博物馆馆长达里尔·林赛(Daryl Lindsay)和墨尔本大学美术教授约瑟夫·伯克(Joseph Burke)敦促他亲自到澳大利亚来看看这些藏品，正如后者所说，"你的来访将带来的影响我再怎么强调也不会过分，尤其是对一小部分真正优秀的现代艺术家和现代艺术爱好者带来的鼓励"[9]。出于好奇心和冒险精神，克拉克去了澳大利亚，毫无疑问，他也很高兴能暂时从种种事务中解脱出来。碰巧的是，时任P&O董事长的科林·安德森在12月带着他的妻子莫娜参加奥卡德斯号轮船的首航前往澳大利亚，于是克拉克加入了他们。不幸的是，安德森在航行初期就病倒了，他和莫娜在地中海上了岸——留下克拉克孤身一人面对自己的弱点。他曾在船上给简写信："当我能让你开心时，我会很自豪。我希望每到新的一年，我都能做得更好，再不会有犯傻的行为。我真的认为我已经学会了更好地识别和控制它们，待我从这次探险返回时，它们将不可被原谅。所以，让我们希望我不再那么令人厌烦。亲爱的，我是你敬爱的丈夫，K。"[10]

　　毫无疑问，"犯傻的行为"指的是女人而不是脾气。但尽管有这些好意，克拉克还是在船上与莫娜的澳大利亚朋友芭芭拉·德斯伯勒(Barbara Desborough)开始了恋情，安德森后来形容她是"一个迷人但也相当令人恼火的红发雀斑女人"[11]。科林·克拉克在他的回忆录中提到了这件事："我知道他和一位澳大利亚女士认真地交往过，我母亲非常害怕会失去他。她告诉自己，如果她带着孩子们欢迎他回家，他就会记住自己的责任，并留下来。"[12] 在他回来的时候，简会带着艾伦和双胞胎在南安普顿等候。芭芭拉·德斯伯勒随后离开了她的丈夫和孩子，来到伦敦，将自己全身心献给克拉克。为了不让自己陷入困境，克拉克不得不求助于安德森夫妇。他在德斯伯勒夫妇的离婚诉讼中被点名，并被澳大利亚媒体报道——以当时的标准来看，这是一桩相当大的丑闻。

　　克拉克喜欢澳大利亚，他对贝伦森说："你会从简那里了解到，我比我想象的更喜欢澳大利亚。我发现在解释原因的时候很难不让人觉得你是在献殷勤，但这里美好的气候似乎已经对盎格鲁－撒克逊人产生了神奇的影响，消除了他们的压抑和虚伪。当然，他们非常天真——几乎还没有走出开拓阶段——但他们是一个有天赋的民族，只是被懒惰所拖累。"[13] 他发现跟悉尼相比，墨尔本略为保守和传统，他巧妙地告诉《墨尔本太阳报》（*Melbourne Sun*）："我不知道还有哪个地方可以让人如此完全地生活在19世纪……悉尼比墨尔本更鲁莽……珀斯就像勒内·克莱尔的电影……这里与世隔绝，平静可爱，节奏缓慢而和谐。"[14] 他无论走到哪里都受到了热情款待：美术馆的主席、媒体大亨基思·默多克爵士（Keith Murdoch）在他到墨尔本的第三个晚上举办了一场晚宴；另外还有讲座、在政府大楼的午餐、"木材之乡"的旅途、晚宴、社交活动，以及国家访问的所有常规活动。他最重要的演讲是在墨尔本发表的"一个伟大美术馆的构想"，他在演讲中阐述了他对美术馆的指导原则。[15] 到那时为止，美术馆内最受欢迎的展品是著名赛马"法老之膝"的遗骸。克拉克概述了在流行艺术（高地牛/印象派）和具有恒久滋养的艺术之间找到平衡的必要性，"同时需要在对过去最伟大作品的思考基础上逐渐创造出新的价值累积"；他提到了美术馆里的两件作品，即透纳的《红色的瑞吉》（*Red Rigi*）和普桑的《穿越红海》。

　　克拉克周游了澳大利亚，被自然风光所深深吸引，尤其是风景中的亮度——一切都那么明亮，没有森林的黑暗。[16] 他特别高兴地看到了鸭嘴兽，为此他起得特别早——"这趟旅行是值得的"。他去过的地方包括了阿德莱德，这让他成了土著艺术的早期推崇者："没有人注意到这些可怜无害、石

250

器时代的人竟然是如此敏感的艺术家。"[17]在阿德莱德期间，他把美术馆的画重新布置了一遍，并被邀请为美术馆寻找一些作品，但拒绝了任何收费的建议。购买作品的经费不多，正因如此，克拉克对他设法获得的东西更感自豪：一张大尺寸的约翰·派珀的威尔士风景画（40几尼）、帕斯莫尔的《花车》（*Flower Barrow*，350英镑）[18]、威廉·尼科尔森的《雪中的房子》（*House in Snow*，275英镑）、格温·约翰（Gwen John）的《女孩与猫》（*Girl with a Cat*，260英镑），还有卢西恩·弗罗伊德的《围着白围巾的男孩》（*The Boy with a White Scarf*，75英镑），以及巴比松画派和古典大师的作品。[19]

　　克拉克的澳大利亚之行为他个人带来的最持久的收获是与艺术家西德尼·诺兰结下了终身的友谊。是约瑟夫·伯克提醒克拉克注意诺兰的作品，并带他去看了一个展览。展览上诺兰的《废弃的矿井》（*Abandoned Mine*）给克拉克留下了深刻的印象，他立即买下了这幅画："这是一幅直率地描绘
251 澳大利亚乡村的画作……没有任何神话的成分，除了一个看起来很忧郁的日落景象。"[20]第二天，他们一起驱车去悉尼郊区与诺兰见面[21]；这次会面增加了克拉克对艺术家的欣赏，他写道，他感到"有信心自己偶然发现了一个天才"[22]。克拉克用英语说他的画"棒极了"，诺兰起初有点不知所措，但他并没有怀疑克拉克对自己的热情。克拉克提出在伦敦给他办展览，并给莱斯特画廊的奥利弗·布朗写了信，尽管事实上是雷德芬画廊接受了这位艺术家。他又买了三幅诺兰的画，很想知道它们在北半球的天空下会是什么样子。当作品运到时，答案让诺兰很高兴："有点奇异，这证明了它们是多么像澳大利亚。"[23]这段友谊将持续下去（尽管诺兰的妻子辛西娅对克拉克的风流行为强烈反对），而诺兰是克拉克结交并支持的最后一位主要当代艺术家。克拉克在澳大利亚还买了拉塞尔·德莱斯代尔（Russell Drysdale）的作品，这是克拉克顺理成章的选择，因为他的作品受到了摩尔和萨瑟兰的影响。

　　克拉克的澳大利亚之行和他对作品的适度购买，对那里的艺术界产生了激励作用，正如伯克写给他的信中所说的那样："一个人可以靠星星来

旅行，但也需要一个指南针，也许你比任何人都更能为画家提供这个指南针。"[24] 克拉克后来将澳大利亚当代画派的到来描述为"将艺术从历史决定论的铁钳中解放出来的幸运事件之一"[25]。

克拉克总是宣称，除了家庭，他对任何事物都没有忠诚度，但科文特花园的皇家歌剧院是个例外。这是一个给他带来最大乐趣的委员会，无论是它所激发的东西，还是从它越发令人印象深刻的结果来看：科文特花园变成了世界上最伟大的歌剧和芭蕾舞团的所在地。克拉克的支持始于20世纪30年代的萨德勒威尔斯芭蕾舞团，到1940年，他为该团保证了每年500英镑的担保。[26] 战争结束时，被用作舞厅的科文特花园剧院的未来出现了问题。音乐出版商布西与霍克斯（Boosey & Hawkes）公司获得了一份短期租约，在音乐和艺术鼓励委员会（CEMA）主席梅纳德·凯恩斯缺席的情况下——凯恩斯当时正在布雷顿森林参加战后经济会议，他们拜访了当时担任副主席的克拉克。他们问CEMA是否可以支持在剧院举办一季歌剧，就像在国家美术馆对迈拉·赫斯的回应那样，他说道："不，让我们一起接管科文特花园。"*克拉克的果断行动，再加上凯恩斯向财政部提出的强有力的主张，改变了科文特花园的命运，并促成了皇家芭蕾舞团和皇家歌剧公司的创立。一个信托基金随之成立，由凯恩斯担任主席，克拉克为重要成员（他会在后来成为副主席）。

皇家芭蕾舞团的成立相对简单：新的董事会说服了妮内特·德瓦卢瓦和萨德勒威尔斯公司更名，将科文特花园作为其总部。德瓦卢瓦成了克拉克的好友，她总是向克拉克苦苦抱怨说，皇家芭蕾舞团总是被当作歌剧公司的穷亲戚对待。†1946年2月20日开幕之夜的首演是奥利弗·梅塞尔的《睡

252

---

* Clark, *The Other Halt* (p. 131).布西与霍克斯公司得到了财政部资金支持的承诺，并获得了这栋建筑的短期租约。而在幕后，谈判正在进行，结果是政府获得了该物业的50年租约，并将其租给了新成立的科文特花园歌剧信托基金（见Lord Drogheda, *Double Harness: Memoirs*）。

† 1978年在她80岁生日聚会上，克拉克提议为她的健康举杯；他告诉科莉特，他的致辞是一个*pensée d'escalier*（灵机一动），他描述了她是如何把丑小鸭变成了天鹅的。

美人》，由玛戈·芳廷和罗伯特·赫尔普曼（Robert Helpmann）在国王和王后面前表演。唯一让人遗憾的是，当大幕拉开时，凯恩斯却病倒了——他在两个月后去世。

在经历了艰难的起步后，耗资巨大的英国皇家歌剧公司终于成功了，开启了英国歌剧的黄金时代，沃恩·威廉姆斯（Vaughan Williams）、本杰明·布里顿、迈克尔·蒂皮特（Michael Tippett）和伦诺克斯·伯克利（Lennox Berkeley）都在这里演出过重要作品。克拉克个人的歌剧品味很广泛：他喜欢莫扎特和威尔第——但他会让孩子们先听前者的作品，以免娇惯了他们的耳朵——还有布里顿。他没有像简那样热爱挪威女高音歌唱家柯尔丝滕·弗拉格斯塔德（Kirsten Flagstad）演唱的《伊索尔德》。他在皇家包厢的后面发现了一张躺椅，他告诉他的秘书，这是一个可以躺着听瓦格纳的理想地方。[27]

当务之急是找到一个能管理科文特花园的人，克拉克推举戴维·韦伯斯特（David Webster）担任总管理人。他们曾在利物浦见过面，韦伯斯特在那里负责该市的爱乐乐团，他的知识和精力给克拉克留下了深刻的印象。其他名字也被提及，但最重要的是肯尼斯·克拉克的主张，用莱斯利·布西（Leslie Boosey）的话说："每个人都听他的。"[28] 韦伯斯特被任命，任职期间虽不总是一帆风顺，但任期一直持续到1970年。克拉克——可能是在简的要求下——还推荐了《金融时报》（*Financial Times*）的总经理德罗伊达勋爵担任董事会秘书。后来成为主席的德罗伊达形容克拉克是"那位非凡的博学者，是他第一次把我介绍到这个圈子里"[29]。1953年，克拉克应保守党财政大臣拉布·巴特勒（Rab Butler）的邀请，辞去了科文特花园董事会的职务，出任艺术委员会主席，这是一份他从来都没享受过的工作。他与科文特花园保持着密切联系，主要是因为他的女儿科莉特被请去创建科文特花园的文献图书馆。董事会对她印象深刻，不久她就成为董事之一。

我们并不完全清楚克拉克为什么会接受艺术委员会的工作，也许是出于对公共责任的疲惫——但至少这为他提供了一个在圣詹姆斯广场举行会

议的豪华办公室，以及一个工作日来伦敦的借口。*在他与凯恩斯一起参与了
CEMA史诗般的创立岁月之后，重返艺术委员会总是会有些平淡无味。委员
会的运作已经进入了一种固定模式，即发放不充分的拨款和应付失望的请
求者。委员会划分了艺术、音乐、文学和戏剧四个半独立的领域，甚至还
有少量购买艺术品的预算。克拉克私下里对艺术委员会的整个前提持矛盾
态度。他认为，这种机构的存在本应是为了更好地帮助和服务于公众（没
有公众就不可能有科文特花园），但"它花钱也做不到的是创造艺术家。只
有上帝能够做到这一点。虽然我觉得那些以帮助创作方面为目的的计划非
常有价值且值得尊敬，但我认为他们正在尝试做一些几乎不可能的事情"[30]。
在一个不经意的时刻，他向珍妮特·斯通吐露："在这一切的背后，人们感
受到了补贴的腐蚀作用。有的时候，我觉得削减整个补贴是件好事，看看
会发生什么。"[31]他甚至对他的继任者说："每个人都说我们应该把补助金加
倍。如果我们这样做了，那只会是浪费。"[32]他知道，只有在委员会保持贫穷
的状态下，政府才不会干预，虽然这使其会议具有消极和沮丧的气氛。尽
管有（通常是压抑着的）疑虑，克拉克发现自己不得不游说一个更不热心
的保守党政府，以获得更多的资金——每年57.5万英镑的拨款已经5年没有
变化了。当他去找首相哈罗德·麦克米伦（Harold Macmillan）讨论这个问
题时，据说他等了好几个小时，首相才向他打招呼："晚上好，克拉克，你
的艺术委员会出了什么问题?"[33]

克拉克的任命为这个机构带来了巨大的声望，然而，这个机构已经有
了它自己的运行节奏。与他的期望相反，他并没有被要求成为执行者。他
的第一个意外是发现自凯恩斯时代以来，主席的角色已经被严重削弱；如

---

* 艺术委员会为克拉克提供了一辆车（黑色的罗孚）和司机，还有一间漂亮的办公室，位于圣詹
姆斯广场4号总部的一层，以前是图书馆。克拉克可以为此感谢自己，因为他在1947年选择该建
筑时发挥了重要作用，并说服其业主阿斯特家族借出家具："我确实认为，我们机构等同于美
术部（Ministry of Fine Arts），就是应该设立在一栋漂亮的建筑里，这一点非常重要。"致阿斯特夫
人的信，1947年12月8日（Tate 8812/1/2/351-400）。

今的委员会由他在企鹅图书的老友、秘书长比尔·威廉姆斯爵士管理，克拉克对此无能为力。威廉姆斯告诉他："我是这艘船的船长，你是上将。我以无上荣誉请你上船。但你知道，是我在掌管这艘船。"丹尼斯·福曼（Denis Forman）当时是英国电影学院的院长，他记得威廉姆斯是一个"粗鲁、高大、虚张声势的组织者，就像文化领域的足球经理，以社交而非艺术为导向"[34]。其他人称他是 éminence rouge（红衣主教）。克拉克可能会主持会议，但威廉姆斯却控制着会议的议程和记录。科莉特回忆说："比尔·威廉姆斯曾经爱过我的母亲，但是他们没有婚外情。父亲对他有点冷嘲热讽——他是个非常左翼和理想主义的人，是个热心肠，但很坚定。他们之间有很多嘲讽。威廉姆斯是个倔强的家伙，经常喝醉。"*

克拉克很受工作人员的欢迎，他们都很清楚他困难的处境；尽管他坚持说"我喜欢被打扰"，但仍然保持冷漠。委员会里为他服务的秘书都很欣赏他，先是凯瑟琳·波蒂奥斯，然后是奥德丽·斯凯尔斯，后者在波蒂奥斯怀孕后接替了她。斯凯尔斯形容克拉克"懂得感恩、礼貌且善良。我喜欢他说'扔掉'……他思维敏捷，我欣赏他的诚实，他一点也不自负"[35]。她回忆说，在下午晚些时候，克拉克会在他那满是书的办公室里生起火，然后坐在扶手椅上，一边抽着雪茄，一边阅读和写作。[36]

凯瑟琳·波蒂奥斯形容艺术委员会"充满了内部争斗，艺术与戏剧圈相互没有对话，等等。每个人都知道K和W爵士之间的权力斗争，但是K认识每个人，因此实际影响力更大。这是个非常古怪的地方，地下室还有位女士在研究占星术，但这里有一种安静的使命感。它是一个左派的地方，肩负着将艺术带给人们的使命。我曾发现自己在为'全民歌剧'测量和制作服装。这个地方有一丝鼓舞人心的业余主义色彩"[37]。

克拉克将大部分时间用于组织一系列小型低调的展览，他为展览撰

---

* （作者采访）奇怪的是，在克拉克到艺术委员会的前一年，他曾建议威廉姆斯加入旅行家俱乐部。当很明显威廉姆斯会被拒绝时，克拉克也退出了："如果他不合适……那我自己肯定也不合适。"致R.P.麦克杜尔的信，1952年2月29日（Tate 8812/1/2/6544）。

写介绍，这些展览在圣詹姆斯广场以前餐厅的空间里举办："爱德华·利尔"（Edward Lear）、"罗斯金绘画"、"透纳"、"查尔斯·基恩"、"格雷厄姆·萨瑟兰"和"雷诺兹·斯通"。艺术委员会在展示艺术方面的角色逐渐转变为支持更雄心勃勃的展览，例如泰特美术馆举办的"浪漫主义运动"（"The Romantic Movement"，1959）；克拉克为展览撰写了导言，这是他两集《文明》的前奏——《希望的谬误》（The Fallacies of Hope）和《自然的膜拜》（The Worship of Nature），内容的重点是透纳和康斯特布尔，但对歌德除外的德国浪漫主义过于轻描淡写。艺术委员会将在克拉克离开后迎来它伟大的展览时代。

克拉克担任委员会职务的补偿之一是能够在优雅的环境中招待艺术界的所有大人物。1954年底，克拉克的朋友马西格里夫妇都被召回法国，克拉克和简以此为由为他们举办了一场盛大的告别晚宴，邀请了创意界的精英。哈罗德·尼科尔森记录了当时的情景："维蒂和我参加了艺术委员会的晚宴，肯尼斯和简·克拉克在那里为马西格里夫妇举办了一场60人的盛大聚会……所有行业的头号人物都在那里：文学界的汤姆·艾略特，戏剧界的奥利维尔夫妇，芭蕾舞界的玛戈·芳廷，音乐界的威廉·沃尔顿，艺术界的格雷厄姆·萨瑟兰，还有伦敦港务局（Port of London Authority）的韦弗利勋爵及其夫人。一切都很好、很成功。"[38]雷蒙德·莫蒂默在他的感谢信中更进一步写道："没有其他人能够组织这样的聚会：它应该在维多利亚时代的那些雕刻作品中得到永生……我想，这样的聚会从未为任何其他大使举办过。"[39]

1960年，克拉克在艺术委员会的任期结束。尽管有人试图让他留下，但他已经对这个组织不抱任何幻想。他向珍妮特·斯通吐露道："如此昏暗和停滞不前的事情……就像试图恢复运河的使用一样。"[40]比尔·威廉姆斯写了一封温暖的告别信："我很肯定，在艺术委员会初期问题最多的那几年，有你担任主席是很幸运的……整个委员会弥漫着伤感的气氛。"[41]克拉克给艺术委员会带来了很大的声望，但他很清楚，除了几个展览之外，他不太可能做出多大的改变。他分不清这是他的错还是他们的错，于是告诉珍妮特："我想大家普遍觉得我应该做得更好——我也应该如此。还是仅仅因为我不喜欢机构，最后机构也不喜欢我？我想跟后者有很大的关系，因为我记得我离开国家美术馆时也有同样的感觉。"[42]

克拉克可能对艺术委员会的方方面面都感到失望，但它是他逃避在萨特伍德的简的一个办法。玛丽·格拉斯哥的分析是正确的：他徘徊在两种意愿之间，一种是解脱地撤退到他在萨特伍德的蒙田塔中，另一种是爽快地服从下一次前往伦敦的召唤。正如他曾经承认的那样："我喜欢行动和做重大决定的天性中显然有不好的一面。"[43]然而，在他所有的重要职位中，艺术委员会是他在离开时最没有什么可炫耀的一个。问题的一部分在于，当威廉姆斯把他排挤在外时，克拉克自己也被独立电视局主席的身份（见第27章）和《裸体艺术》的写作分了心，这两件事都需要他所有的智力。

克拉克爱表现的一面始终存在，只是隐藏在羞涩之下。他坚称自己是最不适合参加俱乐部的人，但他在不同时期至少参加过七个俱乐部：旅行家、牛排、雅典娜（Athenaeum）、圣詹姆斯、布鲁克斯（Brooks's）、业余爱好者（Dilettanti）和藏书家的罗克斯伯格俱乐部。像他那个阶层和时代的大多数英国人一样，他把俱乐部作为是在伦敦西区与朋友共进午餐的便利场所，但他对在酒吧和"加入"有一种恐惧感。他属于像英国国家学术院（British Academy）（1958—1959年他是该院的副院长）这样的著名学术机构，但没有参加这些机构的议事。另一方面，丹尼斯·福曼在观察克拉克在演艺圈的表现时，评价他是"一个善于交谈的人，有本事把话题引到他的主题上——他想成为明星——他绝对热爱俱乐部"[44]。在接下来的三年里，克拉克利用他在俱乐部的所有技能建立了独立电视台，并设法挤出时间写出了他最好的书《裸体艺术》。

26
裸体与裸像

他写过很多优美动人的东西；这些我必须略去，但有一点是不能略去的
——他成功地完成了一项艰巨而复杂的任务：

他用具有说服力的推理教会了我们如何区分裸体和裸像。

——剑桥大学公共发言人，向克拉克颁发荣誉文学博士学位时的讲话，

1966年6月9日

在他所有的书中，克拉克最引以为豪的是《裸体艺术》，他说它"毫 257
无疑问是我最好的书，充满了思想和信息，在不曲解的情况下简化了复杂
的主题，而且有的地方几乎是雄辩"[1]。这是他最具原创性的作品，进一步发
展了他在《风景入画》中开创的综合方法，并将其运用到了一个更宏大的
主题。克拉克认为，《裸体艺术》让他的能力发挥到了极限；然而，他感到
很受鼓舞，如果有一本书能体现他个人的艺术史方法，那就是这本书。《文
明》的观众要多得多，也产生了更大的影响，但克拉克作为艺术史家的声
誉主要基于这本著作。除了萨特伍德，他在他最喜欢的两个地方写作《裸
体艺术》——伊塔蒂和奥尔德堡。他把书献给了伯纳德·贝伦森，因为是
贝伦森的知识范围决定了这本书的底色。然而，从实际的角度来看，《裸体
艺术》是克拉克对美国（他称其为"善良、粗暴、有竞争力的大陆"[2]）试探
性的，但不断增长的热爱之情的结果，从现在开始，他所有的主要项目都
将和美国有关。

258　　克拉克在20世纪50年代几乎每年都会去美国，在费城、华盛顿或纽约做演讲（他在纽约的现代艺术博物馆和弗里克收藏馆［the Frick］做演讲）。*这些演讲大多回到了他喜欢的旧主题上，他不太愿意做无准备的课题，就像他在访问费城时对华盛顿国家美术馆（Washington National Gallery）馆长戴维·芬利（David Finley）说的那样："我没有什么话要传递给这个世界，即使有，我也不可能10分钟之内在台上把话都讲完，如果他们请来丹尼·凯，情况会好很多。"[3]克拉克一直很喜欢纽约：他觉得这个城市令人振奋，并把它比作身处阿尔卑斯。然而，他在那里的友谊仍处于初期阶段，直到20世纪60年代，他才进入了一种常规生活，与伦尼和玛丽埃塔·特里夫妇（Ronnie and Marietta Tree）住在东79街123号，与社交女主人妮娜·赖安（Nina Ryan）共进午餐，并受到收藏家查尔斯和杰妮·莱茨曼夫妇（Charles and Jayne Wrightsman）的款待。[4]他更了解华盛顿，因为那里更小——尽管这也是它的缺点，正如他告诉贝伦森的那样："尽管那儿有许多好心的朋友，但我必须承认我害怕去那儿。我无法面对热情但又充满竞争的局面。人们感到文化是一艘正在下沉的船，每个人都试图在最后一艘船上占有一席之地；而为了达到这个目的，他们时刻准备着从背后捅他们的邻居一刀。当然，在经历了我们家乡沉寂的冷漠之后，这也会让人振奋。"[5]尽管心存疑虑，克拉克还是开始喜欢华盛顿，他最终发现华盛顿的社交生活在美国是最有价值的。他和简（通常和他一起前往）被带进了乔治城的民主党政客、律师和记者的圈子，"他们在世界历史的关键时刻忙碌于自己的事务"。像迪安·艾奇逊（Dean Acheson）、乔·艾尔索普（Joe Alsop）、沃尔特·李普曼和费利克斯·弗兰克福特（Felix Frankfurter）这样有教养、有智慧的人都住在离彼此很近的地方，他们大多数会在晚上和克拉克夫妇一起用餐。[6]

　　华盛顿的艺术界由收藏家罗伯特·伍兹-布莉丝夫人（Mrs Robert

---

* 他通过福南梅森公司的旅游部门安排这些行程，通常乘坐英国海外航空，预订卧铺，但偶尔也乘坐玛丽皇后号的头等舱。

Woods-Bliss）、邓肯和玛乔丽·菲利普斯夫妇（Duncan and Marjorie Phillips）主导，克拉克夫妇经常和他们在一起。菲利普斯夫妇买下了克拉克一张重要的马蒂斯的作品《工作室，圣米歇尔堤岸》（*Studio, Quai St Michel*），并收藏了大量19世纪的法国绘画，其中包括雷诺阿的杰作《船上的派对》（*The Boating Party*）。约翰·沃克曾接替克拉克担任贝伦森的助理，现在是华盛顿国家美术馆的首席策展人，他建议克拉克1953年到美术馆做著名的梅隆讲座（Mellon Lectures）。克拉克对主题最初的选择是重写他在牛津大学的人文主义的讲座，但贝伦森说服他写点新东西。克拉克在1950年10月向沃克提出了他的新主题"裸像：理想艺术的研究"，同时，他意识到这可能会引起一些无礼的评论，在那个保守拘谨的年代，他认为讲座的标题最好不要出现。[7]但沃克回应道："我们都喜欢你为梅隆讲座的提议。事实上，我怀疑我们是否还会有更吸引人的主题！"[8]这是一个报酬丰厚的项目，给了克拉克7 500美元外加2 500美元的费用，但这其中包括出版权。克拉克坚持保留英国的版权（这被证明是一个精明的举动），体面的理由为：这是他最初为乔克·默里构想的一本书。[9]在经历了《风景入画》所遇到的困难之后，他无论如何都倾向于将"裸体艺术"写成一本书，然后将其浓缩成华盛顿需要的6次讲座。[10]他在写书时给玛丽·波特的一封信中对他写书的经历做了一个有趣的说明："对像你这样独自生活的人来说，是一个很大的负担。它使人失去了所有的妥协，而这些妥协其实是真正的支柱。一个人必须追求完美。如果我不是在困难下写作，我可能永远不会写一个字。就像现在这样，我保持着每天1 000字的写作速度。"[11]

克拉克对主题的选择具有启发性。鉴于裸像在西方艺术中的重要性，有关它的文献却惊人地少；唯一的一般性研究都是德语的，其中一个是马克思主义派的。正如克拉克解释的那样："自雅各布·布克哈特以来，没有一个负责任的艺术史家会试图同时涵盖古代和中世纪晚期的艺术……在过去50年里，对古代艺术不断下降的鉴赏能力极大地削弱了我们对艺术的整体理解；而古典考古学方面的专业作家也只是从显微镜下重新审视了稀少

259

的证据，并没有帮助我们理解为什么400年来，艺术家和业余爱好者们会对那些并没有引起我们情感颤动的作品流下赞美的眼泪。"[12]

克拉克决定研究一个扎根于古代的主题，在今天看来是合理的，但在当时（这在一定程度上要归功于罗杰·弗莱）希腊和罗马艺术正处于流行的低谷，是专家和考古学家的专利，而克拉克做了一个勇敢的选择，也许对于一个非专业人士来说就是蛮干。正如他对乔克·默里承认的那样："说实话，我觉得这个主题有点超出我的能力范围，但我现在很坚定，我必须全力以赴。"[13] 克拉克是在伊塔蒂构思的这个想法，并回到那里使用图书馆。* 他向玛丽·波特描述了这次造访："我目前的工作进展得很顺利，我害怕离开。有好几天，我都无法安定下来，变得很紧张。后来，我想到了该如何处理这个庞大的主题，我就没有再回头。它给了我一种奇妙的……像宗教皈依般的感觉，如果这种感觉持续下去，就会很危险且很无聊——但它不会……你问到我在这里的生活。我通常写作到10点半，然后去佛罗伦萨，在美术馆或教堂里做笔记，然后吃午饭，参观更多的美术馆，4点回来——小憩到5点，然后又继续工作到8点吃晚饭。我都是独自用餐，但由于是在佛罗伦萨吃午餐，所以并不像听起来那么沉闷。"[14]

这种"宗教"感一直跟随他到了奥尔德堡，他在那里完成了这本书。克拉克住在可以俯瞰大海的温特沃斯酒店，酒店的建筑风格很普通，但让人喜欢——就像这个小镇一样——克拉克经常带着家人去那里，作为波特梅里安村的替代。事实上，他自信高涨到给酒店经理写了一封非常详细的信，建议将一长串日常的好酒列入 *carte du vin*（酒单）——甚至提供了年份、价格和发货商等信息。[15] 克拉克热爱奥尔德堡，"从我的童年起，这里

---

* 给伊迪丝·西特韦尔的信，1950年11月10日（德克萨斯大学哈利蓝森中心，Sitwell Collection）："我独自在佛罗伦萨待了一个月，我的孤独得到了回报，因为我有了一本书的想法，这正是我一直在等待的。它将关于艺术中使用人体作为不同状态的象征——它的具体表现等，阿波罗、维纳斯、赫拉克勒斯……现在一想到它，就会让我对在美国访问期间需要应付的所有工作失去耐心。"

就一直在磨炼我的心智……我记得写完关于鲁本斯的章节后，我开始颤抖，不得不离开酒店房间，沿着海边散步。我不敢称自己是个有灵感的作家，但我知道灵感是什么感觉。"*他还特意重游了雅典博物馆（Athens Museum）。但在1953年，他不得不把手稿放在一边，去华盛顿做演讲，他向约翰·沃克坦言："我对这些演讲主要感到好奇；我对这个主题已经思考了很久，我不知道在其他人眼里它会是什么样的。"[16]

　　克拉克对标题的判断是正确的。在拘礼的20世纪50年代的美国，演讲的预告中没有主题，全靠讲师和系列讲座的名声来吸引观众。他谨慎地给贝伦森写信说道："如果讲座效果好，我会把它归功于你，因为没什么比这更能体现我从你那里学到的东西了。但我决不能给你一个失败的结果——所以让我看看在华盛顿的情况，看（我）是否对讲座满意。"[17]事实上，讲座在华盛顿很受欢迎——沃尔特·李普曼也到场了，并对克拉克说："我越来越觉得，这本书最终会让你跻身于哲学家行列。"[18]克拉克后来说："我从来没有遇到过更聪明的听众，我希望演讲一结束，就给每个听众送上［这本］书，以示感谢。"[19]人们得等上三年，才能等到这本充满补充和注释的书面世。当它于1956年出版时，按照艺术史的标准，它成了一本畅销书。瓦尔堡研究院院长格特鲁德·宾给克拉克写了一封赞赏的信："我感觉自己就像被带着在欧洲的美术馆里漫游，并加入一场从容不迫的对话，争论、质疑并将我自己的感受和你的相对照。"[20]

　　到目前为止，《裸体艺术》最重要的方面是它为越来越多关注反古典现代艺术和非洲面具的观众重新评估了希腊和罗马艺术。书以一个有点误导性但却令人难忘的句子开场："英语以其精微的丰富性，对裸体（the naked）和裸像（the nude）做了区分。"这本书将裸体定义为北方哥特式裸像，克拉克称之为"替代性的传统"；尽管书中包括了伦勃朗等主要艺术家，但

---

* 他曾告诉生物学家朱利安·赫胥黎："如果不接受灵感这个概念，我就无法开始解释艺术史，而这对理性的艺术史家来说，甚至比突变对生物学家来说更麻烦。"1959年3月19日给赫胥黎的信（莱斯大学，丰德伦图书馆）。

这并不是该书的主体。相反，《裸体艺术》探索了留存下来的理想和英雄形式，并对其命了名——"阿波罗""维纳斯""力量""痛苦"和"狂喜"；在这个过程中，它浏览了所有西方艺术中最有表现力的作品，从古希腊的青年雕像到马蒂斯和亨利·摩尔的作品。克拉克对作为希腊发明的"裸像"概念做了解释——当他后来参观开罗博物馆时，意识到这是一个过于简单化的概念[21]；他承认，他是以一个意大利文艺复兴时期艺术的学生的角度来观察古代世界的："我通过拉斐尔和米开朗琪罗的眼睛来观看希腊罗马艺术。"[22] 然而，这种连续性也是这本书的优点，它成功地向大众重新诠释了古典世界的艺术，对那些古代的杰作，如《观景殿的阿波罗》（*Apollo Belvedere*）、《米洛的维纳斯》（*Venus de Milo*）和《拉奥孔》（*Laocoön*）进行了富有启发性的重新评价，并让它们再一次散发光芒，让读者通过他们所欣赏的文艺复兴时期的艺术作品重新感受到古代作品的力量。因此，这本书解释了古典艺术对中世纪、文艺复兴和巴洛克形式的重新塑造，并在探索具体作品和其所在的更广泛的文化背景之间取得了恰如其分的平衡。

对很多人来说，书中关于米开朗琪罗的段落让整本书充满了活力。他的主导人格在关于"力量"和"痛苦"的章节中得到体现，克拉克告诉我们："在米开朗琪罗的《耶稣受难》之前，我们记得裸像始终是艺术中最严肃的主题。"克拉克从来都不是一个传统的基督教信徒，但当他仔细思考米开朗琪罗的素描时，他告诉我们："我们到达了一个精神层面，在那里分析已不再恰当，批评语言也不再充分。我们只能感恩我们还有机会瞥见 *nobilissima visione*（最高尚的视觉）。刹那间，我们信仰中的那些伟大的奥秘，即道成肉身和救赎，通过一个赤裸的人体形象透彻地展示在了我们面前。"[23] 这种本质上的情感反应并不限于米开朗琪罗。鲁本斯的声望也通过《裸体艺术》得到了大大提升，克拉克对他的描写充满了清新感与爱。他将这位艺术家对"金色头发和丰满的胸部"的描绘形容为"对富足的感恩赞美诗"，并称"鲁本斯之于女性的裸像塑造等同于米开朗琪罗对男性的裸像塑造"。

《裸体艺术》是克拉克最成功的综合体写作。一些人认为，他对替代性传统——北方哥特式的裸像——的描述体现了他对不同部分的勉强分类，如把克拉纳赫粗暴的裸像和伦勃朗的《拔示巴》（Bathsheba）放在一起，但大多数读者觉得克拉克在古代与现代之间建立起的富有想象力的联系让人兴奋，且带来启示。正如本·尼科尔森在他的评论中写道："这位非德国作家，吸收了德国的学术，并在这个过程中丰富了他自己的认知。"[24] 如果没有克拉克的德国英雄沃尔夫林对形式和构图的历史解读以及阿比·瓦尔堡的影响，这本书是不可能的。与瓦尔堡密切合作的格特鲁德·宾告诉克拉克："他和你一样，把图像看作产生于古典时期艺术作坊中的冲动的体现，这能在诸如《涅瑞伊得斯》和米开朗琪罗《复活的基督》这样截然不同的作品中被发现。"[25] 对宾来说，瓦尔堡和沃尔特·佩特看似相反的研究路径在《裸体艺术》中找到了自然的交汇点。

对这本书的第一反应几乎都是积极的，尽管有一些读者对过于简化的中世纪章节提出了质疑，并争论裸像是否应该被视为色情（克拉克一直认为应该，不管这种感觉多么微弱）。对他来说，最重要的赞誉来自贝伦森："让我祝贺你在《裸体艺术》中超越了自己。尽管我一直对你有很高的期望，但这一成就超出了我的预期。你把这一主题扩展到最广阔的领域，并通过完美的细节填充了它；如此精确的修饰、富有启发性的短语、有节奏的句子，让人不断去阅读。我欣赏你的学术研究和理解方法。你对阿波罗裸像的分析太精彩了。你在最后为人物绘画的共同特征构建了一个模型，你对每个领域的阐述都很成功。"[26] 莫里斯·鲍勒以他一贯的热情写道："你的写作，一如既往地给我带来了无尽的乐趣——恰当的词语、句子的变化、低调的惊喜、想象力的迸发——我都非常喜欢。当然，人们会指责你文字的华丽。"[27] 罗伯特·格雷夫斯（Robert Graves）甚至写了一首诙谐的诗《裸体与裸像》，刊登在《纽约客》上。

反击将在20世纪60年代到来。当时，约翰·伯杰等批评家审视了欧洲艺术中的裸像概念如何掩盖了女性作为个体的真实本质并将她们转化为理想类型和性别刻板印象。这一呼声得到了女性主义艺术史家的响应，他们中的许多人将克拉克视为父权体制的化身。[28]但尽管有这样的异议者,这部作品仍然是克拉克最让人印象深刻的艺术史成就。[29]

《裸体艺术》的成功之后是《母题》的失败,这是克拉克会不断回归但从未完成的"伟大著作"。这是他在阿什莫林时期与罗杰·辛克斯的项目的发展,作为继李格尔《罗马晚期的工艺美术》之后的写作,这本书试图将设计解释为一种对心理状态的揭示。《母题》源于沃尔特·佩特将形式与主题的结合,这些反复出现的主题在文化的驱使下产生了伟大的艺术作品。[30]牛津大学在1961年重新任命克拉克为斯莱德教授时,他试图向同情他的听众阐明他的观点:"一个母题可能会在普通认知的废墟中躺上几个世纪……当一些艺术家察觉到它可以用来体现一个必要的想法时,比如圣母与圣婴,它就会被捡起来。"这个系列的讲座包括"遇见"(圣母探访和圣母报喜)、"支柱和树干"(站立的人、中世纪艺术、皮耶罗·德拉·弗朗切斯卡)、"斜倚的人"、"狂喜的螺旋和斗争"(大力神和狮子,鲁本斯和斯塔布斯)和"个人的母题"(达·芬奇和透纳)。牛津的听众感到困惑,克拉克也意识到这个一直没有推进的主题是个错误:"我还没有完全达到所需的智力水平,这就像那些我能看到但不能完全触摸的东西一样。"[31]他从不喜欢涉及抽象课题,而这些讲座既缺乏《裸体艺术》的统一概念,又缺乏对艺术作品的精彩诠释。克拉克执拗地抓住《母题》的幻象不放,还几乎因此否决了《文明》(这正是简的愿望);直到1974年,他都仍然坚信"这将是我最好的书"[32]。

尽管克拉克有一些很有影响力的崇拜者,如贡布里希,但他与其他艺术史家的关系往往很紧张。*这在一定程度上是国家美术馆时期的遗留问题。1967年,当他去参加大英博物馆的一个聚会时,看到了"所有我以前的同事,其中很多人我已经有15年没见过了,他们看起来都非常衰老,而且面

---

* "多年来,克拉克在艺术史圈子里引起了某种往往是潜在的敌意"(*Burlington Magazine* leader, June 1969)。谈到贡布里希,克拉克总是说:"与贡布里希相比,我什么都不是。他是一切,我很渺小。"见 Paul Johnson, *Brief Lives* (p. 68)。

露不满。他们厌恶地看着我——我觉得自己陷入了一个充满恨意的动物磁力池"[33]。但他自己经常贬低这个行业。在准备《母题》的过程中，他向珍妮特·斯通描述了一次参观瓦尔堡研究院的经历："我去做一些研究。但是，唉，这让我沮丧得无法用语言来表达——所有那些在书店角落里默默翻着图像学书籍的昏暗身影，都像是徒劳无功的地狱里的幽灵。我在他们的工作中看不到任何生命本能，我甚至不能使用他们的结论，因为即使他们真的出版了任何东西，也都已经忘记了自己在寻找什么。"[34]考陶尔德学院作为英国艺术史的主要力量，提供了让人印象深刻的、领域广泛的学术研究，从中世纪学者到现代主义学者以及建筑史学家。学院内部对克拉克看法的分歧越来越大。约翰尼斯·怀尔德教导学生们要尊敬他，但是现代主义学者并不把他当作专业的艺术史家看待——尤其是在他开始制作电视节目之后。*曾在1947年至1974年间担任学院院长的安东尼·布伦特邀请克拉克来做讲座——大多是关于奥布里·比亚兹莱这类课外主题——尽管他本人对克拉克彬彬有礼，但他很享受学生们对他的不尊敬。†许多带有恶意的逸事出现了，典型的例子是克拉克来演讲，把他的宾利停在外面，然后庄严地宣布：不管他是否结束要做的内容，他都将在12点半离开，与阿伯康韦夫人共进午餐。当然，他从不在演讲后接受提问，这是事实。

克拉克对艺术史的主观判断越来越远离社会学方法对艺术史的研究，但也有年轻一代的学者对他表示钦佩，他在参加默里的一个聚会时发现："当我发现哈斯克尔/贾菲时代的学者们都与我很有共鸣的时候，我感到很开心，也很高兴，他们似乎很希望我能出版我的演讲。"[35]

如果说行业内的人可被划分为克拉克的赞赏者和嘲讽者，那么对于外人来说，肯尼斯·克拉克则代表了艺术史。教育家和出版商都会找到他，

---

* 这一观点得到了艾伦·鲍内斯和已故的布莱恩·休厄尔（Brian Sewell）的证实。据尼尔·麦格雷戈说，当他开始制作电视节目时，考陶尔德显然也和迈克尔·利维持同样的观点。而怀尔德的学生珍妮弗·弗莱彻（Jennifer Fletcher）则记得克拉克的名字总是被人尊敬地提及。
† 就克拉克而言，他喜欢布伦特，并非常欣赏他对于普桑的研究。1979年，布伦特的背叛行为被曝光后，他受到了巨大的打击。

提供手稿、征求关于奖学金的意见。克拉克非常钦佩普林斯顿大学研究符号和图像学的德国移民艺术史家欧文·潘诺夫斯基（Erwin Panofsky），他写道，他"无疑是一位非常了不起的艺术作家。他代表了贝伦森和弗莱观点的反对方，也就是说，他不想知道是谁画了一幅画，也不关心画是否美丽或为什么美丽……他带来了惊人的学识和独创性。他的观点带着当下在美国犹太学者之间流行的塔木德式的晦涩，但人们总能从他身上学到东西"[36]。埃德加·温德（Edgar Wind）因写了《文艺复兴时期的异教之谜》（*Pagan Mysteries of the Renaissance*，1958）而名声大噪，这本书在20世纪60年代引起一种狂热的崇拜。他是牛津和剑桥学者们经常向克拉克询问的对象，他们不确定他到底是天才还是骗子。克拉克在写给诺埃尔·安南的信中写道："他也许是当今最杰出的艺术演讲者，当他演讲时，人们会被最荒诞的假设所说服……这种学者通常被称为是'杰出的'而不是'可靠的'。"[37]

　　克拉克对马克思主义艺术史表现出了某种钦佩（尽管没有多少共鸣），他警告一个实践者弗雷德里克·安塔尔："我认为你的方法很危险，尤其是对那些没有学习就运用它的年轻人来说。最终，它倾向对价值的否定、对平庸艺术家的推崇，仅仅因为他们总能提供更方便的例子……然而，这并不妨碍我认识到你的书［《佛罗伦萨绘画和社会背景》（*Florentine Painting and its Social Background*，1948）］的非凡学识和你对社会问题的清晰说明。"[38]更有问题的是马克思所宣扬的历史"决定论"，许多非马克思主义者已经将其作为普遍的正统观念接受。克拉克在他的演讲"一位艺术史家的辩解"（"Apologia of an Art Historian"）中谈到了这一点："在过去40年里，我们对艺术史的看法就像对所有历史的看法一样，已经从自由意志转向了决定论。"他以伦勃朗为例，指出"他在本应该出现的时候出现是一个意外；他本应出现是一个必然。这是我最接近解决自由意志和决定论问题的方法，就像它在艺术史上呈现的那样"[39]。事实上，决定论违背了克拉克最坚定的信念之一，即上帝赋予了伟大艺术家的天赋。在另一个演讲"艺术家是否自由？"中，他更明确地指出："艺术史和河流截然不同。如果一定要用大自然的一个例子类比（没有一个会是准确的），它更像是播种后的年年收获，其中一些是自己播种的，所以庄稼会越来越差；还有一些是重新播种的，而这些种子就是赋予个性的天才。"[40]这是他在《文明》中所传递的观点。

"1958年，当我还在推敲《母题》的写作时，《星期日泰晤士报》邀请我写一系列关于单幅绘画的文章。"[41]这就是克拉克《观看绘画》（*Looking at Pictures*，1960）一书的起源。他在这本书中发挥了自己的长项，用热爱之情、洞察力和敏锐的观察力描述绘画。他曾经说过，一幅画的直觉冲击力持续的时间就像你能闻到橙子的味道一样持久；他希望能带领读者超越这种第一感觉去理解绘画。"艺术不是棒棒糖，也不是茚萝利口酒。一件伟大艺术作品的意义，或者我们所能理解到的那一点点意义，必须与我们自己的生活联系起来，以提升我们的精神能量。观看绘画需要一个人的积极参与，在早期阶段，还需要一定的训练。"他选择的画家很有引导性，包括波蒂切利、拉斐尔、提香、伦勃朗、委拉斯克斯、维米尔（Vermeer）、华托、德拉克洛瓦、戈雅、透纳、康斯特布尔和修拉。这让我们想起了孩童时代的克拉克，在卢浮宫里欣赏着杰作。他的目的很简单，就像他曾经在另一篇文章中写到的那样："在我看来，艺术史家的主要目的是让读者了解为什么伟大的艺术家是伟大的。"[42]《观看绘画》包括了两幅V&A的作品（康斯特布尔《跳跃的马》[*The Leaping Horse*]的草图和拉斐尔的图稿《捕鱼神迹》[*The Miraculous Draught of Fish*]）。在一个阳光明媚的早晨，当克拉克和他的秘书在奥尔巴尼工作时，他望着外面，向她宣布他必须马上去V&A看拉斐尔的图稿——"这会儿光线正好"[43]。

在他所有的书中，克拉克最喜欢的是1964年由默里出版的罗斯金文集《今日罗斯金》。他计划这样的作品已经30多年了，作为一种虔诚的行为，但也是出于一种愿望，即在罗斯金不受欢迎的作品摆满了二手书店的顶层书架时，重新点燃人们对罗斯金的兴趣。克拉克发现重读罗斯金的作品是一项艰巨的任务，他告诉珍妮特·斯通："天哪，他写了多少垃圾呀——年轻时是错误的逻辑，中年时是咆哮的说教，老年时是烦躁的抱怨；然而不

267

时地，洞察力、勇气和非凡的语言能力。"[44]由此产生的文集备受推崇，克拉克成功地将罗斯金介绍给了新一代的人，否则他们根本不知道如何去解读这位奇怪的维多利亚时代的先知、道德家和艺术评论家的庞大文献。[45]他的导言非常精湛——也许是关于罗斯金的最好的短文。克拉克对科莉特说："你现在不用读罗斯金了，我已经为你读了。"[46]

正是克拉克与杰妮·莱茨曼的关系，使他受邀到纽约，在大都会博物馆做了第一期由纽约大学赞助的莱茨曼系列讲座（Wrightsman Lectures）。他结合了自己的两个主要兴趣，选择了"伦勃朗和意大利文艺复兴"作为主题。由此产生的书于1966年出版，但通常都被礼貌地忽略了。荷兰的专家们认为克拉克是在偷袭他们的领地，并注意到他对伟大的伦勃朗学者弗里茨·卢格特（Frits Lugt）的依赖[47]，而普通大众则觉得这本书有点沉闷，因为有太多的资料论证。克拉克意识到了这一点，他对珍妮特·斯通说："没关系——不像《裸体艺术》或《皮耶罗》，唉。艺术史太丰富了，我想我的头脑还没有那么聪明。"[48]这可能是克拉克最不成功的主要作品。正如克里斯托弗·布朗教授所指出的，《伦勃朗和意大利文艺复兴》说到底是一个极具误导性的标题：伦勃朗从未去过意大利，而且在某些方面是反意大利的。[49]虽然克拉克所做的联系很巧妙且往往具有原创性，但对于一本他自己描述为试图研究创作过程的书来说，它得到的反响平平。[50]他受到了外行们惯常的赞扬，专业人士则没那么友善，但克拉克（他对这本书感到非常自豪）对他们的批评不屑一顾，认为"更多是对我个人形象的攻击"[51]。

在给珍妮特·斯通的同一封信中，他谈到了对接下来该做什么感到很为难，他认为自己的能力正在减弱："我对于还有那么多书要写感到很困扰，而我只剩下六年的时间了。*除了批评家之外，所有人对《伦勃朗》的好评自然鼓励了我继续《母题》和文集的工作。我真不知道该怎么想。"幸运的是，BBC会邀请他写一部关于西方文明的13集电视连续剧，从而解决他的问题。

---

* 克拉克说服自己，他的职业生涯将在70岁时结束。

电　视

27
创建独立电视台："充满活力的粗俗"

我就像一个建筑师，建造了一个美好的城市，现在却看到野蛮人住在里面。

——肯尼斯·克拉克致伯纳德·贝伦森，

1955年9月3日[1]

在肯尼斯·克拉克充满意外的职业生涯中，也许他收到的最不可思议 269
的工作邀请是1954年独立电视局（Independent Television Authority, ITA）的主
席一职。他甚至连一台电视机都没有，就被要求设立一个"人民的电视频
道"。当然，他对这个媒体的发展有着浓厚的兴趣，但从表面上看，他是一
个最不可能执掌商业电视机构的人：一个掌管被许多人视为庸俗的美国舶
来品的傲慢高官。他为什么要接受这个职位呢？尽管他对艺术委员会的工
作感到厌烦，但他也有足够多的事要做。除此之外，这份工作也存在着极
大的风险。两大主要政党中都有强烈反对商业电视的成员，最初的承包公
司也很难赢利。但克拉克光鲜亮丽的外表下潜藏着他父亲的影子，这足以
让他抓住这个机会——这几乎是一种反体制的姿态。他的任命让所有人都
大感意外。《星期日泰晤士报》的约翰·拉塞尔后来把他比作一只被拴在运
酒马车上的阿富汗猎犬，它会弄伤自己。[2]

尽管商业电视的概念在工党和执政的保守党中都有很多人反对，但同
时也得到了两党同等程度的支持。大多数知识分子鄙视电视，他们认为电
视让人们减少阅读；然而，每个人都认为BBC的垄断为英国带来了好处。

270 BBC作为一个具有崇高原则的广播公司已经获得了非凡的声望，而美国电视则被认为是商业简单粗俗的例证。虽然工党反对派仍担心独立电视台会成为商业利益及大企业的代言人，但保守党对垄断的天生反感逐渐为独立电视台的想法赢得了后座议员的支持。[3] 双方的议员都希望得到保证，任何广告都要符合英国而非美国的标准。* 但最让批评者担忧的是节目内容。为了安抚他们，1954年3月颁布的《电视法案》(Television Bill) 提到了新的电视局不仅将获得高达100万英镑的贷款作为初始资金，而且在坎特伯雷大主教的建议下，还有来自公共基金的75万英镑作为未来10年的年度拨款，目的都是为了制作更严肃的节目。正是这一点说服了克拉克接受主席的职务。虽然不是保守党，但他也不喜欢垄断："我反对任何形式的垄断。我认为这将导致自我满足，甚至带来某种程度的不公正。"† 最重要的是，他特有的使命感让他抓住了新媒体及其带来的机遇。正如弗拉姆·丁肖所说的："他很快就意识到，电视将以不可想象的方式改变普通人获得信息的种类和质量。"[4] 克拉克后来在一次采访中说："电视给了人们他们想要的东西。它并没有阻止人们阅读，反正他们也不阅读。它给了我们一种世界感，新闻和自然，它拓宽了我们的领域。"[5]

主席一职由邮政总局局长德拉瓦尔勋爵授予——他是一位不同寻常的人物：一个在保守党政府中任职的社会主义世袭贵族。他任命克拉克是为了平息周遭的批评；他知道克拉克可以被托利党接受——克拉克是安东尼·艾登和拉布·巴特勒的朋友——但在政治上又是"左倾"的，不会允许新成立的机构被托利党的利益集团接管。这一点尤其重要，因为德拉瓦
271 尔任命了一名保守党商人查尔斯·科尔斯顿爵士 (Charles Colston) 为副主

---

* 美国电视上的英国女王伊丽莎白二世加冕礼被插播的一个有黑猩猩"J. 弗雷德·穆格斯"出现的广告打断，这被一位工党政客认为极其缺乏品味。见 Sendall, *Independent Television in Britain, Vol. I: Origin and Foundation 1946−1962* (p. 15)。

† *Look* magazine, 7 September 1971。1974年，克拉克在接受马克·艾默里 (Mark Amory) 采访时说："BBC完全垄断了市场，就像美国的早期清教徒教会。"

席。*同样重要的是，克拉克的任命将使克拉克所说的雅典娜俱乐部圈子里
的人平静下来，这些人希望他能阻止野蛮人入侵。在这一点上，他并没有
太成功，正如他1970年在阿尔伯特音乐厅（Albert Hall）对城市妇女协会
（Townswomen's Guild）说的那样："当我成为独立电视局主席时，我在雅典
娜俱乐部里遭遇了嘘声——很小声，但毫无疑问是嘘声。这种示威是有原
因的：在一个特定的晚上，5万个人能阅读5万本不同的书，但却只能看一
两个电视节目。"[6]克拉克的名字是一个体面的标志，确保了质量的门槛。

尽管克拉克是当权派的安全人物，但这一消息让所有人都感到惊讶，
包括后来成为BBC二台总监的戴维·阿滕伯勒（David Attenborough）："克
拉克接受主席一职时，我们感到非常震惊。对我们BBC来说，ITV就是个魔
鬼——依照BBC之父里思的观念看来，就是低级和商业化——所以当K把
它神圣化的时候，我们非常惊讶，但他对公共服务有着浓厚的兴趣。"[7]丹尼
斯·福曼认为："没有人觉得它会成功。我也不支持——他是个有钱的花花
公子——他既不懂电子又不从事娱乐。工程师们经营电视，电视是他们创
造的，他们拥有它直到1960年。人们对克拉克的任命既怀疑又高兴——他对
电视一无所知。"[8]克拉克的朋友们同样感到震惊，但他相当享受这种感觉。

他向珍妮特·斯通解释了自己接受这项工作的决定："我抵挡不住诱惑，
想看看到底能做些什么。尽管人们可能不喜欢电视，但它将成为人们思想
形成的途径。我仍然是一个十足的维多利亚人，觉得如果有机会为这样一
个艰巨的任务做出贡献，就不应该拒绝它……我们从零开始。我需要组织
整个机构——人员、办公室——所有的一切……多么奇怪的、意想不到的
命运变化啊！"[9]他是对的：电视局最初除了一个没有经验的董事会外，什么
都没有，在头一年，它的会议都在艺术委员会举行。†

1954年10月，克拉克前往美国去尽可能多地了解当地商业电视的运作

---

* 科尔斯顿是保守党的筹款人，不久后就辞职了。罗纳德·马修斯爵士接替了他的位置，此后一
切工作都很融洽。

† 克拉克的年薪被定为3 000英镑。唯一对这个事有所了解的董事会成员是影评人迪莉斯·鲍威尔。

272 情况，他会见了哥伦比亚广播公司（CBS）和全国广播公司（NBC）的高管和技术人员。他很享受建立电视局的过程，最终有了50名工作人员，但在任命一名总干事之前，什么都无法实现。克拉克有趣地描述了财政部试图用武装部门的退休人员来敷衍他，其中包括9名海军上将和17名将军——但他已经知道自己想要的是谁：鲍勃，后来的罗伯特·弗雷泽爵士（Robert Fraser），他曾与克拉克在信息部共事，在那里他是一个非常成功的出版物负责人。克拉克说服他申请这份工作，后来他回忆说，在他们调查弗雷泽的社会主义记录之前，他不得不"一口气把他的名字放到那些筋疲力尽的同事前面"[10]。

事实证明，鲍勃·弗雷泽是个出色的任命。他是澳大利亚人，最初来到伦敦是为了在伦敦经济学院听哈罗德·拉斯基（Harold Laski）讲课，后来成为《每日先驱报》的主要撰稿人，并成为工党议会候选人。就像科莉特所评论的那样："鲍勃·弗雷泽作为澳洲人，有点不同寻常，他和歌剧院的戴维·韦伯斯特一样与我父亲相处得很好。"[11]弗雷泽是一个专业的传播者，他和克拉克将成为建立ITA的主要推动者。弗雷泽的高级公务员、后来的独立电视历史学家伯纳德·森德尔（Bernard Sendall）毫不怀疑这两人在第一年做出了卓越的决策——"再也不会有这样的一年了"，在董事会有力的协助下，他们确立了独立电视台持续了四分之一个世纪的形态和结构。[12]但克拉克和弗雷泽极其友好的合作关系将在来年受到严峻的考验。

第一个问题是结构设计问题。应该向申请牌照的竞争公司提供怎样的特许经营权？在独立电视台成立的最初几十年里，区域性已经成为其根基，以至于今天我们认为这是理所当然的，但在1954年，这远非显而易见的做法。他们也研究了许多海外的模式：是否应该给这些公司一个"横向"时段，即一家公司制作所有的早间节目，另一家制作女性节目，第三家制作儿童节目，第四家制作新闻节目，第五家制作娱乐节目？还是应该采用"纵向"设计，即一个公司负责周一到周五，一个公司负责周六到周日——也许可以轮流制作？正如弗雷泽所言，这将是"永远困住我们的笼子"。最

终建立的是一个区域同盟系统，与BBC明显不同，当时的BBC完全集中于　273
大都市，不涉足任何地方区域。

1954年10月14日，ITA最初选定了三个地区——伦敦、中部和北部，每
个站点指定一到两家公司来经营一个"竞争性的可选网络"。在承包商之
间引入竞争费了很大的劲儿。克拉克针对这个问题写了一个重要的备忘
录："虽然我想纵向控制这个系统，但我希望看到它在节目和运作上是横向
的——也就是说，我希望网络连接在技术上能够将任何一个地区的节目无
限地引入其他地区。我希望伦敦在向北部出售节目方面与中部地区充分竞
争，在向伦敦出售节目时中部与北部充分竞争，等等。"[13] 但正如伯纳德·森
德尔所指出的，这种在后来被称为"瓜分"的现实从未符合过完美竞争状
态的设想，很快就出现了区域性垄断的势头。[14] 然而，"纵向控制—横向竞
争"成了口头禅。

ITA有三方面的作用：建设和运营该网络使用的传输站、向商业广播公
司授权制作节目的专营权以及规范节目内容。它与承包商之间是一种房东
与租客的关系。ITA董事会的焦虑之一是把新闻交给商业公司制作，一些人
主张把它交给路透社。克拉克反对这种做法，并一直声称，坚持建立一个
独立频道来处理所有公司的新闻是他的贡献。但正如ITV的历史学家所提醒
我们的："关于独立电视新闻（Independent Television News, ITN）起源的故
事，并没有任何与个人相关的确证。"[15]

1954年下半年，电视局开始邀请节目承包商提交申请。最初，克拉克
担心ITV会落入保守党媒体的手中，认为这对"独立电视台的未来来说是
个灾难"[16]。他们收到了25份申请，并选出4家公司，提供了尽可能相似的
播放时间和人口覆盖率。最具争议的申请来自肯斯里报业集团（Kemsley
Newspaper Group）（拥有《星期日泰晤士报》），这促使赫伯特·莫里森在议
会上质疑政府是否在优待其朋友。[17] 然而，莫里森并没有着眼于全局：其中
一家成功的公司是由格拉纳达集团的西德尼·伯恩斯坦在经营，他是工党
的全额支付成员。但这一插曲让我们看到了ITV的脆弱性以及工党的警告，　274

即1954年的《电视法案》很可能在下次选举后被废除。伦敦商业区的金融家们持怀疑态度，在第一年，承包公司没有赢利。1955年8月，克拉克和ITA搬进了位于王侯门14号的豪华办公室，这里曾是J.P.摩根在伦敦的住所，后来有一段时间是美国大使馆的住所。

1955年9月22日，在伦敦市政厅举行的一场盛大宴会上，所有的疑虑都被抛到了一边，独立电视台正式启动。晚上7点15分，第一次播送开始，数百万观众观看了500名戴着白色领结的嘉宾到场。宾客们享用了有熏鲑鱼、甲鱼汤、夏布利酒龙虾、烤松鸡和桃子山莓酱冰激凌的丰盛晚宴。伦敦市长、邮政局长以及最后的克拉克都发表了讲话，克拉克称，迄今为止，电视一直由一家公营企业控制，但"就在10分钟以前，这个武器被放在了几乎不受控制的公司手中"。他还说："ITA是一次治理艺术的实验——试图解决民主的一个主要问题：如何将最大限度的自由与最终的方向结合起来。"这是肯尼斯·克拉克第一次在公众面前露面，人们听到他说话的口音清楚而适度。*在他的发言之后是有史以来第一个电视广告，吉布斯SR牙膏。†

丽的呼声公司董事长约翰·斯潘塞·威尔斯（John Spencer Wills）很好地描述了克拉克和弗雷泽在第一年所面临的问题："在我从业的35年中，从未遇到过企业家的任务比这更艰巨困难的情况：保守党政府有限的任期保障、工党反对派的废除威胁、每年向ITA支付的过高费用、广告价值不大的'少数族裔'节目的义务、法规和许可证施加的一系列限制、BBC的竞争威胁——所有这些肯定会让最疯狂的乐观主义者也感到恐惧。"[18]随着ITV的诞生，克拉克在第一年被巨大的问题围绕：发射器和天线塔的复杂问题，公司不赢利的情况[19]，以及他们与电视局不可避免的的权力斗争。克拉克向

275

---

* 然而，克拉克的演讲被长期播放的广播剧《阿彻一家》（The Archers）中格蕾丝·阿彻的死亡所掩盖："第二天早上，媒体关于格蕾丝之死的评论——以及更多的领导人——比关于市政厅演讲的评论多得多。"Asa Briggs, The BBC: The First Fifty Years, p. 259.

† 这些公司被允许每天在上午9点到晚上11点之间播放最多8小时的电视节目，晚上6点到7点之间有一段休息时间，被称为"幼儿休战期"，以便父母带孩子上床睡觉；星期天下午6时15分至7时30分之间不得播放，以保证晚祷。

珍妮特·斯通描述道："ITV里一片混乱……收到了几份传票的威胁，其中一个已经送到了……我安慰自己说，这一次我有资格得到祝福——我的意思是'和平使者是被祝福的'。"[20]在萨特伍德，他并没有得到同情："简昨晚说……她同情那些节目承包商，ITA只是一群政府公务员，我们不知道我们在做什么……我可以面对任何来自外部的攻击，但不能面对内部的攻击。易卜生是多么理解这种情况啊！"[21]

独立电视新闻富有魅力的新闻主管艾丹·克劳利（Aidan Crawley）及其副手的辞职，让ITV的早期危机达到了谷底。台内士气低落到极点，而克拉克同意接受晚间新闻的采访。这是罗宾·戴（Robin Day）第一个重要的采访——尽管他对克拉克同意出镜感到很惊讶——可以从他的《日复一日》（Day by Day，1975）一书中的"个人里程碑"一章中清楚了解到，戴认为这是他职业生涯的一个转折点："虽然肯尼斯·克拉克爵士避免直接回答其中的一些问题，但采访中他对ITA政策做了几项重要声明。他为ITV娱乐节目的数量进行了辩护：'首先你必须抓住观众。当你建立起来并稳定后，可以逐步提升到一个更高的水平。'"*克拉克的出场一定程度上提高了ITN的士气。然而，到1956年底，ITV开始通过选秀比赛《机会来敲门》等节目赢得收视率之战。广告收入也随之上升。承包商进入了一个更加自信和繁荣的阶段，苏格兰电视台的老板罗伊·汤姆森（Roy Thomson）的一句有名的描述是，这个时代"就像拥有了印钱的许可证"。

克拉克与公司老板们建立了良好的关系，其中包括了当时最著名的娱乐巨头。他在信息部的时候就认识了格拉纳达电视台的西德尼·伯恩斯坦，他还与联合电视台（Associated Television）的瓦尔·帕内尔和卢·格雷德这对有趣的二人组建立了一段特别富有成效的友谊。正如他对BBC的一位导演所说："我必须承认，我喜欢那些我打交道的人——我想我的非学术（和 276

---

* Robin Day, *Day by Day* (pp. 178-182)："我认为使这次采访有趣的是，一个组织的主席被他的一名雇员公开盘其职责。这就算不是独一无二，也是不寻常的。"

非军事）背景对我有帮助，这使我与瓦尔·帕内尔和卢·格雷德在一起时比与博物馆界的同事在一起更自在。"[22]在后来的一次采访中，他进一步说："我和娱乐圈的人相处得最好。他们超越了一般生命，总能做出绝对意想不到和不可思议的事情。他们是怪物，彻头彻尾的自大狂——对我这样的老罪人来说，他们更有吸引力。"[23]毫无疑问，他们让他想起了自己顽皮的父亲。卢·格雷德——一个很厚颜无耻的人——非常尊重克拉克，他描述说，有一天克拉克对他说："'卢，你永远不会逃脱惩罚的。'于是我转向他说：'K，我要怎么做才能逃脱惩罚？'他告诉我的，我都照做了。"[24]

克拉克每周都会把他的时间分给他那两个令人印象深刻的办公室，一个是在圣詹姆斯广场艺术委员会的办公室，一个是在王侯门的ITA办公室。见承包商时，他通常是房间里最年轻的人，但他能够在智力上保持自己的优势。丹尼斯·福曼尽管一开始对他心存疑虑，但后来认为他是"一个成功的主席，具有强大的分析能力——他可以主持会议。然而，他对经济或技术方面的问题不感兴趣。克拉克更擅长处理普遍问题，比如宗教观点。他培养了一种态度，这种态度告诉你，他拥有一个出众的大脑"[25]。事实上，当时ITA档案所揭示的最令人惊讶的是克拉克很多干预措施的细节程度和技术性质，以及他口述长而详细的备忘录的能力，这些备忘录涉及该组织的诸多方面：工程、法律、行政、财务和节目部分。[26]虽然绝大多数备忘录都是鲍勃·弗雷泽写的，但克拉克清楚掌握了这个行业的各个方面，从地区新闻问题到天线塔和发射器。最后这一项是一个特别麻烦、昂贵且耗时的问题。*

电视台的财务情况一旦进入稳定，克拉克便开始担心他对罗宾·戴所说的"更高的水平"。毕竟，节目的品质控制是他当初被任命的主要原因。
277 但是，ITA真的有权力去影响节目策划者和创作者以保证质量吗？克拉克

---

* 见 Bournemouth ITA Archive (Box 254)。克拉克甚至问其中一名技术人员，他需要多长时间才能正确理解有关天线塔和发射器的技术问题。答案令人泄气：即使他不做其他事情，也至少需要3年时间。

说："在这一点上，法案就像伊丽莎白时代的祈祷书一样含糊不清，实际上应该由ITA来解释其裁定。"但他担心的是，"我们对节目扩大干预的任何尝试都将被视为是毫无根据和不公平……上诉决定会对我们不利"[27]。

尽管克拉克预料ITV会展示出他所谓的"充满活力的粗俗"，但他还是对低质量的节目感到震惊，就像他在一次演讲中对观众说的那样："像我这样，不得不看一整天的电视，是一种非常可怕的体验，让人不禁要问一个老问题：究竟是缺乏人才，还是缺乏商业开发或对公众品味的正确评估，导致了这种粗俗的泛滥？可能是三者的结合。"[28]部分问题在于固有的狭隘观念。好莱坞电影和《我爱露西》等制作精良的美国节目很受欢迎，但法律规定，80%的节目必须是"源自英国和由英国表演"。

克拉克在ITA任职的最后一年，主要在努力让政府兑现为高质量节目提供75万英镑的承诺。他向德拉瓦尔勋爵的继任者、邮政局长查尔斯·希尔博士（Charles Hill）提出抗议——克拉克认为他狡猾难对付："任命艺术委员会主席为ITA主席，清楚表明了政府想保持水准和平衡的意图。目前的节目让人感到极度尴尬，但正如你知道的，我之所以为它们辩护，是因为我一直认为很快会出现改进它们的办法。"[29]更令人恼火的是财政部其实已经准备好了这75万英镑。哪怕只是象征性地支付一部分款项，克拉克也会接受，因为这可以是事情做出改变的第一步。希尔博士要求就如何使用这笔资金提出具体建议，ITA认为这是自己内部的事。克拉克和弗雷泽最初确定的领域是宗教、王室场合、儿童和新闻[30]，后来扩展到讨论节目和古典音乐。克拉克在一份详细的备忘录中列出了他所设想的系列节目类型："英格兰之窗"；"世界之窗"；"面对面"（伟大的科学家、智者、运动员等等）；一个艺术节目，"以'精选'这类概括性标题命名，一周好的戏剧，一周歌剧，然后是音乐等等，轮流播放"[31]。另外，他还提议了莎士比亚，同时也意识到，如果要在电视上播放他的作品，不得不对内容进行删减。

几个月过去了，这个"价值75万英镑的骏马赠礼"，或者后来被称为"从未获得的赠予"，并没有更接近现实。克拉克在给珍妮特·斯通的信中 278

忧郁地写道:"我想我还是离开算了。我真的非常难过,不仅因为我曾为被委以如此重要的工作而感到自豪,而且我也喜欢行动,但现在我感觉自己注定会腐烂。"[32]他决定离开,并将辞职信的副本寄给了大法官基尔缪尔勋爵(Lord Kilmuir)和掌玺大臣拉布·巴特勒。希尔当时正在三文治湾度假,他认为这完全是小题大做,巴特勒打电话来问他该怎么办,让他很生气。克拉克同意推迟辞职,直到希尔度假回来。他的忧郁并没有散去,他对珍妮特说:"我与ITA的半脱离状态让我意识到大部分的情况都太可怕了,就像《彼得·格莱姆斯》中的寡妇一样,我到哪儿都只能对着自己唱'这里没有我的位置'。"[33]科莉特说,这句话几乎是克拉克沮丧时的赞美歌。希尔说服克拉克再看看自己能做些什么之前,继续推迟辞职。

1956年11月——当时英国正深陷苏伊士运河战争——克拉克去印度参加联合国教科文组织的会议。他喜欢印度,但厌恶这次会议,正如他告诉珍妮特的那样:"真是荒唐且徒劳无益……750人只是在浪费自己的时间和他们国家的钱。我想15世纪的教会会议也是这种情况——都是毫无意义的抽象意见和呼吁混杂在一起,复杂到没有人可以质疑。"[34]他对苏伊士运河战争的惨败感到震惊,也为在印度代表英国感到尴尬:"我简直抬不起头来。但后来我想,现在是时候离开了,并向世人展示英国有比令人厌恶的19世纪沙文主义重燃更持久的东西。当然,如果政府倒台,我将不得不留[在ITA]——但让人难以置信的是,我现在并不相信它会倒台。"*

然而,当他在印度旅行时,政府象征性地向ITA提供了10万英镑。在没有告知ITA的情况下,四家节目公司(目前已赢利)共同发表了一份声明,宣布他们拒绝这一提议,认为这意味着他们缺乏独立经营的能力。克拉克大发雷霆,说这些公司让ITA看起来很愚蠢,是在篡夺它的权力——拨款与他们毫无关系,但说明了政府对ITA的信任,这是一个重要的原则问题。他

279

---

* 给珍妮特·斯通的信,1956年11月1日(博德利图书馆收藏)。克拉克后来谈到(他的老朋友)安东尼·艾登时说:"苏伊士运河战争真是因祸得福,尽管整个事件令人厌恶,但它让保守党摆脱了自诺思勋爵以来最糟糕的首相。"给珍妮特·斯通的信,1964年4月12日。

与各节目公司在12月14日的会议上唇枪舌剑，他直截了当地发表了自己的看法。他认为最重要的是为未来几年发放补助金开创先例。最终，这笔资金及时被接收，危机也过去了。

1957年8月，克拉克任期即将结束，他对没有被邀请续约略感不满。尽管发生了"脱缰骏马"事件，但他还是被认为是杰出的成功者。就连查尔斯·希尔也在他的回忆录中写道："他以无可置疑的勇气和智慧完成了一项极其艰巨的任务，这证明了一个有修养有智慧的头脑并不一定不具备管理能力。独立电视台在很大程度上要归功于肯尼斯·克拉克。"[35]克拉克知道自己成功了，他对贝伦森说："我的电视生涯结束了。我取得了巨大的成功，深受人们的喜爱！这是我在艺术界从未有过的经历。"[36]然而，当他在1960年出现在皮尔金顿广播委员会（Pilkington Committee on Broadcasting）时，让他的前同事们大受打击。他在会上反对引进更多的频道和更长的广播时间，理由是这样做会释放大量的垃圾。他认为过度制作是"对电视最严重的威胁"[37]。

曾与克拉克密切合作过的独立电视台历史学家伯纳德·森德尔对他在ITA的工作进行了精辟的总结："肯尼斯·克拉克在电视事务中类似于杰基尔和海德。杰基尔创办了ITV，并带领它渡过了最初的困难，取得了辉煌的成功。他宽容、体贴，表现出无限的智谋。三年后，他退出了，这令ITV的朋友们普遍感到失望。他表示没有人要求他留下来，他讨厌离开。然而后来，他又成了海德，向皮尔金顿委员会提交了具有诋毁性和破坏性的证据。他是一个美学家，也是一个人，但在与独立电视台里里外外从企业巨头到官僚的各类人打交道时，他没有表现出丝毫的优越感。"[38]

大家为克拉克举办了一个盛大的告别宴会，他在各公司里的朋友都来了。其中有一个人在当晚有一个特殊任务。一段时间以来，卢·格雷德一直请求克拉克为ATV制作艺术节目，他后来回忆说："'肯尼斯，我想请你做一个关于世界上伟大艺术家的艺术节目。'他说：'在我还是ITA主席的时候，你不能跟我谈任何节目的制作。'他离职的那天有一个盛大的聚会等着

280　他。我知道到12点他就会结束主席的职务，我不停地看表。在12点过1分，我走到他面前，问他是否愿意为我做节目。他说，愿意。"[39] 虽然克拉克已经制作了一些节目，但可以说，这才是他最成功事业的真正开始：做一个电视艺术节目的主持人。

28
早期电视节目

从我的第一个节目开始，我就没有在意过摄像机。

我感觉自己是在跟一个朋友说话，或者更多时候是在自言自语。

——肯尼斯·克拉克，《另一半》[1]

在辞去ITA主席职务后不久，克拉克和雅各布·布朗诺夫斯基（Jacob 281
Bronowski）参加了BBC的一个关于电视未来的专题讨论。布朗诺夫斯基之
后会主持《人类的攀升》（*The Ascent of Man*），这是一位科学家对《文明》
的回应。[2]克拉克提出的观点是，电视不会对艺术产生影响，但它本身在
文化上具有重要意义；然而，他和布朗诺夫斯基都很难想出例子来证明这
一点。在当时，没有人会想到这两个人就是他们自己问题的答案。克拉克
和他的这位对话者会制作出两个系列节目，来定义如何在电视上传达文化。
然而，在制作《文明》之前，克拉克主持或参与了近60个节目，协助英国
电视建立了一个文化方面的议题计划。[3]有10年的时间，主持电视演讲都是
他的主要工作。

克拉克曾经给他在艺术委员会的同事艾伦·鲍内斯提出过一个忠告：
"如果你想做电视，就必须全身心投入进去。"[4]他早期的节目在今天看来很
新奇。通过这些节目，我们可以了解20世纪60年代媒体技术的进步，以及
他在镜头前变得越发轻松自如的过程。他最早尝试的被局限在演播室的黑
白节目——在镜头前发表斯莱德讲座——逐渐被《皇家宫殿》的外景拍摄

282 的复杂性和色彩所取代。克拉克和电视一起成长，他一直在学习如何能更好地吸引观众。他永远不会成为像约翰·贝杰曼或A.J.P.泰勒那种意义上的电视"名人"——克拉克是一个普及者，但不是一个平民主义者。但在一个只有两个频道的世界里，他的ATV节目往往比他后来的影响力大得多的《文明》获得更多的观众。

卢·格雷德给了克拉克一个非常明确的指示：他希望克拉克用他给自己讲艺术的方式给观众讲述艺术，他觉得这很吸引人。丹尼斯·福曼认为，"卢虽然是个非常市侩的大亨，但他也是一个简单的人，能认识到一些有效的事物"[5]。瓦尔·帕内尔和卢·格雷德的公司ATV在演艺界脱颖而出，拥有了伦敦地区周末和中部地区工作日的特许经营权。克拉克作为节目策划顾问和他们签约，年薪2 500英镑。此外，他还将制作10到15部影片，每一部他将获得200英镑的额外收入。[6]

ATV还为他提供了一台价值53英镑的电视机；当被问到他看什么节目时，他说："我喜欢关于侦探和警察的节目。"他的问题是如何与这些热门剧竞争。他策划了一个名为《艺术有必要吗?》（*Is Art Necessary?*）的系列节目，这是他在战时BBC广播系列节目《艺术与公众》（*Art and the Public*）的自然发展。ATV发布了一份新闻稿，描述克拉克"和杰出的专家们将带着冒险的精神来探讨广泛的文化主题"，还将"尖锐地阐明不同观点之间的冲突"。准备中的题目（他们总是提出一个问题，但并不是所有的题目都被采用）有《歌剧荒谬吗?》、《艺术在公共场合有必要吗?》、《我们需要聊聊吗?》、《他是不是很漂亮?》（*Isn't He Beautiful*），还有一个关于当代建筑的：《你的檐口有必要吗?》。正如克拉克在邀请本杰明·布里顿谈论歌剧时所解释的那样："每个节目都以选择一种可以通过电视变得有趣的艺术为出发点，先以接受（也许是讽刺性的）不喜欢文化艺术的人的观点开始，然后逐渐让人们认识到艺术的重要性。"[7]

制作的第一个节目是《他是不是很漂亮?》（1958），由莱纳德·布雷特（Leonard Brett）执导，开场是科林·克拉克的大狗"柏拉图"——一只大丹犬[8]，伴随着画外音的不断重复："他是不是很漂亮？"然后节目发展成一位养马人和一位称克拉克为"先生"的养狗人参与的拘谨的小组讨论。克拉克称这是"有史以来最糟糕的节目之一"[9]。情况在他引人入胜的第二部 ATV影片《黑暗中的相遇》（Encounters in the Dark）中有所改善，该影片仅以片断的形式保存了下来：在影片中，克拉克和亨利·摩尔参观了冬季闭馆中的大英博物馆，用电筒照着亚述人的雕塑和埃及人的头像。这是克拉克熟悉的地方，"有几个人对我说，我在大英博物馆的影片中似乎比直接对着镜头说话要自如很多"[10]。所以当他计划下一部影片《每幅画都应该讲故事吗？》（Should Every Picture Tell a Story?）时，他坚持了同样的模式——这次是在法国南部采访萨默塞特·毛姆（Somerset Maugham）关于维多利亚时期的艺术以及他新结识的约翰·伯杰关于毕加索的《格尔尼卡》（Guernica）的主题。正如他对制片人昆廷·劳伦斯（Quentin Lawrence）说的那样，"这个节目的生命力取决于伯杰和我之间的某种争论"[11]——他们用了一种非常礼貌的方式讨论《格尔尼卡》是否是一件大众化的艺术。克拉克认为不是。

迈克尔·雷丁顿是教克拉克直接对着镜头说话的人，他成了克拉克最喜欢的制片人。雷丁顿和蔼谦虚，是个职业演员，最早在老维克剧院工作。他第一次知道克拉克是在一个巨大的花束被送至劳伦斯·奥利维尔和费雯·丽处的时候。*雷丁顿在1955年加入 ATV，他为所谓的"幼儿休战期"——即中断播送好让母亲们带孩子上床睡觉——开创了宗教节目。他解释说，他负责克拉克的项目"就是为了让 K 放松。我的表演经验非常有用，我想让 K 自己成为一名演员"[12]。他们一起拍的第一部影片是《什么是好品味？》[13]。克拉克到现在仍然坚持认为，所有提升品味的努力都是一个错误——一旦你告诉别人该做什么，那就不再是他们的品味了。自《哥特复兴》以来，他有了很大的变化和成长，曾经他相信品味是有规则的。这

---

* 1950年，克拉克夫妇送给了奥利维尔一根手杖。他们喜欢给天才送去昂贵的礼物和鲜花，包括玛戈·芳汀、凯萨琳·费丽尔、本杰明·布里顿、T.S.艾略特等人——但简天生对每个人都很慷慨。

部影片令人难忘的是克拉克审视一个所谓的"好品味"房间和一个"坏品味"房间的手法。"坏品味"房间里包括了一个在什鲁斯伯里的酒店里的品味极差的餐具柜,"怪异得可爱"。他抽着一根小雪茄,在有飞鸭和密集图案墙纸的"坏品味"房间和全白的现代主义的"好品味"房间之间踱步。克拉克更同情前者,觉得其更具人性化。有300万观众观看了《什么是好品味?》,它成了该系列中第一个被认为是成功的节目。雷丁顿说:"人们喜欢《什么是好品味?》,从那时起,我认为我们抓住了正确的调子。"[14]

284 克拉克迅速意识到优秀的艺术电视节目有三条基本原则:必须事先写好稿子;观众需要的是信息而不是想法;评论必须清晰、简洁而有力。早期的节目通常是现场直播,所以必须提前规划好每一个细节。雷丁顿和克拉克采用了一种常规的工作方式:"K会写好剧本,然后用他迷你的字迹列出一份图片清单给我,然后我们会从世界各地找到这些图片,然后把它们放大用于演播室。他总是先确定图片,再根据图片写剧本。"[15]之后,克拉克会让秘书奥德丽·斯凯尔斯"把剧本转到卡片上,尽管他会努力记住这些内容。艾琳·沃思教过他一些技巧,他会沿着海斯的海边散步,练习和巩固他的台词"[16]。在放送当晚,ATV会派一辆车把克拉克接到由伍德格林帝国剧院或哈克尼帝国剧院(Hackney Empire)改建的演播室(瓦尔·帕内尔是从综艺节目出来的,而早期的ATV电视演播室都是旧的音乐厅)。雷丁顿还记得:"我们会和K一起排练,然后去吃晚饭,一般在一家车站酒店[20世纪60年代的英国,车站酒店通常是吃饭的好地方]、圣潘克拉斯、利物浦街或尤斯顿,取决于在哪个演播室工作。K总是会很潇洒地说:'我已经点了酒。'之后,会有车把我们送回演播室准备10点半的放送。演播室的气氛总是很好,K有一个提词器。他非常专业,很少说错词。在结束时,我会举手说:'干得漂亮! 克拉克又成功了!'"[17]克拉克和摄制组的关系很好,雷丁顿证明了这一点:"我们和他之间从来没有任何麻烦,他总是很自在。我们对他的私生活一无所知。"[18]

1959年,《艺术有必要吗?》这个系列以一个特别尴尬的节目《什么是雕塑？》（*What is Sculpture?*）收场。克拉克觉得这些节目有问题，于是在圣詹姆斯广场的办公室召开了一个会议。他告诉雷丁顿："节目没有什么效果，对吧？ 我们要做的是讲故事，这才是人们喜欢的，不是吗？ 要叙事。"解决方案是一个名为《五位革命画家》（*Five Revolutionary Painters*）的新系列，包括戈雅、勃鲁盖尔、卡拉瓦乔、伦勃朗和梵高。事实证明，这种形式非常成功，回顾过往，克拉克向本·尼科尔森描述了这些节目的效果："我记得查令十字街的所有搬运工都曾经和我谈论过这些节目，[出版商]艾伦·登特（Alan Dent）还在科文特花园的一家酒吧里听到有人在聊《卡拉瓦乔》那期节目，这让他很惊讶"[19]。克拉克很享受这种关注："我喜欢成为一个电影明星。"[20]《新闻纪事报》（*News Chronicle*）认为《五位革命画家》是克拉克最好的节目，但也注意到他奇怪的姿势——"一动不动也不眨眼的样子，就像彼得·斯科特的海鬣蜥"[21]。如果雷丁顿和克拉克被这种批评刺痛，他们当然会采取行动，因为他们在1960年制作的这个节目是克拉克在电视出镜的一个里程碑。

285

　　1960年在泰特美术馆举办的毕加索展受到了伦敦人的热烈欢迎，尽管人们仍不确定该如何评价这位艺术家。克拉克说服泰特美术馆让ATV在布展和开幕之间的间隙对展览进行拍摄。许多评论家比克拉克更了解毕加索，但对于观众而言，克拉克的出现是个保证，尤其是因为他自己就是一个对毕加索半信半疑的人。这位曾为他们讲述伦勃朗的人对毕加索的介绍也是值得信赖的。展览的现场拍摄不能在开馆时间进行，克拉克和工作人员只能在周日早上6点进入展厅（为了周一晚上的播送），且必须在1点展览向公众开放前离开美术馆。这是克拉克迄今为止最好的一次表演，充满了活力。当他看着《亚维农的少女》（*Les Demoiselles d'Avignon*）时，他惊呼："现在我们已经结束了！ 现代绘画开始登场。"他对《少女》很着迷，但并没有完全被说服，而且他有勇气这样说，并把这位艺术家描述为"一个表演者和无与伦比的小丑"。一般来说，他更喜欢毕加索的抽象画而不是他的具象作品，并将艺术家每一次的风格变化称为"爆发"。他描述了毕加索对人体的爱恨关系，其中恨占主导——"基于仇恨的艺术形式能走多远，这值得怀疑"——他还谈到了"毕加索的抽象画中令人震惊的现实"。他对展览缺乏素描和雕塑作品感到遗憾，并称赞毕加索"创造力的跳动"。这部影片是记忆和协调运动的一个 *tour de force*（惊人的成功之作）：顶着时间的压力，从一个展厅走到另一个展厅，按照精心编排的剧本说出台词，没有出错。克拉克对语言、肢体和作品之间的编排驾轻就熟。正如弗拉姆·丁肖所记得的："早期的电视节目充满了一种优越感，但是当克拉克带着观众参观毕加索的展览时变化出现了，他第一次做回了自己。"[22]

然而，克拉克担心自己变得陈旧乏味，他告诉ATV的高级主管鲍勃·赫勒（Bob Heller）*："可以肯定，我的那些关于艺术的演讲很快就会让观众感到疲惫，他们会希望有张新的面孔和一种新的方式。"[23]克拉克的解决方法是再次改变主题——这次是建筑。他建议："既然BBC专门报道野蛮人、黑人和动物，他们能不能做一个关于城市的系列节目，不仅仅是里约这样风景如画的城市，还可以有新的俄罗斯小镇?"[24]这个想法发展为他与建筑批评家和现代主义建筑的拥护者雷纳·班纳姆†一起制作的三个节目。克拉克对大多数现代建筑都感到失望，随着时间的推移，他逐渐成了一个直言不讳的保护主义者，但在1960年，他仍在尝试接受现代主义，并将其与过去的伟大建筑联系起来。

当他提议制作一部关于"世界伟大圣殿"（*Great Temples of the World*）的系列时，他的立场更为坚定：威尼斯的圣马可大教堂、沙特尔大教堂和卡纳克神庙。鲍勃·赫勒响亮地给予了肯定的回应，并敏锐地补充道："通过纪念碑和实物来阐释文明，没有人能够与你匹敌。"[25]这个系列在4年后才开始制作，而且令克拉克恼怒的是，迈克尔·雷丁顿不能参与。他描述了

---

* 赫勒是一个美国人，他从CBS到格拉纳达电视台，再到ATV。他总是想做社会评论——克拉克会说："这是鲍勃的社会评论。"

† 克拉克的秘书凯瑟琳·波蒂奥斯指出，当年轻人把他们的博士论文寄给他时，克拉克有时会开玩笑地回答说，他的知识不足以提供有帮助的意见，但他确信雷纳·班纳姆会很感兴趣。

在夜间拍摄《圣马可大教堂》的情景："我的制片人是一只友好的大猩猩，迟钝而愚蠢，偶尔会像拉奥孔一样纠结于他的想法，而他的摄制组则带着毫不掩饰的不耐烦在旁边等着。摄影师非常出色，如果只和他一个人工作，我们两天就能完成拍摄。"[26] 作家J.R.阿克利（J.R. Ackerley）碰巧看了《圣马可大教堂》，称其具有"纯粹的魔力"，但其他人认为《沙特尔大教堂》更成功，因为克拉克非常喜欢这个地方。[27]《卡纳克神庙》最为滑稽，因为尽管有些镜头是摄影师在现场拍摄的，但大部分的剧本是克拉克在伦敦的摄影棚里进行拍摄的，他戴着一顶白色的高尔夫球帽，身后是一张巨大的吉萨金字塔的照片。普遍的评价是"做作得要命"。

1965年，《对比》（Contrast）杂志将克拉克的艺术演讲评选为最令人难忘和最重要的电视节目，排在《世界在行动》和《加冕街》的前面。这是评论家的投票，而不是公众的投票，但毫无疑问，克拉克现在已经成为主要的电视艺术史家。每个人都想让他谈谈当代艺术，但他说这需要色彩——当时英国还没有彩色电视节目——并建议把白教堂美术馆（Whitechapel Gallery）的布赖恩·罗伯逊（Bryan Robertson）请来，因为他是一个与当代艺术有更多接触的年轻人。BBC继续尝试找回克拉克*，1965 287 年，一个由BBC和ITV共同参与的项目出现了。两位非常出色的制片人，戴维·温德尔沙姆（David Windlesham）和托尼·德·洛特比尼埃（Tony de Lotbinière）被任命与宫务大臣科博尔德勋爵（Cobbold）合作，拍摄一部关于皇家宫殿的影片。这是一次完全出乎意料的计划。在此之前，电视摄像机从未被允许进入宫殿，一个重要的先例从此形成。所有的安排都必须得到女王的批准。杰奎琳·肯尼迪（Jackie Kennedy）已经把电视摄像机带进了白宫，而在20世纪60年代初，王室也面临着越来越大的压力，因为需要做类似的事情。第一次讨论在宫务大臣和代表ITA的卢顿希尔勋爵之间展开，

---

* 1965年，BBC就已经提议了"一个雄心勃勃的系列，参观东欧和西欧的一些宝库、美术馆、博物馆、宫殿和大教堂。我们希望这是一个人的'壮游'，而他能解释它们的意义并能对其进行延展性讲解"。见W.G.邓卡夫给克拉克的信，1965年1月13日（Tate 8812/1/4/55）。

节目必须由BBC和ITV联合制作（就像1965年1月温斯顿·丘吉尔的葬礼那样）。女王不在时，所有的宫殿都可被用于拍摄：白金汉宫、英皇阁、温莎城堡、荷里路德宫和汉普顿宫。克拉克是主持人的不二人选，其他人似乎都没有被考虑过，尽管事后回想起来，克拉克自己也觉得应该选择皇家历史学家阿瑟·布赖恩特爵士（Arthur Bryant）。

克拉克最初得到的报价低得可怜：每周100英镑，工作时间为14周（4周的前期工作、6周的拍摄和4周的剪辑）。他拒绝了这一提议，并谈妥了一个4 600英镑的打包方案，其中包括每年向ATV支付的2 500英镑的顾问费，外加2 000英镑的节目费和编辑一本书的100英镑。[28] 他对这个项目并不热心——这需要他回到他已抛在身后的世界——而且并没有被给予足够的时间，正如他告诉珍妮特·斯通的那样：“《皇家宫殿》真是带来无止境的烦恼。我不想参与这个项目，但当每个人都问我的时候，我就很难脱身了，我的公司说这会给他们带来很大的荣誉等等。我又看了一眼《母题》，我渴望回到它的写作上去，我觉得这可能会是我最好的成就。”[29]

剧本的某些地方反映了克拉克的心态：“查理二世对任何事情都不在乎，只要他不被打扰就好。”克拉克凭借他在温莎的经历，对宫廷官员感到担忧。如同他已经预料到的，官务大臣办公室确实要求对剧本进行审查，即便不是实际的审查。[30] 克拉克对克劳福德勋爵说：“官务大臣办公室一直想挑毛病，而且因为我拒绝提交剧本而大发雷霆。”[31] 但当女王提出要看影片的粗剪版以便留出时间进行修改时，这就不能被忽视了（结果，放映发生得太晚，已经无法做出任何有意义的修改）。克拉克已经习惯了在ATV的那种活泼愉快的表演风格，配上他生动的旁白。他怎么可能在《皇家宫殿》里不带一丝讽刺呢？他向珍妮特吐露道：“我很担心我的《皇家宫殿》。每次我看到那里的人，很明显他们真正想要的是一种阿瑟·布赖恩特的剧本，但我做不到。我仍然觉得我可能会放弃这个项目——它完全不是我的路线。”[32]

然而，《皇家宫殿》的制作对未来很重要。节目的制作质量比一般的电视节目要高得多，影片是用35毫米的彩色胶片拍摄的，就像一部故事片，尽管它是以黑白方式播出的。很多对《文明》至关重要的实地拍摄和照明技术都是在《皇家宫殿》中首创的，一些工作人员参与了这两部作品的制作，尤其是摄影师"塔比"·英格兰德（"Tubby" Englander）和肯·麦克米伦（Ken Macmillan），克拉克与他们建立了特别友好的关系。[33] 麦克米伦描述了拍摄的情景："《皇家宫殿》是我的第一份工作，其中有很多技术上相当棘手的时刻。那是第一次有人进入皇宫拍摄，因为君主不在，我们的车可以停在中央庭院。K在说话和走步方面很有经验，善于把握时间，他是一个真正的专业人士。有K出现的镜头很有限，因为宫殿里的光线很差，我们需要延长曝光，这对人的动作和说话来说太慢了。"[34]

节目以克拉克在白金汉宫阳台上的表演开场。然后他转身走了进去，摄影机跟着他从建筑正面进入了房间。克拉克的剧本生动活泼，总体上充满热情，但采用的是美学标准，而不是历史标准——偶尔带有模糊的赞美和批评。影片制作完成后，为女王预约了1966年10月19日下午6点在白金汉宫的放映，参加的还有菲利普亲王、科博尔德勋爵和各王室官员以及两位制片人。克拉克向珍妮特提起这件事："当我把影片放给君主看时，一切都不顺利。她很生气，很想停止它的播放，但找不到这样做的借口——没有任何不敬的话或情绪。（除了说亨利八世很胖！）她能说的只有'这太讽刺了'——这意味着没有她所习惯的煽情和奉承。她对出色的摄影只字未提，也不愿意和我可怜的制片人说话。朝臣们都感到困惑。我早就预见到了这一切，但从某种程度上说，我对君主制缺乏的热情应该体现在我极其可敬（而且非常枯燥）的剧本中，这一点很有意思。"[35]

克拉克不久后见到了塞西尔·比顿，并告诉他，女王快步走出了房间，身后跟着尴尬的侍臣。菲利普亲王留了下来，问克拉克："你怎么知道人们在皇宫宴会上大吃大喝？"他回答说："因为一半的人都营养不良，很少有人能吃上一顿好饭，而这是可以尽情吃喝的机会。"[36] 唯一对这部电影表现出兴趣的王室成员是查尔斯王子。

第二天，制作人写信给克拉克，安慰道："昨晚观影的反应肯定让你沮丧和受伤，尽管这也许是你已经预料到的。"[37]女王的私人秘书迈克尔·阿迪恩爵士（Michael Adeane）试图对此事做出积极的解释："事实上，我认为女王和菲利普亲王非常喜欢这部影片，但因为观影的目的是提出批评，所以他们也就这样做了，我认为这表明他们对这个主题很感兴趣。"[38]毫无疑问，《皇家官殿》令女王和菲利普亲王感到失望。他们早已习惯了BBC在电视中的完全尊重顺从，所以也毫无疑问地相信当他们第一次向镜头开放官殿时，也会得到同样的对待。今天来看《皇家官殿》，很难理解王室们的大惊小怪，但是对于习惯了理查德·丁布尔比（Richard Dimbleby）甜言蜜语的君主来说，克拉克显得诙谐且具有批评性。对于已经适应了对女王祖先的历史评价的现代观众来说，这种批评几乎很难被听到。

对王官以外的世界来说，这个节目是一个巨大的成功。塞西尔·比顿总结了普遍的观点："节目很有趣。就这一次，一个拥有一流头脑和非凡知识的人提供了连贯的评论……他让这个主题变得伟大……他把历史上的国王和女王当成真实的人物来谈论。他高屋建瓴地批评了官殿里的一些艺术品，当然也给予了应有的赞誉，但对佐法尼地位的评价可能有点居高临下。"[39]迄今为止，《皇家官殿》是英国电视上最重要的传统节目。它的复杂性和技术上的进步为《文明》指明了方向，但更重要的是，克拉克轻松而 *soigné*（优雅）的表演使他成为这一类系列节目主持人的必然人选。BBC也终于把他们要的人找了回来。

萨特伍德
1953—1968 年

29

萨特伍德：私密的人

像所有的文明人一样，他们把自己的生活分割在不同的空间里。

——肯尼斯·克拉克，《法国的三个面孔：马奈》（ATV）

在萨特伍德的生活提供了许多田园生活的成分。这座城堡舒适而浪漫，给克拉克夫妇提供了他们最想要的东西：隐私、宁静，还有简的花园和肯尼斯的宏伟图书馆。他兴奋地给珍妮特·斯通写信说："我迫切想让你看到［萨特伍德］，没有任何照片或蚀刻画能准确地体现它的美。比起一座房子，它更像是一个风景，还带有天气的特征。"[1] 离伦敦70英里的距离给他们带来了一定程度与外界的隔离，但这并没有妨碍客人到访，他们会到达距离城堡2英里外的桑德林车站，然后来加入午餐。正如克拉克对贝伦森说的那样："只要我周五到周一都能待在萨特伍德，一切都会很顺利——否则我会颓废。我的目的就是不要有客人。我喜欢见朋友，但只限于吃饭。如果我觉得他们妨碍我工作或照料花园，我的爱就会立刻变成厌恶。"[2] 问题的关键是把时间安排得足够紧凑，不让访客影响一天的工作。我们可以通过克拉克给珍妮特·斯通的信来深入了解他在萨特伍德的生活。

克拉克总是把他的生活安排得井井有条。[3] 他会穿着晨衣，从早上6点工作到8点，写书和准备演讲稿。早餐由佣人放在厨房的托盘上，克拉克会查看后门旁的"日志"，看是否有客人来吃午饭，并了解菜单。早餐后，他会从大厅消失，去书房工作——那里没有电话——直到上午10:30，他才会回到"房子"里，给他萨特伍德的秘书交代事情，然后打电话给他在奥尔巴尼的伦敦秘书。然后，他又会回到书房，坐在窗前的椅子上工作。支票和不太受欢迎的信件会在大书桌上处理。中午12:45，他会轻快地穿过城堡外庭的草坪，到镶了木板的图书室去享用餐前饮料（令人困惑的是，虽然这个作为克拉克家起居室的房间里有一个书柜，但图书馆实际上是在大厅里）。在这个时段，客人会被快速地领进去——如果他们迟到，简会很理解，但正如图书/档案管理员玛格丽特·斯莱斯（Margaret Slythe）评论的那样："对K来说，这会被视为对他的无礼。"[4]根据客人的兴趣和重要性，咖啡会在餐桌上（如果他希望他们离开）或在图书馆里提供。很少有客人会被认为"值得用糕点"、被邀请（无主人陪伴）参观城堡并在被送走前享用下午3:45的茶饮。午餐后，克拉克夫妇通常会午休。在这之后是一个小时的工作，直到下午6:30左右享用饮品。如果简心情愉快，克拉克就会利用晚饭前的时间写私人信件——通常是给他女友们的——还会留好几个信封，待第二天贴好邮票出去。

萨特伍德的工作人员包括恩伯森夫妇、管家和厨师。管家是克洛克先生，他的妻子是客厅女佣。伊萨·麦凯负责打理织物柜，此外还有各种女仆，加起来一共8名室内佣人。在室外，还有3个园丁。维持这个家意味着克拉克夫妇的生活开支远远超出了他们的收入，他们不得不靠卖画来补充消耗。克拉克一直为钱发愁，他对珍妮特说："一个人不能把钱抛在一边——设定一个路线并按照这个路线生活，就像开飞机一样，这真是令人厌烦。然而，我想，每个时代都有自己的方式来扭曲一个人的平静，如果是19世纪，我应该一直被对三位一体的怀疑所困扰。"*随着工党政府在1966年推出附加税——因披头士的歌《收税人》而被铭记——克拉克被迫减少室内佣人的数量，他与简被留下的一对意大利夫妇照顾：玛丽亚作为厨师，

---

* 给珍妮特·斯通的信，1955年5月5日（博德利图书馆收藏）："与我的财务顾问进行了一次让人沮丧的交谈，我一直都太大意了，如果不是因为我的画，我应该早就破产了。"

她的丈夫帕斯夸里担任管家、司机和贴身男仆。他们分担了大部分的家务，但每年夏天他们都会回到自己的家住上几个星期，留下克拉克夫妇无依无靠，因为他们都没有任何烹饪技能。简的兴趣都在城堡围墙内开辟的花园，花园里有长长的草本植物镶边，便于花卉的布置。简对植物很有研究，布置摆放都别出心裁，她每天都会检查花园，通常和住在小屋的园丁总管克拉达克一起。

星期一用完午餐后，车上会装满鲜花、食物和干净的亚麻织品。在早期，克拉克夫妇会被送到伦敦。随着交通状况的恶化，他们会乘坐火车，从福克斯通或桑德林站出发，他们总会在火车上受到王室般的待遇，因为简记得每个人的名字，给他们的小费都很丰厚。简在萨特伍德的时间渐渐多起来，克拉克会独自去伦敦，这也许更适合他。他会在星期四回来，赶上喝茶的时间。正如科林所写的那样："我的父亲通常每周会有一部分时间和他的情人们在一起，这时他会很愉快，到处闲逛，开几瓶酒。"[5]

克拉克夫妇喜欢在周末招待老朋友：摩尔夫妇、派珀夫妇和萨瑟兰夫妇、玛戈·芳廷、奥利维尔夫妇、斯彭德夫妇、安德森夫妇、德罗伊达夫妇，还有耶胡迪·梅纽因（Yehudi Menuhin）。有些客人，如E.M.福斯特和戴维·诺尔斯，谦逊而不张扬*；而另一些客人，比如佩妮洛普·贝杰曼，则话太多，克拉克认为："在吃饭等场合，她的个性太强了——我相信她是圣人，而像所有圣人一样，她喜欢表现自己，而且很脏。我怀疑她有没有洗过澡，或者脱掉过最里层的衣服……我真的很喜欢过她。"[6]当艾伦邀请军事历史学家、学者巴兹尔·利德尔·哈特（Basil Liddell Hart）留下来时，克拉克观察道："他显然已经习惯了别人对他洗耳恭听，说服简让他不被打断

---

* "摩根·福斯特很可爱。我们喜欢他来做客，如果他能住上几个星期，我们会很高兴。他是继戈尔主教后我遇到的唯一的道德力量。"致珍妮特·斯通的信，1960年2月24日（博德利图书馆收藏）。关于戴维·诺尔斯的访问，克拉克写道："他是一个伟大而圣洁的人，但过分谦逊低调，以至于人们发现自己一直顾着说话，对他不太尊重。"致珍妮特·斯通的信，1962年8月7日（博德利图书馆收藏）。

地说话并不容易。"[7]

他们开始邀请迷人的年轻夫妇，比如科莉特的朋友卡丽尔和约翰·哈伯德夫妇（Caryl and John Hubbard）。卡丽尔经常为克拉克做研究，而克拉克很欣赏她丈夫的画作。新的名字开始出现在访客簿上，特别是科文特花园董事会里的一位富有的单身汉伯内特·帕维特（Burnet Pavitt）成了常客，他将在克拉克的第二次婚姻中担任伴郎。1957 年 6 月 28 日至 29 日，伊丽莎白王太后在横渡英吉利海峡为敦刻尔克纪念碑揭幕之前，在萨特伍德住了一晚：她带着一大批随行人员，包括她的私人秘书、侍女、男仆、女管家和司机。克拉克夫妇在晚餐后安排了一场朱利安·布里姆（Julian Bream）的鲁特琴独奏会，但由于某些原因，这场演奏从未举行。

在萨特伍德很少会遇到邻居，除了科莉特的朋友约翰和阿妮娅·塞恩斯伯里（John and Anya Sainsbury）[8]，他们在附近建了一栋现代主义风格的别墅，并已经形成了卓越的艺术收藏。克拉克很喜欢拜访当地的一位少校，"他种了很多杜鹃花，会像检查士兵连一样在他的游廊上检查他的花园"[9]。并非所有到访的客人会对萨特伍德印象深刻。克拉克的朋友、前驻瑞典大使维克托的儿子约翰·马利特（John Mallet）发现"克拉克夫人对我们很不欢迎的样子……可能是因为她希望与奥尔德斯·赫胥黎进行长时间的深入交谈，当我们到达时，赫胥黎正懒洋洋地躺在客厅的椅子上……肯尼斯爵士带我们去看了他的图书室，对我们很周到，可以说他很亲切，但总的还是会让人感到一丝寒意。他有一个不可思议的大脑，像钻石一样坚硬、闪耀、冷酷"[10]。

克拉克很少邀请他的同行来参加周末活动，一个例外是后来成为国家美术馆馆长的迈克尔·利维和他的小说家妻子布丽吉德·布罗菲（Brigid Brophy）。他们的到访让克拉克有点惶恐："我非常害怕他的妻子，据说她是个会捏碎中年文人头骨的人。她没有表现出这种迹象，但她无疑在做笔记，以备将来使用。"[11]约翰·哈伯德形容在萨特伍德的周末"充满了笑话和故事——不是特别有智慧"[12]。周六下午，客人们很可能会被带去参观坎特伯雷大教堂，或者罗姆尼湿地和古老的教堂，或海斯及其拿破仑运河。克拉克喜欢散步——简从来没有走过庄园的边缘——部分原因是狗，大丹犬柏拉图，《他是不是很漂亮？》里的明星，"它性格高贵但不太聪明"，还有只名叫艾玛的腊肠狗：它非常聪明活泼。克拉克很喜欢它们，并在回忆录中动情地描写了它们的直觉和死亡。[13] 整个周末，萨特伍德的客人都很忙碌，正如玛格丽特·斯莱斯观察到的那样，"大多数人离开时都筋疲力尽，无论是身体上还是智力上"[14]。他们离开后，克拉克当然很高兴，并给珍妮特提到了一个老生常谈的家庭故事："你还记得那个留到很晚的客人的故事吗？当他从厕所出来时，听到我对我们的老狗说：'这不是很好吗，他们都走了。'嗯，他们确实都走了。"[15]

克拉克对萨特伍德的圣诞节态度矛盾。从积极的方面来看，这意味着 294 莫里斯·鲍勒和约翰·斯帕罗的到来，但这也带出了克拉克内心清教徒的一面："连续五天吃吃喝喝，客人们除了抽烟和聊天，都无所事事。我讨厌这种情形。"约翰·斯帕罗是个随和的客人，"不像莫里斯那样从不翻书"[16]。克拉克描述了一个圣诞节里的鲍勒："他安顿好之后，就像往常一样滔滔不绝地说个不停……至少说了16个小时。由于艾琳·沃思人在纽约，罗宾·艾恩赛德不得不承受这种冲击，并配合得很出色。我不得不说，莫里斯真的很可爱——既热情又聪明。"[17] 约翰·塞恩斯伯里看着这三位老友聚在一起，很是着迷："约翰、莫里斯和K非常亲密，用一种很私人化的语言交谈。"科林讲述了他们如何拿出《牛津名言辞典》，互相挑战，要说出是谁写的内容，什么时候写的。他们偶尔会插入克拉克书中的一些语句，看是否有人能辨别出来："'世界上伟大的宗教艺术与女性原则密切相关。''天哪，胡说八道！谁能说出这种话？''肯尼斯·克拉克……'"[18] 不过，圣诞周存在的主要风险是，当克拉克一家聚在一起时，总是很容易发生争吵。

尽管克拉克夫妇不想与郡里的人有任何关联——就像克拉克在萨福克郡的父母一样——但他仍然准备参与当地的事业，尤其是涉及教堂维修的时候。村里的板球场就在城堡那片地的边缘，他对俱乐部秘书说："我珍视我与俱乐部的联系，非常乐意参加你们下一届的年度会议。"[19] 他们把城堡出借给当地的癌症慈善晚会，克拉克还为坎特伯雷大教堂的各种呼吁提供了支持。[20] 他允许教堂用自己的名字筹款，并主动给资助机构写信、做演讲，或者偶尔也会寄一张小额支票。当萨特伍德教区教堂请他捐款时，他同意支付一座新的祭坛，雇了一个当地的木匠。他对自己的善举非常谨慎，由于税收减少了他可支配的收入，他把捐款限制在艺术家和建筑保护上：当克拉克拒绝对佛罗伦萨的英国学院的请求提供支持时，意裔英国意大利历史学家、大人物哈罗德·阿克顿大为震惊。尽管克拉克对艺术家慷慨大方，但正如他的员工所发现的那样，他生性非常节俭。他曾形容自己"一个人的时候，就像旅馆里的老女仆一样吝啬和准时"[21]。人们当然认为克拉克比他实际的更富有，但当他们访问萨特伍德时就明白了——他的钱都在墙上。此外，他还有一个非常昂贵的家需要维持，不断需要钱。

克拉克家的孩子们长大后都有非常鲜明的个性。艾伦和科林表现出了非同寻常的那种兄弟竞争状态，但两个男孩都很害怕他们的父母。艾伦始终觉得科林有一种想被哄骗的心理需求，甚至他自己有时也会利用科林对钱的绝望。20世纪50年代，他们正处于"车和女孩"的阶段。两人都对昂贵的名车情有独钟，虽然当他们遇到困难时，简是第一个强迫他们的父亲开出支票的人，但她通常的口头禅是："别给他们钱，他们只会把钱花在车上。"[22] 艾伦的父母经常说他 *rébarbatif*（烦人），不管什么话题，他都会用强烈的措辞表达自己的观点。他喜欢带他的女朋友们到萨特伍德见他著名的父母——其中一位帕姆·哈特（Pam Hart）还记得，在萨特伍德，当她试着沿骨头切开一条躺在餐具柜上的新鲜鲑鱼时，克拉克说："亲爱的，这是一个大胆的尝试。"[23] 贝伦森在给克拉克的一封信中问到孩子们的情况："我想知道你们家每个成员的消息，特别是那个'问题孩子'艾伦，他让我很着迷。"[24]

克拉克确实有关于艾伦的重要消息要告诉BB，艾伦当时已经29岁了："亲爱的BB，不知道你有没有听说我们家的艾伦要结婚了。整个事件很符合他的古怪。[艾伦爱上了一个14岁的姑娘简·博伊特勒（Jane Beuttler），她住在拉伊镇，离他很近。]一段时间之后，女孩的父母被吓坏了，把她带到马耳他（她的父亲是一名陆军上校），他们用传统的方式销毁了艾伦与他们女儿之间的信件。但当她回来的时候，他们依然还爱着对方。在她16岁生日后不久，艾伦找到我们，说他想让我们见见他想结婚的人。当然，这是我们第一次听说她。幸运的是，她原来很有魅力——长得很迷人，没有大多数年轻女孩的傻气和自我意识。于是我们鼓励他，她的父母也同意了，婚礼在这个月的31日举行。在我看来，这段婚姻并不比其他任何婚姻更有风险。艾伦有很强的奉献精神，他会尽力照顾好他的小虾。"[25]新娘的父母经过很长一段时间的沉默，最终同意了这场婚礼，并意识到，正如她父亲对克拉克所说的那样："最好还是去阻止阿拉伯民族主义。"克拉克很喜欢这句话。[26]婚礼酒会在圣詹姆斯广场的艺术委员会举行。克拉克非常喜欢他的儿媳。他告诉珍妮特，艾伦是"一个奇怪的幼稚和成熟的混合体。非常聪明，也充满了偏见……小简就像一只活泼伶俐的小鸟——一只河乌或类似的东西。她很机灵，什么都知道"[27]。

克拉克被艾伦搞得又惊又气又好笑，他意识到艾伦身上有很多自己那充满活力喧嚣的父亲的影子。而科林则是一个温和的角色，尽管和他的兄弟一样喜欢捕猎女人。艾伦日后会成为一名军事历史学家，后来又成为一名政治家，而科林在电影界的职业生涯则更支离破碎。丹尼斯·福曼给他提供了一份在格拉纳达电视台的工作，并这样描述："科林拥有所有的家族魅力——被家人低估——但他太富有了。不过，他为我工作得很出色。科林性情温和可爱，有点阴柔，缺乏野心。因为他不够强势，所以不是一个好的制片人。科林害怕K——他会躲避电话或者写信沟通。"[28]科林长期处于财务危机中。最终他会鼓起勇气去找他的父亲，而他的父亲会非常严肃地看着他，认真地倾听，然后想一会儿说："是啊，科林，这很糟糕……太糟糕了。"然后他又会继续回到写作，但这时简会介入进来并冲着他说："科林需要一张支票，K。"他讨厌写支票，但他不能拒绝简的要求。[29]科林一直是简的最爱，受到她的保护，但他也有能力破坏她的稳定，他的父亲深知这一点："科林在去法国的路上打来电话，结果总是哭，真的哭了好几个小时。他是个好孩子，但他妈妈对他太过喜爱，在他到达前12个小时就开始歇斯底里了。"[30]

当科林爱上芭蕾舞新星维奥莉特·维迪（Violette Verdy）并想娶她时，克拉克对他这个小儿子的矛盾心理（及缺少父母支持）就出现了。[31]克拉克告诉珍妮特："乍一看是个典型的教养良好的法国女孩，但进一步了解后发现她非常聪明且具有洞察力。我完全理解为什么她在纽约的朋友都气愤地说科林配不上她。"[32]随着日子的临近，他的预感越来越不好："哦，亲爱的，我祈祷一切顺利——我不会为了考虑维奥莉特而不顾一切。"[33]婚礼在萨特伍德教区教堂举行——有两名管风琴手在婚礼进行曲的演奏过程中吵了起来——随后在城堡举行了盛大的婚宴。城堡的资源第一次被扩展了。"每个人看起来都很开心，"克拉克评论说，"但我并不高兴。"[34]他最担心的事情还是发生了，这段婚姻很快就结束了。科林又结过两次婚：第一次是和他最好朋友蒂姆·拉思伯恩（Tim Rathbone）同父异母的妹妹费丝·赖特（Faith Wright），婚姻持续了十几年[35]；第二次是与一直陪伴到他去世的海伦娜·萧·关（Helena Hsiu Kwan）。

297　　科林的孪生妹妹科莉特成了皇家歌剧院的导演，事业十分成功。她是克拉克唯一毫无保留去疼爱的孩子；他的爱得到了回报，但这对简来说是一个不可避免的代价。简和科莉特一直相处得不好，直到1967年，未婚的科莉特生下了画家托尼·弗莱的儿子山姆。这是一个勇敢的选择，因为在那个年代，非婚生子仍是社会的耻辱，尽管作为父母的克拉克夫妇都是自由主义者，但他们还是赞同这种惯例。但在经历了最初的震惊之后，他们给予了她充分的支持，正如她对教父莫里斯·鲍勒所说："老克拉克夫妇表现得比我所了解的任何时候都要好——完全理解我所有的感受，相信我做出了正确决定。妈妈甚至很淡定地想到要把这件事告诉家里的仆人。"[36]

克拉克夫妇在奥尔巴尼B5号的伦敦公寓位于二楼，由四个房间组成：

门厅；起居室带双扇门，通向卧室；还有一个小小的盥洗室，里面有三张康斯特布尔的素描。[37] 它一点儿也不豪华——厨房和浴室是同一个房间。浴缸有一个铰链盖，可以放下来作为厨师琼·道森（Joan Dawson）的工作区，她大约每周来一次："我用的可能是你见过的最老的煤气炉。"有时"肯尼斯爵士会在厨房的一边刮胡子，而我在另一边刮土豆"[38]。道森太太很喜欢她的老板："他具有能想象到的最迷人的风度。简也很有魅力，但不太可靠，她的举止随着酗酒而变得更加迷人。他非常喜欢和我谈论公寓里的艺术。你在《文明》里面看到的就是他实际的样子。"

大部分时候是克拉克在做安排，道森太太还保留着菜单簿，上面写着客人的名字以及他们吃过的食物：塞西尔·比顿和华莱士收藏机构的总监弗朗西斯·沃森（Francis Watson）（雉肉馅饼、烤欧芹黄油、沙拉茴香和黄油、柠檬冰糕），邓肯·格兰特（西西里对虾、洛林菜豆、草莓冰糕）和威斯敏斯特公爵夫人（魔鬼蛋、奶油豆肉片、豌豆、新土豆、蔬菜沙拉、覆盆子冰糕）。她回忆道："克拉克夫人会把主宾带进厨房来表示感谢。有时他们很迷人，比如拉尔夫·理查森爵士（Ralph Richardson）就会藏20英镑小费给我。另一些人，比如美国大使沃尔特·安嫩伯格（Walter Annenberg），则显得无聊至极，对被带到如此低级的厨房只是为了见厨师感到惊讶。有一次，西德尼·诺兰在午餐后送来一幅仙客来的画作为感谢，肯尼斯爵士说："我想这是属于我们两个人的。'然后把它挂在了厨房里。"[39]

1960年，吉尔·罗斯（Gill Ross）来到奥尔巴尼为克拉克工作。"《泰晤士报》的个人专栏有一则广告，说肯尼斯·克拉克爵士在寻找一名私人助理。没有提到工资，但收到了120份答复。K天生对钱很紧张。我参与了《风景入画》的工作，只有当它被拍成节目后，我才拿到了电视公司给我作为研究员的报酬。K说："当我把信放在那张床上时，我希望你去回复它们。'光是求捐信就有几十封。简总是会干涉，做出的事正是她会去做的事。"[40] 当事情出错时，克拉克会给予原谅："有一次我把一篇演讲稿（K总是用手写）弄丢了，他对此态度很好，但不得不重写整篇稿子。"[41]

不在家吃午饭的时候，克拉克会去餐厅，并会为他的客人挑选食物：杰明街的惠勒、圣詹姆斯的奥弗顿、骑士桥的布朗普顿烧烤餐厅或者是科文特花园附近的常春藤。多佛比目鱼是他最喜欢的主菜，他从不选昂贵的葡萄酒。亨利·摩尔的女儿玛丽回忆道："亨利和 K 如果在伦敦，每周都会在皇家凯馥烧烤餐厅见面，他们在那儿总有一个放在角落的桌子。之后，他们可能会去拍卖行，有一次午餐后买了一个库巴面具。"[42]在伦敦的晚上，克拉克偶尔会去音乐厅，这是他童年时留下的习惯，据说他还会去维多利亚皇宫剧院看"疯狂帮"的演出。他很少享受官方晚餐或晚宴，但通常会接受外国使馆的邀请，尽管这伴随着风险——简从伦敦的每一把大使椅子上都摔下来过，这些情况被家人称为是她的"翻滚"。

与此同时，简感到无聊、孤独、受到打击。她没有女性朋友，她的仰慕者们也都移情别恋；她呈现出一种日益悲哀的状态。除了萨特伍德的花园，她对丈夫工作以外的事几乎都没有什么兴趣，对他的工作既感到骄傲又吹毛求疵。她崇拜他，又折磨着他。克拉克夫妇都有疑病症，因此他们的许多信件都与健康有关。1952年，简因一种不明原因的问题病入膏肓，在修道院的疗养院里花了很长时间才得以康复。克拉克一直很清楚，对他来说"行动是最健康的药物，我害怕因为停滞而导致的各种形式的忧郁症"。虽然他只有53岁，但他在1957年3月对珍妮特说："问题是我知道我已经从一个窗台跳到了另一个窗台——衰老就是不断地往下跳——我多希望自己还在高两个窗台的时候就认识你。"[43]简非常清楚自己有许多竞争对手，但她又有多清楚自己的咄咄逼人正在让丈夫与她渐行渐远？毫无疑问，她的行为因他的风流韵事而加重，但她对孩子们的方式也是如此。克拉克向珍妮特倾诉了自己的烦恼："简越发爱发脾气，所以家里的情况很不稳定，最近她又被刺激到了，我已准备好到任何地方去寻找滋养。"[44]克拉克有工作和女友来安慰自己，但简除了酒精，什么也没有。这使他很忧伤地想到了父亲的命运。

孩子们的出现通常让简的情况变得更糟："事实上，这是多年来第一次我们五个人在一起的几天里没有发生火爆的争吵——每次都是从简开始，她似乎对这种表现有一种心理上的渴望。"[45] 简只有在几杯酒下肚后才能恢复平静，人也会变得可爱起来。她会把她的"咳嗽药"放在手袋里。科林指出："我父亲从来没有不支持我的母亲，从来没有过。他总是担心她，当他外出拍摄时，他每天都会给她打电话、写信。他一心一意要尽可能地让她保持良好的状态"[46]——尽管他为了能够继续工作，不惜让她喝酒。他自己也喜欢在晚上喝一杯浓烈的威士忌，并意识到让简戒酒就意味着他们俩都要戒酒。

当简在公共场合从椅子上摔下来的时候，克拉克总是表现出对她的殷勤呵护，并以各种医学上的原因作为借口。他的耐心让很多人感到惊讶且印象深刻，但她已经把她的全部献给了他的伟大，她会想尽各种办法来控制他。简是个不可预测的人——约翰·马利特写道，"他从妻子那里得到了完全的崇拜（让我们这样的局外人感到恶心）"[47]。但下一分钟，她就会鼓励一个年轻的博物馆官员反对她的丈夫："没错，别让他得逞。"[48] 她爱炫耀——艾伦·普莱斯-琼斯（Alan Pryce-Jones）回忆说：有一次在奥尔巴尼的前院遇到正要去瑞典的简，于是便向她推荐了一个朋友让她可以去见见。"哦，"简说，"请一定给我们一封信。我们会想见一些普通人。我们在瑞典除了国王之外，从来没见过任何人。"＊克拉克继续对她保持着温柔的感情，并引用了托马斯·布朗（Thomas Browne）的句子："然后我想到了我可怜的简，'至于这个世界，我认为它不是一个旅馆，而是一个医院，一个不是用来生存而是用来死亡的地方'。"[49]

在家庭之外，克拉克在20世纪五六十年代生活中的主要人物是珍妮特·斯通。他们交换的信件与他写的其他信件不同；他们之间有一种存在于新生爱情中的坦率和新鲜感，透过这些信件，我们也可以感受到他在婚

300

＊　Alan Pryce-Jones, *The Bonus of Laughter* (p. 187).这是一个反复出现的主题——简曾经对装潢师尼基·哈斯拉姆说："我最后一次读《圣经》是读给瑞典国王听的。"（*Financial Times*, 5 June 2014）

姻中受到的折磨和职业焦虑。对克拉克来说，它们是他释放蒸汽的安全阀——或者就像珍妮特自己所说的那样，"我是他的水槽"。她允许他做他自己，他会向她坦白："收到你那封亲爱的来信时我正处于忧郁的深渊——你千万不要认为我是一个软弱自私的骗子。我一生都在违背诺言，让人失望——通常都是出于惰性。"[50]这些信也是他第一次充分地书写自己，是他自传的初稿。

克拉克爱珍妮特吗？当他在信中写下他爱她时，他无疑相信是的，尽管他从没有对她的怪癖视而不见。"珍妮特真的有点傻。"他会这样告诉他的秘书凯瑟琳·波蒂奥斯。她有趣、独特，喜欢攀结名流，比如让艺术名人本杰明·布里顿和艾丽斯·默多克（Iris Murdoch）住在利顿切尼。她给克拉克的信都是对自己日常生活的迷人叙述，通常是日记的形式，其中穿插着："亲爱的，我亲爱的，我真的很爱你。"克拉克会带着一丝得意恭维珍妮特，将她的信与17世纪著名的写信人多萝西·坦普尔夫人的信做对比，但故事中让人心寒的部分是，他并不总是会费心阅读那些信——凯瑟琳·波蒂奥斯在他去世后，在奥尔巴尼发现了一大盒未开封的信。[51]

这并没有妨碍克拉克写道："我想了很多我们之间的感情——亨利·詹姆斯所说的我们的困境。毫无疑问，一些事情已经发生，唯一的问题是还会发生什么——所以我同意你的观点，没有任何东西能剥夺（我想）我们从第一刻起就感觉到的深刻共鸣。"[52]珍妮特可能永远都没能及时明白的是克拉克同时拥有几个女性朋友的"系统"——成为戈利。最重要的是，这种数量所提供的安全对他和简来说都是重要的保护。与珍妮特的关系正是以这种方式发展起来的：通信和每月在伦敦的会面。随着时间的推移，克拉克是否真的想过要改变这一惯例是值得怀疑的。

301　　克拉克会让珍妮特写信到奥尔巴尼，这样信件就不太可能被简拦截。*

---

* 克拉克的秘书奥德丽·斯凯尔斯向笔者回忆说："每周一早上都会有一个白色方形小信封，上面用黑色墨水整齐地用斜体写着'私人'字样，收件人是KC，我会原封不动地把它放在他的桌子上。"

电话也会被监听："我有很多话不能说，所以最后我什么也不说。多年来，汉普斯特德的所有电话都被监听（在萨尔特就不那么容易了，因为系统不同），所以我跟每个人通话都很小心谨慎。"[53] 1956年，当克拉克第一次去多塞特郡（单独）与珍妮特和雷诺兹·斯通住在一起时，他被他们的老教区长住宅和那里的生活迷住了："就像意大利人说的'quattro passi nelle nuvole'*……有一种我认为自己永远不会再经历的感觉，初恋加上快乐的童年感。"[54] 他在利顿切尼认识到了与他在法利·波顿的派珀夫妇身上发现的同样的文明价值观，即为艺术而活。雷诺兹·斯通是他那一代人中最优秀的木刻师，这栋房子是他和珍妮特所珍爱的所有东西的殿堂——印刷机、诗歌、艺术、音乐和一个浪漫的野生花园。雷诺兹介意珍妮特和克拉克之间的关系吗？他是一个可爱且非常害羞的人，沉浸在自己所痴迷的事物之中，他为她找到了这样一个才华横溢的崇拜者而感到高兴。[55]

克拉克的其他女友呢？科莉特断言："我父亲是个极想展示自己魅力的人；如果女人不爱上他，他就会很生气。"他会带他的女士们去剧院或歌剧院的首演之夜、参加展览开幕或者去美术馆看作品；其中一位记得："他会努力让我们享受到特殊待遇，他的乐趣就是看到我们认真听他说的每句话。"[56] 有很多人都是这么做的，而她们也给他带来了一些不同的东西。也许是出于对珍妮特的考虑，迈凡薇·派珀最终离开了克拉克，克拉克也注意到了这点，但并没有太担忧："这是一次愉快的访问。约翰完全没有变。迈凡薇不再急于取悦——或者说再也没有取悦我——这对我来说是有点不太好，但她仍然是一个可爱的人。"[57] 迈凡薇根据克尔凯郭尔的小说写了一个剧本《诱惑者》（*The Seducer*），克拉克不喜欢，这使他们的关系又受到了打击。她给他写了一封愤怒但深情的信，并没什么作用。正如他告诉珍妮特的那样："如果我说这都是无聊的废话，她一定会更不高兴，但我确实是这么想的。"[58] 在奥尔德堡事件之后，克拉克继续与玛丽·波特保持着通信；与 302

---

*　略有引用错误，"Quatro passi fra le nuvole"（云中四部曲）——也是1942年一部意大利电影的片名。

他的声明保持一致——他所有女朋友的名字都以"M"开头，在他的艺术委员会期间，他还与伦敦大学的讲师玛丽亚·雪莉（Maria Shirley）有过一段恋情，艺术史学家贾尔斯·沃特菲尔德（Giles Waterfield）回忆说她是"一位迷人的少女"。女演员艾琳·沃思是另一位忠实的爱慕者，但当她感到他们的关系让她有点难消化时，便出现了一段时间的疏远。

当克拉克沉迷于与杰妮·莱茨曼的浪漫友谊时，属于在玩火。她和她那警觉的亿万富翁丈夫查尔斯是纽约大都会博物馆的主要赞助者。她聪明漂亮，是纽约社交界的女王之一；而他是一位强势的石油公司总裁，他们共同收藏了从维米尔到大卫的最高水准的艺术品。克拉克在20世纪50年代末在伊塔蒂认识了杰妮（据她回忆）[59]，并立刻被她给迷住了。她对艺术表现出非凡的好奇心，没有什么能逃过她的眼睛。"杰妮·莱茨曼是个很重要的爱人，"凯瑟琳·波蒂奥斯认为，"K非常迷恋她。有一天，他说：'查尔斯非常嫉妒我，这不是没有原因的。'还有一次，他对我说：'我和杰妮·莱茨曼站在弗里克收藏馆里面的《波兰骑士》面前，那一刻我感觉到了从未有过的和一个人的亲近。'"[60]科莉特曾听父亲随口提到杰妮是"一个小老太太"，这让她在奥尔巴尼的台阶上与这位极具魅力的人物偶遇时毫无准备。从1965年克拉克举办莱茨曼讲座期间杰妮写的一组明信片来看，他的爱得到了回报，其中一张提到了挡在他们感情道路上的所有障碍。[61]克拉克对杰妮的感情可能是继玛丽·凯塞尔之后对他婚姻最大的威胁，但理智还是占了上风。到了1968年，他可以调皮地向珍妮特吐露："我每一分钟的空闲时间都被著名的莱茨曼夫妇给占用了。谢天谢地，他们一年只来一次，还得像王室成员一样招待他们。我必须说他们对我很好。可怜的老查尔斯一点也不友善，但杰妮很可爱。17年前，她是世界上最漂亮的东西，而他是个老男人。现在他面色红润，而她看起来好像快死了……别担心——我们一年只见一次面，查尔斯从来没有让她离开过他的视线。"[62]

克拉克还与玛格丽特·斯莱斯有过一段不为人知的恋情，她在萨特伍德做了20年的无薪档案/图书管理员，同时也在伯恩茅斯艺术学院当过图书管理员。她非常喜欢克拉克夫妇，并发现自己"从不同层面支持配合着他们"[63]。

　　克拉克曾告诉一名记者，他得到了所有人的善意和宽恕，除了他的一位女性朋友。这个例外可能是海斯的室内设计师兼艺术品经纪人伊丽莎白·柯万-泰勒（Elizabeth Kirwan-Taylor）。她是一个有主见、有魅力的红发女郎，喜欢与文人相伴，并声称与维塔·萨克维尔-韦斯特和诺埃尔·考沃德（Noël Coward）是朋友。她离过婚，有4个成年的孩子，她相信克拉克会娶她；当他没有这么做时，她并不愿意安静地离开。[64]

　　毫无疑问，克拉克的声明和承诺让他自己陷入一种非同一般的困境。当然，在那个年代，这种婚内事务的处理方式都带着礼节，通常不会导致离婚。这当然也不是克拉克的本意。他之所以会享受这种两人关系，正是因为他已经结了婚，在某种意义上对他来说是安全的。毫无疑问，性在其中起到了一定的作用，但它不太可能是推动力。克拉克喜欢给他的女友们写信，只会偶尔与她们见面。在这种情况下，写信对他来说意义重大，它给可能只是一时的幻想带来了现实感。科林总结道："我父亲真正喜欢的是与一位聪明美丽的女士亲密地共进晚餐……但有时这确实会导致他言行失检；由于他是个作家，他写的一些信后来让他感到后悔。他曾经对我说，'我不能独自去乡间散步，我脑子里被太多的那些信给占满了'。他无法忘记自己曾经如此轻率、如此频繁，和这么多人绞在一起，有时甚至在同一个晚上。"

　　除了给女友写信，克拉克最大的放松就是读书。"我不读小说，"他曾对听众说，"也许是阅读历史的习惯让我感觉必须检查每一句陈述是否属实。"*在珍妮特的压力下，他尝试阅读她朋友艾丽斯·默多克的小说："在冒险阅读艾丽斯·默多克之后，我现在正试着读达雷尔（Durrell）的《亚历山

---

* 1978年7月12日在笔会上谈伊迪丝·华顿。另见1950年6月10日致莱纳德·卡茨的信："恐怕我不是一个小说读者。事实上，我已经很多年没有读过小说了。"（Tate 8812/1/4/6）

大四部曲》(*Alexandria Quartet*)；这不是我喜欢的那种书。"[65]科莉特对他的阅读感到困惑："爸爸在某个阶段肯定是读过一些书的。但我从没看到过他工作或读书。有一天，我正在读《战争与和平》，他转向我问道：'这本书有意思吗？'"她惊讶地发现，他从来没有读过这本书，尽管他后来称托尔斯泰的小说是"持久想象力的奇迹"[66]。科莉特记得："他读过阿纳托尔·法朗士的书，但总的来说，我母亲读的书要多得多。"[67]秘书们回忆起，他在旅行或等人时，喜欢看侦探和犯罪悬疑小说。但克拉克更喜欢阅读诗歌、早期教会神父著述和历史。当他制作了一个关于他文学品味的广播节目《充满愉悦》(*With Great Pleasure*)时，他将17世纪——从多恩到德莱顿——描述为他最喜欢的诗歌时期。[68]他介绍了赫伯特、考利和沃恩的作品，还包括了荷马、怀亚特、华兹华斯、济慈和彭斯的作品。他以自己熟悉的诗人结尾：叶芝、伊迪丝·西特韦尔和亚瑟·韦利翻译的白居易。当他问约翰·贝杰曼应该用他的哪首诗时，贝杰曼回信说他的诗都很糟糕，并附上了一篇题为《冬日在家》("Winter at Home")的散文。[69]

克拉克对教会神父著述的阅读出人意料，并提出了关于他的信仰或缺乏信仰的问题。他的父母都不常去教堂，他在预科学校和温彻斯特了解了英国国教，除了仪式的美学乐趣外，没有给他留下明显的印记。牛津大学的斯莱格·厄克特是一个虔诚的罗马天主教徒，但莫里斯·鲍勒的影响要大得多。鲍勒是一个无信仰的人，他接受了英国国教的外在形式和基督教社区的框架，这对标志生命历程的仪式是有用的。尽管克拉克从鲍勒那里得到了启发，但他还是觉得缺少了一些东西："我始终无法让自己相信英国国教关注的不是上帝，而是友谊、板球、鲜花等。我的演讲中提到了耶稣受难、礼拜仪式等内容，这让每个人感到畏惧。问题是，我的宗教观念要么来自中世纪的圣人，要么来自17世纪的传教士，而我没有意识到事情发生了什么变化。"[70]

也许更重要的是，在克拉克生命的各个阶段，他都曾被神所触及，或者说他相信自己曾被神触及。最明显的例子是在佛罗伦萨圣洛伦佐大教堂

（San Lorenzo）的一次经历："有那么几分钟，我的整个身心都被一种神圣的喜悦所笼罩，这比我以前所感知的任何东西都要强烈得多。这种心境持续了好几个月，虽然很美妙，但在行动方面确实是种尴尬。"[71]他知道自己的生命远非无可指责，觉得自己不配接受这种恩惠的洪流。虽然他确信自己"触摸到了上帝的手指"，但这并没有使他成为一个信徒，然而"这仍然帮助我理解圣人的喜乐"。[72]他对某些"圣地"特别敏感：桑吉、德尔斐、爱奥那和阿西西——他将在《文明》中赞美后两个地方的神圣感。

克拉克的立场与沃尔特·佩特相似，他写道："尽管佩特经历了一个积极的无神论阶段，但［他］一直在沉思基督教的教义和历史的奥秘。"[73]克拉克对灵魂不朽的观点怀有一种朦胧的敬意，并相信上帝赐予的天才——但这是谁的上帝呢？他的立场最接近启蒙运动的自然神论，也是对自然和自然法则的信仰，尽管他认为德日进将两者联系起来的尝试"很微妙但难以理解"[74]。他告诉英国圣公会主教的女儿珍妮特："我不是基督徒，因为我不能接受赎罪的教义，哪怕是象征性的……我不是一个道德家——而且我为人轻浮且生活没有规律——所以我不能加入约翰·里思—马尔科姆·蒙格瑞奇的行列……没有所谓的原始的前保罗基督教。它只不过是个人在福音书中的挑选：撇开了所有不愉快的部分，即犹太人的部分。如你所见，神学（和药物）是我的主要关注点。"[75]

他的感受也许可以从他对萨特伍德教区教堂续签每年50英镑的条件来判断："我不希望这笔钱被用于海外传教，我尤其反对教区的韩国传教。"[76]然而，他喜欢坐在老教堂里沉思，并称他在伦敦时，每天都会穿过马路，走进皮卡迪利圣詹姆士教堂。[77]晚上他会读神学或关于圣徒生活的书：关于阿维拉的圣特雷莎或是托马斯·阿奎那的"普通人"系列的书。他并不是总能被打动，他告诉珍妮特："我刚刚读完了企鹅版的《使徒行传》。保罗是个不知疲倦、英勇、可怕的小发电机。他是什么样的人——蒙哥马利和比弗布鲁克的混合体，虽然情绪化，但头脑清醒。"[78]

克拉克的宗教态度可能令人费解，但他的政治信仰对今天的我们来说可能比对他的同时代人更清楚。正如我们所看到的那样，每个人都认为他是站在他们一边的，而且他总是让人看不清他的底牌（除了苏伊士运河战争之类的原则性问题）。他的罗斯金式的内心与社会主义同在，但他的头脑却乐于在像独立电视台这类事情上与保守派共谋。他小心翼翼地避免与保守党对立，并招待了他们中的许多重要人物：丘吉尔、安东尼·艾登和拉布·巴特勒。自拉姆齐·麦克唐纳之后，就很少有社会主义政治家被请到克拉克家的餐桌前。当他碰到他的老同学、时任工党领袖的休·盖茨克尔时，他对珍妮特说："小休的样子已经变得相当沉重了——比起圆颅党，更像个骑士党。但与其他政客相比，他仍然更像我们中的一员。我不知道这对这个国家来说是否是件好事。"[79]

　　有一封来自以赛亚·伯林关于屠格涅夫的信，很好地描述了克拉克的立场："他一直在向每个人道歉，向右派解释为什么他稍有点左翼，向左派解释为什么他不完全是右翼。"[80]克拉克的社会主义是温彻斯特式的，是 *à la carte*（可单独点选）的；他一生都是精英主义者，相信财富。他的社会主义来源于对罗斯金的崇敬，以及对保守党建制派的不信任。他对工人阶级没有表现出特别的同情，但他坚信"艺术不是权贵和势利者的特权，而是每个人的权利"[81]。在专业方面，他通常偏爱戴维·韦伯斯特和鲍勃·弗雷泽这样的中左翼技术官僚。他在选举中总是把票投给工党（简仍然是保守党人），当1970年爱德华·希思（Edward Heath）为保守党赢得意外胜利时，他对珍妮特说："我彻底被选举结果打败了……我从来没有意识到我对工党有如此强烈的同情心，直到今天早上我下去吃早餐。当然，这里的其他人都在欢呼雀跃！ 但他们很快就会焦虑不安、束手无策了！"[82]

　　无论他如何投票，克拉克在任何一个政治机构中都不会感到自在；他希望保持自己的独立性，保持在圆颅党中做骑士党、在骑士党中做圆颅党的权利。1969年，当他被工党首相哈罗德·威尔逊（Harold Wilson）任命为上议院议员时，他坐在了无党派中立议员的席位上。

30
公众人物：20世纪60年代

我担心我们已经迷失了——不是经济上的，而是在精神上垮掉了。

我们只听那些消极和破坏性的东西——萨特、贝克特、品特等等；

如果有人是积极的，那他听起来也是令人厌恶的自以为是……

当然，每个时代的人都认为事情会变糟，但这一次事情确实是这样。

——肯尼斯·克拉克写给珍妮特·斯通，1967年7月1日

克拉克以一种不可思议的方式庆祝了20世纪60年代的到来，他对珍妮 307
特·斯通说："我昨晚做了一件可笑的事。我被邀请在今年最后一天到一个
我从来没有看过的电视节目中接受采访。我以为我们会像病羊一样坐在那，
但制作人灵机一动，把我们安排在了一家夜总会（至少我认为是夜总会，
因为我从未见过夜总会是什么样的）。我坐在那，周围是摇摆的舞者和一个
滑稽的酒保，还有两个流行歌手和一个爵士乐队，最后我接受了一个叫刘
易舍姆夫人*的采访，她真是说个不停。我非常享受这种荒诞的场景——事
实上，我被逗笑了。简说得很对，这种场面恶心粗俗，有失体面。"[1]

整个20世纪60年代，克拉克发现自己越来越站在对抗势力这一边。1959

---

* 后来被更多人知道的名字是蕾恩·斯潘塞伯爵夫人（Raine, Countess Spencer）——威尔士王妃戴
安娜的继母。

年，女王授予他"荣誉同伴"（Companion of Honour）[*]，这是继"功绩勋章"之后的在公众生活成就的最高荣誉。然而，克拉克所代表的世界以及他所热切宣扬的文化价值观，在这10年中随着代际的剧变而受到挑战。到了60年代末，他有机会通过《文明》为自己捍卫的一切做强有力的辩护，这真是一个特别的运气；但在这个节目改变他的生活之前，这10年将是一个令人沮丧的时期。他的ATV节目空前受欢迎，但他觉得自己的能量正在减弱，且仍然无法领会他的"伟大著作"。正如他对珍妮特所说的："睡眠太差了。我以前睡觉就像只鼹鼠，但现在我很担心，而且荒唐的是，我会想到我一生中所犯的所有错误，尤其是我所辜负的人。他们一直在我的脑海里打转。每天我都计划做更多的工作，但随即就会有无数事情出现。我真正需要的是更多的精力和意志力。"^[2]他还发现自己对艺术作品的共鸣越来越少——对要做的工作感到疲倦和内疚。他从罗马给珍妮特写信说："对我所知道的美丽东西没有反应，这让我很痛苦！"^[3]

仿佛是为了增加克拉克的失落感，1959年10月，除莫里斯·鲍勒以外对他一生影响最大的人去世了。克拉克为《星期日泰晤士报》写了一篇文章，试图表达伯纳德·贝伦森所代表的对盎格鲁-撒克逊人的知识生活以及他个人的意义。这是一篇发自肺腑的致敬，得到了一些意想不到的人的赞扬，包括西德尼·科克雷尔和休·特雷弗-罗珀。[†]尽管这篇赞歌充满热情，克拉克对他这位老导师的看法还是开始发生了变化。约翰·沃克记录了克拉克对他说的："1938年以后，我相信自己和B.B.的关系很融洽。战争结束后，他对我也表现出了极大的善意和同情。直到后来，我才惊讶地发现B.B.并不真正喜欢我。我的一个朋友试图在［BB出版的战后日记］《日落与黄昏》

_* 伊迪丝·西特韦尔写道："'荣誉同伴'是对你来说最好、最准确的名字。"雷诺兹·斯通认为，"在我看来，这真是最浪漫的荣誉，暗示着与王室成员长时间的亲密交谈！"

_† "来自一些意想不到的人的花束——西德尼·科克雷尔、杰拉德·凯利、休·特雷弗-罗珀！！！所有这些人我都没见过，也都不太喜欢，除了老科克雷尔。"书信，1959年11月11日（Tate 8812/1/3/3252-3300）。特雷弗-罗珀称赞这篇文章是"迄今为止我读到的关于他的最好的东西"。

的索引中查找我的名字，他对我说：'天哪！贝伦森先生是多么讨厌你啊！'
这让我非常震惊，也证明他是多么的贴心，让我和他在一起时，从来没有
感觉到这一点。"[4]毫无疑问，克拉克会因为这个发现而受伤。在他生命中的
大部分时间里，他对贝伦森的许多可疑之处闭口不谈——早年对简的不友
善、对他所有朋友的谩骂习惯以及他与杜维恩的可疑关系。贝伦森的去世
让这些埋藏在心底的情感得以释放，在以后的叙述中，克拉克承认他对这
个人的描述更加地模棱两可。

　　然而，他与亨利·摩尔的友谊一如既往地牢固。*1961年夏天，克拉克在
苏格兰国家现代美术馆（Scottish National Gallery of Modern Art）举办了一次
他自己的展览，展出了他收藏的当时已颇具分量的摩尔的作品，其中包括
19件雕塑——大部分是铸铜——和48幅素描。至于派珀夫妇，虽然他们一直
保持着友谊，但克拉克并不欣赏约翰后期的作品："我一点都不喜欢那些大
的油画。自威尔士系列之后，他的作品就奇怪地缺乏一种真实感——这与
现实主义无关，而是内在知识和信念的问题。"[5]他满腔热情地接受了格雷厄
姆·萨瑟兰在肖像画上的方向性转变，并坚称是他推荐了萨瑟兰为丘吉尔
画像，而这幅不幸的肖像据说是在丘吉尔夫人的命令下被毁掉的。[6]然而，
当萨瑟兰在1963—1964年为克拉克画像时，两人的关系开始冷却。萨瑟兰根
据皮耶罗·德拉·弗朗切斯卡的《费德里科公爵肖像》（Portrait of Federico
da Montefeltro）为克拉克画了一幅侧面像，就像文艺复兴时期纪念章上的肖
像。克拉克是个糟糕的模特，他对画像很不满意，认为这使他看起来像一
个傲慢的独裁者。但这并不是主要问题：让简恼火的是，凯茜·萨瑟兰要
求按照标准为格雷厄姆付费。科林描述了这次争吵："我母亲年轻时绝对吸
引了格雷厄姆的目光，她在内心深处一直不喜欢凯茜。她现在怒气冲冲地

___

*　摩尔一直是克拉克的假日明信片名单上的第一位。克拉克喜欢寄送和保存明信片："收集明信片
　可以让你以一种最便宜、最方便的方式拥有马尔罗先生所说的想象中的博物馆，你可以随意
　安排和丢弃它。"1962年5月30日，在皇家阿尔伯特音乐厅向全国妇女协会联合会发表的演讲，以
　帮助国家美术馆留住皇家艺术研究院的达·芬奇图稿。

写信给她，只答应了所要求金额的一半。凯茜可能也不太喜欢我母亲，但她接受了，并明确表示这个费用不包括格雷厄姆为画像所做的任何草图。"[7]他们的关系只得到了部分修复。

在20世纪60年代，克拉克对现代艺术的评价就像他本人一样充满矛盾。他的基本信念——抽象艺术是个死胡同——抑制了他对当时艺术的准确认知。对克拉克来说，抽象艺术发展得太快，且只通过少数几个天才得以延续——毕加索、勃拉克、康定斯基（Kandinsky）、马列维奇（Malevich），然后是蒙德里安（Mondrian）的纯抽象——所以到1925年就结束了。而现在，令他自己都感到惊讶的是，他开始着迷于战后的纽约画派（New York School）。在1950年访问威尼斯时，他看到了一个他从未听说过的美国艺术家的展览信息。"我走了进去，有两分钟，我都处于困惑的状态，"他后来写下了第一次看到杰克逊·波洛克（Jackson Pollock）的作品时的感受，"然后，我突然意识到了一种几乎已经从欧洲艺术中消失了的能量与活力。长期以来，所有认真的现代艺术爱好者都把目光投向法国，而法国已经筋疲力尽；一个新的流派已经在我们意想不到的地方出现，那就是美国。"[8]克拉克显然认为波洛克在1956年的车祸中早逝是他那个时代艺术的一大灾难。对于波洛克在20世纪艺术格局中的位置，他的看法是：蒙德里安是一个有代表性的艺术家，他为抽象主义关上了大门，但纽约画派的画家们对此做出了反应，于是便有了杰克逊·波洛克，一个伟大的、浪漫的灵魂。克拉克认为，波洛克的目的是为了唤起我们的感情，并把我们从立体派引导我们走向的枯燥的古典主义中解放出来。他称波洛克是一个"酒神"画家。[9]

也许比起克拉克对波洛克的欣赏，更令人惊讶的是他对马克·罗斯科（Mark Rothko）的反应。他发现罗斯科是一位迷人的艺术家，尽管相当多愁善感[10]，但他相信艺术家对色彩的运用是对这个流派的扩展："只有在纯粹的感知领域，也就是说在色彩领域，才有一些画家，特别是罗斯科，在纯抽象主义创始人之上取得了更进一步的发展。"[11]克拉克认为蒙德里安、波洛克和罗斯科也让他们的流派走到了尽头，艺术需要回归自然，关注人的形象和他们所在的自然环境。他喜欢引用他朋友维克托·帕斯莫尔的话："我们不知道我们在做什么，也不知道我们应该做什么。"

克拉克与纽约画派艺术家罗伯特·马瑟韦尔（Robert Motherwell）成了朋友，他们会在奥尔巴尼共进午餐。有一天，克拉克提到他遇见了美国色域（colour-field）画家巴尼特·纽曼（Barnett Newman），形容他"就像一个鞋匠，一个老鞋匠"[12]。将纽约画派引入伦敦的主要功臣是克拉克的朋友和门徒、伦敦东区白教堂美术馆的布赖恩·罗伯逊。克拉克非常欣赏他，称他是"战后英国最有天赋的美术馆馆长（仅次于约翰·波普－轩尼诗爵士）"；他将白教堂美术馆描述为"每个关心艺术的人都需要去的地方"[13]，每当他被邀请上电视讲解当代艺术时，他总是会推荐罗伯逊。即将成为《文明》制片人的迈克尔·吉尔回忆起在白教堂的罗伯特·劳森伯格展览上对克拉克的观察："当克拉克和女演员艾琳·沃思一起走过时，他对每一个复杂的图像依次发表了精彩、敏锐、在我看来终究是居高临下的意见。"[14]

克拉克对波普艺术（Pop Art）则没有同样的支持："我认为波普艺术就是胡扯——杜尚和达达的50年前的老东西加上一些虚假做作的当代图像。但我看过罗伊·利希滕斯坦（Roy Lichtenstein）的作品，设计感很强，甚至极富想象力。"[15]简对1964年参观安迪·沃霍尔工厂做了有趣的描述："早上我们去犹太博物馆（Jewish Museum）看了一场很棒的展览，是一位非常现代（不是波普）的叫约翰斯的艺术家的展览，画和素描的品质令人印象深刻。但下午我们去了一个波普艺术家的工作室——简直就和品特的荒诞戏剧一样。K很不高兴，一个劲儿地打喷嚏！艺术家叫安迪·沃霍尔。作品完全和艺术没有关系——他画了一排又一排亨氏汤罐等等，简直就和实物一模一样，他就是刻意要画成这样——他下周还有一个展览！之后，为了缓解情绪，我们去了弗里克收藏馆。"[16]对克拉克来说，抽象和波普艺术都是人文主义的堕落。

1962年，克拉克写了一篇题为《印迹与图解》（"The Blot and the Diagram"）的演讲稿，试图与当代艺术达成妥协。他的目的是将过去作为一

311

个标杆来理解当下，但无论如何努力，他都还是只能看到艺术的衰退，他说："科学的发展……已经触动到了促使艺术发展的那部分的人类精神，但也耗尽了大量曾经对艺术有贡献的东西。"[17]此外，他还坚持认为任何以超然的态度看待抽象的尝试都会被立即解释为一种攻击。这场演讲的文章刊登于《星期日泰晤士报》，遭到了克拉克的朋友、该报艺术编辑约翰·拉塞尔的强烈反驳。他警告克拉克说："公众渴望听到你说现代艺术并不真正重要，他们可以安心地忽略它。"[18]拉塞尔主要抨击的是克拉克的前提，即我们不应该问新艺术是否像帕台农神庙一样好，而应该问它是否使今天的生活有意义。这件事引起了极大的关注，克拉克称《印迹与图解》是"在《文明》之前我所有作品中被引用和翻译得最多的"[19]。

与此同时，克拉克仍然是很受欢迎的讲师，他之前的魅力丝毫未减。312 1962年，他在短暂存在过的"1958俱乐部"发表了一个关于柏拉图式美学观念的餐后演讲。令人惊讶的是，可能是出于对后人的考虑，他事后在邀请函上潦草地写了一句："这是我做过的最奇怪的事情——也算是出人意料的成功吧，因为当我谈到柏拉图的哲学时，我让那群半醉的商人听众安静了半个小时。"[20]第二年在董事协会（Institute of Directors）的年会上，克拉克在阿尔伯特音乐厅做了关于"产业和艺术"（Industry and the Arts）的演讲，再次取得了成功。国家艺术收藏基金的秘书比尔·威廉姆斯描述了克拉克是如何"通过呼吁工商界应该成为艺术的主要赞助人，而在他们中间激起了巨大的热情"[21]。一群董事聚在一起研究能为艺术做些什么，协会甚至还成立了一个艺术咨询处——尽管就像许多类似的好意一样，它很快就被遗忘了。1967年，克拉克在牛津大学做了他所发表过的最好的演讲之一——《勇气的失败：1520—1535年的意大利绘画》（"A Failure of Nerve：Italian Painting 1520-1535"），描述了拉斐尔死后的那段奇怪的时期。[22]

在之前的几十年里，克拉克一直密切关注着当下的艺术，但随着这种兴趣的减退，他开始对拯救过去更感兴趣，对地标建筑和环境的破坏越来越焦虑。克拉克一直是建筑中的保守派，但他现在却成了一个狂热的保护主义者。人们现在很难理解当时公众对像巴斯这样的历史悠久的城市中心和建筑杰作的破坏所表现出的漠然态度。1965年，克拉克在皇家节日音乐厅向国民信托的成员发表演讲，他指出："在民主机构的帮助下，我们的地方当局和规划委员会在短短几年里所做的比时间、忽视或敌人的行动在过去几个世纪内所做的还要多，他们抹杀了历史，摧毁了英格兰的可见之美。"[23]然而，他从不支持为保护而保护——他总是寻找具体的经济和社会依据来解释为什么要保存某个特定的建筑或景观。他对构成国家遗产的事物也不持传统观点。他认为不应该对艺术品的输出有任何普遍的限制，并称英国的博物馆已经太满了。他写道："从宪法的角度来看，一般限制是对财产最猛烈和不公平的攻击，通常会使一件艺术品的价值减少一半左右……英国私人收藏的一幅意大利绘画不属于英国。"[24]他不喜欢这样的绘画和雕塑是构成英国国家遗产的说法——特别是当国家正在破坏其历史城市中心、未能修复其古老的大教堂时，他认为这些事物更值得政府去保护和支持。

克拉克在创建一个艺术机构的过程中发挥了重要作用，这个机构理论上是过去与现在的一个愉快结合。建立国家剧院的想法酝酿了很久；1949年的《国家剧院法》（National Theatre Act）和南岸选址的确定使它离现实更近了一步，但所有政府都不重视它。1951年，伊丽莎白王太后——当时的王后——已经为其奠基，但10年来并没有任何进展。这项复兴事业的推动者之一是国家剧院的第一任主席奥利弗·利特尔顿，钱多斯子爵（Oliver Lyttelton, Viscount Chandos），他是一名战时受勋的掷弹兵，曾任保守党大臣，也是首相哈罗德·麦克米伦的朋友。钱多斯是一个具有公共责任感的、雄心勃勃的人，是受到年轻力量挑战的旧体制的缩影。然而，正是他对财政部和首相的影响，才使该项目起死回生。

克拉克是从1960年开始具体参与到国家剧院这个项目中的，当时他刚刚放弃了艺术委员会的职位。他被任命为一个新执行委员会的主席，委员会成员包括了当时两个主要的戏剧公司——老维克剧院和皇家莎士比亚剧团（Royal Shakespeare Company, RSC）。[25]委员会向由钱多斯担任主席的联合理事会汇报工作，并负责准备建筑计划和成本估算，以提交给政府。从一开始，克拉克就是一个非常积极的主席，给钱多斯写了很长的备忘录，为委员会的组成提出了切实可行的建议。他要求为艺术总监劳伦斯·奥利维尔任命一名副手，并极力主张委员会中应该有更多的演员。[26]许多人，包括RSC的创始人、奥利维尔作为国家剧院总监的继任者彼得·霍尔（Peter Hall），都反对任命演员，但克拉克断言，"他们必须在国家剧院工作，国家剧院的成功取决于这群人"[27]。

　　该项目指定的建筑师是布莱恩·奥罗克（Brian O'Rorke），他被要求设计一个有1 200个座位的圆形剧场和一个有800个座位的舞台剧场——尽管克拉克不确定"令人恼火的奥罗克"是否能胜任这项工作。[28]克拉克被视为一位老练的主席，具有实际的管理能力，尤其对财政部的工作方式和偏好有足够的经验。起初，他对结果仍持非常悲观的态度，正如他对珍妮特·斯通说的那样："大量涉及国家剧院的事……我有一种可怕的感觉，这一切都将化为乌有。"[29]他邀请了通过ITA认识的剧院经理人普林斯·利特勒（Prince Littler）加入他的委员会，同时提醒他："我已经明确表示，如果政府对我们的提议不感兴趣，我就退出。"[30]克拉克再一次发现自己的处境与他早年在ITA的情况并无二致，即试图在一个有利益分歧和财政部犹豫不决的情况下促成事情的发生。

　　创建国家剧院的危机发生在1960年的秋天，当时劳伦斯·奥利维尔正在纽约演出让·阿努伊的《贝克特》。克拉克在阿尔冈昆酒店写信给他，报告说事情"进展得不太顺利，主要因为艺术委员会非常反对，他们似乎与老维克在合谋搞掉整个项目"[31]。著名的老维克剧院视国家剧院为资金的竞争对手，希望拥有自己的新建筑。艺术委员会正确地预见到国家剧院每年都需要从委员会的预算中拿走一大笔补贴，这将削弱委员会自身行动的自由度。克拉克提出要到艺术委员会把事情弄清楚，并告诉奥利维尔："我非常担心他们会建议财政部给我们很少一笔资助，他们期望我们拒绝，然后就可以说我们放弃了这个计划。"他还说："我并没有放弃希望，而且还会继续大肆滋事，因为有时这样做是有效的，即使是在毫无希望的情况下。"[32]

到了12月，情况变得非常糟糕，克拉克给英国财政大臣塞尔温·劳埃德（Selwyn Lloyd）写了一份长达7页的备忘录，钱多斯对此表示赞同："我认为你的草案非常令人钦佩——也许我对它有偏见，它写得非常清楚，并且是用英语写的。"[33]随后，克拉克率领一个代表团与财政大臣进行了长达一个小时的会谈——正如他对劳伦斯·奥利维尔所说的，"对一个政治家来说，这算是给予艺术事务很长的会议时间了"。因为奥利维尔还在纽约，克拉克写信给他说，"我们不是一群害羞的人"，并补充说，他有谨慎的乐观，相信财政大臣"是赞成的，但我想政府中的其他人都反对"[34]。然而，1961年3月，塞尔温·劳埃德告诉下议院，没有资金能够给国家剧院，有的资金将给老维克和RSC——正如克拉克所预见的那样，希望就此破灭。人们普遍认为RSC将成为事实上的国家剧院；克拉克和他的委员会似乎被算计了。

然而，克拉克和其他人施加了压力。[35]财政大臣又改变了主意，7月，他宣布政府将以一直以来设想的形式支持国家剧院。7月22日，克拉克在钱多斯位于格罗夫纳街区的办公室主持了这场重要会议，会上，无处不在的律师和调停人阿诺德·古德曼（Arnold Goodman）被要求为新的国家剧院准备一份章程。第二年，克拉克被正式邀请加入其董事会，为期5年。一如往常，他给珍妮特写道："第一次……会议在星期四举行——一想到这个我就很难过。"[36]

随着1964年哈罗德·威尔逊工党政府的当选，新任部长珍妮·李（Jennie Lee）热忱地开始推动一个雄心勃勃的新建筑项目。[37]主要的输家是钱多斯，虽然他仍是主席，但随着他的保守党权力基础的消失，他一夜之间从拥有所有权力的人变成了被嘲笑的对象。此外，他与劳伦斯·奥利维尔的关系也很不融洽，后者希望将自己与变革的力量联系起来，他写道："除了我们都对建立国家剧院有共同的强烈热情之外，几乎没有哪两个人的共同点会比钱多斯和我的更少。"[38]

但有一个人与钱多斯的共同点还更少，他把钱多斯视为他最讨厌的一切的代表：这个人是颇具影响力的评论家肯尼斯·泰南（Kenneth Tynan），这个故事中的路西法，他被任命为国家剧院的文学经理，但被钱多斯降职为顾问。与这个个性张扬、打破传统、*enfant terrible*（肆无忌惮）的泰南一起工作的则是奥利维尔，一位备受尊敬但很容易被人牵着鼻子走的导演。克拉克的角色发生了变化：他被邀请担任戏剧委员会的主席，虽然该委员会没有提出新的剧本。董事会授权他去批准奥利维尔和泰南提出的剧目——这是一个危险的任务。克拉克被夹在钱多斯和泰南之间骇人听闻的争吵之中，这是那一时期典型的代际对立。奥利维尔向来不愿让自己显得像个老古董，所以总是站在泰南一边。凯瑟琳·波蒂奥斯记得克拉克曾经"嘲笑泰南在会议上给劳伦斯·奥利维尔宣读充满哲学和心理学的演讲稿，他说：'可怜的劳伦斯，他根本不知道这些东西都是什么意思。'"[39] 克拉克尊重泰南，认为他是一个批评家，是一个能把事情做好的人，但波蒂奥斯认为克拉克"最终觉得他发展成了一个太过任性的人，并憎恨任何质疑他的决定和/或动机的人。我想，克拉克对泰南的个人虚荣心也感到惊讶"。珍妮·李批准了克拉克的董事会职位，正如他告诉朋友的那样，这使他成为"［钱多斯］和剧院工作人员中更具革命性的元素之间的一个缓冲"[40]。克拉克发现自己对英国戏剧的新流派并没有太多共鸣，尽管有时他对品质追求的本能会被激发出来。"我去看了品特的新剧［《回家》（*The Homecoming*）］，让我更加沮丧。"1965年8月，他对珍妮特说："确实不错，但在某种程度上肮脏而无情……这是我们为摆脱伪善所要付出的一部分代价。"[41]

1964年，国家剧院上演弗兰克·魏德金（Frank Wedekind）的《春之觉醒》（*Spring Awakening*）的计划引起了严重的争吵，这个剧是一个关于压抑的青春期的故事，作为审查员的宫务大臣办公室已经禁止了这个故事（皇家法院通过特许演出绕开了这个问题）。克拉克赞成对该剧进行一些修改后上演，他认为"青少年的性（被描绘得）富有感情，但诗情画意的段落却令人作呕"[42]。剧院董事会否决了他的意见，该剧没能上演。两年后，克拉克在关于西班牙剧作家费尔南多·阿拉巴尔（Fernando Arrabal）的《建筑师和亚述王》（*The Architect and the Emperor of Assyria*）的争论中站到了另一边。克拉克觉得有必要告诉奥利维尔："我们都认为这个作品就是装腔作势的胡言乱语，有种难以形容的乏味。它是贝克特、尤内斯库和阿努伊的混合体；有三者的噱头和可憎的聪明，却没有一点点信念的火花。"[43]该剧还是上演了，但钱多斯至少因为有克拉克作为盟友而松了一口气："我怀疑你觉得这个戏剧专家小组是一个不完全令人满意的工作，但我不知道如果没有你，我们该如何继续下去，如果你说了［不］……我觉得我应该也离开了。"[44]克拉克在给钱多斯的信中进行了反思，他想知道为何事情的发展方向"与我们大多数人的预期大相径庭。除了我们的总监［奥利维尔］对自己被认为过时了有极端的害怕之外，还有两个因素是我没有预料到的：首先，制作人会觉得自己没有能力进行简单的制作；其次，著名演员会拒绝重复他们过去的伟大表演……这对法国所有的伟大演员来说是完全无法理解的"[45]。越来越多的经典剧目都在美人鱼剧院、奇切斯特节日剧院和奥德维奇剧院上演，而泰南、奥利维尔和国家剧院管理层则希望把自己与新浪潮戏剧和为王室宫廷创作的年轻一代剧作家联系起来。

1967年，德国剧作家罗尔夫·霍赫胡特（Rolf Hochhuth）的《士兵》（*Soldiers*）掀起了争执的高潮，该剧的情节暗示最近去世的温斯顿·丘吉尔（钱多斯的朋友）对波兰英雄和爱国者瓦迪斯瓦夫·西科尔斯基（Władysław Sikorski）将军的死负有责任。这个假设是疯狂的猜测，且不符合历史——但对泰南来说，这是一个完美的戏弄，他希望能通过这个剧迫使钱多斯辞职。就连奥利维尔私下里也认为这是一出烂戏，他对妻子琼·普洛莱特（Joan Plowright）说："我不喜欢这该死的东西——但如果你认为我是在害怕做新的尝试，你就会鄙视我，不是吗？"[46]争端公开爆发，恢复和平的责任落到了克拉克身上。在准备一场摊牌的会议时，他对珍妮特说："泰南早就应该被解雇20次了，但这样做将是一个巨大的错误。我得试着安抚钱多斯和［他的］可以被理解的愤怒情绪。"[47]董事会拒绝这出剧上演，在钱多斯看来，这出剧是对丘吉尔的"严重诽谤"。奥利维尔不同意解雇泰南——"我选择了黄金青年",他后来说——但泰南在国家剧院的权力却因这件事而被削弱了。克拉克现在受够了这一切,他也需要专注于《文明》,于是在第二年辞去了董事会职务,他告诉肯尼斯·雷(Kenneth Rae),他现在很少来伦敦,与外界失去了联系:"我感到很难过,因为我处于一个错误的位置,不能为国家剧院提供适当的服务。"[48] 面对珍妮特,他更为坦率:"离开国家剧院不是很好吗?我讨厌它。"[49]

　　自1964年以来,克拉克一直是大英博物馆的理事,经常介入到与政策和收藏相关的事宜。[50] 1974年起担任博物馆馆长的约翰·波普-轩尼诗评价他是"我所知道的最好的理事。他知识渊博,宽容大度,很自然会是这样的角色,我总会向他请教问题、寻求建议"[51]。克拉克一被任命,每个部门的负责人都表示愿意带他去参观他们的藏品,希望能在未来的收藏事宜上多一个盟友;但正如他在给朋友的信中所说:"我很清楚,大英博物馆几乎每个部门最需要的是能花在安装和展陈上的钱。"[52] 虽然空间是最根本的问题,但克拉克认为,博物馆最大的挑战是解决视觉享受和视觉记录之间的矛盾。他观察到,如果国家美术馆作为一个提供享受的艺术博物馆而存在,那么大英博物馆就是一个社会博物馆,美学考虑往往排在第二位。他向珍妮特描述了一次理事会议,随后是"痛苦的自助午餐……然后我们从一个部门逛到另一个部门,饥饿让人筋疲力尽,实际上情况让人沮丧,因为每个部门的东西都太多,足够布置40个博物馆,都在等着那个永远不会来的假想中的学生"[53]。

　　1968年,约翰·沃尔芬登爵士(John Wolfenden)在被任命为博物馆馆长时,编写了一份"理事人员的收藏政策",被克拉克认为是个"可悲的文件"。克拉克向主席埃克尔斯勋爵指出"这样的文件如果没有得到回答或辩论,有时会在尴尬的时刻被作者援引"[54],并写了一篇精彩的回应,质疑博物馆在其当前的发展阶段是否应该制定任何政策。他认为问题在于博物馆在其历史进程中不断变化方向,一开始是为自然哲学提供视觉支持,但后来转向涵盖人类想象力的一些最高成就，如米开朗琪罗的绘画。他认为，有些部门是以文献为重点，而另一些部门则倾向于艺术价值，因此不可能制定一种普遍性的收藏政策。[55]虽然他认识到博物馆建立分类的必要性，但"在一个装有几千个希腊花瓶的房间里，你设置的功能就无效了"[56]。尽管克拉克似乎更喜欢"艺术"部门，但他告诉埃克尔斯，博物馆的董事会需要有更多的考古学家加入。更令人惊讶的是，他推荐了他的老冤家杰弗里·格里格森："40年来，他一直不断地攻击我，但我非常尊敬他。"[57]

有一点克拉克肯定与博物馆的政策有分歧：埃尔金大理石雕。他赞成将其归还，尽管他从未在公开场合这样说过。早在1943年，他就给博物馆馆长托马斯·博德金（Thomas Bodkin）写信说："我很不理智地赞成把埃尔金大理石雕塑归还给希腊，不是放回帕台农神庙，而是放在雅典卫城远处的一座美丽的建筑里。我认为英国政府应该支付这笔费用。我会这样做完全是出于情感上的考虑，是为了表达我们对希腊的亏欠。"[58]

《文明》

31
《文明》：背景

我对《文明》的想法非常模糊，
其实就是一个主管试图在BBC二台建立彩色电视的想法。
我扣动了扳机，但没有引起爆炸。

——戴维·阿滕伯勒，2013年3月[1]

1966年9月，当BBC二台的主管戴维·阿滕伯勒邀请肯尼斯·克拉克共进午餐"讨论一个项目"时，没有人会想到一个13集电视系列能取得的成功。阿滕伯勒的动机是战略性的——在英国推出彩色电视。他担任BBC二台的主管已经有一年的时间，BBC管理层决定在这个新的"高雅"频道中引入彩色节目。彩色电视的名声很不好；它于1953年引入美国，在阿滕伯勒看来，这是一场灾难："颜色过于鲜艳，各个设备之间的差异也很可怕。"BBC的技术人员一直在默默地努力以实现一个能让人接受的水准，与人们在电影院可以享受到的水平相当。阿滕伯勒的任务是说服人们购买极其昂贵的升级版625线标准的新彩色电视机。他决定，"为了做到这一点，我需要说服人们和舆论人士，彩色是值得拥有的。我有一个构想，制作一部系列片，带领人们去观看西欧人类在过去两千年来创造的所有最美丽的绘画和建筑，把它们放在电视上，配上在那个特定时期创作的适当的音乐"[2]。至关重要的是，这个雄心勃勃的项目得到了BBC节目总监休·惠尔登（Huw Wheldon）的支持。

BBC高层觉得这个事毫无疑问应该找到克拉克。正如阿滕伯勒所说：
320 "我需要的是能引起舆论关注和尊重的人——而K是显而易见的人选。我们
没见过面，但他的声望令人生畏。我们家里有他的书，他是一位艺术史家，
非专业人士也会读他的书。也有一些更年轻的主持人，但他们大多是现代
主义者，这个系列几乎不会触及当代艺术——而其他被人们熟知的艺术史
家都有德国口音！"[3]

　　阿滕伯勒和斯蒂芬·赫斯特（Stephen Hearst）（音乐和艺术副主管）邀
请克拉克到BBC电视中心共进午餐，以推销这个想法。阿滕伯勒概述了
他的计划。克拉克描述说，他正冷漠地吃着烟熏三文鱼，当阿滕伯勒使用
"文明"这个词时，"一个灵光突然在我的脑海中闪过，从黑暗时代到1914
年的欧洲文明史可以以一种具有戏剧性且在视觉上有趣的方式呈现出来"[4]。
他后来说，他感到了过去在宗教书籍中被称为"召唤"的东西。[5]这时
休·惠尔登从门外冲进来，兴高采烈地问："伙计们，聊得怎么样？"但克拉
克已经从谈话中抽离出来，不再去听其他人的谈话。在他的脑海中，他已
经想象自己站在巴黎艺术桥上，身处欧洲文明的中心。他在脑海中勾勒出
这个系列，后来他声称，这一切都在那顿午餐中以最终形式出现在他面前。
根据他的回忆录，午餐结束时，他已经同意做这个节目，而且他将独自完
成——但从证据来看，这似乎不太可能。

　　午餐后不久，BBC音乐和艺术主管汉弗莱·伯顿（Humphrey Burton）
写信给克拉克，建议采用BBC的方式："我们希望你能担任这个系列的总编
辑。我们希望你制定出这个系列应有的原则、确定要覆盖的领域等。"[6]这封
信被寄出的同时，克拉克也给阿滕伯勒写了信，表达他对这个项目的疑虑。
首先，他说他"要审查每一个画面片段，可能还要编辑剧本"。在确定对
素材的控制权之后，他指出，他雄心勃勃地想在70岁之前完成一些书；阿
滕伯勒敏锐地猜到，克拉克的家人也持保留意见，但在信的最后，克拉克
保持了开放的态度，并附上了"我如何构思节目的草图"[7]。这份文件已经遗
失，但我们可以通过泰特档案馆的笔记本了解到克拉克最初的步骤。[8]他计

划制作14集——BBC将其缩减为13集以适应三个月的档期。在早期，他在 321
西班牙问题上的困境浮现了出来：他不确定是将教皇的罗马还是埃斯科里
亚建筑群作为反宗教改革的中心，"这将是整个节目的完美焦点"。正如我
们将要看到的，他将西班牙排除在外的决定将导致西班牙人的不满。

　　克拉克对这个项目无法下定决心，他向珍妮特吐露："我应该参与吗？
这将意味着一年的工作（当然，我不用写所有的内容，只需要做计划，也
许要介绍每一集）……这些节目将会是一个浓缩的世界历史事件——另一
方面，在欧洲文化标准正在被遗忘的时候，它可能有一点价值。"[9]他担心的
主要问题之一是BBC本身，或者是他所说的"BBC的现行政策"。他指的是
BBC在创新方面的声誉，偶尔还会有一些怪异的艺术节目，比如《显示屏》
（Monitor），这是一个双周艺术节目，一些年轻的导演和主持人都在节目中
崭露头角，尤其是肯·拉塞尔和约翰·伯杰。BBC的时尚让克拉克感到担
忧，他害怕他的主题版本，不带任何流行的社会学观点，对一个年轻的导
演可能会显得无望地过时——他几乎是对的。

　　克拉克的笔记本里有一个有趣的结尾："告诫BBC，不是马克思主义，
不是经济学历史，也不是政治理想……宗教将比经济在节目中发挥更大作
用。"他确实勾勒了题为《现金关系》的一集——这与整个策划有出入："但
必须要在某个时候说清楚，《文明》中一些最有价值的东西只有通过流动的
资本才能得以实现。"[10]这是对他的牛津大学老教师F.W.奥格尔维和G.N.克拉
克的回应，但经济学最终没有在该系列中扮演重要角色，部分原因是克拉
克对经济学知之甚少，正如他对汉弗莱·伯顿所说的那样："我已经忘记了
我所知道的历史，但我似乎对视觉图像有很好的记忆力，这些将真正成为
我这个节目的基础。"[11]尽管克拉克从一开始就很清楚，这个系列不会是一部
艺术史，但故事总是要通过艺术来讲述。伯顿也试图让他安心："我们对新
马克思主义方法不感兴趣。我们想要的是你的观点，我非常尊重你的观点，
我不认为你说的东西有任何过时的地方。"[12]

　　对于克拉克来说，《显示屏》似乎太过实验性，但在BBC还有另一种

新兴的模式。1964年，该公司已经播出了26集系列片《伟大的战争》（*The Great War*），由迈克尔·雷德格雷夫（Michael Redgrave）解说，每集时长一小时，但里面没有作者的声音。真正的《文明》之父也许是莫蒂默·惠勒的迷你系列片《光荣属于希腊》（*The Glory That Was Greece*，1959）和康普顿·麦肯齐的《伟大属于罗马》（*The Grandeur That Was Rome*，1960），或者是克拉克本人为ATV制作的《神庙》（*Temples*）。这些节目代表了我们已经非常熟悉的"作者"系列的诞生。惠尔登和阿滕伯勒看到了未来，他们设想在《文明》中，每周都会有一位知识广博的讲述者出现在屏幕上，持续三个月。正如阿滕伯勒意识到的那样："讲述者的出场可能是有史以来最好的电视节目。其次，它的重要性还有一个学术原因——我们急切地希望克拉克能对讲述的内容做出评价。"[13] 他指出："《文明》系列虽然雄心勃勃，耗资巨大，但并不像人们想象的那么大胆。那时候，BBC做了很多只有少量观众的节目，比如花费巨资制作长达数小时的歌剧。失败是没有惩罚的，所以它不像人们认为的那样大胆。广播三台多年来一直在做一些高雅节目，但没人在意。所有这些都是里思领导下的BBC。"[14] 这个系列的规模和预算前所未有，最初分配给每集1.5万英镑。

由惠尔登、伯顿和阿滕伯勒共同选择的导演是迈克尔·吉尔——克拉克在BBC里最担心的人。吉尔与《显示屏》的人关系密切，他也参与了很多著名的当代艺术电影的拍摄，总是渴望打破界限。正如他的妻子、女演员伊冯娜·吉兰（Yvonne Gilan）所解释的那样："我们是享乐主义者，非常左翼，属于核裁军运动组织，有使命感。我们生活在一个由创造者组成的时尚的艺术世界里。迈克尔不认为有野蛮人入侵，而他自己很可能想成为那个打破规则的野蛮人。"[15] 吉尔对克拉克的想法的喜欢甚至少于克拉克对吉尔观点的赞同。他听过克拉克在《智囊团》和在爱丁堡大学（吉尔在那里读心理学和哲学）的演讲，认为他"冷漠而自满"。事实上，这两人的相似之处比他们意识到的要多：他们都有一个与世隔绝的孤独的童年；他们都很内向，都是知识分子和"左倾"的人。虽然吉尔是银行经理的儿子，住在肯辛顿，但制片助理戴维·海科克（David Heycock）回忆说："迈克尔假装自己是工人阶级……他告诉我，他的妻子是托派。"[16] 在BBC电视中心喝咖啡时，他被介绍给克拉克，吉尔感到了一种蔑视，而这种感受是相互的。他们第一次私下会面也没有那么成功：克拉克在会面中讲述了他的设想，即在演播室里进行一系列演讲，摄影机则在没有他的情况下前往实地拍摄；而吉尔希望克拉克在每一个场景中都能出现在现场，以此来改变电视制作的方式。

克拉克向珍妮特报告了他的担忧："叫我来的管理人员都很可爱，但是，唉，我的制作人非常让人反感——有种从《新政治家》通信专栏中散发出来的诡异气质。我不知道该怎么办，但也不想说什么，因为这会让人觉得我妄自尊大，但在我这个年纪、在人生这个阶段，和这样的人工作一年，可不是开玩笑的。我想我必须单独请他吃顿饭，确保我没有被误解。"[17] 克拉克和吉尔都向伯顿坦言，他们的合作不太可能会成功。吉尔请求退出这个项目："我觉得克拉克资历太高，他的方式太死板。"[18] 同时，克拉克告诉伯顿，"我的风格和内容可能太古板乏味"，并建议：约翰·伯杰可能更能和吉尔有共鸣。[19] 伯顿把这种情况比作大熊猫交配的困难。

另一次会议被安排在奥尔巴尼，克拉克在会上向BBC管理团队概述了在巴黎拍摄开场镜头的计划，这在吉尔看来似乎很老套。他想要更具独创性的东西，并挑战了克拉克的想法。当通往卧室的双扇门被推开，"一个丰满但令人印象深刻的身影在门间摇摆"时，会议的气氛变得越发僵持。是想再喝一杯的简，她点了一支烟，又把它扔在了地上，然后斥责来访者："我不希望你们纠缠他……K是个天才，是你们所有人加起来的总和。他必须得到保护。"[20] 阿滕伯勒用尽所有沟通技巧来安抚她。

在接下来的几个星期里，克拉克给吉尔寄去了两个脚本，但吉尔拒绝接受，觉得内容太像演讲。这种权力斗争让惠尔登和阿滕伯勒感到惊恐。克拉克当然不习惯被这样对待——他不仅是个大人物，而且认为自己知道电视是如何运作的。是科林说服父亲再给吉尔一次机会："爸爸，你错了……我了解迈克尔，他是最有想象力的人，再试一次吧。"[21] 最后一次"大熊猫交配"的尝试在萨特伍德进行。克拉克告诉珍妮特："我的制片人打来电话说，他不喜欢我的前两个剧本，认为我最好从根本上改变一下方式。我觉得很烦，因为我花了3个月的时间来制订这个系列的总体计划，我看不出有什么其他方式了。而且，我觉得我的剧本也不差。总之，星期五他还是来了，反对意见并不多——或者是他失去了勇气，我不确定是哪种情况。他反对的核心是我的剧本不够个人化（我曾经觉得它太个人化了）。我告诉他，我不是［马尔科姆·］蒙格瑞奇，不会因为展示自己的观点和偏见而侥幸逃脱。人们想从我这里得到的是：（1）信息；（2）清晰度；（3）人类的故事。这是我做了60多个节目后的经验。不过，有这种批评也是件好事，能让人认真起来。他是个不错的家伙，虽然不像他自己认为的那么聪明，而且是现代精神食粮的受害者。"[22]

BBC开始为该剧组建一个优秀的制作团队。这个系列对于一个导演来说太过繁重，彼得·蒙塔尼翁（Peter Montagnon）被任命执导其中四集。蒙塔尼翁是一个温和而有修养的人，克拉克形容他是"一个教育家，某种程度上也是一个诗人（以前是雕塑家，后来成了特工部的一员）"[23]。第三位导演是安·特纳（Ann Turner），她只拍了一集（第四集）。她是团队中知识最丰富的，是负责后勤和剧照的一流技术人员。克拉克说她"给人一个女子学院高级导师的印象"[24]。灯光和摄影组是《皇家官殿》的"塔比"·英格兰德和肯·麦克米伦。麦克米伦成了克拉克在剧组中最喜欢的人："他是一个艺术家，沉默寡言，孤僻独立。"[25] "塔比"·英格兰德是"一个矮小健壮的人，留着整齐的小胡子，戴着一副角框眼镜，总是穿着一套无可挑剔的深色西装，这与其他成员传统的、不落俗套的服装形成了奇怪的对比"[26]。麦克米伦描述了他们被安排进剧组后的第一反应："我们只是把它当作另一个艺术系列节目。我们不知道它的规模和野心。一个关键的时刻是戴维·阿滕伯勒决定用35毫米胶片拍摄，这使画面质量提高了四倍，成本也大大增加。《皇家官殿》是BBC之前拍摄的唯一一部35毫米彩色电影。"[27] 这一决定也让需要在欧洲各地运输的设备数量增加了数倍。克拉克最初问他是否可以请两位顾问，恩斯特·贡布里希和约翰·黑尔，三人在圣詹姆斯俱乐部共进了午餐。彼得·蒙塔尼翁记得"贡布里希出现在了剧本会议上，他的精确性非常有价值。K听了他的话，可能受到了影响"[28]。克拉克与BBC的合同日期为1968年1月13日。他每集的片酬是800英镑，但在他抱怨了所有的差旅之后，最后八集的片酬涨到了1 000英镑。[29]与《皇家宫殿》相比，这个费用很低，但获得销售版税的可能性更大，在《文明》出版成书带来丰厚收益之前，他在这个方面获得了超过1万英镑的收入。[30]

一旦迈克尔·吉尔和克拉克开始接受对方的要求，他们的合作就会变得融洽而有益。正如阿滕伯勒所解释的那样："K足够谦逊，知道自己正在进入一个新的纪录片类别……并最终制作出了吉尔和蒙塔尼翁想要的那种东西。我想，迈克尔和彼得给K的想法是，他应将如何被放置于画面中、什么时候他要移动、什么时候是思考的时刻；尤其是什么时候话语必须收尾，什么时候导演可以拍摄绘画、建筑、景观还有人的剧照，并让所有元素以一种富有想象力的方式与合适的音乐结合在一起，得到最准确的效果。不仅仅是思绪中的停顿，而是一些有力量的东西。这些蒙太奇镜头成了这个系列最大的辉煌之一。"[31]蒙塔尼翁认为克拉克"用电视术语说是一个有用的电视商品，但他的问题是举止太过做作，我们必须考虑到这一点。我们希望K看起来更自然一点"[32]。

故事开头有一段不光彩的插曲。三位导演被邀请到萨特伍德讨论计划，蒙塔尼翁注意到"简喝醉了，这让我们很担心。一个主持人和一个神经病妻子在一起，这会对这个系列有什么影响？我和我的精神分析学家的妻子讨论过这个问题，她说简非常难以捉摸，这是对的"[33]。简认为自己丈夫的电视文本的重要性远远低于他的书，她认为《文明》是一个坏主意，并希望他能完成《母题》的写作。她决定捣乱，午餐快结束时，她宣布说伊丽莎白王太后最近来过萨特伍德，并给佣人们留下了丰厚的小费。但她没有提到王太后是带着一大群随从来的，而且还在这里过了夜。简提出的数额是

20英镑，这是一笔大数目，没有一个客人能凑足这么多现金。* 当蒙塔尼翁提出开支票时，克拉克说可以接受，但简反驳说："你最好小心点，K，搞不好是空头支票。"蒙塔尼翁后来回想起"这个小费事件，我们把它归结为她喝醉了。我们当时觉得这种情况实在是太可笑了，当然我们也从BBC那里要回了这笔钱"。但他们还是对简的行为感到惊讶，正如安·特纳所说："我们觉得这一切都有点过了。"故事中最离奇的部分是克拉克支持了他妻子的荒谬要求；他特有的骑士精神意味着他永远不会公开反对她。

326　　还有一个严重的争论——关于这个系列的标题。吉尔不喜欢"文明"这个词，而克拉克也不希望"艺术"这个词出现在其中——他认为这会让大多数英国人反感。他回到以前的做法，想把标题变成一个问题，"什么是文明？"——但问题是，他不知道答案。他对文明的思考是消极的——他知道文明不是什么，但他无法给它定义："文明不是一种状态，而是一个过程；我寻找的不是一种文明，而是不同的文明。"[34] "任何对文明的 *a priori*（先验）定义都是行不通的。就像歌德做的那样，我们只能描述文明的发展，13世纪对礼仪的发现，17世纪对理性的发现，18世纪的宽容和对自然的热爱，以及19世纪的人道主义。"[35] 当他向珍妮特描述这一点时，他写道："文明在很大程度上是以创造性能量突然流动的形式呈现，它包括好奇心、流动性、信心和希望。现在要把艺术和建筑作品融入其中。"[36]

作为这个系列的起点，他决定采用克拉克式的对立面，找到最野蛮的时代（在他看来是7世纪），并以此作为回顾过去和展望未来的基点。"我决心展现西方人是如何发现自己的，"他在采访中解释说，"我也决心要证明文明会因自身的不完美而消亡。在这一点上，我想我受到了一些书的影响，如克莱夫·贝尔的《论文明》，书中提出了文明意味着好的陪伴，意味着和你喜欢的任何人上床。"[37] 在他的笔记本里，他问自己"文明的敌人是

---

* 在1967年，在乡村别墅里用了午餐是不用给小费的；即使是在那过夜，每人每晚1英镑也算慷慨了。

什么?",并将答案分为"外部"(战争、瘟疫等)和"内部"(僵化、疲惫、缺乏信心、绝望、瓦解)。正是关于后面这些问题,他在当代世界中找到了令人不安的回响。这个系列节目充满了这样的警告:文明不是从外部而是从内部崩溃的。凭借这样的思考,克拉克赢得了标题之战,但在日常工作中,他称它为"Civvy"*,这是剧组采用的名字。[38]

---

* 意思为"平民"。——译者注

32
《文明》的制作

这就是天堂，去了所有我喜欢的地方，

见了志趣相投的人，重温了所有我喜欢的书。

——肯尼斯·克拉克在BBC广播四台的《女性时间》

节目中的讲话，1969年3月19日 [1]

327 　　对肯尼斯·克拉克来说，《文明》来得正是时候。他与ATV的节目已经失去了势头；虽然他仍然相信自己能够写出他的"伟大著作"，但也没有实现这个目标。他变得很沮丧，觉得自己被囚禁在萨特伍德。*这个系列的制作改变了他的观念；他以前从未做过这样令人愉快地把他对艺术、写作和行动的热爱结合起来的事。人们很容易相信，克拉克是为了创造《文明》而被安排到这个世界上来的。他总是称，他坐下来写每一个节目时，都没有经过任何特别的阅读——当被问及是否进行过任何研究时，他回答说："没有。恰恰相反。我所做的只是忘记一些东西，困难在于做减法。"[2] 这一点可以从他在罗马只用了3天时间就写出了被许多人认为是最精彩一集的《庄严与顺从》（*Grandeur and Obedience*）来得到证明。[3] 但他确实查阅了原始资料，如路德（Luther）的书信。他是在萨特伍德完成的大部分剧集的写作。

---

* "像往常一样，我回家后就感到非常沮丧——这你以前就知道。我几乎要自杀了。我想，部分原因是责任的延续，部分原因是……我有种在坐牢的感觉。"给珍妮特·斯通的信，1966年3月6日（博德利图书馆收藏）。

我们可以从他在1967年5月一个温暖的日子里写给珍妮特的信中看到他情绪的变化："我并不是追求现世生活的人，但在这样一个下午，我能想到的只有我的爱，而不是圣彼得教堂的圆顶到底有多少出自德拉·波尔塔之类的问题……山间百合花的香味和可爱的园丁妻子放在我房间里的水仙花，都让人倍感温馨，你能看到我很兴奋，就像巴洛克时期的圣徒一样。"[4]

328

在内容上做减法确实是个难题，最大的问题围绕凡尔赛宫和西班牙出现。克拉克对这两个对象都没有兴趣，他感到苦恼不已，"而且非常沮丧。但昨晚，简说：'为什么要把路易十四带进来？'她的话驱散了我脑海中的乌云。我真的很讨厌他和凡尔赛宫的整个概念，我认为这是种反文明。但我觉得教皇的罗马时期和反宗教改革是一个创造性的时刻——或者说几乎是创造性的一个世纪。圣徒取代了可怕的国王——卡罗·博罗梅奥、菲利波·内里，更不用说圣女大德兰和圣依纳爵·罗耀拉，所以，我现在正以极大的热情酝酿着我的天主教决心。我将收到多少新教徒的谩骂信啊！"[5] 最后在节目中，凡尔赛宫只短暂地出现在了一次，克拉克对整个宫廷（除了乌尔比诺和曼托瓦的宫廷）几乎没有表现出多少同情。

西班牙的问题更大，如果忽略它，将对西班牙世界造成持久的冒犯。克拉克承认，如果他写的是艺术史，那西班牙必须是一个重点；但当他试图解释时，情况就更加困难："当人们问到西班牙对于延展人类思想、推动人类向前发展做出了什么贡献时，答案就很模糊了。《堂吉诃德》，伟大的圣人，南美洲的耶稣会？除此之外，她就仍然是西班牙，既然我希望每一集都关注一个欧洲思想的发展，我就不能改变自己的立场。"[6] 当时的西班牙是佛朗哥将军统治下的极权国家，这对克拉克来说没有任何值得称道的地方；尽管如此，正如彼得·蒙塔尼翁所回忆的那样："当他不打算把西班牙或在西班牙发生的事情作为一个主题时，我们大多数人都有些紧张不安……他可以很专横……他有时想和我们争论，有时又不想。但我认为这是他的年龄和背景所决定的。"[7]

329   《文明》剧集概要

第一集 《我们幸免于难》（*The Skin of Our Teeth*）[*]：黑暗时代、基督教的生存和查理曼帝国的建立。

第二集 《伟大的解冻》（*The Great Thaw*）：欧洲的复兴、法国的大教堂。

第三集 《浪漫和现实》（*Romance and Reality*）：在阿西西的圣方济各、乔托和但丁的天赋中达到顶峰的哥特精神和骑士精神。

第四集 《人——万物的尺度》（*Man the Measure of All Things*）：人文主义、佛罗伦萨文艺复兴和乌尔比诺宫廷。

第五集 《作为艺术家的英雄》（*The Hero as Artist*）：教皇尤利乌斯二世的庇护和文艺复兴高峰；拉斐尔、达·芬奇和米开朗琪罗。

第六集 《抗议与交流》（*Protest and Communication*）：印刷与改革——伊拉斯谟、丢勒、路德、蒙田和莎士比亚。

第七集 《庄严与顺从》（*Grandeur and Obedience*）：反宗教改革、罗马圣彼得大教堂的重建；贝尼尼和巴洛克风格。

第八集 《经验之光》（*The Light of Experience*）：北欧的艺术和哲学、科学的建立、牛顿。

第九集 《欢乐的追逐》（*The Pursuit of Happiness*）：伟大的德国洛可可式教堂；巴赫、亨德尔、莫扎特和华托。

第十集 《理性的微笑》（*The Smile of Reason*）：法国启蒙运动、巴黎沙龙、百科全书、伏尔泰、苏格兰启蒙运动、美国的建立。

第十一集 《自然的膜拜》（*The Worship of Nature*）：对自然神性的新信仰；卢梭、华兹华斯、透纳和印象派。

---

[*] 这一集的标题在美国引起了麻烦，因为桑顿·怀尔德的同名戏剧的电影版权已经出售。在耶鲁大学，有4份厚厚的关于此事的律师文件。怀尔德的律师告诉他，起诉克拉克要求赔偿是不会胜诉的，但他们还是威胁要采取行动，BBC不得不将美国版的标题改为《冰雪世界》（*The Frozen World*）。

第十二集 《希望的谬误》(*The Fallacies of Hope*):浪漫主义运动、法国革命、贝多芬、拜伦、大卫、德拉克洛瓦。

第十三集 《英雄的唯物主义》(*Heroic Materialism*):19世纪的人道主义、工业革命、布鲁内尔、托尔斯泰——以及混乱和破坏性的20世纪。

节目的一字一句都是按剧本编排的,这在原则上避免了想法在最后一刻的改变。克拉克通常对他的分类法很满意,但他告诉珍妮特:"主要占据我思考的是意识到我必须为这个系列增加一集关于'古典理想'的内容。如果把帕拉迪奥、普桑、拉辛等文明的核心人物排除在外就太荒唐了。"[8]BBC对这个想法不以为然;3个月13集的节目日程安排神圣不可侵犯,因此"古典理想"被压缩成了"洛可可"那一集不太协调的序言。每一集节目的中心叙事都围绕着三四个英雄展开。迈克尔·吉尔最初反对所有这些"老战马"被大肆宣扬,但克拉克天生崇拜英雄,他认为,通过描述天才人物比试图阐述抽象概念能更生动地描绘一个时代的特征。[9]正如他所意识到的,问题的核心在于如何让故事引人注意。吉尔给了克拉克一些剧本上的回旋余地,安·特纳回忆说:"迈克尔很明智地对他说,不,他必须到那些地方去重新感受它们,因为他在20世纪30年代还是个年轻人时的感受可能与他在60年代的感受截然不同。"[10]他是对的,在阿西西,克拉克被允许做一些未放入剧本的补充。

彼得·蒙塔尼翁认为《文明》有其自身的有机发展,就没有建立太多的条条框框:"我们做了再说。"[11]肯·麦克米伦对此表示赞同:"我们非常努力地工作,从未考虑过我们正在做的事情的真正重要性。我们从未考虑过《文明》所处的语境,我们是不做任何理智判断的工匠。"[12]节目的拍摄由经济和物流驱动——在正确的时间将摄像机放在正确的地点。安·特纳的工作就是克服重重困难,获得在博物馆或教堂拍摄的许可,以便在光线最好的时候进行拍摄,同时协调摄制组和所有的设备,让拍摄能够按时进行。让事情更麻烦的是,作为一名女性,她不被允许进入修道院的空间。另一方面，她发现克拉克为人随和，非常配合且很专业。"可调试摄像机是安的专长，她是个超级研究员。"肯·麦克米伦回忆说，但"多少有点受到迈克尔的小看。她可能会有点难相处，因为她不谙世故且有点不善交际，但我们都非常尊敬和喜爱她"[13]。

BBC当时是世界上唯一一个在文化和经济上有如此雄心壮志的电视组织——节目的制作规模前所未有。研究、拍摄和剪辑历时3年（1966—1969年）；由12名摄制组成员历行了8万英里，走访了11个国家，使用了117个地点，拍摄了118个博物馆和18个图书馆的物品。拍摄了20万英尺的电影胶片（相当于6部正片长度的电影），花费了50万英镑。克拉克告诉珍妮特："当然，这是一种奢侈得可怕的媒介。一个人要走上好几天——加上5辆卡车的人力和设备等等，就为了拍摄35秒的内容，或者什么都不拍。"[14]

这个系列片不是按照时间顺序拍摄的——拍摄不是始于节目开场的巴黎，而是在意大利。制作伴随着一系列的活动，任何一次旅途都会拍摄3到4个节目的素材——每次的时间安排都很紧凑，且冒着巨大的天气风险。3位导演（各自负责自己的节目）轮流执导，主要工作人员则继续拍摄。通常一轮拍摄要持续6到8周，每一周都可能会访问多达5个地点（虽然在佛罗伦萨花了7天）。在剧组搭建完并拍摄好场景之后（这个过程可能需要几天时间），克拉克才会飞过来加入他们。麦克米伦回忆说："直到在卡尔卡松的片场，我才见到K，那应该是第三集。"

克拉克正在摆脱讲座的形式，但这有一个缺点，他告诉他的出版商乔克·默里："我深深沉浸在《文明》中，感觉它们逐渐在成形……BBC提出了各种担忧：有时他们觉得内容太高深，有时又觉得不够高雅……但无论它们作为电视节目的内容有何优点，都无法成为出版物。"[15]虽然他在ATV学到了很多东西，但工作人员还是感觉他在镜头前的表现过于僵硬：蒙塔尼翁描述了他如何"保持一种让自己看上去像是身体有问题的姿态"。现代观众经常被克拉克糟糕的牙齿状况所震惊。今天的制片人可能会试图补救这个问题，但蒙塔尼翁承认："我们从没想过要建议他处理牙齿的问题。K被鼓励每天按照他的方式着装。他对自己非常自信，如果有人告诉他怎么穿衣服，他一定会很不高兴。"[16]

剧组成员之间有一种强烈的同志情谊。蒙塔尼翁回忆说："塔比和肯合作得很愉快。肯是个积极上进的人。在拍摄地，我们偶尔会一起出去喝酒。我记得在德国的一个晚上，我和肯醉得只能爬回酒店房间。因为拍摄时间太长，我们也需要放松一下。"[17]剧组在早上七八点开始打光，为在10点出现的克拉克做准备。简有时会跟着他一起去片场，她在那里永远是他的第一关注点。对他们多年来不太幸福的婚姻来说，《文明》是一个愉快的小阳春——是他们最后一次奢华的壮游，涵盖了他们最喜欢的老地方，也带他们去了像亚琛和孔克这样重要的新地方。克拉克非常享受这段旅程，并期待着每天的拍摄。BBC为他提供了车和司机，让他的旅途尽可能地舒适。"这一切都令人难以置信的盛大，"剧组成员之一玛吉·克兰（Maggie Crane）回忆说，"我们会花一整天甚至几天的时间来准备拍摄，而K会在最后一刻到达。当我们开车前往法国时，他坚持要带我们看一些与这个系列无关的东西。"[18]

起初，克拉克接近剧组人员时还带着腼腆，但这种情况很快就消失了。肯·麦克米伦描述了这个过程："对我们来说，他从来都没有贵族式的或傲慢的姿态，而是有一种害羞的魅力。一开始，他会带上简单独与迈克尔或彼得吃晚饭，但他逐渐发现了由形形色色的人组成的剧组的乐趣。之后他加入了我们一起吃晚餐，对他来说，成为工作团队的一员可能是一种新的体验。他喜欢和这个团队在一起，并有了感情。他会非常安静地坐着吃晚餐，很少喝酒，除了饭后的一杯白兰地和一支细雪茄。"[19]克拉克经常让组员们感到惊讶。麦克米伦回忆说，他们有一个很大的自动提词器，每一个拍摄都会用上，"他会逐行阅读，且很擅长在镜头面前让他讲的内容听上去热情真诚。他很快就和我们熟了起来，我记得在去爱奥那的渡船上，他向我招手说，'你应该来看看这个，你会感兴趣的'，原来是8个精力充沛的苏格兰高地姑娘在跳里尔舞"[20]。在拍摄早期的一集时，克拉克把中世纪的洛泰尔十字架抬到亚琛大教堂的祭坛上时，突然泪流满脸，这让剧组人员大吃一惊。在此之前，迈克尔·吉尔一直认为克拉克冷酷无情，但现在他不得不改变自己的看法。这也不是最后一次组员们惊讶地看到克拉克突然落泪：在拍摄第六集《抗议与交流》时，他站在威滕伯格的教堂门口，同样的情况再次发生——这个镜头拍了6次，因为每当他提到估计是路德的那句话"这是我的立场！"时，他的情绪都会崩溃。

麦克米伦觉得，如果简在场，"克拉克就会变得更加急躁和焦虑。他会在出现任何麻烦之前把她带走；而在晚餐时，他会说：'走吧，简，该上去了！'简这人很好，但略有点古怪。她的手提包里总有一个银色的酒壶"[21]。简在片场无疑是个高风险人物，也是迈克尔·吉尔焦虑的对象。克拉克夫妇通常住在与剧组人员不同的酒店，更多是出于私密性的考虑，而不是讲究奢华——克拉克以他超群的记忆力，不仅会指定酒店，而且会指定他想要的房间。[22]吉尔发现克拉克选择的酒店和餐厅豪华而平庸，但这可能只是反映了老一辈人对可靠的食物和良好睡眠的渴望。组员们对简的态度很矛盾——"我们知道他有情妇，"彼得·蒙塔尼翁解释说，"但我们也看得出来简是个难相处的人。当她的言行举止过分时，就完全没有魅力了。她不在的时候我们会比较开心，因为她可能会碍事，特别是当他们争吵的时候——有时会导致K一个人喝闷酒。我还记得从车的后视镜中看到他坐在后面喝着瓶中的威士忌。"[23]另一方面，克拉克认为简"相当喜欢电影制作所产生的协作感"[24]。让剧组人员感到惊讶的是，当她在公共场合不停责骂她的丈夫时，他从未做出反应或试图制止她。他也从来不提简酗酒的事，尽管他们都亲眼看到过。安·特纳记得，在罗马圣母大殿拍摄时，他们把简留在"教堂的台阶边，当我们出来时，她已经酩酊大醉了"[25]。

迈克尔·吉尔和彼得·蒙塔尼翁的工作关系非常好，他们根据自己的品味和内容来分配节目。吉尔是三位导演中最严厉的，对他来说，焦点总是在构思、用词和故事上。肯·麦克米伦认为："迈克尔基本上是个记者，写作一直是他最重要的元素。他并不特别注重视觉效果，而这正是我们的优势。我想他明白这一点。"[26] 克拉克和肯经常会有与吉尔不同的拍摄想法；他们会相互对视，克拉克会眨眨眼，在吉尔还没有意识到的情况下，肯会悄悄地做好安排。克拉克还与录音师巴兹尔·哈里斯（Basil Harris）关系密切，这让导演们感到不安。蒙塔尼翁回忆道："他很听巴兹尔的话，这让我们很恼火——虽然这也不算是坏事，因为巴兹尔通常也是对的。"[27]

蒙塔尼翁和吉尔的剧集之间的差异非常有趣。组员们认为彼得更有想象力，也更敢于冒险，但迈克尔是一个更有效率、更可靠的导演，他的节目从技术上来讲更好，结构也更紧凑。迈克尔执导了第一集《我们幸免于难》，这一集和最后一集都是最难拍好的。关于这个系列应该如何开场，大家一直争论不休——是以突然的方式开始，还是以缓缓的方式开始？巴黎的开场虽然有点老套，但效果不错。吉尔很喜欢这一情节——克拉克准备说，文明几乎被扼杀了，而"我们几乎无能为力"[28]。彼得·蒙塔尼翁执导了第二集《伟大的解冻》，克拉克认为他把这一集弄得一团糟，通过剪辑挽回了局面。*如果彼得对这个主题不感兴趣，克拉克觉得"他可能会犯更严重的错误"——他最擅长的是具有活力和想象力的主题，如天主教复兴、《庄严与顺从》以及洛可可那一集《欢乐的追逐》。

安·特纳可能被迈克尔小看，但这个系列最依赖于她的知识和组织能力。克拉克正确地认为她觉得"自己受到了轻视，因此被给予了其他两个导演选剩下的剧集"[29]。迈克尔给了她关于佛罗伦萨文艺复兴的第四集《人——万物的尺度》，正如蒙塔尼翁所承认的，"迈克尔和我都没有对这一集产生共鸣，觉得内容过于绝对化，不同意把人作为万物尺度的观点"[30]。剧组发现安是个神经紧张的导演。这一集本应是克拉克最喜欢的一集，因

334

---

* "周五我又看到一遍第二集，这一集真是导得太糟糕了。剧本还行，素材也很好，但是可怜的小彼得却把事情搞砸了——缺乏连贯的节奏，缺乏我在现场的效果，甚至跟我所说的内容也缺乏关联。真是错失了一次机会！……当然，在我和迈克尔拯救它之前，情况比现在还要糟糕80%——事实上，糟糕到我们认真考虑推迟整个系列，把这一集重新再拍一遍。"给珍妮特·斯通的信，1969年3月6日（博德利图书馆收藏）。

为佛罗伦萨是他的精神家园，但他觉得"我说得太快了……整个节目没有其他节目那种轻松感"[31]。这里的焦虑有一个外在原因：1966年，这座城市遭受了一场可怕的洪水，由于洪水被储存在地下室的石油污染，其影响更加严重。这对大理石、画作、文件和纸上作品产生了极为严重的破坏。克拉克对佛罗伦萨遭受的损失感到痛心之外，拍摄工作也不得不大幅缩减，或者剧组转移到另一个地点。正如身在伦敦的吉尔所回忆的那样，"这两种选择似乎都不太合意"。由于不确定下一步该如何进行，他向意大利打了一通电话："我问克拉克是否需要一天时间［来考虑各种选择］。他立即回答说，'哦，不需要，我会着手写第五集，好处是这能让我们留在意大利……我会在你到达的时候把内容准备好'。"[32] 距离这通电话也就是三天的时间，正如克拉克所承诺的那样，剧本在吉尔到达时已经完成。吉尔评价它"清新、尖锐、精辟……是我读过的最好的剧本之一。我想，很好；如果他继续这样写下去，说不定还可以有一本书"[33]。

克拉克特别享受在阿西西和乌尔比诺的拍摄："阿西西更令人振奋——在这方面，它仅次于沙特尔。乌尔比诺是个温馨的地方——如此紧凑且充满人文气息，没有任何被开发利用的感觉，而这是阿西西的一个小缺点（非常轻微，比斯特拉特福德好）。至于乌尔比诺宫殿，它拥有世界上最迷人的内景。"[34] 然而，他观察到，"所有的制片人都希望远离艺术作品，去拍摄羊群和挤奶这类场景等"。吉尔坚持每一集都应该在某个时刻引入当下，在乌尔比诺的山上，他们发现了乔尔乔内画中的风景。乌尔比诺的市长当然也看到拍摄对这座城市的好处，并为摄制组准备了一场盛宴；当《文明》将乌尔比诺列入旅游地图时，市长行为的智慧显然得到了证明。《庄严与顺从》是唯一集中在一个地方拍摄的一集，即罗马。这一集和第九集《欢乐的追逐》（均由蒙塔尼翁执导）在整个系列中最为感人。迈克尔·吉尔把调性控制得相对平和，而彼得则尽情渲染。对于第七集，他回忆说："租了一架飞机，我和肯还有一位摄影师飞行员一起飞越梵蒂冈。梵蒂冈开始信任我们，不再干涉我们的工作：BBC的声望起了很大的作用。"[35] 这一集有两个特别难忘的场景。第一个是维多利亚圣母教堂里贝尼尼的雕塑《圣特蕾莎的狂喜》(*The Ecstasy of St Teresa*)：围绕一位伟大艺术家的伟大主题所进行的完美而悦目的拍摄展现了天主教的复兴，并伴随着圣人讲述自己狂喜时刻的话语——然后克拉克通过展示真实的特蕾莎的朴素画像拆解了神秘。另一个伟大的场景是在结尾。蒙塔尼翁回忆说："当我们在梵蒂冈拍摄时，K想用一个巨大房间的画面来结束关于巴洛克的内容，因为他说17世纪的灵魂习惯于寄居在这些巨大的房间里。"[36]他们想出的妙计是用令人着迷的长镜头逆向拍摄无尽头的地图廊。

《欢乐的追逐》是最纵情、最有创意的一集。克拉克很高兴能重访德国的朝圣教堂，并第一次让简看到了它们。这一集要讲的是音乐——这是该系列的一个关键要素。克拉克和蒙塔尼翁负责为所有剧集选择音乐，确保选曲是在所展示的艺术被创造后的20年内完成的，但正如克拉克告诉珍妮特的那样："拿巴赫怎么办！！他的风格是如此的新教徒，我们很难用天主教建筑来说明他，而且也没有像丢勒的纽伦堡那样的巴赫小镇。"[37]他们别无选择，只能把巴赫的音乐和洛可可风格的教堂结合在一起，当然也没有人表示不满。蒙塔尼翁回忆道："通过照亮菲尔岑海利根的这座伟大的教堂来展示细节非常困难。我们用了大量的灯，大概有20盏，两名专门的照明人员花了一整天来安装。否则出来的效果会像煎饼一样平淡。"[38]他认为，克拉克在这一集里非常充分地展现了自己，表现了内心深处的感情。克拉克用了劳伦斯·斯特恩（Laurence Sterne）的《感伤旅行》(*Sentimental Journey*)中洛可可风格的段落，这是绝妙之举，似乎完美地描绘了华托的绘画世界。

《文明》团队中最默默无闻的成员是休·惠尔登为《显示屏》请来的杰出编辑艾伦·蒂勒（Allan Tyrer），他被认为是电视界最优秀的编辑。彼得·蒙塔尼翁在《欢乐的追逐》中特别提到了这点：克拉克读着斯特恩的一段话，当读到"美妙旋律的自然音符"时，弦乐的声音突然消失了——"这是伟大的艾伦的杰作"[39]。迈克尔·吉尔慷慨地评价这一集："我确信这是迄今为止最好的影片。即使没有音乐，也充满魔力……如果1969年伍德斯托克还没有让所有的花癫派嬉皮士都震撼的话，这部影片应该成为他们的颂歌。"[40]克拉克也很同意，他对玛丽·波特说："洛可可是一个梦——事实上是我在电视上看过的最好的节目！"[41]蒙塔尼翁总结说："这一集，与其说是一部历史作品，不如说是一件艺术作品。"[42]

戴维·阿滕伯勒已经预料到导演们会回来要求更多的资金："彼得和迈克尔给我看了他们整理的一段特别有效的粗剪后，机智地向我问到钱的事，我不顾一切地说，'迈克尔，这正是我们想要的。太棒了'。"[43]阿滕伯勒通过一个简单的策略获得了额外的资金。在那个年代，电视的资助资金按小时或时段来计算，而重播是不会有人注意的。阿滕伯勒认为："这个节目太棒了，任何人看了都会想再看一遍。所以我当时就决定，一周内每一集播放两次，这意味着我将每小时的成本降低了一半，这太棒了。"[44]对阿滕伯勒来说，主要的惊喜是节目"不仅包括艺术，还包括了贝多芬和蒙田，这是我没想到的。但无论你怎么看，他们都是重要的人——而这个系列让所有人知道了他们的存在，这一切都很有价值"[45]。每一集时长50分钟；由于它们的商业成功取决于对美国的销售，所以必须要在一个小时内安排定期的广告时间；这是时代生活公司的高管到访伦敦时主要关心的问题。

吉尔和蒙塔尼翁发展了让镜头对应着音乐徘徊并抚摸某些艺术作品的想法，这样的片段被戏称为"广告"：一个明显的例子是当镜头沿着多纳泰罗的青铜"大卫"的大腿缓缓上升时的纯粹情色时刻。吉尔一直在寻找超越克拉克剧本的使用图像的方法。有两个场景仍然是争论的焦点。一个是在第六集《抗议与交流》中，演员朗诵莎士比亚的作品。虽然这一集由蒙塔尼翁制作，但让演员表演《麦克白》《李尔王》和《哈姆雷特》的片段是吉尔的主意。许多人，包括当时的阿滕伯勒，都认为这些场景不合时宜，也不符合节目的风格。[46]它们确实会打断叙述，克拉克后来也承认，"我们永远无法决定如何处理［莎士比亚］"。他认为这种尴尬是由于选择了"一位老演员［扮演李尔王］，他在20世纪20年代获得成功之后就很少再有任何成绩"[47]。另一个备受争议的场景是第十二集《希望的谬误》中所谓的"海上奥斯特利"的时刻。吉尔认为，在离开18世纪有限、对称、封闭的世界进入即将到来的无限、不受控制的浪漫主义世界时，需要一个视觉隐喻。奥斯特利公园是一个新古典主义风格的豪宅，实际上位于伦敦郊区。克拉克穿过奥斯特利公园的门廊，然后在*coup de théâtre*（出人意料的一幕）中，他面对着一片汹涌的大海。摄制组没能找到合适的海岸和足够大的海浪，所以只好在康沃尔的一个岩石小区域拍了一个特写，并调大了音量。克拉克对这个设计感到遗憾，因为该系列的其他所有镜头都是以完全真实的方式拍摄的。*

有时，拍摄可能是徒劳的，甚至是危险的。克拉克非常喜欢伏尔泰在费内的房子："这是你能想象的最漂亮的乡村别墅……看起来像一张休伯特·罗伯特的风景画［例如下大雨的时候］……所以我们不得不把外景转移到内景，这是令人疲惫的一天。在经过几个小时铺设轨道、修理电灯等麻烦之后，我就只在镜头前说了两句话——大约10秒钟……一个人必须要好坏兼收。"[48]克拉克更喜欢的导演通常是吉尔，因为他做事稳妥，他们发现在一起很容易发笑；但他向珍妮特汇报说："迈克尔·吉尔不喜欢我的'革命性'剧本——但它并没有那么糟糕。我很期待和彼得·蒙塔尼翁一起做最后一集，但他已经接受了空中大学［即开放大学］的工作——可怕的安排。†我们会非常想念他的，他是如此善良体贴，我非常喜欢和他一起做节目。迈克尔总是用他那时髦的现代观点来烦我。"[49]这一集的内容涵盖法国大革命，然而拍摄却因学生暴动和后来被称为"五月风暴"（*événements*）的一系列罢工的爆发而中断。玛吉·克兰回忆说："我们当时住在艺术桥附近的一家小旅馆里，被［催泪］瓦斯袭击，但那是K到达的前一天……因为

---

* "我为把奥斯特利设置在海边而感到羞愧，这是这个系列中唯一的赝品。我必须说，看到在康沃尔海岸重建的门廊，真是相当滑稽。"克拉克致潘西·兰姆夫人，1969年6月4日（Tate 8812/1/4/98a）。

† 《李尔王》，第四幕，第六场：埃德加描述了多佛附近的一座想象中的悬崖："半山腰上／一个收集海蓬子的人悬在那里——可怕的安排！"

大罢工，我们很难到达圣但尼，于是便决定缩短在巴黎的拍摄，前往亚琛。'我们就像逃离巴黎的路易十六。'K 愉快地说道。"[50]为这一集计划的音乐包括《马赛曲》，但没能找到录音。克拉克提出了一个富有想象力的建议，开车到附近的雷诺工厂，试图说服罢工的工人为他们唱这首歌，但在这一点上，迈克尔的激进主义让他失望了。他们最终找到了一段由俄罗斯水手唱的法国国歌的录音。

克拉克在第十一集《自然的膜拜》中遇到了麻烦，他告诉珍妮特："我还在与早期的浪漫主义做斗争，我很想说，整个运动是由于两个天才男人[即拜伦和华兹华斯]爱上了他们的妹妹。"[51]但在拍摄这一集时，他们遇上了非常好的运气，弥补了所有因为噪音和其他街道危险而导致重拍的时间："我们发现了一个非常漂亮的透纳式山谷——但不幸的是，在最佳的拍摄时间，一架飞机飞了过来。接着光线失去了一些魔力。然后我们回到山顶，突然，（在罗斯金看来）从勃朗峰到马特洪峰的整个阿尔卑斯山脉出现在了云霄之上。这真是一个令人惊叹的景象——我们立刻在叮当作响的牛铃声中架好摄影机等，我开始了一段集合了透纳、歌德和对云的研究的内容。我背对着景色站着，当我说到'云朵'这个词的时候，我看到工作人员都笑了——恰巧在那一刻，整个风景已经被一片云遮住了，两秒钟后，我也被笼罩了，几乎看不见了。如果整个画面拍摄成功，那会是多么出人意料的一幕。"[52]

最让克拉克焦虑的是最后一集《英雄的唯物主义》，他觉得这一集的内容超出了自己的能力范围。这一集必须提供某种总结，但他不知道他应该如何来结束，或在什么点上结束。内容涵盖了人道主义的发明、工程学的兴起、印象派的天才和托尔斯泰，这给了克拉克一个复杂的叙述，但迈克尔·吉尔在最后拯救了他。当他们在布里斯托尔拍摄伊桑巴德·金顿姆·布鲁内尔的作品时，吉尔对克拉克说："你知道，你必须以你的信念来结束这个系列。"[53]这有些出人意料，但克拉克坐在克利夫顿的酒店房间里，写下了他著名的"信条"。克拉克《文明》的故事在"1914年"画上句号，接着的一系列图像代表了20世纪文明的回报和敌人：焦德雷尔班克天文台的望远镜、太空旅行和协和式飞机，再叠加上反乌托邦的电脑、斯图卡轰炸机和原子弹爆炸的蒙太奇。吉尔的妻子伊冯娜·吉兰回忆道："迈克尔在最后一集的制作中度过了一段地狱般的时光。他认为结局很混乱，是一个错误。K的个人结语是解决结尾问题的一种方式。"[54]克拉克在他萨特伍德的书房里说出了他的"信条"，然后站起来，用他自己的话说："我走进书房，拍了拍亨利·摩尔的一个木雕，似乎在暗示还有希望，然后……一切都结束了。"[55]

在整个项目结束时，克拉克在萨特伍德为全体剧组人员举行了一次聚会，并告诉他们，制作《文明》是他一生中最快乐的两年。他比他自己想象的还要开心，他给戴维·阿滕伯勒写道："对于BBC给了我们这样的带薪假期，我非常感激。"[56]在这个项目上投入了50万英镑（相当于今天的800多万英镑）的BBC也万分欣喜。就像休·惠尔登对吉尔说的那样："踩在黄金上真是让人松了一口气。"[57]

33

《文明》和它的缺憾

这是一个伪装成西方文明概要的自传。

——肯尼斯·克拉克致奥尔巴赫-韦尔夫夫人，

1970年10月7日[1]

《文明》于1969年2月开播。由于很少有人拥有能够接收BBC二台的电视机*——更不用说彩色电视机了——第一轮只有100万观众收看了该系列节目，所以要等到重播才能达到其全部效果。尽管如此，戴维·阿滕伯勒回忆道："我们知道它很成功，但我们都不知道它会有多成功……这属于那些传奇的事件之一；会有人来邀请你一起看节目。我不会说酒吧因为《文明》的播出都关门了，毕竟当时只有少数人拥有彩色电视机。"[2]一些乡村教区重新调整了晚祷的时间，以便教徒能在星期天观看节目，而观看《文明》的聚会则在那些拥有彩色电视机的人家里举行。当大众旅游才刚刚开始的时候，对于大多数人来说，这个系列节目展示了他们永远都无法切身体验的壮游，他们相信肯尼斯·克拉克会带他们去最好的地方。他前所未有地成功打开了人们对艺术的眼界，完成了他的罗斯金式的使命。尽管内容可能有缺陷，但对于公众而言，《文明》将是他的"伟大著作"。就像恩

---

* BBC二台于1964年4月开始播送，它使用了比当时BBC和ITV更先进的625线系统，所以使用老式电视机的观众无法收看新频道。

斯特·贡布里希的《艺术的故事》（*Story of Art*）一样，它为这个主题提供了一个框架。

第一集以克拉克在巴黎市中心开场，他引用了罗斯金的话："伟大的国家用三种手稿书写他们的自传：他们的行为之书、他们的言语之书和他们的艺术之书。想要理解其中任何一本的意义都必须要阅读另外两本，但在这三本中，唯一值得信赖的是最后一本。"《文明》里的故事将通过艺术和个人——通常是思想家和诗人——来讲述，但总会回到视觉来源。克拉克对视觉内容的选择反映了他自己的喜好，这在系列的副标题中做了说明：个人观点（*A Personal View*）。站在巴黎圣母院前的克拉克提出了第一个问题："什么是文明？"他回答："我不知道。但我认为当我看到它时，我可以认出它；而我现在正看着它。"

克拉克的世界观很快就显现了出来。《文明》在很大程度上是一个地中海的故事，荣誉由意大利和法国分享，德国、荷兰、英国和美国是配角。这个系列是吉本式的，他的《罗马帝国衰亡史》讲述了在古典时期发展起来的文明的毁灭，而它的生存就是古典文化的生存。在第一集中，克拉克展示了罗马文明的残余在8世纪犹如挂在悬崖边缘。宗教是他故事的核心，基督教与古典人文主义的融合为他提供了许多重要角色，从查理曼到文艺复兴及其后。他们的特征是有文化、自信和一种永恒感：阿尔琴和查理曼王朝为我们提供了这方面的第一个有力证明。正如牛津哲学家斯图尔特·汉普希尔所指出的，这一系列"并不是基于一般理论，而是基于对人和地方的反思。文明依赖于稳固安全的权力中心，而艺术家和赞助人则可在此基础上蓬勃发展"[3]。

《文明》从某种意义上来说是克拉克的自传——通过各种情节，可以追溯到他在温彻斯特和牛津大学时期读过的书，尤其是H.G.威尔斯（克拉克着重解释了威尔斯对游牧文明的意志和农业文明的服从之间的区分）、米什莱、托尼和兰克。[4]他在第一集中回忆了他早年去爱奥那修道院的经历，而

他在牛津时期以及之后的德国之行也影响了关于巴洛克那一集的内容*，还
有在法国探索大教堂和勃艮第修道院的假期，无疑也很重要。有时，对主
题的熟悉并不会对他写剧本有帮助；他在准备意大利文艺复兴早期的内容
时就很挣扎："我在优化剧本，希望赋予它一些中世纪晚期手稿中的那种人
性光辉，但是，唉，我对这个主题太熟悉了，很难给人一种'发现'的感
觉，而这正是其他一些剧本的优点。"[5] 我们可以从某些情节中察觉到克拉克
的友谊：许多莫里斯·鲍勒的趣味——比如《费德里奥》和托尔斯泰的生
平——已经成了他自己的品味；在关于中世纪修道生活和巴洛克圣徒的内
容中，我们可以看到戴维·诺尔斯的影响。克拉克几十年来一直在思考他
的一些主题：他1945年的演讲"英国浪漫主义诗人和风景画"显然是第十一
集《自然的膜拜》的前身，就像他在艺术委员会时期做的关于浪漫主义运
动的展览画册《希望的谬误》（1959）也预示了第十二集的内容，甚至采用
了同样的名称。约翰·波普-轩尼诗认为，这些节目"是K真正的自画像，
在无数不同的情境中准确地展现了他最真实的一面：有时犀利，有时非常
滑稽，有时不耐烦，有时亲密，有时几乎像舌头打了结"[6]。

　　克拉克的《文明》也提供了一个关于伟大的人从事伟大事业的观点，
这不同于布鲁姆斯伯里学派的观点（凯恩斯除外）——被文明化的人摒
弃了行动的生活。他大肆宣扬利顿·斯特雷奇在《维多利亚时代名人传》
（*Eminent Victorians*）中所嘲讽的维多利亚时代行动主义的美德。他也赞同
托马斯·卡莱尔的历史是关于英雄的观点，第五集的标题《作为艺术家的
英雄》就借鉴了卡莱尔的演讲"英雄崇拜和历史上的英雄"（1840）。克拉
克和卡莱尔都不喜欢18世纪，但他们承认，即使是那个不真诚的时代也有
自己的英雄——伏尔泰、卢梭和《百科全书》的作者们。克拉克心目中的
一些英雄是从他的童年时代延续下来的。当他动情地谈到圣方济各时，他

---

* "我在宁静平和的巴伐利亚乡村度过了愉快的一天，看到了八座巴洛克风格的教堂——一半是修
　道院，一半是农场，外面洁白干净，里面是金银装饰。"克拉克致玛丽·波特，未注明日期，约
　1950年（Potter Archive）。

是在呼应蒙蒂·伦德尔在温彻斯特的演讲,尽管他称:"我觉得我不配写关于他的东西。但到最后,我还是不能把他排除在外。我想知道现在的人对他有多少了解?他是像我一样的罗斯金式的圣人。"[7]但是他对自己年轻时的一些英雄也改变了看法。自从十几岁时读了马克·帕蒂森关于伊拉斯谟(Erasmus)的文章后,克拉克就一直钦佩他宽容的声音,但正如他告诉珍妮特的那样:"奇怪的是,我最终对伊拉斯谟这个文明人产生了一种厌恶,而对文艺复兴文明的破坏者路德却有了更多的钦佩。"[8]因此,他在第六集中宣读路德的话时情绪激动。克拉克以另一种方式让自己惊讶,他对珍妮特说:"真奇怪,我的文明史竟然变成了一部宗教史。恐怕没人会喜欢。"[9]

343

在整个系列中,克拉克将文明比作一辆要被推上山的车,这似乎暗示了一种决定论的立场,但实际上是一种误导。这里没有"历史进程";相反,它反映出克拉克相信艺术的核心传统固有的脆弱性:"正如希罗多德所说,从埃及开始,在希腊达到第一次完美,在12、13世纪的法国达到第二次完美,以此类推,直到我们的时代。"[10]在他讲述的故事中,没有什么是必然的,故事追溯了天才人物产生或表达冲动的后果。克拉克曾写道,波德莱尔(Baudelaire)"宣称这些不安、神秘或悲剧性的人物[艺术家]是他的指路灯,是照亮人类前进道路的灯塔"[11],他警告我们:"我们幸免于难,但它可能会再次发生。"宗教改革以三十年战争结束,法国大革命以恐怖告终,工业革命导致了劳动剥削的惨象,20世纪制造了原子弹。这些观察的背后是一种悲观主义,几乎每一集都以这种悲观主义结尾(除了"从克吕尼修道院的祝圣到沙特尔大教堂重建之间的那几百年辉煌岁月")。乔尔乔内的《暴风雨》是"新悲观主义的第一个杰作";在达·芬奇《大洪水》的素描中,克拉克看到"黄金时刻即将结束",而莎士比亚则被有争议性地称为无信仰的诗人,因为"还有谁如此强烈地感受到人类生活的绝对无意义?"唐·乔凡尼的到来是为了糟蹋《欢乐的追逐》中的那些*fêtes galantes*(雅宴画作)。随着克拉克接近他自己的时代,他的悲观主义变得更加明显。当时,克里斯托弗·布克(Christopher Booker)观察到,很少有人能准确地捕捉到克拉克语气中的细微差别，总是把它与"现代世界似乎要坐着手推车下地狱"这个几乎普遍认同的立场混为一谈。[12]

也许克拉克的作者声音在最后一集中是最为人们所知的，即迈克尔·吉尔让他坐下在布里斯托尔写的那篇著名的"信条"："现在，我展现了我的本色——一个墨守成规的人。我持有一些已被我们这个时代最活跃的知识分子所否定的信念。我相信秩序优于混乱，创造优于破坏。我喜欢温和而非暴力，宽恕而非仇恨。总的来说，我认为知识胜过无知，我确信人类的同情心比意识形态更有价值……最重要的是，我相信某些人是上帝赋予的天才，我珍视一个使他们的存在成为可能的社会。"*不管克拉克是否意识到，这段文字的气质很明确地将他定位在了布鲁姆斯伯里学派。它优雅地提炼了E.M.福斯特的文章《我的信念》（"What I Believe"）中的内容，尽管克拉克不会同意"英雄崇拜是一种危险的恶习"[13]。

这个"信条"在公众中引起了强烈的共鸣；数以百计的人写信索要副本，克拉克的秘书凯瑟琳·波蒂奥斯不得不将它们印出来一一寄出。然而，当时和现在一样，知识分子认为它并不令人满意。当代布鲁姆斯伯里圈的前辈弗朗西斯·帕特里奇（Frances Partridge）在她的日记中写道："这没什么特别的，但他以'我必须展示出我作为一个墨守成规的人的真实面目'作为这段话的前奏，让我失去了一些尊敬。实际上他并不认为自己是这样的人，那他为什么没有勇气捍卫自己的信念呢？"[14]这也许是对克拉克在完成"对《文明》进行归纳"这个不可能的任务时所采取的自我嘲讽的谦虚态度的一种误读。或者说，事实是他已经不知道该相信什么，所以不想轻易地做出决定。彼得·蒙塔尼翁认为"他的信条太夸张了。没有人相信它，这是两个人在不可能的情况下，为了完成史诗般的航行而虚构出来的假话"[15]。更能说明和表达克拉克心境的是他在最后一集结尾处引用的W.B.叶芝的一句话："事物分崩离析，中心不复存在/整个世界陷入无政府状态……最好的

---

* 1968年的一天，雷蒙德·莫蒂默在奥尔巴尼对克拉克说："K，我有一个问题问你：'上帝赋予的天才'——你是指上帝吗？他迟疑了一下，然后回答说：'事实上我就是指的上帝！'"

人缺乏信念，最坏的人则充满激情。"

尽管如此，克拉克仍然相信，那些伴随他成长的文化地标仍然值得被颂扬。而正是在最后一刻，这个观点被成功地传达给了广大的观众：克拉克是传承欧洲文化石板的第二个摩西。一些批评者——主要来自政治左派——质疑他的方法的整个基础：对男性的、西方的、资产阶级的文明概念的认同——没有非洲、亚洲、伊斯兰教和南美。学术界和左翼社会理论家永远不会接受克拉克自上而下的文明观。尽管如此，这个系列的成功，证明了大部分公众愿意了解这个由肯尼斯·克拉克开创或更新的艺术准则。 345
叶礼庭（Michael Ignatieff）敏锐地指出，英国精英主义和民粹主义之间的文化争论是另一种形式的阶级战争，"在英国，任何关于文化标准的争论都必然是关于谁可以高人一等说话，以及由哪种口音来做评判"[16]。

克拉克对马克思主义历史学家和"现代思想家"的频繁抨击，给人一种老派自由主义历史学家恐惧当代的印象。当他谈到人的尊严时，他承认："今天，我们已经不再谈论它了。"在第十二集的结尾，他谈到了"损害了我们的人性"的东西，并提供了一份至今仍能引起共鸣的清单："谎言、坦克、催泪瓦斯、意识形态、民意调查、机械化、规划师*和计算机。"在最后一集中，当热核反应的蘑菇云出现在屏幕上时，他说，"文明的未来看起来并不光明"。这是一个出生于1903年的人的悲观主义，他经历了法西斯主义的崛起和两次世界大战，受到原子弹破坏的深深影响，现在他看到的是一个正在解体的世界。这不是第一次克拉克发现自己对成为文化保守派的英雄感到不舒服，他告诉科林·安德森："BBC的设计初衷不过是把它们作为一系列漂亮的彩色图片，而我接受了这一目的。但是，正如你所知道的，我忍不住要表达我的偏见——对受虐的热爱也会让我喜欢说一些会惹恼正统知识分子的话。其结果是，将军们、上将们、达特茅斯夫人、伦敦市长

---

* 科莉特回忆说，规划师学会（Institute of Planners）的秘书写了一封忧伤的信，说他们真的没有坦克和催泪瓦斯那么糟糕。

等等都觉得他们终于为自己找到了代言人，肯定还有很多善良谦逊的人也这样想。"[17]

媒体对《文明》的反应普遍都是欣喜若狂。《泰晤士报》以"多么像天使"为标题进行了报道，《星期日泰晤士报》的J.B.普里斯特利说这个系列"自身就是对文明的一种贡献"[18]。《太阳报》称克拉克是"麦克卢汉时代的吉本"，伯纳德·莱文（Bernard Levin）将他与歌德相提并论。菲利普·汤因比（Philip Toynbee）在《观察家报》上写道："克拉克是个彻底的英国人，但他热爱并理解欧洲艺术和思想中完全非英国人的部分。"[19]持不同意见的人比较少，最著名的是剑桥左翼知识分子雷蒙德·威廉姆斯（Raymond

346 Williams），他攻击《文明》是"那些带着爱德华时代世界观的悲哀而精致的思想的最后一次长时间集会，是一个花了很长时间和功夫学来的假装虔诚的表演，还加上了一个公营公司的各种主张"[20]。他称这是对不光彩过去的"旧餐桌式"的宣传，也是拒绝当今世界的一种手段。另一位持反对意见的人是艺术评论家爱德华·露西-史密斯（Edward Lucie-Smith）（他后来写道）："他的节目……我想，足以让任何人选择看其他的节目…… '哦，又来了！'当他装腔作势地在另一处古迹踱步，眼皮高傲地皱起时，我叹了口气。"[21]克拉克偶尔也用晚餐后的轻松姿态来吸引观众，他向一名记者承认道："公共生活中的安全规则是绝不开玩笑，我很愚蠢地在《文明》中多次打破了这一规则，而我的那些讽刺性的话也经常被按照字面意思去理解。"[22]戴维·阿滕伯勒却有不同的看法："克拉克有一种绝对官方的表达方式，然后在中间夹杂一些口语，给人意想不到的惊喜——你会意识到，这个人不只是一个高高在象牙塔里的学者，他真正了解人类的思想。我觉得这一点太吸引人了。"[23]诺埃尔·安南在《我们的时代》（Our Age）中回顾说：《文明》体现了蕴藏在牛津人智慧中的勇气和拼搏精神。

尽管第一次播出的收视率相对较低（如果数据确实可信的话），但强烈的公众反应还是让克拉克不知所措。正如他对休·惠尔登所说的："每天都有大约六七十封感谢信向我涌来，这让我感到非常为难……这些节目似乎对宗教人士有特殊的吸引力。收到了很多修女的来信……还有许多主教、两位红衣主教和达西神父（两次）。这一切都非常奇特……"[24]他在给珍妮特·斯通的信中写道："公众的反应令人难以置信——是有史以来最高的赞赏数字。那些愤怒的学者在报纸上口沫飞溅。"[25]公众的来信多种多样：有些是自作聪明的来信，希望抓住克拉克的把柄；有些是浮夸无聊的长篇大论；有一些愤愤不平的信提出异议，说《文明》过于基督教化，或者对维京人太过无礼；有一些信说克拉克对天主教会的权力和财富的明显崇拜让人愤怒。但绝大多数还是感激信，感恩他们的视野得到了拓展。有人把自己的诗歌寄给他，有人问他关于绘画课程的问题。最感人的是那些说这个节目拯救了他们，让他们免于自杀的信件。约翰·贝杰曼简单明了地写道："《文明》是我看过的最好的电视节目。"[26]

电视制作人、后来BBC广播三台的主管约翰·德拉蒙德（John Drummond）回忆起这个系列对公众的影响："当时我对《文明》相当不满，觉得克拉克的方式没有吸引力，直到这个系列第一次在电视上播出时，我在一次晚宴上坐在一位来自《经济学人》（*The Economist*）的聪明的年轻女士旁边，我正喋喋不休地谈论着克拉克对政治史的讨论是否像他谈及艺术史一样可靠，她打断了我，冷冷地说：'我父亲已经74岁了，住在特伦特河畔斯托克。他对艺术从来都不感兴趣。上周他来伦敦看我，他的第一个问题是"国家美术馆在哪里？"'这就是《文明》取得的成就，我觉得自己受到了应有的责备。"[27]

除了那些神经有毛病的信，克拉克会答复每一封信，经常是很长的内容——科莉特在奥尔巴尼花了3个月的时间才把它们都打了出来。观众在每一集中都会发现一些小错误——典型的是把"威廉"说成亨利·普塞尔，把莫扎特的G小调"四重奏"说成"五重奏"。*当《文明》的书出版后，

---

* 更令人担忧的是，在克拉克所谓的"我真正的中心"佛罗伦萨那一集中，布鲁内莱斯基被他认为并没有设计圣十字教堂的修道院，而目前的共识是反对克拉克把卢浮宫里的《音乐会》归属于乔尔乔内、把《理想的城市》归属于皮耶罗·德拉·弗朗切斯卡。

哲学家布赖恩·马吉（Bryan Magee）给克拉克信中用了5页更正里面的错误[28]，克拉克不予理会，并对珍妮特说："我告诉过你吗，有个人写信说他附上了50处书中的错误——其实这些都不是事实的错误，只是观点不同罢了。"[29]因为很多人乐于在节目中找错误，最后，克拉克采用了一封标准信件，表达了他的感谢之情，并承认"每个节目中至少有两个错误"。除了错误之外，还有一个观点给他带来了强烈的抗议：他认为莎士比亚没有宗教信仰。正如他的朋友戴维·诺尔斯告诉他的那样："我不会把莎士比亚归入悲观主义者或不可知论者的行列。"[30]克拉克很不耐烦地对一名抗议者写道："但丁是……最伟大的基督教诗人，而莎士比亚是最伟大的非基督教诗人。作为一名基督徒，你可能不愿意承认这一点，但世界上也有非基督徒的存在，而且似乎有很多。"[31]

今天看《文明》，人们会意识到这个系列剧对其时代的粗暴无序是多么的敏感。那是一段动荡不安的混乱时期，最重要的是，在西方，那是一个充满学生异议的时代，年轻人不再准备接受他们父母奉为神圣的制度。1969年，也就是《文明》播出的那一年，伍德斯托克音乐节、《巨蟒剧团》（Monty Python）和齐柏林飞艇乐队的诞生代表了流行的青年文化。肯尼斯·克拉克身穿花呢西装，带着上流社会的气息，在当时的电视上并不罕见*，但他对欧洲文化的过分尊崇似乎让他不可避免地会受到讽刺——事实也的确如此：一个1973年《巨蟒剧团》的短剧就上演了克拉克和重量级拳击手杰克·鲍德尔（Jack Bodell）之间的拳击比赛。当克拉克赞美道"这是英国文艺复兴的巅峰……"时，他受到了一记重击——鲍德尔赢得了牛津艺术教授的头衔。然而，正如汉弗莱·伯顿指出的那样，对大多数普通观

---

* "这属于它的时代的表现。克拉克非常贵族化。阶级障碍是人们回看的时候感受到的。这在当时并不是一个问题。"（迈克尔·格雷德致笔者）克拉克的西装常被描述为"无可挑剔"，但事实上它们并不总是很合身。安东尼·鲍威尔在他的日记（1984年9月16日的记录）中引用戴维·塞西尔勋爵（David Cecil）的话说他从没觉得克拉克穿得讲究。鲍威尔补充道："克拉克总是很整洁，但我同意，出于某种原因，有些穿着看起来完全不对。"

众来说，"《文明》是希望和积极思考的灯塔，让人们体会到我们的媒体所能够提供的价值。在我的记忆中，当时并没有太强烈的敌意……虽然年轻人在反抗，但对更多的中年人和老年人来说，这是他们一周又一周看到的最疯狂的事。他们想在看到'五月风暴'和静坐抗议之后，能够享受一下K.克拉克的文明之旅"[32]。《文明》中也有一部分内容是对这种动荡气氛的回应。在倒数第二集《希望的谬误》中，有一段"暴动"的蒙太奇：1830年法国；1848年法国、西班牙和德国；1871年法国；1917年俄罗斯；1936年西班牙；1956年匈牙利；1968年法国和捷克斯洛伐克；还提到了"今天的西班牙或希腊"的压迫。塞西尔·比顿在日记中记录了一个矛盾："当他处于一种微妙的境地时——比如一个富人欢迎底层人民的革命——就要当心有批评的声音出现，但他在掩饰自己观点时所用的谨慎的措辞是如此精确和巧妙，以至于没人能对他加以批评。"[33]

克拉克对内容的遗漏使他很容易成为批评的对象。最明显的问题是这个系列的标题，它暗含着欧洲文明优于其他文明的意味，这不是副标题能缓和的问题。这个系列片向我们展示了很多关于20世纪60年代末世界的分裂，但标题没有给予我们更多的提示，而且确实在大多数评论中都被忽略了。克拉克本人对这个系列里最严重的遗漏给出了不同的意见：拜占庭艺术、维京人发展的法律、拉辛、普桑、德国浪漫主义和哲学是他最经常提及的。一些人认为他应该把毕加索和现代主义也包括进来。但是，最棘手的是西班牙问题，这个部分的遗漏引起了极大的不满。克拉克受到了如戴维·诺尔斯这样的天主教历史学家的指责，他们认为他完全错了。许多人认为他的观点是一个新教徒的观点，但鉴于他对反宗教改革罗马的赞扬，事实显然并非如此。然而，他对西班牙国王菲利普二世的负面态度无疑让他打消了曾短暂考虑过的以埃斯科里亚宫作为重心的西班牙部分。[34]被冒犯的不仅仅是西班牙人，而是整个西班牙裔世界。英国大使唐纳德·霍普森爵士（Donald Hopson）从委内瑞拉写信告诉克拉克，这个节目在加拉加斯播出时已经引发了很多刻意歪曲和反盎格鲁－撒克逊的情绪。[35]报纸上出现了长篇文章，介绍克拉克所忽略的西班牙文化的辉煌。克拉克写了一封长信来证明自己的立场，指出正如这个节目所表明的那样，他并不反天主教或反巴洛克，他在他的《观看绘画》（1960）一书中还收入了委拉斯克斯、戈雅和埃尔·格列柯。[36]

　　对于当今的观众来说，《文明》的另一个明显遗漏是该剧中缺少女性。克拉克在第三集雄辩地讲述了骑士精神和对圣母的崇拜，但直到18世纪法国的沙龙女主人德芳夫人和乔芙兰夫人出现，女性才在他的故事中有了中心角色。他给了多萝西·华兹华斯（Dorothy Wordsworth）一些篇幅，但她主要是作为哥哥威廉的灵感来源而存在，还有伊丽莎白·弗莱（Elizabeth Fry），但也只是顺带一提。克拉克在他的论点中强调了女性特质（尽管遭到了约翰·斯帕罗和莫里斯·鲍勒的嘲笑），他认为"世界上伟大的宗教艺术与女性原则紧密相关"，并表示他相信女性能力与男性之间的平衡力量。

　　尼尔·麦格雷戈是《文明》的热心崇拜者，他对克拉克在处理德国和北方艺术方面的困境印象深刻："对我来说，最能概括这一点的是当他将拉斐尔和丢勒的肖像画做比较时，他坚持认为在拉斐尔的肖像画中看到的是平衡、和谐、宁静的特质，而在丢勒的肖像画看到的则是紧张和难以抑制的歇斯底里。[37]这种对德国的看法很大程度上受到了第一次世界大战中反德宣传的影响。在我看来，这似乎给《文明》的想象留下了无可救药的瑕疵。"[38]克拉克对德国的看法当然受到了两次世界大战的影响，但这不太可能会影响他对德国艺术的看法。他肯定会提到在第九集《欢乐的追逐》中，他对自己所崇拜的德国建筑和音乐给予了积极的评价。

　　克拉克对如此多的人对这个系列剧的赞赏毫无准备。他对年轻人的来信感到特别高兴，而且今天看来，这类年轻观众的数量比当时所知道的要多得多。正如历史学家戴维·坎纳丁（David Cannadine）所写的那样："我自己就是他们中的一员：在那个现在被称为中学和大学之间的空档年，我永远都不会忘记这个节目所产生的影响——它开阔了眼界、打开了耳朵、刺激了情感。的确，无数人的生活因为这个节目而变得更加美好。"[39]

　　有一个群体明显是沉默的——克拉克的艺术史同行们。他的朋友本·尼科尔森和德尼斯·萨顿（Denys Sutton）分别在《伯灵顿杂志》和《阿波罗》（*Apollo*）上发表了表示赞赏的文章，但只有一封来自考陶尔德的信——迈克尔·基特森（Michael Kitson）（事实上，基特森写信是为了感谢他出借一张克劳德的画）。克拉克回信说："收到考陶尔德学院的人对我的一个节目的支持，我非常高兴。"[40]他仍然相信学术界对他怀有敌意，正如他在1967年10月对观众说的那样："在过去的10年里，我改变了我的看法，英国人确实喜欢艺术。我怀疑是否有一位牛津大学的教授看过我的节目，但普通人都看了——他们觉得自己从中有所收获。"*约翰·拉塞尔在克拉克70岁生日上的发言总结了许多人的感受："当成千上万的人从《文明》中得知自己是但丁、牛顿、米开朗琪罗和J.S.巴赫的亲戚后，都把自己的身板挺直了一点儿。"[41]不久前去世的小说家和艺术史家安妮塔·布鲁克纳将这个系列描述为"过去50年中在这个国家出现的最具影响力的大众教育事业之一"[42]。

　　自从《文明》首次播出以来，人们就一直在思考克拉克穿着花呢西装、带着天生优越感的贵族形象和尼尔·麦格雷戈所说的"20世纪最杰出的文化平民主义者"之间的对立。[43]电视界大亨迈克尔·格雷德（Michael Grade）毫不怀疑"这个系列之所以成功，是因为它讲述了伟大的故事。最好的电视总是关于故事。这些节目具有开创性，包括所有的剪辑和地点的切换。他的表演无懈可击。你知道站在你的面前的是一位大专家"[44]。肯尼斯·克拉克在另一面则相信任何一流的东西都不会成为流行，但正如戴维·阿滕伯勒回忆的那样："当我和K走在皮卡迪利广场的时候，人们走上前来称赞他，他高兴得不得了。"[45]但现在，克拉克将不得不面对更令人生畏的美国的崇拜。

---

*　Bow Dialogue with Rev Joseph McCulloch, 10 October 1967. 见威拉·佩切克采访，*New York Times* (3 May 1976)："对于一些吹毛求疵的学者来说，这个节目有大量多余的东西，且不具有学术性，克拉克冷冷一笑，说道：'他们可能有些道理。'"1969年5月21日，克拉克给詹姆斯·利斯—米尔恩写道："我早就接受了自己作为缺乏文化修养的人的使徒的身份。"（耶鲁大学拜内克图书馆收藏）

34
顶峰：代表文明的克拉克勋爵

我感觉到了一种可怕的欺骗。

这真的是一种很不舒服的感觉。

——肯尼斯·克拉克，《另一半》[1]

《文明》首播后的那一年成了克拉克的 *annus mirabilis*（奇迹之年）。这个系列剧在英国大获成功之后，在美国也被推到了顶峰，克拉克发现自己受到了通常只有流行歌手和国家元首才能够获得的那种追捧。在纽约大都会博物馆的100周年庆典上，他是主要嘉宾；在华盛顿的国家美术馆，他也被人群包围。《文明》迅速流行起来。阿萨·布里格斯（Asa Briggs）在他的BBC的历史中写道："克拉克自己的系列剧比刚推出时更引人注目，因为最初的反应比较缓慢且多少有所保留，但很快就有许多赞赏信，到了1971年，《文明》赢得了四个奖项，并被卖到了美国和许多其他国家。"[2] 直接的结果是，克拉克获得了大量的国际荣誉，成为约克大学校长，并被授予了贵族爵位。他的女儿科莉特写道："就像拜伦一样，爸爸一觉醒来发现自己出名了。"然而，名声也有其微妙的腐蚀性，他的家人指出，名声对他的性格产生了不良影响，使他更加以自我为中心，缺乏宽容。[3]

最初，美国电视网对《文明》不感兴趣，并拒绝了它。在戴维·阿滕伯勒看来，这是因为美国没有纪录片的历史，BBC是从电台和广播发展起来的，而美国电视是从故事片和好莱坞发展起来的。[4] 矛盾的是，克拉克认为这正是该系列最终在美国获得成功的原因：美国人从小接受电影的熏陶，已经很习惯英雄人物的概念。[5]

无论如何，是克拉克的朋友莱茨曼夫妇率先在美国开始推广《文明》。大约是1969年6月，查尔斯·莱茨曼在伦敦看了一场试映，无论对克拉克与他妻子杰妮的友谊有什么看法，他都把它抛在一边。他带着剧本坐上他的游艇进行年度希腊群岛环岛游，其间他把剧本拿给华盛顿国家美术馆的退休馆长约翰·沃克看，后者也认为这些剧本非常棒。受到了鼓舞的莱茨曼回到纽约之后，为CBS主席威廉·佩利（William Paley）安排了一场晚餐和一两集节目的放映。佩利说他觉得内容很无聊，CBS永远不会播放《文明》，因为它不会引起足够多的人的兴趣（他后来承认，这是他第一次因低估公众的品味而犯下商业错误）。[6]莱茨曼夫妇坚信佩利的判断有误，同意赞助该剧在纽约市政厅的试映。[7]与此同时，华盛顿的国家美术馆正在就首映权与BBC谈判。因此，《文明》于1969年10月至11月间，在美国首都进行了首次全面公开放映。[8]节目立即引起了轰动。查尔斯·莱茨曼告诉克拉克："昨天在华盛顿发生了一件有趣的事。国家美术馆的礼堂只能容纳350人，而约翰·沃克昨天打电话说，当大门打开迎接来观看第一集的观众时，人行道上已经有1万人在等着进场。"[9]自1963年参观《蒙娜丽莎》以来，华盛顿就没有出现过这样的情况，美术馆几乎被人海淹没，礼堂几乎达到了"恐慌级别"。原本"只在周日放映"的计划变成了每日放映，持续13周。第一年，共有25万观众到美术馆观看了《文明》，而美术馆的参观人数在这一年增长了50%以上，达到近200万人。[10]

一年之内，PBS（Public Broadcasting Service, USA）买下了这个系列，并得到施乐公司的赞助（75万美元用于购买和宣传）。估计数字略有差异，但在美国就有500万到1 000万的观众观看了《文明》，克拉克的特征、声音和个性被数百万从未见过他本人的人所熟悉。该剧的流行可能与经历了两次世界大战和冷战的美国人将自己视为是西方文明的救世主有关。[11]这个剧告诉美国人，他们是启蒙运动的继承者，并帮助他们理解自己一直在捍卫的究竟是什么。行李员争相为克拉克提行李，海关官员想和他握手，每到一处，人们都会拦住他并对他表示祝贺。大学的热情尤其高涨，纽约大学校长写道，他的许多教职员工认为"克拉克的影片是他们所见过的将电影用于教育目的的最有效的方式"[12]。

克拉克于1969年11月前往美国协助宣传，但他最重要的访问是在第二年。*这个故事最好用他自己的话来讲。当他到达华盛顿时，国家美术馆年轻的新任馆长J.卡特·布朗（J. Carter Brown）警告他说："看在上帝的份儿上，不要从前门进去，你会被包围的。"他被悄悄地带到了一个新闻发布会上。"发布会结束后，我又被带着往回走……这样我可能就在楼上走完了整个美术馆。这是我一生中最可怕的经历。所有的展厅都挤满了人，他们站起来对着我呼喊，挥舞的双手向我伸来。这是相当长的一段路，大约走到一半的时候，我在巨大的情绪压力下突然哭了起来。我想'我感觉如何？我觉得自己就像一个游客，到了一个瘟疫肆虐的国家，却被误认为是医生'。"[13]

在台上，当《星条旗之歌》响起时，他设法控制住了自己的情绪，然后发表了一篇演讲，他认为这篇演讲很重要，可以作为他回忆录的附录："你们伟大的被低估的诗人［即拉尔夫·沃尔多·爱默生］说，'把一切都献给爱'。这对教育和生活也是如此。我给任何一个年轻人的第一个建议是，当你爱上罗马的巴洛克或蒙田的书信时……放弃一切，去研究那个最吸引你的主题，因为你的大脑正处于一种可塑状态。"[14]这是克拉克版本的沃尔特·佩特的劝诫："让坚硬的宝石般的火焰永远燃烧，保持这种狂喜，就是人生的成功。"演讲结束后，他找借口暂时离开"去了卫生间，我在那哭了起来，号啕大哭了一刻钟。我想，政客们会很享受这种经历，但并不经常得到；圣人们当然会喜欢这种情景，但圣人很难理解。对我来说，这完

---

* 克拉克第一次访问美国时，塞西尔·比顿也在那里，他在纽约大都会博物馆听了克拉克的演讲："演讲真是难以置信地乏味，K犯了一个不可思议的弗洛伊德式口误，他说'我意识到了这种恐怖（horror）'而不是'荣誉（honour）'。这可能有点太过了，一般人笑不出来。"Vickers (ed.), *The Unexpurgated Beaton: The Cecil Beaton Diaries*, entry for 20 November 1969.

全是一种羞辱。这一切让我觉得像个骗局"[15]。

　　我们该如何理解这段不寻常的经历呢？如果说1934年3月英王乔治五世访问国家美术馆是年轻的肯尼斯·克拉克人生的高潮，那么这无疑是他后半生的高潮时刻。但现在年长的他更多的是反思，已经不再有把握能很好地应对这一切。克拉克一生都在向许多愿意倾听的人宣扬艺术的福音，然而现在他却无法承受大众对他的崇拜。他真的把自己看成是他所宣称的骗子吗？其实他更有可能认为自己是一个不够格的信使——他非常清楚世界上还有更优秀的人：更有道德、更有学问、更有用；最重要的是有艺术家、作家和作曲家，他们创造了他试图描述的伟大的艺术作品。但他也知道，他已经成功地将他们的成就第一次带给了许多人。

　　《文明》已经被卖到了世界各地的广播公司。凯瑟琳·波蒂奥斯记得克拉克说："法国人和意大利人对它嗤之以鼻，因为他们极度傲慢到不会听一个英国人给他们讲文化。"[16]法国人确实是最后一个购买的，虽然克拉克用他们的语言为整个系列做了特别录音，但最后法国电视台还是请了一名演员为剧集配了音。他在科隆做宣传时遇到了一些特别的困难，他认为自己的德语足以参加与两位教授的电视讨论，但这两位教授"都在胡言乱语，我很难控制自己的脾气"。他们根本不想回顾历史："你不能提及过去。德国的年轻人希望忘记它存在过。"[17]更糟糕的是，"纪录片部门的负责人说，如果播出《文明》，他就辞职，因为这是对德国青年智力的侮辱"[18]。克拉克对此非常震惊，后来他向约克大学的学生讲述了这个故事，以此为例说明思想是如何变封闭的。

　　《文明》在国际上的成功让克拉克意识到他与BBC签的合同的不足之处，导致他并没能从利润丰厚的海外销售中得到太多收入。尤其令他恼火的是，他发现，在处理外国版权方面，BBC将整个欧洲视为一个国家，对待澳大利亚和新西兰也是如此："澳大利亚和新西兰不是一个国家。他们相隔千里，拥有完全不同的电视台。"[19]他给戴维·阿滕伯勒写了一封有分寸但很愤怒的信，又以简为借口，给帕特·乌特勒姆（Pat Outram）写了一封："我说了些批评BBC的话，这让我很担心。我确实下定决心不再提起这件事，但不幸的是，简对此的态度很强烈。"[20]克拉克告诉珍妮特·斯通，他"正在与BBC就我在美国CBS节目的付款问题进行礼貌的沟通。他们以25万英镑出售了节目，给我的报酬是257镑，后加10镑，再加10镑"[21]。阿滕伯勒能做的不多，所以克拉克在信的最后说："我对你们的合同部门或电视企业部感觉不是很好，但对BBC的其他所有人，我都感到一如既往的亲切。"[22]他再也不会与BBC合作拍摄其他系列了。

围绕《文明》的众多惊喜之一是该系列图书的巨大成功。克拉克对一名记者说："我从来没有想过要把它写成一本书——它只是一部智力肥皂剧的剧本。"[23]事实上，随着节目的播出，剧本每周都会在BBC的高端杂志《听众》上发表。克拉克认为，如果没有音乐，如《马赛曲》和《费德里奥》中囚犯的合唱，内容就会失去很多东西，无法成书。简也坚决反对，觉得他的谈话语气无法被带到纸上，但后来她又改变了看法。克拉克对珍妮特说："简本来很反对这个项目，但现在她觉得由此产生的'书'对她的比如裁缝来说，是一份有用的圣诞礼物，所以她赞成了。"[24]另一个支持出书的论点是为了出版"信条"，这个内容仍然是公众的需求——与其寄出更多的打印副本，克拉克可以简单地建议人们去买这本书。克拉克的出版商约翰·默里与BBC联手，于1969年8月1日签订了合同，合同规定克拉克可以从最初在英国的1万册的销售收入中获得其中10%的收益，2.5万册之后这个比例上升到15%。[25]美国的出版商是哈珀与罗（Harper & Row）。关于封面有很多讨论。克拉克想用拉斐尔的《雅典学院》（School of Athens），但迈克尔·吉尔担心这会使它看起来太像一本艺术书。其他的建议是用圣母院的正面、爱奥那的凯尔特十字或者中世纪的巴黎挂毯。吉尔最终同意拉斐尔可能是最好的图像，但他成功地辩称，使用图像的一个细节可以使其更有说服力。[26]

这本书于1969年12月出版，签名本寄给了约翰·贝杰曼、珍妮特·斯通、玛丽·兰伯特（Marie Rambert）、莫里斯·鲍勒、戴维·诺尔斯、瑞典国王、克劳福德勋爵、约翰·斯帕罗、德罗伊达勋爵和夫人等人。在接下来的10年里，这本书一共售出了150万册，销售主要集中在美国。[27]"这本书在商业上的成功使我免遭破产，"克拉克承认，"但除此之外，我很后悔做了这本书。"[28]他觉得这本书对他作为一个艺术史家的声誉没有好处。正如他对彼得·昆内尔所说的那样，"任何一本畅销书肯定都有问题"[29]。

　　然而，他最不高兴的是书的法文版。克劳丁·劳恩斯伯里（Claudine Lounsbery）是一个嫁给美国富翁的仰慕克拉克的法国知识分子，她赞助了法语译本，并将其提供给埃尔曼出版社（Éditions Hermann），一个由皮埃尔·贝雷斯（Pierre Berès）拥有的巴黎艺术出版社。克拉克看到法文版基本上是按照安德烈·马尔罗的书的传统（这可能是贝雷斯所希望的），加上他们的一些 choses inattendues（让人意想不到的东西）。劳恩斯伯里在确定用安德烈·德·维尔莫林（André de Vilmorin）之前，尝试了六位译者。克拉克写信给维尔莫林说，虽然他的译文比原作更古典、更纯粹，但却没有体现出他所有的讽刺意味——"我相信这种讽刺感是我从一位伟大的法国作家那里学到的，阿纳托尔·法朗士，尽管他现在被人看不起"[30]。面对约翰·默里，他的评价更尖锐，称译本"枯燥无味，缺乏想象力"。更糟糕的事还在后面：克拉克发现贝雷斯一般都很难打交道，而最后一根稻草是选择的封面，封面上是米开朗琪罗《创造亚当》中的两只手，展示于封面的对角上，用红色和紫色印刷。克拉克告诉贝雷斯，他认为封面"极其令人厌恶、痛苦……是一种流行（虽说不上是低俗）的风格"[31]。劳恩斯伯里最终将贝雷斯告上法庭，并赢得了官司，法文版也被取消了。

　　在《文明》的首映之后，克拉克就被要求接受各种采访。年轻漂亮的琼·贝克韦尔（Joan Bakewell）被选中和克拉克做一个重要的电视节目，这让他有点忐忑。他告诉珍妮特："周五有一整天的采访拍摄，采访人是一个可怕的有学识的年轻女士，我经常在电视上看到她，非常不喜欢她——但我必须克服这一点——她说她想要进行一个'深度'采访！！我没有什么可说的。"[32]结果，拍摄进行得很顺利，贝克韦尔并没有像他担心的那样无法让人接受。她"原来比她看上去要简单得多，而且对萨尔特也很有热情"[33]。在她温和的提问中，他的态度变得热切而轻佻，他为自己的童年投射了一片金色的光芒，称童年的时光"幸福而快乐"[34]。这让他的家人大为吃惊，因为他们总是被他的悲惨故事所吸引。然而，他已经出版了一本关于他早年在萨福克的哀伤记录——《阿尔德的另一边》(*The Other Side of the Alde*, 1963)，作为给他的朋友本杰明·布里顿50岁生日的献礼。他已经在重写自己的人生故事了。

*   *   *

在周日晚上安顿下来观看《文明》的众多夫妇中，有首相和他的妻子。传说在有一集的结尾，玛丽·威尔逊（Mary Wilson）从沙发上站起来，说："哈罗德，那个人必须去上议院。"不管真实与否，威尔逊在1969年5月给克拉克的信中写道："我认为你有重要的事情要说，我希望你有机会在这个特殊的会议上发言……我希望你知道，这个建议没有任何政治意味。你在上议院选择的位置完全是你自己的事。"*克拉克后来告诉一名采访者："我父亲总是说，除了要钱，没有哪个贵族给他写过信。但是哈罗德·威尔逊给我写了一封甜言蜜语的信——他写得非常好——我觉得不接受他的提议未免太摆架子了。"[35]事实上，克拉克确实有疑虑，他对迈克尔·吉尔说："我想我不喜欢最终被明确地打上'当权派成员'的烙印。"[36]他纠结于一种英国人特有的感觉，即他不属于也不愿属于当权派，而大家都清楚，他已经是当权派的核心人物了。另一方面，他还对他的老朋友克劳福德勋爵说："我认为这个机构［上议院］是个好机构，如果拒绝的话就太傲慢了。"他表明自己打算坐在政治中立的长椅上，"因为我不会和托利党坐在一起，我也经常

358

---

* 致克拉克的信，1969年5月15日（Tate 8812/1/4/117）。当《每日快报》暗示克拉克是因为威尔逊很喜欢《文明》而获得贵族身份时，克拉克评论说："这是一个很好的理由。"

会和工党意见相左"[37]。

克拉克需要两名保荐人将他介绍给上议院，他选择了古德曼和克劳福德勋爵——前者替代了无法出席的拉布·巴特勒。他的介绍定于1969年11月12日。古德曼勋爵写信让他安心："唯一需要学习的是如何在上楼时不被裙子绊倒，其余的仪式，一个智力上有缺陷的小孩在几分钟内都能掌握。"[38]克拉克选择了"萨特伍德的克拉克勋爵"的头衔，但媒体立即戏称他为"代表文明的克拉克勋爵"——起初是个玩笑，但这似乎如此自然和正确，于是这个绰号被沿用了下去。（以道格拉斯·库珀为首的他的诋毁者们，将其称谓改成了"代表平庸的克拉克勋爵"，讽刺杂志《私家侦探》[Private Eye]采用了这一称呼。）

朋友们都写信祝贺他获得新的荣誉。欧文·莫斯黑德回忆道："自从贝伦森耀眼的名册把你带到温莎以来，似乎已经过去很久了——我想，我比今天早上给你写信的任何一位都提前。"[39]事实上，约翰·斯帕罗和莫里斯·鲍勒在这一点上都超过了他，后者写道："我们的时代有很多缺点，但它远没有爱德华时代那么平庸，而你在这方面发挥了巨大的作用。"[40]克拉克接受贵族身份的主要动机是他能够为艺术挺身而出，事实上，他在上议院的首次演说就是关于博物馆收费的问题："这根本不是一个财政提议，而是一个道德—社会主张：人们必须为他们的享受付费。但在这种情况下，如前所述，为什么不对公园收费呢，公园也是由公共资金维持的？答案是，有太多人都喜欢去公园，所以这个提议在政治上是无法被接受的。"[41]

在《文明》播出之后的几年里，克拉克被授予学位和其他荣誉的机会淹没了。尤其是美国的一些机构都排队向他颁发奖章和奖项，他们都提到了——比如费城费尔蒙特艺术协会（Fairmont Art Association of Philadelphia）——《文明》及其对公众理解艺术的贡献（他像其他许多人一样，尽可能委婉地拒绝了这个提议）。就连远在檀香山的学院都渴望将他们的荣誉授予他。为了不伤害感情，克拉克通常会接受，只要不涉及旅行。一个让他非常高兴的荣誉是他在1974年被邀请成为法兰西艺术学院

（Académie des Beaux-Arts）的成员（又在1980年成为艺术与文学学院成员）。*
克拉克一直都是强烈的——虽然并不是毫无批判的——亲法派，他当然感
到了法国知识和艺术生活在许多方面的优越性。他的母校和牛津大学都授
予了他荣誉，前者为他举办了大门仪式†，后者授予他荣誉院士称号。在温彻
斯特，他赞扬了他的老校长蒙蒂·伦德尔，他相信，在他的老师中，只有
伦德尔"才不会对这个场合感到完全震惊"[42]。

360　　　到1970年，克拉克已经被授予了11个荣誉学位；但在他获得的所有学术
荣誉中，最让他惊讶和高兴的是被授予约克大学校长的职位。1969年，时
任副校长的埃里克·詹姆斯，鲁什尔姆詹姆斯勋爵（Eric James, Lord James
of Rusholme）向克拉克提议了这个职位。[43]作为新大学的第一任副校长，詹
姆斯建立了一套学院制度，并大力提倡个人能力和英才教育。他是一个相
信精英的社会主义者，克拉克也是如此，他写道："我很高兴能担任约克大
学的校长，一部分原因是我喜欢约克，另一部分原因是我非常喜欢这位副
校长；还因为新大学在我看来是我们最大的希望。"[44]他将埃里克·詹姆斯
领导下的约克大学比作费德里科·达·蒙特费尔特罗的乌尔比诺，称其为
"英国最完美的小型教育单位"[45]。拉布·巴特勒给了克拉克一些特有的智慧：
"我是两所大学的校长，我给你两个建议：尽量少去学校，永远不要在大学
社团中发言。"克拉克把这件事告诉了埃里克·詹姆斯，并补充道："我不赞
成第一个，但我看第二个说法颇有些智慧。"[46]作为校长的克拉克每年至少会
去一次约克，授予学位，并就"个人"或"生活行为"等人文主义主题发
表鼓舞人心的演讲。担任校长的乐趣之一是向他人授予荣誉学位，随着时
间的推移，他先后将荣誉授予给了美国记者沃尔特·李普曼、朱利恩·凯

---

*　克拉克在1974年5月8日给法兰西艺术学院做了一场演讲，在演讲中他谈到了法国对他的意义：
　　小时候在萨德本图书室里如饥似渴地阅读伏尔泰，以及他对米什莱和丰特奈尔的钦佩（Tate
　　8812/2/2/2）。
†　这是这所学校能授予老学生的最高荣誉。经人介绍，克拉克认识了一个对15世纪法国时祷书很感
　　兴趣的男孩克里斯多夫·罗威尔，克拉克立即安排他去皇家艺术研究院听米勒德·迈斯的演讲，
　　并在会场找出罗威尔——克拉克因此成了他一生的英雄。

恩（Julien Cain）（法国国家图书馆馆长）[47]、克劳福德勋爵、西德尼·诺兰和戴维·诺尔斯。然而，校长一职并不是他所希望的那种平静的闲职。学生骚乱已经蔓延到了新的10年，还发生了几场闹剧——一场在1974年5月，学生们因被指控作弊而罢课；另一场在1976年2月，在因考试结果发生争执后，学生们撞开了前门，占领了评议办公室。尽管有这些状况发生——但都由埃里克·詹姆斯处理得很好——克拉克很享受他在约克大学的角色，任职10年后才卸任。

《文明》产生了两个更广泛的连带影响。第一个是参观博物馆的人数开始上升，这是一个转折点，此后的博物馆和美术馆成了大众文化而非高雅文化的载体。克拉克的国家美术馆馆长继任者之一查尔斯·索马里兹·史密斯（Charles Saumarez Smith）观察到："突然间，你看到很多人都来看画……国家美术馆之前的访客人数还不到100万，但从那个时候［《文明》］开始，参观人数就在不断增长。"[48]

第二个影响是电视节目自身的改变：人们意识到，"有作者的"大型系列项目会更成功。《文明》牢固地确立了这种新类型，而BBC则立即利用了这类经验。戴维·阿滕伯勒回忆说："科学节目的负责人来见我……对《文明》的成功感到非常愤怒。那一边的事实输出部门负责人奥布里·辛格敲开我的门，走进来说，我应该为自己感到羞愧，我是一个科学工作者，但你却把这么好的机会给了艺术。你在玩什么把戏？这对我来说没什么问题，然后我们达成共识，［与雅各布·布朗诺夫斯基合作］制作《人类的攀升》—— 接着［与阿利斯泰尔·库克（Alistair Cooke）］拍《美国》（America）的历史。作为一名广播人，我可以看到，自然历史才是最迫切需要的题材……所以我辞职了，原因之一是为了能做一个后续的节目——实际上是一部名为《地球生命》（Life on Earth）的系列剧。"[49]

这些优秀的系列片奠定了BBC作为世界上最伟大的纪录片系列制作者的地位。但奇怪的是，尽管这些节目（和约翰·肯尼斯·加尔布雷斯［John Kenneth Galbraith］的《经济学》）都很精彩且广受欢迎，却没有一部作品达到了《文明》的那种被狂热追崇的地位，阿滕伯勒的节目除外。我自己也经常听到博物馆馆长、教师、学者和其他人说起，他们的生活是如何因观看这部系列节目而发生改变，以及这部剧如何让他们对艺术史有了初步的认识。尽管对这部剧在批评界的支持率时高时低，但一个不言而喻的事实是，BBC的大佬们从那以后一直在寻找"新的《文明》"。

克拉克自己也想回到他的工作中去："现在我只想一个人安静地待着，再写几本书。"[50]有很多新的项目让他感兴趣——两部新的电视剧和作为一名保护主义者的日益公共化的角色。事实上，正如他对乔克·默里说的那样，"我已经得了一种'文明病'，就像在澳大利亚金矿工作的人会得苍蝇病一样"[51]。

代表文明的
克拉克勋爵

35
郊区的克拉克勋爵

我不是像 A. J. P. 泰勒、格雷厄姆·格林、阿瑟·施莱辛格
或肯尼斯·克拉克那样的公众人物。

——以赛亚·伯林致诺埃尔·安南[1]

到20世纪70年代初，简的健康状况不断恶化，她开始感觉爬萨特伍
德的楼梯变得很困难。此外，尽管《文明》的出版给克拉克带来了丰厚
的收入，但他开始感到经济上的拮据。税收很高，城堡里的人员工资和
生活开支也消耗了大量的钱；当卡雷尔·韦特请求他为学生应急基金
（Students' Emergency Fund）捐款时，他不得不拒绝这样的慈善项目，这让他
很难过。[2]他决定在城堡占地范围内为自己和简建一座平房。这当然就不能
再邀请朋友来住，但他们多年来的常客莫里斯·鲍勒已于1971年去世。[3]但
新建筑应该是什么风格呢？克拉克称他"害怕复制肯特的房子"[4]，并描述了
他所参观过的一个让人印象深刻的日本住宅。当玛格丽特·斯莱斯向他推
荐了伯恩茅斯的同行约翰·金（John King）时，克拉克给他展示了京都桂
离宫的照片，并指示他建造一座温和的现代主义风格的建筑，带有三个空
间：分别用于生活、睡觉和吃饭，并让它们都围绕一个中央大厅。其结果
就是在旧厨房花园的位置上建造了一个"花园房"（Garden House）。然而，
正如克拉克告诉珍妮特的那样，"这也是贵得要命，因为用了一些非标准部
件建造"[5]，他不得不卖掉一些画来支付这笔费用，包括一张大尺幅的丁托列

托的肖像画，这幅画从里士满时期就一直伴随着他和简。

363　　克拉克和简现在面临的最大问题是决定带哪些东西进他们的新家。他告诉克劳福德勋爵："我们几乎完成了从城堡到花园房的转换。最初的阶段非常令人愉快，因为在新的环境里，一切都显得那么美丽。但随着更多的东西搬进来，房子看起来就不那么漂亮了，我们竭尽努力想保持房间的空旷感——这是我每天在贪婪和虚荣之间挣扎的延伸。我们决心不让家里堆满各种东西。"[6]最重要的作品是透纳的一张海景，他把这幅画放在起居室的中心位置。这将是克拉克最后一次挂画，他告诉珍妮特："大部分时间我都在移动调整（小）画。哪张合适哪张不合适，都是很奇特的差异。太强的东西是不能留下来的。如果我拥有一幅梵高的画，我就得把它送走。"[7]

　　从城堡搬出来并非没有痛苦，克拉克充满了焦虑。他向珍妮特吐露道："主要问题是我对这个新房子产生了强烈的敌意。上周末，我很讨厌它，今天我也不会去那。离开萨尔特让我落泪！我非常害怕住进那三个盒子里面去……享受了萨尔特的疯狂奢侈之后，这些盒子如此之小且缺乏新意。"[8]毫无疑问，他最担心的是他的图书室："我创造藏书室的毕生心血都付之东流了。"[9]在这种情况下，他决定把城堡里的图书室和书房留给自己专用，不允许任何人去那打扰他——他在回忆录中说，这种熊掌和鱼兼得的情况很少见。他一生中大部分时间都按照这样的态度行事。

　　从萨特伍德城堡搬到花园房，反映了克拉克从维多利亚时代的知识精英向20世纪平民主义者的转变。1971年4月7日，他举办了一场小型的告别聚会，并留下了一条简短的记录：各类朋友都来了，约翰和安妮娅·塞恩斯伯里夫妇、官方人士如坎特伯雷教长、两位老兵、"癌症患者"*、一位校长等等。[10]接下来的一周，他把城堡正式移交给艾伦，他对珍妮特说："我生日那天，我们举行了一个非常愉快而感人的聚会。我在给艾伦的赠予书上签了字，我们都喝了一杯香槟……我喝了很多酒，变得很健谈，像一头老狮

_____

＊　可能是医疗慈善机构的代表。

子一样讲故事。我必须说，我从没有后悔过。"[11]搬家之后，他们都松了一口气。简对克劳福德勋爵说："我们很喜欢这个房子——城堡的景色比住在里面要好得多！"[12]房子的另一边直接通向不断扩大的萨特伍德小镇的街道。克拉克将这个花园房戏称为"汽车旅馆"，并对塞西尔·比顿开玩笑说："科莉特说我应该被称为郊区的克拉克勋爵。"

克拉克夫妇逐渐适应了他们的新生活，并形成了一些日常习惯，比如克拉克会把他的玛氏巧克力棒藏在保险箱里。然而，这所房子并不令人满意：暖气片会漏水，而极其缺乏实用技能的克拉克不知道如何修理这类东西。他们依靠的是他们的厨师兼家务总管伦纳德·林德利（Leonard Lindley），他是花园房忠诚而细心的男仆（也是个风趣而机智的角色），曾给玛戈·芳廷当了17年的司机。他谈到萨特伍德时说："我来这里原本计划工作6个月，但却待了14年。"[13]

和往常一样，克拉克最担心的是简，她现在已经失去了很多精力。正如他告诉珍妮特的那样："她不从看电视，也不看书，要么发呆，要么给人打电话，担心仆人们的圣诞礼物，这真让人难过。"[14]简频繁地出入疗养院，她告诉科林·安德森："问题是一个人很快就会好起来，然后对一切都失去兴趣，包括对人也是如此。"[15]克拉克甚至希望她能皈依天主教，因为他认为这可能对她有帮助——尤其是因为"他们经常一起去教堂做礼拜，一起祈祷"[16]。他自己的健康现在也出现了问题；1971年，他做了胆囊手术，花了6个星期才恢复。从不浪费时间的他利用这个机会开始写回忆录。他告诉莫娜·安德森："我这辈子还没在医院待过一天，所以我不知道这会有多难受，不过我一点也不担心。不能行动就会很无聊……但幸运的是我已经开始写自传，这是康复期的理想工作。"[17]克拉克在接下来的4年时间里写成的两卷回忆录，将是他最后的伟大成就。

塞西尔·比顿带着艾琳·沃思到花园房吃午餐，并留下了一段对那里的生活富有特点的描绘："这是一个不太规则的日式单层建筑……无可否认，客厅相当漂亮，最大程度凸显了透纳和德加的作品……但［科莉特］是对的。我们沿着一条两旁都是越来越差的别墅的道路行驶，然后拐了弯，砰的一声来到了这栋郊区平房前，眼前是可怕的落地窗和红砖矮墙……我觉得他们搬家是一个巨大的错误，很难让人表现出对新房子的热情，但这次访问在午餐后变得很有趣（说了一些关于厨师多么出色的废话……一顿沉闷的午餐，主菜是小牛肉，上面覆盖着滋滋作响的有嚼劲的奶酪，我们表示……应该到厨房去感谢他。'不要给他小费。'简说，但'得到客人的感谢他会很高兴的'）。K以最令人愉快的方式侃侃而谈，他的头脑一如既往地清晰……我喜欢克拉克，他是最好的伙伴，即使有人对他的观点以及他对真理的看法有所保留。他是个冷血的人，[但] 人们也会觉得他是一个有心的人，否则他怎么能忍受简不断地酗酒呢？简在午餐时已经酩酊大醉，花了很长时间才到餐厅，但她表现出的善良和友好让她成了最好的酒鬼之一。她一定是个虔诚的基督徒，因为在酒中的她只会变得更甜美。"[18]

此时，艾伦已经作为一名军事历史学家和特立独行的保守党议员候选人而出名，并且一直在写日记，这是他声名鹊起的主要原因。他和"小简"（家里人都这么叫她）有两个孩子：1960年出生的詹姆斯和两年后出生的安德鲁。一开始，这对夫妇不确定他们是否想要承担城堡的责任，因为除了剩余的艺术收藏品的价值外，没有任何其他的支持手段，但这个地方对他们来说充满了吸引力。艾伦在日记中坦言："我对那里总感到一种莫名的兴奋。"他想知道这是不是大海的影响。

对年轻的小简来说，岳父母仍然在身边，很容易干涉他们的生活，这使她感到尴尬。争论的主要问题必然是城堡里的东西。艾伦描述过这个问题："我担心我和父母的关系可能会恶化……今天早上我们在坎特伯雷。当我们回来时，[艾伦的女管家] 杨太太说他们来过，还'上了楼'。自从父母搬出去以后，这种情况发生过很多次。他们在花园房夜不能寐，焦虑着他们留在城堡里的各种'东西'……林德利幻想自己是个 *antiquaire manqué*（失败的古董收藏家），有时他会被派来收集一些物品，只要可行，他就不会告诉我们。"[19]争吵接踵而至，双方都流着泪相互指责。詹姆斯·利斯－米尔恩记录下了他和艾伦的老友迈克尔·布里格斯（Michael Briggs）的对话：
"他［K］已经和现在安顿在萨特伍德城堡的艾伦有了矛盾。一个父亲将一
处房产交给他的长子后，继续住在这里，这是一个很常见的故事……艾伦
已经卖掉了一块建筑用地，这块地就在城堡和K的新房子的附近。因此——
冲突就产生了。"*

克拉克对他的一名通讯员说："我已经把这座城堡给了我的儿子，他住   366
在那里，住在一种怪异的华丽里面。"[20]事实上，他很欣赏小简的做法，她
"将入口变成了诺曼底风格的庄园，有公鸡、母鸡、鸭子和鸽子，还有11只
孔雀。这给中世纪的外观带来了人性化的效果"[21]。

把城堡留给艾伦后，克拉克重写了他的遗嘱。他已经为简做了相当多
的准备，所以问题是如何公平对待科林和科莉特这对孪生兄妹。他把透纳
的画——无疑是艺术收藏品中最有价值的一件——留给了科林，而花园房
里剩下的所有东西都留给了科莉特（除了给珍妮特和其他人的一些特定遗
赠之外）。由于克拉克的孩子们都不是藏书爱好人，他决定改变对自己最
重要的书的安排，这些书（与他收藏的伊迪丝·西特韦尔的信件）将被送
往纽约摩根图书馆。他留下一张纸条解释了这一决定："我之所以向摩根图
书馆提供我的书，有两个原因。一个原因是尽管图书馆的规模庞大，但它
不像是一个机构。里面的书像在私人图书馆一样受到珍爱和照顾。另一个
原因是，在过去的50年里，美国一直对英国都非常慷慨……据我所知，这
种情况一直都是单向的。"†他还很喜欢摩根图书馆的馆长查尔斯·莱斯坎普
（Charles Ryskamp），他也是藏书人罗克斯伯格俱乐部的成员。当这些书——

---

* Lees-Milne, *A Mingled Measure*, entry for 1 July 1972, p. 257.利斯-米尔恩补充说，布里格斯"说K.
克拉克对他非常礼貌，因为他是他儿子艾伦的朋友，并明确表示这是他这么做的唯一原因。K越
是彬彬有礼，迈克尔就越是意识到他对自己的不屑。我想情况并非完全属实"。

† 1972年，摩根图书馆让他成为了图书馆名誉研究员，这可能让他产生了赠予的想法。他在1972年
4月28日一封信中向莱斯坎普指出："我的孩子们对珍本不感兴趣。"摩根图书馆是唯一一个克拉
克主动提出去做演讲的机构——1972年8月24日，他写信给莱斯坎普，说他要来美国，并提议了
"'布莱克和幻想艺术'主题的讲座，这是由杰弗里·凯恩斯通过，所以我想这不至于太差"。

其中大部分是意大利和16、17世纪的书（有些与克拉克研究的阿尔伯蒂和达·芬奇有关）——在克拉克去世前从萨特伍德移走时，艾伦非常难过，他在日记中写道："我父亲带着斯莱夫人［玛格丽特·斯莱斯］过来，从图书室拿走了30本书，真令人沮丧。他真是个混蛋，狡猾又软弱，对继承和孩子没有丝毫概念。"[22]

367 克拉克夫妇并不是好的祖父母，简已经失控，而克拉克，作为一个孤僻的孩子，对婴儿没有天生的亲近感（尽管在1972年，他为了詹姆斯和安德鲁用掉了大英博物馆图坦卡蒙展览的两张免费入场券）。他更少见到他的外孙，科莉特的儿子山姆，正如他对珍妮特所说的，因为"我现在几乎见不到科莉特了，我非常想念她。科林看上去不错，可他是个怪人，我对他的了解远不如另外两个孩子"[23]。不过他即将对科林有更深入的了解，因为他们要合作拍两部电视剧。

在《文明》播出之后，克拉克不断被要求在电视上露面，尽管他不再喜欢BBC，但他同意参与该公司于1970年在伊塔蒂拍摄的关于贝伦森的电影。影片以克拉克、翁贝托·莫拉、传记作家艾丽斯·奥里戈（Iris Origo）和妮基·马里亚诺的妹妹阿尔达·安雷普（Alda Anrep）之间的对话为形式展开。这个节目给克拉克带来了一个特别的问题，他后来告诉BBC的斯蒂芬·赫斯特："我很担心剧本里的一段话……关于为画商工作对B.B的判断力的影响……我知道现在还有很多人想要攻击B.B的声誉，如果我给他们一个机会，他们会更加放肆。"[24]克拉克已经开始重新评估他对贝伦森的看法，并很快会成为梅丽尔·西克里斯特对BB的艺术品交易活动的破坏性描述的主要证人和背书。

克拉克接下来的两部电视剧由他的儿子科林执导。科林在电影和电视方面的职业发展一直不尽如人意，而且他的进一步就业似乎依赖于导演他父亲的节目，而卢·格雷德则想让克拉克回到ATV；新闻稿称他"回到了他的电视家园"。选择的主题是《现代绘画的先驱》（*Pioneers of Modern Painting*），总共5集，分别关于塞尚、莫奈（Monet）、修拉、马奈和蒙克。

虽然内容本质上是讲座，但都是在法国和挪威进行的拍摄（在那里，克拉克惊奇地发现蒙克对自然的态度是如此的真实）。如果他在这个剧中有一个整体的观点，那就是这些在他们自己的时代里属于叛逆者的艺术家，并不是"生而自由"，而实际上是在历史知识上接受过训练的学生。回看这个系列时，克拉克认为这些节目是失败的，正如他后来对 J. 卡特·布朗所说的："它们似乎在娱乐和教育之间模棱两可。"[25]

科林决定成立自己的电视制作公司来制作下一个系列《浪漫主义对古典艺术》（后来以《浪漫的反叛》的名字出版），办公室设在骑士桥。这部13集的系列片主要基于克拉克的斯莱德讲座，包括一些他以前最喜欢的人物，康斯特布尔、布莱克、罗丹和透纳——以及一些新名字，如皮拉内西（Piranesi）和富塞利（Fuseli）。这个系列游弋于古典主义和浪漫主义之间，在克拉克讲到安格尔和德拉克洛瓦时达到了高潮。

然而，到目前为止，简的健康状况已经严重恶化，克拉克拒绝在拍摄期间离开她，所以这个系列的大部分拍摄不得不放在萨特伍德的书房进行。科林找到了一位名叫罗伯特·麦克纳布（Robert McNab）的研究员（通过考陶尔德学院的布告栏招募而来），他的职责是仔细检查剧本，克拉克则负责确定所需的图片。克拉克对科林从来都没多大信心，麦克纳布记得，"有一天科林不在的时候，K 意外地出现在骑士桥视察科林的办公室。他可能知道是自己在为这个办公室付钱"。麦克纳布回忆说："这个系列相当老套，诞生于科林想到的拍摄 K 所有讲座的计划。我喜欢科林，尽管人们看不起他……K 抱怨说他没从中赚到钱，因为科林把所有的版税都给了支持者。"[26]麦克纳布很喜欢和克拉克一起工作，但也注意到克拉克在钱这方面很吝啬。[27]实际上，这个系列剧是克拉克在电视上讲"纯"艺术史最有效的尝试，尤其是在美国获得了一定的成功；尽管如他所言："我怀疑我是否收到过任何关于它的信，这说明《文明》的接受度在很大程度上取决于观众的一种自我认同。"[28]

如果说在20世纪70年代初，克拉克的电视节目大多来自早期的材料，那么他在这个时期也发表了一些最具独创性和令人难忘的演讲。其中一个是

368

"繁复而华美的英语"（"Mandarin English"），可以被视为是对洛根·皮尔索尔·史密斯和他曾经珍视的人——吉本（Gibbon）、托马斯·布朗爵士、杰里米·泰勒——以及克拉克心目中的英雄罗斯金和佩特的致敬。另一个，1970年的剑桥瑞德讲坛"艺术家的衰老"，是对艺术和诗歌中"晚年风格"的探索，克拉克将其描述为"一种孤立感，一种神圣的愤怒感，发展成了我所说的超验的悲观主义"[29]。这种对晚期的米开朗琪罗、提香、弥尔顿和伦勃朗的探索正是克拉克最擅长的工作。他对他在牛津郡迪奇利公园基金会（Ditchley Park Foundation）（一个致力于英美关系的机构）所做的关于"通才"的演讲不太满意，他探讨了阿尔伯蒂、托马斯·杰斐逊（Thomas Jefferson）和本杰明·富兰克林。"那个老骗子还是把事情完成了，"他对珍妮特说，"给人一个印象是，一个人可以一直这样愚弄所有人……一大群纯粹的机构听众，我从来没见过这么多这样的人同时聚在一个屋檐下，因为就算是在白金汉宫，也总有几个无赖。我那肤浅得难以置信的演讲被女士们说成是'太难理解'。"[30]詹姆斯·利斯–米尔恩也在观众席上，他在日记中写道："非常温文尔雅，平衡把握得恰到好处，有很多发人深思的东西。K的演讲不会让人失望……珀思勋爵在表达感谢的时候指出K本人就是［一个通才］。我想可能是这样的。"[31]

　　克拉克一生都在关注达·芬奇的学术研究，并继续撰写有关这位艺术家的文章，他曾为《伯灵顿杂志》*写了一篇关于《蒙娜丽莎》的文章，还在考陶尔德学院为迈克尔·基特森做了一场题为"达·芬奇和古物"（"Leonardo and the Antique"，1970）的讲座。当他在《纽约书评》（*New York Review of Books*）上评论新发现的达·芬奇笔记本时——杂志编辑罗伯特·西尔弗斯（Robert Silvers）委托克拉克写了一系列文章，主题从阿尔

---

* *Burlington Magazine*, March 1973, pp. 143–151. "现在我正在从事一项相当可笑的项目。《伯灵顿杂志》明智地想要赞助一系列关于肖像画的讲座，然后又很愚蠢地认为第一场讲座应该关于蒙娜丽莎，这不是一个真正意义上的肖像画，他们还让我讲它。"给凯特·施坦尼茨的信（Tate 8812/1/4/68）。

伯蒂到巴尔蒂斯，这些都提高了克拉克在美国的知名度——他毫不留情地提出了批评。他指责马德里当局可耻地掩盖他们未能辨认出这本笔记本的事实，并揭露了他们在一个甚至不是达·芬奇专家的年轻美国学生最终识别出这本笔记本时企图邀功的行为。* 当时，达·芬奇研究领域的元老是意大利学者卡洛·佩德雷蒂（Carlo Pedretti），克拉克和他关系非常好（正是佩德雷蒂修订了克拉克于1968—1969年再版的旧温莎素描图录）。佩德雷蒂没有意识到英国艺术界对克拉克的矛盾态度，天真地询问是否有人会在1973年7月为他的70岁生日编一本 *Festschrift*（纪念文集）。克拉克沮丧地回答道："我敢肯定，没有人想到过这样的事。"[32] 值得注意的是，当《阿波罗》杂志请克拉克提供一份他自己的简介作为撰稿人说明时，他给出的"当前职业"不是艺术史家，而是"作家"。[33] 他自己也能对同行表现出极大的体贴：克拉克和安妮塔·布鲁克纳素未谋面，但当她出版了一本关于从狄德罗到休斯曼的法国评论家的杰出但被忽视的作品《未来天才》（*Genius of the Future*，1971）时，他不仅给她寄去了一封崇拜信，还写信给雷蒙德·莫蒂默，请求他在《星期日泰晤士报》上评论这本书。[34]

在20世纪70年代，克拉克越来越多地参与到保护运动中。他对那些为了追求利益而对老建筑所表现出的缺乏教养的态度感到痛心。拯救老建筑的运动在当时还处于起步阶段，人们对老建筑仍然普遍漠不关心。克拉克告诉上议院："保护过去最好的建筑并不代表保守……而是要意识到，没有一个社会或人类团体能在不削弱或破坏其精神的情况下，将自身与历史割裂或拔起它最深的根基。"[35] 对他来说，保护的主要悲剧是"所有的现代建筑，或者至少是唯一可能的现代建筑风格，都无法融入一个老城区"[36]。这一点在巴斯尤为明显，巴斯是18世纪英国建筑的瑰宝，克拉克从十几岁起就对那里充满了感情。1970年，克拉克成为巴斯保护信托基金（Bath Preservation Trust）副主席，当时兰斯顿和邦德街一带的老建筑都在被推倒拆除。他认

---

* *New York Review of Books*, 12 December 1974. 克拉克在他的评论中说，马德里当局的"心理状态可以成为一部有趣的小说的主题"。

为，"如果有国宝这样的东西，巴斯就是其中之一……按目前的速度，每个月都至关重要，18个月后可能就太晚了"*。他告诉埃里克·詹姆斯："保护主义者经常喊'狼来了'，以至于人们认为他们是在夸大，但从我自去年看到的所有破坏来看，情况的严重性是被低估了，天知道明年又会发生什么。"[37]他尤其感到焦虑的是以"福利"为名义破坏街道，实际上都是为了开发商的经济利益。詹姆斯·利斯－米尔恩注意到，在基金会的会议上，"K被当作圣人一样对待。大家都听从他的意见，当他发言时，大家就都停止讲话，专心聆听"[38]。

克拉克很乐意利用他在上议院的地位来提出巴斯的问题。他将矛头指向时尚建筑师休·卡森（Hugh Casson）。卡森是当权派的宠儿，他既是巴斯委员会的带薪顾问，又是皇家美术委员会成员，克拉克认为这两者之间存在明显的冲突。这不可避免地引起了卡森的愤怒，随后双方进行了激烈的书信往来。[39]然而，克拉克认为巴斯委员会才是真正的恶棍，他们放任房屋状态恶化，以便有理由推倒它们。他希望这些事不再由他们来管理："巴斯属于我们所有人……它是属于一个国家的财富，我个人非常反感我们消耗巨资在意大利绘画上，我们不需要这些画，即使我们不买，它们也不会被毁掉，而是进入其他美术馆；与此同时，我们自己的伟大建筑却在被拆除，我们的大教堂已经摇摇欲坠。"[40]

每个保护组织都希望克拉克的名声和威望能站在自己这边。当约翰·贝杰曼利用电视达到他的目的时，克拉克则利用了他接触政客和权力的渠道，但他选择自己的战场时非常谨慎。他认为，如果要对结果产生影响，必须深入实地审查项目方案，最重要的是提出一个经过仔细估计且实际可行的替代方案。他的朋友、桂冠诗人兼格林威治协会（Greenwich Society）主席塞西尔·戴－刘易斯让他参与了阻止格林威治新路建设和拯救

---

* 演讲，1972年7月（Tate 8812/1/4/39）。1972年，杰弗里·里彭（Geoffrey Rippon）邀请克拉克加入准备在1975年成立的建筑遗产年理事会。他接受了，但指出他们不应该等到1975年，因为每个月都有大量的损失，尤其是在巴斯。

圣阿腓基教堂的成功尝试。[41]随后是一场关于M3高速公路穿越温彻斯特草地的拟议路线的更为激烈的斗争。克拉克一到现场就提出要和部长，甚至是首相进行交涉。[42]他希望引起人们对在美丽地区修建道路这一更广泛问题的关注，他认为法国和意大利在这方面显然处理得更好。*他当然不反对高速公路，因为他很清楚高速公路对经济生活至关重要，而且对那些认为田地和空地比温彻斯特这样的城镇更重要的人没有耐心。然而，在佩特沃斯（Petworth）的全能布朗公园是一个不同的问题，克拉克强烈地感到，这样美丽的、被透纳视为神圣的绿地一定不能被减少。他对镇上居民对佩特沃斯公园的敌意感到震惊，于是写信给交通部长约翰·佩顿（John Peyton）："我能理解这种'民主'情绪给环境部带来的问题，这当然是一个反对公投政府的论点。我想，基于同样的理由，人们可能会支持出售国家美术馆的藏品，把美术馆的场地用作大型游乐场。在这些情况下，政府必须从哲学层面而不是从数量上去理解民主这个词。在此基础上，人们可以争辩说，佩特沃斯公园的美丽会在现有居民消失之后继续影响人们的思想。"[43]

克拉克参与了约克、海斯、汉普斯特德、科文特花园和斯皮塔菲尔德 ³⁷² 基督教堂的保护战役。一些发展建议实际上是他自己电视节目的结果；爱奥那岛上的酒店和道路建议就是他在《文明》第一集中感人描述的直接结果，他也知道："我只担心我的热情会导致游客数量的增加，因为很多美国人写信问我如何去爱奥那。"[44]他多么清楚地看到，我们扼杀了我们所爱的事物。然而，当克拉克被邀请担任萨特伍德村庄保护协会（Saltwood Village Preservation Society）主席时，他的反应显示了他保护主义本能的局限性。他对秘书说："我完全赞成对村庄的整体保护，但我不赞成保护那些风景如画但不带有适合人类居住价值的建筑，总的来说，我认为社会设施比视觉好看更重要。"[45]

20世纪70年代初，克拉克仍然喜欢旅行：他去了卢加诺，与蒂森男爵住在一起，欣赏他神话般的艺术收藏；到了捷克斯洛伐克，在克罗梅日什看

---

* 这当然适用于保存历史悠久的城镇中心，但不太适用于景观和自然美景。

到了提香的《剥皮的马西亚斯》（*The Flaying of Marsyas*）（"我的上帝，这太值得了：就像读《李尔王》第四幕的新场景"[46]）；去到威尼斯，做了"危难中的威尼斯"专题演讲[47]；还去了巴黎，在那里他是1972年"英国浪漫主义艺术"展览的主席。*他仍然每年都去美国，纽约是主要目的地，他向珍妮特·斯通描述道："每天的晚餐……总是和同样的五位富有的夫人一起……她们人都很好，可是每天晚上都和她们见面确实太滑稽了——阿斯特夫人、惠特尼夫人、拉斯科夫人、莱茨曼夫人、赖安夫人——哦，我漏掉了特里夫人。"[48]这些美国之行的日程安排非常紧凑，通常每天都有一个活动，每隔三天就要去一个不同的城市，还要做演讲、献花圈（例如给托马斯·杰斐逊的坟墓献花）等等——所有这一切，对于一个即将年满70岁的人来说一定很费劲儿。然后，他通常会和莱茨曼夫妇住在棕榈滩，正如他告诉简的那样："唯一的缺点就是查理的谈话非常单调和持久，几乎全是关于黑人对无辜公民犯下罪行的故事。"[49]

1973年，简和克拉克一起度假，当时（也许令人惊讶的是）克拉克同意在从土耳其海岸出发的游轮上演讲。†这将是他们最后一次一起旅行。他向珍妮特描述了这次探险："这是一场彻头彻尾的灾难……当我们登上船、看到我们的船舱时，简便哭了起来，她的精神在大巴上就已经被美国人吵闹的说话声给击垮了，她断断续续哭了12个小时。现在，她通过服用大量的药物成功地控制了自己，每天离开我们的舱室约2个小时……我当时还没有意识到她已经变得无法正常生活了。"[50]一周后，情况仍然没有好转："所有这些毫无作为的美国老人，带来了一种可怕的沮丧感，但他们都是*mon cher public*（我亲爱的观众），恐怕我作为圣人的形象正在被迅速摧毁。"[51]

373

---

* "这确实是一个极好的收藏，杰利柯和德拉克洛瓦一定会很高兴，但它没有得到宣传。法国人特别说他们会按照最近的一个罗马尼亚画展的方式来制作一个图录。"致本·尼科尔森的信，1972年1月3日（Tate 8812/1/4/68）。

† 史密森尼旅游展览服务，"古文明巡游"。克拉克做了关于伊斯兰艺术、远古文明、卡拉瓦乔（即兴）和希腊艺术的演讲。这次巡游从各方面来看都是一场灾难；在巴勒莫遭遇了一场可怕的风暴，他们不得下船。见 Clark, *The Other Half*, Epilogue, pp. 233–238。

克拉克还是去了伦敦，当知道自己被说成是讨女人喜欢的男人时，他感到很苦恼。在圣詹姆斯俱乐部为奥利弗·钱多斯举行的晚宴上，一名客人上前搭讪："您是肯尼斯·克拉克爵士？准男爵？"当克拉克否认时（他是骑士，不是准男爵），他得到了困惑的回答："但你一定是准男爵，另一位肯尼斯·克拉克爵士是个可怕的混蛋，人人都这么说。"[52]克拉克在他的回忆录中讲述了这个故事，作为自己不合群的一个例子，但正如他忧伤地对珍妮特·斯通所说的那样："偶尔听到真相也不错！"[53]

珍妮特仍然是 *maîtresse en titre*（名正言顺的情人），也是克拉克最喜欢的红颜知己。据日记作者弗朗西斯·帕特里奇的说法，她对这段关系颇为骄傲，"虽然她没这么说，但她想给人一种她与肯尼斯·克拉克有婚外情的印象"[54]。在有这种观察的两个月后，珍妮特又向帕特里奇透露，在过去的15年里，克拉克疯狂地爱着她，并暗示他想离开简，与她结婚。但在这次谈话之后，珍妮特又写了一封信，请帕特里奇为她保守秘密。[55]珍妮特总是小心翼翼地给简寄去充满爱意、几乎过分热情和赞美的信和明信片，在简生病时主动提出去看望她。她是个有才华的摄影师，克拉克在福克斯通的新大都会艺术中心（New Metropole Arts Centre）安排了一场她的肖像摄影展。他对一个朋友说，珍妮特的肖像"没有真正专业摄影师的那种感染力，但它们的优点是与它们的模特有很大的共鸣，而且正如你所看到的，她的模特名单非常有趣"[56]。

大约在这个时期，有一个女人再次出现在了克拉克的生活中，她就是英国裔美国记者梅丽尔·西克里斯特。克拉克第一次见到她时，她还在《华盛顿邮报》（*Washington Post*）工作，她趁着《文明》影响的余温采访了克拉克。后来，她说服《史密森尼》（*Smithsonian*）杂志让她做一篇更长的文章，这就需要她在克拉克还住在城堡里的时候造访萨特伍德。在她的自传《射杀寡妇：一个传记作家寻找她对象的冒险》（*Shoot the Widow: Adventures of a Biographer in Search of Her Subject*，2007）的开头，西克里斯特生动地描述了在萨特伍德吃午餐的情景（当时她一身罗宾汉的行头），并

374

以克拉克在书房里对她献殷勤结束。到1971年，她和克拉克已经很熟了，他甚至开始建议她如何给他写信："如果你要写信，请寄到圣詹姆斯俱乐部，皮卡迪利，W.1.，因为……我所有的信都被打开了，爱你的K。"[57]第二年，他显然为某些事情内心不安，他写道："收到你的来信，我说不出有多高兴。我一直渴望与你再次联系，但又感到羞愧，因为我想你会觉得我对你不好。"[58]在克拉克生命的最后几年里，西克里斯特在他的故事中扮演了重要的角色：首先，在克拉克的鼓励和帮助下，她开始写作伯纳德·贝伦森的传记，之后又着手克拉克自己的生平。

1973年克拉克70岁生日时，乔克·默里在皇家凯馥为他和简举办了一场午宴，那里仍然保留着19世纪90年代的魅力。宾客名单读起来就像是他们的人生故事：牛津时代的朋友、社交生活中的朋友、《文明》剧组、芭蕾舞演员、女朋友和家人。[59]每位来宾都得到了克拉克罗曼尼斯演讲"视觉时刻"的特别印刷版，由雷诺兹·斯通用他命名为"珍妮特"的字体雕刻装饰。默里做了一个优雅的演讲："你没有要求面包，但有人给了你石头*。"简坐在她的两位伟大的崇拜者亨利·摩尔和克劳福德勋爵之间；这是一个温暖而快乐的场合。当他们离开餐厅，穿过摄政街时，简转身对她的丈夫说："如果现在我们被巴士撞了，岂不是一件好事吗？"[60]

1973年圣诞节的前一周，简严重中风，在接下来的几周里，克拉克要把所有时间都花在去医院照看她。她变得虚弱无力，一时间看来似乎再也恢复不过来了；但后来她开始有了好转，并于1974年1月回到花园房，由4名护士轮流照顾她。她是一个很难相处的病人，正如克拉克对科林·安德森说的那样："你知道的，简就像儿歌里的那个小女孩，'当她很好的时候，她非常非常好；但当她不好的时候，她就很可怕'。"[61]艾伦非常准确地记录了母亲的安排，他写道："明天救护车会把她送回海斯疗养院，然后（据估计）会再回到花园房，这是一个系统的治疗安排，包括了特殊的床、椅和仪器，只有在她死后才会结束。"[62]

375

---

* Stones，作为人名是"斯通"，作为一般词语意为"石头"。——译者注

36
《森林的另一边》

我该怎么度过接下来的五年呢?

——肯尼斯·克拉克致珍妮特·斯通,

1974年6月14日

正如艾伦所预料的那样,简的中风改变了一切:20世纪70年代中期变
成了一个打破约定、护士、轮椅和简最后的衰弱和死亡的时期。尽管动荡
不安,克拉克继续进行了一些公共干预——这头老狮子仍然可以咆哮*——
这也是一个生产力惊人的时期。克拉克总能在高压下很好地工作(正如他
告诉玛丽·波特的那样),压力促使他妥协,在这种妥协中他找到了一种有
益的强制力。他一如既往向珍妮特·斯通吐露心声:"我一步都不能离开简,
她有一种顽皮孩子想施展权力的渴望,这是她唯一的快乐。"[1]他这样描述他
们的日常生活:"6点半到7点45分在床上写作。然后起床。看望简,在那个
时段,她总是容光焕发。用早餐。处理杂务、信件,要频繁观察简的状态,
幸福的休息时刻就是在雪地里摘花。午餐时间很长,简吃得非常慢。午后
小憩。然后努力工作到4点。5点到7点半听音乐/朗读⋯⋯不吃晚饭,看完新

---

* 当他收到伊普斯威奇博物馆策展人1976年4月2日的学术信件时,他非常愤怒,信中印有一个大的
图例说明,要求所有的回应信件都要寄给市政中心娱乐和设施部门主管。1976年4月29日,他给
《泰晤士报》写了一封信,没有提到涉及哪个博物馆,但以"老大哥"为题,并对"这种官僚监
督"感到惋惜(Tate 8812/1/4/196)。

闻后收拾东西。对于外界来说，我可能已经死了。"*

377   也许克拉克的家庭政治中最出人意料的转变是艾伦取代了科林的位置并受到了简更多的宠爱——在合适的时候，艾伦可以变得非常迷人。正如克拉克在给珍妮特的信中所写的那样："艾伦现在无疑成了家里最受宠的成员——没错，他体贴、快乐和热心。科林总会给妈妈讲她比别人过得好很多。他还告诉别人，她身体情况很好——是一个'精神饱满'面对这个世界的人，这自然会激怒她。"[2]

克拉克会很沮丧地告诉他的朋友，他没有见任何人，但当有人打扰他时，他同样会抱怨。他最怀念的是科文特花园，主要的消遣是书写回忆录的第一卷，用了莎士比亚的一个标题，《森林的另一边》(*Another Part of the Wood*)†。他告诉凯瑟琳·波蒂奥斯，他还想到了但丁的诗的开头，并神秘地补充道："我们还未走出森林（也有我们还未脱离险境的意思），这是一个很好的人生座右铭。"[3]他声称这本书完全是凭自己记忆写的："我遵循了不查阅任何文件或日记的原则，这让这本书有了一定的轻松感和一致性，但我想书中可能会有很多不准确的地方。"[4]事实上，正如泰特档案所显示的那样，他花了不少工夫来检查他所提出的观点并核对一些事实，但整本书还是充满了不准确之处。这些大多跟时间顺序有关，不过他偶尔也会称自己回忆起了一些他并不在场的事件，比如1937年与内维尔·张伯伦在唐宁街的会面。‡

克拉克称他的自传是"一个肖像展厅"，并希望"读者能从那些影响我的人的画像中推断出我的性格"[5]。他采用了一种超然、几乎是讽刺的语气来

---

*   给珍妮特·斯通的信，1975年9月4日（博德利图书馆收藏）。也有一些轻松的时刻："[简]不能忍受我在没有她的情况下做事……她会说出最难以置信的痛苦和残忍的话。然而，昨晚她自己乐了——她对我大喊：'我（在电话分机上）听到了你和你女性朋友的所有对话。'这其实是一名住在萨特伍德的85岁的老太太，她好心地打电话来问简的情况。"给珍妮特·斯通的信，1974年6月11日（博德利图书馆收藏）。

†   *A Midsummer Night's Dream*, Act II, Scene ii.

‡   杜维恩勋爵被再次任命为国家美术馆理事，见第13章。菲利普·阿洛特从剑桥大学三一学院写信指出了书中的26处印刷错误。克拉克回应说，这"确实很不光彩"，并补充说他自己也发现了很多错误。信件，1974年12月22日（Tate 8812/1/4/3）。

描述自己的生活，这让人想起了《大卫·科波菲尔》的开头，也让其他一些人想到利顿·斯特雷奇。他对一名读者说，他年轻时很喜欢塔西佗，"我希望你能从我使用的某些修饰词中看出这种影响的痕迹"[6]。

第一张——也是最好的一张——是他父亲的肖像，这为后来出现的怪物们奠定了基调。罗莎蒙德·莱曼简单地写道："我爱上了你的父亲。"[7]毫无意外，这个肖像中有一定程度的粉饰：没有提到他们关于射击活动的争吵，也没有提到克拉克不得不把喝醉的父亲从沟里救出来的情节。然而，到目前为止，这本书中最令人难忘的部分是克拉克对自己童年的描述，这是一篇美丽而令人回味的作品。他在艺术委员会的老同事艾弗·埃文斯（Ifor Evans）告诉他，"我认为第一章是英文写作中最好的严肃喜剧作品"[8]。在克拉克对萨福克和法国南部伤感的田园生活的回忆之后，温彻斯特在一个经典的知识分子对英国公立学校部落式野蛮行为的描绘中被搞得形象难堪。在这里，我们再次面对关于克拉克的一个核心问题：这个从不合群的年轻人是如何能够成功地赢得那些重要人物的青睐——先是蒙蒂·伦德尔，然后是鲍勒、贝尔、贝伦森、萨苏恩和乔治五世？他似乎认为，他们被他的魅力所吸引是理所当然的（后来，他认为他的演讲和电视观众也是如此，更不用说他的女朋友了）。也许是因为除了克拉克的外形和魅力，他对他们产生了影响，伯纳德·莱文观察到："他们仍然注视着他，仍然感到惊奇——一个小脑袋可以装下他所知道的一切。"*

克拉克把他的回忆录当作一种文学练习：它们首先要有趣，而他确实是运用奇闻逸事的大师。但这种方法也有缺点，正如他对乔克·默里承认的那样："我一直对书中出现的不公正的内容感到懊悔，这主要是因为我太想它具有娱乐性了。"[9]对还在世的人——如阿什莫林博物馆的I.G.罗伯逊——或已故的同代人——如国家美术馆的火车爱好者伊恩·罗林斯——的

---

* 莱文引用了奥利弗·戈德史密斯的《荒芜的村庄》（"The Deserted Village"）。莱文在美国报纸上发表的一篇关于《文明》的不知名文章（Tate 8812/1/4/89）。

随意评论，引起了很多人的不满。[10] 而大多数读者很喜欢这样的段落，包括伯内特·帕维特，他觉得这本书"轻如蛋奶酥……请继续这样往下写——不要吝啬了柠檬汁……即便一两个（朋友）领悟到了你的意思，但如果没有坦率的处理（几滴柠檬汁），画面就不会这么生动了"[11]。有些人抱怨说回忆录缺乏启示性，但克拉克属于对弗洛伊德式的自我审视感到不舒服的那一代人，正如他告诉戴维·塞西尔的那样："我总是觉得自我揭示也只是一半的揭示，即使是卢梭也如此。也许圣奥古斯丁是唯一的例外。"[12]

379　　克拉克描述的世界似乎遥远、封闭、安全；在那里，每个人都相互认识，他朋友们的未来都毫无悬念——比如，博比·朗登有一天肯定会成为伊顿公学的校长。然而，克拉克坚持认为最精彩的部分是他与艺术家的友谊和他的家庭生活，不过一些评论家并不以为然。他对迈凡薇·派珀说，这本书"很薄——如果再多50页书就更好了，但我很害怕让人觉得无聊"[13]。书里的语气确实是自嘲的，英国评论家认为这是克拉克的宏伟风度；但这让美国人不解，他们写信给他，对他如此失败表示同情——这让他很恼火。正如他对牛津大学的老友阿里克斯·基尔罗伊说的那样："我很高兴你喜欢这本自传，它的本意就是为了有趣好笑，这已经被大多数英国评论家所接受。但美国的评论家则觉得我很悲哀，认为我是一个失意的人。事实上，除了最近的五六年之外，我一直都很幸运。"[14] 最有见地的评论之一是约翰·拉塞尔在《纽约时报》上发表的评论，他引用了莱昂·埃德尔（Leon Edel）的话说："那精妙绝伦的英国业余主义是美国人的绝望。"[15]《时代》（Time）提到了克拉克的自我蔑视和对自己阶层的厌恶[16]；安东尼·鲍威尔在《每日电讯报》上说他看到了克拉克的坚毅和魅力，并发现了两个肯尼斯·克拉克的存在——一个冷静、世故和无情，另一个高度敏感，具有超常的感知天赋。[17] 杰弗里·格里格森在《卫报》（Guardian）上发表了一篇并不出人意料的充满敌意的评论，指出书中处处都提及名人。[18] "但这些人是我们的朋友啊。"克拉克抗议道——尽管他承认，对他们的选择是有所考虑的。

这本书一出版，克拉克就在1974年11月离开简，和迈克尔·吉尔一起去了埃及拍电影，为期12天。他一直对埃及和尼罗河两岸"日出般突然"的文明发展很着迷。"埃及文明的非凡之处在于它完全是通过图像展现出来的"[19]，这也是影片《起源》（*In the Beginning*）吸引他的另一个原因；另外，他也需要"给我的银行账户补充点资金"[20]。这部让人称赞的影片是由《读者文摘》（*Reader's Digest*）赞助，为美国公共广播公司（PBS）制作的。[21]

克拉克带着对埃及人的某些偏见来到埃及，最初的接触并没有让他消除这些偏见。他告诉凯瑟琳·波蒂奥斯："哦，这太可怕了……在开罗机场忍受了好几个小时的官僚作风，灯不断熄灭，移民官不得不借助打火机检查大量的文件！"[22]一旦他接触到艺术作品，情况就有所好转，他觉得"仅仅通过谈论它们，我就完全恢复了活力"。2月回访时，他从卢克索写信给珍妮特："我太老了，不能再这么辛苦了……巨大的太阳，我被晒得像只红色的火鸡……我开始喜欢埃及人了——他们非常渴望和我成为朋友，在这里有一种《圣经》般的尊严……（不像在开罗！）……我住在老冬宫酒店的法鲁克国王房间——大小合适。没一样东西是正常运转的——灯光忽明忽暗，还有电流的声音。今天早上，浴室的水龙头坏了，水喷得满屋子都是。"[23]不幸的是，吉尔和克拉克在艺术上产生了分歧，克拉克认为拍摄结果是"一个灾难……迈克尔想做一部充满音乐的艺术电影。而我想拍一部有思想的影片……不得不把它从100分钟剪到58分钟"[24]。吉尔在电影原声带中加入了好莱坞的音乐，这让克拉克在电影放映时大笑不止。正如他对一位美国朋友说的："结果就是对《朱清周》的拙劣模仿。"[25]

克拉克的下一个冒险离家更近。他在肯特郡的邻居约翰·塞恩斯伯里在1974年找到他，提出想成立一家名为阿什伍德（Ashwood）的公司，由他的兰伯利信托基金（Linbury Trust）出资，制作关于艺术的教育电影。"K改变了我的人生，"塞恩斯伯里说，"我认为这将是一件美妙的事情——就像让罗斯金出现在电影里一样。"[26]最初的提议是5部关于伦勃朗的影片（最终只制作了3部），由克拉克主持，科林执导。但克拉克很快意识到自己的最佳状态已经过去，就像他告诉迈凡薇·派珀的那样："我花了一个夏天写了5个关于伦勃朗的节目。剧本看起来还不错，但是，唉，当上周我上镜出演时，我发现自己已经失去了活力，我的表演非常糟糕（碰巧这是简状态糟糕的一周，总是让我沮丧）。所以我不能再上电视了，但这很麻烦，因为我需要钱。"[27]事实上，克拉克还计划拍更多的电影，他试图说服现代艺术的主要批评家戴维·西尔维斯特（David Sylvester）与他合作一个关于抽象艺术的起源和目的的项目。阿什伍德并没有蓬勃发展，但这次冒险还是取得了圆满的结果，克拉克通过它把塞恩斯伯里介绍给了国家美术馆的主席约翰·黑尔（国家美术馆获得了伦勃朗3部影片的版权），这让塞恩斯伯里成了美术馆董事会成员；在塞恩斯伯里勋爵看来，"是伦勃朗促成了塞恩斯伯里翼楼（Sainsbury Wing）。这是我的理论"[28]。

克拉克继续写作，尽管他现在的大部分写作都是书的引言：当约翰·默里为雷诺兹·斯通的雕刻作品出版了一本权威的书籍时，他为其写了一篇令人愉快的文章。但在重新协商了他的报酬后，他才同意为美国版的瓦萨里（Vasari）的《艺苑名人传》（*Lives of the Artists*）写序。克拉克认为瓦萨里是一个"浮夸膨胀的画家"，不是一个学者，尽管他是一个伟大的会讲故事的人，是艺术家生活的提供者，他描绘了"意大利艺术最伟大时期的最生动、最有趣、最令人信服的画面"[29]。更重要的是，他为一本亨利·摩尔的画册作了序言："采用了所有的批评和学术方法，这是一项相当繁重的工作。我将亨利作为古典大师来对待，不同的是，你不能打电话问伦勃朗他什么时候、为什么画了某幅画，但你可以问亨利。"[30]他还开始为世界自然基金会（World Wildlife Fund）的一个项目《动物与人》（*Animals and Men*）工作，但很快就后悔了——他是在他奥尔巴尼的邻居芙勒尔·考尔斯（Fleur Cowles）的逼迫下加入到这个项目中的。这本书最终成了一部粗制滥造的作品，被约翰·伯杰斥为"微不足道的商业媚俗之作"。到目前为止，克拉克最喜欢的项目是为一本关于波蒂切利为但丁作品绘制插图的书写序，"这些美丽的景象，飘忽而精确"[31]。他把这篇文字献给了在迅速衰弱的简。

这本书在她去世前出版，"给她生命的最后一个月带来了极大的快乐"[32]。

他仍然偶尔会介入公共事务：他在上议院发言，反对对艺术品征收财产税。[33]在一些重大的提议上，人们会继续征求他的意见，比如在萨默塞特宫建透纳展厅（他最初是赞成的，但经过研究后反对了这个想法，认为这些空间更适合放塞伦［Seilern］的收藏）。[34]他的态度和观点不可预测，他永远不会不假思索地支持现状。

自1965年以来，克拉克一直是伦敦图书馆的主席，尽管在被邀请担任这一职务时，他甚至都不是图书馆会员（这也许与他在没有电视机的情况下被邀请担任ITA主席的情况类似）。他的职责主要是主持图书馆的年度大会*，但在1975年，他发现自己卷入了一场危机，费了一番周折才化解了它。主席迈克尔·阿斯特（Michael Astor）为改善图书馆的经济状况做了很多工作，但在几项重要的改革上没有征求会员的意见——这遭到了一些会员的攻击，并威胁要对委员会的章程地位采取法律行动。"我们是当权派，他们最好自为之。"阿斯特不屑地告诉克拉克。[35]不过，克拉克还是对以记者克里斯托弗·布克为首的不满者有一定程度的同情，尽管他认为"他们试图借用法律纠纷来发泄不满，是个巨大的错误"。他们并非"只是一群破坏者。我认为，在没有更充分地告知成员或工作人员的情况下，对入口大厅等进行这些改动是一个真正的错误"[36]。他继续走温和路线，尽最大努力使委员会与反对者和解。他最终在1980年将主席一职移交给了诺埃尔·安南。而他手拿小雪茄的肖像，仍然是成员们进入阅览室前在楼梯上看到的最后一张照片。

克拉克对早期教会读物的兴趣并没有减弱："我喜欢信息，尤其是关于早期基督教的信息，在我看来这是世界上最非凡的篇章。唉，我似乎已经读完了关于这个问题的所有资料。我会重读圣奥古斯丁的《忏悔录》（崇

382

---

* 在1965年他的第一场年度大会上，克拉克对成员们说："文学家洛根·皮尔索尔·史密斯曾经说过，世界上只有两个完美的机构，大西部铁路公司和伦敦图书馆。大西部铁路已经改变了，而伦敦图书馆却没有。"（Tate 8812/1/4/236）

高），也许还有圣杰罗姆的《书信》（非常好）。"[37]可能是出于这个原因，他喜欢在教堂里做演讲，如午餐时间在奥尔巴尼对面的皮卡迪利圣雅各教堂（St James's）。特别是在齐普赛街的圣玛丽勒鲍教堂，这个教堂的讲座传统可以追溯到17世纪的自然哲学家罗伯特·波义耳，讲座被称为"鲍对话"，由教区牧师或他的妻子主持。克拉克参与了几次这样的对话，以律师般的严谨准确回答了关于教会历史、当代艺术和社会的问题——尽管有时他也会放任自己："今天和乔托死后的那段萧条期很相似；1570年左右也是一段萧条期，当时像鲁道夫二世这样的资助人不知何去何从，然后是普桑死后的又一段萧条期。今天的我们也处在一个萧条期，但不同的是，今天的这些讨厌的家伙都认为自己很了不起。这是一种只对 côterie（小群人）有吸引力的艺术，而里面大部分都是那些自作聪明的人制造出来的垃圾和骗局。"[38]

克拉克在1976年春天获得了最大公众认可，被授予功绩勋章，这是英国君主可以授予的对杰出贡献的最高奖项（通常是针对智力成果，限24名在世成员）。贺信再一次涌来，但正如他对诺埃尔·安南说的那样："在任何人发现我是个骗子之前，我已经感到无比难堪了。"[39]他很享受第一次在皇宫举行的勋章成员聚会："我还以为他们全是学者和科学家，有趣的是，完全不是这样：我所有的老朋友都在，全部都在。亨利·摩尔、格雷厄姆·萨瑟兰……是不是很好玩？这是一个非常有趣的老男孩聚会。我们就是一个老帮派。"[40]

那一年，他还有一项皇室之约。虽然他通常都尽量不离开简的床边，但在简去世的前一个月，他却颇为意外地住在苏格兰的伦诺克斯洛夫庄园（Lennoxlove House），汉密尔顿公爵的府邸。伊丽莎白王太后也是其中一位客人。他告诉珍妮特："王太后喜欢艺术社交圈——我站立的时间太长了，感觉已经失去了我高贵的双腿——王太后看了所有的东西，和每个人都有交谈……在昨天的晚宴上，我是唯一的中产阶级成员，其余的都是公爵（阿盖尔人相当不错）、伯爵（塞尔科克人也很好，明托就差了点），当然还有新的汉密尔顿公爵，看起来像是个 brave type（好人）。这一切都令人难以置信地与我格格不入，以至于有点可笑——不过只是有点可笑——说实话，我很抱歉我来了这里。"[41]

现在，简的病床既可能在肯特的花园房，也可能是在伦敦的纳菲尔德医院。她死前遭受了一连串的挫折。1975年3月，克拉克写信给珍妮特说："她昨晚遭遇了一次非常严重的恶魔探视……为了不让他靠近，她把电视音量开到最大……但魔鬼就要回来了。他已经离开好几个月了，我已经等这个老男孩很久了。从生理上来说，我认为这些探视可能是健康的标志，因为它们是一种反抗。"[42]另一个挫折是1975年12月克劳福德勋爵的去世，这对她的情感产生了强烈的影响："简还在为戴维·克劳福德的去世而哭泣，他是她唯一无条件爱过的男人！"[43]克拉克为克劳福德写了一篇讣告，描述了他的善良，并列举了他所做的伟大的公共服务。到1976年2月，他警告莫娜·安德森说："简病得很重，很痛苦——靠止痛药维持。我想她已经没有康复的希望了。"[44]4月，克拉克夫妇把他们在奥尔巴尼的公寓从B5改成了B2，这样简就不用再被带上楼了。

有一天，简向克拉克要了纸笔，克拉克并没有立即意识到其意义。她的头脑在这之前一直很混乱，现在已经清醒了，她给家人写了几封告别信。她和克拉克手牵着手谈论15世纪佛罗伦萨的艺术家，一起度过了一个愉快的下午。[45]他给她读济慈的《圣亚尼节前夜》（"Eve of St Agnes"），直到她说："我有点困了。"他说："明天我们再继续读。"她平静地，甚至感激地回答说："明天我将不在人世了。"她立刻睡着了，再也没有醒来。[46]艾伦讲起城堡里的故事："今天早上我们被砰砰的敲门声吵醒。'克拉克夫人昨晚去世了。'我和简迅速穿好衣服，希望能赶在科林之前到达。我发现父亲'状态良好'，正在用手背擦着嘴，他刚吃完红皮鸡蛋和葡萄柚……然后我们去看妈妈……发现她的脸沉着、坚定、非常美丽，没有任何扭曲。"[47]

简的葬礼很凄凉，在肯特郡当地一个氛围冰冷的火葬场举行，除了直系亲属外，只有她的两个兄弟和他们的成年子女在场；克拉克甚至没有邀请他们回家里喝点茶。事实上，他没有做任何努力——就像50年前的婚礼一样。这个故事有一个寒心的附带情况涉及管家伦纳德·林德利，他难得和妻子去国外度假，错过了简的死亡和葬礼。他一直对她忠心耿耿，回来的时候，他惊讶地发现克拉克留下了一张毫无感情色彩的便条，上面写着克拉克夫人已经去世——并对他的早餐做了指示。[48]

简的遗嘱是个让人猜测的问题，因为她重写过很多次。克拉克很肯定她一无所有，但他忘了，在配偶免征遗产税的日子里，他给她留下了一大笔财产。家人不仅惊讶于她留下了这么多钱，而且还让人惊讶的是，主要受益人是艾伦而不是科林。艾伦对此已经有所察觉，同年早些时候，他偶然收到了一份母亲最新遗嘱的副本，他在遗嘱中惊奇地发现自己是剩余的受益人，虽然当时他认为这肯定是印刷错误。[49]除失去了母亲的宠爱之外，科林当时也只有继子女，而简想把钱留给克拉克家族的人。这对科林来说是一个打击，但正如艾伦在日记中所写的，"对我来说这是一个巨大的解放"[50]。不过，简把她最宝贵的财富，亨利·摩尔的庇护所速写本，留给了大英博物馆——这也是克拉克和摩尔本人所希望的。

至于克拉克，在简的死最初让他如释重负之后，他感到了彻底的失落。他在给迈凡薇·派珀的信中写道："你是对的——照顾简的习惯不仅是'爱的劳动'，而且已经成了一种瘾，我感到孤独空虚。"[51]他的女性朋友们纷纷来到他身边：莫娜·安德森、艾琳·沃思、琼·德罗伊达以及最重要的是玛丽·波特，都竭尽全力地安慰他，不让他闲着。熟悉克拉克的人都知道，简是他一生的挚爱，是他灵魂的一部分。简去世后6个月，他向珍妮特讲到他与杰妮·莱茨曼的一次对话："她恨简，而且反复向我强调这个事实，这很不得体，昨天她对我说，'你的一部分和简一起死了'，还说，'你已经失去了所有的活力'。也许这是真的。"[52]对他的女儿科莉特和其他家庭成员来说，克拉克从未从简的死中恢复过来，这是一个深刻的事实。在他们婚姻的前半段，她用种种方式塑造了他，而在后半段，她实行了一种保护和折磨的仪式，他也温顺地接受了。她最终是克拉克和他所有女友奇妙表演的总指导，而他总是把简当作脱身的借口。

克拉克尽量地让自己忙碌起来：和老朋友们待在一起，并完成他回忆录的第二卷《另一半》（The Other Half）。约翰·拉塞尔思索着这个书名，觉得"有一种挥之不去的模糊性，我一直想弄明白。可以想象，这本书是'另一半如何生活'……与地道的酒保问询'先生，再斟满另一半吗？'的结合"。克拉克承认"我受到酒保询问的明显影响"[53]。他意识到，这本书永远不可能像第一卷那样有趣——它需要涵盖太多还在世的人，而他已经开始对生活失去兴趣。[54]如果第一卷是一件艺术品，他相信第二卷将仅仅是对事件和人物的记录。事实上，《另一半》很有趣，因为它涵盖了他一生中最重要的几个经历，包括战争和电视的发展。

跟以往一样，克拉克收到了书迷来信，他讽刺地指出："我在《另一半》中说我不喜欢收信……这似乎成了普通读者唯一能记得的书中细节，这促使他或她立即坐下来，给我写封信。"[55]评论家们虽然有些怀疑，但也表示了尊重。"一种全然困惑的语气……每一个成功都是在失败的掩盖下出现的。"彼得·康拉德（Peter Conrad）在《泰晤士报文学副刊》中写道。[56]最具洞察力的评论来自克里斯托弗·布克，他认为克拉克的一生是一场漂浮在空中的魔术表演——总是在对的时间与对的人在一起，空军上将纽沃尔让他了解不列颠战役的情况，琼·亨特·邓恩恰好出现在信息部的食堂——有名的演员不断出现，一幅由诡异的蜡像所呈现出的生动的tableaux（画），让"一种可怕的幽闭恐惧症的感觉开始蔓延"。布克总结道："这是一个男人的自画像，他凭借钢铁般的意志努力，让生活中的一切都置于一个近乎完美的面具之下。"[57]

克拉克以一段大卫·科波菲尔式的语句结束了他的回忆录第二卷："现在剩下的就是要想清楚我要如何度过我的余生。"*对于珍妮特·斯通来说，故事从这一刻开始就变成了一种悲剧的忧伤。1976年的最后一天，克拉克写

---

* Clark, *The Other Half*, p. 243. 克拉克在1977年获得的另一项殊荣是纽约市金奖章，这是这个城市所能授予的最高荣誉（20年来，这一荣誉从未被授予给任何艺术界人士）——尽管他遗憾地评论说，免费出租车可能会更有用。

信给她说："事实上，我和你在爱中。我已经爱你很多年了，但就在几周前，我掉进了爱里——就像一个孩子掉进池塘一样……在我这个年纪，这是一段非同寻常的经历。"[58] 这种情感的宣泄有多少是由孤独和绝望带来的，是个有待思考的问题——对于克拉克来说，从简那里获得的自由预示着一个令人担忧的前景。他的情感体系一直依赖于数量上的安全，而现在他感到被危险地暴露了。有几个女人都希望他能娶她们。伊丽莎白·柯万－泰勒（住在附近的海斯）是最迫切的，克拉克对珍妮特说："她生活在一个幻想的世界里，除了她总是想着钱……我不知道怎样才能让她平静下来，她知道我不会娶她，但她想成为家庭的一部分——而我的家人都不需要她。你对我婚姻所做的一切真是太好了。别担心。也许到最后，孤独等因素会让我和一个人结婚，但那只会是一个理解我们有多相爱而且你也会喜欢的人。但我希望这种情况在很长一段时间内都不会发生。你是我的爱。"[59] 他的儿子科林注意到，在这个时候，"所有事情的后果都被他赶上了。'我再也不能自己一个人去散步了，'他呻吟道，'我开始想到那些女士。'他对女士们的冲动与一种奇怪的超然交织在一起，他似乎并不在意是哪一个人在那里"[60]。克拉克和玛丽·波特讨论了婚姻问题，尽管她很善良又讨人喜欢，但这丝毫不是一个实际的提议——他不会想住在奥尔德堡，就像她也不会想离开那里一样。由于雷诺兹的健康状况逐渐恶化，珍妮特一定曾梦想过克拉克会等待并有一天娶她。然而，克拉克的许多朋友都怀疑这是否真的是他的本意，事实上，珍妮特吸引他的部分原因是她已经结婚。尽管克拉克仍然享受着这段关系（以及其他的浪漫友谊），但整个系统已经因为简的死而变得不安全了，他需要再次结婚来恢复平衡。但是他应该选择谁呢？

　　克拉克比他自己所意识到的更势利：他需要一个在威尔顿庄园和瓦尔堡研究院都会感到自在，而且最好有自己独立生活的人，能让他去工作和追求自己的友谊。他确实找到了一个合适的人选，他向珍妮特透露了这个消息："麻烦的是，当我独自一人时，我会很沮丧……我喜欢有个能和我说话、照顾我的人……幸运的是有这样一个人——在诺曼底和我待在一起的那位女士。她是一个可爱的角色，理解我对你的感情。事实上，我真的相信（这是经常在书和戏剧中说的）你们会成为朋友。当然，我永远也不会像爱你那样爱她——那是一种彻底的爱。但我很喜欢她，她似乎很适合我……虽然她话有点多，但我想他们［他的孩子们］会喜欢她……我一直告诉诺文，你是我的爱人，她理解我的处境。"[61]

在这件事上，无论是对珍妮特对他再婚的感受，还是对他的新未婚妻诺文·赖斯（Nolwen Rice）对他与珍妮特关系的看法，克拉克都有一个奇怪的误解。与此同时，他愉快地给科林写信说："我写信是想告诉你，我打算再婚了……我只告诉了几个亲密的朋友，你可以想象，他们中有一两个不看好我的决定。Tant pis（就这样吧）。这给了我活下去的理由。"[62]

37
晚年和诺文

我被照顾得很好，

但这并不是活力的替代品。

——肯尼斯·克拉克致珍妮特·斯通，

1979年8月1日

388　　诺文·赖斯有一个丰富多彩的家庭背景。她是来自古老的诺曼家族的法国贵族弗雷德里克·德·扬兹伯爵（Frédéric de Janzé）和他的美国妻子爱丽丝的两个女儿中的长女，爱丽丝曾是在肯尼亚的欢乐谷圈子中一个充满诱惑和丑闻的中心人物。[1]诺文的父母在她很小的时候就离异了，她在他父亲位于诺曼底帕尔丰德瓦（Parfondeval）的17世纪的美丽别墅里长大，并最终继承了这个房产。她离开了她的第一任丈夫莱昂内尔·阿曼德-德利尔（Lionel Armand-Delille），与一名在肯特拥有房产的英国人结了婚。在这第二次婚姻中，她生活在肯特和法国之间（她后来跟克拉克也是这样生活的）。她的第二任丈夫爱德华·赖斯（Edward Rice）与简几乎在同一时间去世，丧亲之痛使她和克拉克走到了一起。

　　诺文的到来让克拉克的孩子们大吃一惊，科林总结了他们的反应："父亲又结婚了，跟一位我们都不认识的女士，我们觉得这太快了。"[2]事实上，诺文和克拉克作为邻居已经认识了一段时间。有记录显示，在简去世之前，赖斯夫妇曾多次来吃午饭。诺文告诉罗伊·斯特朗（Roy Strong），他们的恋情发生在简死后，在两人喝了6次茶之后开始的。有一天，克拉克对她说："我们应该在一起。"[3]

她是怎样一个人？ 诺文是那种让人说法不一的人。在肯尼斯·克拉克的故事中，笔者从未获得过对于一个人的如此强烈且带有偏袒的看法，无论是支持的，还是反对的。她深受几位文学和艺术人士的喜爱，包括历史学家詹姆斯·波普－亨尼西和艺术家詹姆斯·里夫（James Reeve）。罗伊·斯特朗描述了一次晚餐中被她迷住的情景："她很迷人，活泼，还有一双美丽的大眼睛。"[4] 然而，她和克拉克的孩子们之间相互憎恨。对艾伦来说，她具有掠夺性，贪婪而虚伪，而对科莉特来说，她是"一个该死的操纵者"。一名亲戚形容她"善于操纵，有害，比爱德华·赖斯厉害——从来没有闲下来的时候"[5]。她在肯特郡的一名邻居评论道："她外向又有趣——她把K当作战利品来炫耀。她很有技巧，K完全在她的掌控之中。"诺文是个很健谈的人——有些人觉得她过分健谈：亨利·摩尔就是其中之一，觉得克拉克被她压着。[6] 她当然把他照顾得很好。毫无疑问，有个伴侣对他来说是一种极大的安慰。但诺文想要控制他的生活，而克拉克又有自己的安排，这导致了一些激烈的冲突。因此，他的晚年陷入了各种权力斗争之中：诺文欲把他从他的女朋友们和一个对她深怀疑虑的家庭手中夺走；珍妮特·斯通试图维持与他的关系；艾伦试图维持花园房的管理权；伦纳德·林德利尽量保持对厨房的控制；梅丽尔·西克里斯特试图从一个更为让人担忧的主题中去拼凑克拉克的过去。而这一切的中心是一个日渐衰弱的克拉克，诺文是他的保护者，也是他的狱卒。

克拉克喜欢告诉别人诺文是下嫁于他的。和其他人一样，他深深为帕尔丰德瓦着迷。1970年末的英国是一个悲惨的、受罢工影响的地方，花园房越发郊区化——你可以听到车辆的声音——而在诺曼底的乐趣则成了一个令人愉快的逃避。正如克拉克向玛丽·波特所说的那样："这个房子自身就非常迷人。它是1620年的红砖建筑，保存完好，所有的房间都镶有17或18世纪的木制装饰板。过多的家具，如同在一幅古老的法国版画中。因为它已经属于我女主人的家族400年了，这些家具看起来就像是和这里一起成长起来的一样。"[7] 3个月后，他报告说："赛丽以她擅长说出令人不舒服的真相的天赋，说我不是娶了诺文，而是嫁给了帕尔丰德瓦。不完全是这样——不过后来我问自己，如果她住在帕西的一幢丑陋的房子里，我是否应该和她结婚？看来赛丽还是有些道理。"[8] 别墅的附近有一个小庄园，诺文在那里耕种，但它并没有给人巨大财富的感觉。

390　　珍妮特·斯通听到这桩即将到来的婚事时，不可避免地大受打击，并开始指责他。克拉克在信中非常虚伪地写道："想到我的决定让你如此不开心，真是太可怕了。我知道我们彼此深爱着对方，但我认为你的生活中有足够的东西来填补你的时间和思想——亲爱的孩子、孙子，还有一个可爱的丈夫，他也是一位伟大的艺术家。雷诺兹的身体已经不太好了，照顾他肯定是你的首要任务。亲爱的，请你试着想想这一切。"[9] 珍妮特发现这种情况让人难以理解，她在给朋友的信中写道：克拉克一直告诉她，她是他的唯一，因此他不会再婚。她补充说，在他宣布结婚的前一天，克拉克从诺曼底给她打了3次电话，想听听她的声音，并安排了他们的见面。[10] 约翰·斯帕罗写信给克拉克，提出愿意介入此事，同时精明地意识到这件事可能还没有结束："我希望你对珍妮特要指责你的担忧将被证明是毫无根据的。如果有必要的话，你可以相信我，我会说服她贤明地接受她位置的改变——或者这不是完全或根本的改变？"[11]

　　珍妮特把自己的情绪埋在心里，给诺文写了一封贺信，并收到了诺文礼貌的回复。在他们见面前不久，克拉克在一封给莫娜·安德森的信中描述了珍妮特非常错误的评价："要把诺文介绍给这么多老友，让我有些焦虑，但从他们的反应来看，事情还算顺利。我最喜欢的评论是可怜的珍妮特·斯通的'她就像一只灰色的小老鼠，到处乱窜——但我喜欢小东西'。'东西'这个词选得特别好。"[12] 可悲的是，珍妮特很快就会发现这只老鼠会咆哮。珍妮特也不是唯一对诺文感到好奇的女友：为了不让查尔斯听到，杰妮·莱茨曼在棕榈滩别墅的秘密海滩小屋给科莉特打电话，问"这到底是怎么回事"[13]。在克拉克所有的女朋友中，玛丽·波特最欢迎这一切的发生。她和诺文建立了友好的关系，因此诺文对克拉克每年到奥尔德堡的访问没有任何顾虑。

这场婚礼于1977年11月24日中午在伦敦伊利道的圣埃塞德丽达天主教堂举行，只有家人和一些非常亲密的朋友出席，如德罗伊达夫妇和乔克·默里。克拉克的伴郎是热衷社交的单身汉伯内特·帕维特，两人从科文特花园时代起就是朋友了。帕维特后来告诉詹姆斯·利斯－米尔恩，在圣坛前，牧师递给他一个盛着戒指的银盘。当帕维特笨手笨脚地把戒指拿起时，克拉克忍不住开始对戒指大谈特谈："你还见过比这更漂亮的东西吗？这是科普特风格。"神父承认他没有见过，并邀请他们欣赏他的皮金风格的十字褡："K尽情地欣赏着，而新娘一直伸着手指等待着。"[14]招待会是由克拉克的厨师琼·道森在奥尔巴尼准备的自助午餐，她还记得："在招待会上，他坐在两位女士中间，凯瑟琳·波蒂奥斯低声对我说：'她们俩都很失望。'令我惊讶的是，克拉克勋爵并不想提供咖啡。'不，道森太太，他们都该走了。我刚刚结婚，想和我的妻子单独相处。'"[15]

这段婚姻的初期有点田园诗般的感觉。他们将往返于肯特和诺曼底之间变成了一种惯例，因为耕种庄园意味着诺文需要长时间地待在帕尔丰德瓦。别墅的生活很惬意。克拉克喜欢在当地散步，并继续给珍妮特写信："这里的生活非常愉快，大部分时间都在厨房度过。没有厨师和园丁，有一个健壮的女人铺床，诺文饭做得很好，心情也很放松，而我只是个没用的帮工……房子很完美，农场的建筑和山谷真的很美。"[16]他告诉珍妮特，在夏天，"我起得很晚，写点东西，然后在美丽的乡间长时间散步，自言自语或唱唱歌。我唱音乐厅的老歌——主要是乔治·罗比的歌——这是我记得最清楚的"[17]。然而，克拉克很快就发现诺文的健康状况并不好，正如他告诉科莉特的那样："这是我没有料到的；诺文总是生病；一个意外的转变。"她的病被解释为布鲁氏菌病——一种农民的病痛——正如克拉克挖苦性地指出的那样，这种病一般在星期天去教堂做礼拜前发作。[18]

391

　　回到英国，克拉克很享受带诺文去他喜欢的地方。但在萨特伍德的生活要复杂得多。诺文没有足够的事要做，所以总想要调整日常惯例。这引起了拒绝改变的林德利的怨恨与中伤："克拉克夫人以为自己理解他，可并不是这样。如果我能照顾他，他还会活着，我不在乎谁知道我的看法。"[19]林德利认为，诺文让克拉克觉得自己像个孩子，并把他当小孩对待。花园房里的诺文和城堡里的艾伦之间的关系迅速降到了冰点。诺文和克拉克家孩子们争论的主要焦点之一是花园房里的东西。虽然这些东西都会留给科莉特（除了特定的遗产），但艾伦对萨特伍德的一切都有强烈的占有欲，这个问题带来一种明显的紧张感。*当然，很多重要的艺术作品最终都到了诺文手中，要么在法国，要么在她伦敦的公寓里。克拉克完全有权利按照自己的意愿给他新妻子任何东西，但就他的孩子们而言，这是她劝说的结果。†对诺文来说，幸运的是，科莉特——主要的输家——是孩子们中最不贪婪的，她有尊严而又克制地接受了这种局面。

　　克拉克现在发现写书已经很困难了，但还是根据他的电视剧出版了《认识伦勃朗》（*An Introduction to Rembrandt*，1978）。他还为一本关于奥布里·比亚兹莱的书（1978）作了序言，带着一种对这位"对我在萨德本的生活意义重大"的艺术家的怀旧情绪。[20]约翰·斯帕罗对此特别满意："比亚兹莱——太棒了！你让我看到了他的才能，甚至让我相信他是个天才……我喜欢'自己动手的魔性'这个短语，光是为了这一点，就值得写这篇文章！"[21]来自大学社团、扶轮社、艺术俱乐部等的讲座邀请仍然源源不断，但

---

* 在他父亲去世前，艾伦称克拉克"多少有点讨厌，但为了继承遗产，他不得不和他和睦相处"。Alan Clark, *Diaries: Into Politics 1972–1982*, entry for 6 January 1981.

† 事情开始于克拉克打电话给科莉特，说他要给诺文留一些东西。修拉的《森林》在他计划之中，但他告诉科莉特，她会得到塞缪尔·帕尔默的《满月》（*The Harvest Moon*）。克拉克死后，科莉特去领这幅画，但诺文告诉她，她父亲已经把画送给了自己。诺文把它卖给了大英博物馆。1982年12月22日的一份署名文件（Saltwood archive）列出了留给诺文的20件艺术品，包括了修拉、帕尔默、几件中世纪象牙制品和雕塑，还有雷诺阿、毕沙罗、杰克·叶芝和萨瑟兰的作品，以及邓肯·格兰特和瓦妮莎·贝尔的盘子。

在1978年，萨特伍德的秘书写道："非常抱歉，但恐怕我必须告诉你，克拉克勋爵已经决定不再给当地社团做演讲了。他现在已经75岁了，还有大量的文章要写，为此他必须保存他的精力，他现在很容易疲劳。"克拉克破例在佩特沃斯举办了关于"透纳在佩特沃斯"（"Turner at Petworth"）的慈善讲座，因为他认为诺文在那儿会有一个很愉快的体验。他在透纳的画作前即兴地讲了大约15分钟后便筋疲力尽，他望着窗外的公园，然后转向观众说："这是多么可爱的一个傍晚，让我们一起去享受余晖吧。"[22]

第二年，安东尼·布伦特被曝光为剑桥间谍中的"第四人"，让克拉克大为震惊。一天早上，凯瑟琳·波蒂奥斯在奥尔巴尼告诉了他这个令人震惊的消息："他沉默了一会儿，然后说，'我太震惊了'——停顿了很久——'但实际上我并不感到惊讶'。然后，他要了一杯烈酒，尽管当时是上午10点左右。K和布伦特从未非常亲近过，但他们也算是老友和同事，他认为'这一切在布伦特死之前被揭露出来，完全是一个悲剧'。"[23]

克拉克现在发现自己经常会被要求参加追悼会，要么代表女王——比如本杰明·布里顿和格雷厄姆·萨瑟兰——要么为老朋友致辞，如科林·安德森。

帕尔丰德瓦可能一开始是个天堂，但它逐渐变成了克拉克的牢笼，他努力寻找着消遣。他的秘书凯瑟琳·波蒂奥斯记得，他从来没有像在那里时那样给她写过那么多的信，因为他经常一整天都没有别的事做。他变得焦躁不安，在给珍妮特的信中说道："诺文的儿子和儿媳都住下了，我松了一口气，因为我和她独处的时间太长了，需要一些变化……我同意你的看法，我必须想办法去［利顿切尼］——无论诺文说什么，我都不会和你分开。"[24]事实上，他又玩起了他的老套路："我亲爱的——今天早上听到你的声音真好。这是一个理想的时刻，因为诺文正好在接另一个电话。她一听到我的电话就会进来，事实也是如此，这就是为什么我的电话经常结束得很突然。"[25]几周后，他告诉珍妮特，他是多么高兴能回到萨特伍德："我喜欢在花园里溜达，看看书。当然，这是一种徒劳的存在，我应该为自己感

393

到羞耻。但是过了75岁，人就失去了所有的道德感。"[26] 1979年6月，雷诺兹·斯通去世，尽管克拉克没有去参加葬礼，但他给珍妮特写了一封信："我希望你觉得自己还拥有你的老朋友KC，尽管我可以做的已经不多了……我整天都带着爱和深切的同情想着你。我相信你会再次获得幸福的。"[27]

对诺文而言，雷诺兹的死大大增加了危险：已婚的珍妮特作为情敌是一回事，而如果这个情敌现在已经是一个自由且还惦记着克拉克的女人，那就完全是另一回事了。在这一点上，受到了克拉克鼓励的珍妮特无疑正中诺文的下怀。她用独特的斜体字给在帕尔丰德瓦的克拉克写了一封信，信上标着"私人"。诺文觉得自己受够了这一切，就给珍妮特写了一封极其坦率的信。[28] 她用最强烈的言辞，让她离她丈夫远一点——诺文是为了保护她的丈夫；她不是简，不会允许这种关系在她眼皮底下继续。在信的结尾，诺文以一句"离开吧，去过自己的生活"，宣布他们之间的友谊已经不可能了。

这封残忍的信——在克拉克不知情的情况下寄出——对歇斯底里的珍妮特产生了意料之中的影响。不管她把一封标有"私人"的信件寄出来是多么的不得体和愚蠢，诺文把所有的怒火都发泄在一直受到克拉克鼓励的珍妮特身上实在是太残酷了。这有效地结束了克拉克和珍妮特之间的关系；之后的信都只是用来打听消息，语气也都很客气。诺文赢了。然而，这让克拉克非常失望，他失去了很多再也无法找回的动力。他从帕尔丰德瓦给科莉特写信说："我很想回家。"[29]

然而，一种新的焦虑正涌上心头。早些时候，梅丽尔·西克里斯特在克拉克的资助下撰写贝伦森的传记时，他很乐意帮助她。当时他写道："我花了一上午的时间和一位友好聪明的女士交谈，她正在写一本关于BB的书。她有了一位迷人的新丈夫，比她年轻很多……很有趣的是，我在她身上发现了亨利·詹姆斯那种美国人的故作正经。她对伊塔蒂的道德观感到非常震惊。"[30] 西克里斯特没能获得查阅伊塔蒂档案的允许，这是一个严重的障碍。然而，克拉克给了她一个有点奇怪的建议："最好不要使用档案馆，以至于让他[*]来审查的你手稿。"^[31]结果，西克里斯特的这本《成为伯纳德·贝伦森》（*Being Bernard Berenson*）于1979年出版并受到了广泛的好评——除了艺术史机构和贝伦森的崇拜者，他们认为克拉克应该很清楚自己不应该支持一本非学术性的书，用约翰·波普–轩尼诗的话说，它"导致了他［贝伦森］的严重贬值"^[32]。早在1977年夏天，克拉克就在给西克里斯特的信中写道："你在信的结尾问我是否愿意让你为我写传记。我想不出谁会写得更好，但我认为没有必要写。我所做的一切都不值得写成一部传记，我的两卷自传就足够了。"^[33]没过多久，他就改变了主意，开始热心地配合西克里斯特写自己的传记。正如他的一名女性朋友所说："他想让梅丽尔证明自己的地位。"他甚至允许梅丽尔和他一起回到萨福克郡，在那他带她参观了萨德本庄园，并回忆了他的童年。他乐此不疲，并告诉她："每走一步，我就越想知道自己是谁。"^[34]事实上，他并不想要被揭露——他想要的是对自己所有成就的交代。

当克拉克看到西克里斯特提议的传记大纲时，他回应道："这显然赞美过度了，但总的来说，它对我的生活有一个公平的认识。你唯一需要做一些工作的部分是我的公共活动，这占据了我人生中的大部分时间，大约40年的时间，从1930年到1970年。"^[35]虽然他一开始并不觉得需要对西克里斯特的材料有否决权，但他非常希望有机会对文本发表意见，这些内容最初准备由乔克·默里出版。克拉克给西克里斯特寄去了一份采访对象的名单，并没有包括他的女朋友们，但梅丽尔非常勤奋，很快就去了利顿切尼。"斯通夫人邀请你留下来真是太好了，"克拉克对她说，"因为去多塞特的路途相当漫长。另一方面，我想你可能度过了一个难熬的夜晚。"^[36]雷诺兹恰好在一个月前去世，珍妮特正处于一种痛苦的状态中，她希望自己在克拉克故事中的角色能被讲述出来。

然而，克拉克并不想在书中提到他的女友们，于是在回答西克里斯特

395

---

[*]　即塞西尔·安雷普，妮基·马里亚诺的侄子，他继承了BB的文学遗产。

的问题时他开始变得闪烁其词。他问玛丽·波特："和梅丽尔相处得怎么样？她是个好人，但她以前的职业（记者）使她不太顾及他人感受，对人们的生活太过好奇。我才不管她怎么说我呢，等到这本书出版的时候，我已经被遗忘了，我的朋友们……也不需要读它。"[37]詹姆斯·利斯-米尔恩记录了梅丽尔的来访："西克里斯特女士来了。一位健谈、滔滔不绝、友善的女士……告诉我，K让她把所有恋情都写进去。"[38]然而，科林·安德森早前就警告过克拉克："梅丽尔·西克里斯特问的问题，我们根本无法回答。"[39]而约翰·斯帕罗风趣地指出，"梅丽尔·西克里斯特"的变位词是"仅仅是秘密"。克拉克更倾向于谨慎行事——诺文当然也是如此——但现在他意识到，已经无法再阻止那个发现了他和玛丽·凯塞尔恋情的梅丽尔了。他告诉科莉特，他很担心梅丽尔对他感情生活过分感兴趣——尽管他不得不承认她"非常勤奋"[40]。

现在引起激烈讨论的问题是，克拉克和乔克·默里是否应该阅读梅丽尔的手稿（乔克认为应该，克拉克倾向于不应该），以及这本书是否应该在他有生之年出版（同样，乔克认为应该，克拉克认为不应该）。梅丽尔关心的自然是克拉克的继承人插手她的文本。克拉克给艾伦的信中写道："我相信她会（像对待BB那样）公正地对待我，但她也能做出相当严厉的道德判断，她可能会说一些我家人不会喜欢的话。"[41]一年后，当珍妮特问梅丽尔的书进行得怎么样时，克拉克回答说："你问到梅丽尔……她是所有当代狂热、精神分析等的受害者……她一直试图回到我的童年时代，寻找一些合适的关于性或其他特殊的证据——唉，所有这些都正常，但让人痛苦。我想如果她不缺钱的话，她会放弃的——她已经买了一个新的乡间别墅——她还把KC的版权卖给了乔克和韦登费尔德。"[42]

克拉克很快就转而反对这个项目，并告诉梅丽尔，他对她从他写给珍妮特的信中选取内容感到不安："你能不能克制一下——其中很多内容会被用在非常有害的地方。"[43]不久之后，他写信警告珍妮特："恐怕梅丽尔已经成为我们所有人的麻烦了。她是一个非常执着的记者。我从一开始就应该认识到这一点，但我同意让她来写我的人生，这是不可原谅的愚蠢之举……我可以从她没有问我的事情中猜到这本书的总体基调是什么。"[44] 在这个阶段，珍妮特已经同意把她的信借给梅丽尔，这些信在运往美国之前，已经由她的女婿打包带去了伦敦。但现在她改变了主意。她给克拉克写了一封痛苦的信，但乔克·默里收回了这封信。*不过，梅丽尔确实把一部分经过精心挑选的重要信件带到了美国，这些信件大部分是战前来自萨特伍德的信件（包括贝伦森1945年前的所有信件），这显然是得到了克拉克的允许。†艾伦的遗孀简认为，她的岳父觉得梅丽尔的问题很烦人，也许他默许了这些信被拿走，以让自己不再受打扰。克拉克对梅丽尔失望的结果是，这本传记不会在他生前出版，也没有得到他对文件引用的允许。[45] 乔克·默里最终退出，由韦登费尔德勋爵作为唯一的出版商接手了这个项目。

克拉克没有放弃写作，但他的项目越来越多地涉及重新出版旧的文章和演讲。他有很多未实现的新想法——位于阿尔伯马尔街的默里档案是未开发主题的墓地："收藏家和收藏""美学家的进步""古典主义的局限""教堂艺术""原始文明"。在他的脑海里仍然有一位老将军在指挥军队，然而

397

---

* 见珍妮特·斯通给克拉克的信，1983年1月25日（Tate 8812/1/3/3070）。珍妮特的女婿伊恩·贝克（Ian Beck）向作者讲述了找回信件的经过："一天早上，电话响了。不是梅丽尔女士，而是K的出版商乔克·默里。他在电话里非常生气，非常凶。他说，上午他会派一辆出租车去取那箱信件，其他任何人都不能拿走、不能看，当然更不能读。信件的所有权并不赋予版权，内容不在珍妮特的赠予范围内，也没有这样的话。果然，他很快就坐出租车来把箱子带走了。"（致作者的邮件，2014年2月10日）结果，在与藏书家安东尼·霍布森协商后，这些信件被存放在博德利图书馆，暂停使用30年。

† 这些重要的信件来自克拉克的父母、莫里斯·鲍勒、克劳福德勋爵、C.F.贝尔、本杰明·布里顿、玛丽·凯塞尔、杰拉德·凯利、戴维·诺尔斯、欧文·莫斯黑德、约翰和迈凡薇·派珀、伊迪丝·拉塞尔-罗伯茨和伊迪丝·西特韦尔。从那时起，这些信件一直是备受争议的话题。梅丽尔·西克里斯特称克拉克曾告诉她可以保留这些信，但克拉克家人对此提出了质疑。当查尔斯·莱斯坎普为摩根图书馆去取伊迪丝·西特韦尔的信件时，信件丢失的事实才首次被曝光，这些信件已经找不到了。克拉克问凯瑟琳·波蒂奥斯是否知道西克里斯特借了什么，因为没有清单留下来（波蒂奥斯给克拉克的信，1983年2月15日，存于波蒂奥斯档案）。之后，莱斯坎普与西克里斯特达成一致，把西特韦尔的信件送到摩根图书馆，它们今天就在那里。其余信件的命运见附录一。

这些项目都没有完成。其中最具启示性的部分仅以片段的形式存在："美学家的进步"意在成为"关于我对艺术作品的反应的准自传式叙述"，它提供了一些在《森林的另一边》里看不到的有趣材料。[46]

　　诺文带来的变化之一是她任命自己的侄女玛吉·汉伯里（Maggie Hanbury）为克拉克的文学代理人。玛吉最初被请来商谈《女性之美》（Feminine Beauty）的出版，这是韦登费尔德勋爵提议的一本书。克拉克以前从未有过代理人，但由于他使用的是他的老友乔克·默里以外的出版商，所以这也算合理。然而，玛吉认为她的角色是克拉克的主要代理人，甚至还和默里谈判条款，这引起了乔克·默里可被理解的烦躁。对于一个为克拉克尽心尽力服务了30年的杰出出版商来说，一切都要通过一个代理人来完成，这种局面是难堪伤人的——尽管他们很快就达成了协议。[47]克拉克把《女性之美》（1980）献给了诺文，他对书的评价非常鲍勒式："我不能说它很好，但也不算太坏。"这本书追溯了从埃及第四王朝开始的艺术对女性之美的描绘，让克拉克最后一次从古代世界讲到了现在，以肯特公爵夫人玛丽娜为结尾，她看起来非常像他已故的妻子简——神秘、优雅而敏锐——紧接之后的是一张"美好的玛丽莲·梦露"的海边照片。

　　在他生命的最后，克拉克整理了两本论文和演讲的汇编：《视觉片刻》（Moments of Vision，1981）和《人文主义的艺术》（The Art of Humanism，1983）。一位评论家对前者评价道："作者本人就像一个大博物馆，而每一座大博物馆都需要一些较次的东西，以说明它宏大的范围。"[48]然而，《视觉片刻》很有意思，因为其中包括了一些他最好的作品："佩特""繁复而华美的英语""艺术家的衰老"与专题讲座。《人文主义的艺术》回到了克拉克的根源，集合了关于阿尔伯蒂和文艺复兴艺术家的文章。它还包括了一句愉悦的aperçu（概括）：保罗·纳什在罗杰·弗莱的指导下，对汉普顿宫里曼特尼亚的《恺撒的胜利》（Triumphs）的修复，使它们"含有一种像《男朋友》那样强烈的1920年代的味道"。

　　1981年，克拉克把奥尔巴尼的房子给了艾伦，凯瑟琳·波蒂奥斯查看了档案："在过去的一两年里，我慢慢翻阅了这里的资料，已经扔掉了很多。我是应该谨慎地再进行一次筛选，还是把所有的东西都送去萨特伍德呢?"[49]克拉克现在已经开始失去记忆;凯瑟琳注意到他开始重复写一样的信，字迹也变得更小了。诺文接管了他的生活，处理他所有的商业事务。艾伦在他的日记中有一个关于他父亲日渐衰弱的悲惨例子:"1982年7月20日，星期二，萨特伍德大图书室——我的父亲*coup-de-vieux*(一下就变了)，现在不幸地每况愈下。去［花园房］看望他似乎已经没有什么意义了。他只是坐在大窗户旁边的绿色天鹅绒椅子上。科林有一天非常委屈，因为当他走近我父亲时，他假笑着说:'啊，现在，这是谁?''爸爸，是您的小儿子科林。''啊哈。'(我父亲当然很清楚他是谁，他只是对科林很直接地讨好并说了一大堆关于艺术的老话题而感到恼火。)啊哈。当然，我父亲绝不会对科莉特这样说话。她会咯咯地笑着说'你真是老糊涂了'，或者其他一些同样粗暴的话。他害怕她，就像他害怕大多数女人一样。"[50]科林也记录了这次遭遇，并补充道:"我想那是我一生中最悲伤的时刻。"[51]

克拉克在生命的最后一年，即1983年，饱受动脉硬化的折磨，主要住在萨特伍德或海斯疗养院。尽管诺文悉心照料，但他太过虚弱，无法在帕尔丰德瓦待太长时间。他在医院摔断了髋骨，这标志着他生命结束的开始。5月15日，他对艾伦说:"我很清楚，我是经过深思熟虑才这么说的，我将活不过一周时间了。"[52]一个星期后，艾伦去和他告别:"爸爸，我想你很快就要走了。我回来是想告诉你我有多爱你，感谢你为我所做的一切，并向你道别。"[53]诺文第二天早上给城堡打电话，告诉他们克拉克已经在夜里去世了。

即使在弥留之际，克拉克仍然有能力让人吃惊。詹姆斯·利斯－米尔恩回忆了追悼会上的一幕:"一位爱尔兰天主教牧师发表了另一段演讲，称K在他死前派人把他叫来，按照适当的仪式接受了圣餐，并说，'谢谢您，神父，这是我一直渴望的'。这非常让人惊讶。"[54]我们该如何理解这里提到的转变?这是帕斯卡赌注的一个典型例子吗?诺文作为罗马天主教徒，肯定会安排牧师。她告诉科莉特，她父亲临终前很紧张，但在接受了临终傅油礼后，他的脸上露出了幸福的微笑；然后他就睡着了，再也没有醒来。也许克拉克认为以一种神圣的方式离开世界是正确的——用一种仪式来与洗礼相平衡。他肯定会认为拒绝诺文和神父是不礼貌的。对迈克尔·利维来说，这是"对他难以捉摸的复杂个性的一个强烈提醒，留下了最后的出人意料的一面，只有在他死后才被揭示"[55]。克拉克对天主教会及其历史的长期迷恋指向了这样一个结果。他曾在一次关于卢浮宫的演讲中说："一件艺术品进入卢浮宫就像进入天主教堂一样。它将发现自己身处一些相当奇怪的陪伴中，但至少它可以确定自己还有灵魂。"[56]

克拉克的葬礼在海斯的教堂而不是在萨特伍德举行，因为艾伦和那里的牧师闹翻了；一大群人聚集在一起，包括《文明》剧组的全体成员。不过，葬礼是在萨特伍德的墓地举行，下葬仪式中，哀悼者们跟在棺材后面。病重的亨利·摩尔罕见地为他的老朋友在公众场合露面，他泪流满面地从轮椅上站起来，用两根拐杖支撑着，扔出了第一把泥土。女王给住在花园房的诺文发去了一封电报："克拉克勋爵对我父亲的忠诚和他卓越的服务，以及他对艺术和文学界的杰出贡献，将永远被人们铭记。"

后 记

———◇———

克拉克勋爵的逝世引起了国际关注。正如迈克尔·利维所指出的:"很
少有艺术史家——总的来说很少有学者——能指望他们的死像克拉克那样
吸引国际媒体的关注。仅在欧洲,从苏黎世到马德里,经阿姆斯特丹、罗
马和巴黎,报纸都联合起来报道这一事件:Kenneth Clark gestorben(肯尼
斯·克拉克去世)/falleció el critic de arte(艺术评论家去世)/Kunsthistoricus
overleden(艺术史家去世)/è morto(逝世)/la mort de Kenneth Clark(肯尼
斯·克拉克的逝世)。"[1]讣告很长且充满敬意。约翰·拉塞尔在《纽约时报》
上的文章很有代表性:他把克拉克誉为英国文化生活中的杰出人物,也是
他那一代人中最有天赋的艺术史家。只有利维的讣告深入到表面之下,试
图探究这个人在所有矛盾中的复杂性,回顾了"对某些人来说,每一次与
克拉克的见面似乎都像是第一次见面。和谐融洽是一种不确定的特质,永
远不能被假设,更不能被保证"[2]。在听到克拉克去世的消息后,詹姆斯·利
斯-米尔恩在他的日记中也提到了同样的令人难以捉摸的品质:"我一直认
为他是我们这一代中最伟大的人。我从来没有和他很亲密。很少有男人能
做到这一点。他不关心男人,却非常喜欢女人。他是一个高傲、冷漠的人,
但带着温和友善的态度,让人感到不自在。但是每当他赞美的时候,人们
就会觉得是全能的上帝亲自赐予的祝福。"[3]

1983年10月13日,这场史无前例长达一个半小时的追悼会在皮卡迪利圣
雅各教堂举行,克拉克以前经常从奥尔巴尼穿过街道到这里寻求慰藉。约

翰·斯帕罗读了培根的文章《论读书》，艾伦·克拉克读了约翰·多恩的《祈祷》；令人惊讶的是，没有罗斯金的内容。耶胡迪·梅纽因演奏了巴赫D小调组曲中的恰空舞曲。约翰·波普－轩尼诗发表了一个相当正式的演说，他说，克拉克实用主义的面具背后"不完全是一个艺术家，而是一个以艺术家对作品意图和语境的理解来看待艺术作品的人"[4]。听着波普－轩尼诗对克拉克作品的庄严朗诵，罗伊·斯特朗想知道"在审判日，上帝是否会变成一个艺术史家，根据一个人在《伯灵顿杂志》上的文章的质量，来决定是让我们复活还是被遗忘"[5]。

　　也许，追悼会中缺少的是克拉克自己的声音。艾伦在日记中描述了这一天："我父亲的追悼会很奇怪。一个杂乱无章的集合。这是他应得的惩罚，因为他自己从来没有去过任何人的葬礼……我用一种非常清晰而讽刺的声音读了一段祈祷文，试图传达他们都像是一场雨，尤其是诺文。当然，如果你死于衰老，而非被神带走，来出席仪式的人是完全不同的。"[6]罗伊·斯特朗对在场的人如此之少感到震惊，并注意到其他一些遗漏："根本没有提到简，没有让人感受到他最深处的温暖、魅力和气质……离场时，乔克·默里邀请我们到他那里喝茶，我们拒绝了。我们和那些穿着陈旧的黑色衣服的当权人士一样，在大雨中匆匆离去。"[7]

　　克拉克的遗嘱于1984年3月13日被证实。艾伦和科莉特是遗嘱执行人，而他的文学遗著保管人是乔克·默里和玛吉·汉伯里。花园房和里面剩下的东西不出所料都归了科莉特所有。三个孩子分享了剩余的遗产，除了给孙辈和员工的特定遗赠外。珍妮特·斯通得到戴维·琼斯的水彩画《佩特拉》，诺文得到4万英镑，伦纳德·林德利和他的妻子得到8 000英镑。阿什莫林博物馆得到了乔瓦尼·贝利尼的《圣母与圣子》（*Virgin and Child*），大英博物馆得到了亨利·摩尔的素描，孩子们享有其终身所有权。被认证的遗嘱上的数字是5 315 157英镑，这在当时是一笔巨款。*

---

* 最有价值的物品是透纳的海景画，现在由艾伦和科林共同拥有，早些时候，苏富比为它估价85万

（转下页注）

* * *

1983年的一天，艾伦·克拉克在萨特伍德的一张桌子里偶然发现了 **403**
"我父亲四五十年代的旧日志。无休止的'会议'填满了一天。公务员进进
出出。午餐。和我自己的节奏没有区别。这一切有什么意义？没有什么可
以向人展示的。人们只会记住他的著作和他对学术的贡献。他的公众生活
完全是在浪费时间"[8]。当时和现在一样，我们很少有人能认识到肯尼斯·克
拉克在委员会的工作是如何构成了一种隐形的遗产。凭借这种遗产，艺
术已经成为这个国家的日常生活和成就的自然组成部分，并得到政府的财政
支持。这种我们认为理所当然的情况，在克拉克担任CEMA、科文特花园或
国家剧院委员会成员的日子里，似乎还是一个非常不确定的结果。他对众
多机构的形成产生了无可比拟的影响，而这些机构为公众提供了更多接触
艺术、戏剧、歌剧和设计的机会——只有梅纳德·凯恩斯能与他相提并论。
如果说他在温彻斯特第一次学到了为公众服务的责任，那么克拉克务实而
出色地利用了战争、新技术和电视所提供的机会，让艺术作品更接近公众，
为他们打开了视野。他在战时对国家美术馆的杰出领导与他在信息部遭遇
的挫败感并不一致，但他在那时获得的经验以及他参与的新生组织，都为
后来的一切奠定了基础；他之后在独立电视台的工作本身就构成了一个杰
出的职业生涯。

克拉克的成功部分源于他将牛津和剑桥、布鲁姆斯伯里、汉普斯特德
和白厅连接在一起的能力——他在学术、创造力和权力的世界中找到了独
特的平衡。直到20世纪60年代，他都是他那个时代的缩影，完美地表现了诺

（接上页注）

英镑，这被证明是一个非常低的评估。1984年6月至7月，苏富比举行了一场克拉克收藏的拍卖。
除了透纳之外，这是一个折中的集合，包括了素描、中世纪艺术作品和彩绘书页、文艺复兴的
勋章和陶器，以及帕斯莫尔、萨瑟兰、波特、诺兰、派珀和最重要的亨利·摩尔的作品。这是
克拉克多元收藏的缩影，拍卖交易总额高达9 082 469万英镑，其中737 000万英镑来自透纳的作
品，由加拿大汤姆森家族竞得。

埃尔·安南所称的"我们的时代"的时代精神，他认同后者的自由主义价值观。然而，他从来都是不可预测的，在写这本书的过程中，我不断对他在各种问题上采取的方法路线感到惊讶。但是，他思想背后的价值观是一致的，而且始终是鲍勒式的价值观。克拉克可能不会问自己"莫里斯会怎么做"，但这个问题却无意识地影响了他的思考：鲍勒始终是他的灯塔和向导。在理解克拉克对生活的态度和方法时，必须要考虑到蒙蒂·伦德尔的骑士精神、鲍勒的打破习俗的自由思想、弗莱的热情以及贝伦森的领域范围。在他的自传中，他引用了E.M.福斯特的"只有连接"（Only Connect），但在现实中，他发现这很难做到，不仅是因为他在行动和沉思之间的摇摆，

404　还因为他高度分割的私人生活。他更成功地在艺术中找到了统一性。

当格雷厄姆·萨瑟兰告诉约翰·斯帕罗，他觉得自己并不真正了解克拉克时，斯帕罗回答说："我们都不了解。"他生活中这种脱离的模式总会把我们带回到萨德本的那个小男孩，当其他孩子离开时，他如释重负地关上门，回到他自己的私人世界。责任感让他参与社会生活；而脱离是他回到思考和工作中去的方式——没有人比他工作得更努力、更长久。正如他对珍妮特·斯通所说的："行动是最健康的药物，我害怕不作为所带来的各种形式的忧郁症。"[9]他的许多女友都对此表示遗憾，其中一位记得："他在那种情绪下很可怕，就像一列从站台飞驰而过的火车。"[10]他常常在别人面前显得冷酷无情，这使他自己也感到困惑。如果能在一个地方看到这张面具背后的一切，那就是在给珍妮特·斯通的信中，这些信是最能揭示他思想的窗口。

也许最让人难以理解的是他不断重复提到的失败。他真的这样看待自己的成就吗？也许失望更贴切一些——他知道自己的价值，但可以坦率地承认自己的局限性。他在牛津大学没能获得一等学位，这让他第一次意识到了自己的局限性，尽管我们并不能确定这是否对他产生了长期的影响。除了完成他关于《母题》的写作以外，我们很难看到他还期望获得更多什么成就。他之所以声称自己失败，部分原因在于他自嘲式的宏大态度，但同样也源于他衰老的过程和人生的悲剧感。他感到最沉重的是在私人生活

中让人失望的感觉和他自身在某种程度上的道德缺陷——他的父母对他造成的相互矛盾的影响。在一个问题上，他知道自己是无可指责的：对艺术家的支持。他总是喜欢把自己看作一个艺术家，但他的使命不是绘画，而是支持和书写他的对象。他对艺术家的尊敬和耐心，还有对亨利·摩尔和格雷厄姆·萨瑟兰的终身支持，以及在战争艺术家咨询委员会的工作，都是他最典型的特征之一。通过艺术家和他的公开演讲，克拉克实现了连接。

肯尼斯·克拉克希望得到怎样的评价？他会同意福楼拜的观点："*L'homme c'est rien, l'oeuvre c'est tout.*"（人是渺小的，作品才是一切。）尽管他有许多崇拜者，但他没有学生，也没有留下任何艺术史学派。他既没有全面的哲学观点，又没有新的方法论让他成为像瓦尔堡或贡布里希那样的伟大艺术史家。他的方法是一种具有高度个人化元素的特殊组合。克拉克在维多利亚时代的漫长阴影下长大，他把佩特和罗斯金置于他知识神殿的中心。他很自然地进入了爱德华时代和贝伦森时代的鉴赏圈，同时又吸收了布鲁姆斯伯里派和罗杰·弗莱的一些东西；他对日耳曼艺术史的发现是酝酿的最后一个元素。在完成温莎图录之后，他也从未试图成为一名限于档案研究的艺术史家，对写作的热爱又使他放弃了将毕生精力投入到贝伦森模式的鉴赏工作。在《文明》的前言中，他坦言："我无法区分思想和感觉。"克拉克对艺术总是非常敏感，在这方面和其他许多方面，他都追随着罗斯金。*像罗斯金以及佩特一样，他的作品也提醒我们，艺术史可以写得很优美，而克拉克也逐渐将自己定义为一个作家。所有他最好的特质都在《裸体艺术》一书中得到了令人钦佩的展示。对于艺术史的专业领域来说，这是克拉克最出色的作品，他的知识和对艺术作品的热情渗透进了他引人入胜的概括归纳中。在他自己的书中，他最喜欢的是《裸体艺术》《今日罗斯金》和《皮耶罗·德拉·弗朗切斯卡》。[11]

比照罗斯金和弗莱，我们如何评价克拉克？这两位在他们自己的时代

*2009年，西蒙·沙玛（Simon Schama）在国家美术馆举办的关于克拉克的研讨会上指出了这种方法的局限性。他注意到，克拉克对伦勃朗《拔示巴》的解读，只描述了他所看到或想要看到的东西，而没有提及伦勃朗实际画的主题，即拔示巴在读大卫的信。

405

都被视为是最权威的书写艺术的英国人。罗斯金对工业社会的不公正感到震惊，他把自己变成了那个时代最伟大的人道主义者之一，大声疾呼反对邪恶——其中也包括丑陋。罗斯金的激情、坚定和信念代表了19世纪的特征，就像克拉克的怀疑、讽刺和超然是20世纪的特征一样。而罗杰·弗莱，虽然在今天很少有人阅读他的作品，但他让一代人看到了法国艺术，尤其是塞尚——他是一个改变品味的人，而这种描述不适用于克拉克。这三个人的共同之处在于，他们都坚持不懈地想要接触到更广泛的公众。也许罗斯金的作品对艺术和社会的影响更深远，但克拉克却给许多国家机构留下了不可磨灭的印记。而通过电视，他的影响力也远远超出了英国。

406　　归根结底，肯尼斯·克拉克是个教育家。正如安妮塔·布鲁克纳所说，《文明》是大众教育中最有影响力的事业之一。它有一种罕见的特质，既有毫不妥协的严肃性，但又很受欢迎。虽然每个人——甚至是它的批评者——都能看到它满足了一种需求，但没有人预见到有无数年轻人的生活会因此而改变。今天，《文明》被认为是电视史上的一个里程碑，它代表了一种类型的创造：有作者声音的纪录片系列一直延伸到我们的时代。还有一种挥之不去的感觉，那就是应该给予新的一代人机会，让他们像克拉克为早期的一代人所做的那样，构建自己的世界和文化。他的实例至今都影响着BBC的大人物们。*

　　或许克拉克在他的演讲"艺术与社会"中写下了自己的结语："我们的希望在于一个不断扩大的社会精英群体，这个精英群体来自社会各个阶层，受教育的程度各不相同，但他们由一个信念而联结在一起，即非物质的价值可以从可见的事物中被发现……我相信，大多数人真的渴望体验到那种纯粹的、无私的、非物质的满足感，这种满足感会让他们突然喊出'美丽'这个词；既然艺术比其他任何方式能更可靠地带来这种体验，我相信我们这些试图让艺术更容易被接近和理解的人并没有在浪费时间。"[12]

---

* 在这本书即将出版的时候，BBC正在拍摄一部名为《文明》的新的10集艺术史系列片。由西蒙·沙玛、玛丽·比尔德（Mary Beard）和戴维·奥卢索加（David Olusoga）主持，该片被广泛认为是受到了克拉克系列的启发。

附录一
克拉克资料

———◇———

肯尼斯·克拉克去世后，学术界主要关注的是萨特伍德档案的命运， 他们正确地认为它是20世纪最重要的非政治性档案之一。艾伦最初与洛杉矶的盖蒂博物馆（Getty Museum）展开了谈判，而时任泰特美术馆（成为独立机构之前）馆长的艾伦·鲍内斯成功介入，说服他将档案出售给泰特美术馆以代替纳税，然后可以用收益偿还部分遗产税的债务。这是泰特美术馆当时获得的最大的档案，仅图录就有765页。今天，它们被保存在泰特不列颠美术馆，构成了这本传记的基础，涵盖了克拉克从国家美术馆时期开始的生活的各个方面，绝大多数的档案是战后的。

早年的一些信件被梅丽尔·西克里斯特挑出来带到了美国，而艾伦现在试图把它们找回来。克拉克逝后，梅丽尔得以出版她的传记。那时，这家人已经不再与这本书有任何关系，乔克·默里也不再担任它的联合出版商。[1] 艾伦在给梅丽尔的信中语气强硬地写道："我必须解释一下，我一点也不关心你的书：你想写什么就写什么……我不反对你强调我父亲个人生活的一面。事实上，如果这本书能写得更好，更能有利顿·斯特雷奇的风格，可能会非常令人愉快。"[2] 梅丽尔的传记于1984年9月出版，伦敦文学界对此反应不一。所有的顶级评论家都发了声，但都有一个感觉，就是这本书没有公正地评价克拉克的思想生活和公众成就。梅丽尔误以为艾伦是这些尖锐评论的幕后推手。艾伦说这本书"毫无价值"，且用的是"女佣的英语"，这不可避免地伤害了她。从她2007年自传中的叙述可以看出，她与克拉克家族已经形成了一种相互厌恶的关系。

408 　　在艾伦那封表达了对这本传记不关心的信件中，他还要求梅丽尔归还她带去美国的信件。她声称肯尼斯·克拉克允许她保留这些信件，这让克拉克的档案管理员玛格丽特·斯莱斯和秘书凯瑟琳·波蒂奥斯感到惊讶。当这些信件没有被归还时，艾伦咨询了律师。这个问题很严重：美国律师的介入会很昂贵。更严重的是，谁也不知道梅丽尔到底拥有哪些信件，因为完全没有清单存在。艾伦不清楚他要求的到底是什么，也不了解这些信被带到美国的依据是什么。

　　这件事一直悬而未决，直到1999年艾伦去世，之后梅丽尔做了两件事。2000年10月，她把一部分家庭信件和照片归还给了艾伦的遗孀简——她后来告诉作者，艾伦的敌意使她无法更早归还这些资料。与此同时，她卖掉了所有与家庭无关的信件，加上克拉克勋爵在她为自己写传记时写给她的信。[3] 这些资料通过布鲁姆斯伯里图书拍卖公司以私洽的方式卖给了哈佛大学，存放在伊塔蒂，供今天的人查阅使用。这些信件对伊塔蒂的重要性在于它们包括了战前伯纳德·贝伦森写给克拉克的所有信件。它们也被提供给了泰特美术馆，但因为担心这些资料的出处，美术馆拒绝了购买。

附录二
"突然之间，人们又对克拉克感兴趣了"[1]

———◇———

肯尼斯·克拉克的学术声誉在他去世后黯然失色。他的保守态度变
得与当代社会对艺术意义和目的的理解格格不入。事实上，这个过程在他生前就已经开始了，在大多数人的心目中，这一变化在约翰·伯杰的电视系列片《观看之道》（*Ways of Seeing*，1972）和他的书中得到了例证。彼得·富勒（Peter Fuller）称之为"伯杰的反克拉克演讲"，原因很简单，因为伯杰引用了从《风景入画》和《裸体艺术》中的段落。事实上，《观看之道》在针对克拉克的同时，也同样针对电视拍摄艺术所固有的欺骗性，伯杰对克拉克既钦佩又恼怒。

在克拉克去世后的10年里，其实很难找到正面攻击他的例子，但越来越多的学术性艺术史家倾向把他视为另一个时代的大人物。*在专业人士看来，尽管他的写作像一个天使，但他是个旧派的绅士美学家。在一段时间里，玛丽·格拉斯哥的预言似乎是正确的："我有一种感觉，后人不会对他有正确的评价。"[2]但从《文明》的书和DVD的销售情况来看，克拉克的大众追随者们仍然保持着对他的热情。[3]那些在他生前倾向于诋毁他的人依旧如此，但那些崇拜他的人丝毫没有受到影响。人们对克拉克的兴趣经久不衰，

---

* 考陶尔德学院将其位于萨默塞特官的新演讲厅命名为"克拉克"，这是凯瑟琳·波蒂奥斯提出的一项筹款举措。克拉克的一群朋友，包括德罗伊达勋爵、迈克尔·利维、乔克·默里、约翰·派珀和艾琳·沃思，在一封联名信上签了名（1985年10月23日，副本在作者的档案中），亨利·摩尔基金会则以5万英镑的捐款启动了这一行动。《文明》剧组成员也都捐了款，除了迈克尔·吉尔，他觉得自己在推广克拉克的遗产方面已经做了足够多的工作。

这在很大程度上要归功于《文明》和他的散文的品质，同时也要归功于他深不可测的个性和耐人寻味的私生活。

然而，有一种说不清楚的感觉，让人觉得关于克拉克还有更多的东西待挖掘，围绕他展开的叙述还远远没有完成。最近，一系列广播和电视节目以及泰特美术馆的一个大型展览开始重新审视他的遗产。毫无疑问，他们都把重点放在了《文明》上。尽管服装和贵族式举止让这部剧看起来越来越像一个时代剧，但这些剧集——尽管有最初的反对意见——对于现在想重新熟悉它的老一辈人来说仍然非常有趣。而对于年轻观众来说，克拉克的举止、衣着以及一连串的信息就没那么有吸引力了：向现在的学生展示剧集的尝试很少能完全成功。[4]

随着约翰·维弗（John Wyve）1993年的纪录片《K：肯尼斯·克拉克1903—1983》的播出，克拉克的故事开始引起媒体的重新关注。维弗很幸运地采访了克拉克的三个孩子，尤其是科林，他在镜头前非常坦率。卢·格雷德、恩斯特·贡布里希、迈克尔·吉尔和迈凡薇·派珀都做了有趣的采访——那是最后一次能召集到这一群人吧。4年后，广播四台播出了一个节目，《K：肯尼斯·克拉克的文明世界》（*The Civilised World of Kenneth Clark*），詹姆斯·利斯－米尔恩对该节目有贡献："我听了四台关于K. 克拉克的纪录片……结尾的话是我说的——'他可能没有伟大的灵魂，但他有伟大的思想'。"[5] 2003年，同一频道播出了米兰达·卡特（Miranda Carter）的《克拉克勋爵：文明的仆人》（*Lord Clark Servant of Civilisation*），尼尔·麦格雷戈在节目中回顾了克拉克为后人留下的影响："我认为克拉克比其他任何人都更清楚地阐述了这样一个概念：接触高雅文化是每个公民的权利，可以通过确保公民接触到最好的文化来改变社会；克拉克证明了这一切都是能够做到的，同时他也做好了铺垫，让后人能够更容易地继续捍卫这一理想。"[6] 如今，艺术节目在电视上已经非常成熟了，罗伯特·休斯和布莱恩·休厄尔等人都能满足观众的各种口味，但正如麦格雷戈所言："所有在广播或电视上谈论绘画的人都知道，克拉克是第一个这样做的，而且他做得更好。"[7]

2009年是克拉克研究的分水岭。首先是广播四台的《看透粗花呢》（*Seeing Through the Tweed*），节目一开始就暗示克拉克有被视为脱离现实的"有钱人"的危险："他似乎是文化精英的粗花呢老古董，正受到年轻一代的攻击。"[8] 斯蒂芬·科里尼识别出了他的反对者："有三个批评克拉克的群体：学术界、左派社会理论家，以及……民主的和其他基于社区的艺术企业。"戴维·阿滕伯勒提出了一个观点："人们不一定不喜欢有钱人。直言不讳的有钱人还是很有吸引力的。"这个节目传播了克拉克作为顺从社会的遗留物的观点，但得出的结论是，尽管他从来都不是一个平民主义者，但他是一个普及者。

同年，国家美术馆举办了一场关于克拉克的研讨会，主题为"回到文明"，由年轻学者乔纳森·康林（Jonathan Conlin）组织（他在那一年出版了"电视经典"系列中关于《文明》的先锋书籍）。研讨会由美术馆馆长尼古拉斯·彭尼主持，但明星代表是《文明》剧组里的戴维·阿滕伯勒，他带着惯常的魅力开场："我们可不想看起来像一群在擦亮自己勋章的老兵！"迈克尔·吉尔的电视评论家儿子阿德里安对当天的巨大成功感到极为惊讶："偌大的演讲厅里一整天都挤满了人，太令人吃惊了。"[9]

由克里斯·斯蒂芬斯（Chris Stephens）和约翰-保罗·斯通纳德（John-Paul Stonard）于2014年在泰特不列颠美术馆举办的展览"寻找文明"（"Looking for Civilisation"）是克拉克"复兴"的一个重要里程碑。这是迄今为止对克拉克公众生活最彻底的探索，并试图描绘出他在艺术从被少数人赞助到成为普遍关注的问题的转变过程中所扮演的角色。与此同时，由凯特·米斯拉希（Kate Misrahi）制作的一小时长的BBC文化特别节目于周六晚上在BBC二台播出。最后，克拉克—贝伦森的信件于2014年出版，由罗伯特·卡明做了极好的注释。尽管年轻一代的仰慕者尚未发现肯尼斯·克拉克的魅力，但老一辈人对克拉克的兴趣丝毫没有减弱的迹象。

致 谢

————◇————

女王陛下慷慨地允许我引用温莎城堡皇家档案中的信件。

以下的人非常乐意地接受了我的采访：戴维·阿滕伯勒爵士（功绩勋章获得者）、马德琳、贝斯伯勒伯爵夫人、艾伦·鲍内斯爵士、克里斯托弗·布朗教授（关于伦勃朗和马丁·戴维斯）、汉弗莱·伯顿、米兰达·卡特、罗斯·卡弗、费丝·克拉克、克劳福德伯爵、克里克豪厄勋爵、琼·道森（奥尔巴尼的厨师）、已故的丹尼斯·福曼爵士、安琪莉可·高森、伊冯娜·吉兰（迈克尔·吉尔夫人）、菲利达·吉利、阿德里安·吉尔、罗莎琳·吉尔莫、格雷德勋爵、希拉·黑尔、玛吉·汉伯里、卡罗琳·霍尔德、约翰和卡丽尔·哈伯德、尼尔·麦格雷戈、约翰·马利特、玛丽·摩尔、尼古拉斯·彭尼爵士、克拉丽莎·派珀、迈克尔·雷丁顿、詹姆斯·里夫、休·罗伯茨爵士、吉尔·罗斯、弗朗西斯·拉塞尔、菲利普·里兰德、塞恩斯伯里勋爵、梅丽尔·西克里斯特、已故的布莱恩·休厄尔、玛格丽特·斯莱斯、艾玛·斯通、汉弗莱和索尔维格·斯通、罗伊·斯特朗爵士、卡特里奥娜·威廉姆斯、伊沃·温莎和约翰·维弗。

在世的《文明》剧组成员为我提供了极好的素材：戴维·海科克、肯·麦克米伦、彼得·蒙塔尼翁、安·特纳和玛吉·克兰。罗伯特·麦克纳布曾在《浪漫的反叛》中与克拉克合作，关于克拉克的电视生涯，他给了我很大的帮助。

以下的人以各种方式给予了我很多帮助：艾拉·莱派恩博士对我写

作《哥特复兴》一章提供了帮助，阿尔特米斯·库珀、约翰·朱利斯·诺维奇、戴维和露西·艾贝尔·史密斯、斯蒂芬·康拉德、比尔·扎克斯、罗宾·泰勒、克里斯托弗·布克、杜德利·多德、约翰·萨默维尔、提姆·卢埃林、理查德·希斯科特、卢克·塞森（关于达·芬奇）、维多利亚·格伦丁尼、汉娜·凯、路易斯·杰布、布莱恩·福斯教授（关于战争艺术家）、本·莫海德教授（关于他的祖母伊丽莎白·柯万-泰勒）、艾伦·鲍尔斯教授教授、戴维·沃特金教授、马丁·罗亚尔顿·基什、威廉·肖克罗斯、珍妮弗·弗莱彻、罗伯茨女士、丹尼尔·罗森塔尔（关于国家剧院）、亨利·欧文（他揭开了位于邱园的信息部档案的神秘面纱，他对这一主题有很深的了解）、奥德丽·斯凯尔斯（她讲述了为克拉克工作的美好回忆）、西蒙·皮尔斯（他了解克拉克在澳大利亚的经历）、路易莎·莱利·史密斯和迈克尔·德隆（肯尼斯·克拉克资料的主要收藏家）。

　　特别感谢罗伯特和卡洛琳·卡明夫妇编辑了克拉克—贝伦森的信件，并非常慷慨地提供了他们的知识和材料。克拉克勋爵的前秘书凯瑟琳·波蒂奥斯比任何人都了解情况，她向我介绍了克拉克勋爵的许多老朋友和同事，并提出了许多极好的建议。萨特伍德城堡的前档案管理员玛格丽特·斯莱斯为我提供了一份关于那里生活的精彩回忆录。我和2014年泰特展览的组织者有了一次特别愉快的合作：克里斯·史蒂文斯、约翰·保罗·斯通纳德和彼得·拉姆利。同样如此的还有与凯特·米斯拉希和特雷西·李的合作，他们是2014年5月31日播出的关于克拉克的《文化秀》特别节目的制作人。

　　以下的档案员和图书管理员对我的帮助很大：佩斯利图书馆的克莱尔·卡布里、温彻斯特公学档案馆的苏珊娜·福斯特、大英图书馆声音档案馆的伊恩·罗尔斯和雷切尔·加曼、国家剧院档案馆的加文·克拉克，以及威尔士国家博物馆的克莱尔·史密斯。在牛津大学，我得到了博德利图书馆的理查德·奥文登和他的团队——克里斯·弗莱彻和科林·哈里斯的大力协助。牛津的其他图书馆员也给予了极大的帮助，如万灵学院的盖伊·摩根,克拉克的三一学院的克莱尔·霍普金斯、沃德姆学院的克里夫·戴维斯,以及阿什莫林博物馆的卡罗琳·帕尔默和乔恩·怀特利。伦敦图书馆的工作人员也提供了帮助,且知识渊博,尤其是盖伊·彭曼。还要感谢温莎皇家档案馆的帕姆·克拉克和艾莉森·德雷特;剑桥大学国王学院的帕特里夏·麦奎尔博士;奥尔德堡本杰明·布里顿遗产的裴德·布里默;瓦莱丽·波特,她把玛丽·波特的信件借给了我;奥福德博物馆的简·艾伦,她为萨德本的故事增添了鲜活的内容;国家美术馆的艾伦·克鲁克汉姆不断地提供了有趣的素材,并检查了与美术馆有关的章节;布莱顿设计委员会档案馆的苏·布莱克尔;亨利·摩尔基金会的理查森·卡尔沃科雷西,他让我在那里的访问非常愉快;伯恩茅斯大学 ITA 档案馆的伊恩·马斯兰;音乐制作公司 Yellow Boat Music 的保罗·卡特利奇;苏格兰国家图书馆的肯尼斯·邓恩,他制作了所有克劳福德的资料;约翰·默里伦敦档案馆的约翰·默里;还有佛罗伦萨附近伯纳德·贝伦森故居伊塔蒂的工作人员,他们特别热情好客。然而,我最要感谢的是泰特英国克拉克档案馆的工作人员,我在那里待了一年,他们是耐心和善良的化身。 415

一些朋友阅读了全部或部分手稿,并给了我极为合理的建议:简·雷德利、彼得·拉姆利、约翰·保罗·斯托纳德、亚当·西斯曼和理查德·达文波特·海因斯(他教会了我传记的基本知识)、爱德华·切尼教授、贾尔斯·沃特菲尔德、戴维·埃克塞德吉安教授、简·马蒂诺、卡罗琳·伊拉姆(他的意见特别宝贵)、查尔斯·索马里兹·史密斯、戴维·坎纳丁爵士教授(坚定的朋友和鼓励者)、乔纳森·康林博士和尼古拉斯·巴克。

这项任务是克拉克勋爵的儿媳简·克拉克指派给我的。她给了我持续的支持,并让我接触到了在萨特伍德的一切,而且在各方面都很慷慨,很有帮助。克拉克勋爵的女儿科莉特是主要的见证人,她的友谊和建议从一开始就非常重要。如果没有这两位杰出女士的支持,这本书是不可能写成的。我的前辈,授权传记作者弗拉姆·丁肖,优雅而慷慨地把接力棒交给了我。他的支持、知识和建议是无价的。我经常使用的给珍妮特·斯通的信件抄本也是他提供给我的。

　　最后，要感谢我自己的团队：三位协助我的研究人员，英国的苏菲·博斯托克和露西·加勒特，以及美国的海伦·拉里；我的经纪人乔治娜·卡佩尔；我在哈珀科林斯出版社的编辑阿拉贝拉·派克；我严谨的文字编辑罗伯特·莱西；我的助手凯特·阿特金斯耐心地准备所有材料；还要感谢查莉蒂，接受这个艰难的项目，从始至终给予我全力的支持和极好的建议。

注 释

关于这些注释中提到的档案和收藏的更详细的资料可以在参考书目中找到

前 言

[1] Clark, *Another Part of the Wood*, p. 273.

[2] 给德尼斯·萨顿的信，1969年7月7日，Tate 8812/1/4/111。克拉克指的是萨顿版本的罗杰·弗莱的信件。

1 "K"

[1] *Daily Telegraph*, 10 October 1974.

[2] Clark, *Another Part of the Wood*, p. 237.

[3] Clark, "Aesthete's Progress", John Murray Archive.

[4] 给约翰·哈伯德的信，1972年5月30日，Tate 8812/1/4/36。

[5] Clark, *Another Part of the Wood*, p. 45.

[6] 伊冯娜·吉兰致作者。

[7] Colin Clark, *Younger Brother, Younger Son*, p. 6.

[8] *Sunday Times*, 27 September 1959, p. 5.

[9] 迈克尔·利维，肯尼斯·克拉克的讣告，*Proceedings of the British Academy*, Vol. LXX, 1984。

[10] *Sunday Times*, 16 September 1984, p. 42.

[11] *Burlington Magazine*, July 1973, Vol. CXV, No. 844, p. 415.

2 爱德华时代的童年

[1] 要是年份错了，要么是诺尔斯看到了样书。伊塔蒂收藏。

[2] Colin Clark, *Younger Brother, Younger Son*, p. 3.

[3] 见1969年2月28日，BBC，琼·贝克韦尔的采访，他在采访中描绘了一幅快乐的画面。

[4] 给克劳福德伯爵的信，1944年8月10日，Crawford Papers，苏格兰国家图书馆收藏。

[5] 给梅丽尔·西克里斯特的信，1978年11月7日，伊塔蒂收藏。

[6] 如《文明》第十三集所述。

[7] 见 *Paisley and Renfrewshire Gazette* 上的讣告，1932年10月22日，标题为 "Death of well-known Paisley gentleman: Notable Yachtsman"。

[8] 给梅丽尔·西克里斯特的信，1980年10月22日，伊塔蒂收藏。

[9] Clark, *Another Part of the Wood*, p. 2.

[10] 给珍妮特·斯通的信，1976年8月12日，博德利图书馆收藏。

[11] 西里尔·康诺利讣告，Tate 8812/2/2/697。

[12] Clark, *Another Part of the Wood*, p. 4.

[13] 资料由奥福德博物馆提供。

[14] Clark, *Another Part of the Wood*, p. 27.

[15] Ibid., p. 4.

[16] Ibid., p. 11.

[17] Kelley (ed.), *From Osborne House to Wheatfen Broad: Memoirs of Phyllis Ellis*, p. 37.

[18] Ibid.

[19] Clark, *Another Part of the Wood*, p. 14.

[20] Ibid.

[21] 伊索贝尔·萨默维尔给克拉克的信件和拉姆的回忆录，没有日期，大致是1975年9月，在《森林的另一边》出版之后，Tate 8812/1/4/36-37。

[22] 他们于1895年在纽约第一次出版了戈利沃格的书，开创了这个类型。

[23] Clark, *Another Part of the Wood*, p. 7.

[24] Clark, "The Other Side of the Alde" (unpaginated).

[25] Clark, *Another Part of the Wood*, p. 12.

[26] Ibid., p. 13.

[27] Clark, "The Other Side of the Alde".

[28] 托马斯·巴格斯在伯明翰的"幸福"纪念讲座，1987年10月26日，Tate 8812/2/2/373。

[29] Clark, "The Other Side of the Alde".

[30] Clark, *Another Part of the Wood*, p. 27.

[31] Ibid., p. 43.

[32] 克拉克为罗斯金的《过去》写的序言。

[33] Clark, *Another Part of the Wood*, p. 30.

[34] Ibid., p. 33.

[35] Ibid.

[36] Acton, *Memoirs of an Aesthete*, p. 34.

[37] Clark, *Another Part of the Wood*, p. 36.

[38] 采访，John Murray Archive。

3 温彻斯特公学

[1] Clark, *Another Part of the Wood*, p. 37.

[2] Mark Amory, *Sunday Times Magazine*, 6 October 1974.

[3] Clark, *Another Part of the Wood*, p. 37.

[4] 后来的威廉·凯瑟克爵士。

[5] Secrest, *Kenneth Clark*, p. 39 and Mark Amory, *Sunday Times Magazine*, 6 October 1974. 两者对场景的描述略有不同。

[6] 在他生命的最后，克拉克在写给拉尔夫·里基茨的一封信中透露了折磨他的人以及另外两个打他的人的名字（1974年11月28日，Tate 8812/1/4/36）。他后来偶尔会碰到他们。"那个因为我是评论家而打我

的失败艺术家叫格雷，后来成了建筑师，在皇家美术委员会出现在我面前。"

[7] Clark, *Another Part of the Wood*, p. 38.

[8] J.A.阿里斯给克拉克的信，1971年6月23日，Tate 8812/1/4/36。

[9] "Monty"，查尔斯·G. 斯蒂文斯未发表的手稿，Winchester G255/5。

[10] Clark, *Another Part of the Wood*, p. 76.

[11] Ibid., p. 39.

[12] Ibid., p. 56.

[13] "一位艺术史家的辩解"（Apologia of an Art Historian），当选爱丁堡大学联合社团主席时的就职演说，1950年11月15日。

[14] 给迈凡薇·派珀的信，日期是"周六"，约20世纪40年代末，Tate Piper Archive 200410/1/1/793。

[15] Clark, *Another Part of the Wood*, p. 75.

[16] 给珍妮特·斯通的信，1955年9月9日，博德利图书馆收藏。有趣的是，西里尔·康诺利在牛津的时候也把这个故事作为一种崇拜。

[17] Kelley (ed.), *From Osborne House to Wheatfen Broad: Memoirs of Phyllis Ellis*, p. 37.

[18] Clark, *Another Part of the Wood*, p. 65.

[19] Ibid.

[20] Ibid., p. 72.

[21] 给科林·安德森的信，1980年1月14日，Tate 8812/1/3/51-100。

[22] 克拉克会在布朗的追悼会上发表演说，内容出版在布朗逝后出版的回忆录《展览》（Exhibition）的前面。

[23] "Monty"，查尔斯·G. 斯蒂文斯未发表的手稿，Winchester G255/4。

[24] Clark, *Another Part of the Wood*, p. 62.

[25] 现与伦德尔的卡片存于Delon Archive。

[26] Clark, *Another Part of the Wood*, p. 64.

[27] Ibid., p. 58.

[28] 1965年3月8日在节日音乐厅面向国民信托做的演讲。他还开玩笑补充道："谁会

为拯救海豚广场而战?"

[29] 给珍妮特·斯通的信, 1954年8月24日,
博德利图书馆收藏。

[30] Secrest, *Kenneth Clark*, p. 39.

[31] 斯帕罗刚满17岁时就在剑桥大学出版社
出版了多恩的《祈祷》。

[32] *The Wykehamist*, 3 March 1922, p. 159.

[33] Secrest, *Kenneth Clark*, p. 44.

[34] Tate 8812/2/2/270.

[35] Brivati, *Hugh Gaitskell*, p. 8.

4 牛津大学

[1] Delon Archive.

[2] 已故的昆顿勋爵。

[3] Clark, *Another Part of the Wood*, p. 94.

[4] Ibid., p. 95.

[5] 罗伯特·朗登 (1904—1940), 惠灵顿中
学的校长, 被落在学校的流弹炸死。

[6] Clark, *Another Part of the Wood*, p. 97. 对于克
拉克来说, 这些信件在汉普斯特德上台屋
的一次电气故障引发的火灾中被烧毁是一
件非常遗憾的事情。

[7] 这个标题来源于鲍勒在被问及年龄时给出
的标准回答。

[8] Isaiah Berlin, *Letters: Vol. III*, p. 458.

[9] Clark, *Another Part of the Wood*, p. 100.

[10] Connolly, *The Evening Colonnade*, p. 40.

[11] Bowra, *Memories*, pp. 160–161.

[12] British Library National Sound Archive, Disc
199, "Maurice Bowra", BBC, 1 August 1972.

[13] 给韦斯利·哈特利的信, 1959年2月19
日, Delon Archive。

[14] 西里尔·康诺利给诺埃尔·布莱克顿的
信, 1926年8月3日。Connolly, *A Romantic
Friendship: The Letters of Cyril Connolly to
Noel Blakiston*, p. 156.

[15] Clark, *Another Part of the Wood*, p. 112.

[16] 雅各布·布克哈特 (1818—1897),
Der Cicerone 和 *The Civilization of the
Renaissance in Italy* 的作者。

[17] 大概是1950年在考陶尔德学院的演讲,
"艺术史研究" (The Study of Art History)。
作者持有副本。

[18] "Walter Pater", in Clark's collection of
lectures *Moments of Vision*, p. 130.

[19] 给本尼迪克特·尼科尔森的信, 1934年
12月13日, 私人收藏, 副本由《伯灵顿
杂志》收藏。

[20] C.F.贝尔 (1871—1966), 阿什莫林博物
馆艺术部管理人, 1909—1931年。

[21] Clark, *Another Part of the Wood*, p. 106.

[22] 约翰·苏特罗 (1903—1985), 著名的牛
津铁路俱乐部的创始人, 俱乐部会在火
车上举办宴会。他成了一名电影制片人。

[23] 对A. 塔瓦兰特的《毕沙罗》和对弗
农·布雷克的《素描方法》的书评皆
刊登于 *Cherwell*, 1925年6月6日; 对弗
农·布雷克《艺术中的关系》的书评
刊登于 *Oxford Outlook*, Vol. VIII, No. 36,
January 1926。

[24] 给C.K.西蒙德的信, 1969年6月25日,
Tate 8812/1/4/89。谈到大卫的画作《网球
厅誓言》时, 克拉克说了一句令人惊讶
的话。"我曾经是网球爱好者; 事实上,
我曾代表牛津大学参加过比赛。"

[25] Bowra, *Memories*, p. 160.

[26] 后来的科林·安德森爵士 (1904—
1980), P&O董事长, 一位主要的艺术赞
助人。

[27] 后来的第五代萨克维尔男爵 (1901—
1965); 战争期间, 和克拉克夫妇住在厄
普顿。

[28] Mark Amory, *Sunday Times Magazine*, 6
October 1974.

[29] 安东尼·鲍威尔对梅丽尔·西克里斯特
《肯尼斯·克拉克》(Kenneth Clark) 的评
论, *Daily Telegraph*, 14 September 1984。

[30] 戴维·诺尔斯给克拉克的信, 1973年7月
22日, 伊塔蒂收藏。

[31] 给父亲的信, 1925年2月4日, 萨特伍德

收藏。

[32] 给母亲的信，1924年6月12日，萨特伍德收藏。

[33] 同上，1924年7月22日。

[34] 同上，1924年7月23日。

[35] 迈克尔·塞德勒（1861—1943）曾是大学学院院长，收藏了塞尚、高更和康定斯基的画作。

[36]《哥特复兴》（The Gothic Revival）1962年版导言，第9页。

[37] 马克·帕蒂森（1813—1884），牛津大学教授，牧师和文学家。

[38] 鲍勒给克拉克的信，1925年8月8日，伊塔蒂收藏。

5　佛罗伦萨与爱情

[1] Manuscript, John Murray Archive.

[2] Ibid.

[3] 丹尼斯·马洪（1910—2011），艺术史学家，主要从事对17世纪意大利绘画的重新评价，他一直对克拉克早期的支持心怀感激。

[4] Clark, Another Part of the Wood, p. 127.

[5] Mariano, Forty Years with Berenson, p. 132.

[6] 给父亲的信，1925年9月16日，萨特伍德收藏。

[7] Clark, Another Part of the Wood, p. 128.

[8] 给父亲的信，1925年9月16日，萨特伍德收藏。

[9] Clark, Another Part of the Wood, p. 131.

[10] 安东尼·鲍威尔对梅丽尔·西克里斯特《肯尼斯·克拉克》一书的评论，Daily Telegraph, 14 September 1984。

[11] Clark, Another Part of the Wood, p. 132.

[12] 从波乔·赫拉尔多写给母亲的信，1925年9月29日，萨特伍德收藏。

[13] Clark, Another Part of the Wood, p. 132.

[14] 给贝伦森的信，1925年10月10日，Cumming (ed.), My Dear BB, p. 6。

[15] 1926年2月12日的演讲，Trinity College Archives。

[16] 贝维斯·希利尔录音的谈话，作者所有。

[17] 给玛丽·贝伦森的信，1926年1月20日，Cumming (ed.), My Dear BB, p. 9。

[18] Tribble, A Chime of Words: The Letters of Logan Pearsall Smith, pp. 113-114.

[19] Mariano, Forty Years with Berenson, p. 133.

[20] 马克·帕蒂森夫人对沃尔特·佩特散文的评论。

[21] Tribble, A Chime of Words: The Letters of Logan Pearsall Smith, p. 23.

[22] 给玛丽·贝伦森的信，1926年3月31日，Cumming (ed.), My Dear BB, p. 12。

[23] Clark, Another Part of the Wood, p. 188.

[24] E.M. Forster, Two Cheers for Democracy, p. 113.

[25] 卡罗琳·埃拉姆指出，弗莱对主题的兴趣远比人们通常认为的要大得多：从他关于皮耶罗·迪·科西莫的《森林大火》（Forest Fire）的写作中便能看出来，这件作品于1921年在伯灵顿美术俱乐部首次展出。弗莱对主题的关注度很高，很明显，他为此读了卢克莱修的《物性论》（De Rerum Natura）。见 Burlington Magazine, Vol. XXXVIII, 1921, pp. 131-138。

[26] 给母亲的信，1926年6月10日，萨特伍德收藏。

[27] 给珍妮特·斯通的信，1977年6月8日，博德利图书馆收藏。

[28] 她后来嫁给了克拉克在温彻斯特的同学埃克尔斯勋爵。

[29] 给母亲的信，1926年8月3日，于圣尔敏酒店，威斯敏斯特。

[30] 给约翰·斯帕罗的信，1926年8月25日，万灵学院收藏。

[31] 给母亲的信，1926年9月3日，萨特伍德收藏。

[32] Clark, Another Part of the Wood, p. 115.

[33] 从德累斯顿给母亲的信，1926年9月21

日。尽管克拉克很欣赏德国的音乐、文
学和建筑，但他对德国从来没有感到过
彻底的自在。

［34］ 肯尼斯、艾伦、科林和拉塞尔。

［35］ 信息来自科莉特·克拉克。

6　BB

［1］ Clark, "Aesthete's Progress", John Murray Archive, p. 15.

［2］ 给利昂·波梅兰斯的信，1971年5月6日，Tate 8812/1/4/198。

［3］ 见他们的 *New History of Painting in Italy from the Second to the Sixteenth Century* (1864－1866)。

［4］ BBC关于贝伦森的纪录片，1970年，剧本存于Tate 8812/1/4/55。

［5］ 约瑟夫·杜维恩（1869—1937）出生于一个荷兰家庭。他成了当时国际上主要的古典大师画作经销商，并最终因为向英国美术馆和博物馆的慷慨捐赠而被封为爵士，并被授予贵族爵位。

［6］ BBC关于贝伦森的纪录片，1970年，剧本存于Tate 8812/1/4/55。

［7］ 翁贝托·莫拉（1897—1981），弗吉尼亚·伍尔夫的意大利翻译。

［8］ *Burlington Magazine*, leader on Berenson, Vol. CII, No. 690, September 1960, p. 383.

［9］ Ibid.

［10］ Samuels, *Bernard Berenson: The Making of a Legend*, p. 348.

［11］ Strachey and Samuels (eds), *Mary Berenson: Letters and Diaries*, p. 258.

［12］ 科莉特当时住在多塞特郡利顿切尼的老教区牧师住宅，是雷诺兹和珍妮特·斯通夫妇的家。

［13］ 给珍妮特·斯通的信，1962年4月21日，博德利图书馆收藏。

［14］ Clark, *Another Part of the Wood*, p. 161.

［15］ Ibid., p. 164.

［16］ 给约翰·斯帕罗的信，1926年12月19日，万灵学院收藏。

［17］ "The Sage of Art", *Sunday Times Magazine*, 11 October 1959.

［18］ 给玛丽·贝伦森的信，1927年1月11日［?］，于圣尔敏酒店，Cumming (ed.), *My Dear BB*, p. 25。

［19］ Strachey and Samuels (eds), *Mary Berenson: Letters and Diaries*, p. 263.

［20］ Clark, *Another Part of the Wood*, p. 168.

［21］ Ibid.

［22］ 给玛丽·贝伦森的信，1927年2月8日，Cumming (ed.), *My Dear BB*, p. 26。

［23］ Strachey and Samuels (eds), *Mary Berenson: Letters and Diaries*, p. 275.

［24］ David Pryce-Jones, *Cyril Connolly*, p. 95.

［25］ 西里尔·康诺利给诺埃尔·布莱克斯顿，1927年3月21日，Connolly, *A Romantic Friendship: The Letters of Cyril Connolly to Noel Blakiston*, p. 289。

［26］ 给西里尔·康诺利的信，日期不详，塔尔萨大学收藏。

［27］ 给查尔斯·贝尔的信，日期不详，于圣尔敏酒店，阿什莫林博物馆收藏。

［28］ Strachey and Samuels (eds), *Mary Berenson: Letters and Diaries*, p. 275.

［29］ 贝伦森的信，1935年6月21日，Cumming (ed.), *My Dear BB*, p. 415。

［30］ Clark, *Another Part of the Wood*, p. 152.

［31］ 来自给贝伦森的信，1937年10月21日，Cumming (ed.), *My Dear BB*, p. 190。

［32］ 给贝伦森的信，1938年1月1日，ibid., p. 192。

［33］ William Mostyn-Owen, "Bernard Berenson and Kenneth Clark: A Personal View", in Joseph Connors and Louis A. Waldman (eds), *Bernard Berenson*, pp. 231－247, I Tatti, The Harvard University Center, 2014.

［34］ Ibid.

［35］ Ibid.

7 《哥特复兴》

[1] Clark, *The Gothic Revival*, p. 224.

[2] 他指的是巴黎雅克马尔·安德烈博物馆里巴尔多维内蒂的一张画，Cumming (ed.), *My Dear BB*, p. 30。

[3] 给玛丽·贝伦森的信，1928年6月15日，ibid., p. 35。

[4] T.S.博亚斯（1898—1974），十字军东征史学家，后转为艺术史学家；1937年任考陶尔德学院院长；1947年任牛津大学莫德林学院院长；1958—1960年任牛津大学副校长。克拉克后来发现博亚斯几乎在所有事情上都与他意见相左。

[5] 给玛丽·贝伦森的信，1928年6月15日，Cumming (ed.), *My Dear BB*, p. 35。

[6] Ibid., p. 36.

[7] 1928年，克拉克与康斯特布尔公司签订合同，获得国内销售15%的版税以及在英国殖民地和领土区域销售10%的版税，Tate 8812/1/4/122–127。

[8] 整个故事在C.F.贝尔手写"序言"中得以讲述，他将其装订在自己收藏的RIBA的《哥特复兴》中。前面章节的书写可能比克拉克承认的更依赖于贝尔的笔记。我非常感谢艾拉·勒平博士向我提到了这份文件。

[9] 同上。

[10] Clark, *The Gothic Revival*, Introduction, p. 9.

[11] Ibid., p. 2.

[12] Ibid., p. 9.

[13] 在19世纪40—50年代对"正确的"哥特风格产生影响的高教会运动。

[14] 给版画与纸本部门主管的信，V&A，1927年2月24日，格拉斯哥大学，Laver Archive C23。

[15] Clark, *The Gothic Revival*, Introduction, p. 4.

[16] Geoffrey Scott, *The Architecture of Humanism*.

[17] Review in *Architectural Review*, Vol. LXV, June 1929, pp. 302–305.

[18] Review in *Quarterly of the Incorporation of Architects in Scotland*, 1929, p. 22. 约翰·萨莫森爵士（1904—1992）后成为英国杰出的建筑历史学家。

[19] 出自杂志 *No 35*, "At The Architectural Association", Autumn 1929, pp. 5–12。斯蒂芬·戴克斯·鲍尔（1903—1994）是一名教堂建筑师和哥特式复兴主义者。

[20] *Times Literary Supplement*, 8 November 1928, p. 823.

[21] 收藏家迈克尔·塞德勒的儿子，他在自己姓氏上加了一个"i"。

[22] Clark, *The Gothic Revival*, Introduction, p. 1.

[23] Clark, *Another Part of the Wood*, p. 174.

[24] 给母亲的信，1929年2月16日，萨特伍德收藏。

[25] 给贝伦森的信，1928年11月7日，Cumming (ed.), *My Dear BB*, pp. 40–41。

[26] 克拉克，笔记本，Tate 8812/2/1/20。

[27] 见 Clark, *Another Part of the Wood*, p. 108；又见"艺术史研究"，大概是1950年在考陶尔德艺术学院的讲座。作者持有副本。

[28] Clark, *Another Part of the Wood*, p. 108.

[29] "《母题》将是我最好的作品。"BBC, "Interview with Basil Taylor", 8 October 1974, British Library National Sound Archive, Disc 196.

[30] 贝伦森给克拉克的信，日期是1929年5月，伊塔蒂收藏。

8 意大利艺术展

[1] 无日期的信，伊塔蒂收藏。

[2] Francis Haskell, "Botticelli in the Service of Fascism", in *The Ephemeral Museum*.

[3] Clark, "Aesthete's Progress", John Murray Archive.

[4] 罗伯特·威特爵士（1872—1952），英国素描收藏家，考陶尔德艺术学院的三位创始人之一，该学院的摄影文献图书馆以他的名字命名。

［5］ Clark, *Another Part of the Wood*, p. 181.

［6］ Francis Haskell, "Botticelli in the Service of Fascism", in *The Ephemeral Museum*, p. 112.

［7］ Ibid., pp. 121–122.

［8］ 费勒姆的李勋爵（1865—1947），政治家，艺术界的经营者和收藏家，他后来在克拉克的生活中扮演了重要的角色。

［9］ Clark, *Another Part of the Wood*, pp. 177–178.

［10］ 这一点与给贝伦森的一封信（日期不详，1930年3月，伊塔蒂收藏）中的内容有部分矛盾，在信中克拉克称没有对英国和美国的收藏进行编目。

［11］ 给翁贝托·莫拉的信，日期不详，伊塔蒂收藏。

［12］ Clark, *Another Part of the Wood*, p. 182. 实际上有两个图录，一个与展览配套，另一个则是1931年出版的更大的"纪念"图录。

［13］ Clark, "Aesthete's Progress", John Murray Archive.

［14］ 亨利·"博格"·哈里斯（1870—1950）是克拉克的一个收藏家朋友，在克拉克藏品的拍卖会上买了几幅素描（见给贝伦森的信，1950年12月8日）。哈里斯的收藏导师是赫伯特·霍恩（1864—1916），至今可能还能在佛罗伦萨的霍恩基金会博物馆看到他的收藏。

［15］ 圣约翰·霍恩比（1867—1946），W.H.史密斯文具公司的联合创始人，阿森登出版社的所有者。

［16］ Clark, *Another Part of the Wood*, p. 184.

［17］ Ibid., p. 189. 亚伯拉罕·瓦尔堡（1866—1929），一直被称为"阿比"，他的方法和图书馆改变了艺术史的面貌。克拉克后来也参与了图书馆在伦敦的建设。又见 ibid., pp. 207–208。

［18］ Ibid., p. 189.

［19］ Radio broadcast, BBC Third Programme, 13 June 1948, reprinted JWC Institutes 1947–1948.

［20］ 给奥尔巴赫-韦尔夫人的信，1970年10月7日，Tate 8812/1/4/356。

［21］ 大概是1950年在考陶尔德学院的演讲，"艺术史研究"。作者持有副本。

［22］ 见 Clark, "Ruskin at Oxford: An Inaugural Lecture", p. 14。

［23］ 大概是1950年在考陶尔德学院的演讲，"艺术史研究"。作者持有副本。

［24］ BBC，青少年提问节目：*Let's Find Out*, 15 February 1966, British Library National Sound Archive。

［25］ 给母亲的信，1929年3月1日，萨特伍德收藏。

［26］ 给贝伦森的信，1931年6月4日，Cumming (ed.), *My Dear BB*, p. 93。

［27］ Clark, "Aesthete's Progress", John Murray Archive.

［28］ 莫斯黑德给莫德林大学校长G.S.戈登的信，1933年4月20日，伊塔蒂收藏。

［29］ 莫斯黑德给克拉克的信，1928年10月31日，伊塔蒂收藏。

［30］ Clark, "Aesthete's Progress", John Murray Archive.

［31］ "A Note on Leonardo da Vinci", *Life and Letters*, Vol. II, February 1929, pp. 122–132.

［32］ Martin Kemp, Introduction to Folio Society edition of Clark's *Leonardo da Vinci*, p. 19.

［33］ 给父亲的信，1929年11月1日，萨特伍德收藏。

［34］ 作品现藏于东京的西方艺术美术馆。

［35］ 给母亲的信，1930年10月18日，萨特伍德收藏。

［36］ 虽然是社会主义者，但麦克唐纳当时是国家政府首相。

［37］ 给母亲的信，日期不详（邮戳为1931年），萨特伍德收藏。

［38］ Pope-Hennessy, *Learning to Look*, p. 27.

［39］ Clark, "Aesthete's Progress", John Murray Archive.

［40］ Ibid.

9 阿什莫林博物馆

[1] 来自贝伦森的信，1931年6月10日，Cumming (ed.), *My Dear BB*, p. 103。

[2] 给贝伦森的信，日期不详，约1928年，Cumming (ed.), *My Dear BB*, p. 38。

[3] 给贝伦森的信，1931年6月4日，pp. 94–95。

[4] 来自贝伦森的信，1931年6月10日，ibid., p. 103。

[5] 给贝伦森的信，1931年6月22日，ibid., p. 104。

[6] C.F.贝尔给克拉克的信，1931年6月22日，伊塔蒂收藏。

[7] C.F.贝尔给大学教务长的信，1931年6月24日，阿什莫林收藏。

[8] Interview, *New Yorker*, 10 March 1951, p. 27.

[9] Clark, *Another Part of the Wood*, p. 198.

[10] Ibid.

[11] Tate 8812/1/4/317.

[12] 西德尼·科克雷尔爵士（1867—1962）于1908年至1937年间担任菲茨威廉博物馆的馆长，并对博物馆进行了改造。

[13] E.T.利兹给克拉克的信，1931年7月25日，伊塔蒂收藏。

[14] Clark, *Another Part of the Wood*, p. 198. Ian Robertson (d.1982).

[15] 给贝伦森的信，1931年6月22日，Cumming (ed.), *My Dear BB*, p. 104。

[16] Tate 8812/4/2/1–3.

[17] 给贝伦森的信，1931年11月8日，Cumming (ed.), *My Dear BB*, p. 111。

[18] Secrest, *Kenneth Clark*, p. 86.

[19] 给贝伦森的信，1931年11月8日，Cumming (ed.), *My Dear BB*, p. 111。

[20] Colin Harrison, "Kenneth Clark at the Ashmolean", *The Ashmolean*, Spring 2006, p. 21.

[21] C.F.贝尔给贝伦森的信，1932年5月1日，伊塔蒂收藏。

[22] Pope-Hennessy, *Learning to Look*, p. 63.

[23] 见 Caroline Elam, "La fortuna critica e collezionistica di Piero di Cosimo in Gran Bretagna", in Serena Padovani (ed.), *Piero di Cosimo*, exhibition catalogue (Uffizi, Florence), note 40, p. 183。

[24] Clark, *Landscape Into Art*, p. 40.

[25] 管理人报告，1934年。

[26] 如今被归属于弗朗西斯科·波蒂西尼。

[27] Colin Harrison, "Kenneth Clark at the Ashmolean", *The Ashmolean*, Spring 2006, p. 22.

[28] 给贝伦森的信，1932年1月31日，Cumming (ed.), *My Dear BB*, p. 114。

[29] 以赛亚·伯林给科莉特·克拉克关于她父亲去世的信，1983年5月22日。家人所有。

[30] Secrest, *Kenneth Clark*, p. 86.

[31] 信息来自科莉特·克拉克。

[32] 给珍妮特·斯通的信，1956年7月24日，博德利图书馆收藏。

[33] 查尔斯·柯林斯·贝克（1880—1959），1914—1932年为国家美术馆馆长，同时也是国王藏画鉴定人。

[34] 莫斯黑德给克拉克的信，1932年3月24日，伊塔蒂收藏。

[35] 给简的信，1932年8月，萨特伍德收藏。

[36] 见第6章。

[37] C.F.贝尔给贝伦森的信，1932年12月8日，伊塔蒂收藏。

[38] 克拉克一时疏忽，在自传中给出了错误的日期——4月9日，而不是10月9日。

[39] Clark, *Another Part of the Wood*, p. 201.

[40] Trewin, *Alan Clark: The Biography*, p. 16.

[41] 给肖·史密斯夫人的信，1959年2月24日，Tate 8812/1/3/3401–3450。

[42] 克拉克给伊迪丝·华顿的信，1933年12月13日，印第安纳大学图书馆收藏。

[43] Pope-Hennessy, *Learning to Look*, p. 35.

[44] Clark, *Another Part of the Wood*, p. 178.

[45] Lee, *A Good Innings: The Private Papers of*

Lord Lee of Fareham, p. 302.

［46］ 作者采访。

［47］ 给梅丽尔·西克里斯特的信，1980年10月22日，伊塔蒂收藏。

［48］ *Oxford Times*, 8 June 1934.

［49］ Tate 8812，媒体剪报。

10　任命与理事

［1］ 给贝伦森的信，1934年2月5日，Cumming (ed.), *My Dear BB*, p. 144。

［2］ 笔记本，Vol. I, Box 101/17, Crawford Papers, 苏格兰国家图书馆收藏。

［3］ Vincent (ed.), *The Crawford Papers: The Journals of David Lindsay, 27th Earl of Crawford and 10th Earl of Balcarres, During the Years 1871–1940.*

［4］ 菲利普·萨苏恩爵士（1888—1939）出生在一个商人家庭。他的母亲来自罗斯柴尔德家族，他在伊顿公学和牛津大学接受教育。

［5］ 给贝伦森的信，1933年8月28日，Cumming (ed.), *My Dear BB*, p. 136。

［6］ M.麦克唐纳给克拉克的信，1933年8月18日，Tate 8812/1/4/241–243。作为皇家研究院主席（PRA）的伊斯特莱克曾是一位理事，与他们是平等的关系。然而，是理事卡莱尔勋爵后来成为代理馆长。

［7］ 所有这些贺信都存于Tate 8812/1/4/141–143。

［8］ 国家美术馆管理人，1934—1938年。

［9］ 伊舍伍德·凯给克拉克的信，1933年9月2日，Tate 8812/1/4/141–143。

［10］ 克拉克给伊迪丝·华顿的信，1933年8月2日，印第安纳大学图书馆收藏。

［11］ 同上。

［12］ Tate 8812/1/3/890/1.

［13］ 日记，伊塔蒂收藏。

［14］ Tate 8812/1/3/890/1.

［15］ 克拉克给伊迪丝·华顿的信，1934年4月6日，印第安纳大学图书馆收藏。

［16］ 凯瑟琳·霍纳夫人（1885—1976）继承了她父亲威廉·格雷厄姆收藏的早期意大利和前拉斐尔派绘画。不在伦敦时，她住在萨默塞特郡的麦尔斯。

［17］ 贝伦森给简的信，1934年1月16日，Cumming (ed.), *My Dear BB*, pp. 140–141。

［18］ Clark, *Another Part of the Wood*, p. 220.

［19］ Ibid., p. 224.

［20］ 笔记本，Vol. I, Box 101/17, Crawford Papers, 苏格兰国家图书馆收藏。

［21］ 讲座，"艺术与民主"（Art and Democracy），Tate 8812/2/2/42。

［22］ 塞缪尔·考陶尔德（1876—1947），家族纺织公司的董事长，正是这家公司为他提供了财富，使他得以收藏大量印象派画作，这些画作如今藏于萨默塞特宫。这些藏品和考陶尔德艺术学院构成了他为英国文化生活留下的非凡遗产。

［23］ 给贝伦森的信，1933年10月9日，Cumming (ed.), *My Dear BB*, p. 138。

［24］ 来自杜维恩勋爵的信，1935年9月16日，Tate 8812/1/3/951–1000。

［25］ BBC, "Interview with Basil Taylor", 8 October 1974, British Library National Sound Archive, Disc 196.

［26］ 今天，这件作品和他的其他藏品一起存于考陶尔德学院美术馆。

［27］ 克拉克写给埃文·查特里斯的一封信中讲述了这个故事，1934年7月20日，盖蒂研究所收藏。

［28］ 给伊舍伍德·凯的信，Tate 8812/1/1/24。

［29］ 他的名单是一份与财政部的非官方协议，实际上财政部是想对该协议保持沉默。

［30］ 给詹姆斯·利斯-米尔恩的信，耶鲁大学拜内克图书馆收藏。克拉克所指的法案是"艺术品出口审查"（The Review of the Export of Works of Art, 1952）。

［31］ 来自贝伦森的信，1936年3月31日，Cumming (ed.), *My Dear BB*, p. 181。

［32］ 这个系列的书取名为《浪漫的反叛》

(*The Romantic Rebellion*)，第136页。

［33］克拉克给达伯农的信，1936年1月31日，
National Gallery Archive 26/25/3。

［34］杰拉德・凯利给克拉克的信，1935年12
月23日，伊塔蒂收藏。

［35］关于德拉克洛瓦的斯莱德演讲，1949年6
月6日，牛津。克拉克个人拥有一张塔索
主题的德拉克洛瓦（布尔勒收藏，苏黎
世）。

［36］克拉克给伊迪丝・华顿的信，日期不详，
约1934年，印第安纳大学图书馆收藏。

［37］莫斯黑德给玛丽王后的备忘录，1935
年1月22日，Royal Archives, QM/ PRI/
CC48/457。

11 王室指令

［1］莫斯黑德给克拉克的信中所记载的两人的
谈话，1932年4月2日，伊塔蒂收藏。

［2］莫斯黑德给玛丽王后的备忘录，1933年10
月4日，Royal Archives, QM/ PRIV/CC48/34。

［3］莫斯黑德向克拉克报告了信的内容：1932
年6月11日，伊塔蒂收藏。

［4］莫斯黑德给克拉克的信，1932年6月11日，
伊塔蒂收藏。

［5］莫斯黑德给克拉克的信，1933年10月11日，
伊塔蒂收藏。

［6］BBC Radio London, Interview with Roger
Clark, 27 August 1976, British Library National
Sound Archive.

［7］威格拉姆勋爵给菲利普・萨苏恩的
信，1934年3月19日，Philip Sassoon files,
National Gallery, 26/71/1。

［8］日记，3月25日，星期日，伊塔蒂收藏。

［9］莫斯黑德给克拉克的信，1934年4月6日，
伊塔蒂收藏。

［10］莫斯黑德给玛丽王后的备忘录，1934
年4月12日，Royal Archives, QM/ PRIV/
CC48/403。

［11］来自贝伦森的信，1934年7月6日，Cumming
(ed.), *My Dear BB*, p. 153。

［12］Clark, *Another Part of the Wood*, p. 237.

［13］采访休・罗伯茨爵士，GCVO。

［14］给梅丽尔・西克里斯特的信，1980年6月
4日，伊塔蒂收藏。

［15］给宫务大臣的备忘录，1942年9月4日，
温莎收藏。

［16］克拉克主要使用了德朗和贺拉斯・巴特
勒先生的服务。

［17］给约克公爵夫人的信，1936年3月28日，
Royal Archives, QEQM/PRIV/PAL: 28.3.36。

［18］给伊丽莎白王后的信，1937年5月1日，
Royal Archives, QEQM/PRIV/PAL: 1.5.37。

［19］三张寄给伊迪丝・华顿的明信片，1937
年4月，耶鲁大学拜内克图书馆收藏。

［20］Secrest, *Kenneth Clark*, p. 117.

［21］给母亲的信，1937年5月14日，萨特伍德
收藏。

［22］莫斯黑德给亚历山大・哈定爵士的备忘
录，1937年4月10日，Royal Archives, PS/
PSO/GVI/C/022/207a。

［23］后来的阿德里安勋爵，获得诺贝尔奖
的科学家。见未注明日期的信（1938年
11月），克拉克致阿德里安勋爵，Royal
Archives, PS/PSO/GVI/C/022/392。

［24］简・克拉克，日记，1938年4月15日，萨
特伍德收藏。

［25］给伊丽莎白王后的信，1938年3月18日，
引自 Owens, *Watercolours and Drawings from
the Collection of Queen Elizabeth the Queen
Mother*, p. 13。

［26］伊丽莎白王后给克拉克的信，1938年12
月13日，萨特伍德收藏。

［27］给伊丽莎白王后的信，1942年12月10
日，Royal Archives, QEQM/PRIV/PAL:
10.12.42。

［28］给贝伦森的信，1934年6月10日—14日，
Cumming (ed.), *My Dear BB*, pp. 154-155。

［29］给杰拉德・凯利的信，1939年11月1
日，Royal Archives, RC/PIC/MAIN/STATE
PORTRAITS。

［30］ 给珍妮特·斯通的信，1958年5月14日，博德利图书馆收藏。

［31］ 给乔克·默里的信，1980年4月11日，John Murray Archive。

12　克拉克大热潮

［1］ Clark, *Another Part of the Wood*, p. 211.

［2］ Cyril Connolly in the *New Statesman*, January 1937, quoted by Clive Fisher, pp. 153–154.

［3］ 约翰·维弗电影《K：肯尼斯·克拉克1903—1983》（*K: Kenneth Clark 1903–1983*）中的采访，1993年。

［4］ Secrest, *Kenneth Clark*, p. 114.

［5］ 根据迈克尔·卢克（*David Tennant and the Gargoyle Years*, p. 145）的说法，道格拉斯·库珀从滴水嘴兽俱乐部的主人戴维·田纳特手中买下了这幅画，然后立即转手卖给了克拉克，克拉克在放弃波特兰坊的时候把它卖掉了。现在，这件作品为华盛顿的邓肯·菲利普斯收藏，作品名为《工作室，圣米歇尔堤岸》。

［6］ 艾恩赛德从1937年到1946年担任此职。

［7］ 本·尼科尔森，日记，1937年7月21日，私人收藏，副本为《伯顿杂志》收藏。

［8］ 现藏于伦敦国家美术馆。

［9］ Walker, *Self-Portrait with Donors: Confessions of an Art Collector*, p. 290.

［10］ Clark, *The Nude: A Study in Ideal Form*, p. 156.

［11］ Colin Clark, *Younger Brother, Younger Son*, p. 18.

［12］ 在牛津联盟的发言，Tate 8812/2/2/728。

［13］ Trewin, *Alan Clark: The Biography*, p. 24. 在艾伦的建议下，约翰·阿斯皮纳后来买下了林普尼港并将它保存了下来。

［14］ Clark, *Another Part of the Wood*, p. 224.

［15］ 给伊迪丝·华顿的信，邮戳为1936年9月28日，耶鲁大学拜内克图书馆收藏。

［16］ Clark, "Aesthete's Progress", John Murray Archive.

［17］ Ibid.

［18］ 采访科莉特·克拉克。

［19］ Drogheda, *Double Harness: Memoirs*, p. 106.

［20］ 彼得·昆内尔给梅丽尔·西克里斯特的信，1979年9月20日，伊塔蒂收藏。

［21］ Colin Clark, *Younger Brother, Younger Son*, p. 23.

［22］ 迈克尔·利维，肯尼斯·克拉克的讣告，*Proceedings of the British Academy*, Vol. XXV, 1984。

［23］ Mark Amory, *Sunday Times Magazine*, 6 October 1974.

［24］ 简·克拉克，日记，1937年4月9日，萨特伍德收藏。

［25］ 1934年11月12日。

［26］ Clark, "Aesthete's Progress", John Murray Archive.

［27］ Colin Clark, *Younger Brother, Younger Son*, p. 18.

［28］ 给伊迪丝·华顿的信，1936年6月18日，耶鲁大学拜内克图书馆收藏。

［29］ Colin Clark, *Younger Brother, Younger Son*, p. 167.

［30］ 安东尼·鲍威尔对梅丽尔·西克里斯特《肯尼斯·克拉克》的评论，*Daily Telegraph*, 14 September 1984。

［31］ 本·尼科尔森，日记，1936年7月29日，私人收藏，副本为《伯灵顿杂志》收藏。

［32］ 给本·尼科尔森的信，1936年7月31日，私人收藏，副本为《伯灵顿杂志》收藏。

［33］ 我很感谢杜德利·多德分享这个故事。鲍比·戈尔（1921—2010）曾为国民信托工作。

［34］ Clark, *Another Part of the Wood*, p. 219.

［35］ 尼古拉斯·佩夫斯纳爵士（1902—1983），后来成为令人惊叹的《英格兰建筑》系列书籍的编辑。

［36］ Harries, *Nikolaus Pevsner: The Life*, p. 546.

［37］ 简给贝伦森的信，1939年2月11日［几乎可以肯定是3月］，Cumming (ed.), *My*

Dear BB, p. 206。

[38] 约翰·维弗电影《K：肯尼斯·克拉克1903—1983》中的采访，1993年。

[39] Clark, *Civilisation*, p. 346.

[40] 给亚伯拉罕·A.德瑟的信，1973年3月28日，Tate 8812/1/4/88。事实上，这部歌剧是制作于1956年。

[41] 来自克拉克家人的信息。这与他和她的丈夫达夫·库珀在战争期间关系不佳有关。

[42] Clark, *Another Part of the Wood*, p. 224.

[43] 简·克拉克，日记，1938年4月20日，萨特伍德收藏。

[44] 给珍妮特·斯通的信，1976年12月31日，博德利图书馆收藏。

[45] 采访科莉特·克拉克。

[46] 朱莉·卡瓦纳给梅丽尔·西克里斯特的信，1989年10月23日，伊塔蒂收藏。

[47] Colin Clark, *Younger Brother, Younger Son*, p. 13.

13　运营美术馆

[1] Connolly, *A Romantic Friendship: The Letters of Cyril Connolly to Noel Blakiston*, p. 134.

[2] 所谓的提香的《歌洛里亚》；给A.L.尼科尔森的信，1935年12月3日，伊塔蒂收藏。

[3] Saumarez Smith, *The National Gallery: A Short History*, p. 131.

[4] 克拉克的观点在"理想的绘画展厅"（Ideal Picture Galleries）中有很好的阐述，*The Museums Journal*, Vol. XLV, No. 8, November 1945。他为阿什莫林博物馆等小型博物馆做了例外情况的安排。

[5] 同上。

[6] 约翰·波普-轩尼诗给科莉特·克拉克的信，1983年5月25日，私人收藏。

[7] Saumarez Smith, *The National Gallery: A Short History*, pp. 124—125.

[8] 给哈罗德·伊舍伍德·凯的信，1934年10月19日，盖蒂研究图书馆收藏。

[9] 给简的信，日期不详，萨特伍德收藏。

[10] 给克拉克的管理人的通告，1936年11月3日，National Gallery Archives。

[11] 会议记录，1938年5月10日，National Gallery Archives。

[12] 后来的哈莱克勋爵。

[13] 戴维·奥姆斯比-戈尔给克拉克的信，Tate 8812/1/3/2400。

[14] 会议记录，1938年4月17日，National Gallery Archives。

[15] 尼尔·麦格雷戈关于《克拉克勋爵：文明的仆人》的采访，BBC广播四台，2003年7月3日。

[16] *Daily Mirror*, 14 May 1936.

[17] 1937年12月17日。

[18] 作者采访。

[19] 尼古拉斯·彭尼提出了一个有趣的观察。早在1926年，克拉克就写信给贝伦森夫人谈论到拍摄细节（给玛丽·贝伦森的信，1926年2月14日）。

[20] 西德尼·科克雷尔给克拉克的信，Tate 8812/1/4/4316。

[21] *The Listener*, 27 January 1939.

[22] *Sunday Times*, 22 January 1939.

[23] Clark, *Another Part of the Wood*, p. 275.

[24] 见克拉克的演讲，"修复的美学"（The Aesthetics of Restoration），1938年5月20日，皇家学院。

[25] 给不知名通信人的信，1973年9月10日，Tate 8812/1/4/204。

[26] 给《伯灵顿杂志》的信，1973年12月，Vol. CXV, No. 849。

[27] 会议记录，1934年12月11日，National Gallery Archives。

[28] 给杰拉德·凯利爵士的信，1935年1月29日，萨特伍德收藏。

[29] *The Times*, 23 December 1936.

[30] 见 National Gallery Archives, file 268.1。

[31] 到他写回忆录的时候，他的观点已经发

生了改变，认为科学不再那么重要。

[32] 见 "Storm over Velasquez", *The Listener*, 20 January 1937。

[33] 给克劳福德勋爵的信，1936年8月3日，Crawford Papers，苏格兰国家图书馆收藏。

[34] 给简的信，1936年11月24日（被划掉，并被错误地替换为1937年），萨特伍德收藏。

[35] 同上，11月25日。

[36] "收藏"（Collecting）讲座，1980年6月11日，巴黎，Tate 8812/2/2/206。

[37] 见 Clark, "Sir William Burrell: A Personal Reminiscence", Tate 8812/2/2/158。又见克拉克给威廉·伯勒尔爵士的信，Tate 8812/1/3/550—600。

[38] 古尔本基安给克拉克的信，1936年4月10日，Tate 8812/1/4/163a。

[39] 给塞缪尔·考陶尔德的信，1936年6月29日，National Gallery Archives。

[40] 给《泰晤士报》的信，1936年7月31日，1936年8月5日出版。

[41] 给伊舍伍德·凯的信，1936年8月16日，National Gallery Archives。

[42] Clark, *Another Part of the Wood*, p. 231.

[43] 给古尔本基安的信，1939年2月7日，Tate 8812/1/4/163a。

[44] 古尔本基安给克拉克的信，1939年1月10日，Tate 8812/1/4/163a。

[45] 给古尔本基安的信，1937年8月1日，Tate 8812/1/4/163a。

[46] Clark, *Another Part of the Wood*, p. 232.

[47] 给巴尼尔勋爵的信，1939年8月10日，Crawford Papers，苏格兰国家图书馆收藏。

[48] 给古尔本基安的信，1939年3月9日，Tate 8812/1/4/163a。

[49] 同上，1939年6月6日。

[50] 古尔本基安给克拉克的信，1939年6月3日，Tate 8812/1/4/163a。

[51] 克劳福德勋爵给克拉克的信，1939年10月，Crawford Papers，苏格兰国家图书馆收藏。

[52] 给克劳福德勋爵的信，1939年7月27日，Crawford Papers，苏格兰国家图书馆收藏。

[53] 记录被送给本·尼科尔森，1953年5月5日，《伯灵顿杂志》收藏。

[54] Geddes Poole, *Stewards of the Nation's Art*, p. 287. 简·克拉克的日记记录，"首相秘书致电给K关于杜维恩加入理事会的事宜"，1938年1月19日，萨特伍德收藏。

[55] Clark, *Another Part of the Wood*, p. 266.

[56] 任何对克拉克在此事中的立场感兴趣的人，请参阅他未注明日期的"关于国家美术馆和泰特美术馆关系的报告"（Report on the Relations of the National Gallery and the Tate Gallery），Tate 8812/1/4/244。

[57] Clark, *Another Part of the Wood*, p. 233.

[58] 弗兰克·斯托普是英国最早的毕加索收藏家之一。

[59] 给简的信，日期不详，1935年，萨特伍德收藏。

[60] Clark, *Another Part of the Wood*, p. 235.

[61] Ibid., p. 234.

[62] Rothenstein, *Brave Day, Hideous Night*, p. 8.

[63] Rothenstein, *Time's Thievish Progress: Autobiography Vol. III*, p. 47.

[64] Ibid., p. 18.

[65] 日记，1936—1939年，Crawford Papers，苏格兰国家图书馆收藏。

14 演讲与《成为达·芬奇》

[1] *Times Literary Supplement*, No. 1745, 11 July 1935.

[2] 事实上，第一个意识到这一点的人并不是克拉克，而是19世纪的乔瓦尼·莫雷利和其他人。

[3] 给约翰·波普-轩尼诗的信，Tate

8812/1/5/2556。

[4] 见给贝伦森的信，1939年6月27日，关于他不那么热衷的第二种观点，Cumming (ed.), *My Dear BB*, pp. 212–213。

[5] Tate 8812，媒体剪报。

[6] Clark, *Another Part of the Wood*, p. 242.

[7] Ibid., p. 243.

[8] "收藏"讲座手稿，在巴黎发表，1980年6月11日，Tate 8812/2/2/206。

[9] 作品被归属为鸠斯多·科尔特的圈子，一位在威尼斯的佛兰德雕塑家，受贝尼尼的影响。

[10] 晚宴于1936年11月6日举行。非常感谢斯蒂芬·康拉德提供的信息和参考。

[11] 给西奥多·锡泽的信，1938年10月27日，斯特灵图书馆，耶鲁大学。

[12] 作者采访，2013。

[13] Kemp, *Leonardo*, p. 63.

[14] Ibid., p. 21.

[15] Ibid., p. 10.

[16] 现藏于华盛顿国家美术馆。

[17] Kemp, *Leonardo*, p. 223.

[18] 见 Luke Sysons, Leonardo da Vinci exhibition catalogue, National Gallery, London, p. 63。

[19] 给艺术编辑的信，1949年5月18日，Tate 8812/1/4/189。

[20] BBC Radio, 1 February 1973, British Library Sound Archive, Disc 196.

[21] 维塔·萨克维尔–韦斯特给克拉克的信，1939年8月11日，伊塔蒂收藏。

[22] *New Statesman*, 5 August 1939, pp. 219–220.

[23] 来自贝伦森的信，1939年8月12日，Cumming (ed.), *My Dear BB*, p. 215。

[24] 迈克尔·利维，肯尼斯·克拉克的讣告，*Proceedings of the British Academy*, Vol. LXX, 1984。

[25] Clark, *Another Part of the Wood*, p. 259.

[26] Harries, *Nikolaus Pevsner*, p. 138.

[27] 最先以《西方对中国画的批评》（A Western Criticism of Chinese Painting）为题发表于《听众》，1936年1月22日。

[28] 虽然经常被用作演讲，但也以《一个英国人看中国画》（An Englishman Looks at Chinese Paintings）为题发表在 *Architecture Review*, Vol. CII, July 1947, pp. 29–33。

[29] 给克莱夫·贝尔的明信片，日期不详，国王学院，Cambridge BLM/11。

[30] 关于这个主题，见克拉克给《泰晤士报》的信，1939年3月27日。

[31] 给学术支持委员会的信，1934年5月8日，Papers of the Society for the Protection of Science and Learning Appeals，博德利图书馆收藏。

[32] 杰克·贝丁顿，发起了壳牌海报活动——贝杰曼的"Beddy OI Man"将再次出现在信息部。

[33] 信，1937年2月15日，Tate 8812/1/3/2651–2700。

[34] Jacob Burckhardt, *The Civilisation of the Renaissance in Italy*. 分别于1860年和1878年用德语和英语出版。

[35] Clark, *Another Part of the Wood*, p. 258.

[36] Ibid.

[37] 给简的信，日期不详，约20世纪40年代，萨特伍德收藏。克拉克在其他地方说这是一本由法国学者出版的书，使他的写作变得不必要。

[38] "通才"，1971年7月在牛津郡迪奇利公园基金会（一个致力于英美关系的机构）发表的演讲，探讨了阿尔伯蒂、杰斐逊和本杰明·富兰克林。

15　馆长与工作人员

[1] 刊登在1984年1月的《阿波罗》杂志上。

[2] 克拉克于1936年5月在BADA晚宴上的发言，Tate 8812，媒体剪报。

[3] Clark, *Another Part of the Wood*, p. 263. 里奥·普兰西西格（1887—1952）。

[4] Penny, *The National Gallery Catalogues: The Sixteenth Century Italian Paintings, Vol. 1,*

Bergamo, Brescia and Verona, p. 296.

［5］ 迈克尔·利维，肯尼斯·克拉克的讣告，*Proceedings of the British Academy*, Vol. LXX, 1984。利维告诉卡洛琳·埃兰说那个馆长是尼尔·麦克拉伦。

［6］ 恩斯特·贡布里希（1909—2001），克拉克认为他是当代最伟大的艺术史学家。

［7］ 给塞缪尔·考陶尔德的信，1937年7月8日，National Gallery Archives。

［8］ 给伊迪丝·华顿的信，1937年7月11日，耶鲁大学拜内克图书馆收藏。

［9］ 给贝伦森的信，1937年7月22日，Cumming (ed.), *My Dear BB*, p. 186。

［10］ 未注明日期的信，大概在1937年10月左右，ibid., p. 189。

［11］ 来自贝伦森的信，1937年10月21日，ibid., pp. 190-191。

［12］ *Burlington Magazine*, November 1937, Vol. LXXI, No. 416, pp. 198-201.

［13］ C.F. 贝尔给《泰晤士报》的信，1937年11月5日。

［14］ 给《泰晤士报》的信，1937年11月5日。

［15］ *Daily Telegraph*, 20 December 1937.

［16］ 给G.H.布洛尔的信，1938年1月25日，National Gallery Archives。

［17］ 给珍妮特·斯通的信，1968年9月，博德利图书馆收藏。

［18］ Penny, *The National Gallery Catalogues: The Sixteenth Century Italian Paintings*, Vol. 1, Bergamo, Brescia and Verona, p. 296.

［19］ Clark, *Landscape Into Art*, pp. 57-58.

［20］ 菲利普·庞西告知作者，约1988年。

［21］ Pope-Hennessy, *Learning to Look*, p. 54.

［22］ Walker, *Self-Portrait with Donors*, p. 293.

［23］ 会见巴尼尔勋爵和哈罗德·伊舍伍德·凯的记录，日期不详，约1938年3月，Crawford Papers，苏格兰国家图书馆收藏。

［24］ 同上。

［25］ 给杜维恩勋爵的信，1936年1月24日，

Tate 8812/1/3/953。

［26］ 会见巴尼尔勋爵和哈罗德·伊舍伍德·凯的记录，1938年4月1日，Crawford Papers，苏格兰国家图书馆收藏。

［27］ 给巴尼尔勋爵的信，1939年4月23日，Crawford Papers，苏格兰国家图书馆收藏。

［28］ 会见巴尼尔勋爵和哈罗德·伊舍伍德·凯的记录，1938年4月1日，Crawford Papers，苏格兰国家图书馆收藏。

［29］ 会见巴尼尔勋爵和马丁·戴维斯的记录，1938年4月1日，Crawford Papers，苏格兰国家图书馆收藏。

［30］ 同上。

［31］ 给巴尼尔勋爵的信，1938年4月23日，Crawford Papers，苏格兰国家图书馆收藏。

［32］ 给母亲的信，1938年2月9日，萨特伍德收藏。

［33］ Conlin, *The Nation's Mantelpiece*, p. 158.

［34］ 我非常感谢克里斯托弗·布朗教授提供了对马丁·戴维斯的描述。

［35］ 给巴尼尔勋爵的信，1938年4月23日，Crawford Papers，苏格兰国家图书馆收藏。

［36］ 同上，1938年5月3日。

［37］ 采访科莉特·克拉克。

［38］ 巴克卢公爵给克拉克的信，1938年1月12日，National Gallery Archives。

［39］ 克拉克给维克托·马利特的信，1938年1月28日，National Gallery Archives。

［40］ Trewin, *Alan Clark: The Biography*, p. 20.

［41］ 给巴尼尔勋爵的信，1938年10月17日，Crawford Papers，苏格兰国家图书馆收藏。

［42］ 给本·尼科尔森的信，1939年4月14日，私人收藏，副本为《伯灵顿杂志》收藏。

16 《听众》与艺术家

［1］ *The Listener*, 22 February 1940, No. 580, "The

Artist and the Patron: Eric Newton interviews Kenneth Clark".

[2] BBC Radio, *Let's Find Out*, 15 February 1966, British Library National Sound Archive.

[3] Clark, *Another Part of the Wood*, p. 248. 今天只有两个盘子存了下来，最后一次出现是在德国的拍卖会上。

[4] 赫伯特·里德（1893—1968），诗人，国际现代艺术的主要的英国辩护者。

[5] 所有引用来自"The Future of Painting", *The Listener*, 2 October 1935, No. 351。

[6] 见"Ben Nicholson and the Future of Painting", *The Listener*, 9 October 1935。

[7] 罗兰·彭罗斯（1900—1984），毕加索的藏家和传记作家，也是一位超现实主义画家。

[8] 以他的笔名道格拉斯·洛德写给《听众》的信，1935年10月9日。

[9] 给伊迪丝·西特韦尔的信，1949年8月12日，德克萨斯大学哈利蓝森中心收藏。

[10] 给珍妮特·斯通的信，1975年9月4日，博德利图书馆收藏。

[11] 马约尔画廊鲁奥展览的展评, *The Listener*, 23 October 1935, No. 354。

[12] 本·尼科尔森给克拉克的信，5月5日（没有年份，估计是1936年），伊塔蒂收藏。

[13] 查尔斯·柯林斯·贝克给D.S.麦科尔的信，1936年1月7日，格拉斯哥大学，MS MacColl B30。克拉克曾经写道："麦科尔像一只高大的火烈鸟站在嘎嘎叫的鸭子中间。"

[14] 发表于*Commercial Art*, 17 August 1934, Vol. XVII。

[15] Clark, "Aesthete's Progress", John Murray Archive.

[16] "Henry Moore at Eighty", *Sunday Times*, 30 July 1978.

[17] 给艾伦·拉塞尔斯爵士的信，1944年11月17日，Windsor Royal Archives。

[18] Berthoud, *Henry Moore*, p. 157.

[19] Secrest, *Kenneth Clark*, p. 109.

[20] Ibid.

[21] Clark, *Another Part of the Wood*, p. 254.

[22] Clark, "Aesthete's Progress", John Murray Archive.

[23] Secrest, *Kenneth Clark*, p. 107.

[24] 格雷厄姆·萨瑟兰给克拉克的信，1938年2月，Tate 8812/1/3/3101–3150。

[25] 给亨利·摩尔的信，1939年8月3日，亨利·摩尔基金会收藏。

[26] Secrest, *Kenneth Clark*, p. 107.

[27] 给格特鲁德·斯泰因的信，1939年1月5日，耶鲁大学拜内克图书馆收藏。

[28] 格雷厄姆·萨瑟兰给克拉克的信，日期不详，来自芒通，Tate 8812/1/4/120。

[29] Hillier, *John Betjeman: New Fame, New Love*, p. 102.

[30] Secrest, *Kenneth Clark*, p. 110.

[31] Fraser Jenkins, *John Piper: The Forties*, exhibition catalogue, Imperial War Museum 2000–2001, p. 20.

[32] Lycett Green, *John Betjeman: Letters, Vol. I: 1926–1951*, p. 240. 贝杰曼给克拉克的信，1939年10月5日。

[33] Harris, *Romantic Moderns*, p. 107.

[34] Clark, *Another Part of the Wood*, p. 251.

[35] 该信托基金每年会有500英镑，其中一半是回收的税款。帕斯莫尔每月会得到15英镑。见克拉克给盖伊·利特尔（他的会计）的信，1944年1月6日，Tate 8812/1/1/27。该信托于1952年解散。

[36] 格雷厄姆·贝尔给克拉克的信，日期不详，伊塔蒂收藏。

[37] Clark, *Another Part of the Wood*, p. 251.

[38] 这些作品大多是在1946年通过当代艺术协会捐赠的。

[39] 引用自 Chris Stephens, "Patron and Collector", "Looking for Civilisation" catalogue, 2014, pp. 97–98。

17 整理打包："把它们埋到地下深处"

[1] Clark, *The Other Half*, p. 5.

[2] 简·克拉克，日记，1939年6月3日，萨特伍德收藏。

[3] BBC Empire Broadcast, 28 August 1939, Tate 8812/2/2/676.

[4] Clark, *Another Part of the Wood*, p. 277.

[5] Bosman, *The National Gallery in Wartime*, p. 19.

[6] 给母亲的信，1939年8月17日，萨特伍德收藏。

[7] BBC Empire Broadcast, 29 August 1939, Tate 8812/2/2/676.

[8] 巴尼尔勋爵给克拉克的信，1939年9月20日，Crawford Papers，苏格兰国家图书馆收藏。

[9] 给简的信，日期不详，但邮戳是1939年12月2日，萨特伍德收藏。

[10] 给巴尼尔勋爵的信，1939年10月26日，Crawford Papers，苏格兰国家图书馆收藏。

[11] Clark, *The Other Half*, p. 6. 不幸的是，这个故事被罗林斯推翻了，他承认他们确实考虑过给轮胎放气，但又补充说，到头来这种做法其实是不必要的。见Rawlins, *War Time Storage*, p. 13。

[12] BBC Home Service talk, *Pictures Come Back to the National Gallery*, 10 June 1945, Tate 8812/2/2/683.

[13] 给威廉·吉布森的信，1941年8月21日，National Gallery Archives。

[14] Clark, *The Other Half*, p. 7.

[15] 给简的信，1937年2月28日，萨特伍德收藏。

[16] 见Accountant's File, Percy Popkin, Tate 8812/1/4/344。

[17] 更让人惊讶的一次咨询是当里德想申请华莱士收藏主管职位的时候。

[18] 赫伯特·里德给克拉克的信，1939年4月4日，Tate 8812/1/3/2651-2700。

[19] 同上，1939年5月3日。

[20] Guggenheim, *Out of this Century*, London, p. 200.

[21] 赫伯特·里德给克拉克的信，1939年9月12日，Tate 8812/1/3/2664。

[22] 给多拉齐奥小姐的信，1973年6月7日，Tate 8812/1/4/301。

[23] 同上。

[24] BBC Radio London, "Interview with Roger Clark about Bernard Berenson", 27 August 1976.

[25] 这个描述被保存在伊塔蒂收藏的"克拉克文件"中。尼科尔森在他的《日记》（*Diaries*，1939年6月14日的条目）中也有一篇非常类似的叙述。

[26] Clark, *Another Part of the Wood*, p. 273.

[27] 这些笔记与李普曼文件一起存于耶鲁大学斯特灵图书馆。

[28] Clark, *Another Part of the Wood*, p. 273.

[29] 给母亲的信，日期不详，大约是1939年10月，萨特伍德收藏。

[30] Clark, *Another Part of the Wood*, p. 278.

18 战时国家美术馆

[1] Conlin, *Oil and Old Masters: How Britain Lost the Gulbenkian*, p. 160.

[2] Lees-Milne, *Ancestral Voices*, p. 163 (entry for 2 March 1943).

[3] 迈克尔·利维，肯尼斯·克拉克的讣告，*Proceedings of the British Academy*, Vol. LXX, 1984。

[4] Tate 8812/2/2/677.

[5] Bosman, *The National Gallery in Wartime*, p. 40.

[6] "From the Audience", Hess et al., *The National Gallery Concerts*, p. 7.

[7] 迈拉·赫斯给克拉克的信，1941年6月14日，Tate 8812/1/3/1301-1350。

[8] 拉蒙特小姐给克拉克的信，1940年1月2日，萨特伍德收藏。

[9] 给贝伦森的信，1939年11月1日，Cumming (ed.), *My Dear BB*, p. 234。

[10] 南希·托马斯（1918—2015），1936—1939年期间克拉克在国家美术馆的秘书。她后来成了一名杰出的BBC的制片人。

[11] 给贝伦森的信，1939年11月1日，Cumming (ed.), *My Dear BB*, p. 234。

[12] 给母亲的信，1939年10月9日，伊塔蒂收藏。

[13] 给拉德纳伯爵的信，1941年9月16日，Tate 8812/1/1/7-8。

[14] 给巴尼尔勋爵的信，日期不详，Crawford Papers，苏格兰国家图书馆收藏。

[15] *The Times*, 19 January 1942.

[16] 事实上，这个想法的雏形是"回声"公关公司在1936年提出的"每周一画"。

[17] 1942年2月6日播出。

[18] 给斯坦霍普勋爵的信，1941年12月11日，Tate 8812/1/1/10。

[19] 给埃里克·麦克拉根的信，1940年1月6日，Tate 8812/1/1/2。

[20] Browse, *Duchess of Cork Street*, p. 81.

[21] Ibid., pp. 83-84.

[22] 给斯彭德的信，1942年5月8日，Tate 8812/1/1/8。

[23] 亨利·伯格森，法国哲学家（1895—1941），以其"生命冲力"（élan vital）而闻名。

[24] Mellor et al., *Recording Britain: A Pictorial Domesday of Pre-War Britain*, p. 7.

[25] *Spectator*, 16 June 1944.

[26] Lascelles, *King's Counsellor: Diaries*, p. 101.

[27] 威廉·吉布森给考陶尔德的信，1940年12月4日，National Gallery Archives。

[28] 给威廉·吉布森的信，1940年12月7日，National Gallery Archives。

[29] 古尔本基安给克拉克的信，1942年9月11日，Tate 8812/1/4/165b。

[30] 威廉·亚当斯·德拉诺给克拉克的信，1942年7月21日，Tate 8812/1/4/165b。

[31] 古尔本基安给克拉克的信，1943年3月5日，Tate 8812/1/4/165b。

[32] Lees-Milne, *Ancestral Voices*, p. 280 (entry for 8 December 1943).

19 信息部

[1] McLaine, *Ministry of Morale*, p. 217.

[2] Clark, *The Other Half*, p. 9.

[3] 我非常感谢伦敦大学信息部历史项目的高级研究员亨利·欧文对于我书写本章的帮助。他指导我查阅了在邱园的各种论文，并对文本提出了宝贵的建议。

[4] 给简的信，日期不详（邮戳为1939年9月7日），萨特伍德收藏。第十六代珀思伯爵在经历了一段杰出的外交生涯后，曾短暂地担任过信息部总干事。

[5] 给简的信，1939年9月11日，萨特伍德收藏。

[6] 给多洛布兰劳埃德勋爵的信，1939年9月20日，National Gallery Archives, 268.3。

[7] 李勋爵给麦克米伦勋爵的信，1939年9月18日，Tate 8812/1/3/1601-1650。

[8] Trewin, *Alan Clark: The Biography*, p. 34.

[9] 尼科尔森日记，1940年8月3日，Balliol College Archive。

[10] 克拉克的资料可在邱园的信息部档案馆的许多文件中找到，特别是他参加的各个委员会的会议记录。见TNA, INF。

[11] 约翰·里思爵士，后来的里思勋爵（1889—1971），英国广播公司总干事，是公司最有影响力的人，他确立了公共服务广播的模式。

[12] 阿尔弗雷德·达夫·库珀爵士，后来的诺维奇子爵（1890—1954），保守党大人物和外交官；与同样著名的戴安娜·库珀女士结婚。

[13] "Artists and War", Clark, *The Highway*, Special Art Supplement, December 1939.

[14] Clark, *The Other Half*, p. 14.

[15] 亨利·摩尔给克拉克的信，1939年12月

23日，Tate 8812/1/3/2040。

[16] 比尔斯特德勋爵给巴尼尔的信，1939年12月20日，Crawford Papers，苏格兰国家图书馆收藏。

[17] 给母亲的信，邮戳为1940年2月15日，萨特伍德收藏。

[18] Interview with Kenneth Clark, *Kinematograph Weekly*, 11 January 1940.

[19] *Daily Herald*, 19 January 1940.

[20] 给维克多·舒斯特爵士的信，1941年10月15日，Tate 8812/1/1/10。

[21] *Sunday Times*, 4 February 1940.

[22] 尼科尔森日记，1940年4月2日，Balliol College Archive。

[23] Clark, *The Other Half*, p. 37.

[24] Tate 8812/1/1/6.

[25] Colin Clark, *Younger Brother, Younger Son*, p. 188.

[26] 贝杰曼给克拉克的信，1949年1月20日，Tate 8812/1/3/251-300。

[27] 贝维斯·希利尔对克拉克的采访录音，作者所有。

[28] Hillier, *New Fame, New Love*, p. 145.

[29] Ibid., p. 161.

[30] 上午10时15分，1940年2月21日，Tate 8812/2/2/2。

[31] 1940年11月26日演讲。文字 Tate 8812/1/1/70。

[32] 贝维斯·希利尔对克拉克的采访录音，作者所有。

[33] 贝丁顿是克拉克所欣赏的壳牌公司海报宣传活动的幕后推手。他想出了一个更为流行的信息部口号："不要说话，保持沉默。"

[34] Clark, *The Other Half*, p. 15.

[35] McLaine, *Ministry of Morale*, p. 10.

[36] 尼科尔森日记，1940年5月27日，Balliol College Archive。

[37] 我感谢亨利·欧文指出这一点。

[38] 第一部分，政策委员会会议，1940年5月1日，Kew National Archive, TNA, INF 1/848。

[39] 在皇家节日音乐厅的演讲，1965年3月8日，Tate 8812/1/4/293。

[40] 尼科尔森日记，1940年11月8日，Balliol College Archive。

[41] 同上，1940年5月27日。

[42] 同上，1940年6月8日。

[43] 两封日期不详的简·克拉克给克劳福德勋爵的信，Crawford Papers，苏格兰国家图书馆收藏。

[44] 尼科尔森日记，1940年10月21日，Balliol College Archive。

[45] 给克劳福德勋爵的信，日期不详，Crawford Papers，苏格兰国家图书馆收藏。

[46] 尼科尔森日记，1941年4月17日，Balliol College Archive。

[47] Knox, *Cartoons and Coronets: The Genius of Osbert Lancaster*, p. 49.

[48] 给简的信，1940年9月15日，萨特伍德收藏。

[49] 见尼科尔森日记，1941年2月5日，Balliol College Archive。册子是在2月25日完成的。

[50] 给简的信，1940年9月15日，萨特伍德收藏。

[51] MoI, National Archive Kew, TNA, INF 1/250.

[52] 克拉克备忘录，1940年8月30日，MoI, National Archive Kew, TNA, INF 1/251。

[53] 同上，1941年7月21日，TNA, INF 1/312。

[54] 同上，1941年1月22日，TNA, INF 1/849。

[55] 给梅尔维尔·米勒博士的信，1971年1月28日，斯特灵图书馆，耶鲁大学。

[56] Clark, *The Other Half*, pp. 34-35.

[57] Lycett Green, *John Betjeman: Letters, Vol. I: 1926-1951*, p. 289.

[58] 诺曼·布鲁克给沃尔特·蒙克顿的备

忘录，1941年7月9日。又见蒙克顿致
布鲁克，1941年7月11日，Kew National
Archive, TNA, INF 1/869。

[59] 尼科尔森日记，1941年8月29日，Balliol
College Archive。

[60] Clark, *The Other Half*, p. 22.

20 战时艺术家

[1] Tate 8812/1/4/441a.

[2] 给瓦达姆斯先生的信，1981年12月7日，
Tate 8812/1/4/444。

[3] 见亨利·刘易斯给克拉克的信，1969年5
月6日，在信中，他引用了简·克拉克的
话，Tate 8812/1/4/55。

[4] 给瓦达姆斯先生的信，1981年12月7日，
Tate 8812/1/4/444。

[5] 给贝杰曼的信，1939年9月20日，Tate
8812/1/4/441a。

[6] 克拉克认为，在皇家艺术研究院的圈子
里，他被认为是"一个危险的革命者"；
见 Clark, *The Other Half*, p. 23."碍手碍脚
的讨厌鬼"可能更贴切。

[7] "The Artist in Wartime", *The Listener*, 22
October 1939.

[8] 爱德华·鲍登给克拉克的信，1939年12月
12日，Tate 8812/1/4/441a。

[9] "The Artist in Wartime", *The Listener*, 22
October 1939.

[10] 给罗纳德·斯托尔斯爵士的信，1941年3
月19日，Tate 8812/1/1/10。克拉克还开玩
笑说："要是能阻止犹太人画画就好了。"

[11] 给塞西尔·戴-刘易斯的信，1942年10月
16日，Tate 8812/1/1/27。

[12] 给保罗·纳什的信，1941年2月19日，
Tate 8812/1/1/4。

[13] Foss, *War Paint: Art, War, State and Identity
in Britain 1939–1945*, p. 167.

[14] 简给克劳福德勋爵的信，1941年9月1日，
Crawford Papers，苏格兰国家图书馆收
藏。

[15] Lycett Green, *John Betjeman: Letters, Vol I:
1926–1951*, pp. 542–551.

[16] 简给克劳福德勋爵的信，日期是"星期
一"，Crawford Papers，苏格兰国家图书
馆收藏。事实上，1941年1月的第一张发
票是32几尼。

[17] Clark, *The Other Half*, p. 24.

[18] Clark, *Henry Moore: Drawings*, p. 150.

[19] "War Artists at the National Gallery", *The
Studio*, January 1942, p. 5.

[20] Harries, Meirion and Susie, *The War Artists*, p.
188.

[21] 给默文·皮克的信，1942年5月7日，Tate
8812/1/3/2451。

[22] "致相关人士"的笔记，1942年8月20日，
Tate 8812/1/1/6。

[23] 引用于 Thomas Dilworth, "Letters from David
Jones to Kenneth Clark", *Burlington Magazine*,
Vol. CXLII, April 2000, p. 215。

[24] Ibid., p. 216.

[25] 给 J.M.凯恩斯的信，1941年1月10日，国王
学院，剑桥大学收藏，JMK/ PP/45/147。

[26] Foss, *War Paint: Art, War, State and Identity
in Britain 1939–1945*, p. 175.

[27] 保罗·纳什给克拉克的信，日期不详，
Tate 8812/1/3/2210。

[28] 同上，Tate 8812/1/3/2215。

[29] 给保罗·纳什的信，1942年5月1日，Paul
Nash Archive, Tate 7050/348–362。

[30] 同上，1944年10月3日。

[31] 温德姆·刘易斯给奥古斯塔斯·约翰
的信，1943年8月17日；见 Meyers, *The
Enemy: A Biography of Wyndham Lewis*, pp.
271–274。

[32] 贝杰曼给克拉克的信，1941年3月14日，
Tate 8812/1/3/299。

[33] 给贝杰曼的信，1941年3月19日，Tate
8812/1/2/300。

[34] 给 P.N.S.曼瑟的信，1942年2月10日，Tate
8812/1/1/3。

［35］ 给弗兰克·皮克的信，1941年1月9日，Tate 8812/1/1/6。

［36］ 同上，1941年5月28日。

［37］ "War Artists at the National Gallery", *The Studio*, January 1942, p. 3.

［38］ 尼科尔森日记，1941年5月22日，Balliol College Archive。

［39］ 玛丽·凯塞尔给克拉克的信，1945年9月6日，伊塔蒂收藏。

［40］ BBC, 19 October 1941, British Library National Sound Archive, Disc 210.

21 大后方

［1］ 给母亲的信，1942年3月1日，萨特伍德收藏。

［2］ Trewin, *Alan Clark: The Biography*, p. 252.

［3］ 艾伦开始在圣西普里安学校学习，后来被调到切尔滕纳姆。

［4］ 简给克劳福德勋爵的信，1940年6月25日，Crawford Papers，苏格兰国家图书馆收藏。

［5］ 同上，日期不详。

［6］ 见克拉克给迈克尔·肯尼迪的信，1968年9月13日，Tate 8812/1/4/43。女儿的姓是埃尔加。

［7］ 梵蒂冈花园里的庇护四世别墅。

［8］ 见Clark, *Another Part of the Wood*, pp. 178-180。

［9］ Hinks, *The Gymnasium of the Mind*, p. 80.

［10］ 信，1941年3月27日，萨特伍德收藏。

［11］ 简给克劳福德勋爵的信，日期不详，Crawford Papers，苏格兰国家图书馆收藏。

［12］ 简·克拉克，日记，1941年1月1日，萨特伍德收藏。

［13］ 同上。

［14］ 采访科莉特·克拉克。

［15］ 给母亲的信，1944年9月8日，萨特伍德收藏。

［16］ 采访卡特里奥娜·威廉夫人。

［17］ 给母亲的信，1945年9月25日，萨特伍德收藏。

［18］ 给约翰·派珀的信，日期不详，Piper Archive, Tate 200410/1/1/793。

［19］ 大部分为邓肯·格兰特和格雷厄姆·贝尔的作品；见清单，Tate 8812/1/4/110。

［20］ 他特别重视她的信件，并将其赠送给了纽约摩根图书馆。又见他的文章，发表于*Horizon*, July 1947, Vol. XVI。克拉克后来说："伊迪丝·西特韦尔不仅是一个优秀的诗人，而且是一位伟大的诗人。我认为她使用黄金这个词太频繁了，我建议倾听她忏悔的神父［她已是天主教徒］禁止她使用这个词六个月。" *With Great Pleasure*, BBC, 12 September 1976。

［21］ 给迈凡薇·派珀的信，日期不详，Piper Archive, Tate 200410/1/1/793。

［22］ T.S.艾略特给简·克拉克的信，1943年11月13日，萨特伍德收藏。

［23］ 托马斯请克拉克帮助他避免服兵役；见给克拉克的信，1940年3月16日，Tate 8812/1/3/3201-3251。托马斯和克拉克对侦探小说有共同的爱好。

［24］ Quennell (ed.), *A Lonely Business: A Self Portrait of James Pope-Hennessy*, p. 31. 给克拉丽莎·雅芳的信，1940年11月6日。

［25］ Lees-Milne, *Ancestral Voices*, p. 270 (entry for 18 November 1943).

［26］ Ibid., p. 163 (entry for 2 March 1943).

［27］ 给贝伦森的信，1939年9月14日，Cumming (ed.), *My Dear BB*, p. 231。

［28］ 给哈罗德·尼科尔森的信，1942年12月19日，Tate 8812/1/1/30。

［29］ 见1940年8月22日给奥斯伯特·皮克的信和1940年8月29日给阿斯奎斯的信，Tate 8812/1/4/182。

［30］ 海伦·罗德给克拉克的信，1940年9月3日，Tate 8812/1/4/182。

［31］ 给康沃尔郡警长的信，1940年6月8日，Tate 8812/1/4/182。

［32］ 克拉克在瓦尔堡"英国艺术与地中海"

（British Art and the Mediterranean）展览开幕式上的发言，1941年12月2日。

［33］见弗里茨·萨克斯尔给克拉克的信，1940年6月28日，瓦尔堡收藏。

［34］弗里茨·萨克斯尔给克拉克的信的草稿，显然没有寄出，1941年5月，瓦尔堡收藏。

［35］简·克拉克，日记，1942年3月7日，萨特伍德收藏。

［36］给罗杰·辛克斯的信，1942年1月20日，萨特伍德收藏。

［37］给阿尔伯特·理查森教授的信，1944年8月8日，Tate 8812/1/1/58。

［38］简给克劳福德勋爵的信，日期不详，Crawford Papers，苏格兰国家图书馆收藏。

［39］见与萨沃伊的通信，Tate 8812/1/1/34-35。

［40］Berenson, *Sketch for a Self-Portrait*, p. 15.

［41］信，1941年6月14日，Tate 8812/1/12。

［42］*Evening Standard*, 28 December 1942, Tate 8812，媒体剪报。

［43］汉普斯特德的芒特广场和她在唐郡山街上的工作室。

［44］作者采访。

［45］玛丽·凯塞尔给克拉克的信，邮戳为1943年2月21日，伊塔蒂收藏。

［46］玛丽·凯塞尔给克拉克的信，1944年10月2日，伊塔蒂收藏。

［47］玛丽·凯塞尔给克拉克的信，日期不详，伊塔蒂收藏。

［48］迈凡薇·派珀给克拉克的信，日期不详，伊塔蒂收藏。

［49］给母亲的信，1945年9月25日，萨特伍德收藏。

［50］迈凡薇·派珀给克拉克的信，日期不详，20世纪40年代，伊塔蒂收藏。

22　为最多的人提供最好的

［1］*Horizon*, 7 January 1943, p. 5.

［2］见给约翰·格里尔森的信，1947年7月1日，Tate 8812/1/4/433。

［3］Radio interview, 12 February 1940, "The Artist in the Witness Box", Tate 8812/2/2/736.《听众》杂志发表了删节版，摘除了这句话，1940年2月22日，No. 380。

［4］给《泰晤士报》的信，1941年4月7日。

［5］重印于E.M. Forster, *Two Cheers for Democracy*, p. 102。

［6］Briggs, *The BBC: The First Fifty Years*, p. 211.

［7］迈克尔·吉尔，自传中未发表的笔记，p. 2, John Murray Archive。

［8］给哈罗德·尼科尔森的信，1942年7月8日，Tate 8812/1/1/30。

［9］关于谁先联络谁有很多争论。这是克拉克的说法（见下文）。

［10］"State Patronage of Music and the Arts, The Work of C.E.M.A.", manuscript in Tate 8812/2/2/223.

［11］见Clark's Introduction to "Civil Defence Artists" exhibition, Cooling Gallery, London, January 1942。

［12］Sinclair, *Arts and Cultures*, p. 31.

［13］见给R.A. 巴特勒的信，1944年12月11日，萨特伍德收藏。

［14］Clark, *The Other Half*, pp. 26-27.

［15］Sinclair, *Arts and Cultures*, p. 43.

［16］Lewis, *Penguin Special: The Life and Times of Allen Lane*, p. 188.

［17］给吉姆·伊德的信，1943年5月10日，Tate 8812/1/1/20。

［18］Lewis, *Penguin Special: The Life and Times of Allen Lane*, p. 256.

［19］见Sue Breakell, *"The Exercise of a Peculiar Art-Skill": Kenneth Clark's Design Advocacy and the Council of Industrial Design*，在付印的时候还没有出版。

［20］Ruskin, *Lectures on Art*, inaugural lecture, para 6.

［21］给奥斯卡·伦德伯格的信，1942年6月23日，Tate 8812/1/1/1-64。

［22］ 见克拉克给亨利·科瓦尔的信，1942年5月5日，萨特伍德收藏。科瓦尔在《智囊团》上听了克拉克的演讲后给他写了信。

［23］ Tate 8812/2/5/1。

［24］ Clark, The Other Half, pp. 71-72.

［25］ Clark, review in New Statesman, November 1944.

［26］ 信，1945年8月3日，Tate 8812/1/2/6601-6650。

［27］ 迈凡薇·派珀给克拉克的信，日期不详，约1945年，伊塔蒂收藏。

［28］ 贝伦森给克拉克的信，1945年8月30日，Cumming (ed.), My Dear BB, p. 255。

［29］ 作者采访。

［30］ 古尔本基安给克拉克的信，1946年5月12日，Tate 8812/1/4/1650。

［31］ 莫斯黑德给克拉克的信，1947年1月13日，伊塔蒂收藏。

［32］ 克拉克给宫务大臣的信，1944年9月28日，Tate 8812/1/4/248。

［33］ 给埃里克·麦克拉根的信，1944年10月10日，Tate 8812/1/4/248。

［34］ 莫斯黑德给克拉克的信，1944年10月25日，伊塔蒂收藏。

［35］ 约翰·波普-轩尼诗给克拉克的信，1945年7月28日，Tate 8812/1/3/2551-2600。

［36］ Clark, The Other Half, p. 77.

［37］ 莫斯黑德给克拉克的信，1945年11月27日，伊塔蒂收藏。

［38］ Glasgow, The Nineteen Hundreds: A Diary in Retrospect, p. 199.

［39］ Clark, The Other Half, pp. 74-75.

23 写作和讲课

［1］ Clark, The Other Half, p. 87.

［2］ 作者采访。

［3］ 给迈克尔·拉德克利夫的信，1976年8月10日，Tate 8812/1/4/426。

［4］ Rothenstein, Time's Thievish Progress, p. 48.

［5］ 作者采访。

［6］ 给贝伦森的信，1945年12月，Cumming (ed.), My Dear BB, p. 256。

［7］ 古尔本基安给克拉克的信，1946年1月23日，Tate 8812/1/4/165c。

［8］ Clark, The Other Half, p. 126.

［9］ 1948年3月21日，克拉克发表了关于罗斯金的精彩广播演讲，他将罗斯金的社会和艺术理论相穿插，并阐述了这些理论如何相互交替。

［10］ BBC, "Interview with Basil Taylor", 8 October 1974, British Library National Sound Archive, Disc 196.

［11］ 给赫伯特·里德的信，1948年3月10日，Tate 8812/1/2/5402-5450。

［12］ 斯蒂芬·斯彭德给克拉克的信，1963年5月2日，Tate 8812/1/3/3001-3050。

［13］ J. R. 黑尔教授。信息来自希拉·黑尔。

［14］ 给新学院院长的信，1950年4月18日，萨特伍德收藏。

［15］ 科林·安德森给克拉克的信，1949年3月31日，Tate 8812/1/4/285。

［16］ 见给库尔特·沃尔夫的信，1956年10月5日，Tate 8812/1/4/286。

［17］ John Walker in the Burlington Magazine, Vol. XCII, No. 573, December 1950, pp. 357-358.

［18］ Lees-Milne, Midway on the Waves, p. 214 (entry for 24 October 1949).

［19］ Clark, Landscape Into Art, p. 68.

［20］ Ibid., p. 143.

［21］ 给乔克·默里的信，1950年5月3日，Tate 8812/1/4/285。

［22］ 广播，英国广播公司三台节目，1948年6月13日。

［23］ Pope-Hennessy, Learning to Look, p. 120.

［24］ 见讲座，1964年3月，Tate 8812/2/2/1042。

［25］ Stonard, "Looking for Civilisation" catalogue, 2014, p. 24.

［26］ 给珍妮特·斯通的信，1954年5月7日，博德利图书馆收藏。

［27］ 关于这一主题的完整讨论，见Elam,

"Roger Fry and the Re-Evaluation of Piero della Francesca", Council of the Frick Collection Lecture Series。

［28］给贝拉·霍罗维茨博士的信，1950年6月16日，Tate 8812/1/4/336。

［29］然而，马里奥·萨尔米确实从20世纪40年代开始不断发表关于这位艺术家的文章。

［30］我的这些见解都要归功于卡罗琳·埃兰。

［31］给卡雷尔·韦特的信，1949年12月29日，Tate 8812/1/2/6851-6900。

［32］*Burlington Magazine*, June 1952, pp. 175-178.

［33］鲍勒给克拉克的信，1951年3月27日，Tate 8812/1/4/342。

［34］见给尼古拉斯·佩夫斯纳的辞职信，1948年2月10日，Tate 8812/1/4/331。

［35］给乔克·默里的信和列表，日期不详，Tate 8812/1/1/29。

［36］给菲利普·雷克的信，1944年7月3日，Tate 8812/1/4/151。

［37］给亨利·基辛格的信，1952年4月17日，Tate 8812/1/2/1542。

［38］*Sunday Times*, 16 September 1984, p. 42.

［39］给本·尼科尔森的信，1947年9月5日，Tate 8812/1/3/2250-2300。

［40］给伦纳德·拉塞尔的信，1951年9月28日，Tate 8812/1/4/192。

［41］查尔斯·丁尼生的信，1943年12月14日，Tate 8812/1/1/36。

［42］给贝伦森的信，1948年5月22日，Cumming (ed.), *My Dear BB*, p. 289。

［43］给伊斯梅勋爵的信，1948年11月10日，Tate 8812/1/4/151。

［44］给贝伦森的信，1949年11月16日，Cumming (ed.), *My Dear BB*, pp. 321-322。

［45］给E.L.伍德沃德的信，1949年7月18日，Tate 8812/1/2/7152-7200。

［46］给加文·斯坦普的信（他曾提醒他这一事实），1979年4月20日，Stamp Archive。

［47］给珍妮特·斯通的信，1958年3月29日，博德利图书馆收藏。

［48］"Ornament in Modern Architecture", Architectural Review, December 1943.

［49］见给贝杰曼的信，1951年12月20日，Tate 8812/1/3/328。

［50］给M.萨拉曼的信，1949年7月26日，Tate 8812/1/2/5854。

24 上台屋

［1］这篇文章后来以英文发表在*Vogue*上。

［2］Cooper (ed.), *Great Private Collections*, Introduction, p. 15.

［3］Lees-Milne, *Midway on the Waves*, p. 168 (entry for 31 March 1949).

［4］Ibid., p. 184.

［5］Jebb (ed.), *Diaries of Cynthia Jebb*, 23 June 1947.

［6］作者采访。

［7］作者对现在的克劳福德伯爵的采访。

［8］作者采访。

［9］简给约翰·斯帕罗的信，日期不详，万灵学院收藏。

［10］这部高度浪漫化的电影改编自科林的书《王子》《歌舞女郎》和《我与梦露的一周》。

［11］给贝伦森的信，1948年8月23日，Cumming (ed.), *My Dear BB*, p. 294。

［12］作者采访。第二年，简得了肠扭曲症。见克拉克给迈凡薇·派珀的信，1952年10月4日，Tate 200410/1/1/793。

［13］给贝伦森的信，1951年10月6日，Cumming (ed.), *My Dear BB*, p. 352。

［14］Trewin, *Alan Clark: The Biography*, p. 73.

［15］贝杰曼给简·克拉克的信，1949年11月16日，Lycett Green (ed.), *John Betjeman: Letters, Vol. I: 1926-1951*, p. 496。

［16］简给科林·安德森的信，日期不详，私人收藏。

［17］Grigson, *Recollections: Mainly of Writers and*

Artists, p. 163.

[18] Colin Clark, *Younger Brother, Younger Son*, p. 20.

[19] 见给休·布里斯托克的信，1973年3月14日，Tate 8812/1/4/111。

[20] 见弗雷德里克·哈特的信，1972年6月22日，Tate 8812/1/4/15。

[21] 给弗朗西斯·布伦南的信，1952年1月22日，Tate 8812/1/2/6438。

[22] 简给埃里克·韦斯特布鲁克的信，1949年2月16日，Tate 8812/1/4/107。

[23] Bowness, *British Contemporary Art 1910–1990*, Introduction, p. 9.

[24] 见清单，Tate 8812/1/4/232。

[25] 1951年从阿格纽那里以6 000英镑购得。它最初挂在上台屋的饭厅里。

[26] 玛丽·凯塞尔给克拉克的信，日期不详，1945年，伊塔蒂收藏。

[27] 给贝伦森的信，1947年4月5日，Cumming (ed.), *My Dear BB*, pp. 261–262。

[28] 来自贝伦森的信，1951年4月2日，ibid., pp. 343–345。

[29] 玛丽·凯塞尔给克拉克的信，11月4日（没有年份），伊塔蒂收藏。

[30] 信息来自家人。

[31] 给玛丽·波特的信，1949年3月27日，私人收藏。

[32] 给玛丽·波特的信，日期不详，约1950年，私人收藏。

[33] 约翰·维弗电影《K：肯尼斯·克拉克 1903—1983》中对科林·克拉克的采访，1993年。

[34] 给莫娜·安德森的信，1949年4月23日，私人收藏。

[35] 给莫娜·安德森的信，1949年9月25日，私人收藏。

[36] Clark, *The Other Half*, p. 42.

[37] 珍妮特·斯通给克拉克的信，日期是"星期三"，约1948年，博德利图书馆收藏。

25　城镇和乡村

[1] 给本·尼科尔森的信，1952年2月14日，《伯灵顿杂志》收藏。

[2] 信息来自彼得·拉姆利。

[3] 克拉克最初在《新政治家》上看到伯杰的文章；当法布尔出版商查尔斯·蒙蒂斯征求他关于艺术领域最新发展的书的意见时，克拉克回答说："如果你委托亨利［原文如此］·伯杰先生，我会觉得更有趣，他的批评……水平不一但很刺激，而且是从可以称为开明（因此非常规）的马克思主义观点写的。"给查尔斯·蒙蒂斯的信，1954年3月8日，Tate 8812/1/2/2143。

[4] 给珍妮特·斯通的信，1959年2月24日，博德利图书馆收藏。

[5] 给科林·阿格纽的信，1947年2月6日，Tate 8812/1/2/51-100，可能指的是在墨尔本的《圣灵感孕》。

[6] 见维多利亚国家美术馆馆长的报告，Tate 8812/1/4/269。

[7] 以14 000英镑购入拉德纳收藏。

[8] 对NACF的演说，1967年6月14日，Tate 8812/2/2/670。

[9] 约瑟夫·伯克教授给克拉克的信，1948年1月30日，Tate 8812/1/4/33。

[10] 给简的信，日期不详，约1949年1月，萨特伍德收藏。

[11] Secrest, *Kenneth Clark*, p. 174.

[12] Colin Clark, *Younger Brother, Younger Son*, p. 43.

[13] 给贝伦森的信，1949年3月28日，Cumming (ed.), *My Dear BB*, p. 306。

[14] 采访，1949年1月21日。

[15] "一个伟大美术馆的构想"（The Idea of a Great Gallery），在墨尔本大学发表演讲，1949年1月27日。

[16] 有关这次访问的精彩描述，见Simon Pierse, "Sir Kenneth Clark: *Deus ex Machina* of Australian Art", in Marshall (ed.), *Europe and Australia*, p. 105.

〔17〕 Clark, *The Other Half*, p. 155.

〔18〕 克拉克弄错了价格，把正确的金额350英镑说成了250英镑。

〔19〕 见Tate 8812/11/4/5。

〔20〕 见 Pierse in Marshall (ed.), *Europe and Australia*, p. 107。

〔21〕 自传中的描述是不准确的，并且没有承认伯克的角色。见 Pierse, ibid。

〔22〕 Clark, *The Other Half*, p. 151.

〔23〕 克拉克给诺兰的信，1950年2月16日，Tate 8812/1/5/2264。

〔24〕 见 Pierse in Marshall (ed.), *Europe and Australia*, p. 116。

〔25〕 Ibid., p. 113.

〔26〕 克拉克设法让弗雷德里克·阿什顿暂时离开英国皇家空军，参加芭蕾舞《探寻》(*Quest*)。简崇拜他。

〔27〕 奥德丽·斯凯尔斯给作者的信，2014年7月25日。

〔28〕 Drogheda, *Double Harness: Memoirs*, p. 225.

〔29〕 Ibid., p. 240.

〔30〕 Interview in "Remarks at the National Gallery of Art Washington on being awarded the Art Medal", 18 November 1970.

〔31〕 给珍妮特·斯通的信，1957年1月11日，博德利图书馆收藏。

〔32〕 Sinclair, *Arts and Cultures*, p. 123.

〔33〕 Ibid.

〔34〕 作者采访。

〔35〕 给作者的信，2014年6月3日。

〔36〕 在克拉克使用期间的该办公室的照片，见 *The Survey of London, Vol. XXX: The Parish of St James Westminster*, London 1960, plate 139。

〔37〕 作者采访。

〔38〕 Nicolson (ed.), *Harold Nicolson: Diaries and Letters 1945–1962* (entry for 21 December 1954).

〔39〕 雷蒙德·莫蒂默给克拉克的信，1954年12月22日，萨特伍德收藏。

〔40〕 给珍妮特·斯通的信，1957年10月16日，博德利图书馆收藏。

〔41〕 比尔·威廉姆斯给克拉克的信，1960年4月29日，Tate 8812/1/3/3451–3500。

〔42〕 给珍妮特·斯通的信，1960年3月27日，博德利图书馆收藏。

〔43〕 给珍妮特·斯通的信，1961年7月24日，博德利图书馆收藏。

〔44〕 作者采访。

26 裸体与裸像

〔1〕 Clark, *The Other Half*, p. 87.

〔2〕 给伊迪丝·西特韦尔的信，1950年11月10日，Sitwell Collection，德克萨斯大学哈利蓝森中心收藏。

〔3〕 给戴维·芬利的信，1950年11月6日，Tate 8812/1/4/13。

〔4〕 特里夫妇是社会名流，曾一度拥有牛津郡的迪奇利公园。妮娜·赖安是个社交名媛。莱茨曼夫妇是重要的艺术收藏家，他们在克拉克未来的生活中扮演了重要的角色。

〔5〕 给贝伦森的信，1950年12月8日，伊塔蒂收藏。

〔6〕 迪安·艾奇逊，政治家；乔·艾尔索普，约翰·肯尼迪的记者朋友；沃尔特·李普曼，记者；费利克斯·弗兰克福特，美国总统的朋友，正义之士。

〔7〕 给约翰·沃克的信，1950年10月17日，Tate 8812/1/4/13。

〔8〕 约翰·沃克给克拉克的信，1950年10月27日，Tate 8812/1/4/13。

〔9〕 见给乔·默里的信，1950年6月26日，Tate 8812/1/4/285。

〔10〕 条件是，在英国售出的前5 000册书获得15%的版税，此后上升到17.5%。在美国，出版商是博林根基金会，它对所有售出的书提供统一的10%的版税。

〔11〕 给玛丽·波特的信，1952年8月15日，Potter Archive。

[12] Clark, *The Nude*, p. xxi.

[13] 给乔克·默里的信，1951年9月1日，Tate 8812/1/4/285。

[14] 给玛丽·波特的信，1950年9月23日，私人收藏。

[15] 给G.L.普里特的两封信，1952年1月14日和2月25日，Tate 8812/1/2/101–150。他的建议不是买更名贵的酒，而是买价廉物美的好酒。

[16] 给约翰·沃克的信，1953年2月16日，Tate 8812/1/4/13。

[17] 给贝伦森的信，1953年1月20日，Cumming (ed.), *My Dear BB*, p. 373。

[18] 沃尔特·李普曼给克拉克的信，1953年3月24日，斯特灵图书馆，耶鲁大学。

[19] Clark, *The Nude: A Study of Ideal Art*, Preface, p. xxi.

[20] 格特鲁德·宾给克拉克的信，1957年1月31日，Tate 8812/1/4/314。

[21] 见日文版《裸体艺术》序言，Tate 8812/1/4/356。

[22] 同上。

[23] Clark, *The Nude: A Study of Ideal Art*, p. 245.

[24] John-Paul Stonard's essay on *The Nude* in Shone and Stonard (eds), *The Books that Shaped Art History*, Chapter 8, and Clark, *The Nude: A Study of Ideal Art*, p. 110.

[25] 格特鲁德·宾给克拉克的信，1957年1月31日，Tate 8812/1/4/314。

[26] 来自贝伦森的信，1956年12月9日，Cumming (ed.), *My Dear BB*, p. 433.

[27] 鲍勒给克拉克的信，1956年12月10日，伊塔蒂收藏。

[28] 见Nead, *The Female Nude: Art, Obscenity and Sexuality*。

[29] 见John-Paul Stonard's essay on *The Nude* in Shone and Stonard (eds), *The Books that Shaped Art History*, Chapter 8, and Clark, *The Nude: A Study of Ideal Art*。

[30] 见 Clark's "Motives" in Meiss (ed.), *Problems of the 19th and 20th Centuries: Studies in Western Art*, pp. 189–205。

[31] 给珍妮特·斯通的信，1961年7月31日，博德利图书馆收藏。

[32] BBC, "Interview with Basil Taylor", 8 October 1974, British Library National Sound Archive, Disc 196.

[33] 给珍妮特·斯通的信，1967年7月23日，博德利图书馆收藏。

[34] 给珍妮特·斯通的信，1961年10月29日，博德利图书馆收藏。

[35] 给珍妮特·斯通的信，1966年9月12日，博德利图书馆收藏。弗朗西斯·哈斯克尔和迈克尔·贾菲分别成了牛津和剑桥的艺术史系主任。

[36] 欧文·潘诺夫斯基（1892—1968）。给牛津大学出版社的汉弗莱·米尔福德爵士的信，1942年7月9日，Tate 8812/1/1/3。

[37] 给诺埃尔·安南的信，1951年4月6日，Tate 8812/1/1/207。

[38] 给安塔尔的信，1949年5月20日，Tate 8812/1/2/222。

[39] "一位艺术史家的辩解"，当选爱丁堡大学联合社团主席时的就职演说，1950年11月15日。

[40] 演讲，"艺术家是否自由？"（Is the Artist Ever Free?），Tate 8812/2/2/61。

[41] Clark, *The Other Half*, p. 93.

[42] Review, "Stories of Art", *New York Review of Books*, 24 November 1977.

[43] 奥德丽·斯凯尔斯给作者的信，2014年7月25日。

[44] 给珍妮特·斯通的信，1957年9月11日，博德利图书馆收藏。

[45] 阿什莫林博物馆前馆长克里斯托弗·布朗教授告诉笔者，正是阅读《今日罗斯金》让他想成为一名艺术历史家。

[46] 作者采访。

[47] 卢格特是卢浮宫伦勃朗目录的作者。

[48] 给珍妮特·斯通的信，1964年2月4日，

博德利图书馆收藏。

[49] 作者采访。

[50] 给珍妮特·斯通的信，1966年8月7日，博德利图书馆收藏："不知道人们对《伦勃朗》的看法如何——只有少数读过此书的人似乎很高兴，但他们似乎没有理解我最重视的东西——这是研究创作过程的一种尝试。"

[51] 给珍妮特·斯通的信，1966年10月2日，博德利图书馆收藏。

27 创建独立电视台："充满活力的粗俗"

[1] Cumming (ed.), *My Dear BB*, p. 417.

[2] *Sunday Times*, 8 July 1973.

[3] 卢森堡和诺曼底的商业电台已经有了越来越多的听众。

[4] 约翰·维弗电影《K：肯尼斯·克拉克1903—1983》中的采访，1993年。

[5] Bow Dialogue with Betty McCulloch, 14 October 1975, British Library National Sound Archive.

[6] Tate 8812/2/2/1029.

[7] 作者采访。

[8] 作者采访。丹尼斯·福曼爵士（1917—2013）成了格拉纳达电视台背后的驱动力。

[9] 给珍妮特·斯通的信，1954年8月4日，博德利图书馆收藏。

[10] Clark, *The Other Half*, p. 140.

[11] 作者采访。

[12] Sendall, *Independent Television in Britain: Vol. I*, p. 59.

[13] Ibid., p. 66, memo, 25 September 1954.

[14] Ibid.

[15] Ibid., p. 87.

[16] 给ABDC的罗伯特·伦威克爵士的信，1954年11月25日。伦威克当时正在与《世界新闻报》（*News of the World*）和《每日快报》（*Daily Express*）进行谈判。Bournemouth ITA Archive, Box 750

IBA/01204。查尔斯·科尔斯顿爵士是因为拒绝接受ABDC作为一家报纸的所有者而辞职。

[17] 最后，肯斯里集团没有继续。

[18] 演说，1956年7月27日，引用自Sendall, *Independent Television in Britain: Vol. I*, p. 149。

[19] 1956年4月，随着一个危机的逼近，ATV董事见了克拉克。该公司每年亏损100万英镑，其资本需要重建。

[20] 给珍妮特·斯通的信，1955年9月16日，博德利图书馆收藏。

[21] 给珍妮特·斯通的信，1955年12月17日，博德利图书馆收藏。

[22] 给BBC总监乔治·巴恩斯的信，1957年9月7日，国王学院，Cambridge GRB/1/1/9。

[23] 威拉·佩切克采访，*New York Times*, 3 May 1976。格拉纳达的西德尼·伯恩斯坦在曼彻斯特工作。他的公司给世界的观众带来了《加冕街》（*Coronation Street*）。ATV制作了同样受欢迎的《紧急病房10号》（*Emergency Ward 10*）。

[24] 约翰·维弗电影《K：肯尼斯·克拉克1903—1983》中的采访，1993年。

[25] 作者采访。

[26] 见 Bournemouth ITA Archive, ITA 55/30。

[27] 引用自Sendall, *Independent Television in Britain: Vol. I*, p. 112。

[28] "从少数人到多数人"（From the Few to the Many），克拉克以不同的形式做的一个关于广播的讲座，Tate 8812/1/2/4893。

[29] 给希尔勋爵的信，1956年5月30日，ITA 2008。

[30] 见弗雷泽备忘录，1955年3月7日，ITA 55/30。

[31] 后来出现了这样一个方案。备忘录，1956年8月11日，ITA Box 254。

[32] 给珍妮特·斯通的信，1956年8月2日，博德利图书馆收藏。

[33] 给珍妮特·斯通的信，1956年8月22日，

博德利图书馆收藏。

［34］给珍妮特·斯通的信，1956年11月13日，博德利图书馆收藏。

［35］Hill, *Both Sides of the Hill: The Memoirs of Charles Hill, Lord Hill of Luton*, p. 169.

［36］给贝伦森的信，1957年9月7日，伊塔蒂收藏。

［37］Pilkington Report, 1962, Vol. II, Appendix E, p. 1113.

［38］Sendall, *Independent Television in Britain: Vol. I*, p. 113.

［39］约翰·维弗电影《K：肯尼斯·克拉克1903—1983》中的采访，1993年。

28　早期电视节目

［1］Clark, *The Other Half*, p. 214.

［2］BBC, *The Future of Television*, transmitted 1 November 1957.

［3］见 John Wyver, "Kenneth Clark: A Selected Filmography" in "Looking for Civilisation" catalogue, 2014。

［4］作者采访。

［5］同上。

［6］罗伯特·皮斯·海勒给克拉克的信，1957年9月19日，Tate 8812/1/4/32。

［7］给本杰明·布里顿的信，1958年1月17日，Britten/Pears Archive。

［8］克拉克错误地说这是他另一个儿子艾伦的狗。

［9］Clark, *The Other Half*, p. 207.

［10］给昆廷·劳伦斯的信，1958年3月18日，Tate 8812/1/4/72。

［11］同上。

［12］作者采访。

［13］1958年12月1日播出。

［14］作者采访。

［15］同上。

［16］奥德丽·斯凯尔斯给作者的信，2014年10月6日。

［17］作者采访。

［18］同上。

［19］给本·尼科尔森的信，1974年7月26日，Tate 8812/1/4/68。

［20］BBC London Radio 27 August 1976, British Library Sound Archive.

［21］*News Chronicle*, December 1959, Tate 8812, 媒体剪报。

［22］约翰·维弗电影《K：肯尼斯·克拉克1903—1983》中弗拉姆·丁肖的采访，1993年。

［23］给罗伯特·赫勒的信，1959年2月24日，Tate 8812/1/4/32。

［24］给罗伯特·赫勒的信，1960年1月14日，Tate 8812/1/4/32。

［25］罗伯特·赫勒给克拉克的信，1960年3月27日，Tate 8812/1/4/32。

［26］给珍妮特·斯通的信，1964年9月19日，博德利图书馆收藏。

［27］J.R.阿克利给克拉克的信，1964年12月17日，Tate 8812/1/3/1-50。

［28］每个节目ATV通常付给克拉克600英镑。见 Tate 8812/1/4/408。

［29］给珍妮特·斯通的信，1966年4月8日，博德利图书馆收藏。

［30］据塞西尔·比顿说，克拉克被告知在描述亨利八世的朝臣时要删除"谄媚者"一词。见 Vickers (ed.), *Beaton in the Sixties: More Unexpurgated Diaries*, pp. 164-165 (entry for 24 December 1966).

［31］给克劳福德勋爵的信，1966年10月10日，Tate 8812/1/4/140。

［32］给珍妮特·斯通的信，1966年2月7日，博德利图书馆收藏。

［33］"你知道我自始至终都和同一个团队在一起工作；塔比［·英格兰德］得到了很多赞誉，他当之无愧，但更应该说的是肯·麦克米伦，他的眼光是最好的。"见给安东尼·德·洛特比尼埃的信，Tate 8812/1/4/98b。

［34］作者采访。

［35］给珍妮特·斯通的信，1966年10月21日，博德利图书馆收藏。

［36］Vickers (ed.), *Beaton in the Sixties: More Unexpurgated Diaries*, pp. 164–165 (entry for 29 December 1966).

［37］戴维·温德尔沙姆给克拉克的信，1966年10月20日。

［38］迈克尔·阿迪恩给克拉克的信，1966年10月24日，Tate 8812/1/4/408。

［39］Vickers (ed.), *Beaton in the Sixties: More Unexpurgated Diaries*, pp. 164–165 (entry for 24 December 1966).

29　萨特伍德：私密的人

［1］给珍妮特·斯通的信，1954年12月13日，博德利图书馆收藏。

［2］给贝伦森的信，1957年11月16日，Cumming (ed.), *My Dear BB*, p. 450。

［3］这段里大部分的描述要感谢萨特伍德前档案员玛格丽特·斯莱斯。

［4］玛格丽特·斯莱斯给作者的笔记，2012年1月23日。

［5］Colin Clark, *Younger Brother, Younger Son*, p. 23.

［6］给珍妮特·斯通的信，1959年3月4日，博德利图书馆收藏。

［7］给珍妮特·斯通的信，1959年6月8日，博德利图书馆收藏。

［8］后来的普雷斯顿坎多弗的塞恩斯伯里勋爵和夫人。

［9］普雷斯顿坎多弗的塞恩斯伯里勋爵采访。

［10］约翰·马利特，私人日记，1963年9月2日。

［11］给珍妮特·斯通的信，1964年7月5日，博德利图书馆收藏。

［12］作者采访。

［13］Clark, *The Other Half*, pp. 200–201.

［14］给作者的笔记。

［15］给珍妮特·斯通的信，1965年12月30日，博德利图书馆收藏。

［16］给珍妮特·斯通的信，1957年圣诞节，博德利图书馆收藏。

［17］给珍妮特·斯通的信，1958年12月28日，博德利图书馆收藏。

［18］Colin Clark, *Younger Brother, Younger Son*, p. 12.

［19］给维利耶少校的信，1970年2月24日，Tate 8812/1/4/398。

［20］他为他们做了一个讲座，题为"基督的图像：绘画与雕塑"（The Image of Christ: Painting and Sculpture），在坎特伯雷大教堂，1970年11月4日。

［21］给珍妮特·斯通的信，1954年10月21日，博德利图书馆收藏。

［22］Colin Clark, *Younger Brother, Younger Son*, p. 209.

［23］Trewin, *Alan Clark: The Biography*, p. 87.

［24］来自贝伦森的信，1957年12月27日，Cumming (ed.), *My Dear BB*, p. 452。

［25］给贝伦森的信，1958年7月14日，ibid., p. 458。

［26］采访奥德丽·斯凯尔斯。

［27］给珍妮特·斯通的信，1960年4月10日，博德利图书馆收藏。

［28］作者采访。

［29］Colin Clark, *Younger Brother, Younger Son*, p. 8.

［30］给珍妮特·斯通的信，1960年6月5日，博德利图书馆收藏。

［31］维奥莉特·维迪晋升为巴黎芭蕾舞团总监。

［32］给珍妮特·斯通的信，1961年2月21日，博德利图书馆收藏。

［33］给珍妮特·斯通的信，1961年3月27日，博德利图书馆收藏。

［34］Clark, *The Other Half*, p. 192.

［35］费丝是外交官保罗·赖特爵士的女儿。

［36］日期不详，C.M. Bowra Archive，牛津大学沃德姆学院收藏。

［37］当简变得跛得不能走楼梯时，克拉克夫

妇搬到了一楼的房子。

[38] 作者采访。琼·道森从20世纪60年代末到70年代在奥尔巴尼当厨师，直到克拉克放弃了这套公寓。

[39] 作者采访。

[40] 同上。

[41] 同上。

[42] 同上。

[43] 给珍妮特·斯通的信，1957年3月3日，博德利图书馆收藏。

[44] 给珍妮特·斯通的信，1956年4月26日，博德利图书馆收藏。

[45] 给珍妮特·斯通的信，1956年8月7日，博德利图书馆收藏。

[46] 约翰·维弗电影《K：肯尼斯·克拉克1903—1983》中的采访，1993年。

[47] 约翰·马利特，私人日记，1963年9月2日。

[48] 迈克尔·利维，肯尼斯·克拉克的讣告，*Proceedings of the British Academy*, Vol. LXX, 1984。

[49] 给珍妮特·斯通的信，1966年10月16日，博德利图书馆收藏。

[50] 给珍妮特·斯通的信，1954年5月7日，博德利图书馆收藏。

[51] 采访凯瑟琳·波蒂奥斯。

[52] 给珍妮特·斯通的信，1954年2月7日，博德利图书馆收藏。

[53] 给珍妮特·斯通的信，1954年7月2日，博德利图书馆收藏。

[54] 给珍妮特·斯通的信，1956年8月27日，博德利图书馆收藏。

[55] 克拉克为雷诺兹于1977年由约翰·默里公司出版的关于雕刻作品的书写了序言。

[56] 玛格丽特·斯莱斯给作者的电子邮件。

[57] 给珍妮特·斯通的信，1956年7月24日，博德利图书馆收藏。

[58] 给珍妮特·斯通的信，1958年3月16日，博德利图书馆收藏。来自迈凡薇·派珀的信，1958年3月12日，Tate 8812/1/3/2520。

[59] 另一方面，有一封未注明日期的信，大约是1956年3月从华盛顿写给给贝伦森的，克拉克在信中描述了他与杰妮·莱茨曼成为朋友的经历。

[60] 作者采访。

[61] 杰妮·莱茨曼致克拉克的日期不详的一套八张明信片（第一张不见了），存在萨特伍德。存在泰特档案馆的一组来自莱茨曼夫人的私人信件成了一个更大的谜团。这是大约1990年1月，弗雷姆·丁肖博士在一个下雪的下午快结束时看到的。即便是匆匆一读，他也清楚地感觉到杰妮一直在认真考虑私奔的问题。在他第二次去查档案时，这些信件已经不能再借阅，现在也仍然无法获取。杰妮·莱茨曼出钱为在泰特的克拉克档案进行了编目。

[62] 给珍妮特·斯通的信，1968年6月25日，博德利图书馆收藏。

[63] 作者采访。

[64] 她的自1967年起由克拉克题字的书收藏在Delon Archive。

[65] 给珍妮特·斯通的信，1961年9月6日，博德利图书馆收藏。

[66] *Civilisation*, episode 13, *Heroic Materialism*, p. 344.

[67] 作者采访。

[68] BBC, 13 September 1976.

[69] Tate 8812/2/2/1130; and BBC, 12 September 1976, British Library National Sound Archive.

[70] 给珍妮特·斯通的信，1957年7月8日，博德利图书馆收藏。

[71] Clark, *The Other Half*, p. 108.

[72] Ibid.

[73] "Walter Pater", in *Moments of Vision*, p. 139.

[74] 见在皮卡迪利圣雅各教堂的演说，1975年3月19日，Tate 8812/2/2/905。

［75］ 给珍妮特·斯通的信，1971年12月，博德利图书馆收藏。

［76］ 信，1972年5月1日，Tate 8812/1/4/397。

［77］ 给威廉·巴德利牧师的信，1975年1月1日，Tate 8812/1/4/393。

［78］ 给珍妮特·斯通的信，1960年8月11日，博德利图书馆收藏。

［79］ 给珍妮特·斯通的信，1958年2月16日，博德利图书馆收藏。

［80］ Hardy and Pottle (eds), *Isaiah Berlin, Building: Letters 1960–1975*, p. 431. 从柏林发给尼古拉斯·纳博科夫的信。

［81］ 演讲，"劳动艺术"（Labour Art），1962年6月13日，Tate 8812/2/2/53。

［82］ 给珍妮特·斯通的信，1970年6月17日，博德利图书馆收藏。

30 公众人物：20世纪60年代

［1］ 给珍妮特·斯通的信，1959年12月31日，博德利图书馆收藏。

［2］ 给珍妮特·斯通的信，1966年4月16日，博德利图书馆收藏。20世纪60年代，克拉克参加的委员会并没有减少，增加了维多利亚和阿尔伯特博物馆的专家顾问小组和苏格兰国家美术馆的董事会。1965年，鲁珀特·哈特-戴维斯提议他担任伦敦图书馆主席，当时他还不是该图书馆的成员，但他接受了这个提议。

［3］ 给珍妮特·斯通的信，1960年11月6日，博德利图书馆收藏。

［4］ Walker, *Self-Portrait with Donors: Confessions of an Art Collector*, p. 292.

［5］ 给珍妮特·斯通的信，1959年11月23日，博德利图书馆收藏。

［6］ BBC Radio 4, *The World at One*, 12 January 1978, British Library National Sound Archive, Disc 198.

［7］ Colin Clark, *Younger Brother, Younger Son*, p. 171.

［8］ Clark, "Aesthete's Progress", John Murray Archive. 这可能是1950年7月/8月在科雷尔博物馆的佩姬·古根海姆的收藏展。她自己的博物馆于第二年开放。

［9］ 见 Bow Dialogue, 14 October 1975, British Library National Sound Archive。一张波洛克的画甚至在《文明》中很短暂地出现——见第十一集《自然的膜拜》。

［10］ 同上。

［11］ *Kenneth Clark, Moments of Vision: In Honour of the Centenary of His Birth, 1903–1983*, p. 49, "Iconophobia".

［12］ 采访约翰·哈伯德。

［13］ 给默里·波特爵士的信，1975年7月21日，Tate 8812/1/3/2727。

［14］ 迈克尔·吉尔，未发表的自传笔记，John Murray Archive。

［15］ 给梅丽尔·西克里斯特的信，1970年8月28日，伊塔蒂收藏。

［16］ 简·克拉克给玛杰里和戴维·芬利的信，1964年4月，David Finley Papers, NGA Washington, 28A1 Box 4. 我非常感谢约翰-保罗·斯通纳德提到这封信。

［17］ *Kenneth Clark, Moments of Vision: In Honour of the Centenary of His Birth, 1903–1983*, "The Blot and the Diagram".

［18］ 约翰·拉塞尔给克拉克的信，1962年12月22日，Tate 8812/1/3/2769。

［19］ 给迈伦·吉尔摩的信，1970年10月7日，Tate 8812/1/4/198. 又见 Partridge, *Ups and Downs: Diaries* (entry for 20 February 1963)，她记录了与雷蒙德·莫蒂默对这篇文章的讨论，他对这篇文章印象深刻，而她则相反。

［20］ Tate 8812/2/2759.

［21］ 威廉·埃米雷斯·威廉姆斯爵士给克拉克的信，1964年2月5日，Tate 8812/1/4/239。

［22］ "勇气的失败：1520—1535年的意大利绘画"，H.R. 比克利纪念讲座，牛津，1967年。

［23］ 演讲，1965年3月8日，Tate 8812/1/4/293。

［24］ 给雷蒙德·莫蒂默的信，1950年10月27日，Tate 8812/1/2/4487。

［25］ 事实上，克拉克曾在1937年被邀请加入新生的国家剧院的公关委员会，并试图在战争爆发时建立一个国家剧院作为集结的象征。见 Elsom and Tomalin (eds), *The History of the National Theatre*, p. 168。

［26］ 给钱多斯勋爵的信，1960年7月26日，Tate 8812/1/4/292。

［27］ 给肯尼斯·雷的信，1960年9月1日，Tate 8812/1/4/292。

［28］ 给奥利维尔的信，1960年10月5日，Tate 8812/1/4/292。奥罗克在整个20世纪50年代一直负责此项目，但之后他的角色就被取代了。

［29］ 给珍妮特·斯通的信，1960年7月26日，博德利图书馆收藏。

［30］ 给普林斯·利特勒的信，1960年8月25日，Tate 8812/1/4/292。

［31］ 给奥利维尔的信，1960年10月20日，Tate 8812/1/4/292。

［32］ 同上。

［33］ 奥利弗·钱多斯给克拉克的信，1960年12月2日，Tate 8812/1/4/292。

［34］ 给奥利维尔的信，1960年12月14日，Tate 8812/1/4/292。

［35］ 伦敦郡议会主席艾萨克·海沃德爵士产生了至关重要的影响。

［36］ 给珍妮特·斯通的信，1962年8月7日，博德利图书馆收藏。

［37］ 珍妮·李，后来是阿什里奇的李夫人（1904—1988），被任命为第一任艺术部长，1964—1970在任。

［38］ Lewis, *The National*, p. 35.

［39］ 作者采访。

［40］ 给阿什利·克拉克爵士的信，1966年8月9日，Tate 8812/1/4/122—127。

［41］ 给珍妮特·斯通的信，1965年8月6日，博德利图书馆收藏。

［42］ Daniel Rosenthal, *The National Theatre Story*, p. 89.

［43］ 给奥利维尔的信，1966年7月，Tate 8812/1/4/292。

［44］ 钱多斯给克拉克的信，1966年7月29日，Tate 8812/1/4/292。

［45］ 给钱多斯的信，1966年8月3日，Tate 8812/1/4/292。

［46］ Lewis, *The National*, p. 35.

［47］ 给珍妮特·斯通的信，1967年5月5日，博德利图书馆收藏。

［48］ 给肯尼斯·雷的信，1968年2月29日，Tate 8812/1/4/292。

［49］ 给珍妮特·斯通的信，1968年2月12日，博德利图书馆收藏。

［50］ 克拉克偶尔也会对作品购买进行干预，比如一个牙风格的拜占庭皂石浮雕，其真实性令他担忧。见给 R. L. S. 布鲁斯－米尔福德的信，1972年7月11日，Tate 8812/1/4/228。

［51］ 约翰·波普－轩尼诗给科莉特·克拉克的信，1983年5月25日私人收藏。

［52］ 给巴兹尔·格雷的信，1964年2月19日，Tate 8812/1/4/227。

［53］ 给珍妮特·斯通的信，1964年2月9日，博德利图书馆收藏。

［54］ 给埃克尔斯勋爵的信，1969年10月17日，Tate 8812/1/4/226。

［55］ 见 "Trustees Policy on Acquisitions" paper, Tate 8812/1/4/226。

［56］ 对NACF的演说，1967年6月14日，Tate 8812/2/2/670。

［57］ 给本特利·布里沃特的信，1970年3月31日，Tate 8812/1/4/228。

［58］ 给托马斯·博德金的信，1943年9月3日，Tate 8812/1/1/17。

31 《文明》：背景

［1］ 作者采访。

［2］ 《文明》DVD特典。

［3］ 作者采访。

［4］ Clark, *The Other Half*, p. 210.

［5］ 克拉克，"寻找文明"，讲座，Tate 8812/2/2/174。

［6］ 汉弗莱·伯顿给克拉克的信，1966年10月6日，Tate 8812/1/4/89。

［7］ 给戴维·阿滕伯勒的信，1966年10月6日，Tate 8812/1/4/90。

［8］ 克拉克，笔记本，Tate 8812/2/1/11。

［9］ 给珍妮特·斯通的信，1966年10月2日，博德利图书馆收藏。

［10］ 克拉克，笔记本，Tate 8812/2/1/11。

［11］ 给汉弗莱·伯顿的信，1966年12月8日，Tate 8812/1/4/90。

［12］ 汉弗莱·伯顿给克拉克的信，1966年11月28日，Tate 8812/1/4/89。

［13］ 《文明》DVD特典。

［14］ 作者采访。

［15］ 同上。

［16］ 同上。

［17］ 给珍妮特·斯通的信，1966年11月22日，博德利图书馆收藏。

［18］ 迈克尔·吉尔，未发表的自传笔记，第7页，John Murray Archive。事实上，正如他的儿子阿德里安所相信的那样，"当《文明》出现时，迈克尔·吉尔的事业正处于一个困境中"。他刚拍了《钟摆三摆》(*Three Swings of the Pendulum*)，非常糟糕。作者采访。

［19］ 给汉弗莱·伯顿的信，日期不详，Tate 8812/1/4/90。

［20］ 迈克尔·吉尔，未发表的自传笔记，第11—12页，John Murray Archive。

［21］ Colin Clark, *Younger Brother, Younger Son*, p. 31.

［22］ 给珍妮特·斯通的信，1967年4月16日，博德利图书馆收藏。

［23］ 给查尔斯·莱茨曼的信，1969年10月21日，Tate 8812/1/4/14a。彼得·蒙塔尼翁在他的特工生涯中曾参与过臭名昭著的柏林隧道事件。他现在住在法国南部。

［24］ Clark, *The Other Half*, p. 211.

［25］ Ibid., p. 213.

［26］ Ibid.

［27］ 作者采访。

［28］ 同上。

［29］ 合同档案见BBC档案，Caversham T53/175/1，或Tate 8812/1/4/55。

［30］ 见戴维·阿滕伯勒给克拉克的信，1970年10月21日，Tate 8812/1/4/88。

［31］ 《文明》DVD特典。

［32］ 作者采访。

［33］ 同上。

［34］ "Looking for Civilisation", Tate 8812/2/2/174.

［35］ British Library Sound Archive.

［36］ 给珍妮特·斯通的信，1966年11月6日，博德利图书馆收藏。

［37］ 克拉克采访，日期不详，John Murray Archive。

［38］ 整个制作的写字板上写着"西方文明"。

32 《文明》的制作

［1］ BBC, British Library National Sound Archive, Disc 199.

［2］ 采访梅丽尔·西克里斯特，1969年3月24日，*Washington Post*，Tate 8812，媒体剪报。

［3］ 迈克尔·吉尔，未发表的自传笔记，第3、9页，John Murray Archive。

［4］ 给珍妮特·斯通的信，1967年5月11日，博德利图书馆收藏。铃兰是克拉克最喜欢的花。

［5］ 给珍妮特·斯通的信，1967年4月30日，博德利图书馆收藏。

［6］ Clark, *Civilisation* (book of the series), Introduction, p. xvii.

［7］ BBC广播四台，《四台档案：看透粗花呢》，2009年11月28日播出。

［8］ 给珍妮特·斯通的信，1967年7月21日，博德利图书馆收藏。

［9］ *Radio Times*, 8 December 1970, Tate

8812/1/4/88.

［10］BBC广播四台，《四台档案：看透粗花呢》，2009年11月28日播出。

［11］作者采访。

［12］同上。

［13］同上。

［14］给珍妮特·斯通的信，1968年3月5日，博德利图书馆收藏。车队由两辆康门面包车、两辆旅行车和一辆路虎，以及工作人员的车组成。

［15］给乔克·默里的信，1967年5月10日，John Murray Archive。

［16］作者采访。

［17］同上。

［18］同上。

［19］同上。

［20］同上。

［21］同上。

［22］给卡罗尔·琼斯的信，1968年1月19日，Tate 8812/1/4/90。

［23］作者采访。

［24］给妮基·马里亚诺的信，1967年3月16日，Tate 8812/1/4/198。

［25］作者采访。

［26］同上。

［27］同上。

［28］采访阿德里安·吉尔。

［29］给查尔斯·莱茨曼的信，1969年10月21日，Tate 8812/1/4/14a。

［30］作者采访。

［31］给查尔斯·莱茨曼的信，1969年10月21日，Tate 8812/1/4/14a。

［32］迈克尔·吉尔，未发表的自传笔记，第3页，John Murray Archive。

［33］同上，第10页。

［34］给珍妮特·斯通的信，1968年3月1日，博德利图书馆收藏。

［35］作者采访。

［36］约翰·维弗电影《K：肯尼斯·克拉克1903—1983》中的采访，1993年。

［37］给珍妮特·斯通的信，1967年8月13日，博德利图书馆收藏。

［38］作者采访。

［39］同上。

［40］迈克尔·吉尔给克拉克的信，1967年10月26日，Tate 8812/1/4/90。

［41］给玛丽·波特的信，1968年2月16日，Potter Archive。

［42］作者采访。

［43］《文明》DVD特典。

［44］同上。

［45］作者采访。

［46］在今天他觉得这是个好主意——作者采访。

［47］给查尔斯·莱茨曼的信，1969年10月21日，Tate 8812/1/4/14a。

［48］给珍妮特·斯通的信，1968年9月，博德利图书馆收藏。

［49］给珍妮特·斯通的信，1968年8月19日，博德利图书馆收藏。

［50］作者采访。

［51］给珍妮特·斯通的信，1968年2月25日，博德利图书馆收藏。

［52］给珍妮特·斯通的信，1968年10月13日，博德利图书馆收藏。

［53］Clark, *The Other Half*, p. 222.

［54］作者采访。

［55］Clark, *The Other Half*, p. 222.

［56］给戴维·阿滕伯勒的信，［1968年？］10月5日，萨特伍德收藏。

［57］迈克尔·吉尔给克拉克的信，1967年10月26日，Tate 8812/1/4/90。

33　《文明》和它的缺憾

［1］克拉克给奥尔巴赫-韦尔夫人的信，1970年10月7日，Tate 8812/1/4/356。

［2］《文明》DVD特典。

［3］"For a Million Noblemen", *The Listener*, 15 January 1970, pp. 90–91.

［4］米什莱的《法国史》、托尼的《宗教与资

本主义的兴起》和兰克的《教皇史》。

[5] 给珍妮特·斯通的信，1968年1月28日，博德利图书馆收藏。

[6] 在克拉克的追悼会上；发表于1984年1月的《阿波罗》杂志。

[7] 给珍妮特·斯通的信，1968年1月14日，博德利图书馆收藏。

[8] 同上。

[9] 同上。

[10] 演讲，"一位艺术史家的辩解"，1950年。

[11] 同上。

[12] Review reprinted as "On Dover Beach" in *The Seventies*, 1980.

[13] 收录在E.M. Forster, *Two Cheers for Democracy*, p. 77。

[14] Partridge, *Good Company: Diaries*, p. 199 (entry for 20 May 1969).

[15] 作者采访。

[16] Walker, *Arts TV: A History of Arts Television in Britain*, p. 3.

[17] 给科林·安德森的明信片，1969年5月21日，私人收藏。

[18] *The Times*, 17 May 1969, and *Sunday Times*, 25 May 1969.

[19] *Observer*, 30 November 1969.

[20] "Poor B.B.", *The Listener*, 20 March 1969.

[21] *New Statesman*, 19 February 1971, p. 251.

[22] 给 A. J. D. 伊顿的信，1973年9月6日，Tate 8812/1/4/91。

[23] BBC广播四台，《克拉克勋爵：文明的仆人》，由米兰达·卡特主持，托马斯·莫里斯制作，2003年7月3日播出。

[24] 给休·惠尔登的信，1969年6月4日，Tate 8812/1/4/89。马丁·达西神父是一位时髦的耶稣会牧师，他让许多知名人士都改变了信仰。

[25] 给珍妮特·斯通的信，1969年3月23日，博德利图书馆收藏。

[26] 贝杰曼给克拉克的信，1969年2月3〔?〕

日，Tate 8812/1/4/98a。

[27] Drummond, *Tainted by Experience*, pp. 181-182.

[28] 布赖恩·马吉给克拉克的信，1970年1月2日，Tate 8812/1/4/356。

[29] 给珍妮特·斯通的信，1970年1月10日，博德利图书馆收藏。

[30] 戴维·诺尔斯给克拉克的信，1970年1月6日，伊塔蒂收藏。

[31] 给诺斯教授的信，1977年3月1日，Tate 8812/1/4/386。

[32] BBC广播四台，《四台档案：看透粗花呢》，由理查德·韦特主持，2009年11月28日播出。

[33] Vickers (ed.), *Beaton in the Sixties*, p. 384.

[34] 克拉克的西班牙版《文明》的序言草稿，Tate 8812/1/4/287。

[35] 唐纳德·霍普森爵士给克拉克的信，1972年7月25日，Tate 8812/1/4/91。

[36] 给唐纳德·霍普森爵士的信，1972年8月4日，Tate 8812/1/4/91。

[37] 克拉克是在呼应罗斯金将丢勒的伊拉斯谟肖像与霍尔拜因的肖像进行对比的一段话。

[38] BBC广播四台，《克拉克勋爵：文明的仆人》，由米兰达·卡特主持，托马斯·莫里斯制作，2003年7月3日播出。

[39] David Cannadine, "Kenneth Clark: From the National Gallery to National Icon", Linbury Lecture, National Gallery 2002, pp. 17-18.

[40] 给迈克尔·基特森的信，1969年3月4日，Tate 8812/1/4/98a。

[41] *Sunday Times*, 8 July 1973.

[42] *Sunday Times*, 16 September 1984.

[43] BBC广播四台，《四台档案：看透粗花呢》，由理查德·韦特主持，2009年11月28日播出。

[44] 作者采访。

[45] 同上。

34 顶峰：代表文明的克拉克勋爵

[1] Clark, *The Other Half*, p. 244.

[2] Briggs, *The BBC: The First Fifty Years*, p. 339.

[3] 信息来自科莉特·克拉克。

[4] 作者采访。

[5] 克拉克给约翰·拉平的信，1970年12月29日，Tate 8812/1/4/94a。

[6] Walker, *Self-Portrait with Donors: Confessions of an Art Collector*, pp. 285–287.

[7] 克拉克1969年10月21日给查尔斯·莱茨曼写了一封有趣的信，介绍了这部剧和它的制作，Tate 8812/1/4/14a。

[8] Harris, *Capital Culture: J. Carter Brown, the National Gallery of Art, and the Reinvention of the Museum Experience*, pp. 180–183 讲述了纽约和华盛顿之间的竞争首映权的完整故事。

[9] 查尔斯·莱茨曼给克拉克的信，1969年11月5日，Tate 8812/1/4/14a。

[10] Harris, *Capital Culture*, p. 183.

[11] Cannadine, *The Undivided Past*, chapter on *Civilisation*.

[12] 詹姆斯·M.赫斯特给彼得·罗贝克的信，1970年1月15日，Tate 8812/1/4/14b。

[13] Clark, *The Other Half*, p. 225.

[14] Ibid., pp. 245–246.

[15] Ibid., p. 225.

[16] 作者采访。

[17] 克拉克在约克大学的一次演讲中描述了这一电视讨论，1970年7月，Tate 8812/2/2/1145。

[18] 给斯蒂芬·赫斯特的信，1970年3月3日，Tate 8812/1/4/56a。

[19] Colin Clark, *Younger Brother, Younger Son*, p. 149.

[20] 给戴维·阿滕伯勒的信，1970年3月9日，Tate 8812/1/4/55；给帕特·乌特勒姆的信，1970年3月10日，Tate 8812/1/4/55。

[21] 给珍妮特·斯通的信，1970年8月24日，博德利图书馆收藏。

[22] 给戴维·阿滕伯勒的信，1970年10月28日，Tate 8812/1/4/88。

[23] 给R.W.B.刘易斯教授的信，1971年1月4日，Tate 8812/1/3/3401–3450。

[24] 给珍妮特·斯通的信，1969年2月16日，博德利图书馆收藏。

[25] 克拉克的出版商约翰·默里要求他与BBC签署一份同意释款书——他最初的合同规定，如果这本书被其他人出版，他必须向BBC支付收入的25%。

[26] 迈克尔·吉尔给克拉克的信，1969年8月24日，Tate 8812/1/4/87。

[27] 约翰·默里档案1981年6月25日的一份记录显示，英国的销量为532 016册，美国的销量为1 561 799册。

[28] 给珍妮特·斯通的信，1975年4月11日，博德利图书馆收藏。

[29] 采访彼得·昆内尔，*Saturday Review*, 28 August 1971, p. 31。

[30] 给安德烈·德·维尔莫林的信，1972年5月29日，Tate 8812/1/4/93。

[31] 给皮埃尔·贝雷斯的信，1974年5月9日，Tate 8812/1/4/87。

[32] 给珍妮特·斯通的信，1969年2月12日，博德利图书馆收藏。

[33] 给珍妮特·斯通的信，1969年2月16日，博德利图书馆收藏。

[34] 克拉克是1969年2月28日《深夜阵容》（*Late Night Line-Up*）的主角，琼·贝克韦尔采访了她。他是3月19日播出的《女性时间》（*Woman's Hour*）的"本周嘉宾"。

[35] 威拉·佩切克采访，*New York Times*, 3 May 1976。

[36] 给迈克尔·吉尔的信，1969年6月18日，Tate 8812/1/4/117。

[37] 给克劳福德勋爵的信，1969年1月21日，苏格兰国家图书馆收藏。

[38] 古德曼勋爵给克拉克的信，1969年11月7日，Tate 8812/1/4/174。

［39］莫斯黑德给克拉克的信，1969年6月14日，Tate 8812/1/4/118。

［40］鲍勒给克拉克的信，1969年6月15日，Tate 8812/1/4/117。

［41］Hansard, Vol. CCCXIII, No. 38, p. 1405.

［42］Speech, Tate 8812/1/4/173.

［43］詹姆斯勋爵（1909—1992）1933—1945年任温彻斯特理科教师，1945—1962年任曼彻斯特文法学校校长，1962年任约克大学首任副校长。似乎是当时约克大学的历史学家汉斯·赫斯教授最先提出让克拉克担任校长的想法。

［44］给里德·哈里斯的信，1969年6月21日，Tate 8812/1/4/118。

［45］演讲，约克大学，1973年7月13日。克拉克很喜欢和埃里克·詹姆斯通信，1975年3月3日，他写了一封关于柏拉图美学的特别有趣的信，Tate 8812/1/2/1501。

［46］给埃里克·詹姆斯的信，1969年6月25日，Tate 8812/1/4/118。

［47］朱利恩·凯恩（1887—1974）是法兰西艺术学院的成员。克拉克坚持说他已经"把国家图书馆［他是该图书馆的馆长］从世界上管理最差的图书馆变成了最好的图书馆"，Tate 8812/1/4/43。

［48］BBC广播四台，《克拉克勋爵：文明的仆人》，由米兰达·卡特主持，托马斯·莫里斯制作，2003年7月3日播出。

［49］《文明》DVD特典。

［50］给威廉·海利爵士的信，1969年7月12日，Tate 8812/1/4/118。

［51］给乔克·默里的信，1972年3月16日，John Murray Archive。

35 郊区的克拉克勋爵

［1］以赛亚·伯林追悼会上的悼词中引用的内容——见Huth, Well- Remembered Friends。

［2］卡雷尔·韦特给克拉克的信，1970年2月6日，Tate 8812/1/4/367。

［3］他们共同的一些朋友给克拉克写信，其中包括科林·安德森："必须有人写信告诉别人莫里斯的事，所以我给你写信。"鲍勒的母校沃德姆学院委托制作了一尊可怕的雕像，克拉克为雕像揭了幕。

［4］给珍妮特·斯通的信，1969年11月4日，博德利图书馆收藏。毫无疑问，在阿什顿拜访隔壁的约翰和阿妮娅·塞恩斯伯里夫妇时，他也受到了影响。休·卡森在那里建了一座低矮的长平房，但那里的景色比"花园房"要好得多。

［5］给珍妮特·斯通的信，1970年5月16日，博德利图书馆收藏。

［6］给克劳福德勋爵的信，1971年6月4日，Crawford Papers，苏格兰国家图书馆收藏。

［7］给珍妮特·斯通的信，1971年7月10日，博德利图书馆收藏。

［8］给珍妮特·斯通的信，1971年3月19日，博德利图书馆收藏。

［9］给珍妮特·斯通的信，1971年7月5日，博德利图书馆收藏。

［10］下午5:30—7:30，1971年4月7日，Tate 8812/2/1/12。

［11］给珍妮特·斯通的信，1971年7月15日，博德利图书馆收藏。

［12］简给克劳福德勋爵的信，日期不详，Crawford Papers，苏格兰国家图书馆收藏。

［13］Secrest, Kenneth Clark, p. 40.

［14］给珍妮特·斯通的信，1971年11月26日，博德利图书馆收藏。

［15］来自简的明信片，1972年12月15日，私人收藏。

［16］科莉特·克拉克，作者采访。

［17］给莫娜·安德森的明信片，1971年5月12日，私人收藏。

［18］Vickers (ed.), The Unexpurgated Beaton: The Cecil Beaton Diaries, pp. 377-380.

［19］Trewin, Alan Clark: The Biography, pp. 237-238.

［20］给阿迪·霍顿的信，1973年1月8日，Tate

8812/1/4/362。

[21] Clark, *The Other Half*, p. 204.

[22] Alan Clark, *Diaries: Into Politics 1972–1982* (entry for 6 December 1980).这些书于1981年初进入摩根图书馆。

[23] 给珍妮特·斯通的信,1969年1月17日,博德利图书馆收藏。

[24] 给斯蒂芬·赫斯特的信,1970年6月26日,Tate 8812/1/4/55。

[25] 给J.卡特·布朗的信,1972年5月9日,Tate 8812/1/4/449。

[26] 作者采访。罗伯特·麦克纳布是考陶尔德学院的学生,师从艾伦·鲍内斯和约翰·戈尔丁:"考陶尔德学院对K的看法是'不学术'。他们对《成为达·芬奇》吹毛求疵,尽管作为学生,我们都受到了《文明》的影响。"

[27] 作者采访。

[28] Clark, *The Other Half*, p. 227.

[29] Clark, "The Artist Grows Old", Rede Lecture, Cambridge 1972, p. 21.

[30] 给珍妮特·斯通的信,1972年8月2日,博德利图书馆收藏。

[31] Lees-Milne, *A Mingled Measure*, p. 265 (entry for 30 July 1971).

[32] 《伯灵顿杂志》确实在1973年7月刊登了一篇热情洋溢的主要文章,题为 "70岁的肯尼斯·克拉克" (Kenneth Clark at 70)。

[33] 给《阿波罗》杂志的信,1970年2月13日,Tate 8812/1/4/20。

[34] 给雷蒙德·莫蒂默的信,1971年10月22日,Tate 8812/1/4/338。

[35] 上议院演讲,1973年4月11日,Tate 8812/2/2/212。

[36] 给伊夫勋爵的信,1973年4月18日,Tate 8812/1/4/349b。

[37] 给埃里克·詹姆斯的信,1972年7月3日,Tate 8812/1/4/471。

[38] Lees-Milne, *A Mingled Measure*, p. 256.

[39] 见通信,Tate 8812/1/4/439b。

[40] 给菲利普·诺埃尔·贝克的信,1972年7月31日,Tate 8812/1/4/39。

[41] 给塞西尔·戴-刘易斯的信,1969年12月14日,Tate 8812/1/4/349a。

[42] 给西里尔·罗宾逊的信,1971年5月6日,Tate 8812/1/4/349a。

[43] 给约翰·佩顿阁下的信,1973年9月21日,Tate 8812/1/4/335。

[44] 给富里夫的麦克劳德勋爵的信,1972年10月30日,Tate 8812/1/4/195。

[45] 给丹尼斯顿将军的信,1966年3月11日,Tate 8812/1/4/399。

[46] 给珍妮特·斯通的信,1970年5月30日,博德利图书馆收藏。

[47] "危难中的威尼斯" (Venice in Peril),专题演讲,威尼斯,1972年5月13日。他选择的主题是 "文艺复兴时期威尼斯和佛罗伦萨的关系" 。

[48] 给珍妮特·斯通的信,1970年11月12日,博德利图书馆收藏。

[49] 给简的信,1971年3月8日,萨特伍德收藏。

[50] 给珍妮特·斯通的信,1973年10月16日,博德利图书馆收藏。

[51] 给珍妮特·斯通的信,1973年10月25日,博德利图书馆收藏。

[52] Clark, *Another Part of the Wood*, p. 13.

[53] 给珍妮特·斯通的信,1970年7月24日,博德利图书馆收藏。

[54] Partridge, *Ups and Downs: Diaries* (entry for 23 June 1973).

[55] Ibid.

[56] 给约翰·伊夫利的信,1973年,Tate 8812/1/4/154。

[57] 给梅丽尔·西克里斯特的信,1971年6月20日,伊塔蒂收藏。

[58] 同上,1972年11月24日。

[59] John Marray Archive还有一份副本,午宴的日期是1973年7月18日。

[60]　Clark, *The Other Half*, p. 233.

[61]　给科林·安德森的信，1973年12月12日，
Tate 8812/1/3/64。

[62]　Alan Clark, *Diaries: Into Politics 1972–1982*
(entry for 26 December 1973).

36　《森林的另一边》

[1]　给珍妮特·斯通的信，1974年6月14日，
博德利图书馆收藏。

[2]　给珍妮特·斯通的信，1974年9月25日，
博德利图书馆收藏。

[3]　凯瑟琳·波蒂奥斯，未发表的日记（1974
年9月21日条目）。

[4]　给威廉·柯林斯爵士的信，1973年7月16
日，Tate 8812/1/4/113。

[5]　给德尼斯·萨顿的信，1972年8月18日，
Tate 8812/1/4/20。

[6]　给菲利普·阿洛特的信，1974年12月22日，
Tate 8812/1/4/34。

[7]　罗莎蒙德·莱曼给克拉克的信，日期不
详，Tate 8812/1/3/1662/2。

[8]　埃文斯勋爵给克拉克的信，1976年4月14
日，Tate 8812/1/4/174。

[9]　给乔克·默里的信，1974年6月22日，Tate
8812/1/4/286, pt 3。

[10]　克拉克非常担心诽谤的问题，甚至请查
尔斯·莱茨曼介绍他认识斯劳特与梅律
师事务所。

[11]　C.伯内特·帕维特给克拉克的信，1974
年10月18日，Tate 8812/1/4/34。

[12]　给戴维·塞西尔勋爵的信，1975年1月23
日，Tate 8812/1/4/34。

[13]　给迈凡薇·派珀的信，1974年9月22日，
Tate 200410/1/1793。

[14]　给阿里克斯·基尔罗伊的信，1975年12
月2日，Tate 8812/1/3/1551–1600。

[15]　*New York Times*, 30 March 1975.

[16]　*Time* magazine, 21 April 1975.

[17]　*Daily Telegraph*, 10 October 1974.

[18]　*Guardian*, 10 October 1974.

[19]　给迈克尔·吉尔的信，1974年11月4日，
Tate 8812/1/4/148。

[20]　给玛丽·波特的信，1974年12月16日，
Potter Archive。

[21]　1975年6月2日放映。

[22]　凯瑟琳·波蒂奥斯，未发表的日记
（1974年11月18日条目）。

[23]　给珍妮特·斯通的信，1975年2月，博德
利图书馆收藏。

[24]　给珍妮特·斯通的信，1975年3月2，博
德利图书馆收藏。

[25]　给门罗·惠勒的信，1975年7月29日，耶
鲁大学拜内克图书馆收藏。

[26]　作者采访。作为阿什伍德的主席，克拉
克任命彼得·蒙塔尼翁和埃里克·詹姆
斯进入董事会。

[27]　给迈凡薇·派珀的信，1974年9月22日，
Tate 200410/1/1/793。

[28]　作者采访。

[29]　文本见Tate 8812/1/4/1。克拉克告诉哈
里·艾布拉姆斯，考虑到要重读瓦萨里
《艺苑名人传》全部的内容和600多封信，
1 000美元的稿费是不够的。最终他得到
了2 500美元。见信，1975年12月15日，
Tate 8812/1/4/1。

[30]　见伯纳德·迈尔斯爵士的信，1973年8月
14日，Tate 8812/1/3/2009。

[31]　Clark, *The Other Half*, p. 241.

[32]　Ibid.

[33]　演讲，1974年6月26日，Tate 8812/1/4/174。

[34]　见Tate 8812/1/4/432。

[35]　迈克尔·阿斯特给克拉克的信，1975年2
月17日，Tate 8812/1/4/237。

[36]　给迈克尔·阿斯特的信，1975年2月28
日，Tate 8812/1/4/237。

[37]　给珍妮特·斯通的信，1975年2月9日，
博德利图书馆收藏。

[38]　Bow Dialogue with Betty McCulloch, 23
November 1976, British Library National
Sound Archive.

［39］给安南勋爵的信，1976年4月14日，国王学院，剑桥大学收藏。

［40］不明身份的通信人。

［41］给珍妮特·斯通的信，1976年10月17日，博德利图书馆收藏。

［42］给珍妮特·斯通的信，1975年3月11日，博德利图书馆收藏。

［43］给珍妮特·斯通的信，1975年12月18日，博德利图书馆收藏。克劳福德勋爵当然是简的仰慕者，她在爱丁堡写给他的信表明了一种热烈的亲密关系。

［44］给莫娜·安德森的信，1976年2月8日，私人收藏。

［45］Clark, *The Other Half*, p. 242. 又 见 Colin Clark, *Younger Brother, Younger Son*, p. 7的描述。

［46］简于1976年11月14日去世。这段关于她死亡的叙述见Clark, *The Other Half*, p. 243 和给梅丽尔·西克里斯特的信，1976年12月3日，伊塔蒂收藏。

［47］Alan Clark, *Diaries: Into Politics 1972–1982* (entry for 14 November 1976).

［48］信息来自科莉特·克拉克。

［49］Alan Clark, *Diaries: Into Politics 1972–1982* (entry for 31 January 1976).

［50］Trewin, *Alan Clark: The Biography*, p. 253.

［51］给迈凡薇·派珀的信，1976年11月27日，Tate 200410/1/1/793。

［52］给珍妮特·斯通的信，1977年7月8日，博德利图书馆收藏。

［53］约翰·拉塞尔给克拉克的信，1977年12月7日；克拉克的回信，1977年12月20日，Tate 8812/1/3/2751–2800。

［54］Clark, *The Other Half*, p. xii.

［55］给胡斯·琼斯太太的信，Tate 8812/1/4/35.

［56］Peter Conrad in the *Times Literary Supplement*, 4 November 1977.

［57］转载于 *The Seventies*, pp. 215–219。

［58］给珍妮特·斯通的信，1976年12月31日，博德利图书馆收藏。

［59］给珍妮特·斯通的信，1977年8月13日，博德利图书馆收藏。

［60］Colin Clark, *Younger Brother, Younger Son*, pp. 6–7。

［61］给珍妮特·斯通的信，1977年8月18日，博德利图书馆收藏。

［62］给科林·克拉克的信，1977年9月25日，私人收藏。

37 晚年和诺文

［1］她是一部传记的主人公：*The Temptress*，作者保罗·斯派塞（Paul Spicer）。

［2］Colin Clark, *Younger Brother, Younger Son*, p. 32.

［3］Roy Strong, *Diaries 1967–1987*, p. 351.

［4］Ibid., p. 350.

［5］作者采访。

［6］信息来自玛丽·摩尔。

［7］给玛丽·波特的信，1977年8月2日，Potter Archive。

［8］给玛丽·波特的信，1977年10月3日，Potter Archive。

［9］给珍妮特·斯通的信，1977年10月9日，博德利图书馆收藏。

［10］珍妮特·斯通给弗兰克·泰特博士的信，1977年10月18日，Stone Archive。

［11］约翰·斯帕罗给克拉克的信，1977年10月20日，Tate 8812/1/3/2901–2950。

［12］给莫娜·安德森的信，1977年12月5日，私人收藏。

［13］信息来自科莉特·克拉克。

［14］Lees-Milne, *Holy Dread*, p. 143 (entry for 11 January 1984).

［15］作者采访。

［16］给珍妮特·斯通的信，1977年12月24日，博德利图书馆收藏。

［17］给珍妮特·斯通的信，1979年8月18日，博德利图书馆收藏。

［18］采访科莉特·克拉克。

［19］Secrest, *Shoot the Widow*, p. 41.

［20］给布林斯利·福特的信，无日期。

［21］ 约翰·斯帕罗给克拉克的信，1979年3月11日，Tate 8813/1/3/2901–2950。

［22］ 信息来自伊格蒙特夫人。

［23］ 信息凯瑟琳·波蒂奥斯。

［24］ 给珍妮特·斯通的信，1978年6月7日，博德利图书馆收藏。

［25］ 给珍妮特·斯通的信，1978年7月21日，博德利图书馆收藏。

［26］ 给珍妮特·斯通的信，1978年9月2日，博德利图书馆收藏。

［27］ 给珍妮特·斯通的信，1979年6月22日，博德利图书馆收藏。

［28］ 这封信的日期是1980年3月23日，现存于博德利图书馆的斯通档案。

［29］ 给科莉特·克拉克的信，1980年7月1日，家人所有。

［30］ 给珍妮特·斯通的信，1976年3月24日，博德利图书馆收藏。

［31］ 给梅丽尔·西克里斯特的信，1976年2月20日，伊塔蒂收藏。

［32］ Secrest, *Being Bernard Berenson*. 见约翰·波普-轩尼诗的评论，转载于他的 *On Artists and Art Historians*, pp. 261–266。

［33］ 给梅丽尔·西克里斯特的信，1977年8月23日，伊塔蒂收藏。

［34］ 给梅丽尔·西克里斯特的信，1979年7月5日，伊塔蒂收藏。

［35］ 给梅丽尔·西克里斯特的信，1979年3月7日，伊塔蒂收藏。

［36］ 给梅丽尔·西克里斯特的信，1979年7月23日，伊塔蒂收藏。

［37］ 给玛丽·波特的信，1979年10月1日，Potter Archive。

［38］ Lees-Milne, *Deep Romantic Chasm*, p. 184 (entry for 6 November 1981).

［39］ 科林·安德森给克拉克的信，1980年1月8日，私人收藏。

［40］ 给科莉特·克拉克的信，1980年7月1日，家人所有。

［41］ 给艾伦·克拉克的信，1979年4月20日，Tate 8812/1/4/289。

［42］ 给珍妮特·斯通的信，1980年8月4日，博德利图书馆收藏。

［43］ 给梅丽尔·西克里斯特的信，1982年10月8日，伊塔蒂收藏。

［44］ 给珍妮特·斯通的信，1983年1月，博德利图书馆收藏。

［45］ 给乔克·默里的信，1982年6月11日，Tate 8812/1/4/289。

［46］ 给乔克·默里的信，1980年12月8日，Tate 8812/1/4/289。John Marray Archive保存了相当多的片段，作者在本书的前几个章节中借鉴了这些片段。

［47］ 玛吉·汉伯里当时在C. & J. Wolfers有限公司工作。今天，她仍以自己名下的机构负责克拉克的文学遗产。

［48］ Anatole Broyard, *New York Times*, 14 April 1982.

［49］ 凯瑟琳·波蒂奥斯给克拉克的信，1981年8月26日，Tate 8812/1/3/2601–2650。

［50］ Alan Clark, *Diaries: Into Politics 1972–1982* (entry for 20 July 1982).

［51］ Colin Clark，*Younger Brother, Younger Son*, p. 33.

［52］ Alan Clark，*Diaries: In Power 1983–1992* (entry for 15 May 1983).

［53］ Ibid. (entry for 21 May 1983).

［54］ Lees-Milne, *Holy Dread*, p. 125 (entry for 13 October 1983).

［55］ 迈克尔·利维，肯尼斯·克拉克的讣告，*Proceedings of the British Academy*, Vol. LXX, 1984。

［56］ 关于卢浮宫的讲座，Tate 8812/2/2/546。

后 记

［1］ 迈克尔·利维，肯尼斯·克拉克的讣告，*Proceedings of the British Academy*, Vol. LXX, 1984。

［2］ 同上。

［3］ Lees-Milne, *Holy Dread*, pp. 94–95 (entry for

22 May 1983).

[4] 这篇文章刊登在1984年1月的《阿波罗》杂志上。

[5] Strong, *Diaries 1967–1987*, pp. 347–348.

[6] Alan Clark, *Diaries: In Power 1983–1992* (entry for 13 October 1983).

[7] Strong, *Diaries 1967–1987*, pp. 347–348.

[8] Alan Clark, *Diaries: In Power 1983–1992* (entry for 15 August 1983).

[9] 给珍妮特·斯通的信,1957年3月3日,博德利图书馆收藏。

[10] 玛格丽特·斯莱斯。

[11] 给夏洛特·科勒的信,1972年8月9日,Tate 8812/1/4/440。

[12] "Art and Society", reprinted in *Moments of Vision*, pp. 79–80.

附录一 克拉克资料

[1] 约翰·默里是克拉克的出版商,韦登费尔德和尼科尔森是西克里斯特的出版商。他们曾同意联合出书,但约翰·默里退出了。

[2] 艾伦·克拉克给梅丽尔·西克里斯特的信,1984年2月9日,副本存于John Murray Archive。

[3] 这项交易对克拉克家族来说仍然是有争议的,尽管如此,他们对这些文件留在伊塔蒂感到满意。

附录二 "突然之间,人们又对克拉克感兴趣了"

[1] Interview with Chris Stephens, Tate Gallery, in article by Rachel Cooke, *Observer*, 18 May 2014.

[2] Glasgow, *The Nineteen Hundreds: A Diary in Retrospect*, p. 198.

[3] 从2005年到2015年的10年间,《文明》的DVD平均每年销售4 500张(信息来自BBC Worldwide)。

[4] 格林威治大学的艾伦·鲍尔斯教授和波士顿大学的罗伯特·卡明教授是两位尝试让学生观看《文明》的学者,得到的结果好坏参半。

[5] BBC广播四台,《生活故事》(*Life Story*),由佩吉·雷诺兹主持,莎拉·布朗制作,1997年7月3日播出; Lees-Milne, *The Milk of Paradise* (entry for 4 July 1997)。

[6] BBC广播四台,《克拉克勋爵:文明的仆人》,由米兰达·卡特主持,托马斯·莫里斯制作,2003年7月3日播出。

[7] 同上。

[8] BBC广播四台,《四台档案:看透粗花呢》,由理查德·韦特主持,2009年11月28日播出。

[9] *Sunday Times*, 1 March 2009.

参考书目

所选的书籍及其他著作

Acton, Harold, *Memoirs of an Aesthete*, London 2008

Anderson, Sir Colin, *Three Score Years and Ten*, privately printed, London 1974

Andrews, Julian, *The Shelter Drawings of Henry Moore*, London 2002

Annan, Noel, "Thomas Carlyle", in *Founders and Followers*, lectures on the occasion of the 150th anniversary of
the London Library, 1992

Attenborough, Sir David, *Life on Air: Memoirs of a Broadcaster*, London 2003

Batchelor, John, *Mervyn Peake: A Biographical and Critical Exploration*, London 1974

Berger, John, *A Painter of Our Time*, London 1958

Berger, John, *Ways of Seeing*, London 1972

Berthoud, Roger, *The Life of Graham Sutherland*, London 1982

Berthoud, Roger, *The Life of Henry Moore*, London 1987

Bosman, Suzanne, *The National Gallery in Wartime*, London 2008

Bowness, Alan (Introduction), *British Contemporary Art 1910–1990*, The Contemporary Art Society 1991

Bowra, C.M., *Memories*, London 1966

Breakell, Sue, *"The Exercise of a Peculiar Art-Skill": Kenneth Clark's Design Advocacy and the Council of
Industrial Design*, unpublished at the time of going to press

Briggs, Asa, *The BBC: The First Fifty Years*, Oxford 1985

Brivati, Brian, *Hugh Gaitskell*, London 1996

Brown, Oliver, *Exhibition: The Memoirs of Oliver Brown*, London 1968

Browse, Lillian, *Duchess of Cork Street: The Autobiography of an Art Dealer*, London 1999

Cain, John, *The BBC: 70 Years of Broadcasting*, London 1992

Carpenter, Humphrey, *Benjamin Britten*, London 1992

Carter, Miranda, *Anthony Blunt: His Lives*, London 2001

Chapman, James, *War and Film*, Trowbridge 2008

Checkland, Sarah-Jane, *Ben Nicholson: The Vicious Circles of His Life and Art*, London 2000

Clark, Alan (ed.), Lee of Fareham, *A Good Innings: The Private Papers of Viscount Lee of Fareham*, London

1974

Clark, Alan, *Diaries: In Power 1983–1992*, London 1993

Clark, Alan, *Diaries: Into Politics 1972–1982*, London 2000

Clark, Colin, *Younger Brother, Younger Son: A Memoir*, London 1997

Cohen, Rachel, *Bernard Berenson: A Life in the Picture Trade*, Yale 2013

Conlin, Jonathan, *The Nation's Mantelpiece: A History of the National Gallery*, London 2006

Conlin, Jonathan, *Civilisation*, London 2009

Connolly, Cyril, *A Romantic Friendship: The Letters of Cyril Connolly to Noel Blakiston*, London 1975

Cooper, Douglas, *The Work of Graham Sutherland*, London 1961

Coultass, Clive, *Images for Battle: British Film and the Second World War 1939–1945*, London 1989

Cumming, Robert (ed.), *My Dear BB: The Letters of Bernard Berenson and Kenneth Clark, 1925–1959*, Yale 2015

Day-Lewis, Sean, *Cecil Day-Lewis: An English Literary Life*, London 1980

Drogheda, Lord, *Double Harness: Memoirs*, London 1978

Drummond, John, *Tainted by Experience: A Life in the Arts*, London 2000

Elsom, John and Tomalin, Nicholas, *The History of the National Theatre*, London 1978

Firth, J.D'E., *Rendall of Winchester*, Oxford 1954

Fisher, Clive, *Cyril Connolly: A Nostalgic Life*, London 1995

Forster, E.M., *Two Cheers for Democracy*, London 1951

Foss, Brian, *War Paint: Art, War, State and Identity in Britain 1939–1945*, Yale 2007

Geddes Poole, Andrea, *Stewards of the Nation's Art*, Toronto 2010

Gill, Michael, *Growing into War*, Gloucestershire 2005

Glasgow, Mary, *The Nineteen Hundreds: A Diary in Retrospect*, Oxford 1986

Grigson, Geoffrey, *Recollections: Mainly of Writers and Artists*, London 1984

Haffenden, John, *William Empson: Vol. I: Among the Mandarins*, Oxford 2005

Hardy, Henry and Holmes, Jennifer (eds), *Isaiah Berlin, Enlightening: Letters 1946–1960*, London 2009

Hardy, Henry and Pottle, Mark (eds), *Isaiah Berlin, Building: Letters 1960–1975*, London 2013

Harries, Meirion and Harries, Susie, *The War Artists*, London 1983

Harries, Susie, *Nikolaus Pevsner: The Life*, London 2011

Harris, Alexandra, *Romantic Moderns: English Writers, Artists and the Imagination from Virginia Woolf to John Piper*, London 2010

Harris, Neil, *Capital Culture: J. Carter Brown, the National Gallery of Art, and the Reinvention of the Museum Experience*, Chicago 2013

Hart-Davis, Duff, *King's Counsellor: Abdication and War—The Diaries of Sir Alan Lascelles*, London 2006

Hayes, John, *The Art of Graham Sutherland*, Oxford 1980

Hess, Myra, et al., *The National Gallery Concerts*, London 1944

Hillier, Bevis, *John Betjeman: New Fame, New Love*, London 2002

Hillier, Bevis, *John Betjeman: The Bonus of Laughter*, London 2004

Hinks, Roger, *The Gymnasium of the Mind: The Journals of Roger Hinks 1933—1963*, Salisbury 1984

Howard, Anthony, *Crossman: The Pursuit of Power*, London 1990

Kelley, Pete (ed.), *From Osborne House to Wheatfen Broad: Memoirs of Phyllis Ellis*, Norfolk 2011

Kenneth Clark, *Moments of Vision: In Honour of the Centenary of His Birth, 1903—1983*. With an introduction and notes by Michael Delon, privately printed, Roselle, New Jersey, 2003

Knox, James, *Cartoons and Coronets: The Genius of Osbert Lancaster*, London 2008

Lees-Milne, James, *Ancestral Voices: Diaries 1942—1943*, London 1975

Lees-Milne, James, *Prophesying Peace: Diaries 1944—1945*, London 1977

Lees-Milne, James, *Caves of Ice: Diaries 1946—1947*, London 1983

Lees-Milne, James, *Midway on the Waves: Diaries 1953—1972*, London 1985

Lees-Milne, James, *Ancient as the Hills: Diaries 1973—1974*, London 1997

Lees-Milne, James, *Through Wood and Dale: Diaries 1975—1978*, London 2001

Lees-Milne, James, *Deep Romantic Chasm: Diaries 1979—1981*, London 2003

Lees-Milne, James, *Holy Dread: Diaries 1982—1984*, London 2003

Lees-Milne, James, *The Milk of Paradise: Diaries 1993—1997*, London 2005

Lewis, Jeremy, *Cyril Connolly: A Life*, London 1997

Lewis, Jeremy, *Penguin Special: The Life and Times of Allen Lane*, London 2005

Lowe, John, *The Warden: A Portrait of John Sparrow*, London 1998

Lycett Green, Candida (ed.), *John Betjeman: Letters, Vols I and II*, London 1994 and 1995

McGuire, J. Patrick and Woodham, M. Jonathan (eds), *Design and Cultural Politics in Postwar Britain: Britain Can Make It Exhibition of 1946*, London 1998

McLaine, Ian, *Ministry of Morale: Home Front Morale and the Ministry of Information in World War II*, London 1979

Mariano, Nicky, *Forty Years with Berenson*, London 1966

Meyers, Jeffrey, *The Enemy: A Biography of Wyndham Lewis*, London 1980

Mitchell, Leslie, *Maurice Bowra: A Life*, New York 2009

Morey, Dom Adrian, *David Knowles*, London 1979

Mostyn-Owen, William, "Bernard Berenson and Kenneth Clark: A Personal View", in Joseph Connors and Louis A. Waldman (eds), *Bernard Berenson: Formation and Heritage*, I Tatti, The Harvard University Center 2014, pp. 231—247

Nicolson, Nigel (ed.), *Harold Nicolson: Diaries and Letters 1930—1939*, London 1966

Nicolson, Nigel (ed.), *Harold Nicolson: Diaries and Letters 1939—1945*, London 1967

Nicolson, Nigel (ed.), *Harold Nicolson: Diaries and Letters 1945—1962*, London 1968

Partridge, Frances, *Good Company: Diaries 1967—1970*, London 1994

Partridge, Frances, *Ups and Downs: Diaries 1972—1975*, London 2001

Pierse, Simon, "Sir Kenneth Clark: *Deus ex Machina* of Australian Art", in David R. Marshall (ed.), *Europe and*

Australia, Melbourne 2009

Pilkington Committee, *Report of the Committee on Broadcasting, 1960*, HMSO, London 1962

Pope-Hennessy, John, *Learning to Look*, New York 1991

Pope-Hennessy, John, edited by Kaiser Walter and Michael Mallon, *On Artists and Art Historians: Selected Book Reviews of John Pope-Hennessy*, Florence 1994

Potter, Julian, *Mary Potter: A Life of Painting*, London 1998

Pronay, Nicholas, "The Land of Promise: The Projection of Peace Aims in Britain", in K.R.M. Short (ed.), *Film and Radio Propaganda in World War II*, London 1983

Pronay, Nicholas and Spring, D.W. (eds), *Propaganda, Politics and Film 1918–1945*, London 1982

Pryce-Jones, David, *Cyril Connolly: Journal and Memoir*, London 1983

Pryce-Jones, Alan, *The Bonus of Laughter*, London 1987

Quennell, Peter, *The Marble Foot: An Autobiography 1905–1938*, London 1976

Quennell, Peter (ed.), *A Lonely Business: A Self Portrait of James Pope-Hennessy*, London 1981

Rodgers, William T. (ed.), *Hugh Gaitskell 1906–1963*, London 1964

Rosenthal, Daniel, *The National Theatre Story*, London 2013

Rothenstein, John, *Brave Day, Hideous Night*, London 1966

Rothenstein, John, *Time's Thievish Progress: Autobiography Vol. III*, London 1970

Samuels, Ernest, *Bernard Berenson: The Making of a Connoisseur*, Harvard 1979

Samuels, Ernest, *Bernard Berenson: The Making of a Legend*, Harvard 1987

Saumarez Smith, Charles, *The National Gallery: A Short History*, London 2009

Saunders, Gill, Mellor, David and Wright, Patrick, *Recording Britain: A Pictorial Domesday of Pre-War Britain*, London 1990

Secrest, Meryle, *Kenneth Clark: A Biography*, London 1984

Secrest, Meryle, *Shoot the Widow: Adventures of a Biographer in Search of Her Subject*, Toronto 2007

Sendall, Bernard, *Independent Television in Britain, Vol. I: Origin and Foundation 1946–62*, London 1982, and *Vol. II: Expansion and Change 1958–68*, London 1983

Shone, Richard and Stonard, John-Paul (eds), *The Books that Shaped Art History*, Chapter 8: "Kenneth Clark's *The Nude: A Study of Ideal Art*, 1956", London 2013

Sinclair, Andrew, *Arts and Cultures: The History of the 50 Years of the Arts Council of Great Britain*, London 1995

Slythe, Margaret, *Kenneth Clark, Lord Clark of Saltwood: Guides to the Published Work of Art Historians, No. 1*, revised edition, Bournemouth 1971

Spalding, Frances, *The Tate: A History*, London 1998

Spalding, Frances, *John Piper, Myfanwy Piper: Lives in Art*, Oxford 2009

Stephens, Chris and Stonard, John-Paul (eds), *Kenneth Clark: Looking for Civilisation*, exhibition catalogue, Tate Britain 2014

Strachey, Barbara and Samuels, Jayne (eds), *Mary Berenson: A Self-Portrait from Her Letters and Diaries*,

London 1983

Strong, Roy, *The Spirit of Britain: A Narrative History of the Arts*, London 1999

Sutton, Denys (ed.), *Letters of Roger Fry: Vols I and II*, London 1972

Syson, Luke with Keith, Larry, *Leonardo da Vinci: Painter at the Court of Milan*, exhibition catalogue, London 2011

Trewin, Ion, *Alan Clark: The Biography*, London 2009

Tribble, Edwin (ed.), *A Chime of Words: The Letters of Logan Pearsall Smith*, New York 1984

Vickers, Hugo (ed.), *The Unexpurgated Beaton: The Cecil Beaton Diaries*, London 2002

Vickers, Hugo (ed.), *Beaton in the Sixties: More Unexpurgated Diaries*, London 2003

Walker, John, *Self-Portrait with Donors: Confessions of an Art Collector*, Boston 1974

Walker, John, *Arts TV: A History of Arts Television in Britain*, London 1993

Watkin, David, *The Rise of Architectural History*, London 1980

White, Eric W., *The Arts Council of Great Britain*, London 1975

Williams, Philip M., *Hugh Gaitskell: A Political Biography*, London 1979

Zwemmer, *Books from the Library of Kenneth Clark*, London 1989

所选的关于肯尼斯·克拉克的演讲、文章、广播和讣告

Amory, Mark, "Clark the Magnificent", *Sunday Times Magazine*, 6 October 1974, p. 33

Cannadine, David, "Kenneth Clark: From National Gallery to National Icon", Linbury Lecture, National Gallery, 2002

Coleman, Terry, "Lord Clark", *Guardian Weekend*, 26 November 1977

Conlin, Jonathan, "Oil and Old Masters: How Britain Lost the Gulbenkian", *Times Literary Supplement*, 31 October 2003; see also Conlin (2006, pp. 169−175)

Conlin, Jonathan, "Good Looking", *Art Quarterly*, Spring 2012, pp. 53−54

Conlin, Jonathan, "An Irresponsible Flow of Images: Berger, Clark and the Art of Television, 1958−1988", lecture given to the University of Southampton, 2013

Delon, Michael, "A Candid Conversation with Lord Kenneth Clark", *Daily Princetonian*, Vol. CII, No.124, Wednesday 22 November 1978, p. 6

Elam, Caroline, "Roger Fry and the Re-Evaluation of Piero della Francesca", New York 2004

Gombrich, E.H., "Review of Piero", *Burlington Magazine*, June 1952, pp. 176−178

Hammer, Martin, "Kenneth Clark and the Death of Painting", *Tate Papers*, Issue 20, 19 November 2013

Harris, Colin, "Kenneth Clark at the Ashmolean", *The Ashmolean*, Spring 2006, pp. 20−22, re "*Civilisation*" (book review), *The Connoisseur 175* (703), pp. 62−63

Hilton, T., "*Civilisation*" (book review), *Studio International 179* (920), March 1970, pp. 125−126

Kemp, Martin, Introduction to Folio Society edition of Clark's *Leonardo da Vinci*, London 2005

"Kenneth Clark at 70", *Burlington Magazine*, No. 844, Col. CXV, July 1973, p. 415

Lepine, Ayla, "The Persistence of Medievalism: Kenneth Clark and the Gothic Revival", *Architectural History*,

Vol. LVII, 2014, pp. 323—356

Levey, Michael, Obituary of Kenneth Clark, *Proceedings of the British Academy*, Vol. LXX, 1984

McLean, F.C., "From the Few to the Many", in *Telecommunications: The Next Ten Years*, The Granada Guildhall Lectures, 1966

Panayotova, Stella, "From Toronto to Cambridge" (on Lord Lee), *University of Toronto Quarterly*, Vol. LXXVII, No. 2, Spring 2008

Petschek, Willa, "Views of a Civilized Man", *New York Times*, May 1976

Quennell, Peter, "Kenneth Clark: A Man for All Media", *Saturday Review*, 28 August 1971, pp. 10—12, 31

Read, Herbert, "Ben Nicholson and the Future of Painting", *The Listener*, No. 352, 9 October 1935, p. 604

Rosen, Charles, *New York Review of Books*, 7 May 1970

Rumley, Peter T.J., "Kenneth Clark: A Civilising Influence", *SPAB Magazine*, Summer 2014, pp. 54—58

Russell, John, "A Guiding Star of our Civilisation", *Sunday Times*, 8 July 1973

Sotheby's Sale of Paintings and Works of Art from the Collections of the late Lord Clark of Saltwood OM CH CBE, Wednesday 27 June—5 July 1984 (three parts: 27 June, 3 June, 5 July 1984)

Sparrow, John, "*Civilisation*", *The Listener*, 8 May 1969, pp. 629—631

Townsend, Christopher, "*Civilisation*", *Art Monthly*, July—August 2014, No. 378, pp. 8—11

Williams, R., "Television: Personal Relief Time", *The Listener*, No. 81, 20 March 1969

Wyver John, "From the Parthenon", *Art Monthly*, No. 75, April 1984, pp. 22—25

广播和电视

K: Kenneth Clark 1903—1983, television documentary produced by John Wyver, 1993

K: The Civilised World of Kenneth Clark, part of the series *Life Story*, written and presented by Peggy Reynolds and produced by Sarah Brown, broadcast on BBC Radio 4, 3 July 1997

Lord Clark: Servant of Civilisation, presented by Miranda Carter and produced by Thomas Morris, broadcast on BBC Radio 4, 3 July 2003

Seeing Through the Tweed, presented by Richard Weight, broadcast on BBC Radio 4, *Archive on 4*, 28 November 2009

Sir Kenneth Clark: Portrait of a Civilised Man, directed by Kate Misrahi, broadcast on BBC 2, *The Culture Show*, 31 May 2014

所选的肯尼斯·克拉克的书籍和小册子

(With Lord Balniel) *A Commemorative Catalogue of the Exhibition of Italian Art held in the Galleries of the Royal Academy, Burlington House, London, January to March 1930*, Oxford 1931

A Catalogue of the Drawings of Leonardo da Vinci in the Collection of His Majesty the King at Windsor Castle, 2 vols, Cambridge University Press 1935

"The Future of Painting", *The Listener*, No. 351, Wednesday 2 October 1935, pp. 543—544, 578

"The Art of Rouault", *The Listener*, No. 354, Wednesday 23 October 1935, p. 706

One Hundred Details from Pictures in the National Gallery, London 1938

Leonardo da Vinci, Cambridge 1939

Florentine Painting: Fifteenth Century, London 1945

The Nude: A Study in Ideal Form, London 1956

Looking at Pictures, London 1960

The Gothic Revival: An Essay in the History of Taste, London 1965

Rembrandt and the Italian Renaissance, London 1966

A Catalogue of the Drawings of Leonardo da Vinci in the Collection of Her Majesty the Queen at Windsor Castle,
   2nd edition prepared with the assistance of Carlo Pedretti, 3 vols, London 1968

Civilisation: A Personal View, London 1969

Piero della Francesca, London 1969

The Romantic Rebellion, London 1973

Landscape Into Art, London 1973

Henry Moore: Drawings, London 1974

An Introduction to Rembrandt, London 1978

Feminine Beauty, London 1980

Moments of Vision, London 1981

The Art of Humanism, London 1983

所选的肯尼斯·克拉克的演讲、文章、前言和广播

"On Lord Lee's new version of Raphael's 'Holy Family with the Lamb'", *Burlington Magazine*, January 1934,
   p. 13

"Pictures Turn to Posters: the Shell-Mex Exhibition" in *Commercial Art and Industry*, No. 17, June 1934, pp. 65−
   72

"Four Giorgionesque Panels", *Burlington Magazine*, Vol. LXXI, No. 416, November 1937, pp. 198−201

"The Aesthetics of Restoration", a lecture given at the Royal Institution, 20 May 1938

Introduction to *Roger Fry: Last Lectures*, Cambridge 1939

"The Artist and the Patron: Eric Newton Interviews Kenneth Clark", *The Listener*, No. 580, 22 February 1940,
   pp. 380−381

"Baroque and the National Shrine", *Architectural Review*, No. 559, July 1943, pp. 2−12

"Ornament in Modern Architecture", *Architectural Review*, No. 564, December 1943, pp.147−150

"Leon Battista: Alberti on Painting", Annual Italian Lecture of the British Academy, in *Proceedings of the British
   Academy*, Vol. XXX, 1944

"English Romantic Poets and Landscape Painting", privately printed, London 1945 (reprinted from Vol. LXXXV
   of *Memoirs and Proceedings of the Manchester Philosophical Society*)

"An Englishman Looks at Chinese Painting", *Architectural Review*, Vol. CII, July 1947, pp. 29−33

"Ruskin at Oxford: An Inaugural Lecture", delivered at the University of Oxford, 14 November 1946, Oxford

1947

"The Warburg Institute", broadcast 13 June 1948 on the BBC Third Programme, reprinted in *Journal of the Warburg and Courtauld Institutes*, 1947–1948

"The Idea of a Great Gallery", lecture delivered at the University of Melbourne, 27 January 1949

Introduction to John Ruskin's *Praeterita*, London 1949

"The Limits of Classicism", The Henry Sidgwick Memorial Lecture, 7 May 1949 (reprinted in *Cambridge Review*)

"Apologia of an Art Historian", the inaugural address on the occasion of his election as President of the Associated Societies of the University of Edinburgh, 15 November 1950

Clark on the Masolino/Masaccio question after the acquisition of two early Quattrocento pictures, *Burlington Magazine*, November 1951, pp. 339–347

Obituary of Sir Eric Maclagan of the V&A, *Burlington Magazine*, November 1951, p. 358

"Apologia of an Art Historian", *University of Edinburgh Journal*, Summer 1951, pp. 232–239

"Turner, RA, 1775–1851: A selection of twenty-four oil paintings from the Tate Gallery", London 1952

"The Relations of Photography and Painting", *Photographic Journal*, May 1954, pp. 125–142

"Art and Photography", *The Penrose Annual*, 1955, pp. 65–69 (This is KC's reprinted article that originally appeared as "The Relations of Photography and Painting" in 1954 in the *Photographic Journal*. It was also reprinted in *Aperture*, Vol. III, No. 1, 1954)

"Andrea Mantegna: The Fred Cook Memorial Lecture", delivered to the Royal Society of Arts, 26 March 1958. In the *Journal of the Royal Society of Arts*, Vol. CVI, No. 5025, August 1958, pp. 663–680

"The Romantic Movement", Introduction to Arts Council exhibition, 1959

"Rembrandt's Self-Portraits", delivered at the Royal Institution of Great Britain's Weekly Evening Meeting, Friday 20 October 1961. In *Proceedings of the Royal Institution*, Vol. XXXIX, No. 177, 1962, pp. 145–171

"Motives", in Millard Meiss (ed.), *Problems of the 19th and 20th Centuries: Studies in Western Art*, Acts of the 20th International Congress of the History of Art, Vol. IV, Princeton 1963, pp. 189–205

Introduction to Douglas Cooper (ed.), *Great Private Collections*, London 1965

"The Value of Art in an Expanding World", *Hudson Review*, Vol. XIX, No. 1, Spring 1966, pp. 11–23

"A Failure of Nerve: Italian Painting 1520–1535", H.R. Bickley Memorial Lecture, Oxford 1967

"The Other Side of the Alde", Litton Cheney 1968 (first published in *Tribute to Benjamin Britten on His Fiftieth Birthday*, London 1963)

"Sir Kenneth Clark Talks to Joan Bakewell About the *Civilisation* Series", *The Listener*, No. 81, 17 April 1969, pp. 532–533

"Mandarin English", The Giff Edmonds Memorial Lecture, 1970

"Ad Portas", lecture given at Winchester College, 9 May 1970, in *The Wykehamist*, No. 1189, 3 June 1970, pp. 473–474

"The Image of Christ: Painting and Sculpture", lecture given in Canterbury Cathedral, 4 November 1970

"The Artist Grows Old", The Rede Lecture 1970, Cambridge 1972

"In Praise of Henry Moore", *Sunday Times*, 30 July 1978

"What is a Masterpiece?", The Walter Neurath Memorial Lecture, London 1979

"Young Michelangelo", in J.H. Plumb (ed.), *The Italian Renaissance*, Boston 1989

"A Note on Leonardo da Vinci", *Life and Letters*, Vol. II, No. 9, pp. 122−132

"Aesthete's Progress", an autobiographical manuscript in the John Murray Archive, London

咨询过的手稿图书馆和档案馆

美国: New York Public Library; Pierpont Morgan Library, NY (Edith Sitwell); Getty Museum and Library; Rice University; Woodson Research Center (Julian Huxley); Delon Archive, New Jersey; University of Tulsa (Cyril Connolly); Washington State University; Library of Congress, Washington DC; Houghton Library, Harvard; Washington University, St Louis; Beinecke Rare Books and Manuscripts Library, Yale (Edith Wharton); Yale University Library (Walter Lippmann); Humanities Research Center, University of Texas; Princeton University Library Manuscripts Division, Department of Rare Books and Special Collections (Raymond Mortimer); Lilly Library, Indiana University, Bloomington (Edith Wharton). Not in the US but a part of Harvard, the Berenson Archive at I Tatti near Florence. Finally the Victoria University Library in Toronto, Canada (Roger Fry).

英国: British Library National Sound Archive; Royal Archives, Windsor; King's College, Cambridge; Benjamin Britten Estate, Aldeburgh; Orford Museum; National Gallery, London; Tate Britain Clark Archive; Warburg Institute, London; Design Council Archive, Brighton; National Archive, Kew (Ministry of Information); Winchester College; Henry Moore Foundation, Perry Green; The National Theatre Archive; Bournemouth University (ITA); Glasgow University Library (MacColl); National Library of Scotland (Crawford); John Murray Archive, London; National Museum of Wales (Sutherland); Paisley Central Library. Oxford University holds several libraries with Clark material: All Souls, Ashmolean Museum, Balliol College, Bodleian Library, Trinity College, and Wadham College.

索 引

[条目后数字为原书页码，即本书边码]

图书在版编目（CIP）数据

肯尼斯·克拉克：生活、艺术和《文明》/（英）詹姆斯·斯托顿著；吕婧译. —北京：商务印书馆，2024
ISBN 978 - 7 - 100 - 22653 - 0

Ⅰ.①肯… Ⅱ.①詹… ②吕… Ⅲ.①肯尼斯·克拉克 —
传记 Ⅳ.①K835.615.72

中国国家版本馆 CIP 数据核字（2023）第118131号

权利保留，侵权必究。

肯 尼 斯 · 克 拉 克
生 活、艺 术 和《 文 明 》

〔英〕詹姆斯·斯托顿　著

吕　婧　译

吕　澎　校

商 务 印 书 馆 出 版
（北京王府井大街36号　邮政编码100710）
商 务 印 书 馆 发 行
山 东 临 沂 新 华 印 刷 物 流
集 团 有 限 责 任 公 司 印 刷
ISBN　978 - 7 - 100 - 22653 - 0

2024年3月第1版　　　开本 670×970　1/16
2024年3月第1次印刷　　印张 36

定价：158.00元